여러분의 합격을 응원하는

해커스PSAT의 특별 혜택

해커스PSAT 온라인 단과강의 **20% 할인쿠폰**

5F33B3D0K232F000

해커스PSAT 사이트(psat.Hackers.com) 접속 후 로그인 ▶
우측 퀵배너 [쿠폰/수강권등록] 클릭 ▶ 위 쿠폰번호 입력 후 이용

* 등록 후 7일간 사용 가능(ID당 1회에 한해 등록 가능)

PSAT 패스 (교재 포함형) **10% 할인쿠폰**

K35CB3DK72FBK000

해커스PSAT 사이트(psat.Hackers.com) 접속 후 로그인 ▶
우측 퀵배너 [쿠폰/수강권등록] 클릭 ▶ 위 쿠폰번호 입력 후 이용

* 등록 후 7일간 사용 가능(ID당 1회에 한해 등록 가능)

PSAT 패스 (교재 미포함형) **10% 할인쿠폰**

KBB4B3D35420D000

해커스PSAT 사이트(psat.Hackers.com) 접속 후 로그인 ▶
우측 퀵배너 [쿠폰/수강권등록] 클릭 ▶ 위 쿠폰번호 입력 후 이용

* 등록 후 7일간 사용 가능(ID당 1회에 한해 등록 가능)

쿠폰 이용 관련 문의 **1588-4055**

해커스PSAT
PSAT 교육 1위 해커스PSAT
* [PSAT 교육 1위] 한경비즈니스 2024 한국품질만족도 교육(온·오프라인 PSAT학원) 1위
PSAT 전과목 & 전 강좌 무제한 수강
해커스PSAT
합격
패스
상황판단
김우진
베스트셀러 교재 4종 제공!
(입문서+기본서)
* 교재포함형 패스 구매시 제공 * YES24 수험서 자격증 베스트셀러 PSAT 분야
PSAT 쌩기초 입문서
무료제공
언어논리
하윤조
[입문서] 비매품/교재포함형 패스 구매시 제공
전과목 스타 강사진
전 강좌 무제한수강
타사환승 인증 시
3만원 할인 쿠폰 제공
3만원
할인
상담 및 문의전화
1588.4055
psat.Hackers.com
지금 바로 수강신청 ▶

해커스PSAT

5·7급+민경채 PSAT

김우진 상황판단

기출문제집

해커스

김우진

이력

- Antonian Univ. 철학박사
- 논리(modal logic) 및 인식론(epistemology) 전공
- 연세대, 중앙대, 숙명여대, 세종대, 한양대, 이화여대 등 강의 진행
- (현) 해커스로스쿨 추리논증 전임
- (현) 해커스PSAT 상황판단 전임
- (현) 프라임법학원 PSAT 언어논리 전임
- (전) 메가로스쿨 LEET 추리논증 전임

저서

- 해커스PSAT 7급 PSAT 김우진 상황판단 기본서(2025)
- 해커스PSAT 5·7급 + 민경채 PSAT 김우진 상황판단 기출문제집(2025)
- 해커스 LEET 김우진 추리논증 기초(2024)
- 해커스 LEET 김우진 추리논증 기본(2024)
- 해커스 LEET 김우진 추리논증 유형별 기출문제+해설집(2024)
- 해커스 LEET 김우진 추리논증 PSAT 350제(2024)
- 해커스 LEET 김우진 추리논증 파이널 모의고사(2024)
- PSAT 언어논리 기본서(2022)
- PSAT 상황판단 기본서(2022)
- 김우진 논리 추론(2023)
- 김우진 논리와 퍼즐(2021)

서문

5 · 7급, 민경채 PSAT 어떻게 준비해야 하나요?

지난 2021년에 7급 공채 국가직 시험에 도입된 PSAT(Public Service Aptitude TEST, 공직적격성 검사)는 2027년에 7급 지방직에도 도입될 예정으로, 공무원 선발 시험에 본격적으로 나타나는 시험이 되었습니다. 이제 공직을 희망하는 사람이라면 반드시 거쳐야 하는 시험이 되었습니다.

PSAT 시험은 적성시험으로, 지식측정이 아니기 때문에 기본적인 언어 및 수리 능력을 기반으로 하여 주어진 문제를 논리적으로 해결하는 데 목적이 있습니다. 따라서 먼저 기초적인 언어력과 수리적인 능력을 자주 사용하는 연습이 필요합니다. 특히 상황판단 영역은 이론이 될 수 있는 구체적인 요소는 거의 없으며 문제해결력에 대한 방법이 곧 이론이 되는 극단적인 문제해결을 요구하는 시험입니다.

현재 출제되고 있는 7급 공채시험에서 PSAT 상황판단 영역은 타 과목에 비해 5급 공채 및 민간경력자 채용시험에서 출제된 PSAT 문제와 매우 유사한 형태로 출제가 되고 있습니다. 다만 언어논리와 함께 시험이 이루어져 시간 분배의 어려움으로 인해 합격 평균은 다른 과목에 비해 가장 낮게 나타나고 있습니다. 그래서 처음 접근할 때에는 가장 어려울 것으로 추측되는 영역이기도 합니다. 따라서 상황판단 영역은 필요한 요소들을 확인하고 접근하는 유형별 접근이 매우 중요합니다.

『해커스PSAT 5·7급+민경채 PSAT 김우진 상황판단 기출문제집』은 총 3개의 PSAT 시험에서 출제된 기출문제로 구성되었습니다. 7급 공채 예시문항, 모의평가 포함 모든 문제와 민간경력자 채용 5개년(2016~2020년) 그리고 5급 공채 5개년(2020~2024년)으로 구성되어 있습니다. 최근 3개년 7급 공채의 기출문제는 민간경력자 채용보다는 조금 어렵고 5급 공채보다는 어렵게 진행되고 있어서, 다양한 문제와 난이도에 대한 대비를 위해서 반드시 필요한 최근 기출문제들을 정리하였습니다.

상황판단 영역은 다양한 문제 유형에 대한 대비를 위해 그동안의 기출문제를 반드시 정리하셔야 하며 특히 최근 경향의 문제에 대한 연습과 해결 학습은 고득점을 위한 필수적인 코스가 됩니다. 이 책에 수록된 수준별 기출문제 풀이를 통해서 여러분들의 실력을 업그레이드 하시어 좋은 성과가 있기를 기원하며 이 책을 만들기까지 수고해주신 모든 분들께도 감사드립니다.

김우진

목차

5급 기출문제

상황판단 고득점을 위한 이 책의 활용법

1 자신의 학습 기간에 맞는 학습 플랜으로 전략적으로 학습한다.

· 학습 기간에 따른 두 가지 종류의 학습 플랜 중 자신의 상황에 맞는 학습 플랜을 선택하여 더욱 전략적으로 학습할 수 있습니다.

2주 완성 학습 플랜

진도	1주차				
날짜	___월___일	___월___일	___월___일	___월___일	___월___일
학습 내용	7급 2024~2023년 기출문제 풀이	7급 2022~2021년 기출문제 풀이	7급 2020~2019년, 민경채 2020년 기출문제 풀이	민경채 2019~2018년 기출문제 풀이	민경채 2017~2016년 기출문제 풀이
진도	2주차				
날짜	___월___일	___월___일	___월___일	___월___일	___월___일
학습 내용	5급 2024년 기출문제 풀이	5급 2023년 기출문제 풀이	5급 2022년 기출문제 풀이	5급 2021년 기출문제 풀이	5급 2020년 기출문제 풀이

4주 완성 학습 플랜

진도	1주차				
날짜	___월___일	___월___일	___월___일	___월___일	___월___일
학습 내용	7급 2024년 기출문제 풀이	7급 2023년 기출문제 풀이	7급 2022년 기출문제 풀이	7급 2021년 기출문제 풀이	7급 2020~2019년 기출문제 풀이
진도	2주차				
날짜	___월___일	___월___일	___월___일	___월___일	___월___일
학습 내용	7급 기출문제 복습	민경채 2020년 기출문제 풀이	민경채 2019년 기출문제 풀이	민경채 2018년 기출문제 풀이	민경채 2017년 기출문제 풀이
진도	3주차				
날짜	___월___일	___월___일	___월___일	___월___일	___월___일
학습 내용	민경채 2016년 기출문제 풀이	민경채 기출문제 복습	5급 2024년 기출문제 풀이	5급 2023년 기출문제 풀이	5급 2022년 기출문제 풀이
진도	4주차				
날짜	___월___일	___월___일	___월___일	___월___일	___월___일
학습 내용	5급 2021년 기출문제 풀이	5급 2020년 기출문제 풀이	5급 기출문제 복습	7급, 민경채 취약 유형 복습	5급 취약 유형 복습

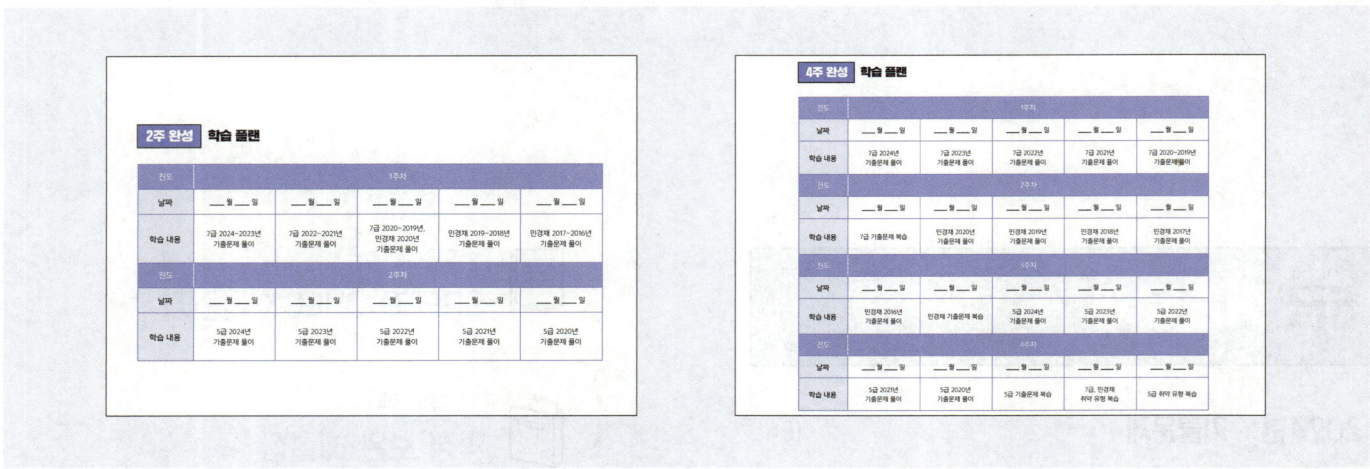

2 출제 유형 분석으로 다양한 출제 유형을 파악한다.

· 상황판단에 대한 상세한 출제 유형 분석으로 상황판단의 다양한 출제 유형을 파악할 수 있습니다.

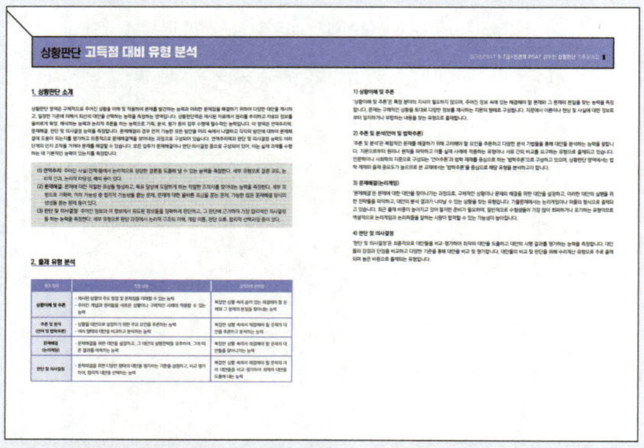

3 기출문제 풀이로 실전에 확실하게 대비한다.

· 5·7급, 민경채 기출문제를 풀어보면서 실전에 확실하게 대비할 수 있습니다. 또한 SPEED CHECK 답안지를 통해 실제 시험처럼 직접 답을 체크하며 실전 감각을 극대화할 수 있습니다.

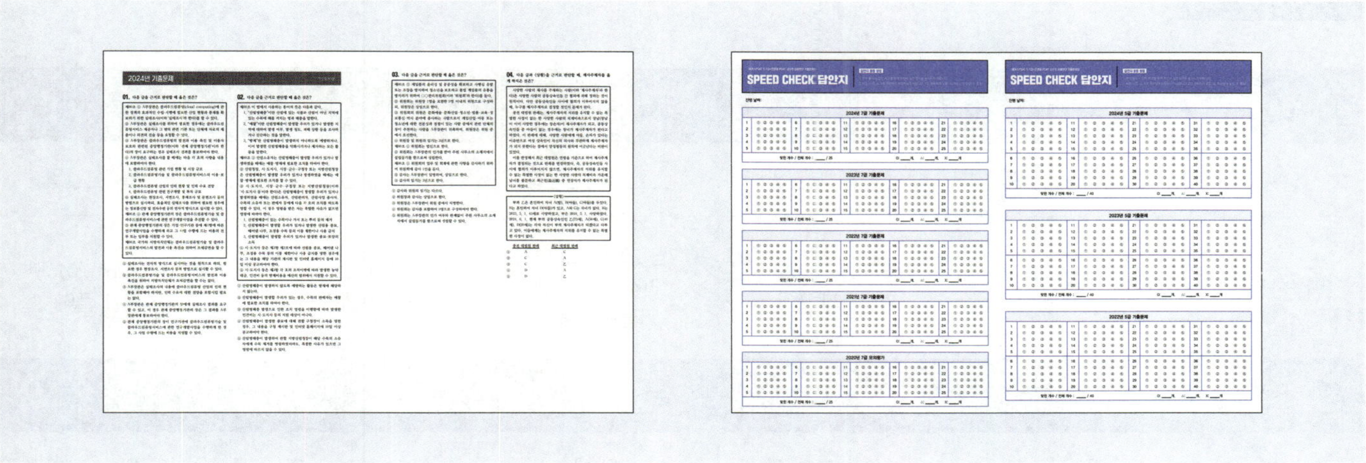

4 상세한 해설로 완벽하게 정리한다.

· 정답과 오답의 이유가 상세하고 이해하기 쉽게 제시되어 있어 문제를 꼼꼼하게 학습할 수 있습니다.

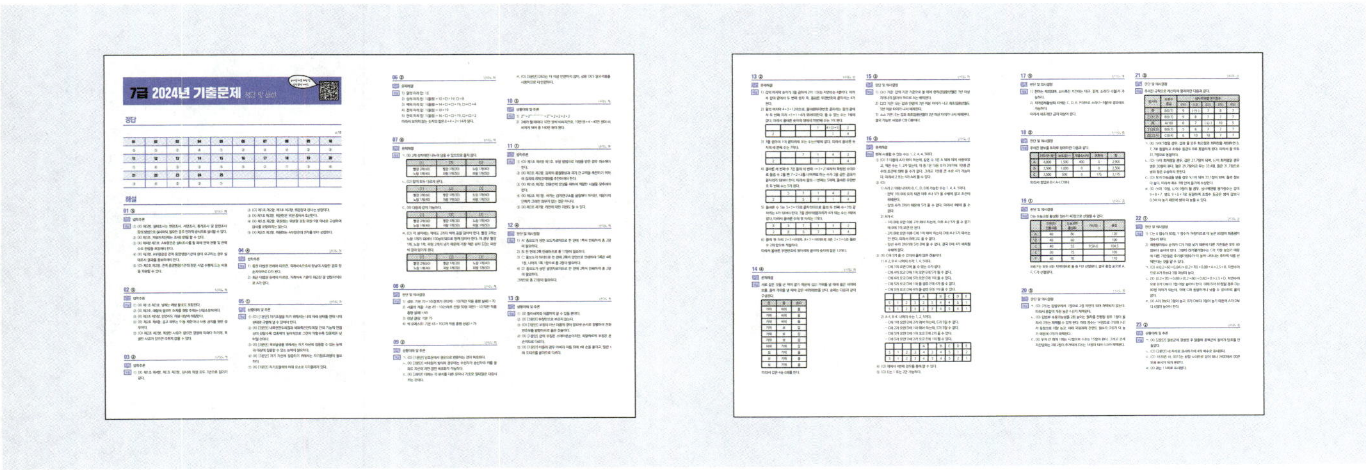

기간별 맞춤 학습 플랜

자신의 학습 기간에 맞는 학습 플랜을 선택하여 계획을 수립하고, 그날에 해당하는 분량을 공부합니다.

2주 완성 학습 플랜

진도	1주차				
날짜	___ 월 ___ 일	___ 월 ___ 일	___ 월 ___ 일	___ 월 ___ 일	___ 월 ___ 일
학습 내용	7급 2024~2023년 기출문제 풀이	7급 2022~2021년 기출문제 풀이	7급 2020~2019년, 민경채 2020년 기출문제 풀이	민경채 2019~2018년 기출문제 풀이	민경채 2017~2016년 기출문제 풀이
진도	2주차				
날짜	___ 월 ___ 일	___ 월 ___ 일	___ 월 ___ 일	___ 월 ___ 일	___ 월 ___ 일
학습 내용	5급 2024년 기출문제 풀이	5급 2023년 기출문제 풀이	5급 2022년 기출문제 풀이	5급 2021년 기출문제 풀이	5급 2020년 기출문제 풀이

4주 완성 학습 플랜

진도	1주차				
날짜	___ 월 ___ 일	___ 월 ___ 일	___ 월 ___ 일	___ 월 ___ 일	___ 월 ___ 일
학습 내용	7급 2024년 기출문제 풀이	7급 2023년 기출문제 풀이	7급 2022년 기출문제 풀이	7급 2021년 기출문제 풀이	7급 2020~2019년 기출문제 풀이
진도	2주차				
날짜	___ 월 ___ 일	___ 월 ___ 일	___ 월 ___ 일	___ 월 ___ 일	___ 월 ___ 일
학습 내용	7급 기출문제 복습	민경채 2020년 기출문제 풀이	민경채 2019년 기출문제 풀이	민경채 2018년 기출문제 풀이	민경채 2017년 기출문제 풀이
진도	3주차				
날짜	___ 월 ___ 일	___ 월 ___ 일	___ 월 ___ 일	___ 월 ___ 일	___ 월 ___ 일
학습 내용	민경채 2016년 기출문제 풀이	민경채 기출문제 복습	5급 2024년 기출문제 풀이	5급 2023년 기출문제 풀이	5급 2022년 기출문제 풀이
진도	4주차				
날짜	___ 월 ___ 일	___ 월 ___ 일	___ 월 ___ 일	___ 월 ___ 일	___ 월 ___ 일
학습 내용	5급 2021년 기출문제 풀이	5급 2020년 기출문제 풀이	5급 기출문제 복습	7급, 민경채 취약 유형 복습	5급 취약 유형 복습

PSAT 알아보기

1. 5급 공채 알아보기

1) 5급 공채란?

5급 공채는 인사혁신처에서 학력, 경력에 관계없이 5급 행정직 및 기술직 공무원으로 임용되기를 원하는 불특정 다수인을 대상으로 실시하는 공개경쟁채용시험을 말합니다. 신규 5급 공무원 채용을 위한 균등한 기회 보장과 보다 우수한 인력의 공무원을 선발하는 데에 시험의 목적이 있습니다. 경력경쟁채용이나 지역인재채용과 달리 18세 이상의 연령이면서 국가공무원법 제33조에서 정한 결격사유에 저촉되지 않는 한, 누구나 학력 제한이나 응시상한연령 없이 시험에 응시할 수 있습니다.

- **경력경쟁채용**: 공개경쟁채용시험에 의하여 충원이 곤란한 분야에 대해 채용하는 제도로서 다양한 현장 경험과 전문성을 갖춘 민간전문가를 공직자로 선발한다.
- **지역인재채용**: 자격요건을 갖춘 자를 학교별로 추천받아 채용하는 제도로서 일정 기간의 수습 근무를 마친 후 심사를 거쳐 공직자로 선발한다.

2) 5급 공채 채용 프로세스

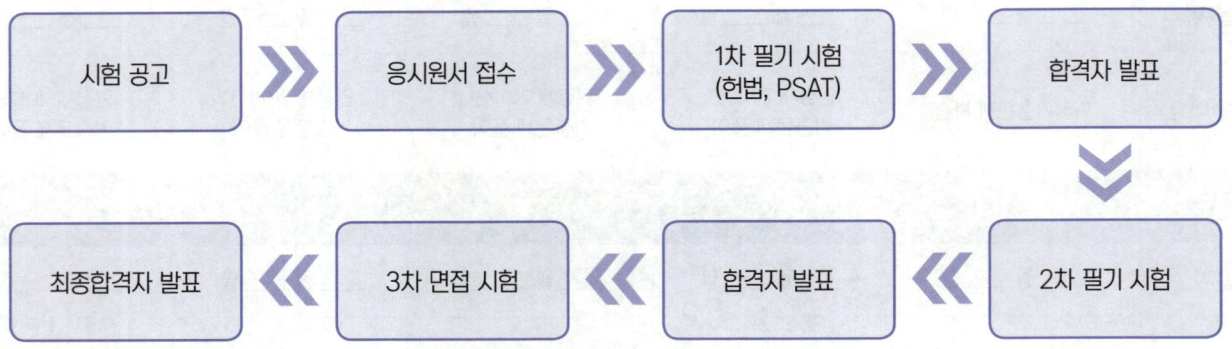

시험 공고 » 응시원서 접수 » 1차 필기 시험 (헌법, PSAT) » 합격자 발표 » 2차 필기 시험 » 합격자 발표 » 3차 면접 시험 » 최종합격자 발표

* 최신 시험의 상세 일정은 사이버국가고시센터(www.gosi.kr) 참고

2. 7급 공채 알아보기

1) 7급 공채란?

7급 공채는 인사혁신처에서 학력, 경력에 관계없이 7급 행정직 및 기술직 공무원으로 임용되기를 원하는 불특정 다수인을 대상으로 실시하는 공개경쟁채용을 말합니다. 신규 7급 공무원 채용을 위한 균등한 기회 보장과 보다 우수한 인력의 공무원을 선발하는 데에 시험의 목적이 있습니다. 경력경쟁채용이나 지역인재채용과 달리 18세 이상의 연령이면서 국가공무원법 제33조에서 정한 결격사유에 저촉되지 않는 한, 누구나 학력 제한이나 응시상한연령 없이 시험에 응시할 수 있습니다.

2) 7급 공채 채용 프로세스

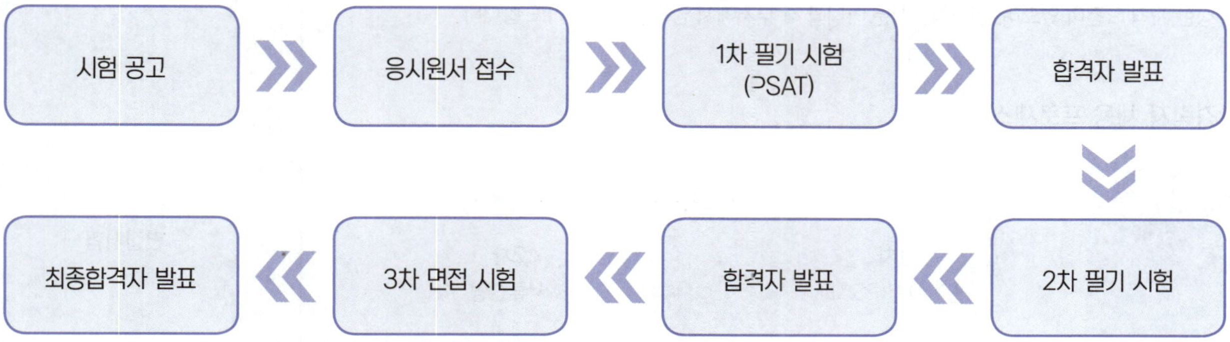

* 최신 시험의 상세 일정은 사이버국가고시센터(www.gosi.kr) 참고

3. 민간경력자 채용 알아보기

1) 민간경력자 채용이란?

민간경력자 채용은 경력경쟁채용의 일종으로 다양한 현장 경험과 전문성을 갖춘 민간전문가를 공직자로 선발하는 제도입니다. 정부는 민간경력자 채용을 통해 공직사회 개방을 촉진하고 현장의 경험을 정책에 접목하여 공직의 전문성과 경쟁력을 높이기 위해 해당 제도를 운영하고 있습니다.

공개경쟁채용과의 차이점
공개경쟁채용은 일반적으로 응시연령 외에 특별한 제한이 없고, 인사혁신처에서 시험을 주관합니다. 그러나 민간경력자 채용은 경력, 자격증, 학위 등 일정한 자격 요건이 있으며, 인사혁신처뿐 아니라 각 부처에서 임용을 담당하기도 합니다.

2) 민간경력자 채용 프로세스

선발단계	적격성평가		면접시험
	1차 필기시험(PSAT)	2차 서류전형	
평가내용	기본 적격성+경력과 전문성+업무역량과 종합적 자질		

4. PSAT 알아보기

1) PSAT란?

PSAT(Public Service Aptitude Test, 공직적격성 평가)는 공직과 관련된 상황에서 발생하는 여러 가지 문제에 신속히 대처할 수 있는 문제해결의 잠재력을 가진 사람을 선발하기 위해 도입된 시험입니다. 즉, 특정 과목에 대한 전문지식 보유 수준을 평가하는 대신, 공직자로서 지녀야 할 기본적인 자질과 능력 등을 종합적으로 평가하는 시험입니다. 이에 따라 PSAT는 이해력, 추론 및 분석능력, 문제해결능력 등을 평가하는 언어논리, 상황판단, 자료해석 세 가지 영역으로 구성됩니다.

2) 출제 원칙

· 지식정보화시대 가치 창출에 필요한 학습능력과 문제해결능력 등 종합적 사고력을 평가하는 문제를 출제합니다.
· 이미 습득한 지식의 양을 측정하는 문제보다는 잠재적 업무수행능력을 측정하는 문제를 출제합니다.
· 전문지식은 배제하고 대학일반 교양수준의 지문과 자료를 활용합니다. 단, 전문지식이 필요할 때는 해당 지식을 별도로 설명해 주도록 합니다.
· 지식을 단순히 암기하여 해결할 수 있는 문제는 피하고 종합적이고 심도 있는 사고를 요하는 문제를 중심으로 출제합니다.

3) 시험 구성

7급/민경채		5급	
과목	시험 구성	과목	시험 구성
언어논리	각 25문항/120분	언어논리	40문항/90분
상황판단		자료해석	40문항/90분
자료해석	25문항/60분	상황판단	40문항/90분

상황판단 고득점 대비 유형 분석

1. 상황판단 소개

상황판단 영역은 구체적으로 주어진 상황을 이해 및 적용하여 문제를 발견하는 능력과 이러한 문제점을 해결하기 위하여 다양한 대안을 제시하고, 일정한 기준에 의해서 최선의 대안을 선택하는 능력을 측정하는 영역입니다. 상황판단력은 제시된 자료에서 원리를 추리하고 자료와 정보를 올바르게 확장, 해석하는 능력과 논리적 추론을 하는 능력으로 기획, 분석, 평가 등의 업무 수행에 필수적인 능력입니다. 이 영역은 연역추리력, 문제해결, 판단 및 의사결정 능력을 측정합니다. 문제해결의 경우 먼저 가능한 모든 방안을 머리 속에서 나열하고 각각의 방안에 대하여 문제해결에 도움이 되는지를 평가하고 최종적으로 문제해결책을 찾아내는 과정으로 구성되어 있습니다. 연역추리력과 판단 및 의사결정 능력도 여러 단계의 인지 조작을 거쳐야 문제를 해결할 수 있습니다. 모든 업무가 문제해결이나 판단·의사결정 등으로 구성되어 있어, 이는 실제 과제를 수행하는 데 기본적인 능력이 있는지를 측정합니다.

(1) **연역추리**: 주어진 사실(전제)들에서 논리적으로 정당한 결론을 도출해 낼 수 있는 능력을 측정한다. 세부 유형으로 결론 유도, 논리적 인과, 논리적 타당성, 해석 등이 있다.
(2) **문제해결**: 문제에 대한 적절한 표상을 형성하고, 목표 달성에 도달하게 하는 적절한 조작자를 찾아내는 능력을 측정한다. 세부 유형으로 기획력, 여러 가능성 중 합리적 가능성을 묻는 문제, 문제에 대한 올바른 표상을 묻는 문제, 가능한 많은 문제해결 방식의 생성을 묻는 문제 등이 있다.
(3) **판단 및 의사결정**: 주어진 정보와 이 정보에서 유도된 정보들을 정확하게 판단하고, 그 판단에 근거하여 가장 합리적인 의사결정을 하는 능력을 측정한다. 세부 유형으로 판단 과정에서 논리적 구조의 이해, 게임 이론, 판단 오류, 합리적 선택과정 등이 있다.

2. 출제 유형 분석

평가 항목	측정 내용	공직과의 관련성
상황이해 및 추론	· 제시된 상황의 주요 쟁점 및 문제점을 이해할 수 있는 능력 · 주어진 개념과 원리들을 새로운 상황이나 구체적인 사례에 적용할 수 있는 능력	복잡한 상황 속에 숨어 있는 해결해야 할 문제와 그 문제의 본질을 찾아내는 능력
추론 및 분석 (언어 및 법학추론)	· 상황을 대안으로 설정하기 위한 주요 요인을 추론하는 능력 · 여러 형태의 대안을 비교하고 분석하는 능력	복잡한 상황 속에서 해결해야 할 문제의 대안을 추론하고 분석하는 능력
문제해결 (논리게임)	· 문제해결을 위한 대안을 설정하고, 그 대안의 실행전략을 유추하여, 그에 따른 결과를 예측하는 능력	복잡한 상황 속에서 해결해야 할 문제의 대안들을 찾아나가는 능력
판단 및 의사결정	· 문제해결을 위한 다양한 형태의 대안을 평가하는 기준을 설정하고, 비교 평가하여, 합리적 대안을 선택하는 능력	복잡한 상황 속에서 해결해야 할 문제의 여러 대안들을 비교·평가하여 최적의 대안을 도출해 내는 능력

1) 상황이해 및 추론

'상황이해 및 추론'은 특정 분야의 지식이 필요하지 않으며, 주어진 정보 속에 있는 해결해야 할 문제와 그 문제의 본질을 찾는 능력을 측정합니다. 문제는 구체적인 상황을 토대로 다양한 정보를 제시하는 지문의 형태로 구성됩니다. 지문에서 이론이나 현상 및 사실에 대한 정보로부터 일치하거나 부합하는 내용을 찾는 유형으로 출제됩니다.

2) 추론 및 분석(언어 및 법학추론)

'추론 및 분석'은 복합적인 문제를 해결하기 위해 고려해야 할 요인을 추론하고 다양한 분석 기법들을 통해 대안을 분석하는 능력을 말합니다. 지문으로부터 원리나 원칙을 파악하고 이를 실제 사례에 적용하는 유형이나 서로 간의 비교를 요구하는 유형으로 출제되고 있습니다. 인문학이나 사회학의 지문으로 구성되는 '언어추론'과 법학 제재를 중심으로 하는 '법학추론'으로 구성하고 있으며, 상황판단 영역에서는 법학 제재의 출제 중요도가 높으므로 본 교재에서는 '법학추론'을 중심으로 해당 유형을 분석하고자 합니다.

3) 문제해결(논리게임)

'문제해결'은 문제에 대한 대안을 찾아나가는 과정으로, 구체적인 상황이나 문제의 해결을 위한 대안을 설정하고, 이러한 대안의 실행을 위한 전략들을 파악하고, 대안의 분석 결과가 나타날 수 있는 상황을 찾는 유형입니다. 기출문제에서는 논리게임이나 퍼즐의 형식으로 출제되고 있습니다. 최근 출제 비중이 높아지고 있어 철저한 준비가 필요하며, 일반적으로 수험생들이 가장 많이 회피하거나 포기하는 유형이므로 역설적으로 논리게임과 논리퍼즐을 잘하는 사람이 합격할 수 있는 가능성이 높아집니다.

4) 판단 및 의사결정

'판단 및 의사결정'은 최종적으로 대안들을 비교·평가하여 최적의 대안을 도출하고 대안의 시행 결과를 평가하는 능력을 측정합니다. 대안들의 장점과 단점을 비교하고 다양한 기준을 통해 대안을 비교 및 평가합니다. 대안들의 비교 및 판단을 위해 수리계산 유형으로 주로 출제되며 높은 비중으로 출제되는 유형입니다.

7급
기출문제

2024년 기출문제

2023년 기출문제

2022년 기출문제

2021년 기출문제

2020년 모의평가

2019년 예시문제

01. 다음 글을 근거로 판단할 때 옳은 것은?

제00조 ① A부장관은 클라우드컴퓨팅(cloud computing)에 관한 정책의 효과적인 수립·시행에 필요한 산업 현황과 통계를 확보하기 위한 실태조사(이하 '실태조사'라 한다)를 할 수 있다.
② A부장관은 실태조사를 위하여 필요한 경우에는 클라우드컴퓨팅서비스 제공자나 그 밖의 관련 기관 또는 단체에 자료의 제출이나 의견의 진술 등을 요청할 수 있다.
③ A부장관은 클라우드컴퓨팅의 발전과 이용 촉진 및 이용자 보호와 관련된 중앙행정기관(이하 '관계 중앙행정기관'이라 한다)의 장이 요구하는 경우 실태조사 결과를 통보하여야 한다.
④ A부장관은 실태조사를 할 때에는 다음 각 호의 사항을 내용에 포함하여야 한다.
1. 클라우드컴퓨팅 관련 기업 현황 및 시장 규모
2. 클라우드컴퓨팅기술 및 클라우드컴퓨팅서비스의 이용·보급 현황
3. 클라우드컴퓨팅 산업의 인력 현황 및 인력 수요 전망
4. 클라우드컴퓨팅 관련 연구개발 및 투자 규모
⑤ 실태조사는 현장조사, 서면조사, 통계조사 및 문헌조사 등의 방법으로 실시하되, 효율적인 실태조사를 위하여 필요한 경우에는 정보통신망 및 전자우편 등의 전자적 방식으로 실시할 수 있다.
제00조 ① 관계 중앙행정기관의 장은 클라우드컴퓨팅기술 및 클라우드컴퓨팅서비스에 관한 연구개발사업을 추진할 수 있다.
② 관계 중앙행정기관의 장은 기업·연구기관 등에 제1항에 따른 연구개발사업을 수행하게 하고 그 사업 수행에 드는 비용의 전부 또는 일부를 지원할 수 있다.
제00조 국가와 지방자치단체는 클라우드컴퓨팅기술 및 클라우드컴퓨팅서비스의 발전과 이용 촉진을 위하여 조세감면을 할 수 있다.

① 실태조사는 전자적 방식으로 실시하는 것을 원칙으로 하되, 필요한 경우 현장조사, 서면조사 등의 방법으로 실시할 수 있다.
② 클라우드컴퓨팅기술 및 클라우드컴퓨팅서비스의 발전과 이용 촉진을 위하여 지방자치단체가 조세감면을 할 수는 없다.
③ A부장관은 실태조사의 내용에 클라우드컴퓨팅 산업의 인력 현황을 포함해야 하지만, 인력 수요에 대한 전망을 포함시킬 필요는 없다.
④ A부장관은 관계 중앙행정기관의 장에게 실태조사 결과를 요구할 수 있고, 이 경우 관계 중앙행정기관의 장은 그 결과를 A부장관에게 통보하여야 한다.
⑤ 관계 중앙행정기관의 장이 연구기관에 클라우드컴퓨팅기술 및 클라우드컴퓨팅서비스에 관한 연구개발사업을 수행하게 한 경우, 그 사업 수행에 드는 비용을 지원할 수 있다.

02. 다음 글을 근거로 판단할 때 옳은 것은?

제00조 이 법에서 사용하는 용어의 뜻은 다음과 같다.
1. "산림병해충"이란 산림에 있는 식물과 산림이 아닌 지역에 있는 수목에 해를 끼치는 병과 해충을 말한다.
2. "예찰"이란 산림병해충이 발생할 우려가 있거나 발생한 지역에 대하여 발생 여부, 발생 정도, 피해 상황 등을 조사하거나 진단하는 것을 말한다.
3. "방제"란 산림병해충이 발생하지 아니하도록 예방하거나, 이미 발생한 산림병해충을 약화시키거나 제거하는 모든 활동을 말한다.
제00조 ① 산림소유자는 산림병해충이 발생할 우려가 있거나 발생하였을 때에는 예찰·방제에 필요한 조치를 하여야 한다.
② 산림청장, 시·도지사, 시장·군수·구청장 또는 지방산림청장은 산림병해충이 발생할 우려가 있거나 발생하였을 때에는 예찰·방제에 필요한 조치를 할 수 있다.
③ 시·도지사, 시장·군수·구청장 또는 지방산림청장(이하 '시·도지사 등'이라 한다)은 산림병해충이 발생할 우려가 있거나 발생하였을 때에는 산림소유자, 산림관리자, 산림사업 종사자, 수목의 소유자 또는 판매자 등에게 다음 각 호의 조치를 하도록 명할 수 있다. 이 경우 명령을 받은 자는 특별한 사유가 없으면 명령에 따라야 한다.
1. 산림병해충이 있는 수목이나 가지 또는 뿌리 등의 제거
2. 산림병해충이 발생할 우려가 있거나 발생한 산림용 종묘, 베어낸 나무, 조경용 수목 등의 이동 제한이나 사용 금지
3. 산림병해충이 발생할 우려가 있거나 발생한 종묘·토양의 소독
④ 시·도지사 등은 제3항 제2호에 따라 산림용 종묘, 베어낸 나무, 조경용 수목 등의 이동 제한이나 사용 금지를 명한 경우에는 그 내용을 해당 기관의 게시판 및 인터넷 홈페이지 등에 10일 이상 공고하여야 한다.
⑤ 시·도지사 등은 제3항 각 호의 조치이행에 따라 발생한 농약대금, 인건비 등의 방제비용을 예산의 범위에서 지원할 수 있다.

① 산림병해충이 발생하지 않도록 예방하는 활동은 방제에 해당하지 않는다.
② 산림병해충이 발생할 우려가 있는 경우, 수목의 판매자는 예찰에 필요한 조치를 하여야 한다.
③ 산림병해충 발생으로 인한 조치 명령을 이행함에 따라 발생한 인건비는 시·도지사 등의 지원 대상이 아니다.
④ 산림병해충이 발생한 종묘에 대해 관할 구청장이 소독을 명한 경우, 그 내용을 구청 게시판 및 인터넷 홈페이지에 10일 이상 공고하여야 한다.
⑤ 산림병해충이 발생하여 관할 지방산림청장이 해당 수목의 소유자에게 수목 제거를 명령하였더라도, 특별한 사유가 있으면 그 명령에 따르지 않을 수 있다.

03. 다음 글을 근거로 판단할 때 옳은 것은?

> 제00조 ① 게임물의 윤리성 및 공공성을 확보하고 사행심 유발 또는 조장을 방지하며 청소년을 보호하고 불법 게임물의 유통을 방지하기 위하여 ○○관리위원회(이하 '위원회'라 한다)를 둔다.
> ② 위원회는 위원장 1명을 포함한 9명 이내의 위원으로 구성하되, 위원장은 상임으로 한다.
> ③ 위원회의 위원은 문화예술·문화산업·청소년·법률·교육·정보통신·역사 분야에 종사하는 사람으로서 게임산업·아동 또는 청소년에 대한 전문성과 경험이 있는 사람 중에서 관련 단체의 장이 추천하는 사람을 A부장관이 위촉하며, 위원장은 위원 중에서 호선한다.
> ④ 위원장 및 위원의 임기는 3년으로 한다.
> 제00조 ① 위원회는 법인으로 한다.
> ② 위원회는 A부장관의 인가를 받아 주된 사무소의 소재지에서 설립등기를 함으로써 성립한다.
> 제00조 ① 위원회의 업무 및 회계에 관한 사항을 감사하기 위하여 위원회에 감사 1인을 둔다.
> ② 감사는 A부장관이 임명하며, 상임으로 한다.
> ③ 감사의 임기는 3년으로 한다.

① 감사와 위원의 임기는 다르다.
② 위원장과 감사는 상임으로 한다.
③ 위원장은 A부장관이 위원 중에서 지명한다.
④ 위원회는 감사를 포함하여 9명으로 구성하여야 한다.
⑤ 위원회는 A부장관의 인가 여부와 관계없이 주된 사무소의 소재지에서 설립등기를 함으로써 성립할 수 있다.

04. 다음 글과 〈상황〉을 근거로 판단할 때, 제사주재자를 옳게 짝지은 것은?

> 사망한 사람의 제사를 주재하는 사람(이하 '제사주재자'라 한다)은 사망한 사람의 공동상속인들 간 협의에 의해 정하는 것이 원칙이다. 다만 공동상속인들 사이에 협의가 이루어지지 않을 때, 누구를 제사주재자로 결정할 것인지 문제가 된다.
>
> 종전 대법원 판례는, 제사주재자의 지위를 유지할 수 없는 특별한 사정이 없는 한 사망한 사람의 직계비속으로서 장남(장남이 이미 사망한 경우에는 장손자)이 제사주재자가 되고, 공동상속인들 중 아들이 없는 경우에는 장녀가 제사주재자가 된다고 하였다. 이 판례에 대해, 사망한 사람에게 아들, 손자가 있다는 이유만으로 여성 상속인이 자신의 의사와 무관하게 제사주재자가 되지 못한다는 점에서 양성평등의 원칙에 어긋난다는 비판이 있었다.
>
> 이를 반영해서 최근 대법원은 연령을 기준으로 하여 제사주재자가 결정되는 것으로 판례를 변경하였다. 즉, 공동상속인들 사이에 협의가 이루어지지 않으면, 제사주재자의 지위를 유지할 수 없는 특별한 사정이 없는 한 사망한 사람의 직계비속 가운데 남녀를 불문하고 최근친(最近親) 중 연장자가 제사주재자가 된다고 하였다.

〈상황〉

> 甲과 乙은 혼인하여 자녀 A(딸), B(아들), C(아들)를 두었다. B는 혼인하여 자녀 D(아들)가 있고, A와 C는 자녀가 없다. B는 2023. 5. 1. 43세로 사망하였고, 甲은 2024. 5. 1. 사망하였다. 2024. 6. 1. 현재 甲의 공동상속인인 乙(73세), A(50세), C(40세), D(20세)는 각자 자신이 甲의 제사주재자가 되겠다고 다투고 있다. 이들에게는 제사주재자의 지위를 유지할 수 없는 특별한 사정이 없다.

	종전 대법원 판례	최근 대법원 판례
①	A	C
②	C	A
③	C	乙
④	D	A
⑤	D	乙

05. 다음 글을 근거로 판단할 때 옳은 것은?

> 자기조절력은 스스로 목표를 설정하고 그 목표를 달성하기 위해 집념과 끈기를 발휘하는 능력을 말한다. 또한 자기조절력은 자기 자신의 감정을 잘 조절하는 능력이기도 하며, 내가 나를 존중하는 능력이기도 하다. 자기조절을 하기 위해서는 도달하고 싶으나 아직 구현되지 않은 나의 미래 상태를 현재 나의 상태와 구별해 낼 수 있어야 한다. 자기조절력의 하위 요소로는 자기절제와 목표달성 등이 있다. 이러한 하위 요소들은 신경망과도 관련이 있는 것으로 알려져 있다.
>
> 우선 자기절제는 충동을 통제하고, 일상적이고도 전형적인 혹은 자동적인 행동을 분명한 의도를 바탕으로 억제하는 것이다. 이처럼 특정한 의도를 갖고 자신의 행동이나 생각을 의식적으로 억제하거나 마음먹은 대로 조절하는 능력은 복외측전전두피질과 내측전전두피질을 중심으로 한 신경망과 관련이 깊다.
>
> 한편 목표달성을 위해서는 두 가지 능력이 필요하다. 첫 번째는 자기 자신에 집중할 수 있는 능력이다. 나 자신에 집중하기 위해서는 끊임없이 자신을 되돌아보며 현재 나의 상태를 알아차리는 자기참조과정이 필요하다. 자기참조과정에 주로 관여하는 것은 내측전전두피질을 중심으로 후방대상피질과 설전부를 연결하는 신경망이다. 두 번째는 자신이 도달하고자 하는 대상에 집중할 수 있는 능력이다. 특정 대상에 주의를 집중하는 데 필요한 뇌 부위는 배외측전전두피질로 알려져 있다. 배외측전전두피질은 주로 내측전전두피질과 연결되어 작동한다. 내측전전두피질과 배외측전전두피질 간의 기능적 연결성이 강할수록 목표를 위해 에너지를 집중하고 지속적인 노력을 쏟아 부을 수 있는 능력이 높아진다.

① 자기조절을 위해서는 현재 나의 상태와 아직 구현되지 않은 나의 미래 상태를 구분할 수 있어야 한다.

② 내측전전두피질과 배외측전전두피질 간의 기능적 연결성이 약할수록 목표를 위한 집중력이 높아진다.

③ 목표달성을 위해서는 일상적이고 전형적인 행동을 강화하는 능력이 필요하다.

④ 자신이 도달하고자 하는 대상에 집중하는 과정을 자기참조과정이라 한다.

⑤ 자기조절력은 자기절제의 하위 요소이다.

06. 다음 글을 근거로 판단할 때, 보이지 않는 숫자를 모두 합한 값은?

> 甲~丁은 매일 최대한 많이 걷기로 하고 특정 시간에 만나서 각자의 걸음 수와 그 합을 기록하였다. 그 기록한 걸음 수의 합은 199,998걸음이었다. 그런데 수명이 다 된 펜으로 각자의 걸음 수를 쓴 탓이었는지 다음날에 보니 아래와 같이 다섯 개의 숫자(□)가 보이지 않았다.

甲:	□	5	7	0	1
乙:	8	4	□	9	8
丙:	8	3	□	□	4
丁:	□	6	7	1	5

① 13

② 14

③ 15

④ 16

⑤ 17

07. 다음 글을 근거로 판단할 때, 〈보기〉에서 옳은 것만을 모두 고르면?

甲은 아래 3가지 색의 공을 〈조건〉에 따라 3개의 상자에 나누어 모두 담으려고 한다.

색	무게(g)	개수
빨강	30	3
노랑	40	2
파랑	50	2

〈조건〉

○ 각 상자에는 100g을 초과해 담을 수 없다.
○ 각 상자에는 적어도 2가지 색의 공을 담아야 한다.

〈보기〉

ㄱ. 빨간색 공은 모두 서로 다른 상자에 담기게 된다.
ㄴ. 각 상자에 담긴 공 무게의 합은 서로 다르다.
ㄷ. 빨간색 공이 담긴 상자에는 파란색 공이 담기지 않는다.
ㄹ. 3개의 상자 중에서 공 무게의 합이 가장 작은 상자에는 파란색 공이 담기게 된다.

① ㄱ, ㄴ
② ㄱ, ㄷ
③ ㄴ, ㄷ
④ ㄴ, ㄹ
⑤ ㄷ, ㄹ

08. 다음 글을 근거로 판단할 때, A사가 투자할 작품만을 모두 고르면?

○ A사는 투자할 작품을 결정하려고 한다. 작품별 기본점수 등 현황은 다음과 같다.

현황 / 작품	기본 점수 (점)	스태프 인원 (명)	장르	감독의 최근 2개 작품 흥행 여부 (개봉연도)	
성묘	70	55	판타지	성공 (2009)	실패 (2015)
서울의 겨울	85	45	액션	실패 (2018)	실패 (2020)
만날 결심	75	50	추리	실패 (2020)	성공 (2022)
빅 포레스트	65	65	멜로	성공 (2011)	성공 (2018)

○ 최종점수는 작품별 기본점수에 아래 기준에 따른 점수를 가감해 산출한다.

기준	가감 점수
스태프 인원이 50명 미만	감점 10점
장르가 판타지	가점 10점
감독의 최근 2개 작품이 모두 흥행 성공	가점 10점
감독의 직전 작품이 흥행 실패	감점 10점

○ 최종점수가 75점 이상인 작품에 투자한다.

① 성묘, 만날 결심
② 성묘, 빅 포레스트
③ 서울의 겨울, 만날 결심
④ 만날 결심, 빅 포레스트
⑤ 서울의 겨울, 빅 포레스트

[09~10] 다음 글을 읽고 물음에 답하시오.

암호 기술은 일반적인 문장(평문)을 해독 불가능한 암호문으로 변환하거나, 암호문을 해독 가능한 평문으로 변환하기 위한 원리, 수단, 방법 등을 취급하는 기술을 말한다. 이 암호 기술은 암호화와 복호화로 구성된다. 암호화는 평문을 암호문으로 변환하는 것이며, 반대로 암호문에서 평문으로 변환하는 것은 복호화라 한다.

암호 기술에서 사용되는 알고리즘, 즉 암호 알고리즘은 대상 메시지를 재구성하는 방법이다. 암호 알고리즘에는 메시지의 각 원소를 다른 원소에 대응시키는 '대체'와 메시지의 원소들을 재배열하는 '치환'이 있다. 예를 들어 대체는 각 문자를 다른 문자나 기호로 일대일로 대응시키는 것이고, 치환은 단어, 어절 등의 순서를 바꾸는 것이다.

암호 알고리즘에서는 보안을 강화하기 위해 키(key)를 사용하기도 한다. 키는 암호가 작동하는 데 필요한 값이다. 송신자와 수신자가 같은 키를 사용하면 대칭키 방식이라 하고, 다른 키를 사용하면 비대칭키 방식이라 한다. 대칭키 방식은 동일한 키로 상자를 열고 닫는 것이고, 비대칭키 방식은 서로 다른 키로 상자를 열고 닫는 것이다. 비대칭키 방식의 경우에는 수신자가 송신자의 키를 몰라도 자신의 키만 알면 복호화가 가능하다. 그리고 비대칭키 방식은 서로 다른 키를 사용하기 때문에, 키의 유출 염려가 덜해 조금 더 보안성이 높다고 알려져 있다.

한편 암호 알고리즘에 사용하기 위해 만들 수 있는 키의 수는 키를 구성하는 비트(bit)의 수에 따른다. 비트는 0과 1을 표현할 수 있는 가장 작은 단위인데, 예를 들어 8비트로 만들 수 있는 키의 수는 2^8, 즉 256개이다. 키를 구성하는 비트의 수가 많으면 많을수록 모든 키를 체크하는 데 시간이 오래 걸려 보안성이 높아진다. 256개 정도의 키는 컴퓨터로 짧은 시간에 모두 체크할 수 있으나, 100비트로 구성된 키가 사용되었다면 체크해야 할 키의 수가 2^{100}개에 달해 초당 100만 개의 키를 체크할 수 있는 컴퓨터를 사용하더라도 상당히 많은 시간이 걸릴 것이다.

56비트로 구성된 키를 사용하여 만든 암호 알고리즘에는 DES(Data Encryption Standard)가 있다. 그런데 오늘날 컴퓨팅 기술의 발전으로 인해 DES는 더 이상 안전하지 않아, DES보다는 DES를 세 번 적용한 삼중 DES(triple DES)나 그 뒤를 이은 AES(Advanced Encryption Standard)를 사용하고 있다.

09. 윗글을 근거로 판단할 때, 〈보기〉에서 옳은 것만을 모두 고르면?

〈보기〉

ㄱ. 복호화를 통하여 암호문을 평문으로 변환할 수 있다.
ㄴ. 비대칭키 방식의 경우, 수신자는 송신자의 키를 알아야 암호를 해독할 수 있다.
ㄷ. 대체는 단어, 어절 등의 순서를 바꾸는 것이다.
ㄹ. 삼중 DES 알고리즘은 DES 알고리즘보다 안전성이 높다.

① ㄱ, ㄴ
② ㄱ, ㄹ
③ ㄴ, ㄷ
④ ㄴ, ㄹ
⑤ ㄷ, ㄹ

10. 윗글과 〈상황〉을 근거로 판단할 때, (가)에 해당하는 수는?

〈상황〉

2^{56}개의 키를 1초에 모두 체크할 수 있는 컴퓨터의 가격이 1,000,000원이다. 컴퓨터의 체크 속도가 2배가 될 때마다 컴퓨터는 10만 원씩 비싸진다. 60비트로 만들 수 있는 키를 1초에 모두 체크할 수 있는 컴퓨터의 최소 가격은 (가) 원이다.

① 1,100,000
② 1,200,000
③ 1,400,000
④ 1,600,000
⑤ 2,000,000

11. 다음 글을 근거로 판단할 때 옳은 것은?

> 제00조 ① A부장관은 김치산업의 활성화를 위한 제조기술 및 김치와 어울리는 식문화 보급을 위하여 필요한 전문인력을 양성할 수 있다.
> ② A부장관은 제1항에 따른 전문인력 양성을 위하여 대학·연구소 등 적절한 시설과 인력을 갖춘 기관·단체를 전문인력 양성기관으로 지정·관리할 수 있다.
> ③ A부장관은 제2항에 따라 지정된 전문인력 양성기관에 대하여 예산의 범위에서 그 양성에 필요한 경비를 지원할 수 있다.
> ④ A부장관은 김치산업 전문인력 양성기관이 다음 각 호의 어느 하나에 해당하는 경우에는 지정을 취소하거나 6개월 이내의 범위에서 기간을 정하여 업무의 전부 또는 일부를 정지할 수 있다. 다만, 제1호에 해당하는 경우에는 지정을 취소하여야 한다.
> 1. 거짓이나 그 밖의 부정한 방법으로 지정을 받은 경우
> 2. 지정받은 사항을 위반하여 업무를 행한 경우
> 3. 지정기준에 적합하지 아니하게 된 경우
>
> 제00조 ① 국가는 김치종주국의 위상제고, 김치의 연구·전시·체험 등을 위하여 세계 김치연구소를 설립하여야 한다.
> ② 국가와 지방자치단체는 세계 김치연구소의 효율적인 운영·관리를 위하여 필요한 경비를 예산의 범위에서 지원할 수 있다.
>
> 제00조 ① 국가와 지방자치단체는 김치산업의 육성, 김치의 수출 경쟁력 제고 및 해외시장 진출 활성화를 위하여 김치의 대표상품을 홍보하거나 해외시장을 개척하는 개인 또는 단체에 대하여 필요한 지원을 할 수 있다.
> ② A부장관은 김치의 품질향상과 국가 간 교역을 촉진하기 위하여 김치의 국제규격화를 추진하여야 한다.

① 김치산업 전문인력 양성기관으로 지정된 기관이 부정한 방법으로 지정을 받은 경우, A부장관은 그 지정을 취소하여야 한다.
② A부장관은 김치의 품질향상과 국가 간 교역을 촉진하기 위하여 김치의 국제규격화는 지양하여야 한다.
③ A부장관은 적절한 시설을 갖추지 못한 대학이라도 전문인력 양성을 위하여 해당 대학을 김치산업 전문인력 양성기관으로 지정할 수 있다.
④ 국가와 지방자치단체는 김치종주국의 위상제고를 위해 세계 김치연구소를 설립하여야 한다.
⑤ 지방자치단체가 김치의 해외시장 개척을 지원함에 있어서 개인은 그 지원대상이 아니다.

12. 다음 글을 근거로 판단할 때, 인쇄에 필요한 A4용지의 장수는?

> 甲주무관은 〈인쇄 규칙〉에 따라 문서 A~D를 각 1부씩 인쇄하였다.
>
> 〈인쇄 규칙〉
>
> ○ 문서는 A4용지에 인쇄한다.
> ○ A4용지 한 면에 2쪽씩 인쇄한다. 단, 중요도가 상에 해당하는 보도자료는 A4용지 한 면에 1쪽씩 인쇄한다.
> ○ 단면 인쇄를 기본으로 한다. 단, 중요도가 하에 해당하는 문서는 양면 인쇄한다.
> ○ 한 장의 A4용지에는 한 종류의 문서만 인쇄한다.

종류	유형	쪽수	중요도
A	보도자료	2	상
B	보도자료	34	중
C	보도자료	5	하
D	설명자료	3	상

① 11장
② 12장
③ 22장
④ 23장
⑤ 24장

13. 다음 글을 근거로 판단할 때 옳은 것은?

> 이름 뒤에 성이 오는 보통의 서양식 작명법과 달리, A국에서는 별도의 성을 사용하지 않고 이름 뒤에 '부칭(父稱)'이 오도록 작명을 한다. 부칭은 이름을 붙이는 대상자의 아버지 이름에 접미사를 붙여서 만든다. 아들의 경우 그 아버지의 이름 뒤에 s와 손(son)을 붙이고, 딸의 경우 s와 도티르(dottir)를 붙여 '~의 아들' 또는 '~의 딸'이라는 의미를 가지는 부칭을 만든다. 예를 들어, 욘 스테파운손(Jon Stefansson)의 아들 피얄라르(Fjalar)는 '피얄라르 욘손(Fjalar Jonsson)', 딸인 카트린(Katrin)은 '카트린 욘스도티르(Katrin Jonsdottir)'가 되는 식이다.
>
> 같은 사회적 집단에 속해 있는 사람끼리 이름과 부칭이 같으면 할아버지의 이름까지 써서 작명하기도 한다. 예를 들어, 욘 토르손이라는 사람이 한 집단에 두 명 있는 경우에는 욘 토르손 아이나르소나르(Jon Thorsson Einarssonar)와 욘 토르손 스테파운소나르(Jon Thorsson Stefanssonar)와 같이 구분한다. 전자의 경우 '아이나르의 아들인 토르의 아들인 욘'을, 후자의 경우 '스테파운의 아들인 토르의 아들인 욘'을 의미한다.
>
> 한편 공식적인 자리에서 A국 사람들은 이름을 부르거나 이름과 부칭을 함께 부르며, 부칭만으로 서로를 부르지는 않는다. 또한 A국에서는 부칭이 아닌 이름의 영어 알파벳 순서로 정렬하여 전화번호부를 발행한다.

① 피얄라르 토르손 아이나르소나르(Fjalar Thorsson Einarssonar)로 불리는 사람의 할아버지의 부칭을 알 수 있다.

② 피얄라르 욘손(Fjalar Jonsson)은 공식적인 자리에서 욘손으로 불린다.

③ A국의 전화번호부에는 피얄라르 욘손(Fjalar Jonsson)의 아버지의 이름이 토르 아이나르손(Thor Einarsson)보다 먼저 나올 것이다.

④ 스테파운(Stefan)의 아들 욘(Jon)의 부칭과 손자 피얄라르(Fjalar)의 부칭은 같을 것이다.

⑤ 욘 스테파운손(Jon Stefansson)의 아들과 욘 토르손(Jon Thorsson)의 딸은 동일한 부칭을 사용할 것이다.

14. 다음 글과 〈상황〉을 근거로 판단할 때, 〈보기〉에서 옳은 것만을 모두 고르면?

> 甲국은 국내 순위 1~10위 선수 10명 중 4명을 국가대표로 선발하고자 한다. 국가대표는 국내 순위가 높은 선수가 우선 선발되나, A, B, C팀 소속 선수가 최소한 1명씩은 포함되어야 한다.

〈상황〉

- 국내 순위 1~10위 중 공동 순위는 없다.
- 선수 10명 중 4명은 A팀, 3명은 B팀, 3명은 C팀 소속이다.
- C팀 선수 중 국내 순위가 가장 낮은 선수가 A팀 선수 중 국내 순위가 가장 높은 선수보다 국내 순위가 높다.
- B팀 소속 선수 3명의 국내 순위는 각각 2위, 5위, 8위이다.

〈보기〉

ㄱ. 국내 순위 1위 선수의 소속팀은 C팀이다.
ㄴ. A팀 소속 선수 중 국내 순위가 가장 낮은 선수는 9위이다.
ㄷ. 국가대표 중 국내 순위가 가장 낮은 선수는 7위이다.
ㄹ. 국내 순위 3위 선수와 4위 선수는 같은 팀이다.

① ㄱ, ㄴ
② ㄱ, ㄷ
③ ㄱ, ㄹ
④ ㄴ, ㄷ
⑤ ㄴ, ㄹ

15. 다음 글을 근거로 판단할 때, Q를 100리터 생산하는 데 드는 최소 비용은?

○ 화학약품 Q를 생산하려면 A와 B를 2:1의 비율로 혼합해야 한다. 이 혼합물을 가공하면 B와 같은 부피의 Q가 생산된다. 예를 들어, A 2리터와 B 1리터를 혼합하여 가공하면 Q 1리터가 생산된다.
○ A는 원료 X와 Y를 1:2의 비율로 혼합하여 만든다. 이 혼합물을 가공하면 X와 같은 부피의 A가 생산된다. 예를 들어, X 1리터와 Y 2리터를 혼합하여 가공하면 A 1리터가 생산된다.
○ B는 원료 Z와 W를 혼합하여 만들거나, Z나 W만 사용하여 만든다. Z와 W를 혼합하여 가공하면 혼합비율에 관계없이 원료 절반 부피의 B가 생산된다. 예를 들어, Z와 W를 1리터씩 혼합하여 가공하면 B 1리터가 생산된다. 두 재료를 혼합하지 않고 Z나 W만 사용하여 가공하는 경우에도 마찬가지로 원료 절반 부피의 B가 생산된다.
○ 각 원료의 리터당 가격은 다음과 같다. 원료비 이외의 비용은 발생하지 않는다.

원료	X	Y	Z	W
가격(만 원/리터)	1	2	4	3

① 1,200만 원
② 1,300만 원
③ 1,400만 원
④ 1,500만 원
⑤ 1,600만 원

16. 다음 글과 〈상황〉을 근거로 판단할 때, 〈보기〉에서 옳은 것만을 모두 고르면?

두 선수가 맞붙어 승부를 내는 스포츠 경기가 있다. 이 경기는 개별 게임으로 이루어져 있으며, 한 게임의 승부가 결정되면 그 게임의 승자는 1점을 얻고 패자는 점수를 얻지 못한다. 무승부는 없다. 개별 게임을 반복적으로 진행하여 한 선수의 점수가 다른 선수보다 2점 많아지면 그 선수가 경기의 승자가 되고 경기가 종료된다.

〈상황〉

두 선수 甲과 乙이 맞붙어 이 경기를 치른 결과, n번째 게임을 끝으로 甲이 경기의 승자가 되고 경기가 종료되었다. 단, $n > 3$이다.

〈보기〉

ㄱ. n이 홀수인 경우가 있다.
ㄴ. (n − 1)번째 게임에서 乙이 이겼을 수도 있다.
ㄷ. (n − 2)번째 게임 종료 후 두 선수의 점수는 같았다.
ㄹ. (n − 3)번째 게임에서 乙이 이겼을 수도 있다.

① ㄱ
② ㄷ
③ ㄱ, ㄴ
④ ㄴ, ㄹ
⑤ ㄷ, ㄹ

17. 다음 글과 〈상황〉을 근거로 판단할 때, 甲이 치른 3경기의 순위를 모두 합한 수는?

10명의 선수가 참여하는 경기가 있다. 현재까지 3경기가 치러졌다. 참여한 선수에게는 매 경기의 순위에 따라 다음과 같이 점수를 부여한다.

순위	점수	순위	점수
1	100	6	8
2	50	7	6
3	30	8	4
4	20	9	2
5	10	10	1

만약 어떤 순위에 공동 순위가 나온다면, 그 순위를 포함하여 공동 순위자의 수만큼 이어진 순위 각각에 따른 점수의 합을 공동 순위자에게 동일하게 나누어 부여한다. 예를 들어 공동 3위가 3명이면, 공동 3위 각각에게 부여되는 점수는 (30 + 20 + 10) ÷ 3으로 20이다. 이 경우 그다음 순위는 6위가 된다.

〈상황〉

○ 甲은 3경기에서 총 157점을 획득하였으며, 공동 순위는 한 번 기록하였다.
○ 치러진 3경기에서 공동 순위가 4명 이상인 경우는 없었다.

① 8
② 9
③ 10
④ 11
⑤ 12

18. 다음 글을 근거로 판단할 때 옳지 않은 것은?

인터넷 장애로 인해 甲~丁은 '메일', '공지', '결재', '문의' 중 접속할 수 없는 메뉴가 각자 1개 이상 있다. 다음은 이에 관한 甲~丁의 대화이다.

甲: 나는 결재를 포함한 2개 메뉴에만 접속할 수 없고, 乙, 丙, 丁은 모두 이 2개 메뉴에 접속할 수 있어.
乙: 丙이나 丁이 접속하지 못하는 메뉴는 나도 전부 접속할 수 없어.
丙: 나는 문의에 접속해서 이번 오류에 대해 질문했어.
丁: 나는 공지에 접속할 수 없고, 丙은 공지에 접속할 수 있어.

① 甲은 공지에 접속할 수 없다.
② 乙은 메일에 접속할 수 없다.
③ 乙은 2개의 메뉴에 접속할 수 있다.
④ 丁은 문의에 접속할 수 있다.
⑤ 甲과 丙이 공통으로 접속할 수 있는 메뉴가 있다.

19. 다음 글을 근거로 판단할 때, 1층 바닥면에서 2층 바닥면까지의 높이는?

> 1층 바닥면과 2층 바닥면이 계단으로 연결된 건물이 있다. A가 1층 바닥면에 서 있고, B가 2층 바닥면에 서 있을 때, A의 머리 끝과 B의 머리 끝의 높이 차이는 240cm이다. A와 B가 위치를 서로 바꾸는 경우, A와 B의 머리 끝의 높이 차이는 220cm이다. A와 B의 키는 1층 바닥면에서 2층 바닥면까지의 높이보다 크지 않다.

① 210cm
② 220cm
③ 230cm
④ 240cm
⑤ 250cm

20. 다음 글을 근거로 판단할 때, 가장 많은 액수를 지급받을 예술단체의 배정액은?

> □□부는 2024년도 예술단체 지원사업 예산 4억 원을 배정하려 한다. 지원 대상이 되는 예술단체의 선정 및 배정액 산정·지급 방법은 다음과 같다.
>
> ○ 2023년도 기준 인원이 30명 미만이거나 운영비가 1억 원 미만인 예술단체를 선정한다.
> ○ 사업분야가 공연인 단체의 배정액은 '(운영비 × 0.2) + (사업비 × 0.5)'로 산정한다.
> ○ 사업분야가 교육인 단체의 배정액은 '(운영비 × 0.5) + (사업비 × 0.2)'로 산정한다.
> ○ 인원이 많은 단체부터 순차적으로 지급한다. 다만 예산 부족으로 산정된 금액 전부를 지급할 수 없는 단체에는 예산 잔액을 배정액으로 한다.
> ○ 2023년도 기준 예술단체(A~D) 현황은 다음과 같다.

단체	인원(명)	사업분야	운영비(억 원)	사업비(억 원)
A	30	공연	1.8	5.5
B	28	교육	2.0	4.0
C	27	공연	3.0	3.0
D	33	교육	0.8	5.0

① 8,000만 원
② 1억 1,000만 원
③ 1억 4,000만 원
④ 1억 8,000만 원
⑤ 2억 1,000만 원

21. 다음 글과 〈대화〉를 근거로 판단할 때, 직무교육을 이수하지 못한 사람만을 모두 고르면?

甲~丁은 월요일부터 금요일까지 5일 동안 실시되는 직무교육을 받게 되었다. 교육장소에는 2×2로 배열된 책상이 있었으며, 앞줄에 2명, 뒷줄에 2명을 각각 나란히 앉게 하였다. 교육기간 동안 자리 이동은 없었다. 교육 첫째 날과 마지막 날은 4명 모두 교육을 받았다. 직무교육을 이수하기 위해서는 4일 이상 교육을 받아야 한다.

〈대화〉

甲: 교육 둘째 날에 내 바로 앞사람만 결석했어.
乙: 교육 둘째 날에 나는 출석했어.
丙: 교육 셋째 날에 내 바로 뒷사람만 결석했어.
丁: 교육 넷째 날에 내 바로 앞사람과 나만 교육을 받았어.

① 乙
② 丙
③ 甲, 丙
④ 甲, 丁
⑤ 乙, 丁

22. 다음 글을 근거로 판단할 때, (가)에 해당하는 수는?

A공원의 다람쥐 열 마리는 각자 서로 다른 개수의 도토리를 모았는데, 한 다람쥐가 모은 도토리는 최소 1개부터 최대 10개까지였다. 열 마리 다람쥐는 두 마리씩 쌍을 이루어 그날 모은 도토리 일부를 함께 먹었다. 도토리를 모으고 먹는 이런 모습은 매일 동일하게 반복됐다. 이때 도토리를 먹는 방법은 정해져 있었다. 한 쌍의 다람쥐는 각자가 그날 모은 도토리 개수를 비교해서 그 차이 값에 해당하는 개수의 도토리를 함께 먹는다. 예를 들면, 1개의 도토리를 모은 다람쥐와 9개의 도토리를 모은 다람쥐가 쌍을 이루면 이 두 마리는 8개의 도토리를 함께 먹는다.

열 마리의 다람쥐를 이틀 동안 관찰한 결과, '첫째 날 각 쌍이 먹은 도토리 개수'는 모두 동일했고, '둘째 날 각 쌍이 먹은 도토리 개수'도 모두 동일했다. 하지만 '첫째 날 각 쌍이 먹은 도토리 개수'와 '둘째 날 각 쌍이 먹은 도토리 개수'는 서로 달랐고, 그 차이는 (가) 개였다.

① 1
② 2
③ 3
④ 4
⑤ 5

23. 다음 글을 근거로 판단할 때, 처음으로 물탱크가 가득 차는 날은?

> 신축 A아파트에는 용량이 10,000리터인 빈 물탱크가 있다. 관리사무소는 입주민의 입주 시작일인 3월 1일 00:00부터 이 물탱크에 물을 채우려고 한다. 관리사무소는 매일 00:00부터 00:10까지 물탱크에 물을 900리터씩 채운다. 전체 입주민의 1일 물 사용량은 3월 1일부터 3월 5일까지 300리터, 3월 6일부터 3월 10일까지 500리터, 3월 11일부터는 계속 700리터이다. 3월 15일에는 아파트 외벽 청소를 위해 청소업체가 물탱크의 물 1,000리터를 추가로 사용한다. 물을 채우는 시간이라도 물탱크가 가득 차면 물 채우기를 중지하고, 물을 채우는 시간에는 물을 사용할 수 없다.

① 4월 4일
② 4월 6일
③ 4월 7일
④ 4월 9일
⑤ 4월 10일

24. 다음 글을 근거로 판단할 때, 〈보기〉에서 옳은 것만을 모두 고르면?

> 甲~丁은 6문제로 구성된 직무능력시험 문제를 풀었다.
>
> ○ 정답을 맞힌 경우, 문제마다 기본점수 1점과 난이도에 따른 추가점수를 부여한다.
> ○ 추가점수는 다음 식에 따라 결정한다.
>
> $$\text{추가점수} = \frac{\text{해당 문제를 틀린 사람의 수}}{\text{해당 문제를 맞힌 사람의 수}}$$
>
> ○ 6문제의 기본점수와 추가점수를 모두 합한 총합 점수가 5점 이상인 사람이 합격한다.
>
> 甲~丁의 6문제를 푼 결과는 다음과 같고, 5번과 6번 문제의 결과는 찢어져 알 수가 없다.
>
> (○: 정답, ×: 오답)

구분	1번	2번	3번	4번	5번	6번
甲	○	×	○	○		
乙	○	×	○	×		
丙	○	○	×	×		
丁	×	○	○	×		
정답률(%)	75	50	75	25	50	50

〈보기〉

ㄱ. 甲이 최종적으로 받을 수 있는 최대 점수는 $\frac{32}{3}$점이다.
ㄴ. 1~4번 문제에서 받은 점수의 합은 乙이 가장 낮다.
ㄷ. 4명 모두가 합격할 수는 없다.
ㄹ. 4명이 받은 점수의 총합은 24점이다.

① ㄱ, ㄷ
② ㄴ, ㄷ
③ ㄴ, ㄹ
④ ㄱ, ㄴ, ㄷ
⑤ ㄱ, ㄴ, ㄹ

25. 다음 〈상황〉을 근거로 판단할 때, 〈보기〉에서 옳은 것만을 모두 고르면?

〈상황〉

○ 테니스 선수 랭킹은 매달 1일 발표되며, 발표 전날로부터 지난 1년간 선수들이 각종 대회에 참가하여 획득한 점수의 합(이하 '총점수'라 한다)이 높은 순으로 순위가 매겨진다.
○ 매년 12월에는 챔피언십 대회(매년 12월 21일~25일)만 개최된다. 이 대회에는 당해 12월 1일 기준으로 랭킹 1~4위의 선수만 참가한다.
○ 매년 챔피언십 대회의 순위에 따른 획득 점수 및 2023년 챔피언십 대회 전후 랭킹은 아래와 같다. 단, 챔피언십 대회에서 공동 순위는 없다.

챔피언십 대회 성적	점수
우승	2000
준우승	1000
3위	500
4위	250

〈2023년 12월 1일〉

랭킹	선수	총점수
1위	A	7500
2위	B	7000
3위	C	6500
4위	D	5000
⋮	⋮	⋮

⇨

〈2024년 1월 1일〉

랭킹	선수	총점수
1위	C	7500
2위	B	7250
3위	D	7000
4위	A	6000
⋮	⋮	⋮

○ 총점수에는 지난 1년간 획득한 점수만 산입되므로, 〈2024년 1월 1일〉의 총점수에는 2022년 챔피언십 대회에서 획득한 점수는 빠지고, 2023년 챔피언십 대회에서 획득한 점수가 산입되었다.

〈보기〉

ㄱ. 2022년 챔피언십 대회 우승자는 A였다.
ㄴ. 2023년 챔피언십 대회 4위는 B였다.
ㄷ. 2023년 챔피언십 대회 우승자는 C였다.
ㄹ. 2022년 챔피언십 대회 3위는 D였다.

① ㄱ, ㄴ
② ㄱ, ㄷ
③ ㄴ, ㄷ
④ ㄴ, ㄹ
⑤ ㄱ, ㄴ, ㄹ

약점 보완 해설집 p.2

01. 다음 글을 근거로 판단할 때 옳은 것은?

제00조(정의) 이 법에서 사용하는 용어의 정의는 다음과 같다.
1. "천문업무"란 우주에 대한 관측업무와 그에 따른 부대업무를 말한다.
2. "천문역법"이란 천체운행의 계산을 통하여 산출되는 날짜와 천체의 출몰시각 등을 정하는 방법을 말한다.
3. "윤초"란 지구자전속도의 불규칙성으로 인하여 발생하는 세계시와 세계협정시의 차이가 1초 이내로 되도록 보정하여주는 것을 말한다.
4. "그레고리력"이란 1년의 길이를 365.2425일로 정하는 역법 체계로서 윤년을 포함하는 양력을 말한다.
5. "윤년"이란 그레고리력에서 여분의 하루인 2월 29일을 추가하여 1년 동안 날짜의 수가 366일이 되는 해를 말한다.
6. "월력요항"이란 관공서의 공휴일, 기념일, 24절기 등의 자료를 표기한 것으로 달력 제작의 기준이 되는 자료를 말한다.

제00조(천문역법) ① 천문역법을 통하여 계산되는 날짜는 양력인 그레고리력을 기준으로 하되, 음력을 병행하여 사용할 수 있다.
② 과학기술정보통신부장관은 천문역법의 원활한 관리를 위하여 윤초의 결정을 관장하는 국제기구가 결정·통보한 윤초를 언론매체나 과학기술정보통신부 인터넷 홈페이지 등을 통하여 지체 없이 발표하여야 한다.
③ 과학기술정보통신부장관은 한국천문연구원으로부터 필요한 자료를 제출받아 매년 6월 말까지 다음 연도의 월력요항을 작성하여 관보에 게재하여야 한다.

① 그레고리력은 윤년을 제외하는 양력을 말한다.
② 달력 제작의 기준이 되는 자료인 월력요항에는 24절기가 표기된다.
③ 과학기술정보통신부장관은 세계시와 세계협정시를 고려하여 윤초를 결정한다.
④ 천문역법을 통해 계산되는 날짜는 음력을 사용할 수 없고, 양력인 그레고리력을 기준으로 한다.
⑤ 과학기술정보통신부장관은 한국천문연구원으로부터 자료를 제출받아 매년 6월 말까지 그해의 월력요항을 작성하여 관보에 게재하여야 한다.

02. 다음 글을 근거로 판단할 때 옳은 것은?

제00조(법 적용의 기준) ① 새로운 법령등은 법령등에 특별한 규정이 있는 경우를 제외하고는 그 법령등의 효력 발생 전에 완성되거나 종결된 사실관계 또는 법률관계에 대해서는 적용되지 아니한다.
② 당사자의 신청에 따른 처분은 법령등에 특별한 규정이 있거나 처분 당시의 법령등을 적용하기 곤란한 특별한 사정이 있는 경우를 제외하고는 처분 당시의 법령등에 따른다.

제00조(처분의 효력) 처분은 권한이 있는 기관이 취소 또는 철회하거나 기간의 경과 등으로 소멸되기 전까지는 유효한 것으로 통용된다. 다만, 무효인 처분은 처음부터 그 효력이 발생하지 아니한다.

제00조(위법 또는 부당한 처분의 취소) ① 행정청은 위법 또는 부당한 처분의 전부나 일부를 소급하여 취소할 수 있다. 다만, 당사자의 신뢰를 보호할 가치가 있는 등 정당한 사유가 있는 경우에는 장래를 향하여 취소할 수 있다.
② 행정청은 제1항에 따라 당사자에게 권리나 이익을 부여하는 처분을 취소하려는 경우에는 취소로 인하여 당사자가 입게 될 불이익을 취소로 달성되는 공익과 비교·형량(衡量)하여야 한다. 다만, 다음 각 호의 어느 하나에 해당하는 경우에는 그러하지 아니하다.
1. 거짓이나 그 밖의 부정한 방법으로 처분을 받은 경우
2. 당사자가 처분의 위법성을 알고 있었거나 중대한 과실로 알지 못한 경우

① 새로운 법령등은 법령등에 특별한 규정이 있는 경우에는 그 법령등의 효력 발생 전에 종결된 법률관계에 대해 적용될 수 있다.
② 무효인 처분의 경우 그 처분의 효력이 소멸되기 전까지는 유효한 것으로 통용된다.
③ 행정청은 부당한 처분의 일부는 소급하여 취소할 수 있으나 전부를 소급하여 취소할 수는 없다.
④ 당사자의 신청에 따른 처분은 처분 당시의 법령등을 적용하기 곤란한 특별한 사정이 있는 경우에도 처분 당시의 법령등에 따른다.
⑤ 당사자가 부정한 방법으로 자신에게 이익이 부여되는 처분을 받아 행정청이 그 처분을 취소하고자 하는 경우, 취소로 인해 당사자가 입게 될 불이익과 취소로 달성되는 공익을 비교·형량하여야 한다.

03. 다음 글을 근거로 판단할 때 옳은 것은?

제00조(조직 등) ① 자율방범대에는 대장, 부대장, 총무 및 대원을 둔다.
② 경찰서장은 자율방범대장이 추천한 사람을 자율방범대원으로 위촉할 수 있다.
③ 경찰서장은 자율방범대원이 이 법을 위반하여 파출소장이 해촉을 요청한 경우에는 해당 자율방범대원을 해촉해야 한다.
제00조(자율방범활동 등) ① 자율방범대는 다음 각 호의 활동(이하 '자율방범활동'이라 한다)을 한다.
1. 범죄예방을 위한 순찰 및 범죄의 신고, 청소년 선도 및 보호
2. 시·도경찰청장, 경찰서장, 파출소장이 지역사회의 안전을 위해 요청하는 활동
② 자율방범대원은 자율방범활동을 하는 때에는 자율방범활동 중임을 표시하는 복장을 착용하고 자율방범대원의 신분을 증명하는 신분증을 소지해야 한다.
③ 자율방범대원은 경찰과 유사한 복장을 착용해서는 안 되며, 경찰과 유사한 도장이나 표지 등을 한 차량을 운전해서는 안 된다.
제00조(금지의무) ① 자율방범대원은 자율방범대의 명칭을 사용하여 다음 각 호의 어느 하나에 해당하는 행위를 해서는 안 된다.
1. 기부금품을 모집하는 행위
2. 영리목적으로 자율방범대의 명의를 사용하는 행위
3. 특정 정당 또는 특정인의 선거운동을 하는 행위
② 제1항 제3호를 위반한 자에 대해서는 3년 이하의 징역 또는 600만 원 이하의 벌금에 처한다.

① 파출소장은 자율방범대장이 추천한 사람을 자율방범대원으로 위촉할 수 있다.
② 자율방범대원이 범죄예방을 위한 순찰을 하는 경우, 경찰과 유사한 복장을 착용할 수 있다.
③ 자율방범대원이 영리목적으로 자율방범대의 명의를 사용한 경우, 3년 이하의 징역에 처한다.
④ 자율방범대원이 청소년 선도활동을 하는 경우, 자율방범활동 중임을 표시하는 복장을 착용하면 자율방범대원의 신분을 증명하는 신분증을 소지하지 않아도 된다.
⑤ 자율방범대원이 자율방범대의 명칭을 사용하여 기부금품을 모집했고 이를 이유로 파출소장이 그의 해촉을 요청한 경우, 경찰서장은 해당 자율방범대원을 해촉해야 한다.

04. 다음 글과 〈상황〉을 근거로 판단할 때 옳은 것은?

제○○조(허가신청) ① 대기관리권역에서 총량관리대상 오염물질을 배출량 기준을 초과하여 배출하는 사업장을 설치하거나 이에 해당하는 사업장으로 변경하려는 자는 환경부장관으로부터 사업장 설치의 허가를 받아야 한다. 허가받은 사항을 변경하는 경우에도 같다.
② 제1항의 허가 또는 변경허가를 받으려는 자는 사업장의 설치 또는 변경의 허가신청서를 환경부장관에게 제출하여야 한다.
제□□조(허가제한) 환경부장관은 제○○조 제1항에 따른 설치 또는 변경의 허가신청을 받은 경우, 그 사업장의 설치 또는 변경으로 인하여 지역배출허용총량의 범위를 초과하게 되면 이를 허가하여서는 아니 된다.
제△△조(허가취소 등) ① 사업자가 거짓이나 그 밖의 부정한 방법으로 제○○조 제1항에 따른 허가 또는 변경허가를 받은 경우, 환경부장관은 그 허가 또는 변경허가를 취소할 수 있다.
② 환경부장관은 다음 각 호의 자에 대하여 해당 사업장의 폐쇄를 명할 수 있다.
1. 거짓이나 그 밖의 부정한 방법으로 제○○조 제1항에 따른 허가 또는 변경허가를 받은 자
2. 제○○조 제1항에 따른 허가 또는 변경허가를 받지 아니하고 사업장을 설치·운영하는 자
제◇◇조(벌칙) 다음 각 호의 어느 하나에 해당하는 자는 7년 이하의 징역 또는 2억 원 이하의 벌금에 처한다.
1. 제○○조 제1항에 따른 허가 또는 변경허가를 받지 아니하고 사업장을 설치하거나 변경한 자
2. 제△△조 제2항에 따른 사업장폐쇄명령을 위반한 자

〈상황〉

甲~戊는 대기관리권역에서 총량관리대상 오염물질을 배출량 기준을 초과하여 배출하는 사업장을 설치하려 한다.

① 甲이 사업장 설치의 허가를 받은 경우, 이후 허가받은 사항을 변경하는 대에는 별도의 허가가 필요없다.
② 乙이 허가를 받지 않고 사업장을 설치한 경우, 7년의 징역과 2억 원의 벌금에 처한다.
③ 丙이 허가를 받지 않고 사업장을 설치·운영한 경우, 환경부장관은 해당 사업장의 폐쇄를 명할 수 있다.
④ 丁이 사업장 설치의 허가를 신청한 경우, 그 설치로 인해 지역배출허용총량의 범위를 초과하더라도 환경부장관은 이를 허가할 수 있다.
⑤ 戊가 사업장 설치의 허가를 부정한 방법으로 받은 경우에도 환경부장관은 그 허가를 취소할 수 없다.

05. 다음 글을 근거로 판단할 때 옳은 것은?

> 두부의 주재료는 대두(大豆)라는 콩이다. 50여 년 전만 해도, 모내기가 끝나는 5월쯤 대두의 씨앗을 심어 벼 베기가 끝나는 10월쯤 수확했다. 두부를 만들기 위해서 먼저 콩을 물에 불리는데, 겨울이면 하루 종일, 여름이면 반나절 정도 물에 담가둬야 한다. 콩을 적당히 불린 후 맷돌로 콩을 간다. 물을 조금씩 부어가며 콩을 갈면 맷돌 가운데에서 하얀색의 콩비지가 거품처럼 새어 나온다. 이 콩비지를 솥에 넣고 약한 불로 끓인다. 맷돌에서 막 갈려 나온 콩비지에서는 식물성 단백질에서 나는 묘한 비린내가 나는데, 익히면 이 비린내는 없어진다. 함지박 안에 삼베나 무명으로 만든 주머니를 펼쳐 놓고, 끓인 콩비지를 주머니에 담는다. 콩비지가 다 식기 전에 주머니의 입을 양쪽으로 묶고 그 사이에 나무 막대를 꽂아 돌리면서 마치 탕약 짜듯이 콩물을 빼낸다. 이 콩물을 두유라고 한다. 콩에 함유된 단백질은 두유에 녹아 있다.
>
> 두부는 두유를 응고시킨 음식이다. 두유의 응고를 위해 응고제가 필요한데, 예전에는 응고제로 간수를 사용했다. 간수의 주성분은 염화마그네슘이다. 두유에 함유된 식물성 단백질은 염화마그네슘을 만나면 응고된다. 두유에 간수를 넣고 잠시 기다리면 응고된 하얀 덩어리와 물로 분리된다. 하얀 덩어리는 주머니에 옮겨 담는다. 응고가 아직 다 되지 않았기 때문에 덩어리를 싼 주머니에서는 물이 흘러나온다. 함지박 위에 널빤지를 올리고 그 위에 입을 단단히 묶은 주머니를 올려놓는다. 또 다른 널빤지를 주머니 위에 얹고 무거운 돌을 올려놓는다. 이렇게 한참을 누르고 있으면 주머니에서 물이 빠져나오고 덩어리는 굳어져 두부의 모양을 갖추게 된다.

① 50여 년 전에는 5월쯤 그해 수확한 대두로 두부를 만들 수 있었다.
② 콩비지를 염화마그네슘으로 응고시키면 두부와 두유가 나온다.
③ 익힌 콩비지에서는 식물성 단백질로 인해서 비린내가 난다.
④ 간수는 두유에 함유된 식물성 단백질을 응고시키는 성질이 있다.
⑤ 여름에 두부를 만들기 위해서는 콩을 하루 종일 물에 담가둬야 한다.

06. 다음 글을 근거로 판단할 때, 처방에 따라 아기에게 더 먹여야 하는 해열시럽의 양은?

> 아기가 열이 나서 부모는 처방에 따라 해열시럽 4mL를 먹여야 하는데, 아기가 약 먹기를 거부했다. 부모는 꾀를 내어 배즙 4mL와 해열시럽 4mL를 균일하게 섞어 주었지만 아기는 맛이 이상했는지 4분의 1만 먹었다. 부모는 아기가 남긴 것 전부와 사과즙 50mL를 다시 균일하게 섞어 주었다. 아기는 그 절반을 먹더니 더 이상 먹지 않았다.

① 1.5mL
② 1.6mL
③ 2.0mL
④ 2.4mL
⑤ 2.5mL

07. 다음 글을 근거로 판단할 때, 甲주무관이 이용할 주차장은?

○ 甲주무관은 출장 중 총 11시간(09:00 ~ 20:00) 동안 요금이 가장 저렴한 주차장 한 곳을 이용하고자 한다.
○ 甲주무관의 자동차는 중형차이며, 3종 저공해차량이다.
○ 주차요금은 기본요금과 추가요금을 합산하여 산정하고, 할인 대상인 경우 주차요금에 대하여 할인이 적용된다.
○ 일 주차권이 있는 주차장의 경우, 甲은 주차요금과 일 주차권 중 더 저렴한 것을 선택한다.
○ 주차장별 요금에 대한 정보는 아래와 같다.

구분	기본요금 (최초 1시간)	추가요금 (이후 30분마다)	비고
A주차장	2,000원	1,000원	–
B주차장	3,000원	1,500원	– 경차 전용 주차장 – 저공해차량 30% 할인
C주차장	3,000원	1,750원	– 경차 50% 할인 – 일 주차권 20,000원(당일 00:00 ~ 24:00 이용 가능)
D주차장	5,000원	700원	–
E주차장	5,000원	1,000원	– 경차, 저공해차량(1, 2종) 50% 할인 – 저공해차량(3종) 20% 할인 – 18:00 ~ 익일 07:00 무료

① A주차장
② B주차장
③ C주차장
④ D주차장
⑤ E주차장

08. 다음 글과 〈상황〉을 근거로 판단할 때, 2023년 현재 甲~戊 중 청년자산형성적금에 가입할 수 있는 사람은?

A국은 청년의 자산형성을 돕기 위해 비과세 혜택을 부여하는 청년자산형성적금을 운영하고 있다.

청년자산형성적금은 가입일이 속한 연도를 기준으로 직전과세년도의 근로소득과 사업소득의 합이 5,000만 원 이하인 청년이 가입할 수 있다. 단, 직전과세년도에 근로소득과 사업소득이 모두 없는 사람과 직전 2개년도 중 한 번이라도 금융소득 종합과세 대상자였던 사람은 가입할 수 없다.

청년은 19 ~ 34세인 사람을 의미한다. 단, 군복무기간은 나이를 계산할 때 포함하지 않는다. 예를 들어, 3년간 군복무를 한 36세인 사람은 군복무기간 3년을 제외하면 33세이므로 청년에 해당한다.

〈상황〉

이름	나이	직전과세년도 소득		최근 금융소득 종합과세 해당년도	군복무 기간
		근로소득	사업소득		
甲	20세	0원	0원	없음	없음
乙	36세	0원	5,000만 원	없음	없음
丙	29세	3,500만 원	1,000만 원	2022년	2년
丁	35세	4,500만 원	0원	2020년	2년
戊	27세	4,000만 원	1,500만 원	2021년	없음

① 甲
② 乙
③ 丙
④ 丁
⑤ 戊

[09~10] 다음 글을 읽고 물음에 답하시오.

향수를 만드는 데 사용되는 향료는 천연향료와 합성향료로 나눌 수 있다. 천연향료에는 꽃, 잎, 열매 등의 원료에서 추출한 식물성 향료와 사향, 용연향 등의 동물성 향료가 있다. 합성향료는 채취하기 어렵거나 소량 생산되는 천연향료의 성분을 화학적으로 합성한 것이다. 오늘날 향수의 대부분은 천연향료와 합성향료를 배합하여 만들어진다.

천연향료는 다양한 방법을 통해 얻을 수 있는데, 다음 3가지 방법이 대표적이다. 첫째, 가장 널리 쓰이는 방법은 수증기 증류법이다. 이는 향수 원료에 수증기를 통과시켜서 농축된 향의 원액인 향유를 추출하는 방법이다. 이 방법은 원료를 고온으로 처리하기 때문에 열에 약한 성분이 파괴된다는 단점이 있으나, 한꺼번에 많은 양을 값싸게 얻을 수 있다는 장점이 있다. 둘째, 압착법은 과일 껍질 등과 같은 원료를 압착해서 향유를 얻는 방법이다. 열에 비교적 강하며 물에 잘 녹지 않는 향료에는 수증기 증류법이 이용되지만, 감귤류처럼 열에 약한 것에는 압착법이 이용된다. 셋째, 흡수법은 지방과 같은 비휘발성 용매를 사용하여 향유를 추출하는 방법이다. 원료가 고가이고 향유의 함유량이 적으며 열에 약하고 물에 잘 녹는 경우에는 흡수법이 이용된다.

한편, A국에서 판매되는 향수는 EDC, EDT, EDP, Parfum으로 나뉜다. 이는 부향률, 즉 향료의 함유량 정도에 따른 구분이다. 향수는 부향률이 높을수록 향이 강하고 지속시간이 길다. 먼저 EDC(Eau De Cologne)는 부향률이 2~5%로 지속시간이 1~2시간이다. 향의 지속시간이 가장 짧고 잔향이 거의 없으며, 향이 가볍고 산뜻하다. EDT(Eau De Toilette)는 부향률이 5~15%로 3~5시간 지속되며 일반적으로 가장 많이 사용된다. EDP(Eau De Parfum)는 부향률이 15~20%로 5~8시간 지속된다. 풍부한 향을 가지고 있으며, 오랜 시간 향이 유지되는 것을 선호하는 사람들에게 알맞다. Parfum은 부향률이 20~30%로 8~10시간 지속되며, 가장 향이 강하고 오래간다.

09. 윗글을 근거로 판단할 때 옳은 것은?

① EDP의 부향률이 EDC의 부향률보다 높다.
② 흡수법은 많은 양의 향유를 값싸게 얻을 수 있는 방법이다.
③ 오늘날 많이 사용되는 향수의 대부분은 식물성 천연향료로 만들어진다.
④ 고가이고 향유의 함유량이 적은 원료에서 향유를 추출하고자 할 때는 흡수법보다는 압착법이 이용된다.
⑤ 부향률이 높은 향수일수록 향이 오래 지속되므로, 부향률이 가장 높은 향수가 일반적으로 가장 많이 사용된다.

10. 윗글과 〈대화〉를 근거로 판단할 때, 甲~戊 중 가장 늦은 시각까지 향수의 향이 남아 있는 사람은?

〈대화〉

甲: 나는 오늘 오후 4시에 향수를 뿌렸어. 내 향수에는 EDC라고 적혀 있었어.
乙: 난 오늘 오전 9시 30분에 향수를 뿌렸는데, 우리 중 내가 뿌린 향수의 향이 가장 강해.
丙: 내 향수의 부향률은 18%라고 적혀 있네. 나는 甲보다 5시간 전에 향수를 뿌렸어.
丁: 난 오늘 오후 2시에 戊와 함께 향수 가게에 들렀어. 난 가자마자 EDT라고 적힌 향수를 뿌렸고, 戊는 나보다 1시간 뒤에 EDP라고 적힌 걸 뿌렸어.

① 甲
② 乙
③ 丙
④ 丁
⑤ 戊

11. 다음 글을 근거로 판단할 때 옳은 것은?

제○○조(해수욕장의 구역) 관리청은 해수욕장을 이용하는 용도에 따라 물놀이구역과 수상레저구역으로 구분하여 관리·운영하여야 한다. 다만, 해수욕장 이용이나 운영에 상당한 불편을 초래하거나 효율성을 떨어뜨린다고 판단되는 경우에는 그러하지 아니하다.
제□□조(해수욕장의 개장기간 등) ① 관리청은 해수욕장의 특성이나 여건 등을 고려하여 해수욕장의 개장기간 및 개장시간을 정할 수 있다. 이 경우 관리청은 해수욕장협의회의 의견을 듣고, 미리 관계 행정기관의 장과 협의하여야 한다.
② 관리청은 해수욕장 이용자의 안전 확보나 해수욕장의 환경보전 등을 위하여 필요한 경우에는 해수욕장의 개장기간 또는 개장시간을 제한할 수 있다. 이 경우 제1항 후단을 준용한다.
제△△조(해수욕장의 관리·운영 등) ① 해수욕장은 관리청이 직접 관리·운영하여야 한다.
② 관리청은 제1항에도 불구하고 해수욕장의 효율적인 관리·운영을 위하여 필요한 경우 관할 해수욕장 관리·운영업무의 일부를 위탁할 수 있다.
③ 관리청은 제2항에 따라 해수욕장 관리·운영업무를 위탁하려는 경우 지역번영회·어촌계 등 지역공동체 및 공익법인 등을 수탁자로 우선 지정할 수 있다.
④ 제2항 및 제3항에 따라 수탁자로 지정받은 자는 위탁받은 관리·운영업무의 전부 또는 일부를 재위탁하여서는 아니 된다.
제◇◇조(과태료) ① 다음 각 호의 어느 하나에 해당하는 자에게는 500만 원 이하의 과태료를 부과한다.
1. 거짓이나 부정한 방법으로 제△△조에 따른 수탁자로 지정받은 자
2. 제△△조 제4항을 위반하여 위탁받은 관리·운영업무의 전부 또는 일부를 재위탁한 자
② 제1항에 따른 과태료는 관리청이 부과·징수한다.

① 관리청은 해수욕장의 효율적인 관리·운영을 위하여 필요한 경우, 관할 해수욕장 관리·운영업무의 전부를 위탁할 수 있다.
② 관리청은 해수욕장을 운영함에 있어 그 효율성이 떨어진다고 판단하더라도 물놀이구역과 수상레저구역을 구분하여 관리·운영하여야 한다.
③ 관리청이 해수욕장 관리·운영업무를 위탁하려는 경우, 공익법인을 수탁자로 우선 지정할 수 있으나 지역공동체를 수탁자로 우선 지정할 수는 없다.
④ 관리청으로부터 해수욕장 관리·운영업무를 위탁받은 공익법인이 이를 타 기관에 재위탁한 경우, 관리청은 그 공익법인에 대해 300만 원의 과태료를 부과할 수 있다.
⑤ 관리청은 해수욕장의 개장기간 및 개장시간을 정함에 있어 해수욕장의 특성이나 여건 등을 고려해야 하나, 관계 행정기관의 장과 협의할 필요는 없다.

12. 다음 글을 근거로 판단할 때 옳은 것은?

제○○조(119구조견교육대의 설치·운영 등) ① 소방청장은 체계적인 구조견 양성·교육훈련 및 보급 등을 위하여 119구조견교육대를 설치·운영하여야 한다.
② 119구조견교육대는 중앙119구조본부의 단위조직으로 한다.
③ 119구조견교육대가 관리하는 견(犬)은 다음 각 호와 같다.
1. 훈련견: 구조견 양성을 목적으로 도입되어 훈련 중인 개
2. 종모견: 훈련견 번식을 목적으로 보유 중인 개
제□□조(훈련견 교육 및 평가 등) ① 119구조견교육대는 관리하는 견에 대하여 입문 교육, 정기 교육, 훈련견 교육 등을 실시한다.
② 훈련견 평가는 다음 각 호의 평가로 구분하여 실시하고 각 평가에서 정한 요건을 모두 충족한 경우 합격한 것으로 본다.
1. 기초평가: 훈련견에 대한 기본평가
가. 생후 12개월 이상 24개월 이하일 것
나. 기초평가 기준에 따라 총점 70점 이상을 득점하고, 수의검진 결과 적합판정을 받을 것
2. 중간평가: 양성 중인 훈련견의 건강, 성품 변화, 발전 가능성 및 임무 분석 등의 판정을 위해 실시하는 평가
가. 훈련 시작 12개월 이상일 것
나. 중간평가 기준에 따라 총점 70점 이상을 득점하고, 수의진료소견 결과 적합판정을 받을 것
다. 공격성 보유, 능력 상실 등의 결격사유가 없을 것
③ 훈련견 평가 중 어느 하나라도 불합격한 훈련견은 유관기관 등 외부기관으로 관리전환할 수 있다.
제△△조(종모견 도입) 훈련견이 종모견으로 도입되기 위해서는 제□□조 제2항에 따른 훈련견 평가에 모두 합격하여야 하며, 다음 각 호의 요건을 갖추어야 한다.
1. 순수한 혈통일 것
2. 생후 20개월 이상일 것
3. 원친(遠親) 번식에 의한 견일 것

① 중앙119구조본부의 장은 구조견 양성 및 교육훈련 등을 위하여 119구조견교육대를 설치하여야 한다.
② 원친 번식에 의한 생후 20개월인 순수한 혈통의 훈련견은 훈련견 평가결과에 관계없이 종모견으로 도입될 수 있다.
③ 기초평가 기준에 따라 총점 80점을 득점하고, 수의검진 결과 적합판정을 받은 훈련견은 생후 15개월에 종모견으로 도입될 수 있다.
④ 생후 12개월에 훈련을 시작해 반년이 지난 훈련견이 결격사유 없이 중간평가 기준에 따라 총점 75점을 득점하고, 수의진료소견 결과 적합판정을 받는다면 중간평가에 합격한 것으로 본다.
⑤ 기초평가에서 합격했더라도 결격사유가 있어 중간평가에 불합격한 훈련견은 유관기관으로 관리전환할 수 있다.

13. 다음 글을 근거로 판단할 때, ㉠에 해당하는 수는?

○ 산타클로스는 연간 '착한 일 횟수'와 '울음 횟수'에 따라 어린이 甲～戊에게 선물 A, B 중 하나를 주거나 아무것도 주지 않는다.
○ 산타클로스가 선물을 나눠주는 방식은 다음과 같다. 어린이별로 ('착한 일 횟수' × 5) – ('울음 횟수' × ㉠)의 값을 계산한다. 그 값이 10 이상이면 선물 A를 주고, 0 이상 10 미만이면 선물 B를 주며, 그 값이 음수면 선물을 주지 않는다. 이때, ㉠은 자연수이다.
○ 이 방식을 적용한 결과, 甲～戊 중 1명이 선물 A를 받았고, 3명이 선물 B를 받았으며, 1명은 선물을 받지 못했다.
○ 甲～戊의 연간 '착한 일 횟수'와 '울음 횟수'는 아래와 같다.

구분	착한 일 횟수	울음 횟수
甲	3	3
乙	3	2
丙	2	3
丁	1	0
戊	1	3

① 1
② 2
③ 3
④ 4
⑤ 5

14. 다음 글을 근거로 판단할 때, 甲이 작성한 보고서 한 건의 쪽수의 최댓값은?

A회사 직원인 甲은 근무일마다 동일한 쪽수의 보고서를 한 건씩 작성한다. 甲은 작성한 보고서를 회사의 임원들 각각에게 당일 출력하여 전달한다. 甲은 A회사에 1개월 전 입사하였으며 총 근무일은 20일을 초과하였다. 甲이 현재까지 출력한 총량은 1,000쪽이며, 임원은 2명 이상이다.

① 5
② 8
③ 10
④ 20
⑤ 40

15. 다음 글을 근거로 판단할 때, A~E 중 한 명만 화상강의 시스템에 접속해 있던 시각으로 가능한 것은?

> ○ 어제 9:00부터 9:30까지 진행된 수업시간 중 학생 A～E가 화상강의 시스템에 접속해 있던 시간은 아래와 같다.
>
> | 학생 | A | B | C | D | E |
> |---|---|---|---|---|---|
> | 시간(분) | 13 | 15 | 17 | 21 | 25 |
>
> ○ 학생들의 접속 횟수는 각 1회였다.
> ○ A와 C가 접속해 있던 시간은 서로 겹치지 않았다.

① 9:04
② 9:10
③ 9:15
④ 9:21
⑤ 9:24

16. 다음 글을 근거로 판단할 때, 甲이 만든 비밀번호 각 자리의 숫자를 모두 곱한 값은?

> ○ 甲은 1, 2, 3, 4 중에서 숫자를 골라 네 자리 비밀번호를 만들었다.
> ○ 비밀번호 각 자리의 숫자를 '모두 더한 값'과 '모두 곱한 값'이 같았다.

① 8
② 9
③ 10
④ 12
⑤ 16

17. 다음 글과 〈상황〉을 근거로 판단할 때, 甲에게 배정되는 금액은?

A부서는 소속 직원에게 원격지 전보에 따른 이전여비를 지원한다. A부서는 다음과 같은 지침에 따라 지원액을 배정하고자 한다.

○ 지원액 배정 지침
- 이전여비 지원 예산 총액: 160만 원
- 심사를 통해 원격지 전보에 해당하는 신청자만 배정대상자로 함
- 예산 한도 내에서 지원 가능한 최대의 금액 배정
- 배정대상자 신청액의 합이 지원 예산 총액을 초과할 경우에는 각 배정대상자의 '신청액 대비 배정액 비율'이 모두 같도록 삭감하여 배정

〈상황〉

다음은 이전여비 지원을 신청한 A부서 직원 甲~戊의 신청액과 원격지 전보 해당 여부이다.

구분	이전여비 신청액(원)	원격지 전보 해당 여부
甲	700,000	해당
乙	400,000	해당하지 않음
丙	500,000	해당
丁	300,000	해당
戊	500,000	해당

① 525,000원
② 560,000원
③ 600,000원
④ 620,000원
⑤ 630,000원

18. 다음 글과 〈상황〉을 근거로 판단할 때, 甲~戊 중 사업자로 선정되는 업체는?

△△부처는 □□사업에 대하여 용역 입찰공고를 하고, 각 입찰업체의 제안서를 평가하여 사업자를 선정하려 한다.

○ 제안서 평가점수는 입찰가격 평가점수(20점 만점)와 기술능력 평가점수(80점 만점)로 이루어진다.
○ 입찰가격 평가점수는 각 입찰업체가 제시한 가격에 따라 산정한다.
○ 기술능력 평가점수는 다음과 같은 방식으로 산정한다.
- 5명의 평가위원이 평가한다.
- 각 평가위원의 평가결과에서 최고점수와 최저점수를 제외한 나머지 3명의 점수를 산술평균하여 산정한다. 이때 최고점수가 복수인 경우 하나를 제외하며, 최저점수가 복수인 경우도 마찬가지이다.
○ 기술능력 평가점수에서 만점의 85% 미만의 점수를 받은 업체는 선정에서 제외한다.
○ 입찰가격 평가점수와 기술능력 평가점수를 합산한 점수가 가장 높은 업체를 선정한다. 이때 동점이 발생할 경우, 기술능력 평가점수가 가장 높은 업체를 선정한다.

〈상황〉

○ □□사업의 입찰에 참여한 업체는 甲~戊이다.
○ 각 업체의 입찰가격 평가점수는 다음과 같다.

(단위: 점)

구분	甲	乙	丙	丁	戊
평가점수	13	20	15	14	17

○ 각 업체의 기술능력에 대한 평가위원 5명의 평가결과는 다음과 같다.

(단위: 점)

구분	甲	乙	丙	丁	戊
A위원	68	65	73	75	65
B위원	68	73	69	70	60
C위원	68	62	69	65	60
D위원	68	65	65	65	70
E위원	72	65	69	75	75

① 甲
② 乙
③ 丙
④ 丁
⑤ 戊

19. 다음 글을 근거로 판단할 때, 甲~戊 중 금요일과 토요일의 초과근무 인정시간의 합이 가장 많은 근무자는?

○ A기업에서는 근무자가 출근시각과 퇴근시각을 입력하면 초과근무 '실적시간'과 '인정시간'이 분 단위로 자동 계산된다.
  – 실적시간은 근무자의 일과시간(월~금, 09:00~18:00)을 제외한 근무시간을 말한다.
  – 인정시간은 실적시간에서 개인용무시간을 제외한 근무시간을 말한다. 하루 최대 인정시간은 월~금요일은 4시간이며, 토요일은 2시간이다.
  – 재택근무를 하는 경우 실적시간을 인정하지 않는다.

○ A기업 근무자 甲~戊의 근무현황은 다음과 같다.

구분	금요일			토요일	
	출근시각	퇴근시각	비고	출근시각	퇴근시각
甲	8:55	20:00	–	10:30	13:30
乙	8:00	19:55	–	–	–
丙	9:00	21:30	개인용무시간 (19:00~19:30)	13:00	14:30
丁	8:30	23:30	재택근무	–	–
戊	7:00	21:30	–	–	–

① 甲
② 乙
③ 丙
④ 丁
⑤ 戊

20. 다음 글을 근거로 판단할 때, 〈보기〉에서 甲의 시험과목별 점수로 옳은 것만을 모두 고르면?

○○국제교육과정 중에 있는 사람은 수료시험에서 5개 과목(A~E) 평균 60점 이상을 받고 한 과목도 과락(50점 미만)이 아니어야 수료할 수 있다.

甲은 수료시험에서 5개 과목 평균 60점을 받았으나 2개 과목이 과락이어서 ○○국제교육과정을 수료하지 못했다. 甲이 돌려받은 답안지에 점수는 기재되어 있지 않았고, 각 문항에 아래와 같은 표시만 되어 있었다. 이는 국적이 서로 다른 각 과목 강사가 자신의 국가에서 사용하는 방식으로 정답·오답 표시만 해놓은 결과였다.

과목	문항									
	1	2	3	4	5	6	7	8	9	10
A	○	○	×	○	×	○	×	○	○	○
B	V	×	V	V	V	×	V	×	V	V
C	/	○	○	○	○	/	/	○	/	○
D	○	○	V	V	V	○	○	V	V	V
E	/	/	/	/	×	×	/	/	/	/

※ 모든 과목은 각 10문항이며, 각 문항별 배점은 10점이다.

〈보기〉

	시험과목	점수
ㄱ.	A	70
ㄴ.	B	30
ㄷ.	C	60
ㄹ.	D	40
ㅁ.	E	80

① ㄱ, ㄴ
② ㄱ, ㄷ
③ ㄱ, ㄹ, ㅁ
④ ㄴ, ㄷ, ㄹ
⑤ ㄴ, ㄷ, ㅁ

21. 다음 글을 근거로 판단할 때, 식목일의 요일은?

> 다음은 가원이의 어느 해 일기장에서 서로 다른 요일의 일기를 일부 발췌하여 날짜순으로 나열한 것이다.
>
> (1) 4월 5일 ○요일
> 오늘은 식목일이다. 동생과 한 그루의 사과나무를 심었다.
>
> (2) 4월 11일 ○요일
> 오늘은 아빠와 뒷산에 가서 벚꽃을 봤다.
>
> (3) 4월 □□일 수요일
> 나는 매주 같은 요일에만 데이트를 한다. 오늘 데이트도 즐거웠다.
>
> (4) 4월 15일 ○요일
> 오늘은 친구와 미술관에 갔다. 작품들이 멋있었다.
>
> (5) 4월 □□일 ○요일
> 내일은 대청소를 하는 날이어서 오늘은 휴식을 취했다.
>
> (6) 4월 □□일 ○요일
> 나는 매달 마지막 일요일에만 대청소를 한다. 그래서 오늘 대청소를 했다.

① 월요일
② 화요일
③ 목요일
④ 금요일
⑤ 토요일

22. 다음 글을 근거로 판단할 때, 〈보기〉에서 옳은 것만을 모두 고르면?

> ○ 엘리베이터 안에는 각 층을 나타내는 버튼만 하나씩 있다.
> ○ 버튼을 한 번 누르면 해당 층에 가게 되고, 다시 누르면 취소된다. 취소된 버튼을 다시 누를 수 있다.
> ○ 1층에 계속해서 정지해 있던 빈 엘리베이터에 처음으로 승객 7명이 탔다.
> ○ 승객들이 버튼을 누른 횟수의 합은 10이며, 1층에서만 눌렀다.
> ○ 승객 3명은 4층에서, 2명은 5층에서 내렸다. 나머지 2명은 6층 이상의 서로 다른 층에서 내렸다.
> ○ 1층 외의 층에서 엘리베이터를 탄 승객은 없으며, 엘리베이터는 승객이 타거나 내린 층에서만 정지했다.

〈보기〉

ㄱ. 각 승객은 1개 이상의 버튼을 눌렀다.
ㄴ. 5번 누른 버튼이 있다면, 2번 이상 누른 다른 버튼이 있다.
ㄷ. 4층 버튼을 가장 많이 눌렀다.
ㄹ. 승객이 내리지 않은 층의 버튼을 누른 사람은 없다.

① ㄱ
② ㄴ
③ ㄱ, ㄷ
④ ㄴ, ㄹ
⑤ ㄷ, ㄹ

23. 다음 글을 근거로 판단할 때 옳은 것은?

> A ~ E 간에 갖고 있는 상대방의 연락처에 대한 정보는 다음과 같다.
> ㅇ A는 3명의 연락처를 갖고 있는데, 그 중 2명만 A의 연락처를 갖고 있다. 그런데 A의 연락처를 갖고 있는 사람은 총 3명이다.
> ㅇ B는 2명의 연락처를 갖고 있는데, 그 2명을 제외한 2명만 B의 연락처를 갖고 있다.
> ㅇ C는 A의 연락처만 갖고 있는데, A도 C의 연락처를 갖고 있다.
> ㅇ D는 2명의 연락처를 갖고 있다.
> ㅇ E는 B의 연락처만 갖고 있다.

① A는 B의 연락처를 갖고 있다.
② B는 D의 연락처를 갖고 있다.
③ C의 연락처를 갖고 있는 사람은 3명이다.
④ D의 연락처를 갖고 있는 사람은 A뿐이다.
⑤ E의 연락처를 갖고 있는 사람은 2명이다.

24. 다음 글을 근거로 판단할 때, ㉠에 들어갈 내용으로 옳은 것은?

> 시계수리공 甲은 고장 난 시계 A를 수리하면서 실수로 시침과 분침을 서로 바꾸어 조립하였다. 잘못 조립한 것을 모르고 있던 甲은 A에 전지를 넣어 작동시킨 후, A를 실제 시각인 정오로 맞추고 작업을 마무리하였다. 그랬더니 A의 시침은 정상일 때의 분침처럼, 분침은 정상일 때의 시침처럼 움직였다. 그 후 A가 처음으로 실제 시각을 가리킨 때는 [㉠] 사이였다.

① 오후 12시 55분 0초부터 오후 1시 정각
② 오후 1시 정각부터 오후 1시 5분 0초
③ 오후 1시 5분 0초부터 오후 1시 10분 0초
④ 오후 1시 10분 0초부터 오후 1시 15분 0초
⑤ 오후 1시 15분 0초부터 오후 1시 20분 0초

25. 다음 글을 근거로 판단할 때 옳은 것은?

제○○조(정의) 이 법에서 사용하는 용어의 뜻은 다음과 같다.
1. "한부모가족"이란 모자가족 또는 부자가족을 말한다.
2. "모(母)" 또는 "부(父)"란 다음 각 목의 어느 하나에 해당하는 자로서 아동인 자녀를 양육하는 자를 말한다.
가. 배우자와 사별 또는 이혼하거나 배우자로부터 유기된 자
나. 정신이나 신체의 장애로 장기간 노동능력을 상실한 배우자를 가진 자
다. 교정시설·치료감호시설에 입소한 배우자 또는 병역복무 중인 배우자를 가진 자
라. 미혼자
3. "아동"이란 18세 미만(취학 중인 경우에는 22세 미만을 말하되, 병역의무를 이행하고 취학 중인 경우에는 병역의무를 이행한 기간을 가산한 연령 미만을 말한다)의 자를 말한다.

제□□조(지원대상자의 범위) ① 이 법에 따른 지원대상자는 제○○조 제1호부터 제3호까지의 규정에 해당하는 자로 한다.
② 제1항에도 불구하고 부모가 사망하거나 그 생사가 분명하지 아니한 아동을 양육하는 조부 또는 조모는 이 법에 따른 지원대상자가 된다.

제△△조(복지 급여 등) ① 국가나 지방자치단체는 지원대상자의 복지 급여 신청이 있으면 다음 각 호의 복지 급여를 실시하여야 한다.
1. 생계비
2. 아동교육지원비
3. 아동양육비
② 이 법에 따른 지원대상자가 다른 법령에 따라 지원을 받고 있는 경우에는 그 범위에서 이 법에 따른 급여를 실시하지 아니한다. 다만, 제1항 제3호의 아동양육비는 지급할 수 있다.
③ 제1항 제3호의 아동양육비를 지급할 때에 다음 각 호의 어느 하나에 해당하는 경우에는 예산의 범위에서 추가적인 복지 급여를 실시하여야 한다.
1. 미혼모나 미혼부가 5세 이하의 아동을 양육하는 경우
2. 34세 이하의 모 또는 부가 아동을 양육하는 경우

① 5세인 자녀를 홀로 양육하는 자가 지원대상자가 되기 위해서는 미혼자여야 한다.
② 배우자와 사별한 자가 18개월간 병역의무를 이행한 22세의 대학생 자녀를 양육하는 경우, 지원대상자가 될 수 없다.
③ 부모의 생사가 불분명한 6세인 손자를 양육하는 조모에게는 복지 급여 신청이 없어도 생계비를 지급하여야 한다.
④ 30세인 미혼모가 5세인 자녀를 양육하는 경우, 아동양육비를 지급할 때 추가적인 복지 급여를 실시할 수 없다.
⑤ 지원대상자가 다른 법령에 따른 지원을 받고 있는 경우에도 국가나 지방자치단체는 아동양육비를 지급할 수 있다.

약점 보완 해설집 p.6

01. 다음 글을 근거로 판단할 때 옳은 것은?

> 제00조 재해경감 우수기업(이하 '우수기업'이라 한다)이란 재난으로부터 피해를 최소화하기 위한 재해경감활동으로 우수기업 인증을 받은 기업을 말한다.
> 제00조 ① 우수기업으로 인증받고자 하는 기업은 A부 장관에게 신청하여야 한다.
> ② A부 장관은 제1항에 따라 신청한 기업의 재해경감활동에 대하여 다음 각 호의 기준에 따라 평가를 실시하고 우수기업으로 인증할 수 있다.
> 1. 재난관리 전담조직을 갖출 것
> 2. 매년 1회 이상 종사자에게 재난관리 교육을 실시할 것
> 3. 재해경감활동 비용으로 총 예산의 5% 이상 할애할 것
> 4. 방재관련 인력을 총 인원의 2% 이상 갖출 것
>
> ③ 제2항 각 호의 충족 여부는 매년 1월 말을 기준으로 평가하며, 모든 요건을 갖춘 경우 우수기업으로 인증한다. 다만 제3호의 경우 최초 평가에 한하여 해당 기준을 3개월 내에 충족할 것을 조건으로 인증할 수 있다.
> ④ 제3항에서 정하는 평가 및 인증에 소요되는 비용은 신청하는 자가 부담한다.
> 제00조 A부 장관은 인증받은 우수기업을 6개월마다 재평가하여 다음 각 호의 어느 하나에 해당하는 때에는 인증을 취소할 수 있다. 다만 제1호의 경우에는 인증을 취소하여야 한다.
> 1. 거짓이나 그 밖의 부정한 방법으로 인증을 받은 경우
> 2. 인증 평가기준에 미달되는 경우
> 3. 양도·양수·합병 등에 의하여 인증받은 요건이 변경된 경우

① 처음 우수기업 인증을 받고자 하는 甲기업이 총 예산의 4%를 재해경감활동 비용으로 할애하였다면, 다른 모든 기준을 충족하였더라도 우수기업으로 인증받을 여지가 없다.
② A부 장관이 乙기업을 평가하여 2022. 2. 25. 우수기업으로 인증한 경우, A부 장관은 2022. 6. 25.까지 재평가를 해야 한다.
③ 丙기업이 우수기업 인증을 신청하는 경우, 인증에 소요되는 비용은 A부 장관이 부담한다.
④ 丁기업이 재난관리 전담조직을 갖춘 것처럼 거짓으로 신청서를 작성하여 우수기업으로 인증을 받은 경우라도, A부 장관은 인증을 취소하지 않을 수 있다.
⑤ 우수기업인 戊기업이 己기업을 흡수합병하면서 재평가 당시 일시적으로 방재관련 인력이 총 인원의 1.5%가 되었더라도, A부 장관은 戊기업의 인증을 취소하지 않을 수 있다.

02. 다음 글과 〈상황〉을 근거로 판단할 때, 김가을의 가족관계등록부에 기록해야 하는 내용이 아닌 것은?

> 제○○조 ① 가족관계등록부는 전산정보처리조직에 의하여 입력·처리된 가족관계 등록사항에 관한 전산정보자료를 제□□조의 등록기준지에 따라 개인별로 구분하여 작성한다.
> ② 가족관계등록부에는 다음 사항을 기록하여야 한다.
> 1. 등록기준지
> 2. 성명·본·성별·출생연월일 및 주민등록번호
> 3. 출생·혼인·사망 등 가족관계의 발생 및 변동에 관한 사항
>
> 제□□조 출생을 사유로 처음 등록을 하는 경우에는 등록기준지를 자녀가 따르는 성과 본을 가진 부 또는 모의 등록기준지로 한다.

〈상황〉

> 경기도 과천시 ☆☆로 1−11에 거주하는 김여름(金海 김씨)과 박겨울(密陽 박씨) 부부 사이에 2021년 10월 10일 경기도 수원시 영통구 소재 병원에서 남자아이가 태어났다. 이 부부는 태어난 아이의 이름을 김가을로 하고 과천시 ▽▽주민센터에 출생신고를 하였다. 김여름의 등록기준지는 부산광역시 남구 ◇◇로 2−22이며, 박겨울은 서울특별시 마포구 △△로 3−33이다.

① 서울특별시 마포구 △△로 3−33
② 부산광역시 남구 ◇◇로 2−22
③ 2021년 10월 10일
④ 金海
⑤ 남

03. 다음 글을 근거로 판단할 때 옳은 것은?

제00조 정비사업이란 도시기능을 회복하기 위하여 정비구역에서 정비사업시설을 정비하거나 주택 등 건축물을 개량 또는 건설하는 주거환경개선사업, 재개발사업, 재건축사업 등을 말한다.
제00조 특별자치시장·특별자치도지사·시장·군수·구청장(이하 '시장 등'이라 한다)은 노후불량건축물이 밀집하는 구역에 대하여 정비계획에 따라 정비구역을 지정할 수 있다.
제00조 시장 등이 아닌 자가 정비사업을 시행하려는 경우에는 토지 등 소유자로 구성된 조합을 설립해야 한다.
제00조 ① 시장 등이 아닌 사업시행자가 정비사업 공사를 완료한 때에는 시장 등의 준공인가를 받아야 한다.
② 제1항에 따라 준공인가신청을 받은 시장 등은 지체 없이 준공검사를 실시해야 한다.
③ 시장 등은 제2항에 따른 준공검사를 실시한 결과 정비사업이 인가받은 사업시행 계획대로 완료되었다고 인정되는 때에는 준공인가를 하고 공사의 완료를 해당 지방자치단체의 공보에 고시해야 한다.
④ 시장 등은 직접 시행하는 정비사업에 관한 공사가 완료된 때에는 그 완료를 해당 지방자치단체의 공보에 고시해야 한다.
제00조 ① 정비구역의 지정은 공사완료의 고시가 있은 날의 다음 날에 해제된 것으로 본다.
② 제1항에 따른 정비구역의 해제는 조합의 존속에 영향을 주지 않는다.

① 甲특별자치시장이 직접 정비사업을 시행하려는 경우에는 토지 등 소유자로 구성된 조합을 설립해야 한다.
② A도 乙군수가 직접 시행하는 정비사업에 관한 공사가 완료된 때에는 A도지사에게 준공인가신청을 해야 한다.
③ 丙시장이 사업시행자 B의 정비사업에 관해 준공인가를 하면, 토지 등 소유자로 구성된 조합은 해산된다.
④ 丁시장이 사업시행자 C의 정비사업에 관해 공사완료를 고시하면, 정비구역의 지정은 고시한 날 해제된다.
⑤ 戊시장이 직접 시행하는 정비사업에 관한 공사가 완료된 때에는 그 완료를 戊시의 공보에 고시해야 한다.

04. 다음 글을 근거로 판단할 때 옳은 것은?

제00조 ① 선박이란 수상 또는 수중에서 항행용으로 사용하거나 사용할 수 있는 배 종류를 말하며 그 구분은 다음 각 호와 같다.
1. 기선: 기관(機關)을 사용하여 추진하는 선박과 수면비행선박(표면효과 작용을 이용하여 수면에 근접하여 비행하는 선박)
2. 범선: 돛을 사용하여 추진하는 선박
3. 부선: 자력(自力) 항행능력이 없어 다른 선박에 의하여 끌리거나 밀려서 항행되는 선박

② 소형선박이란 다음 각 호의 어느 하나에 해당하는 선박을 말한다.
1. 총톤수 20톤 미만인 기선 및 범선
2. 총톤수 100톤 미만인 부선

제00조 ① 매매계약에 의한 선박 소유권의 이전은 계약당사자 사이의 양도합의만으로 효력이 생긴다. 다만 소형선박 소유권의 이전은 계약당사자 사이의 양도합의와 선박의 등록으로 효력이 생긴다.
② 선박의 소유자(제1항 단서의 경우에는 선박의 매수인)는 선박을 취득(제1항 단서의 경우에는 매수)한 날부터 60일 이내에 선적항을 관할하는 지방해양수산청장에게 선박의 등록을 신청하여야 한다. 이 경우 총톤수 20톤 이상인 기선과 범선 및 총톤수 100톤 이상인 부선은 선박의 등기를 한 후에 선박의 등록을 신청하여야 한다.
③ 지방해양수산청장은 제2항의 등록신청을 받으면 이를 선박원부(船舶原簿)에 등록하고 신청인에게 선박국적증서를 발급하여야 한다.
제00조 선박의 등기는 등기할 선박의 선적항을 관할하는 지방법원, 그 지원 또는 등기소를 관할 등기소로 한다.

① 총톤수 80톤인 부선의 매수인 甲이 선박의 소유권을 취득하기 위해서는 매도인과 양도합의를 하고 선박을 등록해야 한다.
② 총톤수 100톤인 기선의 소유자 乙이 선박의 등기를 하기 위해서는 먼저 관할 지방해양수산청장에게 선박의 등록을 신청해야 한다.
③ 총톤수 60톤인 기선의 소유자 丙은 선박을 매수한 날부터 60일 이내에 해양수산부장관에게 선박의 등록을 신청해야 한다.
④ 총톤수 200톤인 부선의 소유자 丁이 선적항을 관할하는 등기소에 선박의 등기를 신청하면, 등기소는 丁에게 선박국적증서를 발급해야 한다.
⑤ 총톤수 20톤 미만인 범선의 매수인 戊가 선박의 등록을 신청하면, 관할 법원은 이를 선박원부에 등록하고 戊에게 선박국적증서를 발급해야 한다.

05. 다음 글을 근거로 판단할 때 옳은 것은?

> 조선 시대 쌀의 종류에는 가을철 논에서 수확한 벼를 가공한 흰색 쌀 외에 밭에서 자란 곡식을 가공함으로써 얻게 되는 회색 쌀과 노란색 쌀이 있었다. 회색 쌀은 보리의 껍질을 벗긴 보리쌀이었고, 노란색 쌀은 조의 껍질을 벗긴 좁쌀이었다.
>
> 남부 지역에서는 보리가 특히 중요시되었다. 가을 곡식이 바닥을 보이기 시작하는 봄철, 농민들의 희망은 들판에 넘실거리는 보리뿐이었다. 보리가 익을 때까지는 주린 배를 움켜쥐고 생활할 수밖에 없었고, 이를 보릿고개라 하였다. 그것은 보리를 수확하는 하지, 즉 낮이 가장 길고 밤이 가장 짧은 시기까지 지속되다가 사라지는 고개였다. 보리 수확기는 여름이었지만 파종시기는 보리 종류에 따라 달랐다. 가을철에 파종하여 이듬해 수확하는 보리는 가을보리, 봄에 파종하여 그해 수확하는 보리는 봄보리라고 불렀다.
>
> 적지 않은 농부들은 보리를 수확하고 그 자리에 다시 콩을 심기도 했다. 이처럼 같은 밭에서 1년 동안 보리와 콩을 교대로 경작하는 방식을 그루갈이라고 한다. 그렇지만 모든 콩이 그루갈이로 재배된 것은 아니었다. 콩 수확기는 가을이었으나, 어떤 콩은 봄철에 파종해야만 제대로 자랄 수 있었고 어떤 콩은 여름에 심을 수도 있었다. 한편 조는 보리, 콩과 달리 모두 봄에 심었다. 그래서 봄철 밭에서는 보리, 콩, 조가 함께 자라는 것을 볼 수 있었다.

① 흰색 쌀과 여름에 심는 콩은 서로 다른 계절에 수확했다.
② 봄보리의 재배 기간은 가을보리의 재배 기간보다 짧았다.
③ 흰색 쌀과 회색 쌀은 논에서 수확된 곡식을 가공한 것이었다.
④ 남부 지역의 보릿고개는 가을 곡식이 바닥을 보이는 하지가 지나면서 더 심해졌다.
⑤ 보리와 콩이 함께 자라는 것은 볼 수 있었지만, 조가 이들과 함께 자라는 것은 볼 수 없었다.

06. 다음 글을 근거로 판단할 때, 〈보기〉에서 옳은 것만을 모두 고르면?

> 甲의 자동차에 장착된 내비게이션 시스템은 목적지까지 운행하는 도중 대안경로를 제안하는 경우가 있다. 이때 이 시스템은 기존경로와 비교하여 남은 거리와 시간이 어떻게 달라지는지 알려준다. 즉 목적지까지의 잔여거리(A)가 몇km 증가·감소하는지, 잔여시간(B)이 몇 분 증가·감소하는지 알려준다. 甲은 기존경로와 대안경로 중 출발지부터 목적지까지의 평균속력이 더 높을 것으로 예상되는 경로를 항상 선택한다.

〈보기〉

ㄱ. A가 증가하고 B가 감소하면 甲은 항상 대안경로를 선택한다.
ㄴ. A와 B가 모두 증가하면 甲은 항상 대안경로를 선택한다.
ㄷ. A와 B가 모두 감소할 때 甲이 대안경로를 선택하는 경우가 있다.
ㄹ. A가 감소하고 B가 증가할 때 甲이 대안경로를 선택하는 경우가 있다.

① ㄱ, ㄴ
② ㄱ, ㄷ
③ ㄴ, ㄷ
④ ㄴ, ㄹ
⑤ ㄷ, ㄹ

07. 다음 글을 근거로 판단할 때 옳은 것은?

甲은 정기모임의 간식을 준비하기 위해 과일 가게에 들렀다. 甲이 산 과일의 가격과 수량은 아래 표와 같다. 과일 가게 사장이 준 영수증을 보니, 총 228,000원이어야 할 결제 금액이 총 237,300원이었다.

구분	사과	귤	복숭아	딸기
1상자 가격(원)	30,700	25,500	14,300	23,600
구입 수량(상자)	2	3	3	2

① 한 과일이 2상자 더 계산되었다.
② 두 과일이 각각 1상자 더 계산되었다.
③ 한 과일이 1상자 더 계산되고, 다른 한 과일이 1상자 덜 계산되었다.
④ 한 과일이 1상자 더 계산되고, 다른 두 과일이 각각 1상자 덜 계산되었다.
⑤ 두 과일이 각각 1상자 더 계산되고, 다른 두 과일이 각각 1상자 덜 계산되었다.

08. 다음 글과 〈상황〉을 근거로 판단할 때, 甲~戊 중 휴가지원사업에 참여할 수 있는 사람만을 모두 고르면?

〈2023년 휴가지원사업 모집 공고〉

□ 사업 목적
ㅇ 직장 내 자유로운 휴가문화 조성 및 국내 여행 활성화
□ 참여 대상
ㅇ 중소기업·비영리민간단체·사회복지법인·의료법인 근로자. 단, 아래 근로자는 참여 제외
– 병·의원 소속 의사
– 회계법인 및 세무법인 소속 회계사·세무사·노무사
– 법무법인 소속 변호사·변리사
ㅇ 대표 및 임원은 참여 대상에서 제외하나, 아래의 경우는 참여 가능
– 중소기업 및 비영리민간단체의 임원
– 사회복지법인의 대표 및 임원

〈상황〉

甲~戊의 재직정보는 아래와 같다.

구분	직장명	직장 유형	비고
간호사 甲	A병원	의료법인	근로자
노무사 乙	B회계법인	중소기업	근로자
사회복지사 丙	C복지센터	사회복지법인	대표
회사원 丁	D물산	대기업	근로자
의사 戊	E재단	비영리민간단체	임원

① 甲, 丙
② 甲, 戊
③ 乙, 丁
④ 甲, 丙, 戊
⑤ 乙, 丙, 丁

[09~10] 다음 글을 읽고 물음에 답하시오.

'국민참여예산제도'는 국가 예산사업의 제안, 심사, 우선순위 결정과정에 국민을 참여케 함으로써 예산에 대한 국민의 관심도를 높이고 정부 재정운영의 투명성을 제고하기 위한 제도이다. 이 제도는 정부의 예산편성권과 국회의 예산심의·의결권 틀 내에서 운영된다.

국민참여예산제도는 기존 제도인 국민제안제도나 주민참여예산제도와 차이점을 지닌다. 먼저 '국민제안제도'가 국민들이 제안한 사항에 대해 관계부처가 채택 여부를 결정하는 방식이라면, 국민참여예산제도는 국민의 제안 이후 사업심사와 우선순위 결정과정에도 국민의 참여를 가능하게 함으로써 국민의 역할을 확대하는 방식이다. 또한 '주민참여예산제도'가 지방자치단체의 사무를 대상으로 하는 반면, 국민참여예산제도는 중앙정부가 재정을 지원하는 예산사업을 대상으로 한다.

국민참여예산제도에서는 3~4월에 국민사업제안과 제안사업 적격성 검사를 실시하고, 이후 5월까지 각 부처에 예산안을 요구한다. 6월에는 예산국민참여단을 발족하여 참여예산 후보사업을 압축한다. 7월에는 일반국민 설문조사와 더불어 예산국민참여단 투표를 통해 사업선호도 조사를 한다. 이러한 과정을 통해 선호순위가 높은 후보사업은 국민참여예산사업으로 결정되며, 8월에 재정정책자문회의의 논의를 거쳐 국무회의에서 정부예산안에 반영된다. 정부예산안은 국회에 제출되며, 국회는 심의·의결을 거쳐 12월까지 예산안을 확정한다.

예산국민참여단은 일반국민을 대상으로 전화를 통해 참여의사를 타진하여 구성한다. 무작위로 표본을 추출하되 성·연령·지역별 대표성을 확보하는 통계적 구성방법이 사용된다. 예산국민참여단원은 예산학교를 통해 국가재정에 대한 교육을 이수한 후, 참여예산 후보사업을 압축하는 역할을 맡는다. 예산국민참여단이 압축한 후보사업에 대한 일반국민의 선호도는 통계적 대표성이 확보된 표본을 대상으로 한 설문을 통해, 예산국민참여단의 사업선호도는 오프라인 투표를 통해 조사한다.

정부는 2017년에 2018년도 예산을 편성하면서 국민참여예산제도를 시범 도입하였는데, 그 결과 6개의 국민참여예산사업이 선정되었다. 2019년도 예산에는 총 39개 국민참여예산사업에 대해 800억 원이 반영되었다.

09. 윗글을 근거로 판단할 때 옳은 것은?

① 국민제안제도에서는 중앙정부가 재정을 지원하는 예산사업의 우선순위를 국민이 정할 수 있다.

② 국민참여예산사업은 국회 심의·의결 전에 국무회의에서 정부예산안에 반영된다.

③ 국민참여예산제도는 정부의 예산편성권 범위 밖에서 운영된다.

④ 참여예산 후보사업은 재정정책자문회의의 논의를 거쳐 제안된다.

⑤ 예산국민참여단의 사업선호도 조사는 전화설문을 통해 이루어진다.

10. 윗글과 〈상황〉을 근거로 판단할 때, 甲이 보고할 수치를 옳게 짝지은 것은?

〈상황〉

2019년도 국민참여예산사업 예산 가운데 688억 원이 생활밀착형사업 예산이고 나머지는 취약계층지원사업 예산이었다. 2020년도 국민참여예산사업 예산 규모는 2019년도에 비해 25% 증가했는데, 이 중 870억 원이 생활밀착형사업 예산이고 나머지는 취약계층지원사업 예산이었다. 국민참여예산제도에 관한 정부부처 담당자 甲은 2019년도와 2020년도 각각에 대해 국민참여예산사업 예산에서 취약계층지원사업 예산이 차지한 비율을 보고하려고 한다.

	2019년도	2020년도
①	13%	12%
②	13%	13%
③	14%	13%
④	14%	14%
⑤	15%	14%

11. 다음 글을 근거로 판단할 때, 네 번째로 보고되는 개정안은?

△△처에서 소관 법규 개정안 보고회를 개최하고자 한다. 보고회는 아래와 같은 기준에 따라 진행한다.

○ 법규 체계 순위에 따라 법 – 시행령 – 시행규칙의 순서로 보고한다. 법규 체계 순위가 같은 개정안이 여러 개 있는 경우 소관 부서명의 가나다순으로 보고한다.

○ 한 부서에서 보고해야 하는 개정안이 여럿인 경우, 해당 부서의 첫 번째 보고 이후 위 기준에도 불구하고 그 부서의 나머지 소관 개정안을 법규 체계 순위에 따라 연달아 보고한다.

○ 이상의 모든 기준과 무관하게 보고자가 국장인 경우 가장 먼저 보고한다.

보고 예정인 개정안은 다음과 같다.

개정안명	소관 부서	보고자
A법 개정안	예산담당관	甲사무관
B법 개정안	기획담당관	乙과장
C법 시행령 개정안	기획담당관	乙과장
D법 시행령 개정안	국제화담당관	丙국장
E법 시행규칙 개정안	예산담당관	甲사무관

① A법 개정안
② B법 개정안
③ C법 시행령 개정안
④ D법 시행령 개정안
⑤ E법 시행규칙 개정안

12. 다음 글과 〈상황〉을 근거로 판단할 때, 甲이 선택할 사업과 받을 수 있는 지원금을 옳게 짝지은 것은?

○○군은 집수리지원사업인 A와 B를 운영하고 있다. 신청자는 하나의 사업을 선택하여 지원받을 수 있다. 수리 항목은 외부(방수, 지붕, 담장, 쉼터)와 내부(단열, 설비, 창호)로 나누어진다.

〈사업 A의 지원기준〉

○ 외부는 본인부담 10%를 제외한 나머지 소요비용을 1,250만 원 한도 내에서 전액 지원

○ 내부는 지원하지 않음

〈사업 B의 지원기준〉

○ 담장과 쉼터는 둘 중 하나의 항목만 지원하며, 각각 300만 원과 50만 원 한도 내에서 소요비용 전액 지원

○ 담장과 쉼터를 제외한 나머지 항목은 내·외부와 관계없이 본인부담 50%를 제외한 나머지 소요비용을 1,200만 원 한도 내에서 전액 지원

〈상황〉

甲은 본인 집의 창호와 쉼터를 수리하고자 한다. 소요비용은 각각 500만 원과 900만 원이다. 甲은 사업 A와 B 중 지원금이 더 많은 사업을 선택하여 신청하려고 한다.

	사업	지원금
①	A	1,250만 원
②	A	810만 원
③	B	1,250만 원
④	B	810만 원
⑤	B	300만 원

13. 다음 글을 근거로 판단할 때, 〈보기〉에서 옳은 것만을 모두 고르면?

이번 주 甲의 요일별 기본업무량은 다음과 같다.

요일	월	화	수	목	금
기본업무량	60	50	60	50	60

甲은 기본업무량을 초과하여 업무를 처리한 날에 '칭찬'을, 기본업무량 미만으로 업무를 처리한 날에 '꾸중'을 듣는다. 정확히 기본업무량만큼 업무를 처리한 날에는 칭찬도 꾸중도 듣지 않는다.

이번 주 甲은 방식1~방식3 중 하나를 선택하여 업무를 처리한다.

방식1: 월요일에 100의 업무량을 처리하고, 그다음 날부터는 매일 전날 대비 20 적은 업무량을 처리한다.

방식2: 월요일에 0의 업무량을 처리하고, 그다음 날부터는 매일 전날 대비 30 많은 업무량을 처리한다.

방식3: 매일 60의 업무량을 처리한다.

〈보기〉

ㄱ. 방식1을 선택할 경우 화요일에 꾸중을 듣는다.
ㄴ. 어느 방식을 선택하더라도 수요일에는 칭찬도 꾸중도 듣지 않는다.
ㄷ. 어느 방식을 선택하더라도 칭찬을 듣는 날수는 동일하다.
ㄹ. 칭찬을 듣는 날수에서 꾸중을 듣는 날수를 뺀 값을 최대로 하려면 방식2를 선택하여야 한다.

① ㄱ, ㄷ
② ㄱ, ㄹ
③ ㄴ, ㄷ
④ ㄴ, ㄹ
⑤ ㄴ, ㄷ, ㄹ

14. 다음 글을 근거로 판단할 때, 〈보기〉에서 옳은 것만을 모두 고르면?

○○부의 甲국장은 직원 연수 프로그램을 마련하기 위하여 乙주무관에게 직원 1,000명 전원을 대상으로 연수 희망 여부와 희망 지역에 대한 의견을 수렴할 것을 요청하였다. 이에 따라 乙은 설문조사를 실시하였고, 甲과 乙은 그 결과에 대해 대화를 나누고 있다.

甲: 설문조사는 잘 시행되었나요?

乙: 예. 직원 1,000명 모두 연수 희망 여부에 대해 응답하였습니다. 연수를 희망하는 응답자는 43%였으며, 남자직원의 40%와 여자직원의 50%가 연수를 희망하는 것으로 나타났습니다.

甲: 연수 희망자 전원이 희망 지역에 대해 응답했나요?

乙: 예. A지역과 B지역 두 곳 중에서 희망하는 지역을 선택하라고 했더니 B지역을 희망하는 비율이 약간 더 높았습니다. 그리고 연수를 희망하는 여자직원 중 B지역 희망 비율은 연수를 희망하는 남자직원 중 B지역 희망 비율의 2배인 80%였습니다.

〈보기〉

ㄱ. 전체 직원 중 남자직원의 비율은 50%를 넘는다.
ㄴ. 연수 희망자 중 여자직원의 비율은 40%를 넘는다.
ㄷ. A지역 연수를 희망하는 직원은 200명을 넘지 않는다.
ㄹ. B지역 연수를 희망하는 남자직원은 100명을 넘는다.

① ㄱ, ㄷ
② ㄴ, ㄷ
③ ㄴ, ㄹ
④ ㄱ, ㄴ, ㄹ
⑤ ㄱ, ㄷ, ㄹ

15. 다음 글을 근거로 판단할 때, 〈보기〉에서 甲이 지원금을 받는 경우만을 모두 고르면?

○ 정부는 자영업자를 지원하기 위하여 2020년 대비 2021년의 이익이 감소한 경우 이익 감소액의 10%를 자영업자에게 지원금으로 지급하기로 하였다.
○ 이익은 매출액에서 변동원가와 고정원가를 뺀 금액으로, 자영업자 甲의 2020년 이익은 아래와 같이 계산된다.

구분	금액	비고
매출액	8억 원	판매량(400,000단위) × 판매가격(2,000원)
변동원가	6.4억 원	판매량(400,000단위) × 단위당 변동원가(1,600원)
고정원가	1억 원	판매량과 관계없이 일정함
이익	0.6억 원	8억 원 − 6.4억 원 − 1억 원

〈보기〉

ㄱ. 2021년의 판매량, 판매가격, 단위당 변동원가, 고정원가는 모두 2020년과 같았다.
ㄴ. 2020년에 비해 2021년에 판매가격을 5% 인하하였고, 판매량, 단위당 변동원가, 고정원가는 2020년과 같았다.
ㄷ. 2020년에 비해 2021년에 판매량은 10% 증가하고 고정원가는 5% 감소하였으나, 판매가격과 단위당 변동원가는 2020년과 같았다.
ㄹ. 2020년에 비해 2021년에 판매가격을 5% 인상했음에도 불구하고 판매량이 25% 증가하였고, 단위당 변동원가와 고정원가는 2020년과 같았다.

① ㄴ
② ㄹ
③ ㄱ, ㄴ
④ ㄴ, ㄷ
⑤ ㄷ, ㄹ

16. 다음 글과 〈상황〉을 근거로 판단할 때 옳지 않은 것은?

□□시는 부서 성과 및 개인 성과에 따라 등급을 매겨 직원들에게 성과급을 지급하고 있다.
○ 부서 등급과 개인 등급은 각각 S, A, B, C로 나뉘고, 등급별 성과급 산정비율은 다음과 같다.

성과 등급	S	A	B	C
성과급 산정비율(%)	40	20	10	0

○ 작년까지 부서 등급과 개인 등급에 따른 성과급 산정비율의 산술평균을 연봉에 곱해 직원의 성과급을 산정해왔다.
성과급 = 연봉 × {(부서 산정비율 + 개인 산정비율) / 2}
○ 올해부터 부서 등급과 개인 등급에 따른 성과급 산정비율 중 더 큰 값을 연봉에 곱해 성과급을 산정하도록 개편하였다.
성과급 = 연봉 × max{부서 산정비율, 개인 산정비율}

※ max{a, b} = a와 b 중 더 큰 값

〈상황〉

작년과 올해 □□시 소속 직원 甲~丙의 연봉과 성과 등급은 다음과 같다.

구분	작년			올해		
	연봉(만 원)	성과 등급		연봉(만 원)	성과 등급	
		부서	개인		부서	개인
甲	3,500	S	A	4,000	A	S
乙	4,000	B	S	4,000	S	A
丙	3,000	B	A	3,500	C	B

① 甲의 작년 성과급은 1,050만 원이다.
② 甲과 乙의 올해 성과급은 동일하다.
③ 甲~丙 모두 작년 대비 올해 성과급이 증가한다.
④ 올해 연봉과 성과급의 합이 가장 작은 사람은 丙이다.
⑤ 작년 대비 올해 성과급 상승률이 가장 큰 사람은 乙이다.

17. 다음 글을 근거로 판단할 때 옳은 것은?

甲부처 신입직원 선발시험은 전공, 영어, 적성 3개 과목으로 이루어진다. 3개 과목 합계 점수가 높은 사람순으로 정원까지 합격한다. 응시자는 7명(A～G)이며, 7명의 각 과목 성적에 대해서는 다음과 같은 사실이 알려졌다.

○ 전공시험 점수: A는 B보다 높고, B는 E보다 높고, C는 D보다 높다.
○ 영어시험 점수: E는 F보다 높고, F는 G보다 높다.
○ 적성시험 점수: G는 B보다도 높고 C보다도 높다.

합격자 선발 결과, 전공시험 점수가 일정 점수 이상인 응시자는 모두 합격한 반면 그 점수에 달하지 않은 응시자는 모두 불합격한 것으로 밝혀졌고, 이는 영어시험과 적성시험에서도 마찬가지였다.

① A가 합격하였다면, B도 합격하였다.
② G가 합격하였다면, C도 합격하였다.
③ A와 B가 합격하였다면, C와 D도 합격하였다.
④ B와 E가 합격하였다면, F와 G도 합격하였다.
⑤ B가 합격하였다면, B를 포함하여 적어도 6명이 합격하였다.

18. 다음 글을 근거로 판단할 때, 〈보기〉에서 옳은 것만을 모두 고르면?

○ 甲과 乙이 아래와 같은 방식으로 농구공 던지기 놀이를 하였다.
- 甲과 乙은 각 5회씩 도전하고, 합계 점수가 더 높은 사람이 승리한다.
- 2점 슛과 3점 슛을 자유롭게 선택하여 도전할 수 있으며, 성공하면 해당 점수를 획득한다.
- 5회의 도전 중 4점 슛 도전이 1번 가능한데, '4점 도전'이라고 외친 후 뒤돌아서서 슛을 하여 성공하면 4점을 획득하고, 실패하면 1점을 잃는다.

○ 甲과 乙의 던지기 결과는 다음과 같았다.

(성공: ○, 실패: ×)

구분	1회	2회	3회	4회	5회
甲	○	×	○	○	○
乙	○	○	×	×	○

〈보기〉

ㄱ. 甲의 합계 점수는 8점 이상이었다.
ㄴ. 甲이 3점 슛에 2번 도전하였고 乙이 승리하였다면, 乙은 4점 슛에 도전하였을 것이다.
ㄷ. 4점 슛뿐만 아니라 2점 슛, 3점 슛에 대해서도 실패 시 1점을 차감하였다면, 甲이 승리하였을 것이다.

① ㄱ
② ㄴ
③ ㄱ, ㄴ
④ ㄱ, ㄷ
⑤ ㄴ, ㄷ

19. 다음 글을 근거로 판단할 때, A군 양봉농가의 최대 수는?

> ○ A군청은 양봉농가가 안정적으로 꿀을 생산할 수 있도록 양봉농가 간 거리가 12km 이상인 경우에만 양봉을 허가하고 있다.
> ○ A군은 반지름이 12km인 원 모양의 평지이며 군 경계를 포함한다.
> ○ A군의 외부에는 양봉농가가 존재하지 않는다.

※ 양봉농가의 면적은 고려하지 않음

① 5개
② 6개
③ 7개
④ 8개
⑤ 9개

20. 다음 글을 근거로 판단할 때, ㉠에 해당하는 수는?

> 甲: 그저께 나는 만 21살이었는데, 올해 안에 만 23살이 될 거야.
> 乙: 올해가 몇 년이지?
> 甲: 올해는 2022년이야.
> 乙: 그러면 네 주민등록번호 앞 6자리의 각 숫자를 모두 곱하면 [㉠] 이구나.
> 甲: 그래, 맞아!

① 0
② 81
③ 486
④ 648
⑤ 2,916

21. 다음 글과 〈상황〉을 근거로 판단할 때, 올해 말 A검사국이 인사부서에 증원을 요청할 인원은?

농식품 품질 검사를 수행하는 A검사국은 매년 말 다음과 같은 기준에 따라 인사부서에 인력 증원을 요청한다.

○ 다음 해 A검사국의 예상 검사 건수를 모두 검사하는 데 필요한 최소 직원 수에서 올해 직원 수를 뺀 인원을 증원 요청한다.
○ 직원별로 한 해 동안 수행할 수 있는 최대 검사 건수는 매년 정해지는 '기준 검사 건수'에서 아래와 같이 차감하여 정해진다.
 – 국장은 '기준 검사 건수'의 100%를 차감한다.
 – 사무 처리 직원은 '기준 검사 건수'의 100%를 차감한다.
 – 국장 및 사무 처리 직원을 제외한 모든 직원은 매년 근무시간 중에 품질 검사 교육을 이수해야 하므로, '기준 검사 건수'의 10%를 차감한다.
 – 과장은 '기준 검사 건수'의 50%를 추가 차감한다.

〈상황〉

○ 올해 A검사국에는 국장 1명, 과장 9명, 사무 처리 직원 10명을 포함하여 총 100명의 직원이 있다.
○ 내년에도 국장, 과장, 사무 처리 직원의 수는 올해와 동일하다.
○ 올해 '기준 검사 건수'는 100건이나, 내년부터는 검사 품질 향상을 위해 90건으로 하향 조정한다.
○ A검사국의 올해 검사 건수는 현 직원 모두가 한 해 동안 수행할 수 있는 최대 검사 건수와 같다.
○ 내년 A검사국의 예상 검사 건수는 올해 검사 건수의 120%이다.

① 10명
② 14명
③ 18명
④ 21명
⑤ 28명

22. 다음 글을 근거로 판단할 때, 〈보기〉에서 옳은 것만을 모두 고르면?

○ 甲, 乙, 丙 세 사람은 25개 문제(1~25번)로 구성된 문제집을 푼다.
○ 1회차에는 세 사람 모두 1번 문제를 풀고, 2회차부터는 직전 회차 풀이 결과에 따라 풀 문제가 다음과 같이 정해진다.
 – 직전 회차가 정답인 경우:
  직전 회차의 문제 번호에 2를 곱한 후 1을 더한 번호의 문제
 – 직전 회차가 오답인 경우:
  직전 회차의 문제 번호를 2로 나누어 소수점 이하를 버린 후 1을 더한 번호의 문제
○ 풀 문제의 번호가 25번을 넘어갈 경우, 25번 문제를 풀고 더 이상 문제를 풀지 않는다.
○ 7회차까지 문제를 푼 결과, 세 사람이 맞힌 정답의 개수는 같았고 한 사람이 같은 번호의 문제를 두 번 이상 푼 경우는 없었다.
○ 4, 5회차를 제외한 회차별 풀이 결과는 아래와 같다.

(정답: ○, 오답: ×)

구분	1	2	3	4	5	6	7
甲	○	○	×			○	×
乙	○	○	○			×	○
丙	○	×	○			○	×

〈보기〉

ㄱ. 甲과 丙이 4회차에 푼 문제 번호는 같다.
ㄴ. 4회차에 정답을 맞힌 사람은 2명이다.
ㄷ. 5회차에 정답을 맞힌 사람은 없다.
ㄹ. 乙은 7회차에 9번 문제를 풀었다.

① ㄱ, ㄴ
② ㄱ, ㄷ
③ ㄴ, ㄷ
④ ㄴ, ㄹ
⑤ ㄷ, ㄹ

23. 다음 글을 근거로 판단할 때 옳지 않은 것은?

> △△팀원 7명(A ~ G)은 새로 부임한 팀장 甲과 함께 하는 환영식사를 계획하고 있다. 모든 팀원은 아래 조건을 전부 만족시키며 甲과 한 번씩만 식사하려 한다.
> ○ 함께 식사하는 총 인원은 4명 이하여야 한다.
> ○ 단둘이 식사하지 않는다.
> ○ 부팀장은 A, B뿐이며, 이 둘은 함께 식사하지 않는다.
> ○ 같은 학교 출신인 C, D는 함께 식사하지 않는다.
> ○ 입사 동기인 E, F는 함께 식사한다.
> ○ 신입사원 G는 부팀장과 함께 식사한다.

① A는 E와 함께 환영식사에 참석할 수 있다.
② B는 C와 함께 환영식사에 참석할 수 있다.
③ C는 G와 함께 환영식사에 참석할 수 있다.
④ D가 E와 함께 환영식사에 참석하는 경우, C는 부팀장과 함께 환영식사에 참석하게 된다.
⑤ G를 포함하여 총 4명이 함께 환영식사에 참석하는 경우, F가 참석하는 환영식사의 인원은 총 3명이다.

24. 다음 글을 근거로 판단할 때, ㉠에 해당하는 수는?

> 甲과 乙은 같은 층의 서로 다른 사무실에서 근무하고 있다. 각 사무실은 일직선 복도의 양쪽 끝에 위치하고 있으며, 두 사람은 복도에서 항상 자신만의 일정한 속력으로 걷는다.
> 甲은 약속한 시각에 乙에게 서류를 직접 전달하기 위해 자신의 사무실을 나섰다. 甲은 乙의 사무실에 도착하여 서류를 전달하고 곧바로 자신의 사무실로 돌아올 계획이었다.
> 한편 甲을 기다리고 있던 乙에게 甲의 사무실 쪽으로 가야 할 일이 생겼다. 그래서 乙은 甲이 도착하기로 약속한 시각보다 [㉠]분 일찍 자신의 사무실을 나섰다. 乙은 출발한 지 4분 뒤 복도에서 甲을 만나 서류를 받았다. 서류 전달 후 곧바로 사무실로 돌아온 甲은 원래 예상했던 시각보다 2분 일찍 사무실로 복귀한 사실을 알게 되었다.

① 2
② 3
③ 4
④ 5
⑤ 6

25. 다음 글과 〈상황〉을 근거로 판단할 때 옳은 것은?

제00조 ① 재외공관에 근무하는 공무원(이하 '재외공무원'이라 한다)이 공무로 일시귀국하고자 하는 경우에는 장관의 허가를 받아야 한다.
② 공관장이 아닌 재외공무원이 공무 외의 목적으로 일시귀국하려는 경우에는 공관장의 허가를, 공관장이 공무 외의 목적으로 일시귀국하려는 경우에는 장관의 허가를 받아야 한다. 다만 재외공무원 또는 그 배우자의 직계존·비속이 사망하거나 위독한 경우에는 공관장이 아닌 재외공무원은 공관장에게, 공관장은 장관에게 각각 신고하고 일시귀국할 수 있다.
③ 재외공무원이 공무 외의 목적으로 일시귀국할 수 있는 기간은 연 1회 20일 이내로 한다. 다만 다음 각 호의 어느 하나에 해당하는 경우에는 이를 일시귀국의 횟수 및 기간에 산입하지 아니한다.
1. 재외공무원의 직계존·비속이 사망하거나 위독하여 일시귀국하는 경우
2. 재외공무원 또는 그 동반가족의 치료를 위하여 일시귀국하는 경우
④ 제2항에도 불구하고 다음 각 호의 어느 하나에 해당하는 경우에는 장관의 허가를 받아야 한다.
1. 재외공무원이 연 1회 또는 20일을 초과하여 공무 외의 목적으로 일시귀국하려는 경우
2. 재외공무원이 일시귀국 후 국내 체류기간을 연장하는 경우

〈상황〉

A국 소재 대사관에는 공관장 甲을 포함하여 총 3명의 재외공무원(甲 ~ 丙)이 근무하고 있다. 아래는 올해 1월부터 7월 현재까지 甲 ~ 丙의 일시귀국 현황이다.
○ 甲: 공무상 회의 참석을 위해 총 2회(총 25일)
○ 乙: 동반자녀의 관절 치료를 위해 총 1회(치료가 더 필요하여 국내 체류기간 1회 연장, 총 17일)
○ 丙: 직계존속의 회갑으로 총 1회(총 3일)

① 甲은 일시귀국 시 장관에게 신고하였을 것이다.
② 甲은 배우자의 직계존속이 위독하여 올해 추가로 일시귀국하기 위해서는 장관의 허가를 받아야 한다.
③ 乙이 직계존속의 회갑으로 인해 올해 3일간 추가로 일시귀국하기 위해서는 장관의 허가를 받아야 한다.
④ 乙이 공관장의 허가를 받아 일시귀국하였더라도 국내 체류기간을 연장하였을 때에는 장관의 허가를 받았을 것이다.
⑤ 丙이 자신의 혼인으로 인해 올해 추가로 일시귀국하기 위해서는 공관장의 허가를 받아야 한다.

약점 보완 해설집 p.10

2021년 기출문제

25문항/60분

01. 다음 글과 <상황>을 근거로 판단할 때 옳은 것은?

제00조 ① 다음 각 호의 어느 하나에 해당하는 사람은 주민등록지의 시장(특별시장·광역시장은 제외하고 특별자치도지사는 포함한다. 이하 같다)·군수 또는 구청장에게 주민등록번호(이하 '번호'라 한다)의 변경을 신청할 수 있다.
1. 유출된 번호로 인하여 생명·신체에 위해를 입거나 입을 우려가 있다고 인정되는 사람
2. 유출된 번호로 인하여 재산에 피해를 입거나 입을 우려가 있다고 인정되는 사람
3. 성폭력피해자, 성매매피해자, 가정폭력피해자로서 유출된 번호로 인하여 피해를 입거나 입을 우려가 있다고 인정되는 사람

② 제1항의 신청 또는 제5항의 이의신청을 받은 주민등록지의 시장·군수·구청장(이하 '시장 등'이라 한다)은 ○○부의 주민등록번호변경위원회(이하 '변경위원회'라 한다)에 번호변경 여부에 관한 결정을 청구해야 한다.
③ 주민등록지의 시장 등은 변경위원회로부터 번호변경 인용결정을 통보받은 경우에는 신청인의 번호를 다음 각 호의 기준에 따라 지체 없이 변경하고 이를 신청인에게 통지해야 한다.
1. 번호의 앞 6자리(생년월일) 및 뒤 7자리 중 첫째 자리는 변경할 수 없음
2. 제1호 이외의 나머지 6자리는 임의의 숫자로 변경함

④ 제3항의 번호변경 통지를 받은 신청인은 주민등록증, 운전면허증, 여권, 장애인등록증 등에 기재된 번호의 변경을 위해서는 그 번호의 변경을 신청해야 한다.
⑤ 주민등록지의 시장 등은 변경위원회로부터 번호변경 기각결정을 통보받은 경우에는 그 사실을 신청인에게 통지해야 하며, 신청인은 통지를 받은 날부터 30일 이내에 그 시장 등에게 이의신청을 할 수 있다.

<상황>

甲은 주민등록번호 유출로 인해 재산상 피해를 입게 되자 주민등록번호 변경신청을 하였다. 甲의 주민등록지는 A광역시 B구이고, 주민등록번호는 980101－23456□□이다.

① A광역시장이 주민등록번호변경위원회에 甲의 주민등록번호변경 여부에 관한 결정을 청구해야 한다.
② 주민등록번호변경위원회는 번호변경 인용결정을 하면서 甲의 주민등록번호를 다른 번호로 변경할 수 있다.
③ 주민등록번호변경위원회의 번호변경 인용결정이 있는 경우, 甲의 주민등록번호는 980101－45678□□으로 변경될 수 있다.
④ 甲의 주민등록번호가 변경된 경우, 甲이 운전면허증에 기재된 주민등록번호를 변경하기 위해서는 변경신청을 해야 한다.
⑤ 甲은 번호변경 기각결정을 통지받은 날부터 30일 이내에 주민등록번호변경위원회에 이의신청을 할 수 있다.

02. 다음 글을 근거로 판단할 때 옳은 것은?

제00조 ① 각 중앙관서의 장은 그 소관 물품관리에 관한 사무를 소속 공무원에게 위임할 수 있고, 필요하면 다른 중앙관서의 소속 공무원에게 위임할 수 있다.
② 제1항에 따라 각 중앙관서의 장으로부터 물품관리에 관한 사무를 위임받은 공무원을 물품관리관이라 한다.
제00조 ① 물품관리관은 물품수급관리계획에 정하여진 물품에 대하여는 그 계획의 범위에서, 그 밖의 물품에 대하여는 필요할 때마다 계약담당공무원에게 물품의 취득에 관한 필요한 조치를 할 것을 청구하여야 한다.
② 계약담당공무원은 제1항에 따른 청구가 있으면 예산의 범위에서 해당 물품을 취득하기 위한 필요한 조치를 하여야 한다.
제00조 물품은 국가의 시설에 보관하여야 한다. 다만 물품관리관이 국가의 시설에 보관하는 것이 물품의 사용이나 처분에 부적당하다고 인정하거나 그 밖에 특별한 사유가 있으면 국가 외의 자의 시설에 보관할 수 있다.
제00조 ① 물품관리관은 물품을 출납하게 하려면 물품출납공무원에게 출납하여야 할 물품의 분류를 명백히 하여 그 출납을 명하여야 한다.
② 물품출납공무원은 제1항에 따른 명령이 없으면 물품을 출납할 수 없다.
제00조 ① 물품출납공무원은 보관 중인 물품 중 사용할 수 없거나 수선 또는 개조가 필요한 물품이 있다고 인정하면 그 사실을 물품관리관에게 보고하여야 한다.
② 물품관리관은 제1항에 따른 보고에 의하여 수선이나 개조가 필요한 물품이 있다고 인정하면 계약담당공무원이나 그 밖의 관계 공무원에게 그 수선이나 개조를 위한 필요한 조치를 할 것을 청구하여야 한다.

① 물품출납공무원은 물품관리관의 명령이 없으면 자신의 재량으로 물품을 출납할 수 없다.
② A중앙관서의 장이 그 소관 물품관리에 관한 사무를 위임하고자 할 경우, B중앙관서의 소속 공무원에게는 위임할 수 없다.
③ 계약담당공무원은 물품을 국가의 시설에 보관하는 것이 그 사용이나 처분에 부적당하다고 인정하는 경우, 그 물품을 국가 외의 자의 시설에 보관할 수 있다.
④ 물품수급관리계획에 정해진 물품 이외의 물품이 필요한 경우, 물품관리관은 필요할 때마다 물품출납공무원에게 물품의 취득에 관한 필요한 조치를 할 것을 청구해야 한다.
⑤ 물품출납공무원은 보관 중인 물품 중 수선이 필요한 물품이 있다고 인정하는 경우, 계약담당공무원에게 수선에 필요한 조치를 할 것을 청구해야 한다.

03. 다음 글을 근거로 판단할 때 옳은 것은?

제○○조 ① 누구든지 법률에 의하지 아니하고는 우편물의 검열·전기통신의 감청 또는 통신사실확인자료의 제공을 하거나 공개되지 아니한 타인 상호간의 대화를 녹음 또는 청취하지 못한다.
② 다음 각 호의 어느 하나에 해당하는 자는 1년 이상 10년 이하의 징역과 5년 이하의 자격정지에 처한다.
1. 제1항에 위반하여 우편물의 검열 또는 전기통신의 감청을 하거나 공개되지 아니한 타인 상호간의 대화를 녹음 또는 청취한 자
2. 제1호에 따라 알게 된 통신 또는 대화의 내용을 공개하거나 누설한 자
③ 누구든지 단말기기 고유번호를 제공하거나 제공받아서는 안 된다. 다만 이동전화단말기 제조업체 또는 이동통신사업자가 단말기의 개통처리 및 수리 등 정당한 업무의 이행을 위하여 제공하거나 제공받는 경우에는 그러하지 아니하다.
④ 제3항을 위반하여 단말기기 고유번호를 제공하거나 제공받은 자는 3년 이하의 징역 또는 1천만 원 이하의 벌금에 처한다.
제□□조 제○○조의 규정에 위반하여, 불법검열에 의하여 취득한 우편물이나 그 내용, 불법감청에 의하여 지득(知得) 또는 채록(採錄)된 전기통신의 내용, 공개되지 아니한 타인 상호간의 대화를 녹음 또는 청취한 내용은 재판 또는 징계절차에서 증거로 사용할 수 없다.

① 甲이 불법검열에 의하여 취득한 乙의 우편물은 징계절차에서 증거로 사용할 수 있다.
② 甲이 乙과 정책용역을 수행하면서 乙과의 대화를 녹음한 내용은 재판에서 증거로 사용할 수 없다.
③ 甲이 乙과 丙 사이의 공개되지 않은 대화를 녹음하여 공개한 경우, 1천만 원의 벌금에 처해질 수 있다.
④ 이동통신사업자 甲이 乙의 단말기를 개통하기 위하여 단말기기 고유번호를 제공받은 경우, 1년의 징역에 처해질 수 있다.
⑤ 甲이 乙과 丙 사이의 우편물을 불법으로 검열한 경우, 2년의 징역과 3년의 자격정지에 처해질 수 있다.

04. 다음 글과 〈지원대상 후보 현황〉을 근거로 판단할 때, 기업 F가 받는 지원금은?

□□부는 2021년도 중소기업 광고비 지원사업 예산 6억 원을 기업에 지원하려 하며, 지원대상 선정 및 지원금 산정 방법은 다음과 같다.
○ 2020년도 총매출이 500억 원 미만인 기업만 지원하며, 우선 지원대상 사업분야는 백신, 비대면, 인공지능이다.
○ 우선 지원대상 사업분야 내 또는 우선 지원대상이 아닌 사업분야 내에서는 '소요 광고비 × 2020년도 총매출'이 작은 기업부터 먼저 선정한다.
○ 지원금 상한액은 1억 2,000만 원이나, 해당 기업의 2020년도 총매출이 100억 원 이하인 경우 상한액의 2배까지 지원할 수 있다. 단, 지원금은 소요 광고비의 2분의 1을 초과할 수 없다.
○ 위의 지원금 산정 방법에 따라 예산 범위 내에서 지급 가능한 최대 금액을 예산이 소진될 때까지 지원대상 기업에 순차로 배정한다.

〈지원대상 후보 현황〉

기업	2020년도 총매출 (억 원)	소요 광고비 (억 원)	사업분야
A	600	1	백신
B	500	2	비대면
C	400	3	농산물
D	300	4	인공지능
E	200	5	비대면
F	100	6	의류
G	30	4	백신

① 없음
② 8,000만 원
③ 1억 2,000만 원
④ 1억 6,000만 원
⑤ 2억 4,000만 원

05. 다음 글의 ㉠과 ㉡에 해당하는 수를 옳게 짝지은 것은?

> 甲담당관: 우리 부서 전 직원 57명으로 구성되는 혁신조직을 출범시켰으면 합니다.
> 乙주무관: 조직은 어떻게 구성할까요?
> 甲담당관: 5~7명으로 구성된 10개의 소조직을 만들되, 5명, 6명, 7명 소조직이 각각 하나 이상 있었으면 합니다. 단, 각 직원은 하나의 소조직에만 소속되어야 합니다.
> 乙주무관: 그렇게 할 경우 5명으로 구성되는 소조직은 최소 (㉠)개, 최대 (㉡)개가 가능합니다.

	㉠	㉡
①	1	5
②	3	5
③	3	6
④	4	6
⑤	4	7

06. 다음 글을 근거로 판단할 때, 甲이 통합력에 투입해야 하는 노력의 최솟값은?

- ○ 업무역량은 기획력, 창의력, 추진력, 통합력의 4가지 부문으로 나뉜다.
- ○ 부문별 업무역량 값을 수식으로 나타내면 다음과 같다.

> 부문별 업무역량 값
> =(해당 업무역량 재능×4)+(해당 업무역량 노력×3)
> ※ 재능과 노력의 값은 음이 아닌 정수이다.

- ○ 甲의 부문별 업무역량의 재능은 다음과 같다.

기획력	창의력	추진력	통합력
90	100	110	60

- ○ 甲은 통합력의 업무역량 값을 다른 어떤 부문의 값보다 크게 만들고자 한다. 단, 甲이 투입 가능한 노력은 총 100이며 甲은 가능한 노력을 남김없이 투입한다.

① 67
② 68
③ 69
④ 70
⑤ 71

07. 다음 글을 근거로 판단할 때, 마지막에 송편을 먹었다면 그 직전에 먹은 떡은?

> 원 쟁반의 둘레를 따라 쑥떡, 인절미, 송편, 무지개떡, 팥떡, 호박떡이 순서대로 한 개씩 시계방향으로 놓여 있다. 이 떡을 먹는 순서는 다음과 같은 규칙에 따른다. 특정한 떡을 시작점(첫 번째)으로 하여 시계방향으로 떡을 세다가 여섯 번째에 해당하는 떡을 먹는다. 떡을 먹고 나면 시계방향으로 이어지는 바로 다음 떡이 새로운 시작점이 된다. 이 과정을 반복하여 떡이 한 개 남게 되면 마지막으로 그 떡을 먹는다.

① 무지개떡
② 쑥떡
③ 인절미
④ 팥떡
⑤ 호박떡

08. 다음 글을 근거로 판단할 때, 甲이 구매하려는 두 상품의 무게로 옳은 것은?

> ○○마트에서는 쌀 상품 A ~ D를 판매하고 있다. 상품 무게는 A가 가장 무겁고, B, C, D 순서대로 무게가 가볍다. 무게 측정을 위해 서로 다른 두 상품을 저울에 올린 결과, 각각 35kg, 39kg, 44kg, 45kg, 50kg, 54kg으로 측정되었다. 甲은 가장 무거운 상품과 가장 가벼운 상품을 제외하고 두 상품을 구매하기로 하였다.

※ 상품 무게(kg)의 값은 정수이다.

① 19kg, 25kg
② 19kg, 26kg
③ 20kg, 24kg
④ 21kg, 25kg
⑤ 22kg, 26kg

09. 다음 글을 근거로 판단할 때, A 괘종시계가 11시 정각을 알리기 위한 마지막 종을 치는 시각은?

> A 괘종시계는 매시 정각을 알리기 위해 매시 정각부터 일정한 시간 간격으로 해당 시의 수만큼 종을 친다. 예를 들어 7시 정각을 알리기 위해서는 7시 정각에 첫 종을 치기 시작하여 일정한 시간 간격으로 총 7번의 종을 치는 것이다. 이 괘종시계가 정각을 알리기 위해 2번 이상 종을 칠 때, 종을 치는 시간 간격은 몇 시 정각을 알리기 위한 것이든 동일하다. A 괘종시계가 6시 정각을 알리기 위한 마지막 6번째 종을 치는 시각은 6시 6초이다.

① 11시 11초
② 11시 12초
③ 11시 13초
④ 11시 14초
⑤ 11시 15초

10. 다음 글을 근거로 판단할 때, 현재 시점에서 두 번째로 많은 양의 일을 한 사람은?

> A부서 주무관 5명(甲～戊)은 오늘 해야 하는 일의 양이 같다. 오늘 업무 개시 후 현재까지 한 일을 비교해 보면 다음과 같다.
>
> 甲은 丙이 아직 하지 못한 일의 절반에 해당하는 양의 일을 했다. 乙은 丁이 남겨 놓고 있는 일의 2배에 해당하는 양의 일을 했다. 丙은 자신이 현재까지 했던 일의 절반에 해당하는 일을 남겨 놓고 있다. 丁은 甲이 남겨 놓고 있는 일과 동일한 양의 일을 했다. 戊는 乙이 남겨 놓은 일의 절반에 해당하는 양의 일을 했다.

① 甲
② 乙
③ 丙
④ 丁
⑤ 戊

11. 다음 글과 〈대화〉를 근거로 판단할 때, 丙이 받을 수 있는 최대 성과점수는?

> ○ A과는 과장 1명과 주무관 4명(甲～丁)으로 구성되어 있으며, 주무관의 직급은 甲이 가장 높고, 乙, 丙, 丁 순으로 낮아진다.
> ○ A과는 프로젝트를 성공적으로 마친 보상으로 성과점수 30점을 부여받았다. 과장은 A과에 부여된 30점을 자신을 제외한 주무관들에게 분배할 계획을 세우고 있다.
> ○ 과장은 주무관들의 요구를 모두 반영하여 성과점수를 분배하려 한다.
> ○ 주무관들이 받는 성과점수는 모두 다른 자연수이다.

〈대화〉

甲: 과장님이 주시는 대로 받아야죠. 아! 그렇지만 丁보다는 제가 높아야 합니다.
乙: 이번 프로젝트 성공에는 제가 가장 큰 기여를 했으니, 제가 가장 높은 성과점수를 받아야 합니다.
丙: 기여도를 고려했을 때, 제 경우에는 상급자보다는 낮게 받고 하급자보다는 높게 받아야 합니다.
丁: 저는 내년 승진에 필요한 최소 성과점수인 4점만 받겠습니다.

① 6
② 7
③ 8
④ 9
⑤ 10

12. 다음 글을 근거로 판단할 때, 아기 돼지 삼형제와 각각의 집을 옳게 짝지은 것은?

> ○ 아기 돼지 삼형제는 엄마 돼지로부터 독립하여 벽돌집, 나무집, 지푸라기집 중 각각 다른 한 채씩을 선택하여 짓는다.
> ○ 벽돌집을 지을 때에는 벽돌만 필요하지만, 나무집은 나무와 지지대가, 지푸라기집은 지푸라기와 지지대가 재료로 필요하다. 지지대에 소요되는 비용은 집의 면적과 상관없이 나무집의 경우 20만 원, 지푸라기집의 경우 5만 원이다.
> ○ 재료의 1개당 가격 및 집의 면적 $1m^2$당 필요 개수는 아래와 같다.

구분	벽돌	나무	지푸라기
1개당 가격(원)	6,000	3,000	1,000
$1m^2$당 필요 개수	15	20	30

> ○ 첫째 돼지 집의 면적은 둘째 돼지 집의 2배이고, 셋째 돼지 집의 3배이다. 삼형제 집의 면적의 총합은 $11m^2$이다.
> ○ 모두 집을 짓고 나니, 둘째 돼지 집을 짓는 재료 비용이 가장 많이 들었다.

	첫째	둘째	셋째
①	벽돌집	나무집	지푸라기집
②	벽돌집	지푸라기집	나무집
③	나무집	벽돌집	지푸라기집
④	지푸라기집	벽돌집	나무집
⑤	지푸라기집	나무집	벽돌집

13. 다음 〈A기관 특허대리인 보수 지급 기준〉과 〈상황〉을 근거로 판단할 때, 甲과 乙이 지급받는 보수의 차이는?

〈A기관 특허대리인 보수 지급 기준〉

○ A기관은 특허출원을 특허대리인(이하 '대리인')에게 의뢰하고, 이에 따라 특허출원 건을 수임한 대리인에게 보수를 지급한다.
○ 보수는 착수금과 사례금의 합이다.
○ 착수금은 대리인이 작성한 출원서의 내용에 따라 〈착수금 산정 기준〉의 세부항목을 합산하여 산정한다. 단, 세부항목을 합산한 금액이 140만 원을 초과할 경우 착수금은 140만 원으로 한다.

〈착수금 산정 기준〉

세부항목	금액(원)
기본료	1,200,000
독립항 1개 초과분(1개당)	100,000
종속항(1개당)	35,000
명세서 20면 초과분(1면당)	9,000
도면(1도당)	15,000

※ 독립항 1개 또는 명세서 20면 이하는 해당 항목에 대한 착수금을 산정하지 않는다.

○ 사례금은 출원한 특허가 '등록결정'된 경우 착수금과 동일한 금액으로 지급하고, '거절결정'된 경우 0원으로 한다.

〈상황〉

○ 특허대리인 甲과 乙은 A기관이 의뢰한 특허출원을 각각 1건씩 수임하였다.
○ 甲은 독립항 1개, 종속항 2개, 명세서 14면, 도면 3도로 출원서를 작성하여 특허를 출원하였고, '등록결정'되었다.
○ 乙은 독립항 5개, 종속항 16개, 명세서 50면, 도면 12도로 출원서를 작성하여 특허를 출원하였고, '거절결정'되었다.

① 2만 원
② 8만 5천 원
③ 123만 원
④ 129만 5천 원
⑤ 259만 원

14. 다음 글과 〈상황〉을 근거로 판단할 때, 〈보기〉에서 옳은 것만을 모두 고르면?

□□부서는 매년 △△사업에 대해 사업자 자격 요건 재허가 심사를 실시한다.
○ 기본심사 점수에서 감점 점수를 뺀 최종심사 점수가 70점 이상이면 '재허가', 60점 이상 70점 미만이면 '허가 정지', 60점 미만이면 '허가 취소'로 판정한다.
- 기본심사 점수: 100점 만점으로, ㉮~㉱의 4가지 항목(각 25점 만점) 점수의 합으로 한다. 단, 점수는 자연수이다.
- 감점 점수: 과태료 부과의 경우 1회당 2점, 제재 조치의 경우 경고 1회당 3점, 주의 1회당 1.5점, 권고 1회당 0.5점으로 한다.

〈상황〉

2020년 사업자 A~C의 기본심사 점수 및 감점 사항은 아래와 같다.

사업자	기본심사 항목별 점수			
	㉮	㉯	㉰	㉱
A	20	23	17	?
B	18	21	18	?
C	23	18	21	16

사업자	과태료 부과 횟수	제재 조치 횟수		
		경고	주의	권고
A	3	-	-	6
B	5	-	3	2
C	4	1	2	-

〈보기〉

ㄱ. A의 ㉱ 항목 점수가 15점이라면 A는 재허가를 받을 수 있다.
ㄴ. B의 허가가 취소되지 않으려면 B의 ㉱ 항목 점수가 19점 이상이어야 한다.
ㄷ. C가 2020년에 과태료를 부과받은 적이 없다면 판정 결과가 달라진다.
ㄹ. 기본심사 점수와 최종심사 점수 간의 차이가 가장 큰 사업자는 C이다.

① ㄱ
② ㄴ
③ ㄱ, ㄴ
④ ㄴ, ㄷ
⑤ ㄷ, ㄹ

15. 다음 글과 <상황>을 근거로 판단할 때, 수질검사빈도와 수질기준을 둘 다 충족한 검사지점만을 모두 고르면?

□□법 제00조(수질검사빈도와 수질기준) ① 기초자치단체의 장인 시장·군수·구청장은 다음 각 호의 구분에 따라 지방상수도의 수질검사를 실시하여야 한다.

1. 정수장에서의 검사
   가. 냄새, 맛, 색도, 탁도(濁度), 잔류염소에 관한 검사: 매일 1회 이상
   나. 일반세균, 대장균, 암모니아성 질소, 질산성 질소, 과망간산칼륨 소비량 및 증발잔류물에 관한 검사: 매주 1회 이상
   단, 일반세균, 대장균을 제외한 항목 중 지난 1년간 검사를 실시한 결과, 수질기준의 10퍼센트를 초과한 적이 없는 항목에 대하여는 매월 1회 이상
2. 수도꼭지에서의 검사
   가. 일반세균, 대장균, 잔류염소에 관한 검사: 매월 1회 이상
   나. 정수장별 수도관 노후지역에 대한 일반세균, 대장균, 암모니아성 질소, 동, 아연, 철, 망간, 잔류염소에 관한 검사: 매월 1회 이상
3. 수돗물 급수과정별 시설(배수지 등)에서의 검사
   일반세균, 대장균, 암모니아성 질소, 동, 수소이온 농도, 아연, 철, 잔류염소에 관한 검사: 매 분기 1회 이상

② 수질기준은 아래와 같다.

항목	기준	항목	기준
대장균	불검출/100mL	일반세균	100CFU/mL 이하
잔류염소	4mg/L 이하	질산성 질소	10mg/L 이하

<상황>

甲시장은 □□법 제00조에 따라 수질검사를 실시하고 있다. 甲시 관할의 검사지점(A ~ E)은 이전 검사에서 매번 수질기준을 충족하였고, 이번 수질검사에서 아래와 같은 결과를 보였다.

검사지점	검사대상	검사결과	검사빈도
정수장 A	잔류염소	2mg/L	매일 1회
정수장 B	질산성 질소	11mg/L	매일 1회
정수장 C	일반세균	70CFU/mL	매월 1회
수도꼭지 D	대장균	불검출/100mL	매주 1회
배수지 E	잔류염소	2mg/L	매주 1회

※ 제시된 검사대상 외의 수질검사빈도와 수질기준은 모두 충족한 것으로 본다.

① A, D ② B, D ③ A, D, E
④ A, B, C, E ⑤ A, C, D, E

16. 다음 글과 <상황>을 근거로 판단할 때 옳은 것은?

○ 민원의 종류
  법정민원(인가·허가 등을 신청하거나 사실·법률관계에 관한 확인 또는 증명을 신청하는 민원), 질의민원(법령·제도 등에 관하여 행정기관의 설명·해석을 요구하는 민원), 건의민원(행정제도의 개선을 요구하는 민원), 기타민원(그 외 상담·설명 요구, 불편 해결을 요구하는 민원)으로 구분함
○ 민원의 신청
  문서(전자문서를 포함, 이하 같음)로 해야 하나, 기타민원은 구술 또는 전화로 가능함
○ 민원의 접수
  민원실에서 접수하고, 접수증을 교부하여야 함(단, 기타민원, 우편 및 전자문서로 신청한 민원은 접수증 교부를 생략할 수 있음)
○ 민원의 이송
  접수한 민원이 다른 행정기관의 소관인 경우, 접수된 민원문서를 지체 없이 소관 기관에 이송하여야 함
○ 처리결과의 통지
  접수된 민원에 대한 처리결과를 민원인에게 문서로 통지하여야 함(단, 기타민원의 경우와 통지에 신속을 요하거나 민원인이 요청하는 경우, 구술 또는 전화로 통지할 수 있음)
○ 반복 및 중복 민원의 처리
  민원인이 동일한 내용의 민원(법정민원 제외)을 정당한 사유 없이 3회 이상 반복하여 제출한 경우, 2회 이상 그 처리결과를 통지하였다면 그 후 접수되는 민원에 대하여는 바로 종결 처리할 수 있음

<상황>

○ 甲은 인근 공사장 소음으로 인한 불편 해결을 요구하는 민원을 A시에 제기하려고 한다.
○ 乙은 자신의 영업허가를 신청하는 민원을 A시에 제기하려고 한다.

① 甲은 구술 또는 전화로 민원을 신청할 수 없다.
② 乙은 전자문서로 민원을 신청할 수 없다.
③ 甲이 신청한 민원이 다른 행정기관 소관 사항인 경우라도, A시는 해당 민원을 이송 없이 처리할 수 있다.
④ A시는 甲이 신청한 민원에 대한 처리결과를 전화로 통지할 수 있다.
⑤ 乙이 동일한 내용의 민원을 이미 2번 제출하여 처리결과를 통지받았으나 정당한 사유 없이 다시 신청한 경우, A시는 해당 민원을 바로 종결 처리할 수 있다.

17. 다음 글과 〈상황〉을 근거로 판단할 때 옳지 않은 것은?

제00조 ① 건축물을 건축하거나 대수선하려는 자는 특별자치시장·특별자치도지사 또는 시장·군수·구청장의 허가를 받아야 한다. 다만 21층 이상의 건축물이나 연면적 합계 10만 제곱미터 이상인 건축물을 특별시나 광역시에 건축하려면 특별시장이나 광역시장의 허가를 받아야 한다.
② 허가권자는 제1항에 따른 허가를 받은 자가 다음 각 호의 어느 하나에 해당하면 허가를 취소하여야 한다. 다만 제1호에 해당하는 경우로서 정당한 사유가 있다고 인정되면 1년의 범위에서 공사의 착수기간을 연장할 수 있다.
1. 허가를 받은 날부터 2년 이내에 공사에 착수하지 아니한 경우
2. 제1호의 기간 이내에 공사에 착수하였으나 공사의 완료가 불가능하다고 인정되는 경우

제00조 ① ○○부 장관은 국토관리를 위하여 특히 필요하다고 인정하거나 주무부장관이 국방, 문화재보존, 환경보전 또는 국민경제를 위하여 특히 필요하다고 인정하여 요청하면 허가권자의 건축허가나 허가를 받은 건축물의 착공을 제한할 수 있다.
② 특별시장·광역시장·도지사(이하 '시·도지사'라 한다)는 지역계획이나 도시·군계획에 특히 필요하다고 인정하면 시장·군수·구청장의 건축허가나 허가를 받은 건축물의 착공을 제한할 수 있다.
③ ○○부 장관이나 시·도지사는 제1항이나 제2항에 따라 건축허가나 건축허가를 받은 건축물의 착공을 제한하려는 경우에는 주민의견을 청취한 후 건축위원회의 심의를 거쳐야 한다.
④ 제1항이나 제2항에 따라 건축허가나 건축물의 착공을 제한하는 경우 제한기간은 2년 이내로 한다. 다만 1회에 한하여 1년 이내의 범위에서 제한기간을 연장할 수 있다.

〈상황〉

甲은 20층의 연면적 합계 5만 제곱미터인 건축물을, 乙은 연면적 합계 15만 제곱미터인 건축물을 각각 A광역시 B구에 신축하려고 한다.

① 甲은 B구청장에게 건축허가를 받아야 한다.
② 甲이 건축허가를 받은 경우에도 A광역시장은 지역계획에 특히 필요하다고 인정하면 일정한 절차를 거쳐 甲의 건축물 착공을 제한할 수 있다.
③ B구청장은 주민의견을 청취한 후 건축위원회의 심의를 거쳐 건축허가를 받은 乙의 건축물 착공을 제한할 수 있다.
④ 乙이 건축허가를 받은 날로부터 2년 이내에 정당한 사유 없이 공사에 착수하지 않은 경우, A광역시장은 건축허가를 취소하여야 한다.
⑤ 주무부장관이 문화재보존을 위하여 특히 필요하다고 인정하여 요청하는 경우, ○○부 장관은 건축허가를 받은 乙의 건축물에 대해 최대 3년간 착공을 제한할 수 있다.

18. 다음 글을 근거로 판단할 때 옳지 않은 것은?

제00조 ① 정보공개심의회(이하 '심의회'라 한다)는 다음 각 호의 구분에 따라 10인 이내의 위원으로 구성한다.
1. 내부 위원: 위원장 1인(○○실장)과 각 부서의 정보공개 담당관 중 지명된 3인
2. 외부 위원: 관련분야 전문가 중에서 총 위원수의 3분의 1 이상 위촉

② 위원은 특정 성별이 다른 성별의 2분의 1 이하가 되지 않도록 한다.
③ 위원장을 비롯한 내부 위원의 임기는 그 직위에 재직하는 기간으로 하며, 외부 위원의 임기는 2년으로 하되 2회에 한하여 연임할 수 있다.
④ 심의회는 위원장이 소집하고, 회의는 위원장을 포함한 재적위원 3분의 2 이상의 출석으로 개의하고 출석위원 3분의 2 이상의 찬성으로 의결한다.
⑤ 위원은 부득이한 이유로 참석할 수 없는 경우에는 서면으로 의견을 제출할 수 있다. 이 경우 해당 위원은 심의회에 출석한 것으로 본다.

① 외부 위원의 최대 임기는 6년이다.
② 정보공개심의회는 최소 6명의 위원으로 구성된다.
③ 정보공개심의회 내부 위원이 모두 여성일 경우, 정보공개심의회는 7명의 위원으로 구성될 수 있다.
④ 정보공개심의회가 8명의 위원으로 구성되면, 위원 3명의 찬성으로 의결되는 경우가 있다.
⑤ 위원장을 포함한 위원 5명이 직접 출석하여 이들 모두 안건에 찬성하고, 위원 2명이 부득이한 이유로 서면으로 의견을 제출한 경우, 제출된 서면 의견에 상관없이 해당 안건은 찬성으로 의결된다.

19. 다음 글을 근거로 판단할 때, 〈보기〉에서 옳은 것만을 모두 고르면?

2021년에 적용되는 ○○인재개발원의 분반 허용 기준은 아래와 같다.
○ 분반 허용 기준
  – 일반강의: 직전 2년 수강인원의 평균이 100명 이상이거나, 그 2년 중 1년의 수강인원이 120명 이상
  – 토론강의: 직전 2년 수강인원의 평균이 60명 이상이거나, 그 2년 중 1년의 수강인원이 80명 이상
  – 영어강의: 직전 2년 수강인원의 평균이 30명 이상이거나, 그 2년 중 1년의 수강인원이 50명 이상
  – 실습강의: 직전 2년 수강인원의 평균이 20명 이상
○ 이상의 기준에도 불구하고 직전년도 강의만족도 평가점수가 90점 이상이었던 강의는 위에서 기준으로 제시한 수강인원의 90% 이상이면 분반을 허용한다.

〈보기〉

ㄱ. 2019년과 2020년의 수강인원이 각각 100명과 80명이고 2020년 강의만족도 평가점수가 85점인 일반강의 A는 분반이 허용된다.
ㄴ. 2019년과 2020년의 수강인원이 각각 10명과 45명인 영어강의 B의 분반이 허용되지 않는다면, 2020년 강의만족도 평가점수는 90점 미만이었을 것이다.
ㄷ. 2019년 수강인원이 20명이고 2020년 강의만족도 평가점수가 92점인 실습강의 C의 분반이 허용되지 않는다면, 2020년 강의의 수강인원은 15명을 넘지 않았을 것이다.

① ㄴ
② ㄷ
③ ㄱ, ㄴ
④ ㄱ, ㄷ
⑤ ㄴ, ㄷ

20. 다음 글과 〈상황〉을 근거로 판단할 때, 〈사업 공모 지침 수정안〉의 밑줄 친 ㉮~㉲ 중 '관계부처 협의 결과'에 부합한 것만을 모두 고르면?

○ '대학 캠퍼스 혁신파크 사업'을 담당하는 A주무관은 신청 조건과 평가지표 및 배점을 포함한 〈사업 공모 지침 수정안〉을 작성하였다. 평가지표는 Ⅰ~Ⅳ의 지표와 그 하위 지표로 구성되어 있다.

〈사업 공모 지침 수정안〉

㉮ □ <u>신청 조건</u>
최소 1만m^2 이상의 사업부지 확보. 단, 사업부지에는 건축물이 없어야 함
□ 평가지표 및 배점

평가지표	배점	
	현행	수정
㉯ <u>Ⅰ. 개발 타당성</u>	20	25
– 개발계획의 합리성	10	10
– 관련 정부사업과의 연계가능성	5	10
– 학습여건 보호 가능성	5	5
㉰ <u>Ⅱ. 대학의 사업 추진 역량과 의지</u>	10	15
– 혁신파크 입주기업 지원 방안	5	5
– 사업 전담조직 및 지원체계	5	5
– 대학 내 주체 간 합의 정도	–	5
㉱ <u>Ⅲ. 기업 유치 가능성</u>	10	10
– 기업의 참여 가능성	7	3
– 참여 기업의 재무건전성	3	7
㉲ <u>Ⅳ. 시범사업 조기 활성화 가능성</u>	10	삭제
– 대학 내 주체 간 합의 정도	5	이동
– 부지 조기 확보 가능성	5	삭제
합계	50	50

〈상황〉

A주무관은 〈사업 공모 지침 수정안〉을 작성한 후 뒤늦게 '관계부처 협의 결과'를 전달받았다. 그 내용은 다음과 같다.
○ 대학이 부지를 확보하는 것이 쉽지 않으므로 신청 사업부지 안에 건축물이 포함되어 있어도 신청 허용
○ 도시재생뉴딜사업, 창업선도대학 등 '관련 정부사업과의 연계가능성' 평가비중 확대
○ 시범사업 기간이 종료되었으므로 시범사업 조기 활성화와 관련된 평가지표를 삭제하되 '대학 내 주체 간 합의 정도'는 타 지표로 이동하여 계속 평가
○ 논의된 내용 이외의 하위 지표의 항목과 배점은 사업의 안정성을 위해 현행 유지

① ㉮, ㉯
② ㉮, ㉱
③ ㉯, ㉱
④ ㉰, ㉲
⑤ ㉯, ㉰, ㉲

21. 다음 글과 〈대화〉를 근거로 판단할 때, ㉠에 들어갈 丙의 대화 내용으로 옳은 것은?

주무관 丁은 다음과 같은 사실을 알고 있다.

- 이번 주 개업한 A식당은 평일 '점심(12시)'과 '저녁(18시)'으로만 구분해 운영되며, 해당 시각 이전에 예약할 수 있다.
- 주무관 甲~丙은 A식당에 이번 주 월요일부터 수요일까지 서로 겹치지 않게 예약하고 각자 한 번씩 다녀왔다.

〈대화〉

甲: 나는 이번 주 乙의 방문후기를 보고 예약했어. 음식이 정말 훌륭하더라!

乙: 그렇지? 나도 나중에 들었는데 丙은 점심 할인도 받았대. 나도 다음에는 점심에 가야겠어.

丙: 월요일은 개업일이라 사람이 많을 것 같아서 피했어.

[㉠]

丁: 너희 모두의 말을 다 들어보니, 각자 식당에 언제 갔는지를 정확하게 알겠다!

① 乙이 다녀온 바로 다음날 점심을 먹었지.
② 甲이 먼저 점심 할인을 받고 나에게 알려준 거야.
③ 甲이 우리 중 가장 늦게 갔었구나.
④ 월요일에 갔던 사람은 아무도 없구나.
⑤ 같이 가려고 했더니 이미 다들 먼저 다녀왔더군.

22. 다음 글과 〈상황〉을 근거로 판단할 때, 날씨 예보 앱을 설치한 잠재 사용자의 총수는?

내일 비가 오는지를 예측하는 날씨 예보시스템을 개발한 A청은 다음과 같은 날씨 예보 앱의 '사전테스트전략'을 수립하였다.

- 같은 날씨 변화를 경험하는 잠재 사용자의 전화번호를 개인의 동의를 얻어 확보한다.
- 첫째 날에는 잠재 사용자를 같은 수의 두 그룹으로 나누어, 한쪽은 "비가 온다"로 다른 한쪽에는 "비가 오지 않는다"로 메시지를 보낸다.
- 둘째 날에는 직전일에 보낸 메시지와 날씨가 일치한 그룹을 다시 같은 수의 두 그룹으로 나누어, 한쪽은 "비가 온다"로 다른 한쪽에는 "비가 오지 않는다"로 메시지를 보낸다.
- 이후 날에도 같은 작업을 계속 반복한다.
- 보낸 메시지와 날씨가 일치하지 않은 잠재 사용자를 대상으로도 같은 작업을 반복한다. 즉, 직전일에 보낸 메시지와 날씨가 일치하지 않은 잠재 사용자를 같은 수의 두 그룹으로 나누어, 한쪽은 "비가 온다"로 다른 한쪽에는 "비가 오지 않는다"로 메시지를 보낸다.

〈상황〉

A청은 사전테스트전략대로 200,000명의 잠재 사용자에게 월요일부터 금요일까지 5일간 메시지를 보냈다. 받은 메시지와 날씨가 3일 연속 일치한 경우, 해당 잠재 사용자는 날씨 예보 앱을 그날 설치한 후 제거하지 않았다.

① 12,500명
② 25,000명
③ 37,500명
④ 43,750명
⑤ 50,000명

[23~24] 다음 글을 읽고 물음에 답하시오.

○ 국가는 지방자치단체인 시·군·구의 인구, 지리적 여건, 생활권·경제권, 발전가능성 등을 고려하여 통합이 필요한 지역에 대하여는 지방자치단체 간 통합을 지원해야 한다.
○ △△위원회(이하 '위원회')는 통합대상 지방자치단체를 발굴하고 통합방안을 마련한다. 지방자치단체의 장, 지방의회 또는 주민은 인근 지방자치단체와의 통합을 위원회에 건의할 수 있다. 단, 주민이 건의하는 경우에는 해당 지방자치단체의 주민투표권자 총수의 50분의 1 이상의 연서(連書)가 있어야 한다. 지방자치단체의 장, 지방의회 또는 주민은 위원회에 통합을 건의할 때 통합대상 지방자치단체를 관할하는 특별시장·광역시장 또는 도지사(이하 '시·도지사')를 경유해야 한다. 이 경우 시·도지사는 접수받은 통합건의서에 의견을 첨부하여 지체 없이 위원회에 제출해야 한다. 위원회는 위의 건의를 참고하여 시·군·구 통합방안을 마련해야 한다.
○ □□부 장관은 위원회가 마련한 시·군·구 통합방안에 따라 지방자치단체 간 통합을 해당 지방자치단체의 장에게 권고할 수 있다. □□부 장관은 지방자치단체 간 통합권고안에 관하여 해당 지방의회의 의견을 들어야 한다. 그러나 □□부 장관이 필요하다고 인정하여 해당 지방자치단체의 장에게 주민투표를 요구하여 실시한 경우에는 그렇지 않다. 지방자치단체의 장은 시·군·구 통합과 관련하여 주민투표의 실시 요구를 받은 때에는 지체 없이 이를 공표하고 주민투표를 실시해야 한다.
○ 지방의회 의견청취 또는 주민투표를 통하여 지방자치단체의 통합의사가 확인되면 '관계지방자치단체(통합대상 지방자치단체 및 이를 관할하는 특별시·광역시 또는 도)'의 장은 명칭, 청사 소재지, 지방자치단체의 사무 등 통합에 관한 세부사항을 심의하기 위하여 공동으로 '통합추진공동위원회'를 설치해야 한다.
○ 통합추진공동위원회의 위원은 관계지방자치단체의 장 및 그 지방의회가 추천하는 자로 한다. 통합추진공동위원회를 구성하는 각각의 관계지방자치단체 위원 수는 다음에 따라 산정한다. 단, 그 결과값이 자연수가 아닌 경우에는 소수점 이하의 수를 올림한 값을 관계지방자치단체 위원 수로 한다.

관계지방자치단체 위원 수 = [(통합대상 지방자치단체 수) × 6 + (통합대상 지방자치단체를 관할하는 특별시·광역시 또는 도의 수) × 2 + 1] ÷ (관계지방자치단체 수)

○ 통합추진공동위원회의 전체 위원 수는 위에 따라 산출된 관계지방자치단체 위원 수에 관계지방자치단체 수를 곱한 값이다.

23. 윗글을 근거로 판단할 때 옳은 것은?

① □□부 장관이 요구하여 지방자치단체의 통합과 관련한 주민투표가 실시된 경우에는 통합권고안에 대해 지방의회의 의견을 청취하지 않아도 된다.
② 지방의회가 의결을 통해 다른 지방자치단체와의 통합을 추진하고자 한다면 통합건의서는 시·도지사를 경유하지 않고 △△위원회에 직접 제출해야 한다.
③ 주민투표권자 총수가 10만 명인 지방자치단체의 주민들이 다른 인근 지방자치단체와의 통합을 △△위원회에 건의하고자 할 때, 주민 200명의 연서가 있으면 가능하다.
④ 통합추진공동위원회의 위원은 □□부 장관과 관계지방자치단체의 장이 추천하는 자로 한다.
⑤ 지방자치단체의 장은 해당 지방자치단체의 통합을 △△위원회에 건의할 때, 지방의회의 의결을 거쳐야 한다.

24. 윗글과 〈상황〉을 근거로 판단할 때, '통합추진공동위원회'의 전체 위원 수는?

〈상황〉

甲도가 관할하는 지방자치단체인 A군과 B군, 乙도가 관할하는 지방자치단체인 C군, 그리고 丙도가 관할하는 지방자치단체인 D군은 관련 절차를 거쳐 하나의 지방자치단체로 통합을 추진하고 있다. 현재 관계지방자치단체장은 공동으로 '통합추진공동위원회'를 설치하고자 한다.

① 42명
② 35명
③ 32명
④ 31명
⑤ 28명

25. 다음 글과 〈상황〉을 근거로 판단할 때, 괄호 안의 ㉠과 ㉡에 해당하는 것을 옳게 짝지은 것은?

ㅇ 행정구역분류코드는 다섯 자리 숫자로 구성되어 있다.
ㅇ 행정구역분류코드의 '처음 두 자리'는 광역자치단체인 시·도를 의미하는 고유한 값이다.
ㅇ '그 다음 두 자리'는 광역자치단체인 시·도에 속하는 기초자치단체인 시·군·구를 의미하는 고유한 값이다. 단, 광역자치단체인 시에 속하는 기초자치단체는 군·구이다.
ㅇ '마지막 자리'에는 해당 시·군·구가 기초자치단체인 경우 0, 자치단체가 아닌 경우 0이 아닌 임의의 숫자를 부여한다.
ㅇ 광역자치단체인 시에 속하는 구는 기초자치단체이며, 기초자치단체인 시에 속하는 구는 자치단체가 아니다.

〈상황〉

○○시의 A구와 B구 중 B구의 행정구역분류코드의 첫 네 자리는 1003이며, 다섯 번째 자리는 알 수 없다.

甲은 ○○시가 광역자치단체인지 기초자치단체인지 모르는 상황에서, A구의 행정구역분류코드는 ○○시가 광역자치단체라면 (㉠), 기초자치단체라면 (㉡)이/가 가능하다고 판단하였다.

	㉠	㉡
①	10020	10021
②	10020	10033
③	10033	10034
④	10050	10027
⑤	20030	10035

약점 보완 해설집 p.14

01. 다음 글과 〈상황〉을 근거로 판단할 때 옳은 것은?

제00조(적용범위) 이 규정은 중앙행정기관, 광역자치단체(광역자치단체와 기초자치단체 공동주관 포함)가 국제행사를 개최하기 위하여 10억 원 이상의 국고지원을 요청하는 경우에 적용한다.
제00조(정의) "국제행사"라 함은 5개국 이상의 국가에서 외국인이 참여하고, 총 참여자 중 외국인 비율이 5% 이상(총 참여자 200만 명 이상은 3% 이상)인 국제회의·체육행사·박람회·전시회·문화행사·관광행사 등을 말한다.
제00조(국고지원의 제외) 국제행사 중 다음 각 호에 해당하는 행사는 국고지원의 대상에서 제외된다. 이 경우 제외되는 시기는 다음 각 호 이후 최초 개최되는 행사의 해당 연도부터로 한다.
1. 매년 1회 정기적으로 개최하는 국제행사로서 국고지원을 7회 받은 경우
2. 그 밖의 주기로 개최하는 국제행사로서 국고지원을 3회 받은 경우

제00조(타당성조사, 전문위원회 검토의 대상 등) ① 국고지원의 타당성조사 대상은 국제행사의 개최에 소요되는 총 사업비가 50억 원 이상인 국제행사로 한다.
② 국고지원의 전문위원회 검토 대상은 국제행사의 개최에 소요되는 총 사업비가 50억 원 미만인 국제행사로 한다.
③ 제1항에도 불구하고 국고지원 비율이 총 사업비의 20% 이내인 경우 타당성조사를 전문위원회 검토로 대체할 수 있다.

〈상황〉

甲광역자치단체는 2021년에 제6회 A박람회를 국고지원을 받아 개최할 예정이다. A박람회는 매년 1회 총 250만 명이 참여하는 행사로서 20여 개국에서 8만 명 이상의 외국인들이 참여해 왔다. 2021년에도 동일한 규모의 행사가 예정되어 있다. 한편 2020년에 5번째로 국고지원을 받은 A박람회의 총 사업비는 40억 원이었으며, 이 중 국고지원 비율은 25%였다.

① 2021년에 총 250만 명의 참여자 중 외국인 참여자가 감소하여 6만 명이 되더라도 A박람회는 국제행사에 해당된다.
② 2021년에 A박람회가 예정대로 개최된다면, A박람회는 2022년에 국고지원의 대상에서 제외된다.
③ 2021년 총 사업비가 52억 원으로 증가하고 국고지원은 8억 원을 요청한다면, A박람회는 타당성조사 대상이다.
④ 2021년 총 사업비가 60억 원으로 증가하고 국고지원은 전년과 동일한 금액을 요청한다면, A박람회는 전문위원회 검토를 받을 수 있다.
⑤ 2021년 甲광역자치단체와 乙기초자치단체가 공동주관하여 전년과 동일한 총 사업비로 A박람회를 개최한다면, A박람회는 타당성조사 대상이다.

02. 다음 글을 근거로 판단할 때 옳은 것은?

제○○조(진흥기금의 징수) ① 영화위원회(이하 "위원회"라 한다)는 영화의 발전 및 영화·비디오물산업의 진흥을 위하여 영화상영관에 입장하는 관람객에 대하여 입장권 가액의 100분의 5의 진흥기금을 징수한다. 다만, 직전 연도에 제△△조 제1호에 해당하는 영화를 연간 상영일수의 100분의 60 이상 상영한 영화상영관에 입장하는 관람객에 대해서는 그러하지 아니하다.
② 영화상영관 경영자는 관람객으로부터 제1항의 규정에 따른 진흥기금을 매월 말일까지 징수하여 해당 금액을 다음 달 20일까지 위원회에 납부하여야 한다.
③ 위원회는 영화상영관 경영자가 제2항에 따라 관람객으로부터 수납한 진흥기금을 납부기한까지 납부하지 아니하였을 때에는 체납된 금액의 100분의 3에 해당하는 금액을 가산금으로 부과한다.
④ 위원회는 제2항에 따른 진흥기금 수납에 대한 위탁 수수료를 영화상영관 경영자에게 지급한다. 이 경우 수수료는 제1항에 따른 진흥기금 징수액의 100분의 3을 초과할 수 없다.
제△△조(전용상영관에 대한 지원) 위원회는 청소년 관객의 보호와 영화예술의 확산 등을 위하여 다음 각 호의 어느 하나에 해당하는 영화를 연간 상영일수의 100분의 60 이상 상영하는 영화상영관을 지원할 수 있다.
1. 애니메이션영화·단편영화·예술영화·독립영화
2. 제1호에 해당하지 않는 청소년관람가영화
3. 제1호 및 제2호에 해당하지 않는 국내영화

① 영화상영관 A에서 직전 연도에 연간 상영일수의 100분의 60 이상 청소년관람가 애니메이션영화를 상영한 경우 진흥기금을 징수한다.
② 영화상영관 경영자 B가 8월분 진흥기금 60만 원을 같은 해 9월 18일에 납부하는 경우, 가산금을 포함하여 총 61만 8천 원을 납부하여야 한다.
③ 관람객 C가 입장권 가액과 그 진흥기금을 합하여 영화상영관에 지불하는 금액이 12,000원이라고 할 때, 지불 금액 중 진흥기금은 600원이다.
④ 연간 상영일수가 매년 200일인 영화상영관 D에서 직전 연도에 단편영화를 40일, 독립영화를 60일 상영했다면 진흥기금을 징수하지 않는다.
⑤ 영화상영관 경영자 E가 7월분 진흥기금과 그 가산금을 합한 금액인 103만 원을 같은 해 8월 30일에 납부한 경우, 위원회는 E에게 최대 3만 원의 수수료를 지급할 수 있다.

03. 다음 글과 〈상황〉을 근거로 판단할 때 옳은 것은?

민사소송의 1심을 담당하는 법원으로는 지방법원과 지방법원 지원(이하 "그 지원"이라 한다)이 있다. 지방법원과 그 지원이 재판을 담당하는 관할구역은 지역별로 정해져 있는데, 피고의 주소지를 관할하는 지방법원 또는 그 지원이 재판을 담당한다. 다만 금전지급청구소송은 원고의 주소지를 관할하는 지방법원 또는 그 지원도 재판할 수 있다.

한편, 지방법원이나 그 지원의 재판사무의 일부를 처리하기 위해서 그 관할구역 안에 시법원 또는 군법원(이하 "시·군법원"이라 한다)이 설치되어 있는 경우가 있다. 시·군법원은 지방법원 또는 그 지원이 재판하는 사건 중에서 소송물가액이 3,000만 원 이하인 금전지급청구소송을 전담하여 재판한다. 즉, 이러한 소송의 경우 원고 또는 피고의 주소지를 관할하는 시·군법원이 있으면 지방법원과 그 지원은 재판할 수 없고 시·군법원만이 재판한다.

※ 소송물가액: 원고가 승소하면 얻게 될 경제적 이익을 화폐 단위로 평가한 것

〈상황〉

○ 甲은 乙에게 빌려준 돈을 돌려받기 위해 소송물가액 3,000만 원의 금전지급청구의 소(이하 "A청구"라 한다)와 乙에게서 구입한 소송물가액 1억 원의 고려청자 인도청구의 소(이하 "B청구"라 한다)를 각각 1심 법원에 제기하려고 한다.
○ 甲의 주소지는 김포시이고 乙의 주소지는 양산시이다. 이들 주소지와 관련된 법원명과 그 관할구역은 다음과 같다.

법원명	관할구역
인천지방법원	인천광역시
인천지방법원 부천지원	부천시, 김포시
김포시법원	김포시
울산지방법원	울산광역시, 양산시
양산시법원	양산시

① 인천지방법원 부천지원은 A청구를 재판할 수 있다.
② 인천지방법원은 A청구를 재판할 수 있다.
③ 양산시법원은 B청구를 재판할 수 있다.
④ 김포시법원은 B청구를 재판할 수 있다.
⑤ 울산지방법원은 B청구를 재판할 수 있다.

04. 다음 글과 〈상황〉을 근거로 판단할 때 옳은 것은?

발명에 대해 특허권이 부여되기 위해서는 다음의 두 가지 요건 모두를 충족해야 한다.

첫째, 발명은 지금까지 세상에 없는 새로운 것, 즉 신규성이 있는 발명이어야 한다. 이미 누구나 알고 있는 발명에 대해서 독점권인 특허권을 부여하는 것은 부당하기 때문이다. 이때 발명이 신규인지 여부는 특허청에의 특허출원 시점을 기준으로 판단한다. 따라서 신규의 발명이라도 그에 대한 특허출원 전에 발명 내용이 널리 알려진 경우라든지, 반포된 간행물에 게재된 경우에는 특허출원 시점에는 신규성이 상실되었기 때문에 특허권이 부여되지 않는다. 그러나 발명자가 자발적으로 위와 같은 신규성을 상실시키는 행위를 하고 그날로부터 12개월 이내에 특허를 출원하면 신규성이 상실되지 않은 것으로 취급된다. 이를 '신규성의 간주'라고 하는데, 신규성을 상실시킨 행위를 한 발명자가 특허출원한 경우에만 신규성이 있는 것으로 간주된다.

둘째, 여러 명의 발명자가 독자적인 연구를 하던 중 우연히 동일한 발명을 완성하였다면, 발명의 완성 시기에 관계없이 가장 먼저 특허청에 특허출원한 발명자에게만 특허권이 부여된다. 이처럼 가장 먼저 출원한 발명자에게만 특허권이 부여되는 것을 '선출원주의'라고 한다. 따라서 특허청에 선출원된 어떤 발명이 신규성 상실로 특허권이 부여되지 못한 경우, 동일한 발명에 대한 후출원은 선출원주의로 인해 특허권이 부여되지 않는다.

〈상황〉

○ 발명자 甲, 乙, 丙은 각각 독자적인 연구개발을 수행하여 동일한 A발명을 완성하였다.
○ 甲은 2020. 3. 1. A발명을 완성하였지만 그 발명 내용을 비밀로 유지하다가 2020. 9. 2. 특허출원을 하였다.
○ 乙은 2020. 4. 1. A발명을 완성하자 2020. 6. 1. 간행되어 반포된 학술지에 그 발명 내용을 논문으로 게재한 후, 2020. 8. 1. 특허출원을 하였다.
○ 丙은 2020. 7. 1. A발명을 완성하자마자 바로 당일에 특허출원을 하였다.

① 甲이 특허권을 부여받는다.
② 乙이 특허권을 부여받는다.
③ 丙이 특허권을 부여받는다.
④ 甲, 乙, 丙이 모두 특허권을 부여받는다.
⑤ 甲, 乙, 丙 중 어느 누구도 특허권을 부여받지 못한다.

05. 다음 글과 <상황>을 근거로 판단할 때, <보기>에서 옳은 것만을 모두 고르면?

> 제00조 ① "주택담보노후연금보증"이란 주택소유자가 주택에 저당권을 설정하고 금융기관으로부터 제2항에서 정하는 연금 방식으로 노후생활자금을 대출(이하 "주택담보노후연금대출"이라 한다)받음으로써 부담하는 금전채무를 주택금융공사가 보증하는 행위를 말한다. 이 경우 주택소유자 또는 주택소유자의 배우자는 60세 이상이어야 한다.
> ② 제1항의 연금 방식이란 다음 각 호의 어느 하나에 해당하는 방식을 말한다.
> 1. 주택소유자가 생존해 있는 동안 노후생활자금을 매월 지급받는 방식
> 2. 주택소유자가 선택하는 일정한 기간 동안 노후생활자금을 매월 지급받는 방식
> 3. 제1호 또는 제2호의 어느 하나의 방식과, 주택소유자가 다음 각 목의 어느 하나의 용도로 사용하기 위하여 일정한 금액(단, 주택담보노후연금대출 한도의 100분의 50 이내의 금액으로 한다)을 지급받는 방식을 결합한 방식
>   가. 해당 주택을 담보로 대출받은 금액 중 잔액을 상환하는 용도
>   나. 해당 주택의 임차인에게 임대차보증금을 반환하는 용도

<상황>

A주택의 소유자 甲(61세)은 A주택에 저당권을 설정하여 주택담보노후연금보증을 통해 노후생활자금을 대출받고자 한다. 甲의 A주택에 대한 주택담보노후연금대출 한도액은 3억 원이다.

<보기>

ㄱ. 甲은 A주택의 임차인에게 임대차보증금을 반환하는 용도로 1억 원을 지급받고, 생존해 있는 동안 노후생활자금을 매월 지급받을 수 있다.
ㄴ. 甲의 배우자의 연령이 60세 이상이어야 주택담보노후연금보증을 통해 노후생활자금을 대출받을 수 있다.
ㄷ. 甲은 A주택을 담보로 대출받은 금액 중 잔액을 상환하는 용도로 1억 5천만 원을 지급받고, 향후 10년간 노후생활자금을 매월 지급받을 수 있다.

① ㄱ
② ㄴ
③ ㄱ, ㄷ
④ ㄴ, ㄷ
⑤ ㄱ, ㄴ, ㄷ

06. 다음 글과 <상황>을 근거로 판단할 때 옳은 것은?

> 제00조(지역개발 신청 동의 등) ① 지역개발 신청을 하기 위해서는 지역개발을 하고자 하는 지역의 총 토지면적의 3분의 2 이상에 해당하는 토지의 소유자의 동의 및 지역개발을 하고자 하는 지역의 토지의 소유자 총수의 2분의 1 이상의 동의를 받아야 한다.
> ② 지역개발 신청을 하기 위해서 필요한 동의자의 수는 다음 각 호의 기준에 따라 산정한다.
> 1. 토지는 지적도 상 1필의 토지를 1개의 토지로 한다.
> 2. 1개의 토지를 여러 명이 공동소유하는 경우에는 다른 공동소유자들을 대표하는 대표 공동소유자 1인만을 해당 토지의 소유자로 본다.
> 3. 1인이 여러 개의 토지를 소유하고 있는 경우에는 소유하는 토지의 수와 무관하게 1인으로 본다.
> 4. 지역개발을 하고자 하는 지역에 국유지가 있는 경우 국유지도 포함하여 토지면적을 산정하고, 그 토지의 재산관리청을 토지 소유자로 본다.

<상황>

○ X지역은 100개의 토지로 이루어져 있고, 토지면적 합계가 총 $6km^2$이다.
○ 동의자 수 산정 기준에 따라 산정된 X지역 토지의 소유자는 모두 82인(이하 "동의대상자"라 한다)이고, 이 중에는 국유지 재산관리청 2인이 포함되어 있다.
○ 甲은 X지역에 토지 2개를 소유하고 있고, 해당 토지면적 합계는 X지역 총 토지면적의 4분의 1이다.
○ 乙은 X지역에 토지 10개를 소유하고 있고, 해당 토지면적 합계는 총 $2km^2$이다.
○ 丙, 丁, 戊, 己는 X지역에 토지 1개를 공동소유하고 있고, 해당 토지면적은 $1km^2$이다.

① 乙이 동의대상자 31인의 동의를 얻으면 지역개발 신청을 위한 X지역 토지의 소유자 총수의 2분의 1 이상의 동의 조건은 갖추게 된다.
② X지역에 대한 지역개발 신청에 甲 ~ 己 모두 동의한 경우, 나머지 동의대상자 중 38인의 동의를 얻으면 신청할 수 있다.
③ X지역에 토지 2개 이상을 소유하는 자는 甲, 乙뿐이다.
④ X지역의 1필의 토지면적은 $0.06km^2$로 모두 동일하다.
⑤ X지역 안에 있는 국유지의 면적은 $1.5km^2$이다.

07. 다음 글과 〈상황〉을 근거로 판단할 때, 甲～丁 가운데 근무계획이 승인될 수 있는 사람만을 모두 고르면?

〈유연근무제〉

□ 개념
  ○ 주 40시간을 근무하되, 근무시간을 유연하게 관리하여 1주일에 5일 이하로 근무하는 제도
□ 복무관리
  ○ 점심 및 저녁시간 운영
    – 근무 시작과 종료 시각에 관계없이 점심시간은 12:00～13:00, 저녁시간은 18:00～19:00의 각 1시간으로 하고 근무시간으로는 산정하지 않음
  ○ 근무시간 제약
    – 근무일의 경우, 1일 최대 근무시간은 12시간으로 하고 최소 근무시간은 4시간으로 함
    – 하루 중 근무시간으로 인정하는 시간대는 06:00～24:00로 한정함

〈상황〉

다음은 甲～丁이 제출한 근무계획을 정리한 것이며 위의 〈유연근무제〉에 부합하는 근무계획만 승인된다.

요일 / 직원	월	화	수	목	금
甲	08:00 ～18:00	08:00 ～18:00	09:00 ～13:00	08:00 ～18:00	08:00 ～18:00
乙	08:00 ～22:00	08:00 ～22:00	–	08:00 ～22:00	08:00 ～12:00
丙	08:00 ～24:00	08:00 ～24:00	–	08:00 ～22:00	–
丁	06:00 ～16:00	08:00 ～22:00	–	09:00 ～21:00	09:00 ～18:00

① 乙
② 甲, 丙
③ 甲, 丁
④ 乙, 丙
⑤ 乙, 丁

08. 다음 글을 근거로 판단할 때, ㉠과 ㉡에 들어갈 수를 옳게 짝지은 것은?

올림픽은 원칙적으로 4년에 한 번씩 개최되는 세계 최대 규모의 스포츠 대회이다. 제1회 하계 올림픽은 1896년 그리스 아테네에서, 제1회 동계 올림픽은 1924년 프랑스 샤모니에서 개최되었다. 그런데 두 대회의 차수(次數)를 계산하는 방식은 서로 다르다.

올림픽 사이의 기간인 4년을 올림피아드(Olympiad)라 부르는데, 하계 올림픽의 차수는 올림피아드를 기준으로 계산한다. 이전 대회부터 하나의 올림피아드만큼 시간이 흐르면 올림픽 대회 차수가 하나씩 올라가게 된다. 대회가 개최되지 못해도 올림피아드가 사라지는 것은 아니기 때문에 대회 차수에는 영향을 미치지 않는다. 실제로 하계 올림픽은 제1·2차 세계대전으로 세 차례(1916년, 1940년, 1944년) 개최되지 못하였는데, 1912년 제5회 스톡홀름 올림픽 다음으로 1920년에 벨기에 안트베르펜에서 개최된 올림픽은 제7회 대회였다. 마찬가지로 1936년 제11회 베를린 올림픽 다음으로 개최된 1948년 런던 올림픽은 제(㉠)회 대회였다. 반면에 동계 올림픽의 차수는 실제로 열린 대회만으로 정해진다. 동계 올림픽은 제2차 세계대전으로 두 차례(1940년, 1944년) 열리지 못하였는데, 1936년 제4회 동계 올림픽 다음 대회인 1948년 동계 올림픽은 제5회 대회였다. 이후 2020년 전까지 올림픽이 개최되지 않은 적은 없다.

1992년까지 동계·하계 올림픽은 같은 해 치러졌으나 그 이후로는 IOC 결정에 따라 분리되어 2년 격차로 개최되었다. 1994년 노르웨이 릴레함메르에서 열린 동계 올림픽 대회는 이 결정에 따라 처음으로 하계 올림픽에 2년 앞서 치러진 대회였다. 이를 기점으로 동계 올림픽은 지금까지 4년 주기로 빠짐없이 개최되고 있다.

대한민국은 1948년 런던 하계 올림픽에 처음 출전하여, 1976년 제21회 몬트리올 하계 올림픽과 1992년 제(㉡)회 알베르빌 동계 올림픽에서 각각 최초로 금메달을 획득하였다.

	㉠	㉡
①	12	16
②	12	21
③	14	16
④	14	19
⑤	14	21

09. 다음 글을 근거로 판단할 때, 〈보기〉에서 옳은 것만을 모두 고르면?

> 기상예보는 일기예보와 기상특보로 구분할 수 있다. 일기예보는 단기예보, 중기예보, 장기예보 등 시간에 따른 것이고, 기상특보는 주의보, 경보 등 기상현상의 정도에 따른 것이다.
>
> 일기예보 중 가장 짧은 기간을 예보하는 단기예보는 3시간 예보와 일일예보로 나뉜다. 3시간 예보는 오늘과 내일의 날씨를 예보하며, 매일 0시 발표부터 시작하여 3시간 간격으로 1일 8회 발표한다. 일일예보는 오늘과 내일, 모레의 날씨를 1일 단위(0시~24시)로 예보하며 매일 5시, 11시, 17시, 23시에 발표한다. 다음으로 중기예보에는 주간예보와 1개월 예보가 있다. 주간예보는 일일예보를 포함하여 일일예보가 예보한 기간의 다음날부터 5일간의 날씨를 추가로 예보하며 매일 발표한다. 1개월 예보는 앞으로 한 달간의 기상전망을 발표한다. 마지막으로 장기예보는 계절예보로서 봄, 여름, 가을, 겨울의 각 계절별 기상전망을 발표한다.
>
> 기상특보는 주의보와 경보로 나뉜다. 주의보는 재해가 일어날 가능성이 있는 경우에, 경보는 중대한 재해가 예상될 때 발표하는 것이다. 주의보가 발표된 후 기상현상의 경과가 악화된다면 경보로 승격 발표되기도 한다. 또한 기상특보의 기준은 지역마다 다를 수도 있다. 대설주의보의 예보 기준은 24시간 신(新)적설량이 대도시일 때 5cm 이상, 일반지역일 때 10cm 이상, 울릉도일 때 20cm 이상이다. 대설경보의 예보 기준은 24시간 신적설량이 대도시일 때 20cm 이상, 일반지역일 때 30cm 이상, 울릉도일 때 50cm 이상이다.

〈보기〉

ㄱ. 월요일에 발표되는 주간예보에는 그 다음 주 월요일의 날씨가 포함된다.
ㄴ. 일일예보의 발표 시각과 3시간 예보의 발표 시각은 겹치지 않는다.
ㄷ. 오늘 23시에 발표된 일일예보는 오늘 5시에 발표된 일일예보보다 18시간 더 먼 미래의 날씨까지 예보한다.
ㄹ. 대도시 A의 대설경보 예보 기준은 울릉도의 대설주의보 예보 기준과 같다.

① ㄱ, ㄴ
② ㄱ, ㄷ
③ ㄷ, ㄹ
④ ㄱ, ㄴ, ㄹ
⑤ ㄴ, ㄷ, ㄹ

10. 다음 글과 〈사무용품 배분방법〉을 근거로 판단할 때, 11월 1일 현재 甲기관의 직원 수는?

> 甲기관은 사무용품 절약을 위해 〈사무용품 배분방법〉으로 한 달 동안 사용할 네 종류(A, B, C, D)의 사무용품을 매월 1일에 배분한다. 이에 따라 11월 1일에 네 종류의 사무용품을 모든 직원에게 배분하였다. 甲기관이 배분한 사무용품의 개수는 총 1,050개였다.

〈사무용품 배분방법〉

○ A는 1인당 1개씩 배분한다.
○ B는 2인당 1개씩 배분한다.
○ C는 4인당 1개씩 배분한다.
○ D는 8인당 1개씩 배분한다.

① 320명
② 400명
③ 480명
④ 560명
⑤ 640명

11. 다음 글을 근거로 판단할 때, 예약할 펜션과 워크숍 비용을 옳게 짝지은 것은?

甲은 팀 워크숍을 추진하기 위해 펜션을 예약하려 한다. 팀원은 총 8명으로 한 대의 렌터카로 모두 같이 이동하여 워크숍에 참석한다. 워크숍 기간은 1박 2일이며, 甲은 워크숍 비용을 최소화 하고자 한다.

○ 워크숍 비용은 아래와 같다.

워크숍 비용 = 왕복 교통비 + 숙박요금

○ 교통비는 렌터카 비용을 의미하며, 렌터카 비용은 거리 10km당 1,500원이다.

○ 甲은 다음 펜션 중 한 곳을 1박 예약한다.

구분	A 펜션	B 펜션	C 펜션
펜션까지 거리(km)	100	150	200
1박당 숙박요금(원)	100,000	150,000	120,000
숙박기준인원(인)	4	6	8

○ 숙박인원이 숙박기준인원을 초과할 경우, A~C 펜션 모두 초과 인원 1인당 1박 기준 10,000원씩 요금이 추가된다.

	예약할 펜션	워크숍 비용
①	A	155,000원
②	A	170,000원
③	B	215,000원
④	C	150,000원
⑤	C	180,000원

12. 다음 글을 근거로 판단할 때, <보기>에서 옳은 것만을 모두 고르면?

○ 甲국은 매년 X를 100톤 수입한다. 甲국이 X를 수입할 수 있는 국가는 A국, B국, C국 3개국이며, 甲국은 이 중 한 국가로부터 X를 전량 수입한다.

○ X의 거래조건은 다음과 같다.

국가	1톤당 단가	관세율	1톤당 물류비
A국	12달러	0%	3달러
B국	10달러	50%	5달러
C국	20달러	20%	1달러

○ 1톤당 수입비용은 다음과 같다.

1톤당 수입비용 = 1톤당 단가 + (1톤당 단가 × 관세율) + 1톤당 물류비

○ 특정 국가와 FTA를 체결하면 그 국가에서 수입하는 X에 대한 관세율이 0%가 된다.

○ 甲국은 지금까지 FTA를 체결한 A국으로부터만 X를 수입했다. 그러나 최근 A국으로부터 X의 수입이 일시 중단되었다.

<보기>

ㄱ. 甲국이 B국과도 FTA를 체결한다면, 기존에 A국에서 수입하던 것과 동일한 비용으로 X를 수입할 수 있다.

ㄴ. C국이 A국과 동일한 1톤당 단가를 제시하였다면, 甲국은 기존에 A국에서 수입하던 것보다 저렴한 비용으로 C국으로부터 X를 수입할 수 있다.

ㄷ. A국으로부터 X의 수입이 다시 가능해졌으나 1톤당 6달러의 보험료가 A국으로부터의 수입비용에 추가된다면, 甲국은 A국보다 B국에서 X를 수입하는 것이 수입비용 측면에서 더 유리하다.

① ㄱ
② ㄴ
③ ㄷ
④ ㄱ, ㄴ
⑤ ㄱ, ㄷ

13. 다음 글을 근거로 판단할 때, 올바른 우편번호의 첫자리와 끝자리 숫자의 합은?

> 다섯 자리 자연수로 된 우편번호가 있다. 甲과 乙은 실수로 '올바른 우편번호'에 숫자 2를 하나 추가하여 여섯 자리로 표기하였다. 甲은 올바른 우편번호의 끝자리 뒤에 2를 추가하였고, 乙은 올바른 우편번호의 첫자리 앞에 2를 추가하였다. 그 결과 甲이 잘못 표기한 우편번호 여섯 자리 수는 乙이 잘못 표기한 우편번호 여섯 자리 수의 3배가 되었다.
>
> 올바른 우편번호와 甲과 乙이 잘못 표기한 우편번호는 아래와 같다.
>
> ○ 올바른 우편번호: □□□□□
> ○ 甲이 잘못 표기한 우편번호: □□□□□2
> ○ 乙이 잘못 표기한 우편번호: 2□□□□□

① 11
② 12
③ 13
④ 14
⑤ 15

14. 다음 글을 근거로 판단할 때, 甲의 승패 결과는?

> 甲과 乙이 10회 실시한 가위바위보에 대해 다음과 같은 사실이 알려져 있다.
>
> ○ 甲은 가위 6회, 바위 1회, 보 3회를 냈다.
> ○ 乙은 가위 4회, 바위 3회, 보 3회를 냈다.
> ○ 甲과 乙이 서로 같은 것을 낸 적은 10회 동안 한 번도 없었다.

① 7승 3패
② 6승 4패
③ 5승 5패
④ 4승 6패
⑤ 3승 7패

15. 다음 글을 근거로 판단할 때, 甲과 인사교류를 할 수 있는 사람만을 모두 고르면?

○ 甲은 인사교류를 통해 ○○기관에서 타 기관으로 전출하고자 한다. 인사교류란 동일 직급간 신청자끼리 1:1로 교류하는 제도로서, 각 신청자가 속한 두 기관의 교류 승인 조건을 모두 충족해야 한다.
○ 기관별로 교류를 승인하는 조건은 다음과 같다.
  ○○기관: 신청자간 현직급임용년월은 3년 이상 차이나지 않고, 연령은 7세 이상 차이나지 않는 경우
  □□기관: 신청자간 최초임용년월은 5년 이상 차이나지 않고, 연령은 3세 이상 차이나지 않는 경우
  △△기관: 신청자간 최초임용년월은 2년 이상 차이나지 않고, 연령은 5세 이상 차이나지 않는 경우
○ 甲(32세)의 최초임용년월과 현직급임용년월은 2015년 9월로 동일하다.
○ 甲과 동일 직급인 인사교류 신청자(A～E)의 인사 정보는 다음과 같다.

신청자	연령(세)	현 소속 기관	최초임용년월	현직급임용년월
A	30	□□	2016년 5월	2019년 5월
B	37	□□	2009년 12월	2017년 3월
C	32	□□	2015년 12월	2015년 12월
D	31	△△	2014년 1월	2014년 1월
E	35	△△	2017년 10월	2017년 10월

① A, B
② B, E
③ C, D
④ A, B, D
⑤ C, D, E

16. 다음 글을 근거로 판단할 때 옳지 않은 것은?

1에서부터 5까지 적힌 카드가 각 2장씩 10장이 있다. 5가 적힌 카드 중 하나를 맨 왼쪽에 놓고, 나머지 9장의 카드를 일렬로 배열하려고 한다. 카드는 왼쪽부터 1장씩 놓는데, 각 카드에 적혀 있는 수는 바로 왼쪽 카드에 적혀 있는 수보다 작거나, 같거나, 1만큼 커야 한다.

이 규칙에 따라 카드를 다음과 같이 배열하였다.

5	1	2	3	A	3	B	C	D	E

① A로 가능한 수는 2가지이다.
② B는 4이다.
③ C는 5가 아니다.
④ D가 2라면 A, B, C, E를 모두 알 수 있다.
⑤ E는 1이나 2이다.

17. 다음 글과 〈상황〉을 근거로 판단할 때, 2021년 포획·채취 금지 고시의 대상이 되는 수산자원은?

매년 A～H 지역에서 포획·채취 금지가 고시되는 수산자원은 아래 〈기준〉에 따른다.

〈기준〉

수산자원	금지기간	금지지역
대구	5월 1일 ～ 7월 31일	A, B
전어	9월 1일 ～ 12월 31일	E, F, G
꽃게	6월 1일 ～ 7월 31일	A, B, C
소라	3월 1일 ～ 5월 31일	E, F
	5월 1일 ～ 6월 30일	D, G
새조개	3월 1일 ～ 3월 31일	H

〈상황〉

정부는 경제상황을 고려해서 2021년에 한하여 다음 중 어느 하나에 해당하는 경우, 〈기준〉에 따른 포획·채취 금지 고시의 대상에서 제외한다.

○ 소비장려 수산자원: 전어
○ 소비촉진 기간: 4월 1일～7월 31일
○ 지역경제활성화 지역: C, D, E, F

① 대구
② 전어
③ 꽃게
④ 소라
⑤ 새조개

18. 다음 글과 〈상황〉을 근거로 판단할 때, A～C 자동차 구매 시 지불 금액을 비교한 것으로 옳은 것은?

○ 甲국은 전기차 및 하이브리드 자동차 보급을 장려하기 위해 다음과 같이 보조금과 세제 혜택을 제공한다.
  – 정부는 차종을 고려하여 자동차 1대 당 보조금을 정액 지급한다. 중형 전기차에 대해서는 1,500만 원, 소형 전기차에 대해서는 1,000만 원, 하이브리드차에 대해서는 500만 원을 지급한다.
  – 정부는 차종을 고려하여 아래 〈기준〉에 따라 세제 혜택을 제공한다. 자동차 구입 시 발생하는 세금은 개별소비세, 교육세, 취득세뿐이며, 개별소비세는 자동차 가격의 10%, 교육세는 2%, 취득세는 5%의 금액이 책정된다.

〈기준〉

구분	개별소비세	교육세	취득세
중형 전기차	비감면	전액감면	전액감면
소형 전기차	전액감면		전액감면
하이브리드차	전액감면		비감면

○ 자동차 구매 시 지불 금액은 다음과 같다.
지불 금액 = 자동차 가격 − 보조금 + 세금

〈상황〉

(단위: 만 원)

자동차	차종	자동차 가격
A	중형 전기차	4,000
B	소형 전기차	3,500
C	하이브리드차	3,500

① A<B<C
② B<A<C
③ B<C<A
④ C<A<B
⑤ C<B<A

19. 다음 글을 근거로 판단할 때, △△부가 2021년에 국가인증 농가로 선정할 곳만을 모두 고르면?

○ △△부에서는 2021년 고품질·안전 농식품 생산을 선도하는 국가인증 농가를 3곳 선정하려고 한다. 선정 기준은 다음과 같다.
  - 친환경인증을 받으면 30점, 전통식품인증을 받으면 40점을 부여한다. 단, 두 인증을 모두 받은 경우 전통식품인증 점수만을 인정한다.
  - (나)와 (다) 지역 농가에는 친환경인증 또는 전통식품인증 유무에 의한 점수와 도농교류 활성화 점수 합의 10%를 가산점으로 부여한다.
  - 친환경인증 또는 전통식품인증 유무에 의한 점수, 도농교류 활성화 점수, 가산점을 합산하여 점수가 높은 순으로 선정한다.
  - 도농교류 활성화 점수가 50점 미만인 농가는 선정하지 않는다.
  - 동일 지역의 농가를 2곳 이상 선정할 수 없다.

○ 2021년 선정후보 농가(A～F) 현황은 다음과 같다.

농가	친환경 인증 유무	전통식품 인증 유무	도농교류 활성화 점수	지역
A	○	○	80	(가)
B	×	○	60	(가)
C	×	○	55	(나)
D	○	○	40	(다)
E	○	×	75	(라)
F	○	○	70	(라)

① A, C, F
② A, D, E
③ A, E, F
④ B, C, E
⑤ B, D, F

20. 다음 글을 근거로 판단할 때, 〈보기〉에서 옳은 것만을 모두 고르면?

○ 甲주무관은 A법률 개정안으로 (가), (나), (다) 총 세 가지를 준비하고 있다.

○ 이해관계자, 관계부처, 입법부의 수용가능성 및 국정과제 관련도의 4개 평가항목에 따라 평가점수를 부여하고 평가점수 총합이 가장 높은 개정안을 채택한다. 단, 다음의 사항을 고려한다.
  - 평가점수 총합이 동일한 경우, 국정과제 관련도 점수가 가장 높은 개정안을 채택한다.
  - 개정안의 개별 평가항목 점수 중 어느 하나라도 2점 미만인 경우, 해당 개정안은 채택하지 않는다.

○ 수용가능성 평가점수를 높일 수 있는 추가 절차는 아래와 같다. 단, 각 절차는 개정안마다 최대 2회 진행할 수 있다.
  - 이해관계자 수용가능성: 관계자간담회 1회당 1점 추가
  - 관계부처 수용가능성: 부처간회의 1회당 2점 추가
  - 입법부 수용가능성: 국회설명회 1회당 0.5점 추가

○ 수용가능성 평가항목별 점수를 높일 수 있는 추가 절차를 진행하지 않은 상태에서 개정안별 평가점수는 아래와 같다.

〈A법률 개정안 평가점수〉

개정안	수용가능성			국정과제 관련도	총합
	이해관계자	관계부처	입법부		
(가)	5	3	1	4	13
(나)	3	4	3	3	13
(다)	4	3	3	2	12

〈보기〉

ㄱ. 추가 절차를 진행하지 않는 경우, (나)가 채택된다.
ㄴ. 3개 개정안 모두를 대상으로 입법부 수용가능성을 높이는 절차를 최대한 진행하는 경우, (가)가 채택된다.
ㄷ. (나)에 대한 부처간회의를 1회 진행하고 (다)에 대한 관계자간담회를 2회 진행하는 경우, (다)가 채택된다.

① ㄱ
② ㄷ
③ ㄱ, ㄴ
④ ㄴ, ㄷ
⑤ ㄱ, ㄴ, ㄷ

21. 다음 글을 근거로 판단할 때, 〈보기〉에서 옳은 것만을 모두 고르면?

○ △△부는 적극행정 UCC 공모전에 참가한 甲～戊의 영상을 심사한다.
○ 총 점수는 UCC 조회수 등급에 따른 점수와 심사위원 평가점수의 합이고, 총 점수가 높은 순위에 따라 3위까지 수상한다.
○ UCC 조회수 등급에 따른 점수는 조회수에 따라 5등급(A, B, C, D, E)으로 나누어 부여된다. 최상위 A를 10점으로 하며 인접 등급 간의 점수 차이는 0.3점이다.
○ 심사위원 평가점수는 심사위원 (가)～(마)가 각각 부여한 점수(1～10의 자연수)에서 최고점 및 최저점을 제외한 3개 점수의 평균으로 계산한다. 이때 최고점이 복수인 경우에는 그 중 한 점수만 제외하여 계산한다. 최저점이 복수인 경우에도 이와 동일하다.
○ 심사 결과는 다음과 같다.

참가자	조회수 등급	심사위원별 평가점수				
		(가)	(나)	(다)	(라)	(마)
甲	B	9	(㉠)	7	8	7
乙	B	9	8	7	7	7
丙	A	8	7	(㉡)	10	5
丁	B	5	6	7	7	7
戊	C	6	10	10	7	7

〈보기〉

ㄱ. ㉠이 5점이라면 乙의 총 점수가 甲의 총 점수보다 높다.
ㄴ. 丁은 ㉠과 ㉡에 상관없이 수상하지 못한다.
ㄷ. 戊는 조회수 등급을 D로 받았더라도 수상한다.
ㄹ. ㉠>㉡이면 甲의 총 점수가 丙의 총 점수보다 높다.

① ㄱ, ㄴ
② ㄱ, ㄷ
③ ㄴ, ㄷ
④ ㄴ, ㄹ
⑤ ㄷ, ㄹ

22. 다음 글과 〈상황〉을 근거로 판단할 때, 〈보기〉에서 옳은 것만을 모두 고르면?

甲국에서는 4개 기관(A～D)에 대해 전기, 후기 두 번의 평가를 실시하고 있다. 전기평가에서 낮은 점수를 받은 기관이 후기평가를 포기하는 것을 막기 위해 다음과 같은 최종평가점수 산정 방식을 사용하고 있다.

최종평가점수 = Max[0.5 × 전기평가점수 + 0.5 × 후기평가점수, 0.2 × 전기평가점수 + 0.8 × 후기평가점수]

여기서 사용한 Max[X, Y]는 X와 Y 중 큰 값을 의미한다. 즉, 전기평가점수와 후기평가점수의 가중치를 50 : 50으로 하여 산정한 점수와 20 : 80으로 하여 산정한 점수 중 더 높은 것이 해당 기관의 최종평가점수이다.

〈상황〉

4개 기관의 전기평가점수(100점 만점)는 다음과 같다.

기관	A	B	C	D
전기평가점수	60	70	90	80

4개 기관의 후기평가점수(100점 만점)는 모두 자연수이고, C기관의 후기평가점수는 70점이다. 최종평가점수를 통해 확인된 기관 순위는 1등부터 4등까지 A－B－D－C 순이며 동점인 기관은 없다.

〈보기〉

ㄱ. A기관의 후기평가점수는 B기관의 후기평가점수보다 최소 3점 높다.
ㄴ. B기관의 후기평가점수는 83점일 수 있다.
ㄷ. A기관과 D기관의 후기평가점수 차이는 5점일 수 있다.

① ㄱ
② ㄴ
③ ㄱ, ㄴ
④ ㄱ, ㄷ
⑤ ㄴ, ㄷ

[23~24] 다음 글을 읽고 물음에 답하시오.

독립운동가 김우전 선생은 일제강점기 광복군으로 활약한 인물로, 광복군의 무전통신을 위한 한글 암호를 만든 것으로 유명하다. 1922년 평안북도 정주 태생인 선생은 일본에서 대학에 다니던 중 재일학생 민족운동 비밀결사단체인 '조선민족 고유문화 유지계몽단'에 가입했다. 1944년 1월 일본군에 징병돼 중국으로 파병됐지만 같은 해 5월 말 부대를 탈출해 광복군에 들어갔다.

1945년 3월 미 육군 전략정보처는 일본이 머지않아 패망할 것으로 보아 한반도 진공작전을 계획하고 중국에서 광복군과 함께 특수훈련을 하고 있었다. 이 시기에 선생은 한글 암호인 W－K(우전킴) 암호를 만들었다. W－K 암호는 한글의 자음과 모음, 받침을 구분하여 만들어진 암호체계이다. 자음과 모음을 각각 두 자리 숫자로, 받침은 자음을 나타내는 두 자리 숫자의 앞에 '00'을 붙여 네 자리로 표시한다.

W－K 암호체계에서 자음은 '11～29'에, 모음은 '30～50'에 순서대로 대응된다. 받침은 자음 중 ㄱ～ㅎ을 이용하여 '0011'부터 '0024'에 순서대로 대응된다. 예를 들어 '김'은 W－K 암호로 변환하면 'ㄱ'은 11, 'ㅣ'는 39, 받침 'ㅁ'은 0015이므로 '11390015'가 된다. 같은 방식으로 '1334001114390016'은 '독립'으로, '1340243000121334001114390016153000121742'는 '대한독립만세'로 해독된다. 모든 숫자를 붙여 쓰기 때문에 상당히 길지만 네 자리씩 끊어 읽으면 된다.

하지만 어렵사리 만든 W－K 암호는 결국 쓰이지 못했다. 작전 준비가 한창이던 1945년 8월 일본이 갑자기 항복했기 때문이다. 이 암호에 대한 기록은 비밀에 부쳐져 미국 국가기록원에 소장되었다가 1988년 비밀이 해제되어 세상에 알려졌다.

※ W－K 암호체계에서 자음의 순서는 ㄱ, ㄴ, ㄷ, ㄹ, ㅁ, ㅂ, ㅅ, ㅇ, ㅈ, ㅊ, ㅋ, ㅌ, ㅍ, ㅎ, ㄲ, ㄸ, ㅃ, ㅆ, ㅉ이고, 모음의 순서는 ㅏ, ㅑ, ㅓ, ㅕ, ㅗ, ㅛ, ㅜ, ㅠ, ㅡ, ㅣ, ㅐ, ㅒ, ㅔ, ㅖ, ㅘ, ㅙ, ㅚ, ㅝ, ㅞ, ㅟ, ㅢ이다.

23. 윗글을 근거로 판단할 때, 〈보기〉에서 옳은 것만을 모두 고르면?

〈보기〉

ㄱ. 김우전 선생은 일본군에 징병되었을 때 무전통신을 위해 W－K 암호를 만들었다.
ㄴ. W－K 암호체계에서 한글 단어를 변환한 암호문의 자릿수는 4의 배수이다.
ㄷ. W－K 암호체계에서 '183000152400'은 한글 단어로 해독될 수 없다.
ㄹ. W－K 암호체계에서 한글 '궤'는 '11363239'로 변환된다.

① ㄱ, ㄴ
② ㄴ, ㄷ
③ ㄷ, ㄹ
④ ㄱ, ㄴ, ㄹ
⑤ ㄱ, ㄷ, ㄹ

24. 윗글과 다음 〈조건〉을 근거로 판단할 때, '3 · 1운동!'을 옳게 변환한 것은?

〈조건〉

숫자와 기호를 표현하기 위하여 W－K 암호체계에 다음의 규칙이 추가되었다.
○ 1～9의 숫자는 차례대로 '51～59', 0은 '60'으로 변환하고, 끝에 '00'을 붙여 네 자리로 표시한다.
○ 온점(.)은 '70', 가운뎃점(·)은 '80', 느낌표(!)는 '66', 물음표(?)는 '77'로 변환하고, 끝에 '00'을 붙여 네 자리로 표시한다.

① 530080005100183600121334001866OO
② 53008000510018360012133500186600
③ 53007000510018360012133400187700
④ 5370005118360012133400176600
⑤ 5380005118360012133500177700

25. 다음 글과 〈대화〉를 근거로 판단할 때, 乙～丁의 소속 과와 과 총원을 옳게 짝지은 것은?

- A부서는 제1과부터 제4과까지 4개 과, 총 35명으로 구성되어 있다.
- A부서 각 과 총원은 과장 1명을 포함하여 7명 이상이며, 그 수가 모두 다르다.
- A부서에 '부여'된 내선번호는 7001번부터 7045번이다.
- 제1과～제4과 순서대로 연속된 오름차순의 내선번호가 부여되는데, 각 과에는 해당 과 총원 이상의 내선번호가 부여된다.
- 모든 직원은 소속 과의 내선번호 중 서로 다른 번호 하나를 각자 '배정'받는다.
- 각 과 과장에게 배정된 내선번호는 해당 과에 부여된 내선번호 중에 제일 앞선다.
- 甲～丁은 모두 A부서의 서로 다른 과 소속이다.

〈대화〉

甲: 홈페이지에 내선번호 알림을 새로 해야겠네요. 저희 과는 9명이고, 부여된 내선번호는 7016～7024번입니다.

乙: 甲주무관님 과는 총원과 내선번호 개수가 같네요. 저희 과 총원이 제일 많은데, 내선번호는 그보다 4개 더 있어요.

丙: 저희 과는 총원보다 내선번호가 3개 더 많아요. 아, 丁주무관님! 제 내선번호는 7034번이고, 저희 과장님 내선번호는 7025번이에요.

丁: 저희 과장님 내선번호 끝자리와 丙주무관님과의 과장님 내선번호 끝자리가 동일하네요.

	직원	소속 과	과 총원
①	乙	제1과	10명
②	乙	제4과	11명
③	丙	제3과	8명
④	丁	제1과	7명
⑤	丁	제4과	8명

약점 보완 해설집 p.18

2019년 예시문제

01. 다음 글을 근거로 판단할 때, (A)~(E)의 요건과 〈상황〉의 ㉮~㉲를 옳게 짝지은 것은?

> 민법 제00조는 "고의 또는 과실로 인한 위법행위로 타인에게 손해를 가한 자는 그 손해를 배상할 책임이 있다."고 규정하고 있다. 이는 가해자의 불법행위로 피해자가 손해를 입은 경우, 가해자의 손해배상책임을 인정하는 규정이다. 이 규정에 따라 손해배상책임이 인정되기 위해서는 다음의 (A)~(E) 다섯 가지 요건을 모두 충족하여야 한다.
>
> (A) 가해자에게 고의 또는 과실이 있어야 한다. 고의란 가해자가 불법행위의 결과를 인식하고 받아들이는 심리상태이며, 과실이란 가해자에게 무엇인가 준수해야 할 의무가 있음에도 부주의로 그 의무의 이행을 다하지 아니한 것을 말한다.
>
> (B) 피해자의 손해를 야기할 수 있는 가해자의 행위(가해행위)가 있어야 한다.
>
> (C) 가해행위가 위법한 행위이어야 한다. 일반적으로 법규에 어긋나는 행위는 위법한 행위에 해당한다.
>
> (D) 피해자에게 손해가 발생해야 한다.
>
> (E) 가해행위와 손해발생 사이에 인과관계가 있어야 한다. 가해행위가 없었더라면 손해가 발생하지 않았을 경우에 인과관계가 인정된다.

〈상황〉

> 甲이 차량을 운전하다가 보행자 교통신호의 지시에 따라 횡단보도를 건너던 乙을 치어 乙에게 부상을 입혔다. 이 경우, ㉮ 甲이 차량으로 보행자 乙을 친 것, ㉯ 甲의 차량이 교통신호를 지키지 않아 도로교통법을 위반한 것, ㉰ 甲이 교통신호를 준수할 의무를 부주의로 이행하지 않은 것, ㉱ 횡단보도를 건너던 乙이 부상을 입은 것, ㉲ 甲의 차량이 보행자 乙을 치지 않았다면 乙이 부상을 입지 않았을 것이 (A)~(E) 요건을 각각 충족하기 때문에 甲의 손해배상책임이 인정된다.

① (A) – ㉱
② (B) – ㉮
③ (C) – ㉲
④ (D) – ㉰
⑤ (E) – ㉯

02. 다음 글과 〈○○시 지도〉를 근거로 판단할 때, ㉠에 들어갈 수 있는 것만을 〈보기〉에서 모두 고르면?

> ○○시는 지진이 발생하면 발생지점으로부터 일정 거리 이내의 시민들에게 지진발생문자를 즉시 발송하고 있다. X등급 지진의 경우에는 발생지점으로부터 반경 1km, Y등급 지진의 경우에는 발생지점으로부터 반경 2km 이내의 시민들에게 지진발생문자를 발송한다. 단, 수신차단을 해둔 시민에게는 지진발생문자를 보내지 않는다.
>
> 8월 26일 14시 정각 '가'지점에서 Y등급 지진이 일어났을 때 A~E 중 2명만 지진발생문자를 받았다. 5분 후 '나'지점에서 X등급 지진이 일어났을 때에는 C와 D만 지진발생문자를 받았다. 다시 5분 후 '나'지점에서 정서쪽으로 2km 떨어진 지점에서 Y등급 지진이 일어났을 때에는 (㉠)만 지진발생문자를 받았다. A~E 중에서 지진발생문자 수신차단을 해둔 시민은 1명뿐이다.

〈○○시 지도〉

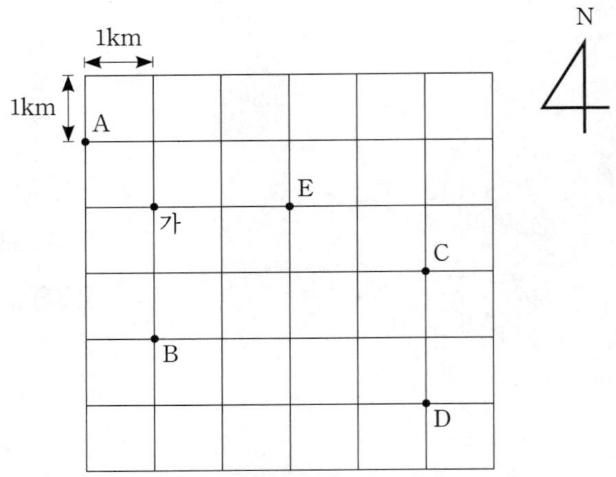

〈보기〉

ㄱ. A	ㄴ. B	ㄷ. E
ㄹ. A와 E	ㅁ. B와 E	ㅂ. C와 E

① ㄱ, ㄷ
② ㄱ, ㄹ
③ ㄹ, ㅂ
④ ㄴ, ㄷ, ㅁ
⑤ ㄴ, ㅁ, ㅂ

03. 다음 글과 〈상황〉을 근거로 판단할 때, 과거에 급제한 아들이 분재 받은 밭의 총 마지기 수는?

> 조선시대의 분재(分財)는 시기가 재주(財主) 생전인지 사후인지에 따라 구분할 수 있다. 별급(別給)은 재주 생전에 과거급제, 생일, 혼인, 출산, 감사표시 등 특별한 사유로 인해 이루어지는 분재였으며, 깃급[衿給]은 특별한 사유 없이 재주가 임종이 가까울 무렵에 하는 일반적인 분재였다.
>
> 재주가 재산을 분배하지 못하고 죽는 경우 재주 사후에 그 자녀들이 모여 재산을 분배하게 되는데, 이를 화회(和會)라고 했다. 화회는 재주의 3년 상(喪)을 마친 후에 이루어졌다. 자녀들이 재산을 나눌 때 재주의 유서나 유언이 남아 있으면 이에 근거하여 분재가 되었으나, 그렇지 못한 경우에는 합의하여 재산을 나누어 가졌다. 조선 전기에는 『경국대전』의 규정에 따랐는데, 친자녀 간 균분 분재를 원칙으로 하나 제사를 모실 자녀에게는 다른 친자녀 한 사람 몫의 5분의 1이 더 분재되었다. 그러나 이때에도 양자녀에게는 차별을 두도록 되어 있었다. 조선 중기 이후에는 『경국대전』의 규정이 그대로 지켜지지 못하고 장남에게 많은 재산이 우선적으로 분재되었다. 깃급과 화회 대상 재산에는 별급으로 받은 재산이 포함되지 않았다.

※ 분재: 재산을 나누어 줌
※ 재주: 분재되는 재산의 주인

〈상황〉

- 유서와 유언 없이 사망한 재주 甲의 분재 대상자는 아들 2명과 딸 2명이며, 이 중 딸 1명은 양녀이고 나머지 3명은 친자녀이다.
- 甲이 별급한 재산은 과거에 급제한 아들 1명에게 밭 20마지기를 준 것과 두 딸이 시집갈 때 각각 밭 10마지기씩을 준 것이 전부였다.
- 화회 대상 재산은 밭 100마지기이며 화회는 『경국대전』의 규정에 따라 이루어졌다.
- 과거에 급제한 아들이 제사를 모시기로 하였으며, 양녀는 제사를 모시지 않는 친자녀 한 사람이 화회로 받은 몫의 5분의 4를 받았다.

① 30
② 35
③ 40
④ 45
⑤ 50

04. 다음 글을 근거로 판단할 때, 〈보기〉에서 옳은 것만을 모두 고르면?

> 여행을 좋아하는 甲은 ○○항공의 마일리지를 최대한 많이 적립하기 위해, 신용카드 이용금액에 따라 ○○항공의 마일리지를 제공해주는 A, B 두 신용카드 중 하나의 카드를 발급받기로 하였다. 각 신용카드의 ○○항공 마일리지 제공 기준은 다음과 같다.
>
> 〈A신용카드의 ○○항공 마일리지 제공 기준〉
> 1) 이용금액이 월 50만 원 이상 100만 원 이하일 경우
>   - 이용금액 1,000원 당 1마일리지를 제공함.
> 2) 이용금액이 월 100만 원 초과 200만 원 이하일 경우
>   - 100만 원 이하 이용금액은 1,000원 당 1마일리지를, 100만 원 초과 이용금액은 1,000원 당 2마일리지를 제공함.
> 3) 이용금액이 월 200만 원을 초과할 경우
>   - 100만 원 이하 이용금액은 1,000원 당 1마일리지를, 100만 원 초과 200만 원 이하 이용금액은 1,000원 당 2마일리지를, 200만 원 초과 이용금액은 1,000원 당 3마일리지를 제공함.
>
> 〈B신용카드의 ○○항공 마일리지 제공 기준〉
> 1) 이용금액이 월 50만 원 이상 100만 원 이하일 경우
>   - 이용금액 1,000원 당 1마일리지를 제공함.
> 2) 이용금액이 월 100만 원 초과 200만 원 이하일 경우
>   - 100만 원 이하 이용금액은 1,000원 당 2마일리지를, 100만 원 초과 이용금액은 1,000원 당 1마일리지를 제공함.
> 3) 이용금액이 월 200만 원을 초과할 경우
>   - 70만 원 이하 이용금액은 1,000원 당 3마일리지를, 70만 원 초과 이용금액은 1,000원 당 1마일리지를 제공함.

※ 마일리지 제공 시 이용금액 1,000원 미만은 버림

〈보기〉

ㄱ. 신용카드 이용금액이 월 120만 원이라면, A신용카드가 B신용카드보다 마일리지를 더 많이 제공한다.
ㄴ. 신용카드 이용금액이 월 100만 원을 초과할 경우, A신용카드가 제공하는 마일리지와 B신용카드가 제공하는 마일리지가 같은 경우가 발생할 수 있다.
ㄷ. 신용카드 이용금액이 월 200만 원을 초과할 경우, B신용카드가 A신용카드보다 마일리지를 더 많이 제공한다.

① ㄱ
② ㄴ
③ ㄷ
④ ㄱ, ㄴ
⑤ ㄴ, ㄷ

약점 보완 해설집 p.23

해커스PSAT **5·7급 + 민경채 PSAT**
김우진 상황판단 기출문제집

민경채
기출문제

2020년 기출문제

2019년 기출문제

2018년 기출문제

2017년 기출문제

2016년 기출문제

2020년 기출문제

25문항/60분

01. 다음 글을 근거로 판단할 때 옳은 것은?

제00조 ① 광역교통위원회는 위원장 1명과 상임위원 1명 및 다음 각 호의 위원을 포함하여 30명 이내로 구성한다.
1. 대도시권 광역교통 관련 업무를 담당하는 중앙행정기관 소속 고위공무원 중 대통령령으로 정하는 사람
2. 대도시권에 포함되는 광역지방자치단체의 부단체장 중 대통령령으로 정하는 사람
3. 그 밖에 광역교통 관련 전문지식과 경험이 풍부한 사람

② 광역교통위원회의 위원장은 국토교통부장관의 제청으로 대통령이 임명하고, 위원은 국토교통부장관이 임명 또는 위촉한다.

제00조 ① 실무위원회는 다음 각 호의 사항을 심의한다.
1. 광역교통위원회에 부칠 안건의 사전검토 또는 조정에 관한 사항
2. 그 밖에 실무위원회의 위원장이 심의가 필요하다고 인정하는 사항

② 실무위원회의 위원장은 광역교통위원회의 상임위원이 된다.
③ 실무위원회의 위원은 다음 각 호의 사람이 된다.
1. 기획재정부·행정안전부·국토교통부 및 행정중심복합도시건설청 소속 공무원 중 소속 기관의 장이 지명하는 사람
2. 대도시권에 포함되는 시·도 또는 시·군·구(자치구를 말한다) 소속 공무원 중 소속 기관의 장이 광역교통위원회와 협의해 지명하는 사람
3. 교통·도시계획·재정·행정·환경 등 광역교통에 관한 학식과 경험이 풍부한 사람 중에서 광역교통위원회의 위원장이 성별을 고려해 위촉하는 50명 이내의 사람

① 실무위원회의 위원 위촉 시 성별은 고려하지 않는다.
② 광역교통위원회의 구성원은 실무위원회의 구성원이 될 수 없다.
③ 광역교통위원회 위원장의 위촉 없이도 실무위원회의 위원이 될 수 있다.
④ 공무원이 아닌 사람은 실무위원회의 위원은 될 수 있으나, 광역교통위원회의 위원은 될 수 없다.
⑤ 광역교통위원회의 위원으로 행정안전부 소속 공무원을 선정하는 경우 행정안전부장관이 임명한다.

02. 다음 글을 근거로 판단할 때 옳은 것은?

제○○조 이 법에서 사용하는 용어의 뜻은 다음과 같다.
1. '배아'란 인간의 수정란 및 수정된 때부터 발생학적으로 모든 기관이 형성되기 전까지의 분열된 세포군을 말한다.
2. '잔여배아'란 체외수정으로 생성된 배아 중 임신의 목적으로 이용하고 남은 배아를 말한다.

제△△조 ① 누구든지 임신 외의 목적으로 배아를 생성하여서는 아니 된다.
② 누구든지 배아를 생성할 때 다음 각 호의 어느 하나에 해당하는 행위를 하여서는 아니 된다.
1. 특정의 성을 선택할 목적으로 난자와 정자를 선별하여 수정시키는 행위
2. 사망한 사람의 난자 또는 정자로 수정하는 행위
3. 미성년자의 난자 또는 정자로 수정하는 행위. 다만 혼인한 미성년자가 그 자녀를 얻기 위하여 수정하는 경우는 제외한다.

③ 누구든지 금전, 재산상의 이익 또는 그 밖의 반대급부를 조건으로 배아나 난자 또는 정자를 제공 또는 이용하거나 이를 유인하거나 알선하여서는 아니 된다.

제□□조 ① 배아의 보존기간은 5년으로 한다. 다만 난자 또는 정자의 기증자가 배아의 보존기간을 5년 미만으로 정한 경우에는 이를 보존기간으로 한다.
② 제1항에도 불구하고 제1항의 기증자가 항암치료를 받는 경우 그 기증자는 보존기간을 5년 이상으로 정할 수 있다.
③ 배아생성의료기관은 제1항 또는 제2항에 따른 보존기간이 끝난 배아 중 제◇◇조에 따른 연구의 목적으로 이용하지 아니할 배아는 폐기하여야 한다.

제◇◇조 제□□조에 따른 배아의 보존기간이 지난 잔여배아는 발생학적으로 원시선(原始線)이 나타나기 전까지만 체외에서 다음 각 호의 연구 목적으로 이용할 수 있다.
1. 난임치료법 및 피임기술의 개발을 위한 연구
2. 희귀·난치병의 치료를 위한 연구

※ 원시선: 중배엽 형성 초기에 세포의 이동에 의해서 형성되는 배반(胚盤)의 꼬리쪽 끝에서 볼 수 있는 얇은 선

① 배아생성의료기관은 불임부부를 위해 반대급부를 조건으로 배아의 제공을 알선할 수 있다.
② 난자 또는 정자의 기증자는 항암치료를 받지 않더라도 배아의 보존기간을 6년으로 정할 수 있다.
③ 배아생성의료기관은 혼인한 미성년자의 정자를 임신 외의 목적으로 수정하여 배아를 생성할 수 있다.
④ 보존기간이 남은 잔여배아는 발생학적으로 원시선이 나타나기 전이라면 체내에서 난치병 치료를 위한 연구 목적으로 이용할 수 있다.
⑤ 생성 후 5년이 지나지 않은 잔여배아도 발생학적으로 원시선이 나타나기 전까지 체외에서 피임기술 개발을 위한 연구에 이용하는 것이 가능한 경우가 있다.

03. 다음 글을 근거로 판단할 때 옳은 것은?

제00조 ① 수입신고를 하려는 자(업소를 포함한다)는 해당 수입식품의 안전성 확보 등을 위하여 식품의약품안전처장이 정하는 기준에 따라 해외제조업소에 대하여 위생관리 상태를 점검할 수 있다.
② 제1항에 따라 위생관리 상태를 점검한 자는 식품의약품안전처장에게 우수수입업소 등록을 신청할 수 있다.
③ 식품의약품안전처장은 제2항에 따라 신청된 내용이 식품의약품안전처장이 정하는 기준에 적합한 경우에는 우수수입업소 등록증을 신청인에게 발급하여야 한다.
④ 우수수입업소 등록의 유효기간은 등록된 날부터 3년으로 한다.
⑤ 식품의약품안전처장은 우수수입업소가 다음 각 호의 어느 하나에 해당하는 경우에는 그 등록을 취소하거나 시정을 명할 수 있다. 다만 우수수입업소가 제1호에 해당하는 경우에는 등록을 취소하여야 한다.
1. 거짓이나 그 밖의 부정한 방법으로 등록된 경우
2. 수입식품 수입·판매업의 시설기준을 위배하여 영업정지 2개월 이상의 행정처분을 받은 경우
3. 수입식품에 대한 부당한 표시를 하여 영업정지 2개월 이상의 행정처분을 받은 경우
⑥ 제5항에 따라 등록이 취소된 업소는 그 취소가 있은 날부터 3년 동안 우수수입업소 등록을 신청할 수 없다.
제00조 ① 식품의약품안전처장은 수입신고된 수입식품에 대하여 관계공무원으로 하여금 필요한 검사를 하게 하여야 한다.
② 식품의약품안전처장은 수입신고된 수입식품이 다음 각 호의 어느 하나에 해당하는 경우에는 제1항에도 불구하고 수입식품의 검사 전부 또는 일부를 생략할 수 있다.
1. 우수수입업소로 등록된 자가 수입하는 수입식품
2. 해외우수제조업소로 등록된 자가 수출하는 수입식품

① 업소 甲이 우수수입업소 등록을 신청하기 위해서는 식품의약품안전처장이 정하는 기준에 따라 국내 자기업소에 대한 위생관리 상태를 점검하여야 한다.
② 업소 乙이 2020년 2월 20일에 우수수입업소로 등록되었다면, 그 등록은 2024년 2월 20일까지 유효하다.
③ 업소 丙이 부정한 방법으로 우수수입업소로 등록된 경우 식품의약품안전처장은 등록을 취소하지 않고 시정을 명할 수 있다.
④ 우수수입업소 丁이 수입식품 수입·판매업의 시설기준을 위배하여 영업정지 1개월의 행정처분을 받았다면, 그 때로부터 3년 동안 丁은 우수수입업소 등록을 신청할 수 없다.
⑤ 식품의약품안전처장은 우수수입업소 戊가 수입신고한 수입식품에 대한 검사를 전부 생략할 수 있다.

04. 다음 글을 근거로 판단할 때, 〈보기〉에서 저작권자의 허락없이 허용되는 행위만을 모두 고르면?

제00조 타인의 공표된 저작물의 내용·형식을 변환하거나 그 저작물을 복제·배포·공연 또는 공중송신(방송·전송을 포함한다)하기 위해서는 특별한 규정이 없는 한 저작권자의 허락을 받아야 한다.
제00조 ① 누구든지 공표된 저작물을 저작권자의 허락없이 시각장애인을 위하여 점자로 복제·배포할 수 있다.
② 시각장애인을 보호하고 있는 시설, 시각장애인을 위한 특수학교 또는 점자도서관은 영리를 목적으로 하지 아니하고 시각장애인의 이용에 제공하기 위하여, 공표된 어문저작물을 저작권자의 허락없이 녹음하여 복제하거나 디지털음성정보기록방식으로 복제·배포 또는 전송할 수 있다.
제00조 ① 누구든지 공표된 저작물을 저작권자의 허락없이 청각장애인을 위하여 한국수어로 변환할 수 있으며 이러한 한국수어를 복제·배포·공연 또는 공중송신할 수 있다.
② 청각장애인을 보호하고 있는 시설, 청각장애인을 위한 특수학교 또는 한국어수어통역센터는 영리를 목적으로 하지 아니하고 청각장애인의 이용에 제공하기 위하여, 공표된 저작물에 포함된 음성 및 음향 등을 저작권자의 허락없이 자막 등 청각장애인이 인지할 수 있는 방식으로 변환할 수 있으며 이러한 자막 등을 청각장애인이 이용할 수 있도록 복제·배포·공연 또는 공중송신할 수 있다.

※ 어문저작물: 소설·시·논문·각본 등 문자로 이루어진 저작물

〈보기〉

ㄱ. 학교도서관이 공표된 소설을 청각장애인을 위하여 한국수어로 변환하고 이 한국수어를 복제·공중송신하는 행위
ㄴ. 한국어수어통역센터가 영리를 목적으로 청각장애인의 이용에 제공하기 위하여, 공표된 영화에 포함된 음성을 자막으로 변환하여 배포하는 행위
ㄷ. 점자도서관이 영리를 목적으로 하지 아니하고 시각장애인의 이용에 제공하기 위하여, 공표된 피아니스트의 연주 음악을 녹음하여 복제·전송하는 행위

① ㄱ
② ㄴ
③ ㄱ, ㄷ
④ ㄴ, ㄷ
⑤ ㄱ, ㄴ, ㄷ

05. 다음 글을 근거로 판단할 때 옳지 않은 것은?

> 이해충돌은 공직자들에게 부여된 공적 의무와 사적 이익이 충돌하는 갈등상황을 지칭한다. 공적 의무와 사적 이익이 충돌한다는 점에서 이해충돌은 공직부패와 공통점이 있다. 하지만 공직부패가 사적 이익을 위해 공적 의무를 저버리고 권력을 남용하는 것이라면, 이해충돌은 공적 의무와 사적 이익이 대립하는 객관적 상황 자체를 의미한다. 이해충돌 하에서 공직자는 공적 의무가 아닌 사적 이익을 추구하는 결정을 내릴 위험성이 있지만 항상 그런 결정을 내리는 것은 아니다.
>
> 공직자의 이해충돌은 공직부패 발생의 상황요인이며 공직부패의 사전 단계가 될 수 있기 때문에 이에 대한 적절한 규제가 필요하다. 공직부패가 의도적 행위의 결과인 반면, 이해충돌은 의도하지 않은 상태에서 발생하는 상황이다. 또한 공직부패는 드문 현상이지만 이해충돌은 일상적으로 발생하기 때문에 직무수행 과정에서 빈번하게 나타날 수 있다. 그런 이유로 이해충돌에 대한 전통적인 규제는 공직부패의 사전예방에 초점이 맞추어져 있었다.
>
> 최근에는 이해충돌에 대한 규제의 초점이 정부의 의사결정 과정과 결과에 대한 신뢰성 확보로 변화되고 있다. 이는 정부의 의사결정 과정의 정당성과 공정성 자체에 대한 불신이 커지고, 그 결과가 시민의 요구와 선호를 충족하지 못하고 있다는 의구심이 제기되고 있는 상황을 반영하고 있다. 신뢰성 확보로 규제의 초점이 변화되면서 이해충돌의 개념이 확대되어, 외관상 발생 가능성이 있는 것만으로도 이해충돌에 대해 규제하는 것이 정당화되고 있다.

① 공직부패는 권력 남용과 관계없이 공적 의무와 사적 이익이 대립하는 객관적 상황 자체를 의미한다.

② 이해충돌 발생 가능성이 외관상으로만 존재해도 이해충돌에 대해 규제하는 것이 정당화되고 있다.

③ 공직자의 이해충돌과 공직부패는 공적 의무와 사적 이익의 충돌이라는 점에서 공통점이 있다.

④ 공직자의 이해충돌은 직무수행 과정에서 빈번하게 발생할 가능성이 있다.

⑤ 이해충돌에 대한 규제의 초점은 공직부패의 사전예방에서 정부의 의사결정 과정과 결과에 대한 신뢰성 확보로 변화되고 있다.

06. 다음 글을 근거로 판단할 때, A서비스를 이용할 수 있는 경우는?

> A서비스는 공항에서 출국하는 승객이 공항 외의 지정된 곳에서 수하물을 보내고 목적지에 도착한 후 찾아가는 신개념 수하물 위탁서비스이다.
>
> A서비스를 이용하고자 하는 승객은 ○○호텔에 마련된 체크인 카운터에서 본인 확인과 보안 절차를 거친 후 탑승권을 발급받고 수하물을 위탁하면 된다. ○○호텔 투숙객이 아니더라도 이 서비스를 이용할 수 있다.
>
> ○○호텔에 마련된 체크인 카운터는 매일 08:00 ~ 16:00에 운영된다. 인천공항에서 13:00 ~ 24:00에 출발하는 국제선 이용 승객을 대상으로 A서비스가 제공된다. 단, 미주노선(괌/사이판 포함)은 제외된다.

	숙박 호텔	항공기 출발 시각	출발지	목적지
①	○○호텔	15:30	김포공항	제주
②	◇◇호텔	14:00	김포공항	베이징
③	○○호텔	15:30	인천공항	사이판
④	◇◇호텔	21:00	인천공항	홍콩
⑤	○○호텔	10:00	인천공항	베이징

07. 다음 글을 근거로 판단할 때, 2019년의 무역의존도가 높은 순서대로 세 국가(A ~ C)를 나열한 것은?

> A, B, C 세 국가는 서로 간에만 무역을 하고 있다. 2019년 세 국가의 수출액은 다음과 같다.
> ○ A의 B와 C에 대한 수출액은 각각 200억 달러와 100억 달러였다.
> ○ B의 A와 C에 대한 수출액은 각각 150억 달러와 100억 달러였다.
> ○ C의 A와 B에 대한 수출액은 각각 150억 달러와 50억 달러였다.
>
> A, B, C의 2019년 국내총생산은 각각 1,000억 달러, 3,000억 달러, 2,000억 달러였고, 각 국가의 무역의존도는 다음과 같이 계산한다.
>
> $$\text{무역의존도} = \frac{\text{총 수출액} + \text{총 수입액}}{\text{국내총생산}}$$

① A, B, C
② A, C, B
③ B, A, C
④ B, C, A
⑤ C, A, B

08. 다음 글을 근거로 판단할 때, 〈보기〉에서 옳은 것만을 모두 고르면?

> △△부처는 직원 교육에 사용할 교재를 외부 업체에 위탁하여 제작하려 한다. 업체가 제출한 시안을 5개의 항목으로 평가하고, 평가 점수의 총합이 가장 높은 시안을 채택한다. 평가 점수의 총합이 동점일 경우, 평가 항목 중 학습내용 점수가 가장 높은 시안을 채택한다. 5개의 업체가 제출한 시안(A~E)의 평가 결과는 다음과 같다.
>
> (단위: 점)

평가 항목(배점) \ 시안	A	B	C	D	E
학습내용(30)	25	30	20	25	20
학습체계(30)	25	(㉠)	30	25	20
교수법(20)	20	17	(㉡)	20	15
학습평가(10)	10	10	10	5	10
학습매체(10)	10	10	10	10	10

〈보기〉

ㄱ. D와 E는 채택되지 않는다.
ㄴ. ㉡의 점수와 상관없이 C는 채택되지 않는다.
ㄷ. ㉠이 23점이라면 B가 채택된다.

① ㄱ
② ㄷ
③ ㄱ, ㄴ
④ ㄴ, ㄷ
⑤ ㄱ, ㄴ, ㄷ

09. 다음 글을 근거로 판단할 때, 숫자코드가 될 수 있는 것은?

숫자코드를 만드는 규칙은 다음과 같다.

○ 그림과 같이 작은 정사각형 4개로 이루어진 큰 정사각형이 있고, 작은 정사각형의 꼭짓점마다 1～9의 번호가 지정되어 있다.

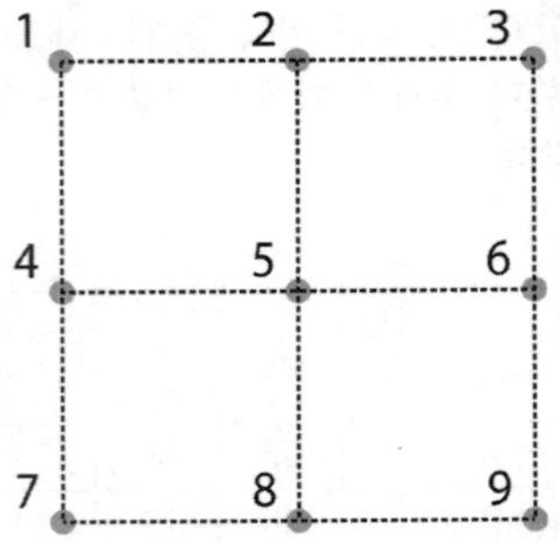

○ 펜을 이용해서 9개의 점 중 임의의 하나의 점에서 시작하여(이하 시작점이라 한다) 다른 점으로 직선을 그어 나간다.

○ 다른 점에 도달하면 펜을 종이 위에서 떼지 않고 또 다른 점으로 계속해서 직선을 그어 나간다. 단, 한번 그은 직선 위에 또 다른 직선을 겹쳐서 그을 수 없다.

○ 시작점을 포함하여 4개 이상의 점에 도달한 후 펜을 종이 위에서 뗄 수 있다. 단, 시작점과 동일한 점에서는 뗄 수 없다.

○ 펜을 종이에서 뗀 후, 그어진 직선이 지나는 점의 번호를 순서대로 모두 나열한 것이 숫자코드가 된다. 예를 들어 1번 점에서 시작하여 6번, 5번, 8번 순으로 직선을 그었다면 숫자코드는 1658이다.

① 596
② 15953
③ 53695
④ 642987
⑤ 9874126

10. 다음 〈지정 기준〉과 〈신청 현황〉을 근거로 판단할 때, 신청병원(甲～戊) 중 산재보험 의료기관으로 지정되는 것은?

〈지정 기준〉

○ 신청병원 중 인력 점수, 경력 점수, 행정처분 점수, 지역별 분포 점수의 총합이 가장 높은 병원을 산재보험 의료기관으로 지정한다.

○ 전문의 수가 2명 이하이거나, 가장 가까이 있는 기존 산재보험 의료기관까지의 거리가 1km 미만인 병원은 지정 대상에서 제외한다.

○ 각각의 점수는 아래의 항목별 배점 기준에 따라 부여한다.

항목	배점 기준
인력 점수	전문의 수 7명 이상은 10점
	전문의 수 4명 이상 6명 이하는 8점
	전문의 수 3명 이하는 3점
경력 점수	전문의 평균 임상경력 1년당 2점(단, 평균 임상경력이 10년 이상이면 20점)
행정처분 점수	2명 이하의 의사가 행정처분을 받은 적이 있는 경우 10점
	3명 이상의 의사가 행정처분을 받은 적이 있는 경우 2점
지역별 분포 점수	가장 가까이 있는 기존 산재보험 의료기관이 8km 이상 떨어져 있을 경우, 인력 점수와 경력 점수 합의 20%에 해당하는 점수
	가장 가까이 있는 기존 산재보험 의료기관이 3km 이상 8km 미만 떨어져 있을 경우, 인력 점수와 경력 점수 합의 10%에 해당하는 점수
	가장 가까이 있는 기존 산재보험 의료기관이 3km 미만 떨어져 있을 경우, 인력 점수와 경력 점수 합의 20%에 해당하는 점수 감점

〈신청 현황〉

신청병원	전문의 수	전문의 평균 임상경력	행정처분을 받은 적이 있는 의사 수	가장 가까이 있는 기존 산재보험 의료기관까지의 거리
甲	6명	7년	4명	10km
乙	2명	17년	1명	8km
丙	8명	5년	0명	1km
丁	4명	11년	3명	2km
戊	3명	12년	2명	500m

① 甲
② 乙
③ 丙
④ 丁
⑤ 戊

11. 다음 글을 근거로 판단할 때 옳은 것은?

제00조 이 규칙은 법원이 소지하는 국가기밀에 속하는 문서 등의 보안업무에 관한 사항을 규정함을 목적으로 한다.
제00조 이 규칙에서 비밀이라 함은 그 내용이 누설되는 경우 국가안전보장에 유해한 결과를 초래할 우려가 있는 국가기밀로서 이 규칙에 의하여 비밀로 분류된 것을 말한다.
제00조 ① Ⅰ급비밀 취급 인가권자는 대법원장, 대법관, 법원행정처장으로 한다.
② Ⅱ급 및 Ⅲ급비밀 취급 인가권자는 다음과 같다.
1. Ⅰ급비밀 취급 인가권자
2. 사법연수원장, 고등법원장, 특허법원장, 사법정책연구원장, 법원공무원교육원장, 법원도서관장
3. 지방법원장, 가정법원장, 행정법원장, 회생법원장
제00조 ① 비밀 취급 인가권자는 비밀을 취급 또는 비밀에 접근할 직원에 대하여 해당 등급의 비밀 취급을 인가한다.
② 비밀 취급의 인가는 대상자의 직책에 따라 필요한 최소한의 인원으로 제한하여야 한다.
③ 비밀 취급 인가를 받은 자가 다음 각 호의 어느 하나에 해당하는 경우에는 그 취급의 인가를 해제하여야 한다.
1. 고의 또는 중대한 과실로 중대한 보안 사고를 범한 때
2. 비밀 취급이 불필요하게 된 때
④ 비밀 취급의 인가 및 해제와 인가 등급의 변경은 문서로 하여야 하며 직원의 인사기록사항에 이를 기록하여야 한다.
제00조 ① 비밀 취급 인가권자는 임무 및 직책상 해당 등급의 비밀을 항상 사무적으로 취급하는 자에 한하여 비밀 취급을 인가하여야 한다.
② 비밀 취급 인가권자는 소속직원의 인사기록카드에 기록된 비밀 취급의 인가 및 해제사유와 임용시의 신원조사회보서에 의하여 새로 신원조사를 행하지 아니하고 비밀 취급을 인가할 수 있다. 다만 Ⅰ급비밀 취급을 인가하는 때에는 새로 신원조사를 실시하여야 한다.

① 비밀 취급 인가의 해제는 구술로 할 수 있다.
② 법원행정처장은 Ⅰ급비밀, Ⅱ급비밀, Ⅲ급비밀 모두에 대해 취급 인가권을 가진다.
③ 비밀 취급 인가는 대상자의 직책에 따라 가능한 한 제한 없이 충분한 인원에게 하여야 한다.
④ 비밀 취급 인가를 받은 자가 중대한 보안 사고를 범한 경우 고의가 없었다면 그 취급의 인가를 해제할 수 없다.
⑤ 비밀 취급 인가권자는 소속직원에 대해 새로 신원조사를 행하지 아니하고 Ⅰ급비밀 취급을 인가할 수 있다.

12. 다음 글을 근거로 판단할 때 옳은 것은?

제○○조 ① 국유재산은 다음 각 호의 어느 하나에 해당하지 않는 경우에는 매각할 수 있다.
1. 제△△조에 의한 매각제한의 대상에 해당하는 경우
2. 제□□조에 의한 총괄청의 매각승인을 받지 않은 경우
② 국유재산의 매각은 일반경쟁입찰을 원칙으로 한다. 다만 필요한 경우에는 제한경쟁, 지명경쟁 또는 수의계약의 방법으로 매각할 수 있다.
제△△조 다음 각 호의 어느 하나에 해당하는 경우에는 매각할 수 없다.
1. 중앙관서의 장이 행정목적으로 사용하기 위하여 그 국유재산을 행정재산으로 사용 승인한 경우
2. 소유자 없는 부동산에 대하여 공고를 거쳐 국유재산으로 취득한 후 10년이 지나지 아니한 경우. 다만 해당 국유재산에 대하여 중앙관서의 장이 공익사업에 필요하다고 인정한 경우와 행정재산의 용도로 사용하던 소유자 없는 부동산을 행정재산으로 취득하였으나 그 행정재산을 당해 용도로 사용하지 아니하게 된 경우에는 그러하지 아니하다.
제□□조 ① 국유일반재산인 토지의 면적이 특별시·광역시 지역에서는 1,000제곱미터를, 그 밖의 시 지역에서는 2,000제곱미터를 초과하는 재산을 매각하고자 하는 경우에는 총괄청의 승인을 받아야 한다.
② 제1항에도 불구하고 다음 각 호의 어느 하나에 해당하는 경우에는 총괄청의 승인을 요하지 아니한다.
1. 수의계약의 방법으로 매각하는 경우
2. 다른 법률에 따른 무상귀속
3. 법원의 확정판결·결정 등에 따른 소유권의 변경

① 중앙관서의 장이 행정목적으로 사용하기 위하여 행정재산으로 사용 승인한 국유재산인 건물은 총괄청의 매각승인을 받아야 매각될 수 있다.
② 총괄청의 매각승인 대상인 국유일반재산이더라도 그 매각방법이 지명경쟁인 경우에는 총괄청의 승인없이 매각할 수 있다.
③ 법원의 확정판결로 국유일반재산의 소유권을 변경하려는 경우 총괄청의 승인을 받아야 한다.
④ 광역시에 소재하는 국유일반재산인 1,500제곱미터 면적의 토지를 수의계약의 방법으로 매각하려는 경우에는 총괄청의 승인을 받아야 한다.
⑤ 행정재산의 용도로 사용하던 소유자 없는 500제곱미터 면적의 토지를 공고를 거쳐 행정재산으로 취득한 후 이를 당해 용도로 사용하지 않게 된 경우, 취득한 때로부터 10년이 경과하지 않았더라도 매각할 수 있다.

13. 다음 글을 근거로 판단할 때 옳은 것은?

A국은 다음 5가지 사항을 반영하여 특허법을 제정하였다.

(1) 새로운 기술에 의한 발명을 한 사람에게 특허권이라는 독점권을 주는 제도와 정부가 금전적 보상을 해주는 보상제도 중, A국은 전자를 선택하였다.

(2) 특허권을 별도의 특허심사절차 없이 부여하는 방식과 신청에 의한 특허심사절차를 통해 부여하는 방식 중, A국은 후자를 선택하였다.

(3) 새로운 기술에 의한 발명인지를 판단하는 데 있어서 전세계에서의 새로운 기술을 기준으로 하는 것과 국내에서의 새로운 기술을 기준으로 하는 것 중, A국은 후자를 선택하였다.

(4) 특허권의 효력발생범위를 A국 영토 내로 한정하는 것과 A국 영토 밖으로 확대하는 것 중, A국은 전자를 선택하였다. 따라서 특허권이 부여된 발명을 A국 영토 내에서 특허권자의 허락없이 무단으로 제조·판매하는 행위를 금지하며, 이를 위반한 자에게는 손해배상의무를 부과한다.

(5) 특허권의 보호기간을 한정하는 방법과 한정하지 않는 방법 중, A국은 전자를 선택하였다. 그리고 그 보호기간은 특허권을 부여받은 날로부터 10년으로 한정하였다.

① A국에서 알려지지 않은 새로운 기술로 알코올램프를 발명한 자는 그 기술이 이미 다른 나라에서 널리 알려진 것이라도 A국에서 특허권을 부여받을 수 있다.

② A국에서 특허권을 부여받은 날로부터 11년이 지난 손전등을 제조·판매하기 위해서는 발명자로부터 허락을 받아야 한다.

③ A국에서 새로운 기술로 석유램프를 발명한 자는 A국 정부로부터 그 발명에 대해 금전적 보상을 받을 수 있다.

④ A국에서 새로운 기술로 필기구를 발명한 자는 특허심사절차를 밟지 않더라도 A국 내에서 다른 사람이 그 필기구를 무단으로 제조·판매하는 것을 금지시킬 수 있다.

⑤ A국에서 망원경에 대해 특허권을 부여받은 자는 다른 나라에서 그 망원경을 무단으로 제조 및 판매한 자로부터 A국 특허법에 따라 손해배상을 받을 수 있다.

14. 다음 글을 근거로 판단할 때 옳지 않은 것은?

최근 공직자의 재산상태와 같은 세세한 사생활 정보까지 공개하라는 요구가 높아지고 있다. 공직자의 사생활은 일반시민의 사생활만큼 보호될 필요가 없다는 것이 그 이유다. 비슷한 맥락에서 일찍이 플라톤은 통치자는 가족과 사유재산을 갖지 말아야 한다고 주장했다.

공직자의 사생활 보호에 대한 논의는 '동등한 사생활 보호의 원칙'과 '축소된 사생활 보호의 원칙'으로 구분된다. 동등한 사생활 보호의 원칙은 공직자의 사생활도 일반시민과 동등한 정도로 보호되어야 한다고 본다. 이 원칙의 지지자들은 우선 공직자의 사생활 보호로 공적으로 활용가능한 인재가 증가한다는 점을 강조한다. 사생활이 보장되지 않으면 공직 희망자가 적어져 인재 활용이 제한되고 다양성도 줄어들게 된다는 것이다. 또한 이들은 선정적인 사생활 폭로가 난무하여 공공정책에 대한 실질적 토론과 민주적 숙고가 사라져 버릴 위험성에 대해서도 경고한다.

반면, 공직자는 일반시민보다 우월한 권력을 가지고 있다는 것과 시민을 대표한다는 것 때문에 축소된 사생활 보호의 원칙이 적용되어야 한다는 주장도 있다. 공직자는 일반시민이 아니기 때문에 동등한 사생활 보호의 원칙을 적용할 수 없다는 것이다. 이 원칙의 지지자들은 공직자들이 시민 생활에 영향을 미치는 결정을 내리기 때문에, 사적 목적을 위해 권력을 남용하지 않고 부당한 압력에 굴복하지 않으며 시민이 기대하는 정책을 추구할 가능성이 높은 사람이어야 한다고 주장한다. 즉 이러한 공직자가 행사하는 권력에 대해 책임을 묻기 위해서는 사생활 중 관련된 내용은 공개되어야 한다는 것이다. 또한 공직자는 시민을 대표하기 때문에 훌륭한 인간상으로 시민의 모범이 되어야 한다는 이유도 들고 있다.

① 축소된 사생활 보호의 원칙은 공직자와 일반시민의 사생활 보장의 정도가 달라야 한다고 본다.

② 통치자의 사생활에 대한 플라톤의 생각은 동등한 사생활 보호의 원칙보다 축소된 사생활 보호의 원칙에 더 가깝다.

③ 동등한 사생활 보호의 원칙을 지지하는 이유 중 하나는 공직자가 시민을 대표하는 훌륭한 인간상이어야 하기 때문이다.

④ 동등한 사생활 보호의 원칙을 지지하는 이유 중 하나는 사생활이 보장되지 않으면 공직 희망자가 적어질 수 있다고 보기 때문이다.

⑤ 축소된 사생활 보호의 원칙을 지지하는 이유 중 하나는 공직자가 일반시민보다 우월한 권력을 가지고 있다고 보기 때문이다.

15. 다음 글을 근거로 판단할 때, <보기>에서 옳은 것만을 모두 고르면?

일반적인 내연기관에서는 휘발유와 공기가 엔진 내부의 실린더 속에서 압축된 후 점화 장치에 의하여 점화되어 연소된다. 이 때의 연소는 휘발유의 주성분인 탄화수소가 공기 중의 산소와 반응하여 이산화탄소와 물을 생성하는 것이다. 여러 개의 실린더에서 규칙적이고 연속적으로 일어나는 '공기·휘발유' 혼합물의 연소에서 발생하는 힘으로 자동차는 달리게 된다. 그런데 간혹 실린더 내의 과도한 열이나 압력, 혹은 질 낮은 연료의 사용 등으로 인해 '노킹(knocking)' 현상이 발생하기도 한다. 노킹 현상이란 공기·휘발유 혼합물의 조기 연소 현상을 지칭한다. 공기·휘발유 혼합물이 점화되기도 전에 연소되는 노킹 현상이 지속되면 엔진의 성능은 급격히 저하된다.

자동차 연료로 사용되는 휘발유에는 '옥탄가(octane number)'라는 값에 따른 등급이 부여된다. 옥탄가는 휘발유의 특성을 나타내는 수치 중 하나로, 이 값이 높을수록 노킹 현상이 발생할 가능성은 줄어든다. 甲국에서는 보통, 중급, 고급으로 분류되는 세 가지 등급의 휘발유가 판매되고 있는데, 이 등급을 구분하는 최소 옥탄가의 기준은 각각 87, 89, 93이다. 하지만 甲국의 고산지대에 위치한 A시에서 판매되는 휘발유는 다른 지역의 휘발유보다 등급을 구분하는 최소 옥탄가의 기준이 등급별로 2씩 낮다. 이는 산소의 밀도가 낮아 노킹 현상이 발생할 가능성이 더 낮은 고산지대의 특징을 반영한 것이다.

<보기>

ㄱ. A시에서 고급 휘발유로 판매되는 휘발유의 옥탄가는 91 이상이다.
ㄴ. 실린더 내에 과도한 열이 발생하면 노킹 현상이 발생할 수 있다.
ㄷ. 노킹 현상이 일어나지 않는다면, 일반적인 내연기관 내부의 실린더 속에서 공기·휘발유 혼합물은 점화가 된 후에 연소된다.
ㄹ. 내연기관 내에서의 연소는 이산화탄소와 산소가 반응하여 물을 생성하는 것이다.

① ㄱ, ㄴ
② ㄱ, ㄹ
③ ㄷ, ㄹ
④ ㄱ, ㄴ, ㄷ
⑤ ㄴ, ㄷ, ㄹ

16. 다음 글과 <국내이전비 신청현황>을 근거로 판단할 때, 국내이전비를 지급받는 공무원만을 모두 고르면?

청사 소재지 이전에 따라 거주지를 이전하거나, 현 근무지 외의 지역으로 부임의 명을 받아 거주지를 이전하는 공무원은 다음 요건에 모두 부합하는 경우 국내이전비를 지급받는다.

첫째, 전임지에서 신임지로 거주지를 이전하고 이사화물도 옮겨야 한다. 다만 동일한 시(특별시, 광역시 및 특별자치시 포함)·군 및 섬(제주특별자치도 제외) 안에서 거주지를 이전하는 공무원에게는 국내이전비를 지급하지 않는다. 둘째, 거주지와 이사화물은 발령을 받은 후에 이전하여야 한다.

<국내이전비 신청현황>

공무원	전임지	신임지	발령 일자	이전 일자	이전여부	
					거주지	이사화물
甲	울산광역시 중구	울산광역시 북구	'20.2.13.	'20.2.20.	O	O
乙	경기도 고양시	세종특별자치시	'19.12.3.	'19.12.5.	O	X
丙	광주광역시	대구광역시	'19.6.1.	'19.6.15.	X	O
丁	제주특별자치도 서귀포시	제주특별자치도 제주시	'20.1.2.	'20.1.13.	O	O
戊	서울특별시	충청북도 청주시	'19.9.3.	'19.9.8.	O	O
己	부산광역시	서울특별시	'20.4.25.	'20.4.1.	O	O

① 甲, 乙
② 乙, 丁
③ 丙, 己
④ 丁, 戊
⑤ 戊, 己

17. 다음 글과 〈상황〉을 근거로 판단할 때, 甲의 말이 최종적으로 위치하는 칸은?

○ 참가자는 그림과 같이 A ~ L까지 12개의 칸으로 구성된 게임판에서, A칸에 말을 놓고 시작한다.

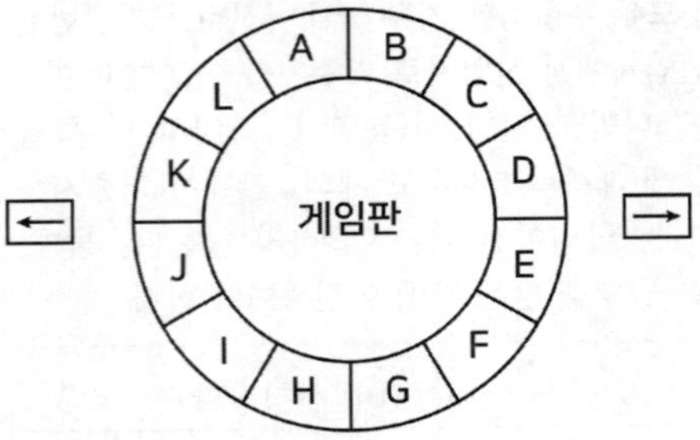

○ 참가자는 [←] 또는 [→] 버튼을 누를 수 있다.
○ 버튼을 맨 처음 누를 때, [←] 버튼을 누르면 말을 반시계방향으로 1칸 이동하고 [→] 버튼을 누르면 말을 시계방향으로 1칸 이동한다.
○ 그 다음부터는 매번 버튼을 누르면, 그 버튼을 누르기 직전에 누른 버튼에 따라 아래와 같이 말을 이동한다.

누른 버튼	직전에 누른 버튼	말의 이동
[←]	[←]	반시계방향으로 2칸 이동
	[→]	움직이지 않음
[→]	[←]	움직이지 않음
	[→]	시계방향으로 2칸 이동

○ 참가자는 버튼을 총 5회 누른다.

〈상황〉

甲은 다음과 같이 버튼을 눌렀다.

누른 순서	1	2	3	4	5
누른 버튼	[←]	[→]	[→]	[←]	[←]

① A칸
② C칸
③ H칸
④ J칸
⑤ L칸

18. 다음 〈상황〉과 〈기준〉을 근거로 판단할 때, A기관이 원천징수 후 甲에게 지급하는 금액은?

〈상황〉

○○국 A기관은 甲을 '지역경제 활성화 위원회'의 외부위원으로 위촉하였다. 甲은 2020년 2월 24일 오후 2시부터 5시까지 위원회에 참석해서 지역경제 활성화와 관련한 내용을 슬라이드 20면으로 발표하였다. A기관은 아래 〈기준〉에 따라 甲에게 해당 위원회 참석수당과 원고료를 지급한다.

〈기준〉

○ 참석수당 지급기준액

구분	단가
참석수당	• 기본료(2시간): 100,000원 • 2시간 초과 후 1시간마다 50,000원

○ 원고료 지급기준액

구분	단가
원고료	10,000원/A4 1면

※슬라이드 2면을 A4 1면으로 한다.

○ 위원회 참석수당 및 원고료는 기타소득이다.
○ 위원회 참석수당 및 원고료는 지급기준액에서 다음과 같은 기타소득세와 주민세를 원천징수하고 지급한다.
 – 기타소득세: (지급기준액 – 필요경비) × 소득세율(20%)
 – 주민세: 기타소득세 × 주민세율(10%)
 ※ 필요경비는 지급기준액의 60%로 한다.

① 220,000원
② 228,000원
③ 256,000원
④ 263,000원
⑤ 270,000원

19. 다음 글을 근거로 판단할 때, 비밀번호의 둘째 자리 숫자와 넷째 자리 숫자의 합은?

甲은 친구의 자전거를 빌려 타기로 했다. 친구의 자전거는 다이얼을 돌려 다섯 자리의 비밀번호를 맞춰야 열리는 자물쇠로 잠겨 있다. 각 다이얼은 0~9 중 하나가 표시된다. 자물쇠에 현재 표시된 숫자는 첫째 자리부터 순서대로 3-6-4-4-9이다. 친구는 비밀번호에 대해 다음과 같은 힌트를 주었다.

○ 비밀번호는 모두 다른 숫자로 구성되어 있다.
○ 자물쇠에 현재 표시된 모든 숫자는 비밀번호에 쓰이지 않는다.
○ 현재 짝수가 표시된 자리에는 홀수가, 현재 홀수가 표시된 자리에는 짝수가 온다. 단, 0은 짝수로 간주한다.
○ 비밀번호를 구성하는 숫자 중 가장 큰 숫자가 첫째 자리에 오고, 가장 작은 숫자가 다섯째 자리에 온다.
○ 비밀번호 둘째 자리 숫자는 현재 둘째 자리에 표시된 숫자보다 크다.
○ 서로 인접한 두 숫자의 차이는 5보다 작다.

① 7
② 8
③ 10
④ 12
⑤ 13

20. 다음 글을 근거로 판단할 때, 〈보기〉에서 옳은 것만을 모두 고르면?

○ 다음과 같이 9개의 도시(A~I)가 위치하고 있다.

A	B	C
D	E	F
G	H	I

○ A~I시가 미세먼지 저감을 위해 5월부터 차량 운행 제한 정책을 시행함에 따라 제한 차량의 도시 진입 및 도시 내 운행이 금지된다.
○ 모든 차량은 4개의 숫자로 된 차량번호를 부여받으며 각 도시의 제한 요건은 아래와 같다.

도시	제한 차량	
A, E, F, I	홀수일	차량번호가 홀수로 끝나는 차량
	짝수일	차량번호가 짝수로 끝나는 차량
B, G, H	홀수일	차량번호가 짝수로 끝나는 차량
	짝수일	차량번호가 홀수로 끝나는 차량
C, D	월요일	차량번호가 1 또는 6으로 끝나는 차량
	화요일	차량번호가 2 또는 7로 끝나는 차량
	수요일	차량번호가 3 또는 8로 끝나는 차량
	목요일	차량번호가 4 또는 9로 끝나는 차량
	금요일	차량번호가 0 또는 5로 끝나는 차량
	토·일요일	없음

※단, 0은 짝수로 간주한다.

○ 도시 간 이동 시에는 도시 경계선이 서로 맞닿아 있지 않은 도시로 바로 이동할 수 없다. 예컨대 A시에서 E시로 이동하기 위해서는 반드시 B시나 D시를 거쳐야 한다.

〈보기〉

ㄱ. 甲은 5월 1일(토)에 E시에서 차량번호가 1234인 차량을 운행할 수 있다.
ㄴ. 乙은 5월 6일(목)에 차량번호가 5639인 차량으로 A시에서 D시로 이동할 수 있다.
ㄷ. 丙은 5월 중 어느 하루에 동일한 차량으로 A시에서 H시로 이동할 수 있다.
ㄹ. 丁은 5월 15일(토)에 차량번호가 9790인 차량으로 D시에서 F시로 이동할 수 있다.

① ㄱ, ㄴ
② ㄱ, ㄷ
③ ㄱ, ㄹ
④ ㄴ, ㄷ
⑤ ㄴ, ㄹ

21. 다음 글을 근거로 판단할 때, 〈보기〉에서 옳은 것만을 모두 고르면?

키가 서로 다른 6명의 어린이를 다음 그림과 같이 한 방향을 바라보도록 일렬로 세우려고 한다. 그림은 일렬로 세운 하나의 예이다. 한 어린이(이하 甲이라 한다)의 등 뒤에 甲보다 키가 큰 어린이가 1명이라도 있으면 A방향에서 甲의 뒤통수는 보이지 않고, 1명도 없으면 A방향에서 甲의 뒤통수는 보인다. 반대로 甲의 앞에 甲보다 키가 큰 어린이가 1명이라도 있으면 B방향에서 甲의 얼굴은 보이지 않고, 1명도 없으면 B방향에서 甲의 얼굴은 보인다.

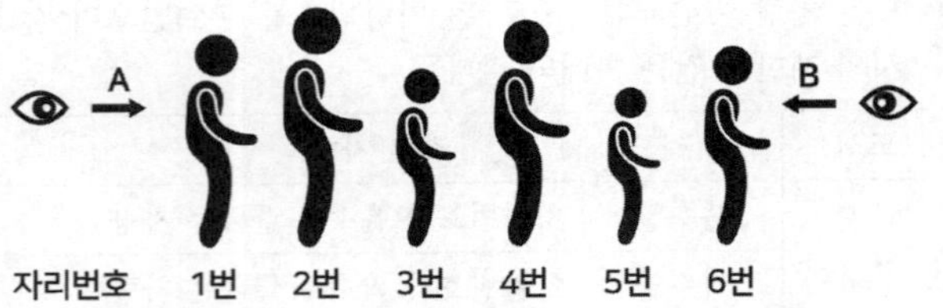

〈보기〉

ㄱ. A방향에서 보았을 때 모든 어린이의 뒤통수가 다 보이게 세우는 방법은 1가지뿐이다.
ㄴ. 키가 세 번째로 큰 어린이를 5번 자리에 세운다면, A방향에서 보았을 때 그 어린이의 뒤통수는 보이지 않는다.
ㄷ. B방향에서 2명의 얼굴만 보이도록 어린이들을 세웠을 때, A방향에서 6번 자리에 서 있는 어린이의 뒤통수는 보이지 않는다.
ㄹ. B방향에서 3명의 얼굴이 보인다면, A방향에서 4명의 뒤통수가 보일 수 없다.

① ㄱ, ㄴ
② ㄷ, ㄹ
③ ㄱ, ㄴ, ㄷ
④ ㄱ, ㄷ, ㄹ
⑤ ㄴ, ㄷ, ㄹ

22. 다음 글과 〈상황〉을 근거로 판단할 때, 〈보기〉에서 옳은 것만을 모두 고르면?

A팀과 B팀은 다음과 같이 게임을 한다. A팀과 B팀은 각각 3명으로 구성되며, 왼손잡이, 오른손잡이, 양손잡이가 각 1명씩이다. 총 5라운드에 걸쳐 가위바위보를 하며 규칙은 아래와 같다.

○ 모든 선수는 1개 라운드 이상 출전하여야 한다.
○ 왼손잡이는 '가위'만 내고 오른손잡이는 '보'만 내며, 양손잡이는 '바위'만 낸다.
○ 각 라운드마다 가위바위보를 이긴 선수의 팀이 획득하는 점수는 다음과 같다.
  – 이긴 선수가 왼손잡이인 경우: 2점
  – 이긴 선수가 오른손잡이인 경우: 0점
  – 이긴 선수가 양손잡이인 경우: 3점
○ 두 팀은 1라운드를 시작하기 전에 각 라운드에 출전할 선수를 결정하여 명단을 제출한다.
○ 5라운드를 마쳤을 때 획득한 총 점수가 더 높은 팀이 게임에서 승리한다.

〈상황〉

다음은 3라운드를 마친 현재까지의 결과이다.

구분	1라운드	2라운드	3라운드	4라운드	5라운드
A팀	왼손잡이	왼손잡이	양손잡이		
B팀	오른손잡이	오른손잡이	오른손잡이		

※ 각 라운드에서 가위바위보가 비긴 경우는 없다.

〈보기〉

ㄱ. 3라운드까지 A팀이 획득한 점수와 B팀이 획득한 점수의 합은 4점이다.
ㄴ. A팀이 잔여 라운드에서 모두 오른손잡이를 출전시킨다면 B팀이 게임에서 승리한다.
ㄷ. B팀이 게임에서 승리하는 경우가 있다.

① ㄴ
② ㄷ
③ ㄱ, ㄴ
④ ㄱ, ㄷ
⑤ ㄱ, ㄴ, ㄷ

23. 다음 글을 근거로 판단할 때 옳은 것은?

> 네 사람(甲 ~ 丁)은 각각 주식, 채권, 선물, 옵션 중 서로 다른 하나의 금융상품에 투자하고 있으며, 투자액과 수익률도 각각 다르다.
>
> ○ 네 사람 중 투자액이 가장 큰 50대 주부는 주식에 투자하였다.
> ○ 30대 회사원 丙은 네 사람 중 가장 높은 수익률을 올려 아내와 여행을 다녀왔다.
> ○ 甲은 주식과 옵션에는 투자하지 않았다.
> ○ 40대 회사원 乙은 옵션에 투자하지 않았다.
> ○ 60대 사업가는 채권에 투자하지 않았다.

① 채권 투자자는 甲이다.
② 선물 투자자는 사업가이다.
③ 투자액이 가장 큰 사람은 乙이다.
④ 회사원은 옵션에 투자하지 않았다.
⑤ 가장 높은 수익률을 올린 사람은 선물 투자자이다.

24. 다음 글과 〈상황〉을 근거로 판단할 때, 공기청정기가 자동으로 꺼지는 시각은?

> ○ A학교 학생들은 방과 후에 자기주도학습을 위해 교실을 이용한다.
> ○ 교실 안에 있는 학생 각각은 매 순간 일정한 양의 미세먼지를 발생시켜, 10분마다 5를 증가시킨다.
> ○ 교실에 설치된 공기청정기는 매 순간 일정한 양의 미세먼지를 제거하여, 10분마다 15를 감소시킨다.
> ○ 미세먼지는 사람에 의해서만 발생하고, 공기청정기에 의해서만 제거된다.
> ○ 공기청정기는 매 순간 미세먼지 양을 표시하며 교실 내 미세먼지 양이 30이 되는 순간 자동으로 꺼진다.

〈상황〉

> 15시 50분 현재, A학교의 교실에는 아무도 없었고 켜져 있는 공기청정기가 나타내는 교실 내 미세먼지 양은 90이었다. 16시 정각에 학생 두 명이 교실에 들어와 공부를 시작하였고, 40분 후 학생 세 명이 더 들어와 공부를 시작하였다. 학생들은 모두 18시 정각에 교실에서 나왔다.

① 18시 50분
② 19시 00분
③ 19시 10분
④ 19시 20분
⑤ 19시 30분

25. 다음 글과 <상황>을 근거로 판단할 때, 갑돌이가 할 수 없는 행위는?

'AD카드'란 올림픽 및 패럴림픽에서 정해진 구역을 출입하거나 차량을 탑승하기 위한 권한을 증명하는 일종의 신분증이다. 모든 관계자들은 반드시 AD카드를 패용해야 해당 구역에 출입하거나 차량을 탑승할 수 있다. 아래는 AD카드에 담긴 정보에 대한 설명이다.

〈 AD카드 예시 〉

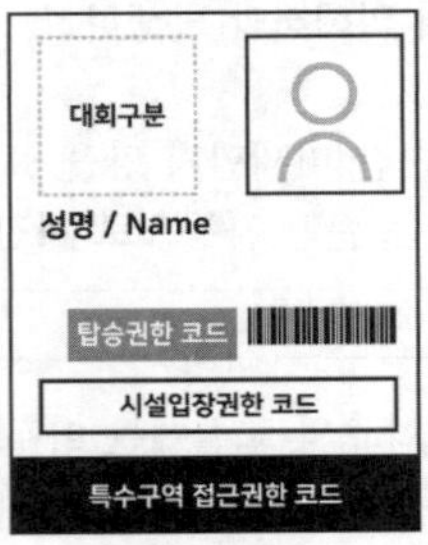

대회 구분	○ 올림픽 AD카드에는 다섯 개의 원이 겹쳐진 '오륜기'가, 패럴림픽 AD카드에는 세 개의 반달이 나열된 '아지토스'가 부착된다. ○ 올림픽 기간 동안에는 올림픽 AD카드만이, 패럴림픽 기간 동안에는 패럴림픽 AD카드만이 유효하다. ○ 두 대회의 기간은 겹치지 않는다.
탑승 권한	○ AD카드 소지자가 탑승 가능한 교통서비스를 나타낸다. 탑승권한 코드는 복수로 부여될 수 있다.
시설 입장 권한	○ AD카드 소지자가 입장 가능한 시설을 나타낸다. 시설입장권한 코드는 복수로 부여될 수 있다.
특수 구역 접근 권한	○ AD카드 소지자가 시설 내부에서 접근 가능한 특수구역을 나타낸다. 특수구역 접근권한 코드는 복수로 부여될 수 있다.

코드	탑승 가능 교통서비스
T1	VIP용 지정차량
TA	선수단 셔틀버스
TM	미디어 셔틀버스

코드	입장 가능 시설
IBC	국제 방송센터
HAL	알파인 경기장
HCC	컬링센터
OFH	올림픽 패밀리 호텔
ALL	모든 시설

코드	접근 가능 구역
2	선수준비 구역
4	프레스 구역
6	VIP 구역

〈상황〉

갑돌이는 올림픽 및 패럴림픽 관계자이다. 다음은 갑돌이가 패용한 AD카드이다.

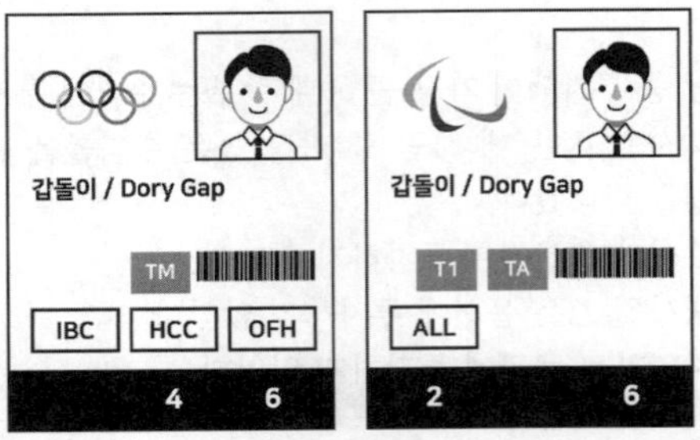

① 패럴림픽 기간 동안 알파인 경기장에 들어간다.
② 패럴림픽 기간 동안 VIP용 지정차량에 탑승한다.
③ 올림픽 기간 동안 올림픽 패밀리 호텔에 들어간다.
④ 올림픽 기간 동안 컬링센터 내부에 있는 선수준비 구역에 들어간다.
⑤ 올림픽 기간 동안 미디어 셔틀버스를 타고 이동한 후 국제 방송센터에 들어간다.

약점 보완 해설집 p.24

01. 다음 글을 근거로 판단할 때, 〈보기〉에서 옳은 것만을 모두 고르면?

제00조 지방자치단체의 장은 행정재산에 대하여 그 목적 또는 용도에 장애가 되지 않는 범위에서 사용 또는 수익을 허가할 수 있다.

제00조 ① 행정재산의 사용·수익허가기간은 그 허가를 받은 날부터 5년 이내로 한다.

② 지방자치단체의 장은 허가기간이 끝나기 전에 사용·수익허가를 갱신할 수 있다.

③ 제2항에 따라 사용·수익허가를 갱신 받으려는 자는 사용·수익허가기간이 끝나기 1개월 전에 지방자치단체의 장에게 사용·수익허가의 갱신을 신청하여야 한다.

제00조 ① 지방자치단체의 장은 행정재산의 사용·수익을 허가하였을 때에는 매년 사용료를 징수한다.

② 지방자치단체의 장은 행정재산의 사용·수익을 허가할 때 다음 각 호의 어느 하나에 해당하면 제1항에도 불구하고 그 사용료를 면제할 수 있다.

1. 국가나 다른 지방자치단체가 직접 해당 행정재산을 공용·공공용 또는 비영리 공익사업용으로 사용하려는 경우
2. 천재지변이나 재난을 입은 지역주민에게 일정기간 사용·수익을 허가하는 경우

제00조 ① 지방자치단체의 장은 행정재산의 사용·수익허가를 받은 자가 다음 각 호의 어느 하나에 해당하면 그 허가를 취소할 수 있다.

1. 지방자치단체의 장의 승인 없이 사용·수익의 허가를 받은 행정재산의 원상을 변경한 경우
2. 해당 행정재산의 관리를 게을리하거나 그 사용 목적에 위배되게 사용한 경우

② 지방자치단체의 장은 사용·수익을 허가한 행정재산을 국가나 지방자치단체가 직접 공용 또는 공공용으로 사용하기 위하여 필요로 하게 된 경우에는 그 허가를 취소할 수 있다.

③ 제2항의 경우에 그 취소로 인하여 해당 허가를 받은 자에게 손실이 발생한 경우에는 이를 보상한다.

〈보기〉

ㄱ. A시의 장은 A시의 행정재산에 대하여 B기업에게 사용허가를 했더라도 국가가 그 행정재산을 직접 공용으로 사용하기 위해 필요로 하게 된 경우, 그 허가를 취소할 수 있다.

ㄴ. C시의 행정재산에 대하여 C시의 장이 천재지변으로 주택을 잃은 지역주민에게 임시 거처로 사용하도록 허가한 경우, C시의 장은 그 사용료를 면제할 수 있다.

ㄷ. D시의 행정재산에 대하여 사용허가를 받은 E기업이 사용 목적에 위배되게 사용한다는 이유로 허가가 취소되었다면, D시의 장은 E기업의 손실을 보상하여야 한다.

ㄹ. 2014년 3월 1일에 5년 기한으로 F시의 행정재산에 대하여 수익허가를 받은 G가 허가 갱신을 받으려면, 2019년 2월 28일까지 허가 갱신을 신청하여야 한다.

① ㄱ, ㄴ
② ㄴ, ㄷ
③ ㄷ, ㄹ
④ ㄱ, ㄴ, ㄹ
⑤ ㄴ, ㄷ, ㄹ

02. 다음 글과 <상황>을 근거로 판단할 때 옳은 것은?

> 제00조 이 법에서 사용하는 용어의 뜻은 다음과 같다.
> 1. '자연장(自然葬)'이란 화장한 유골의 골분(骨粉)을 수목·화초·잔디 등의 밑이나 주변에 묻어 장사하는 것을 말한다.
> 2. '개장(改葬)'이란 매장한 시신이나 유골을 다른 분묘에 옮기거나 화장 또는 자연장하는 것을 말한다.
>
> 제00조 ① 사망한 때부터 24시간이 지난 후가 아니면 매장 또는 화장을 하지 못한다.
> ② 누구든지 허가를 받은 공설묘지, 공설자연장지, 사설묘지 및 사설자연장지 외의 구역에 매장하여서는 안 된다.
>
> 제00조 ① 매장(단, 자연장 제외)을 한 자는 매장 후 30일 이내에 매장지를 관할하는 시장·군수·구청장(이하 '시장 등'이라 한다)에게 신고하여야 한다.
> ② 화장을 하려는 자는 화장시설을 관할하는 시장 등에게 신고하여야 한다.
> ③ 개장을 하려는 자는 다음 각 호의 구분에 따라 시신 또는 유골의 현존지(現存地) 또는 개장지(改葬地)를 관할하는 시장 등에게 각각 신고하여야 한다.
> 1. 매장한 시신 또는 유골을 다른 분묘로 옮기거나 화장하는 경우: 시신 또는 유골의 현존지와 개장지
> 2. 매장한 시신 또는 유골을 자연장하는 경우: 시신 또는 유골의 현존지
>
> 제00조 ① 국가, 시·도지사 또는 시장 등이 아닌 자는 가족묘지, 종중·문중묘지 등을 설치·관리할 수 있다.
> ② 제1항의 묘지를 설치·관리하려는 자는 해당 묘지 소재지를 관할하는 시장 등의 허가를 받아야 한다.

<상황>

> 甲은 90세의 나이로 2019년 7월 10일 아침 7시 A시에서 사망하였다. 이에 甲의 자녀는 이미 사망한 甲의 배우자 乙의 묘지(B시 소재 공설묘지)에서 유골을 옮겨 가족묘지를 만드는 것을 포함하여 장례에 대하여 논의하였다.

① 甲을 2019년 7월 10일 매장할 수 있다.
② 甲을 C시 소재 화장시설에서 화장하려는 경우, 그 시설을 관할하는 C시의 장에게 신고하여야 한다.
③ 甲의 자녀가 가족묘지를 설치·관리하려는 경우, 그 소재지의 관할 시장 등에게 신고하여야 한다.
④ 甲의 유골의 골분을 자연장한 경우, 자연장지 소재지의 관할 시장에게 2019년 8월 10일까지는 허가를 받아야 한다.
⑤ 乙의 유골을 甲과 함께 D시 소재 공설묘지에 합장하려는 경우, B시의 장과 D시의 장의 허가를 각각 받아야 한다.

03. 다음 글과 <상황>을 근거로 판단할 때, 甲이 납부해야 할 수수료를 옳게 짝지은 것은?

> 특허에 관한 절차를 밟는 사람은 다음 각 호의 수수료를 내야 한다.
> 1. 특허출원료
>   가. 특허출원을 국어로 작성된 전자문서로 제출하는 경우: 매건 46,000원. 다만 전자문서를 특허청에서 제공하지 아니한 소프트웨어로 작성하여 제출한 경우에는 매건 56,000원으로 한다.
>   나. 특허출원을 국어로 작성된 서면으로 제출하는 경우: 매건 66,000원에 서면이 20면을 초과하는 경우 초과하는 1면마다 1,000원을 가산한 금액
>   다. 특허출원을 외국어로 작성된 전자문서로 제출하는 경우: 매건 73,000원
>   라. 특허출원을 외국어로 작성된 서면으로 제출하는 경우: 매건 93,000원에 서면이 20면을 초과하는 경우 초과하는 1면마다 1,000원을 가산한 금액
> 2. 특허심사청구료: 매건 143,000원에 청구범위의 1항마다 44,000원을 가산한 금액

<상황>

> 甲은 청구범위가 3개 항으로 구성된 총 27면의 서면을 작성하여 1건의 특허출원을 하면서, 이에 대한 특허심사도 함께 청구한다.

	국어로 작성한 경우	외국어로 작성한 경우
①	66,000원	275,000원
②	73,000원	343,000원
③	348,000원	343,000원
④	348,000원	375,000원
⑤	349,000원	375,000원

04. 다음 글을 근거로 판단할 때 옳지 않은 것은?

조선시대 임금에게 올리는 진지상을 수라상이라 하였다. 수라는 올리는 시간 순서에 따라 각각 조(朝)수라, 주(晝)수라, 석(夕)수라로 구분되고, 조수라 전에 밥 대신 죽을 주식으로 올리는 죽(粥)수라도 있었다. 수라상은 두 개의 상, 즉 원(元)반과 협(狹)반에 차려졌다.

수라 전후에 반과(盤果)상이나 미음(米飮)상이 차려지기도 했는데, 반과상은 올리는 시간 순서에 따라 조다(早茶), 주다(晝茶), 만다(晩茶), 야다(夜茶) 등을 앞에 붙여서 달리 불렀다. 반과상은 국수를 주식으로 하고, 찬과 후식류를 자기(磁器)에 담아 한 상에 차렸다. 미음상은 미음을 주식으로 하고, 육류 음식인 고음(膏飮)과 후식류를 한 상에 차렸다.

다음은 경복궁을 출발한 행차 첫째 날과 둘째 날에 임금에게 올리기 위해 차린 전체 상차림이다.

첫째 날		둘째 날	
장소	상차림	장소	상차림
노량참	조다반과	화성참	죽수라
노량참	조수라	화성참	조수라
시흥참	주다반과	화성참	주다반과
시흥참	석수라	화성참	석수라
시흥참	야다반과	화성참	야다반과
중로	미음		

① 행차 둘째 날에 협반은 총 1회 사용되었다.
② 화성참에서는 미음이 주식인 상이 차려지지 않았다.
③ 행차 첫째 날 낮과 둘째 날 낮에는 주수라가 차려지지 않았다.
④ 행차 첫째 날 밤과 둘째 날 밤에는 후식류를 자기에 담은 상차림이 있었다.
⑤ 국수를 주식으로 한 상은 행차 첫째 날과 둘째 날을 통틀어 총 5회 차려졌다.

05. 다음 〈조건〉을 근거로 판단할 때, 〈보기〉에서 옳은 것만을 모두 고르면?

〈조건〉

○ 한글 단어의 '단어점수'는 그 단어를 구성하는 자음으로만 결정된다.
○ '단어점수'는 각기 다른 자음의 '자음점수'를 모두 더한 값을 그 단어를 구성하는 자음 종류의 개수로 나눈 값이다.
○ '자음점수'는 그 자음이 단어에 사용된 횟수만큼 2를 거듭제곱한 값이다. 단, 사용되지 않는 자음의 '자음점수'는 0이다.
○ 예를 들어 글자 수가 4개인 '셋방살이'는 ㅅ 3개, ㅇ 2개, ㅂ 1개, ㄹ 1개의 자음으로 구성되므로 '단어점수'는 $(2^3+2^2+2^1+2^1)/4$의 값인 4점이다.

※ 의미가 없는 글자의 나열도 단어로 인정한다.

〈보기〉

ㄱ. '각기'는 '논리'보다 단어점수가 더 높다.
ㄴ. 단어의 글자 수가 달라도 단어점수가 같을 수 있다.
ㄷ. 글자 수가 4개인 단어의 단어점수는 250점을 넘을 수 없다.

① ㄴ
② ㄷ
③ ㄱ, ㄴ
④ ㄱ, ㄷ
⑤ ㄱ, ㄴ, ㄷ

06. 다음 글을 근거로 판단할 때, 국제행사의 개최도시로 선정될 곳은?

> 甲사무관은 대한민국에서 열리는 국제행사의 개최도시를 선정하기 위해 다음과 같은 〈후보도시 평가표〉를 만들었다. 〈후보도시 평가표〉에 따른 점수와 〈국제해양기구의 의견〉을 모두 반영하여, 합산점수가 가장 높은 도시를 개최도시로 선정하고자 한다.
>
> 〈후보도시 평가표〉
>
> | 구분 | 서울 | 인천 | 대전 | 부산 | 제주 |
> |---|---|---|---|---|---|
> | 1) 회의 시설
1,500명 이상 수용가능한 대회의장 보유 등 | A | A | C | B | C |
> | 2) 숙박 시설
도보거리에 특급 호텔 보유 등 | A | B | A | A | C |
> | 3) 교통
공항접근성 등 | B | A | C | B | B |
> | 4) 개최 역량
대규모 국제행사 개최 경험 등 | A | C | C | A | B |
>
> ※ A: 10점, B: 7점, C: 3점
>
> 〈국제해양기구의 의견〉
>
> ○ 외국인 참석자의 편의를 위해 '교통'에서 A를 받은 도시의 경우 추가로 5점을 부여해 줄 것
> ○ 바다를 끼고 있는 도시의 경우 추가로 5점을 부여해 줄 것
> ○ 예상 참석자가 2,000명 이상이므로 '회의 시설'에서 C를 받은 도시는 제외할 것

① 서울
② 인천
③ 대전
④ 부산
⑤ 제주

07. 다음 글을 근거로 판단할 때, B구역 청소를 하는 요일은?

> 甲레스토랑은 매주 1회 휴업일(수요일)을 제외하고 매일 영업한다. 甲레스토랑의 청소시간은 영업일 저녁 9시부터 10시까지이다. 이 시간에 A구역, B구역, C구역 중 하나를 청소한다. 청소의 효율성을 위하여 청소를 한 구역은 바로 다음 영업일에는 하지 않는다. 각 구역은 매주 다음과 같이 청소한다.
> ○ A구역 청소는 일주일에 1회 한다.
> ○ B구역 청소는 일주일에 2회 하되, B구역 청소를 한 후 영업일과 휴업일을 가리지 않고 이틀 간은 B구역 청소를 하지 않는다.
> ○ C구역 청소는 일주일에 3회 하되, 그 중 1회는 일요일에 한다.

① 월요일과 목요일
② 월요일과 금요일
③ 월요일과 토요일
④ 화요일과 금요일
⑤ 화요일과 토요일

08. 다음 글을 근거로 판단할 때, 〈보기〉에서 옳은 것만을 모두 고르면?

甲은 결혼 준비를 위해 스튜디오 업체(A, B), 드레스 업체(C, D), 메이크업 업체(E, F)의 견적서를 각각 받았는데, 최근 생긴 B업체만 정가에서 10% 할인한 가격을 제시하였다. 아래 〈표〉는 각 업체가 제시한 가격의 총액을 계산한 결과이다. (단, A~F 각 업체의 가격은 모두 상이하다.)

〈표〉

스튜디오	드레스	메이크업	총액
A	C	E	76만 원
이용 안함	C	F	58만 원
A	D	E	100만 원
이용 안함	D	F	82만 원
B	D	F	127만 원

〈보기〉

ㄱ. A업체 가격이 26만 원이라면, E업체 가격이 F업체 가격보다 8만 원 비싸다.
ㄴ. B업체의 할인 전 가격은 50만 원이다.
ㄷ. C업체 가격이 30만 원이라면, E업체 가격은 28만 원이다.
ㄹ. D업체 가격이 C업체 가격보다 26만 원 비싸다.

① ㄱ
② ㄴ
③ ㄷ
④ ㄴ, ㄷ
⑤ ㄷ, ㄹ

09. 다음 글과 〈상황〉을 근거로 판단할 때, 〈보기〉에서 옳은 것만을 모두 고르면?

K국에서는 모든 법인에 대하여 다음과 같이 구분하여 주민세를 부과하고 있다.

구분	세액(원)
○ 자본금액 100억 원을 초과하는 법인으로서 종업원 수가 100명을 초과하는 법인	500,000
○ 자본금액 50억 원 초과 100억 원 이하 법인으로서 종업원 수가 100명을 초과하는 법인	350,000
○ 자본금액 50억 원을 초과하는 법인으로서 종업원 수가 100명 이하인 법인 ○ 자본금액 30억 원 초과 50억 원 이하 법인으로서 종업원 수가 100명을 초과하는 법인	200,000
○ 자본금액 30억 원 초과 50억 원 이하 법인으로서 종업원 수가 100명 이하인 법인 ○ 자본금액 10억 원 초과 30억 원 이하 법인으로서 종업원 수가 100명을 초과하는 법인	100,000
○ 그 밖의 법인	50,000

〈상황〉

법인	자본금액(억 원)	종업원 수(명)
甲	200	?
乙	20	?
丙	?	200

〈보기〉

ㄱ. 甲이 납부해야 할 주민세 최소 금액은 20만 원이다.
ㄴ. 乙의 종업원이 50명인 경우 10만 원의 주민세를 납부해야 한다.
ㄷ. 丙이 납부해야 할 주민세 최소 금액은 10만 원이다.
ㄹ. 甲, 乙, 丙이 납부해야 할 주민세 금액의 합계는 최대 110만 원이다.

① ㄱ, ㄴ
② ㄱ, ㄷ
③ ㄱ, ㄹ
④ ㄴ, ㄷ
⑤ ㄴ, ㄹ

10. 다음 〈재난관리 평가지침〉과 〈상황〉을 근거로 판단할 때 옳은 것은?

〈재난관리 평가지침〉

□ 순위산정 기준
- ○ 최종순위 결정
  - – 정량평가 점수(80점)와 정성평가 점수(20점)의 합으로 계산된 최종점수가 높은 순서대로 순위 결정
- ○ 동점기관 처리
  - – 최종점수가 동점일 경우에는 정성평가 점수가 높은 순서대로 순위 결정

□ 정성평가 기준
- ○ 지자체 및 민간분야와의 재난안전분야 협력(10점 만점)

평가	상	중	하
선정비율	20%	60%	20%
배점	10점	6점	3점

- ○ 재난관리에 대한 종합평가(10점 만점)

평가	상	중	하
선정비율	20%	60%	20%
배점	10점	5점	1점

〈상황〉

일부 훼손된 평가표는 아래와 같다. (단, 평가대상기관은 5개이다.)

평가 / 기관	정량평가 (80점 만점)	정성평가 (20점 만점)
A	71	20
B	80	11
C	69	11
D	74	
E	66	

① A기관이 2위일 수도 있다.
② B기관이 3위일 수도 있다.
③ C기관이 4위일 가능성은 없다.
④ D기관이 3위일 가능성은 없다.
⑤ E기관은 어떠한 경우에도 5위일 것이다.

11. 다음 글과 〈상황〉을 근거로 판단할 때, 〈보기〉에서 옳은 것만을 모두 고르면?

제00조 ① 기획재정부장관은 각 국제금융기구에 출자를 할 때에는 국무회의의 심의를 거쳐 대통령의 승인을 받아 미합중국통화 또는 그 밖의 자유교환성 통화나 금(金) 또는 내국통화로 그 출자금을 한꺼번에 또는 분할하여 납입할 수 있다.
② 기획재정부장관은 제1항에 따라 내국통화로 출자하는 경우에 그 출자금의 전부 또는 일부를 국무회의의 심의를 거쳐 대통령의 승인을 받아 내국통화로 표시된 증권으로 출자할 수 있다.
제00조 ① 기획재정부장관은 전조(前條) 제2항에 따라 출자한 증권의 전부 또는 일부에 대하여 각 국제금융기구가 지급을 청구하면 지체 없이 이를 지급하여야 한다.
② 기획재정부장관은 제1항에 따른 지급의 청구를 받은 경우에 지급할 재원(財源)이 부족하여 그 청구금액의 전부 또는 일부를 지급할 수 없을 때에는 국무회의의 심의를 거쳐 대통령의 승인을 받아 한국은행으로부터 차입하여 지급하거나 한국은행으로 하여금 그 금액에 상당하는 증권을 해당 국제금융기구로부터 매입하게 할 수 있다.

〈상황〉

기획재정부장관은 적법한 절차에 따라 A국제금융기구에 일정액을 출자한다.

〈보기〉

ㄱ. 기획재정부장관은 출자금을 자유교환성 통화로 납입할 수 있다.
ㄴ. 기획재정부장관은 출자금을 내국통화로 분할하여 납입할 수 없다.
ㄷ. 출자금 전부를 내국통화로 출자하는 경우, 그 중 일부액을 미합중국통화로 표시된 증권으로 출자할 수 있다.
ㄹ. 만약 출자금을 내국통화로 표시된 증권으로 출자한다면, A국제금융기구가 그 지급을 청구할 경우에 한국은행장은 지체 없이 이를 지급하여야 한다.

① ㄱ
② ㄴ
③ ㄱ, ㄹ
④ ㄷ, ㄹ
⑤ ㄴ, ㄷ, ㄹ

12. 다음 글과 〈상황〉을 근거로 판단할 때 옳은 것은?

매매목적물에 하자가 있는 경우, 하자가 있는 사실을 과실 없이 알지 못한 매수인은 매도인에 대하여 하자담보책임을 물어 계약을 해제하거나, 손해배상을 청구할 수 있다. 이때 매도인이 하자를 알았는지 여부나 그의 과실 유무를 묻지 않는다. 매매목적물의 하자는 통상 거래상의 관념에 비추어 그 물건이 지니고 있어야 할 품질·성질·견고성·성분 등을 갖추지 못해서 계약의 적합성을 갖지 못한 경우를 말한다. 가령 진품인 줄 알고 매수한 그림이 위작인 경우가 그렇다. 매수인은 이러한 계약해제권·손해배상청구권을 하자가 있는 사실을 안 날로부터 6개월 내에 행사하여야 한다.

한편 계약의 중요 부분에 착오가 있는 경우, 착오에 중대한 과실이 없는 계약당사자는 계약을 취소할 수 있다. 여기서 착오는 계약을 맺을 때에 실제로 없는 사실을 있는 사실로 잘못 알았거나 아니면 실제로 있는 사실을 없는 사실로 잘못 생각하듯이, 계약당사자(의사표시자)의 인식과 그 실제 사실이 어긋나는 경우를 가리킨다. 가령 위작을 진품으로 알고 매수한 경우가 그렇다. 이러한 취소권을 행사하려면, 착오자(착오로 의사표시를 한 사람)가 착오 상태에서 벗어난 날(예: 진품이 위작임을 안 날)로부터 3년 이내에, 계약을 체결한 날로부터 10년 이내에 행사하여야 한다. 착오로 인한 취소는 매도인의 하자담보책임과 다른 제도이다. 따라서 매매계약 내용의 중요 부분에 착오가 있는 경우, 매수인은 매도인의 하자담보책임이 성립하는지와 상관없이 착오를 이유로 매매계약을 취소할 수 있다.

〈상황〉

2018년 3월 10일 매수인 甲은 매도인 乙 소유의 '나루터그림'을 과실 없이 진품으로 믿고 1,000만 원에 매매계약을 체결한 당일 그림을 넘겨받았다. 그 후 2018년 6월 20일 甲은 나루터그림이 위작이라는 사실을 알게 되었다.

① 2018년 6월 20일 乙은 하자를 이유로 甲과의 매매계약을 해제할 수 있다.
② 2019년 6월 20일 甲은 乙에게 하자를 이유로 손해배상을 청구할 수 있다.
③ 2019년 6월 20일 甲은 착오를 이유로 乙과의 매매계약을 취소할 수 없다.
④ 乙이 매매계약 당시 위작이라는 사실을 과실 없이 알지 못하였더라도, 2019년 6월 20일 甲은 하자를 이유로 乙과의 매매계약을 해제할 수 있다.
⑤ 乙이 위작임을 알았더라도 2019년 6월 20일 甲은 하자를 이유로 乙과의 매매계약을 해제할 수 없지만, 착오를 이유로 취소할 수 있다.

13. 다음 글을 근거로 판단할 때 옳은 것은?

제00조 ① 재산명시절차의 관할법원은 재산명시절차에서 채무자가 제출한 재산목록의 재산만으로 집행채권의 만족을 얻기에 부족한 경우, 그 재산명시를 신청한 채권자의 신청에 따라 개인의 재산 및 신용에 관한 전산망을 관리하는 공공기관·금융기관·단체 등에 채무자 명의의 재산에 관하여 조회할 수 있다.
② 채권자가 제1항의 신청을 할 경우에는 조회할 기관·단체를 특정하여야 하며 조회에 드는 비용을 미리 내야 한다.
③ 법원이 제1항의 규정에 따라 조회할 경우에는 채무자의 인적사항을 적은 문서에 의하여 해당 기관·단체의 장에게 채무자의 재산 및 신용에 관하여 그 기관·단체가 보유하고 있는 자료를 한꺼번에 모아 제출하도록 요구할 수 있다.
④ 공공기관·금융기관·단체 등은 정당한 사유 없이 제1항 및 제3항의 조회를 거부하지 못한다.
⑤ 제1항 및 제3항의 조회를 받은 기관·단체의 장이 정당한 사유 없이 거짓 자료를 제출하거나 자료를 제출할 것을 거부한 때에는 결정으로 500만 원 이하의 과태료에 처한다.
제00조 ① 누구든지 재산조회의 결과를 강제집행 외의 목적으로 사용하여서는 안 된다.
② 제1항의 규정에 위반한 사람은 2년 이하의 징역 또는 500만 원 이하의 벌금에 처한다.

① 채무자 甲이 제출한 재산목록의 재산만으로 집행채권의 만족을 얻기 부족한 경우에는 재산명시절차의 관할법원은 직권으로 금융기관에 甲 명의의 재산에 관해 조회할 수 있다.
② 재산명시절차의 관할법원으로부터 채무자 명의의 재산에 관해 조회를 받은 공공기관은 정당한 사유가 있는 경우 이를 거부할 수 있다.
③ 채무자 乙의 재산조회 결과를 획득한 채권자 丙은 해당 결과를 강제집행 외의 목적으로도 사용할 수 있다.
④ 재산명시절차의 관할법원으로부터 채무자 명의의 재산에 관해 조회를 받은 기관의 장이 정당한 사유 없이 자료제출을 거부하였다면, 법원은 결정으로 500만 원의 벌금에 처한다.
⑤ 채권자 丁이 채무자 명의의 재산에 관한 조회를 신청할 경우, 조회에 드는 비용은 재산조회가 종료된 후 납부하면 된다.

14. 다음 글을 근거로 판단할 때, 〈보기〉에서 옳은 것만을 모두 고르면?

현대적 의미의 시력 검사법은 1909년 이탈리아의 나폴리에서 개최된 국제안과학회에서 란돌트 고리를 이용한 검사법을 국제 기준으로 결정하면서 탄생하였다. 란돌트 고리란 시력 검사표에서 흔히 볼 수 있는 C자형 고리를 말한다. 란돌트 고리를 이용한 시력 검사에서는 5m 거리에서 직경이 7.5mm인 원형 고리에 있는 1.5mm 벌어진 틈을 식별할 수 있는지 없는지를 판단한다. 5m 거리의 1.5mm이면 각도로 따져서 약 1′(1분)에 해당한다. 1°(1도)의 1/60이 1′이고, 1′의 1/60이 1″(1초)이다.

이 시력 검사법에서는 구분 가능한 최소 각도가 1′일 때를 1.0의 시력으로 본다. 시력은 구분 가능한 최소 각도와 반비례한다. 예를 들어 구분할 수 있는 최소 각도가 1′의 2배인 2′이라면 시력은 1.0의 1/2배인 0.5이다. 만약 이 최소 각도가 0.5′이라면, 즉 1′의 1/2배라면 시력은 1.0의 2배인 2.0이다. 마찬가지로 최소 각도가 1′의 4배인 4′이라면 시력은 1.0의 1/4배인 0.25이다. 일반적으로 시력 검사표에는 2.0까지 나와 있지만 실제로는 이보다 시력이 좋은 사람도 있다. 천문학자 A는 5″까지의 차이도 구분할 수 있었던 것으로 알려져 있다.

〈보기〉

ㄱ. 구분할 수 있는 최소 각도가 10′인 사람의 시력은 0.1이다.
ㄴ. 천문학자 A의 시력은 12인 것으로 추정된다.
ㄷ. 구분할 수 있는 최소 각도가 1.25′인 甲은 구분할 수 있는 최소 각도가 0.1′인 乙보다 시력이 더 좋다.

① ㄱ
② ㄱ, ㄴ
③ ㄴ, ㄷ
④ ㄱ, ㄷ
⑤ ㄱ, ㄴ, ㄷ

15. 다음 글을 근거로 판단할 때, 〈가락〉을 연주하기 위해 ㉵를 누른 상태로 줄을 튕기는 횟수는?

줄이 하나인 현악기가 있다. 이 악기는 줄을 누를 수 있는 지점이 ㉮부터 ㉶까지 총 11곳 있고, 이 중 어느 한 지점을 누른 상태로 줄을 튕겨서 연주한다. ㉮를 누르고 줄을 튕기면 A음이 나고, ㉯를 누르고 줄을 튕기면 A음보다 반음 높은 소리가 난다. 이런 식으로 ㉮~㉶순으로 누르는 지점을 옮길 때마다 반음씩 더 높은 소리가 나며, 최저 A음부터 최고 G음까지 낼 수 있다.

이들 음은 다음과 같은 특징이 있다.
○ 반음 차이 두 개의 합은 한음 차이와 같다.
○ A음보다 B음이, C음보다 D음이, D음보다 E음이, F음보다 G음이 한음 높고, 둘 중 낮은 음보다 반음 높은 음은 낮은 음의 이름 오른쪽에 #을 붙여 표시한다.
○ B음보다 C음이, E음보다 F음이 반음 높다.

〈가락〉

E D# E D# E B D C A A A A B E G B C

① 0
② 1
③ 2
④ 3
⑤ 4

16. 다음 글을 근거로 판단할 때, 〈상황〉의 ㉠과 ㉡을 옳게 짝지은 것은?

> 채용에서 가장 중요한 점은 조직에 적합한 인재의 선발, 즉 필요한 수준의 기본적 직무적성·태도 등 전반적 잠재력을 가진 지원자를 선발하는 것이다. 그러나 채용 과정에서 적합한 사람을 채용하지 않거나, 적합하지 않은 사람을 채용하는 경우도 있다. 적합한 지원자 중 탈락시킨 지원자의 비율을 오탈락률이라 하고, 적합하지 않은 지원자 중 채용한 지원자의 비율을 오채용률이라 한다.

〈상황〉

> 甲회사의 신입사원 채용 공고에 1,200명이 지원하여, 이 중에 360명이 채용되었다. 신입사원 채용 후 조사해보니 1,200명의 지원자 중 회사에 적합한 지원자는 800명이었고, 적합하지 않은 지원자는 400명이었다. 채용된 360명의 신입사원 중 회사에 적합하지 않은 인원은 40명으로 확인되었다. 이에 따르면 오탈락률은 (㉠)%이고, 오채용률은 (㉡)%이다.

	㉠	㉡
①	40	5
②	40	10
③	55	10
④	60	5
⑤	60	10

17. 다음 글과 〈상황〉을 근거로 판단할 때, 甲, 乙, 丙의 자동차 번호 끝자리 숫자의 합으로 가능한 최댓값은?

○ A사는 자동차 요일제를 시행하고 있으며, 각 요일별로 운행할 수 없는 자동차 번호 끝자리 숫자는 아래와 같다.

요일	월	화	수	목	금
숫자	1, 2	3, 4	5, 6	7, 8	9, 0

○ 미세먼지 비상저감조치가 시행될 경우 A사는 자동차 요일제가 아닌 차량 홀짝제를 시행한다. 차량 홀짝제를 시행하는 날에는 시행일이 홀수이면 자동차 번호 끝자리 숫자가 홀수인 차량만 운행할 수 있고, 시행일이 짝수이면 자동차 번호 끝자리 숫자가 홀수가 아닌 차량만 운행할 수 있다.

〈상황〉

> A사의 직원인 甲, 乙, 丙은 12일(월)부터 16일(금)까지 5일 모두 출근했고, 12일, 13일, 14일에는 미세먼지 비상저감조치가 시행되었다. 자동차 요일제와 차량 홀짝제로 인해 자동차를 운행할 수 없는 경우를 제외하면, 3명 모두 자신이 소유한 자동차로 출근을 했다. 다음은 甲, 乙, 丙이 16일에 출근한 후 나눈 대화이다.
> ○ 甲: 나는 12일에 내 자동차로 출근을 했어. 따져보니 이번 주에 총 4일이나 내 자동차로 출근했어.
> ○ 乙: 저는 이번 주에 이틀만 제 자동차로 출근했어요.
> ○ 丙: 나는 이번 주엔 13일, 15일, 16일만 내 자동차로 출근할 수 있었어.

※ 甲, 乙, 丙은 자동차를 각각 1대씩 소유하고 있다.

① 14
② 16
③ 18
④ 20
⑤ 22

18. 다음 글을 근거로 판단할 때, 방에 출입한 사람의 순서는?

방에는 1부터 6까지의 번호가 각각 적힌 6개의 전구가 다음과 같이 놓여있다.

왼쪽 ← → 오른쪽

전구 번호	1	2	3	4	5	6
상태	켜짐	켜짐	켜짐	꺼짐	꺼짐	꺼짐

총 3명(A～C)이 각각 한 번씩 홀로 방에 들어가 자신이 정한 규칙에 의해서만 전구를 켜거나 끄고 나왔다.

○ A는 번호가 3의 배수인 전구가 켜진 상태라면 그 전구를 끄고, 꺼진 상태라면 그대로 둔다.
○ B는 번호가 2의 배수인 전구가 켜진 상태라면 그 전구를 끄고, 꺼진 상태라면 그 전구를 켠다.
○ C는 3번 전구는 그대로 두고, 3번 전구를 기준으로 왼쪽과 오른쪽 중 켜진 전구의 개수가 많은 쪽의 전구를 전부 끈다. 다만 켜진 전구의 개수가 같다면 양쪽에 켜진 전구를 모두 끈다.

마지막 사람이 방에서 나왔을 때, 방의 전구는 모두 꺼져 있었다.

① A－B－C
② A－C－B
③ B－A－C
④ B－C－A
⑤ C－B－A

19. 다음 글을 근거로 판단할 때, 〈보기〉에서 옳은 것만을 모두 고르면?

K국의 「영유아보육법」은 영유아가 안전하고 쾌적한 환경에서 건강하게 성장할 수 있도록 다음과 같이 어린이집의 보육교사 최소 배치 기준을 규정하고 있다.

연령	보육교사 대 영유아비율
(1) 만 1세 미만	1 : 3
(2) 만 1세 이상 만 2세 미만	1 : 5
(3) 만 2세 이상 만 3세 미만	1 : 7

위와 같이 각 연령별로 반을 편성하고 각 반마다 보육교사를 배치하되, 다음 기준에 따라 혼합반을 운영할 수 있다.

혼합반 편성	보육교사 대 영유아비율
(1)과 (2)	1 : 3
(2)와 (3)	1 : 5
(1)과 (3)	편성 불가능

〈보기〉

ㄱ. 만 1세 미만 영유아 4명, 만 1세 이상 만 2세 미만 영유아 5명을 보육하는 어린이집은 보육교사를 최소 3명 배치해야 한다.
ㄴ. 만 1세 이상 만 2세 미만 영유아 6명, 만 2세 이상 만 3세 미만 영유아 12명을 보육하는 어린이집은 보육교사를 최소 3명 배치해야 한다.
ㄷ. 만 1세 미만 영유아 1명, 만 2세 이상 만 3세 미만 영유아 2명을 보육하는 어린이집은 보육교사를 최소 1명 배치해야 한다.

① ㄱ
② ㄴ
③ ㄷ
④ ㄱ, ㄴ
⑤ ㄱ, ㄷ

20. 다음 글과 〈상황〉을 근거로 판단할 때, 〈보기〉에서 옳은 것만을 모두 고르면?

K대학교 교과목 성적 평정(학점)은 총점을 기준으로 상위 점수부터 하위 점수까지 A^+, A^0, B^+ ~ F 순으로 한다. 각 등급별 비율은 아래 〈성적 평정 기준표〉를 따르되, 상위 등급의 비율을 최대 기준보다 낮게 배정할 경우에는 잔여 비율을 하위 등급 비율에 가산하여 배정할 수 있다. 예컨대 A등급 배정 비율은 10 ~ 30%이나, 만일 25%로 배정한 경우에는 잔여 비율인 5%를 하위 등급 하나에 배정하거나 여러 하위 등급에 나누어 배정할 수 있다. 한편 A, B, C, D 각 등급 내에서 +와 0의 비율은 교수 재량으로 정할 수 있다.

〈성적 평정 기준표〉

등급	A		B		C		D		F
학점	A^+	A^0	B^+	B^0	C^+	C^0	D^+	D^0	
비율(%)	10 ~ 30		20 ~ 35		20 ~ 40		0 ~ 40		0 ~ 40

※ 평정대상 총원 중 해당 등급 인원 비율

〈상황〉

〈△△교과목 성적 산출 자료〉

성명	총점	순위	성명	총점	순위
양다경	99	1	양대원	74	11
이지후	97	2	권치원	72	12
이태연	93	3	김도윤	68	13
남소연	89	4	권세연	66	14
김윤채	86	5	남원중	65	15
엄선민	84	6	권수진	64	16
이태근	79	7	양호정	61	17
김경민	78	8	정호채	59	18
이연후	77	9	이신영	57	19
엄주용	75	10	전희연	57	19

※ 평정대상은 총 20명임.

〈보기〉

ㄱ. 평정대상 전원에게 C+ 이상의 학점을 부여할 수 있다.
ㄴ. 79점을 받은 학생이 받을 수 있는 가장 낮은 학점은 B^0이다.
ㄷ. 5명에게 A등급을 부여하면, 최대 8명의 학생에게 B^+ 학점을 부여할 수 있다.
ㄹ. 59점을 받은 학생에게 부여할 수 있는 학점은 C^+, C^0, D^+, D^0, F 중 하나이다.

① ㄱ, ㄴ
② ㄱ, ㄹ
③ ㄷ, ㄹ
④ ㄱ, ㄷ, ㄹ
⑤ ㄴ, ㄷ, ㄹ

21. 다음 글을 근거로 판단할 때, A시에서 B시까지의 거리는?

甲은 乙이 운전하는 자동차를 타고 A시에서 B시를 거쳐 C시로 가는 중이었다. A, B, C는 일직선 상에 순서대로 있으며, 乙은 자동차를 일정한 속력으로 운전하여 도시 간 최단 경로로 이동했다. A시를 출발한지 20분 후 甲은 乙에게 지금까지 얼마나 왔는지 물어보았다.

"여기서부터 B시까지 거리의 딱 절반만큼 왔어."라고 乙이 대답하였다.

그로부터 75km를 더 간 후에 甲은 다시 물어보았다.

"C시까지는 얼마나 남았지?"

乙은 다음과 같이 대답했다.

"여기서부터 B시까지 거리의 딱 절반만큼 남았어."

그로부터 30분 뒤에 甲과 乙은 C시에 도착하였다.

① 35km
② 40km
③ 45km
④ 50km
⑤ 55km

22. 다음 〈상황〉과 〈대화〉를 근거로 판단할 때 6월생은?

〈상황〉

ㅇ 같은 해에 태어난 5명(지나, 정선, 혜명, 민경, 효인)은 각자 자신의 생일을 알고 있다.
ㅇ 5명은 자신을 제외한 나머지 4명의 생일이 언제인지는 모르지만, 3월생이 2명, 6월생이 1명, 9월생이 2명이라는 사실은 알고 있다.
ㅇ 아래 〈대화〉는 5명이 한 자리에 모여 나눈 대화를 순서대로 기록한 것이다.
ㅇ 5명은 〈대화〉의 진행에 따라 상황을 논리적으로 판단하고, 솔직하게 대답한다.

〈대화〉

민경: 지나야, 네 생일이 5명 중에서 제일 빠르니?
지나: 그럴 수도 있지만 확실히는 모르겠어.
정선: 혜명아, 네가 지나보다 생일이 빠르니?
혜명: 그럴 수도 있지만 확실히는 모르겠어.
지나: 민경아, 넌 정선이가 몇 월생인지 알겠니?
민경: 아니, 모르겠어.
혜명: 효인아, 넌 민경이보다 생일이 빠르니?
효인: 그럴 수도 있지만 확실히는 모르겠어.

① 지나
② 정선
③ 혜명
④ 민경
⑤ 효인

23. 다음 글과 〈상황〉을 근거로 판단할 때 옳은 것은?

○○시는 A정류장을 출발지로 하는 40인승 시내버스를 운영하고 있다. 승객은 정류장에서만 시내버스에 승·하차할 수 있다. 또한 시내버스는 좌석제로 운영되어 버스에 빈 좌석이 없는 경우 승객은 더 이상 승차할 수 없으며, 탑승객 1인은 1개의 좌석을 차지한다.

한편 ○○시는 애플리케이션을 통해 시내버스의 구간별 혼잡도 정보를 제공한다. 탑승객이 0～5명일 때는 '매우쾌적', 6～15명일 때는 '쾌적', 16～25명일 때는 '보통', 26～35명일 때는 '혼잡', 36～40명일 때는 '매우혼잡'으로 표시된다.

구간별 혼잡도는 시내버스의 한 정류장에서 다음 정류장까지 탑승객의 수를 측정하여 표시한다. 예를 들어 'A－B' 구간의 혼잡도는 A정류장에서 출발한 후 B정류장에 도착하기 전까지 탑승객의 수에 따라 표시된다.

※ 버스기사는 고려하지 않는다.

〈상황〉

A정류장에서 07:00에 출발한 시내버스의 〈승·하차내역〉과 〈구간별 혼잡도 정보〉는 다음과 같다.

〈승·하차내역〉

정류장	승차(명)	하차(명)
A	20	0
B	(㉠)	10
C	5	( )
D	( )	10
E	15	( )
F	0	( )

※ 승·하차는 동시에 이루어진다.

〈구간별 혼잡도 정보〉

구간	표시
A－B	(㉡)
B－C	매우혼잡
C－D	매우혼잡
D－E	(㉢)
E－F	보통

① C정류장에서 하차한 사람은 아무도 없다.
② E정류장에서 하차한 사람은 10명 이하이다.
③ ㉠에 들어갈 수 있는 최솟값과 최댓값의 합은 55이다.
④ ㉡은 혼잡이다.
⑤ ㉢은 혼잡 또는 매우혼잡이다.

24. 다음 글을 근거로 판단할 때, 〈보기〉에서 옳은 것만을 모두 고르면?

사슴은 맹수에게 계속 괴롭힘을 당하자 자신을 맹수로 바꾸어 달라고 산신령에게 빌었다. 사슴을 불쌍하게 여긴 산신령은 사슴에게 남은 수명 중 n년(n은 자연수)을 포기하면 여생을 아래 5가지의 맹수 중 하나로 살 수 있게 해주겠다고 했다.

사슴으로 살 경우의 1년당 효용은 40이며, 다른 맹수로 살 경우의 1년당 효용과 그 맹수로 살기 위해 사슴이 포기해야 하는 수명은 아래의 〈표〉와 같다. 예를 들어 사슴의 남은 수명이 12년일 경우 사슴으로 계속 산다면 12×40=480의 총 효용을 얻지만, 독수리로 사는 것을 선택한다면 (12−5)×50=350의 총 효용을 얻는다.

사슴은 여생의 총 효용이 줄어드는 선택은 하지 않으며, 포기해야 하는 수명이 사슴의 남은 수명 이상인 맹수는 선택할 수 없다. 1년당 효용이 큰 맹수일수록, 사슴은 그 맹수가 되기 위해 더 많은 수명을 포기해야 한다. 사슴은 자신의 남은 수명과 〈표〉의 '?'로 표시된 수를 알고 있다.

〈표〉

맹수	1년당 효용	포기해야 하는 수명(년)
사자	250	14
호랑이	200	?
곰	170	11
악어	70	?
독수리	50	5

〈보기〉

ㄱ. 사슴의 남은 수명이 13년이라면, 사슴은 곰을 선택할 것이다.
ㄴ. 사슴의 남은 수명이 20년이라면, 사슴은 독수리를 선택하지는 않을 것이다.
ㄷ. 호랑이로 살기 위해 포기해야 하는 수명이 13년이라면, 사슴의 남은 수명에 따라 사자를 선택했을 때와 호랑이를 선택했을 때 여생의 총 효용이 같은 경우가 있다.

① ㄴ
② ㄷ
③ ㄱ, ㄴ
④ ㄴ, ㄷ
⑤ ㄱ, ㄴ, ㄷ

25. 다음 글과 〈상황〉을 근거로 판단할 때, 〈보기〉에서 옳은 것만을 모두 고르면?

소송절차의 '정지'란 소송이 개시된 뒤 절차가 종료되기 전에 소송절차가 법률상 진행되지 않는 상태를 말한다. 여기에는 '중단'과 '중지'가 있다.

소송절차의 중단은 소송진행 중 당사자에게 소송을 수행할 수 없는 사유가 발생하였을 경우, 새로운 소송수행자가 나타나 소송에 관여할 수 있을 때까지 법률상 당연히 절차진행이 정지되는 것이다. 예컨대 당사자가 사망한 경우, 그 상속인이 소송을 수행할 수 있을 때까지 절차진행이 정지되며, 이후 상속인의 수계신청 또는 법원의 속행명령에 의해 중단이 해소되고 절차는 다시 진행된다. 다만 사망한 당사자에게 이미 변호사가 소송대리인으로 선임되어 있을 때는 변호사가 소송을 대리하는 데 지장이 없으므로 절차는 중단되지 않는다. 소송대리인인 변호사의 사망도 중단사유가 아니다. 당사자가 절차를 진행할 수 있기 때문이다.

소송절차의 중지는 법원이나 당사자에게 소송을 진행할 수 없는 장애가 생겼거나 진행에 부적당한 사유가 발생하여 법률상 당연히 또는 법원의 재판에 의하여 절차가 정지되는 것이다. 이는 새로운 소송수행자로 교체되지 않는다는 점에서 중단과 다르다. 소송절차의 중지에는 당연중지와 재판중지가 있다. 당연중지는 천재지변이나 그 밖의 사고로 법원이 직무수행을 할 수 없게 된 경우에 법원의 재판 없이 당연히 절차진행이 정지되는 것을 말한다. 이 경우 법원의 직무수행불능 상태가 소멸함과 동시에 중지도 해소되고 절차는 진행된다. 재판중지는 법원이 직무수행을 할 수 있지만 당사자가 법원에 출석하여 소송을 진행할 수 없는 장애사유가 발생한 경우, 예컨대 전쟁이나 그 밖의 사유로 교통이 두절되어 당사자가 출석할 수 없는 경우에 법원의 재판에 의해 절차진행이 정지되는 것을 의미한다. 이때는 법원의 취소재판에 의하여 중지가 해소되고 절차는 진행된다.

※ 수계신청: 법원에 대해 중단된 절차의 속행을 구하는 신청

〈상황〉

원고 甲과 피고 乙 사이에 대여금반환청구소송이 A법원에서 진행 중이다. 甲은 변호사 丙을 소송대리인으로 선임하였지만, 乙은 소송대리인을 선임하지 않았다.

〈보기〉

ㄱ. 소송진행 중 甲이 사망하였다면, 절차진행은 중단되며 甲의 상속인의 수계신청에 의해 중단이 해소되고 절차가 진행된다.
ㄴ. 소송진행 중 丙이 사망하였다면, 절차진행은 중단되며 甲이 새로운 변호사를 소송대리인으로 선임하면 중단은 해소되고 절차가 진행된다.
ㄷ. 소송진행 중 A법원의 건물이 화재로 전소(全燒)되어 직무수행이 불가능해졌다면, 절차진행은 중단되며 이후 A법원의 속행명령이 있으면 절차가 진행된다.
ㄹ. 소송진행 중 乙이 거주하고 있는 장소에서만 발생한 지진으로 교통이 두절되어 乙이 A법원에 출석할 수 없는 경우, A법원의 재판에 의해 절차진행이 중지되며 이후 A법원의 취소재판에 의해 중지는 해소되고 절차가 진행된다.

① ㄹ
② ㄱ, ㄴ
③ ㄱ, ㄹ
④ ㄴ, ㄷ
⑤ ㄷ, ㄹ

약점 보완 해설집 p.28

01. 다음 글을 근거로 판단할 때 옳은 것은?

> 정책의 쟁점 관리는 정책 쟁점에 대한 부정적 인식을 최소화하여 정책의 결정 및 집행에 우호적인 환경을 조성하기 위한 행위를 말한다. 이는 정책 쟁점이 미디어 의제로 전환된 후부터 진행된다.
>
> 정책의 쟁점 관리에서는 쟁점에 대한 지식수준과 관여도에 따라 공중(公衆)의 유형을 구분하여 공중의 특성에 맞는 전략적 대응방안을 제시한다. 어떤 쟁점에 대해 지식수준과 관여도가 모두 낮은 공중은 '비활동 공중'이라고 한다. 그러나 쟁점에 대한 지식수준이 낮더라도 쟁점에 노출되어 쟁점에 대한 관여도가 높아지게 되면 이들은 '환기 공중'으로 변화한다. 이러한 환기 공중이 쟁점에 대한 지식수준까지 높아지면 지식수준과 관여도가 모두 높은 '활동 공중'으로 변하게 된다. 쟁점에 대한 지식수준이 높지만 관여도가 높지 않은 공중은 '인지 공중'이라고 한다.
>
> 인지 공중은 사회의 다양한 쟁점에 관한 지식을 가지고 있지만 적극적으로 활동하지 않아 이른바 행동하지 않는 지식인이라고도 불리는데, 이들의 관여도를 높여 활동 공중으로 이끄는 것은 매우 어렵다. 이 때문에 이들이 정책 쟁점에 긍정적 태도를 가지게 하는 것만으로도 전략적 성공이라고 볼 수 있다. 반면 환기 공중은 지식수준은 낮지만 쟁점 관여도가 높은 편이어서 문제해결에 필요한 지식을 얻게 된다면 활동 공중으로 변화한다. 따라서 이들에게는 쟁점에 대한 미디어 노출을 증가시키거나 다른 사람과 쟁점에 대해 토론하게 함으로써 지식수준을 높이는 전략을 취할 필요가 있다. 한편 활동 공중은 쟁점에 대한 지식수준과 관여도가 모두 높기 때문에 조직화될 개연성이 크고, 자신의 목적을 이루기 위해 시간과 노력을 아낌없이 투자할 자세가 되어 있다. 정책의 쟁점 관리를 제대로 하려면 이들이 정책을 우호적으로 판단할 수 있도록 하는 다양한 전략을 마련하여야 한다.

① 정책의 쟁점 관리는 정책 쟁점이 미디어 의제로 전환되기 전에 이루어진다.
② 어떤 쟁점에 대한 지식수준이 높지만 관여도가 낮은 공중을 비활동 공중이라고 한다.
③ 비활동 공중이 어떤 쟁점에 노출되면서 관여도가 높아지면 환기 공중으로 변한다.
④ 공중은 한 유형에서 다른 유형으로 변화할 수 없기 때문에 정책의 쟁점 관리를 할 필요가 없다.
⑤ 인지 공중의 경우, 쟁점에 대한 미디어 노출을 증가시키고 다른 사람과 쟁점에 대해 토론하게 만든다면 활동 공중으로 쉽게 변한다.

02. 다음 글을 근거로 판단할 때 옳은 것은?

> 제○○조 ① 지방자치단체의 장은 하수도정비기본계획에 따라 공공하수도를 설치하여야 한다.
> ② 시·도지사는 공공하수도를 설치하고자 하는 때에는 사업시행지의 위치 및 면적, 설치하고자 하는 시설의 종류, 사업시행기간 등을 고시하여야 한다. 고시한 사항을 변경 또는 폐지하고자 하는 때에도 또한 같다.
> ③ 시장·군수·구청장(자치구의 구청장을 말한다. 이하 같다)은 공공하수도를 설치하려면 시·도지사의 인가를 받아야 한다.
> ④ 시장·군수·구청장은 제3항에 따라 인가받은 사항을 변경하거나 폐지하려면 시·도지사의 인가를 받아야 한다.
> ⑤ 시·도지사는 국가의 보조를 받아 설치하고자 하는 공공하수도에 대하여 제2항에 따른 고시 또는 제3항의 규정에 따른 인가를 하고자 할 때에는 그 설치에 필요한 재원의 조달 및 사용에 관하여 환경부장관과 미리 협의하여야 한다.
> 제□□조 ① 공공하수도관리청(이하 '관리청'이라 한다)은 관할 지방자치단체의 장이 된다.
> ② 공공하수도가 둘 이상의 지방자치단체의 장의 관할구역에 걸치는 경우, 관리청이 되는 자는 제○○조 제2항에 따른 공공하수도 설치의 고시를 한 시·도지사 또는 같은 조 제3항에 따른 인가를 받은 시장·군수·구청장으로 한다.

※ 공공하수도: 지방자치단체가 설치 또는 관리하는 하수도

① A자치구의 구청장이 관할구역 내에 공공하수도를 설치하려고 인가를 받았는데, 그 공공하수도가 B자치구에 걸치는 경우, 설치하려는 공공하수도의 관리청은 B자치구의 구청장이다.
② 시·도지사가 국가의 보조를 받아 공공하수도를 설치하려면, 그 설치에 필요한 재원의 조달 등에 관하여 환경부장관의 인가를 받아야 한다.
③ 시장·군수·구청장이 공공하수도 설치에 관하여 인가받은 사항을 폐지할 경우에는 시·도지사의 인가를 필요로 하지 않는다.
④ 시·도지사가 공공하수도 설치를 위해 고시한 사항은 변경할 수 없다.
⑤ 시장·군수·구청장이 공공하수도를 설치하려면 시·도지사의 인가를 받아야 한다.

03. 다음 글을 근거로 판단할 때 옳은 것은?

다산 정약용은 아전의 핵심적인 직책으로 향승(鄕丞)과 좌수(座首), 좌우별감(左右別監)을 들고 있다. 향승은 지방관서장인 현령의 행정보좌역이고, 좌수는 지방자치기관인 향청의 우두머리로 이방과 병방의 직무를 관장한다. 좌우별감은 좌수의 아랫자리인데, 좌별감은 호방과 예방의 직무를 관장하고, 우별감은 형방과 공방의 직무를 관장한다.

다산은 향승이 현령을 보좌해야 하는 자리이기 때문에 반드시 그 고을에서 가장 착한 사람, 즉 도덕성이 가장 높은 사람에게 그 직책을 맡겨야 한다고 하였다. 또한 좌수는 그 자리의 중요성을 감안하여 진실로 마땅한 사람으로 얻어야 한다고 강조하였다. 좌수를 선발하기 위해 다산이 제시한 방법은 다음과 같다. 먼저 좌수후보자들에게 모두 종사랑(從仕郎)의 품계를 주고 해마다 공적을 평가해 감사나 어사로 하여금 식년(式年)에 각각 9명씩을 추천하게 한다. 그리고 그 가운데 3명을 뽑아 경관(京官)에 임명하면, 자신을 갈고 닦아 명성이 있고 품행이 바른 사람이 그 속에서 반드시 나올 것이라고 주장했다. 좌우별감을 선발할 때에도 역시 마땅히 쓸 만한 사람을 골라 정사를 의논해야 한다고 했다.

다산은 아전을 임명할 때, 진실로 쓸 만한 사람을 얻지 못하면 그저 자리를 채우기는 하되 정사는 맡기지 말라고 했다. 아울러 아첨을 잘하는 자는 충성스럽지 못하므로 이를 잘 살피도록 권고했다. 한편 다산은 문관뿐만 아니라 무관의 자질에 대해서도 언급하였다. 그에 따르면 무관의 반열에 서는 자는 모두 굳세고 씩씩해 적을 막아낼 만한 기색이 있는 사람으로 뽑되, 도덕성을 첫째의 자질로 삼고 재주와 슬기를 다음으로 해야 한다고 강조하였다.

※ 식년(式年): 과거를 보는 시기로 정한 해

① 관직의 서열로 보면 좌우별감은 좌수의 상관이다.
② 다산이 주장하는 좌수 선발방법에 따르면, 향승은 식년에 3명의 좌수후보자를 추천한다.
③ 다산은 아전으로 쓸 만한 사람이 없을 때에는 자리를 채우지 말아야 한다고 하였다.
④ 다산은 경관 가운데 우수한 공적이 있는 사람에게 종사랑의 품계를 주어야 한다고 주장했다.
⑤ 다산은 무관의 자질로 재주와 슬기보다 도덕성이 우선한다고 보았다.

04. 다음 〈A도서관 자료 폐기 지침〉을 근거로 판단할 때 옳은 것은?

〈A도서관 자료 폐기 지침〉

가. 자료 선정
도서관 직원은 누구든지 수시로 서가를 살펴보고, 이용하기 곤란하다고 생각되는 자료는 발견 즉시 회수하여 사무실로 옮겨야 한다.

나. 목록 작성
사무실에 회수된 자료는 사서들이 일차적으로 갱신 대상을 추려내어 갱신하고, 폐기 대상 자료로 판단되는 것은 폐기심의대상 목록으로 작성하여 폐기심의위원회에 제출한다.

다. 폐기심의위원회 운영
폐기심의위원회 회의(이하 '회의'라 한다)는 연 2회 정기적으로 개최한다. 회의는 폐기심의대상 목록과 자료의 실물을 비치한 회의실에서 진행되고, 위원들은 실물과 목록을 대조하여 확인하여야 한다. 폐기심의위원회는 폐기 여부만을 판정하며 폐기 방법의 결정은 사서에게 위임한다. 폐기 대상 판정시 위원들 사이에 이견(異見)이 있는 자료는 당해 연도의 폐기 대상에서 제외하고, 다음 연도의 회의에서 재결정한다.

라. 폐기 방법
(1) 기증: 상태가 양호하여 다른 도서관에서 이용될 수 있다고 판단되는 자료는 기증 의사를 공고하고 다른 도서관 등 희망하는 기관에 기증한다.
(2) 이관: 상태가 양호하고 나름의 가치가 있는 자료는 자체 기록보존소, 지역 및 국가의 보존전문도서관 등에 이관한다.
(3) 매각과 소각: 폐지로 재활용 가능한 자료는 매각하고, 폐지로도 매각할 수 없는 자료는 최종적으로 소각 처리한다.

마. 기록 보존 및 목록 최신화
연도별로 폐기한 자료의 목록과 폐기 경위에 관한 기록을 보존하되, 폐기한 자료에 대한 내용을 도서관의 각종 현행 자료 목록에서 삭제하여 목록을 최신화한다.

※ 갱신: 손상된 자료의 외형을 수선하거나 복사본을 만듦

① 사서는 폐기심의대상 목록만을 작성하고, 자료의 폐기 방법은 폐기심의위원회가 결정한다.
② 폐기 대상 판정시 폐기심의위원들 간에 이견이 있는 자료의 경우, 바로 다음 회의에서 그 자료의 폐기 여부가 논의되지 않을 수 있다.
③ 폐기심의위원회는 자료의 실물을 확인하지 않고 폐기 여부를 판정할 수 있다.
④ 매각 또는 소각한 자료는 현행자료 목록에서 삭제하고, 폐기 경위에 관한 기록도 제거하여야 한다.
⑤ 사서가 아닌 도서관 직원은, 이용하기 곤란하다고 생각되는 자료를 발견하면 갱신하거나 폐기심의대상 목록을 작성하여야 한다.

05. 다음 글을 근거로 판단할 때, 〈보기〉에서 옳은 것만을 모두 고르면?

> 제00조 ① 민사에 관한 분쟁의 당사자는 법원에 조정을 신청할 수 있다.
> ② 조정을 신청하는 당사자를 신청인이라고 하고, 그 상대방을 피신청인이라고 한다.
> 제00조 ① 신청인은 다음 각 호의 어느 하나에 해당하는 곳을 관할하는 지방법원에 조정을 신청해야 한다.
> 1. 피신청인의 주소지, 피신청인의 사무소 또는 영업소 소재지, 피신청인의 근무지
> 2. 분쟁의 목적물 소재지, 손해 발생지
>
> ② 조정사건은 조정담당판사가 처리한다.
> 제00조 ① 조정담당판사는 사건이 그 성질상 조정을 하기에 적당하지 아니하다고 인정하거나 신청인이 부당한 목적으로 조정신청을 한 것임을 인정하는 경우에는 조정을 하지 아니하는 결정으로 사건을 종결시킬 수 있다. 신청인은 이 결정에 대해서 불복할 수 없다.
> ② 조정담당판사는 신청인과 피신청인 사이에 합의가 성립되지 아니한 경우 조정 불성립으로 사건을 종결시킬 수 있다.
> ③ 조정담당판사는 신청인과 피신청인 사이에 합의된 사항이 조정조서에 기재되면 조정 성립으로 사건을 종결시킨다. 조정조서는 판결과 동일한 효력이 있다.
> 제00조 다음 각 호의 어느 하나에 해당하는 경우에는 조정신청을 한 때에 민사소송이 제기된 것으로 본다.
> 1. 조정을 하지 아니하는 결정이 있는 경우
> 2. 조정 불성립으로 사건이 종결된 경우

〈보기〉

ㄱ. 신청인은 피신청인의 근무지를 관할하는 지방법원에 조정을 신청할 수 있다.
ㄴ. 조정을 하지 아니하는 결정을 조정담당판사가 한 경우, 신청인은 이에 대해 불복할 수 있다.
ㄷ. 신청인과 피신청인 사이에 합의된 사항이 기재된 조정조서는 판결과 동일한 효력을 갖는다.
ㄹ. 조정 불성립으로 사건이 종결된 경우, 사건이 종결된 때를 민사소송이 제기된 시점으로 본다.
ㅁ. 조정담당판사는 신청인이 부당한 목적으로 조정신청을 한 것으로 인정하는 경우, 조정 불성립으로 사건을 종결시킬 수 있다.

① ㄱ, ㄷ
② ㄴ, ㄹ
③ ㄱ, ㄷ, ㄹ
④ ㄱ, ㄷ, ㅁ
⑤ ㄴ, ㄹ, ㅁ

06. 다음 글을 근거로 판단할 때, 〈보기〉에서 옳은 것만을 모두 고르면?

> 제○○조 이 법에서 '폐교'란 학생 수 감소, 학교 통폐합 등의 사유로 폐지된 공립학교를 말한다.
> 제△△조 ① 시·도 교육감은 폐교재산을 교육용시설, 사회복지시설, 문화시설, 공공체육시설로 활용하려는 자 또는 소득증대시설로 활용하려는 자에게 그 폐교재산의 용도와 사용 기간을 정하여 임대할 수 있다.
> ② 제1항에 따라 폐교재산을 임대하는 경우, 연간 임대료는 해당 폐교재산평정가격의 1천분의 10을 하한으로 한다.
> 제□□조 ① 제△△조 제2항에도 불구하고 시·도 교육감은 다음 각 호의 어느 하나에 해당하는 경우에는 폐교재산의 연간 임대료를 감액하여 임대할 수 있다.
> 1. 국가 또는 지방자치단체가 폐교재산을 교육용시설, 사회복지시설, 문화시설, 공공체육시설 또는 소득증대 시설로 사용하려는 경우
> 2. 단체 또는 사인(私人)이 폐교재산을 교육용시설, 사회복지시설, 문화시설 또는 공공체육시설로 사용하려는 경우
> 3. 폐교가 소재한 시·군·구에 주민등록이 되어 있고 실제 거주하는 지역주민이 공동으로 폐교재산을 소득증대시설로 사용하려는 경우
>
> ② 전항에 따라 폐교재산의 임대료를 감액하는 경우 연간 임대료의 감액분은 다음 각 호에서 정한 바를 초과하지 아니하는 범위에서 정한다.
> 1. 교육용시설, 사회복지시설, 문화시설, 공공체육시설로 사용하는 경우: 제△△조 제2항에 따른 연간 임대료의 1천분의 500
> 2. 소득증대시설로 사용하는 경우: 제△△조 제2항에 따른 연간 임대료의 1천분의 300

〈보기〉

ㄱ. 시·도 교육감은, 폐교가 소재하는 시·군·구에 거주하지 않으면서 폐교재산을 사회복지시설로 활용하려는 자에게 그 폐교재산을 임대할 수 있다.
ㄴ. 폐교재산평정가격이 5억 원인 폐교재산을 지방자치단체가 문화시설로 사용하려는 경우, 연간 임대료의 최저액은 250만 원이다.
ㄷ. 폐교가 소재한 군에 주민등록이 되어 있고 실제 거주하는 지역주민이 단독으로 폐교재산을 소득증대시설로 사용하려는 경우, 연간 임대료로 지불해야 할 최저액은 폐교재산평정가격의 0.7%이다.
ㄹ. 폐교재산을 활용하려는 자가 폐교 소재 지역주민이 아니어도 그 폐교재산을 공공체육시설로 사용할 수 있으나 임대료 감액은 받을 수 없다.

① ㄱ, ㄴ
② ㄱ, ㄷ
③ ㄱ, ㄴ, ㄹ
④ ㄱ, ㄷ, ㄹ
⑤ ㄴ, ㄷ, ㄹ

07. 다음 〈측량학 수업 필기〉를 근거로 판단할 때, 〈예제〉의 괄호 안에 들어갈 수는?

〈측량학 수업 필기〉

축 척: 실제 수평 거리를 지도상에 얼마나 축소해서 나타냈는지를 보여주는 비율. 1/50,000, 1/25,000, 1/10,000, 1/5,000 등을 일반적으로 사용함
ex) 1/50,000은 실제 수평 거리 50,000cm를 지도상에 1cm로 나타냄

등고선: 지도에서 표고가 같은 지점들을 연결한 선
→표준 해면으로부터 지표의 어느 지점까지의 수직 거리

축척 1/50,000 지도에서는 표고 20m마다, 1/25,000 지도에서는 표고 10m마다, 1/10,000 지도에서는 표고 5m마다 등고선을 그림
ex) 축척 1/50,000 지도에서 등고선이 그려진 모습

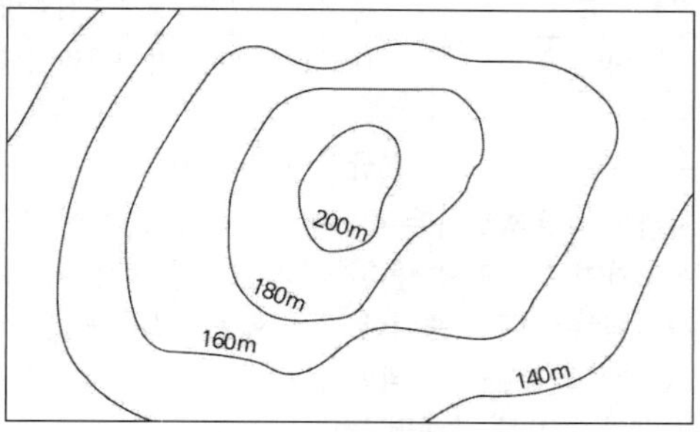

경사도: 어떤 두 지점 X와 Y를 잇는 사면의 경사도는 다음의 식으로 계산

$$경사도 = \frac{두\ 지점\ 사이의\ 표고\ 차이}{두\ 지점\ 사이의\ 실제\ 수평\ 거리}$$

〈예제〉

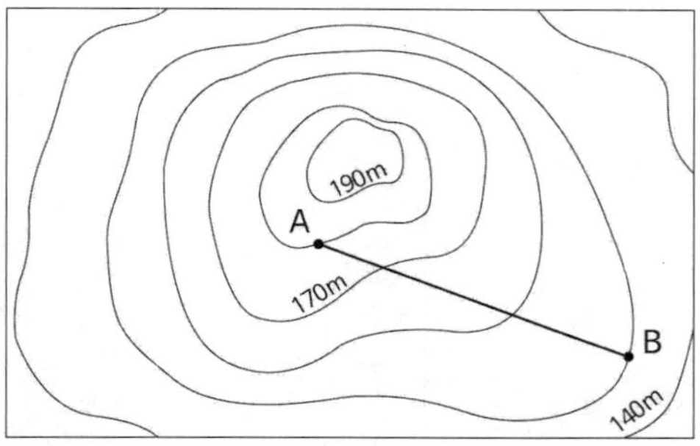

위의 지도는 축척 1/25,000로 제작되었다. 지도상의 지점 A와 B를 잇는 선분을 자로 재어 보니 길이가 4cm였다. 이때 두 지점 A와 B를 잇는 사면의 경사도는 (　　)이다.

① 0.015
② 0.025
③ 0.03
④ 0.055
⑤ 0.7

08. 다음 글을 근거로 판단할 때, 〈보기〉에서 옳은 것만을 모두 고르면?

소아기 예방접종 프로그램에 포함된 백신(A ~ C)은 지속적인 항체 반응을 위해서 2회 이상 접종이 필요하다.

최소 접종연령(첫 접종의 최소연령) 및 최소 접종간격을 지켰을 때 적절한 예방력이 생기며, 이러한 예방접종을 유효하다고 한다. 다만 최소 접종연령 및 최소 접종간격에서 4일 이내로 앞당겨서 일찍 접종을 한 경우에도 유효한 것으로 본다. 그러나 만약 5일 이상 앞당겨서 일찍 접종했다면 무효로 간주하고 최소 접종연령 및 최소 접종간격에 맞춰 다시 접종하여야 한다.

다음은 각 백신의 최소 접종연령 및 최소 접종간격을 나타낸 표이다.

종류	최소 접종연령	최소 접종간격			
		1, 2차 사이	2, 3차 사이	3, 4차 사이	4, 5차 사이
백신A	12개월	12개월	−	−	−
백신B	6주	4주	4주	6개월	−
백신C	6주	4주	4주	6개월	6개월

다만 백신B의 경우 만 4세 이후에 3차 접종을 유효하게 했다면, 4차 접종은 생략한다.

〈보기〉

ㄱ. 만 2세가 되기 전에 백신A의 예방접종을 2회 모두 유효하게 실시할 수 있다.
ㄴ. 생후 45개월에 백신B를 1차 접종했다면, 4차 접종은 반드시 생략한다.
ㄷ. 생후 40일에 백신C를 1차 접종했다면, 생후 60일에 한 2차 접종은 유효하다.

① ㄱ
② ㄴ
③ ㄷ
④ ㄱ, ㄴ
⑤ ㄱ, ㄷ

09. 다음 글을 근거로 판단할 때, 〈그림 2〉의 정육면체 아랫면에 쓰인 36개 숫자의 합은?

정육면체인 하얀 블록 5개와 검은 블록 1개를 일렬로 붙인 막대를 30개 만든다. 각 막대의 윗면에는 가장 위에 있는 블록부터, 아랫면에는 가장 아래에 있는 블록부터 세어 검은 블록이 몇 번째 블록인지를 나타내는 숫자를 쓴다. 이런 규칙에 따르면 〈그림 1〉의 예에서는 윗면에 2를, 아랫면에 5를 쓰게 된다.

다음으로 검은 블록 없이 하얀 블록 6개를 일렬로 붙인 막대를 6개 만든다. 검은 블록이 없으므로 윗면과 아랫면 모두에 0을 쓴다.

이렇게 만든 36개의 막대를 붙여 〈그림 2〉와 같은 큰 정육면체를 만들었더니, 윗면에 쓰인 36개 숫자의 합이 109였다.

〈그림 1〉

〈그림 2〉

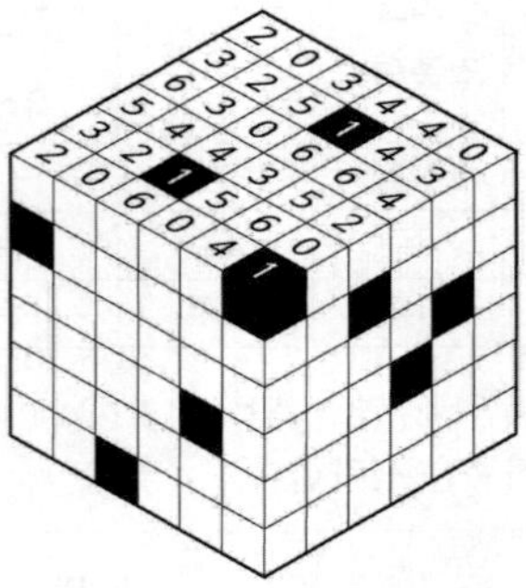

① 97
② 100
③ 101
④ 103
⑤ 104

10. 다음 글과 〈상황〉을 근거로 판단할 때, A복지관에 채용될 2명의 후보자는?

A복지관은 청소년업무 담당자 2명을 채용하고자 한다. 청소년업무 담당자들은 심리상담, 위기청소년지원, 진학지도, 지역안전망구축 등 4가지 업무를 수행해야 한다. 채용되는 2명은 서로 다른 업무를 맡아 4가지 업무를 빠짐없이 분담해야 한다.

4가지 업무에 관련된 직무역량으로는 의사소통역량, 대인관계역량, 문제해결역량, 정보수집역량, 자원관리역량 등 5가지가 있다. 각 업무를 수행하기 위해서는 반드시 해당 업무에 필요한 직무역량을 모두 갖춰야 한다. 아래는 이를 표로 정리한 것이다.

업무	필요 직무역량
심리상담	의사소통역량, 대인관계역량
위기청소년지원	의사소통역량, 문제해결역량
진학지도	문제해결역량, 정보수집역량
지역안전망구축	대인관계역량, 자원관리역량

〈상황〉

○ A복지관의 채용후보자는 4명(甲, 乙, 丙, 丁)이며, 각 채용후보자는 5가지 직무역량 중 3가지씩을 갖추고 있다.
○ 자원관리역량은 丙을 제외한 모든 채용후보자가 갖추고 있다.
○ 丁이 진학지도업무를 제외한 모든 업무를 수행하려면, 의사소통역량만 추가로 갖추면 된다.
○ 甲은 심리상담업무를 수행할 수 있고, 乙과 丙은 진학지도업무를 수행할 수 있다.
○ 대인관계역량을 갖춘 채용후보자는 2명이다.

① 甲, 乙
② 甲, 丙
③ 乙, 丙
④ 乙, 丁
⑤ 丙, 丁

11. 다음 글을 근거로 판단할 때 옳지 않은 것은?

> 정부는 저출산 문제 해소를 위해 공무원이 안심하고 일과 출산·육아를 병행할 수 있도록 관련 제도를 정비하여 시행 중이다.
>
> 먼저 임신 12주 이내 또는 임신 36주 이상인 여성 공무원을 대상으로 하던 '모성보호시간'을 임신 기간 전체로 확대하여 임신부터 출산시까지 근무시간을 1일에 2시간씩 단축할 수 있게 하였다.
>
> 다음으로 생후 1년 미만의 영아를 자녀로 둔 공무원을 대상으로 1주일에 2일에 한해 1일에 1시간씩 단축근무를 허용하던 '육아시간'을, 만 5세 이하 자녀를 둔 공무원을 대상으로 1주일에 2일에 한해 1일에 2시간 범위 내에서 사용할 수 있도록 하였다. 또한 부부 공동육아 실현을 위해 '배우자 출산휴가'를 10일(기존 5일)로 확대하였다.
>
> 마지막으로 어린이집, 유치원, 초·중·고등학교에서 공식적으로 주최하는 행사와 공식적인 상담에만 허용되었던 '자녀돌봄휴가'(공무원 1인당 연간 최대 2일)를 자녀의 병원진료·검진·예방접종 등에도 쓸 수 있도록 하고, 자녀가 3명 이상일 경우 1일을 가산할 수 있도록 하였다.

① 변경된 현행 제도에서는 변경 전에 비해 '육아시간'의 적용 대상 및 시간이 확대되었다.
② 변경된 현행 제도에 따르면, 초등학생 자녀 3명을 둔 공무원은 연간 3일의 '자녀돌봄휴가'를 사용할 수 있다.
③ 변경된 현행 제도에 따르면, 임신 5개월인 여성 공무원은 산부인과 진료를 받기 위해 '모성보호시간'을 사용할 수 있다.
④ 변경 전 제도에서 공무원은 초등학교 1학년인 자녀의 병원진료를 위해 '자녀돌봄휴가'를 사용할 수 있었다.
⑤ 변경된 현행 제도에 따르면, 만 2세 자녀를 둔 공무원은 '육아시간'을 사용하여 근무시간을 1주일에 총 4시간 단축할 수 있다.

12. 다음 글을 근거로 판단할 때, 〈보기〉에서 옳은 것만을 모두 고르면?

> 제○○조 ① 사업자는 소비자를 속이거나 소비자로 하여금 잘못 알게 할 우려가 있는 표시·광고 행위로서 공정한 거래질서를 해칠 우려가 있는 다음 각 호의 행위를 하거나 다른 사업자로 하여금 하게 하여서는 안 된다.
> 1. 거짓·과장의 표시·광고
> 2. 기만적인 표시·광고
> 3. 부당하게 비교하는 표시·광고
> 4. 비방적인 표시·광고
>
> ② 제1항을 위반하여 제1항 각 호의 행위를 하거나 다른 사업자로 하여금 하게 한 사업자는 2년 이하의 징역 또는 1억 5천만 원 이하의 벌금에 처한다.
>
> 제△△조 ① 공정거래위원회는 상품 등이나 거래 분야의 성질에 비추어 소비자 보호 또는 공정한 거래질서 유지를 위하여 필요한 경우에는 사업자가 표시·광고에 포함하여야 하는 사항(이하 '중요정보'라 한다)과 표시·광고의 방법을 고시할 수 있다.
>
> ② 공정거래위원회는 제1항에 따라 고시를 하려면 관계 행정기관의 장과 미리 협의하여야 한다. 이 경우 필요하다고 인정하면 공청회를 개최하여 사업자단체, 소비자단체, 그 밖의 이해관계인 등의 의견을 들을 수 있다.
>
> ③ 사업자가 표시·광고 행위를 하는 경우에는 제1항에 따라 고시된 중요정보를 표시·광고하여야 한다.
>
> 제□□조 ① 사업자가 제△△조 제3항을 위반하여 고시된 중요정보를 표시·광고하지 않은 경우에는 1억 원 이하의 과태료를 부과한다.
>
> ② 제1항에 따른 과태료는 공정거래위원회가 부과·징수한다.

〈보기〉

ㄱ. 공정거래위원회가 중요정보 고시 여부를 결정함에 있어 상품 등이나 거래 분야는 고려의 대상이 아니다.
ㄴ. 사업자 A가 다른 사업자 B로 하여금 공정한 거래질서를 해칠 우려가 있는 비방적인 표시·광고를 하게 한 경우, 공정거래위원회는 사업자 A에게 과태료를 부과한다.
ㄷ. 사업자가 표시·광고 행위를 하면서 고시된 중요정보를 표시·광고하지 않은 경우, 공정거래위원회는 5천만 원의 과태료를 부과할 수 있다.
ㄹ. 공정거래위원회는 소비자 보호를 위해 필요한 경우, 사업자가 표시·광고에 포함하여야 하는 사항과 함께 그 표시·광고의 방법도 고시할 수 있다.

① ㄱ, ㄴ
② ㄱ, ㄷ
③ ㄴ, ㄷ
④ ㄴ, ㄹ
⑤ ㄷ, ㄹ

13. 다음 글을 근거로 판단할 때 옳은 것은?

군국기무처는 1894년 7월 27일부터 같은 해 12월 17일까지 존속한 최고 정책결정 기관이었다. 1894년 7월 흥선대원군을 추대한 새로운 정권이 수립되자, 그 이전부터 논의되어 오던 제도 개혁을 실시하고자 합의체 형식의 초정부적 정책 결정 기구인 군국기무처를 구성하였다. 이 기구의 이름은 1882년부터 1883년까지 존속하였던 기무처의 이름을 따서 흥선대원군이 명명하였다.

군국기무처가 실제로 활동한 기간은 약 3개월이었다. 이 기간 중 군국기무처는 40회의 회의를 통해 약 210건의 의안을 심의하여 통과시켰는데, 그 중에는 189개의 개혁의안도 포함되어 있었다. 군국기무처가 심의하여 통과시킨 의안은 국왕의 재가를 거쳐 국법으로 시행하였는데, 그 가운데는 전제왕권의 제약이나 재정제도의 일원화뿐만 아니라, 양반·상인 등 계급의 타파, 공·사노비제의 폐지, 조혼의 금지, 과부의 재가 허용 등 조선사회의 경제·사회 질서를 근본적으로 변혁시키는 내용도 있었다. 여기에는 1880년대 이래 개화운동에서 강조한 개혁안과 더불어 동학운동에서 요구한 개혁안이 포함되기도 하였다. 군국기무처가 추진한 이때의 개혁을 갑오개혁이라고 부른다.

그러나 군국기무처의 기능은 청일전쟁에서 일본이 최초의 결정적인 승리를 거둔 1894년 9월 중순 이후 서서히 약화되기 시작하였다. 청일전쟁의 초기에는 조선의 개혁정권에 대해 회유정책을 쓰며 군국기무처의 활동에 간섭을 하지 않았던 일본이 청일전쟁의 승리가 확실해지자 적극적인 개입정책을 쓰기 시작하였던 것이다. 일본 정부가 새로 임명한 주한공사 이노우에는 군국기무처를 자신이 추진하려는 일본의 제도적 개입의 방해물로 간주하여 11월 20일 고종에게 요구한 20개의 안건에 군국기무처의 폐지를 포함시켰다. 고종도 그의 전제왕권을 제약한 군국기무처의 존재를 탐탁지 않게 여기던 터였으므로 이 기구를 12월 17일 칙령으로 폐지하였다.

① 흥선대원군은 군국기무처를 칙령으로 폐지하였다.
② 군국기무처는 기무처의 이름을 따서 고종이 명명하였다.
③ 일본의 청일전쟁 승리가 확실해지면서 군국기무처의 기능은 더욱 강화되었다.
④ 군국기무처는 실제 활동 기간 동안 월 평균 210건 이상의 개혁의안을 통과시켰다.
⑤ 군국기무처가 통과시킨 의안에는 동학운동에서 요구한 개혁안이 담기기도 하였다.

14. 다음 글을 근거로 판단할 때, 〈보기〉에서 옳은 것만을 모두 고르면?

국회의원 선거는 목적에 따라 총선거, 재선거, 보궐선거 등으로 나누어진다. 대통령제 국가에서는 의원의 임기가 만료될 때 총선거가 실시된다. 반면 의원내각제 국가에서는 의원의 임기가 만료될 때뿐만 아니라 의원의 임기가 남아 있으나 총리(수상)에 의해 의회가 해산된 때에도 총선거가 실시된다.

대다수의 국가는 총선거로 전체 의원을 동시에 새롭게 선출하지만, 의회의 안정성과 연속성을 고려하여 전체 의석 중 일부만 교체하기도 한다. 이러한 예는 미국, 일본, 프랑스 등의 상원선거에서 나타나는데, 미국은 임기 6년의 상원의원을 매 2년마다 1/3씩, 일본은 임기 6년의 참의원을 매 3년마다 1/2씩 선출한다. 프랑스 역시 임기 6년의 상원의원을 매 3년마다 1/2씩 선출한다.

재선거는 총선거가 실시된 이후에 당선 무효나 선거 자체의 무효 사유가 발생하였을 때 다시 실시되는 선거를 말한다. 예를 들어 우리나라에서는 선거 무효 판결, 당선 무효, 당선인의 임기 개시 전 사망 등의 사유가 있는 경우에 재선거를 실시한다.

보궐선거는 의원이 임기 중 직책을 사퇴하거나 사망하는 등 부득이한 사유로 의정 활동을 수행할 수 없는 경우에 이를 보충하기 위해 실시되는 선거이다. 다수대표제를 사용하는 대부분의 국가는 보궐선거를 실시하는 반면, 비례대표제를 사용하는 대부분의 국가는 필요시 의원직을 수행할 승계인을 총선거 때 함께 정해 두어 보궐선거를 실시하지 않는다.

〈보기〉

ㄱ. 일본 참의원의 임기는 프랑스 상원의원의 임기와 같다.
ㄴ. 미국은 2년마다 전체 상원의원을 새로 선출한다.
ㄷ. 우리나라에서는 국회의원 당선인이 임기 개시 전 사망한 경우 재선거가 실시된다.
ㄹ. 다수대표제를 사용하는 대부분의 국가에서는 의원이 임기 중 사망하였을 때 보궐선거를 실시한다.

① ㄱ, ㄴ
② ㄱ, ㄷ
③ ㄴ, ㄹ
④ ㄱ, ㄷ, ㄹ
⑤ ㄴ, ㄷ, ㄹ

15. 다음 글을 근거로 판단할 때 옳은 것은?

제○○조 ① 무죄재판을 받아 확정된 사건(이하 '무죄재판 사건'이라 한다)의 피고인은 무죄재판이 확정된 때부터 3년 이내에, 확정된 무죄재판사건의 재판서(이하 '무죄재판서'라 한다)를 법무부 인터넷 홈페이지에 게재하도록 해당 사건을 기소한 검사의 소속 지방검찰청에 청구할 수 있다.
② 피고인이 제1항의 무죄재판서 게재 청구를 하지 아니하고 사망한 때에는 그 상속인이 이를 청구할 수 있다. 이 경우 같은 순위의 상속인이 여러 명일 때에는 상속인 모두가 그 청구에 동의하였음을 소명하는 자료도 함께 제출하여야 한다.
③ 무죄재판서 게재 청구가 취소된 경우에는 다시 그 청구를 할 수 없다.
제□□조 ① 제○○조의 청구를 받은 날부터 1개월 이내에 무죄재판서를 법무부 인터넷 홈페이지에 게재하여야 한다.
② 다음 각 호의 어느 하나에 해당할 때에는 무죄재판서의 일부를 삭제하여 게재할 수 있다.
  1. 청구인이 무죄재판서 중 일부 내용의 삭제를 원하는 의사를 명시적으로 밝힌 경우
  2. 무죄재판서의 공개로 인하여 사건 관계인의 명예나 사생활의 비밀 또는 생명·신체의 안전이나 생활의 평온을 현저히 해칠 우려가 있는 경우
③ 제2항 제1호의 경우에는 청구인의 의사를 서면으로 확인하여야 한다.
④ 제1항에 따른 무죄재판서의 게재기간은 1년으로 한다.

① 무죄재판이 확정된 피고인 甲은 무죄재판이 확정된 때부터 3년 이내에 관할법원에 무죄재판서 게재 청구를 할 수 있다.
② 무죄재판이 확정된 피고인 乙이 무죄재판서 게재 청구를 취소한 후 사망한 경우, 乙의 상속인은 무죄재판이 확정된 때부터 3년 이내에 무죄재판서 게재 청구를 할 수 있다.
③ 무죄재판이 확정된 피고인 丙이 무죄재판서 게재 청구 없이 사망한 경우, 丙의 상속인은 같은 순위의 다른 상속인의 동의 없이 무죄재판서 게재 청구를 할 수 있다.
④ 무죄재판이 확정된 피고인 丁이 무죄재판서 게재 청구를 하면 그의 무죄재판서는 법무부 인터넷 홈페이지에 3년간 게재된다.
⑤ 무죄재판이 확정된 피고인 戊의 청구로 무죄재판서가 공개되면 사건 관계인의 명예를 현저히 해칠 우려가 있는 경우, 무죄재판서의 일부를 삭제하여 게재할 수 있다.

16. 다음 글과 〈상황〉을 근거로 판단할 때, 〈보기〉에서 옳은 것만을 모두 고르면?

제00조(유치권의 내용) 타인의 물건 또는 유가증권을 점유한 자는 그 물건이나 유가증권에 관하여 생긴 채권이 변제기에 있는 경우에는 변제를 받을 때까지 그 물건 또는 유가증권을 유치할 권리가 있다.
제00조(유치권의 불가분성) 유치권자는 채권 전부의 변제를 받을 때까지 유치물 전부에 대하여 그 권리를 행사할 수 있다.
제00조(유치권자의 선관의무) ① 유치권자는 선량한 관리자의 주의로 유치물을 점유하여야 한다.
② 유치권자는 채무자의 승낙 없이 유치물의 사용, 대여 또는 담보제공을 하지 못한다. 그러나 유치물의 보존에 필요한 사용은 그러하지 아니하다.
제00조(경매) 유치권자는 채권의 변제를 받기 위하여 유치물을 경매할 수 있다.
제00조(점유상실과 유치권소멸) 유치권은 점유의 상실로 인하여 소멸한다.

※ 유치: 물건 등을 일정한 지배 아래 둠

〈상황〉

甲은 아버지의 양복을 면접시험에서 입으려고 乙에게 수선을 맡겼다. 수선비는 다음 날까지 계좌로 송금하기로 하고 옷은 일주일 후 찾기로 하였다. 甲은 수선비를 송금하지 않은 채 일주일 후 옷을 찾으러 갔고, 옷 수선을 마친 乙은 수선비를 받을 때까지 수선한 옷을 돌려주지 않겠다며 유치권을 행사하고 있다.

〈보기〉

ㄱ. 甲이 수선비의 일부라도 지급한다면 乙은 수선한 옷을 돌려주어야 한다.
ㄴ. 甲이 수선한 옷을 돌려받지 못한 채 면접시험을 치렀고 이후 필요가 없어 옷을 찾으러 가지 않겠다고 한 경우, 乙은 수선비의 변제를 받기 위해 그 옷을 경매할 수 있다.
ㄷ. 甲이 수선을 맡긴 옷을 乙이 도둑맞아 점유를 상실하였다면 乙의 유치권은 소멸한다.
ㄹ. 甲이 수선비를 지급할 때까지, 乙은 수선한 옷을 甲의 승낙 없이 다른 사람에게 대여할 수 있다.

① ㄱ, ㄴ
② ㄱ, ㄹ
③ ㄴ, ㄷ
④ ㄷ, ㄹ
⑤ ㄴ, ㄷ, ㄹ

17. 다음 글을 근거로 판단할 때, 〈보기〉의 각 괄호 안에 들어갈 숫자의 합은?

> A부처와 B부처에 소속된 공무원 수는 각각 100명이고, 모두 소속된 부처에 있었다. 그런데 A부처는 국가 행사를 담당하게 되어 B부처에 9명의 인력지원을 요청하였다. B부처는 소속 공무원 100명 중 9명을 무작위로 선정해서 A부처에 지원 인력으로 보냈다. 얼마 후 B부처 역시 또 다른 국가 행사를 담당하게 되어 A부처에 인력지원을 요청하였다. A부처는 B부처로부터 지원받았던 인력을 포함한 109명 중 9명을 무작위로 선정해서 B부처에 지원 인력으로 보냈다.

〈보기〉

ㄱ. A부처와 B부처 간 인력지원이 한 차례씩 이루어진 후, A부처에 B부처 소속 공무원이 3명 남아있다면 B부처에는 A부처 소속 공무원이 (　　)명 있다.

ㄴ. A부처와 B부처 간 인력지원이 한 차례씩 이루어진 후, B부처에 A부처 소속 공무원이 2명 남아있다면 A부처에는 B부처 소속 공무원이 (　　)명 있다.

① 5
② 8
③ 10
④ 13
⑤ 15

18. 다음 글을 근거로 판단할 때, 甲~戊 중 가장 많은 지원금을 받는 신청자는?

A국은 신재생에너지 보급 사업 활성화를 위하여 신재생 에너지 설비에 대한 지원 내용을 공고하였다. 〈지원 기준〉과 〈지원 신청 현황〉은 아래와 같다.

〈지원 기준〉

구분		용량(성능)	지원금 단가
태양광	단독주택	2kW 이하	kW당 80만 원
		2kW 초과 3kW 이하	kW당 60만 원
	공동주택	30kW 이하	kW당 80만 원
태양열	평판형·진공관형	$10m^2$ 이하	m^2당 50만 원
		$10m^2$ 초과 $20m^2$ 이하	m^2당 30만 원
지열	수직밀폐형	10kW 이하	kW당 60만 원
		10kW 초과	kW당 50만 원
연료전지	인산형 등	1kW 이하	kW당 2,100만 원

○ 지원금은 '용량(성능)×지원금 단가'로 산정
○ 국가 및 지방자치단체 소유 건물은 지원 대상에서 제외
○ 전월 전력사용량이 450kWh 이상인 건물은 태양열 설비 지원 대상에서 제외
○ 용량(성능)이 〈지원 기준〉의 범위를 벗어나는 신청은 지원 대상에서 제외

〈지원 신청 현황〉

신청자	설비 종류	용량(성능)	건물 소유자	전월 전력사용량	비고
甲	태양광	8kW	개인	350kWh	공동주택
乙	태양열	$15m^2$	개인	550kWh	진공관형
丙	태양열	$5m^2$	국가	400kWh	평판형
丁	지열	15kW	개인	200kWh	수직밀폐형
戊	연료전지	3kW	개인	500kWh	인산형

① 甲
② 乙
③ 丙
④ 丁
⑤ 戊

19. 다음 글을 근거로 판단할 때, 〈보기〉에서 옳은 것만을 모두 고르면?

> 1부터 5까지 숫자가 하나씩 적힌 5장의 카드와 3개의 구역이 있는 다트판이 있다. 甲과 乙은 다음 방법에 따라 점수를 얻는 게임을 하기로 했다.
>
> 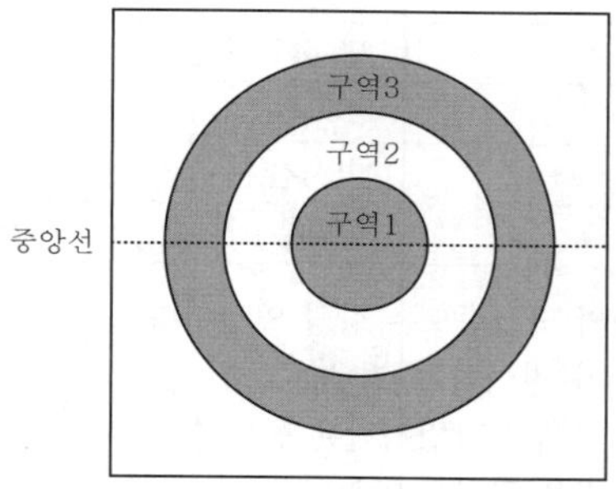
>
>
> ㅇ 우선 5장의 카드 중 1장을 임의로 뽑고, 그 후 다트를 1차 시기와 2차 시기에 각 1번씩 총 2번 던진다.
> ㅇ 뽑힌 카드에 적혀 있는 숫자가 '카드점수'가 되며 점수를 얻는 방법은 다음과 같다.
>
> 〈1차 시기 점수 산정 방법〉
> – 다트가 구역1에 꽂힐 경우: 카드점수 × 3
> – 다트가 구역2에 꽂힐 경우: 카드점수 × 2
> – 다트가 구역3에 꽂힐 경우: 카드점수 × 1
> – 다트가 그 외 영역에 꽂힐 경우: 카드점수 × 0
>
> 〈2차 시기 점수 산정 방법〉
> – 다트가 다트판의 중앙선 위쪽에 꽂힐 경우: 2점
> – 다트가 다트판의 중앙선 아래쪽에 꽂힐 경우: 0점
>
> 〈최종점수 산정 방법〉
> – 최종점수: 1차 시기 점수 + 2차 시기 점수

※ 다트판의 선에 꽂히는 경우 등 그 외 조건은 고려하지 않는다.

〈보기〉

ㄱ. 甲이 짝수가 적힌 카드를 뽑았다면, 최종점수는 홀수가 될 수 없다.
ㄴ. 甲이 숫자 2가 적힌 카드를 뽑았다면, 가능한 최종점수는 8가지이다.
ㄷ. 甲이 숫자 4가 적힌 카드를, 乙이 숫자 2가 적힌 카드를 뽑았다면, 가능한 甲의 최종점수 최댓값과 乙의 최종점수 최솟값의 차이는 14점이다.

① ㄱ
② ㄷ
③ ㄱ, ㄴ
④ ㄱ, ㄷ
⑤ ㄴ, ㄷ

20. 다음 글과 〈대화〉를 근거로 판단할 때 대장 두더지는?

> ㅇ 甲은 튀어나온 두더지를 뿅망치로 때리는 '두더지 게임'을 했다.
> ㅇ 두더지는 총 5마리(A ~ E)이며, 이 중 1마리는 대장 두더지이고 나머지 4마리는 부하 두더지이다.
> ㅇ 대장 두더지를 맞혔을 때는 2점, 부하 두더지를 맞혔을 때는 1점을 획득한다.
> ㅇ 두더지 게임 결과, 甲은 총 14점을 획득하였다.
> ㅇ 두더지 게임이 끝난 후 두더지들은 아래와 같은 〈대화〉를 하였다.

〈대화〉

두더지 A: 나는 맞은 두더지 중에 가장 적게 맞았고, 맞은 횟수는 짝수야.
두더지 B: 나는 두더지 C와 똑같은 횟수로 맞았어.
두더지 C: 나와 두더지 A, 두더지 D가 맞은 횟수를 모두 더하면 모든 두더지가 맞은 횟수의 3/4이야.
두더지 D: 우리 중에 한 번도 맞지 않은 두더지가 1마리 있지만 나는 아니야.
두더지 E: 우리가 맞은 횟수를 모두 더하면 12번이야.

① 두더지 A
② 두더지 B
③ 두더지 C
④ 두더지 D
⑤ 두더지 E

21. 다음 〈상황〉을 근거로 판단할 때, 〈보기〉에서 옳은 것만을 모두 고르면?

〈상황〉

○ A위원회는 12명의 위원으로 구성되며, 위원 중에서 위원장을 선출한다.
○ 12명의 위원은 자신을 제외한 11명 중 서로 다른 2명에게 1표씩 투표하여 최다 득표자를 위원장으로 결정한다.
○ 최다 득표자가 여러 명인 경우 추첨을 통해 이들 중 1명을 위원장으로 결정한다.

※ 기권 및 무효표는 없다.

〈보기〉

ㄱ. 득표자 중 5표를 얻은 위원이 존재하고 추첨을 통해 위원장이 결정되었다면, 득표자는 3명 이하이다.
ㄴ. 득표자가 총 3명이고 그 중 1명이 7표를 얻었다면, 위원장을 추첨으로 결정하지 않아도 된다.
ㄷ. 득표자 중 최다 득표자가 8표를 얻었고 추첨 없이 위원장이 결정되었다면, 득표자는 4명 이상이다.

① ㄴ
② ㄷ
③ ㄱ, ㄴ
④ ㄱ, ㄷ
⑤ ㄴ, ㄷ

22. 다음 글을 근거로 판단할 때, 〈보기〉에서 옳은 것만을 모두 고르면?

○ 甲시청은 관내 도장업체(A ~ C)에 청사 바닥(면적: 60m²) 도장공사를 의뢰하려 한다.

〈관내 도장업체 정보〉

업체	1m²당 작업시간	시간당 비용
A	30분	10만 원
B	1시간	8만 원
C	40분	9만 원

○ 개별 업체의 작업속도는 항상 일정하다.
○ 여러 업체가 참여하는 경우, 각 참여 업체는 언제나 동시에 작업하며 업체당 작업시간은 동일하다. 이때 각 참여 업체가 작업하는 면은 겹치지 않는다.
○ 모든 업체는 시간당 비용에 비례하여 분당 비용을 받는다. (예: A가 6분 동안 작업한 경우 1만 원을 받는다.)

〈보기〉

ㄱ. 작업을 가장 빠르게 끝내기 위해서는 A와 C에게만 작업을 맡겨야 한다.
ㄴ. B와 C에게 작업을 맡기는 경우, 작업 완료까지 24시간이 소요된다.
ㄷ. A, B, C에게 작업을 맡기는 경우, B와 C에게 작업을 맡기는 경우보다 많은 비용이 든다.

① ㄱ
② ㄴ
③ ㄷ
④ ㄱ, ㄴ
⑤ ㄴ, ㄷ

23. 다음 글을 근거로 판단할 때, <보기>에서 옳은 것만을 모두 고르면?

- ○ 손글씨 대회 참가자 100명을 왼손으로만 필기할 수 있는 왼손잡이, 오른손으로만 필기할 수 있는 오른손잡이, 양손으로 모두 필기할 수 있는 양손잡이로 분류 하고자 한다.
- ○ 참가자를 대상으로 아래 세 가지 질문을 차례대로 하여 해당하는 참가자는 한 번만 손을 들도록 하였다.
  [질문 1] 왼손으로만 필기할 수 있는 사람은?
  [질문 2] 오른손으로만 필기할 수 있는 사람은?
  [질문 3] 양손으로 모두 필기할 수 있는 사람은?
- ○ 양손잡이 중 일부는 제대로 알아듣지 못해 질문 1, 2, 3에 모두 손을 들었고, 그 외 모든 참가자는 올바르게 손을 들었다.
- ○ 질문 1에 손을 든 참가자는 16명, 질문 2에 손을 든 참가자는 80명, 질문 3에 손을 든 참가자는 10명이다.

<보기>

ㄱ. 양손잡이는 총 10명이다.
ㄴ. 왼손잡이 수는 양손잡이 수보다 많다.
ㄷ. 오른손잡이 수는 왼손잡이 수의 6배 이상이다.

① ㄱ
② ㄴ
③ ㄱ, ㄴ
④ ㄱ, ㄷ
⑤ ㄴ, ㄷ

24. 다음 글을 근거로 판단할 때, <보기>에서 옳은 것만을 모두 고르면?

엘로 평점 시스템(Elo Rating System)은 체스 등 일대일 방식의 종목에서 선수들의 실력을 표현하는 방법으로 물리학자 아르파드 엘로(Arpad Elo)가 고안했다.

임의의 두 선수 X, Y의 엘로 점수를 각각 E_X, E_Y라 하고 X가 Y에게 승리할 확률을 P_{XY}, Y가 X에게 승리할 확률을 P_{YX}라고 하면, 각 선수가 승리할 확률은 다음 식과 같이 계산된다. 무승부는 고려하지 않으므로 두 선수가 승리할 확률의 합은 항상 1이 된다.

$$P_{XY} = \frac{1}{1+10^{-(E_X-E_Y)/400}} \quad P_{YX} = \frac{1}{1+10^{-(E_Y-E_X)/400}}$$

두 선수의 엘로 점수가 같다면, 각 선수가 승리할 확률은 0.5로 같다. 만약 한 선수가 다른 선수보다 엘로 점수가 200점 높다면, 그 선수가 승리할 확률은 약 0.76이 된다.

경기 결과에 따라 각 선수의 엘로 점수는 변화한다. 경기에서 승리한 선수는 그 경기에서 패배할 확률에 K를 곱한 만큼 점수를 얻고, 경기에서 패배한 선수는 그 경기에서 승리할 확률에 K를 곱한 만큼 점수를 잃는다(K는 상수로, 보통 32를 사용한다). 승리할 확률이 높은 경기보다 승리할 확률이 낮은 경기에서 승리했을 경우 더 많은 점수를 얻는다.

<보기>

ㄱ. 경기에서 승리한 선수가 얻는 엘로 점수와 그 경기에서 패배한 선수가 잃는 엘로 점수는 다를 수 있다.
ㄴ. K=32라면, 한 경기에서 아무리 강한 상대에게 승리 해도 얻을 수 있는 엘로 점수는 32점 이하이다.
ㄷ. A가 B에게 패배할 확률이 0.1이라면, A와 B의 엘로 점수 차이는 400점 이상이다.
ㄹ. A가 B에게 승리할 확률이 0.8, B가 C에게 승리할 확률이 0.8이라면, A가 C에게 승리할 확률은 0.9 이상이다.

① ㄱ, ㄴ
② ㄴ, ㄹ
③ ㄱ, ㄴ, ㄷ
④ ㄱ, ㄷ, ㄹ
⑤ ㄴ, ㄷ, ㄹ

25. 다음 〈상황〉과 〈목차〉를 근거로 판단할 때, 〈보기〉에서 옳은 것만을 모두 고르면?

〈상황〉

○ 책A는 〈목차〉와 같이 구성되어 있고, 비어 있는 쪽은 없다.
○ 책A의 각 쪽은 모두 제1절부터 제14절까지 14개의 절 중 하나의 절에 포함된다.
○ 甲은 3월 1일부터 책A를 읽기 시작해서, 1쪽부터 마지막 쪽인 133쪽까지 순서대로 읽는다.
○ 甲은 한번 읽기 시작한 절은 그날 모두 읽되, 하루에 최대 40쪽을 읽을 수 있다.
○ 甲은 절 제목에 '과학' 또는 '정책'이 들어간 절을 하루에 한 개 이상 읽는다.

〈보기〉

ㄱ. 3월 1일에 甲은 책A를 20쪽 이상 읽는다.
ㄴ. 3월 3일에 甲이 제6절까지 읽었다면, 甲은 3월 5일까지 책A를 다 읽을 수 있다.
ㄷ. 甲이 책A를 다 읽으려면 최소 5일 걸린다.

① ㄱ
② ㄴ
③ ㄱ, ㄴ
④ ㄱ, ㄷ
⑤ ㄴ, ㄷ

약점 보완 해설집 p.32

01. 다음 글을 근거로 판단할 때 옳은 것은?

우리나라는 1948년 7월 17일 공포된 제헌 헌법에서 처음으로 근대적인 지방자치제도의 도입 근거를 마련하였다. 이후 1949년 7월 4일 지방자치법이 제정되어 지방선거를 통해 지방의회를 구성할 수 있게 되었다. 지방자치법의 주요 내용을 살펴보면 다음과 같다. 첫째, 지방자치단체의 종류는 서울특별시와 도, 시·읍·면으로 한다. 둘째, 의결기관과 집행기관을 따로 둔다. 셋째, 지방자치단체장 중 서울특별시장과 도지사는 대통령이 임명하고, 시·읍·면장은 지방의회가 선출한다. 넷째, 지방의회의원은 임기 4년의 명예직으로 한다. 다섯째, 지방의회에는 지방자치단체장에 대한 불신임권을, 지방자치단체장에게는 지방의회해산권을 부여한다.

그러나 실제로 지방자치법에 따른 지방선거는 사회가 불안정하다는 이유로 실시되지 못한 채 연기되었다. 이후 대통령은 1951년 12월 31일 헌법 개정과 함께 갑작스럽게 지방선거 실시를 발표하였다. 이에 따라 전쟁 중인 1952년 4월 25일에 치안불안 지역과 미수복 지역을 제외한 지역에서 시·읍·면의회 의원선거를 실시하였고, 5월 10일에 서울특별시, 경기도, 강원도 등을 제외한 7개 도에서 도의회 의원선거를 실시하였다. 1953년 5월에는 선거를 치르지 못했던 지역에서 도의회의원을 선출하는 선거가 실시되었다.

1956년에는 지방자치법을 개정하여 시·읍·면장을 주민직선을 통해 선출하도록 하였다. 이에 따라 같은 해 8월 8일 제2차 시·읍·면의회 의원선거와 동시에 최초로 주민직선에 의한 시·읍·면장 선거가 실시되었다. 그리고 8월 13일에는 서울특별시의회 및 도의회 의원선거가 실시되었다. 4년 뒤인 1960년 12월에는 지방자치법을 다시 개정하고, 서울특별시장 및 도지사도 주민직선제로 선출하도록 하였다. 이에 따라 같은 해 12월 12일에 서울특별시의회 및 도의회 의원선거, 19일에 시·읍·면의회 의원선거, 26일에 시·읍·면장 선거, 29일에 서울특별시장 및 도지사 선거가 실시되었다.

① 1949년 제정 당시 지방자치법에 따르면, 주민들이 지방자치단체장을 직접 선출하도록 되어 있었다.
② 1949년 제정 당시 지방자치법에 따르면, 대통령이 시·읍·면장을 지명하도록 되어 있었다.
③ 1952년에는 모든 지역에서 지방선거를 통해 지방의회의원이 선출되었다.
④ 1956년에는 지방선거를 통해 시·읍·면장이 처음으로 주민에 의해 직접 선출되었다.
⑤ 1960년 12월에는 전국적으로 두 차례의 지방선거가 실시되었다.

02. 다음 글을 근거로 판단할 때, 〈보기〉에서 옳은 것만을 모두 고르면?

태어난 아기에게 처음 입히는 옷을 배냇저고리라고 하는데, 보드라운 신생아의 목에 거친 깃이 닿지 않도록 깃 없이 만들어 '무령의(無領衣)'라고도 하였다. 배냇저고리는 대개 생후 삼칠일까지 입혔기 때문에 지역에 따라 '삼저고리', '이레안저고리' 등으로도 불리었다. 보통 저고리를 여미는 고름 대신 무명실 끈을 길게 달아 장수를 기원했는데, 이는 남아, 여아 모두 공통적이었다. 남자아기의 배냇저고리는 재수가 좋다고 하여 시험이나 송사를 치르는 사람이 부적같이 몸에 지니는 풍습이 있었다.

아기가 태어난 지 약 20일이 지나면 배냇저고리를 벗기고 돌띠저고리를 입혔다. 돌띠저고리에는 돌띠라는 긴 고름이 달려있는데 길이가 길어 한 바퀴 돌려 맬 수 있을 정도이다. 이런 돌띠저고리에는 긴 고름처럼 장수하기를 바라는 의미가 담겨있다.

백일에는 아기에게 백줄을 누빈 저고리를 입히기도 하였는데, 이는 장수하기를 바라는 의미를 담고 있다. 그리고 첫 생일인 돌에 남자아기에게는 색동저고리를 입히고 복건(幅巾)이나 호건(虎巾)을 씌우며, 여자아기에게는 색동저고리를 입히고 굴레를 씌웠다.

〈보기〉

ㄱ. 배냇저고리는 아기가 태어난 후 약 3주 간 입히는 옷이다.
ㄴ. 시험을 잘 보기 위해 여자아기의 배냇저고리를 몸에 지니는 풍습이 있었다.
ㄷ. 돌띠저고리와 백줄을 누빈 저고리에 담긴 의미는 동일하다.
ㄹ. 남자아기뿐만 아니라 여자아기에게도 첫 생일에는 색동저고리를 입혔다.

① ㄴ
② ㄱ, ㄴ
③ ㄱ, ㄷ
④ ㄱ, ㄹ
⑤ ㄱ, ㄷ, ㄹ

03. 다음 글을 근거로 판단할 때, 〈보기〉에서 옳은 것만을 모두 고르면?

> 지진의 강도는 '리히터 규모'와 '진도'로 나타낼 수 있다. 리히터 규모는 미국 지질학자인 찰스 리히터가 지진의 강도를 절대적 수치로 나타내기 위해 제안한 개념이다. 리히터 규모는 지진계에 기록된 지진파의 최대 진폭을 측정하여 수학적으로 계산한 값이며, 지진이 발생하면 각 지진마다 고유의 리히터 규모 값이 매겨진다. 리히터 규모는 지진파의 최대 진폭이 10배가 될 때마다 1씩 증가하는데, 이 때 지진에너지는 약 32배가 된다. 리히터 규모는 소수점 아래 한 자리까지 나타내는데, 예를 들어 'M5.6' 또는 '규모 5.6'의 지진으로 표시된다.
>
> 진도는 지진이 일어났을 때 어떤 한 지점에서 사람이 느끼는 정도와 건물의 피해 정도 등을 상대적으로 등급화한 수치로, 동일한 지진에 대해서도 각 지역에 따라 진도가 달라질 수 있다. 예를 들어, 어떤 지진이 발생했을 때 발생지점에서 거리가 멀어질수록 진도는 낮게 나타난다. 또한 진도는 각 나라별 실정에 따라 다른 기준이 채택된다. 우리나라는 12단계의 '수정 메르칼리 진도'를 사용하고 있으며, 진도를 나타내는 수치는 로마 숫자를 이용하여 '진도 Ⅲ'과 같이 표시한다. 표시되는 로마 숫자가 클수록 지진을 느끼는 정도나 피해의 정도가 크다는 것을 의미한다.

〈보기〉

ㄱ. M5.6인 지진을 진도로 표시하면 나라별로 다르게 표시될 수 있다.
ㄴ. M4.0인 지진의 지진파 최대 진폭은 M2.0인 지진의 지진파 최대 진폭의 100배이다.
ㄷ. 진도 Ⅱ인 지진이 일어났을 때, 어떤 한 지점에서 사람이 느끼는 정도와 건물의 피해 정도는 진도 Ⅳ인 지진의 2배이다.
ㄹ. M6.0인 지진의 지진에너지는 M3.0인 지진의 1,000배이다.

① ㄱ, ㄴ
② ㄱ, ㄷ
③ ㄴ, ㄷ
④ ㄴ, ㄹ
⑤ ㄷ, ㄹ

04. 다음 〈연구용역 계약사항〉을 근거로 판단할 때, 〈보기〉에서 옳은 것만을 모두 고르면?

〈연구용역 계약사항〉

□ 과업수행 전체회의 및 보고
- ○ 참석대상: 발주기관 과업 담당자, 연구진 전원
- ○ 착수보고: 계약일로부터 10일 이내
- ○ 중간보고: 계약기간 중 2회
  - – 과업 진척상황 및 중간결과 보고, 향후 연구계획 및 내용 협의
- ○ 최종보고: 계약만료 7일 전까지
- ○ 수시보고: 연구 수행상황 보고 요청 시, 긴급을 요하거나 특이사항 발생 시 등
- ○ 전체회의: 착수보고 전, 각 중간보고 전, 최종보고 전

□ 과업 산출물
- ○ 중간보고서 20부, 최종보고서 50부, 연구 데이터 및 관련 자료 CD 1매

□ 연구진 구성 및 관리
- ○ 연구진 구성: 책임연구원, 공동연구원, 연구보조원
- ○ 연구진 관리
  - – 연구 수행기간 중 연구진은 구성원을 임의로 교체할 수 없음. 단, 부득이한 경우 사전에 변동사유와 교체될 구성원의 경력 등에 관한 서류를 발주기관에 제출하여 승인을 받은 후 교체할 수 있음

□ 과업의 일반조건
- ○ 연구진은 연구과제의 시작부터 종료(최종보고서 제출)까지 과업과 관련된 제반 비용의 지출행위에 대해 책임을 지고 과업을 진행해야 함
- ○ 연구진은 용역완료(납품) 후에라도 발주기관이 연구결과와 관련된 자료를 요청할 경우에는 관련 자료를 성실히 제출하여야 함

〈보기〉

ㄱ. 발주기관은 연구용역이 완료된 후에도 연구결과와 관련된 자료를 요청할 수 있다.
ㄴ. 과업수행을 위한 전체회의 및 보고 횟수는 최소 8회이다.
ㄷ. 연구진은 연구 수행기간 중 책임연구원과 공동연구원을 변경할 수 없지만 연구보조원의 경우 임의로 교체할 수 있다.
ㄹ. 중간보고서의 경우 그 출력과 제본 비용의 지출행위에 대해 발주기관이 책임을 진다.

① ㄱ, ㄴ
② ㄱ, ㄷ
③ ㄱ, ㄹ
④ ㄴ, ㄷ
⑤ ㄷ, ㄹ

05. 다음 글을 근거로 판단할 때, 〈보기〉에서 규정을 위반한 행위만을 모두 고르면?

제00조(청렴의 의무) ① 공무원은 직무와 관련하여 직접적이든 간접적이든 사례·증여 또는 향응을 주거나 받을 수 없다.
② 공무원은 직무상의 관계가 있든 없든 그 소속 상관에게 증여하거나 소속 공무원으로부터 증여를 받아서는 아니 된다.
제00조(정치운동의 금지) ① 공무원은 정당이나 그 밖의 정치단체의 결성에 관여하거나 이에 가입할 수 없다.
② 공무원은 선거에서 특정 정당 또는 특정인을 지지 또는 반대하기 위한 다음의 행위를 하여서는 아니 된다.
1. 투표를 하거나 하지 아니하도록 권유 운동을 하는 것
2. 기부금을 모집 또는 모집하게 하거나, 공공자금을 이용 또는 이용하게 하는 것
3. 타인에게 정당이나 그 밖의 정치단체에 가입하게 하거나 가입하지 아니하도록 권유 운동을 하는 것
③ 공무원은 다른 공무원에게 제1항과 제2항에 위배되는 행위를 하도록 요구하거나, 정치적 행위에 대한 보상 또는 보복으로서 이익 또는 불이익을 약속하여서는 아니 된다.
제00조(집단행위의 금지) ① 공무원은 노동운동이나 그 밖에 공무 외의 일을 위한 집단행위를 하여서는 아니 된다. 다만, 사실상 노무에 종사하는 공무원은 예외로 한다.
② 제1항 단서에 규정된 공무원으로서 노동조합에 가입된 자가 조합 업무에 전임하려면 소속 장관의 허가를 받아야 한다.

〈보기〉

ㄱ. 공무원 甲은 그 소속 상관에게 직무상 관계 없이 고가의 도자기를 증여하였다.
ㄴ. 사실상 노무에 종사하는 공무원으로서 노동조합에 가입된 乙은 소속 장관의 허가를 받아 조합 업무에 전임하고 있다.
ㄷ. 공무원 丙은 동료 공무원 丁에게 선거에서 A정당을 지지하기 위한 기부금을 모집하도록 요구하였다.
ㄹ. 공무원 戊는 국회의원 선거기간에 B후보를 낙선시키기 위해 해당 지역구 지인들을 대상으로 다른 후보에게 투표하도록 권유 운동을 하였다.

① ㄱ, ㄴ
② ㄴ, ㄷ
③ ㄷ, ㄹ
④ ㄱ, ㄴ, ㄹ
⑤ ㄱ, ㄷ, ㄹ

06. 다음 글과 〈상황〉을 근거로 판단할 때 옳은 것은?

민사소송에서 당사자가 질병, 장애, 연령, 그 밖의 사유로 인한 정신적·신체적 제약으로 소송관계를 분명하게 하기 위하여 필요한 진술을 하기 어려운 경우가 있다. 이때 당사자는 법원의 허가를 받아 진술을 도와주는 사람(진술보조인)과 함께 출석하여 진술할 수 있는데, 이를 '진술보조인제도'라 한다. 이 제도는 말이 어눌하거나 말귀를 잘 알아듣지 못하는 당사자가 재판에서 받을 수 있는 불이익을 방지하기 위하여 그와 의사소통이 잘되는 사람이 법정에 출석하여 당사자를 보조하게 하는 것이다.

진술보조인이 될 수 있는 사람은 당사자의 배우자, 직계친족, 형제자매, 가족, 그 밖에 동거인으로서 당사자와의 생활관계에 비추어 충분한 자격이 인정되는 경우 등으로 제한된다. 이 제도를 이용하려는 당사자는 1심, 2심, 3심의 각 법원마다 서면으로 진술보조인에 대한 허가신청을 해야 한다. 법원은 이를 허가한 이후에도 언제든지 그 허가를 취소할 수 있다.

법원의 허가를 받은 진술보조인은 변론기일에 당사자 본인과 동석하여 당사자 본인의 진술을 법원과 상대방 당사자, 그 밖의 소송관계인이 이해할 수 있도록 중개하거나 설명할 수 있다. 이때 당사자 본인은 진술보조인의 중개 또는 설명을 즉시 취소할 수 있다. 한편, 진술보조인에 의한 중개 또는 설명의 정확성을 확인하기 위해 진술보조인에게 질문할 수 있는데 그 질문은 법원만이 한다. 진술보조인은 변론에서 당사자의 진술을 조력하는 사람일 뿐이다. 따라서 진술보조인은 당사자를 대신해서 출석하여 진술할 수 없고, 상소의 제기와 같이 당사자만이 할 수 있는 행위도 할 수 없다.

〈상황〉

甲은 乙을 피고로 하여 A주택의 인도를 구하는 민사소송을 제기하였다. 한편, 乙은 교통사고를 당하여 현재 소송관계를 분명하게 하기 위하여 필요한 진술을 하기 어려운 상태에 있다. 이에 1심 법원은 乙로부터 진술보조인에 대한 허가신청을 받아 乙의 배우자 丙을 진술보조인으로 허가하였다. 1심 변론기일에 乙과 丙은 함께 출석하였다.

① 변론기일에 丙이 한 설명에 대한 정확성을 확인하기 위해 甲은 재판에서 직접 丙에게 질문할 수 있다.
② 변론기일에 丙이 한 설명은 乙을 위한 것이므로, 乙은 즉시라 할지라도 그 설명을 취소할 수 없다.
③ 1심 법원은 丙을 진술보조인으로 한 허가를 취소할 수 없다.
④ 1심 법원이 乙에게 패소판결을 선고한 경우 이 판결에 대해 丙은 상소를 제기할 수 없다.
⑤ 2심이 진행되는 경우, 2심 법원에 진술보조인에 대한 허가신청을 하지 않아도 丙의 진술보조인 자격은 그대로 유지된다.

07. 다음 글과 〈상황〉을 근거로 판단할 때, 〈보기〉에서 옳은 것만을 모두 고르면?

제00조(우수현상광고) ① 광고에 정한 행위를 완료한 자가 수인(數人)인 경우에 그 우수한 자에 한하여 보수(報酬)를 지급할 것을 정하는 때에는 그 광고에 응모기간을 정한 때에 한하여 그 효력이 생긴다.
② 전항의 경우에 우수의 판정은 광고에서 정한 자가 한다. 광고에서 판정자를 정하지 아니한 때에는 광고자가 판정한다.
③ 우수한 자가 없다는 판정은 할 수 없다. 그러나 광고에서 다른 의사표시가 있거나 광고의 성질상 판정의 표준이 정하여져 있는 때에는 그러하지 아니하다.
④ 응모자는 제2항 및 제3항의 판정에 대하여 이의를 제기하지 못한다.
⑤ 수인의 행위가 동등으로 판정된 때에는 각각 균등한 비율로 보수를 받을 권리가 있다. 그러나 보수가 그 성질상 분할할 수 없거나 광고에 1인만이 보수를 받을 것으로 정한 때에는 추첨에 의하여 결정한다.

※ 현상광고: 어떤 목적으로 조건을 붙여 보수(상금, 상품 등)를 지급할 것을 약속한 광고

〈상황〉

A청은 아래와 같은 내용으로 우수논문공모를 위한 우수현상광고를 하였고, 대학생 甲, 乙, 丙 등이 응모하였다.

우수논문공모

○ 논문주제: 청렴한 공직사회 구현을 위한 정책방안
○ 참여대상: 대학생
○ 응모기간: 2017년 4월 3일 ~ 4월 28일
○ 제 출 처: A청
○ 수 상 자: 1명(아래 상금 전액 지급)
○ 상 금: 금 1,000만 원정
○ 특이사항
 – 논문의 작성 및 응모는 단독으로 하여야 한다.
 – 기준을 충족한 논문이 없다고 판정된 경우, 우수논문을 선정하지 않을 수 있다.

〈보기〉

ㄱ. 우수논문의 판정은 A청이 한다.
ㄴ. 우수논문이 없다는 판정이 이루어질 수 있다.
ㄷ. 甲, 乙, 丙 등은 우수의 판정에 대해 이의를 제기할 수 있다.
ㄹ. 심사결과 甲과 乙의 논문이 동등한 최고점수로 판정되었다면, 甲과 乙은 500만 원씩 상금을 나누어 받는다.

① ㄱ, ㄴ
② ㄱ, ㄷ
③ ㄷ, ㄹ
④ ㄱ, ㄴ, ㄹ
⑤ ㄴ, ㄷ, ㄹ

08. 다음 〈상황〉을 근거로 판단할 때, 준석이가 가장 많은 식물을 재배할 수 있는 온도와 상품가치의 총합이 가장 큰 온도는? (단, 주어진 조건 외에 다른 조건은 고려하지 않는다.)

〈상황〉

○ 준석이는 같은 온실에서 5가지 식물(A ~ E)을 하나씩 동시에 재배하고자 한다.
○ A ~ E의 재배가능 온도와 각각의 상품가치는 다음과 같다.

식물 종류	재배가능 온도(℃)	상품가치(원)
A	0 이상 20 이하	10,000
B	5 이상 15 이하	25,000
C	25 이상 55 이하	50,000
D	15 이상 30 이하	15,000
E	15 이상 25 이하	35,000

○ 준석이는 온도만 조절할 수 있으며, 식물의 상품가치를 결정하는 유일한 것은 온도이다.
○ 온실의 온도는 0℃를 기준으로 5℃ 간격으로 조절할 수 있고, 한 번 설정하면 변경할 수 없다.

	가장 많은 식물을 재배할 수 있는 온도	상품가치의 총합이 가장 큰 온도
①	15℃	15℃
②	15℃	20℃
③	15℃	25℃
④	20℃	20℃
⑤	20℃	25℃

09. 다음 글과 〈상황〉을 근거로 판단할 때, A사무관이 3월 출장여비로 받을 수 있는 총액은?

○ 출장여비 기준
  – 출장여비는 출장수당과 교통비의 합이다.
1) 세종시 출장
  – 출장수당: 1만 원
  – 교통비: 2만 원
2) 세종시 이외 출장
  – 출장수당: 2만 원(13시 이후 출장 시작 또는 15시 이전 출장 종료 시 1만 원 차감)
  – 교통비: 3만 원
○ 출장수당의 경우 업무추진비 사용 시 1만 원이 차감되며, 교통비의 경우 관용차량 사용 시 1만 원이 차감된다.

〈상황〉

A사무관 3월 출장내역	출장지	출장 시작 및 종료 시각	비고
출장 1	세종시	14시~16시	관용차량 사용
출장 2	인천시	14시~18시	
출장 3	서울시	09시~16시	업무추진비 사용

① 6만 원
② 7만 원
③ 8만 원
④ 9만 원
⑤ 10만 원

10. 다음 글과 〈A여행사 해외여행 상품〉을 근거로 판단할 때, 세훈이 선택할 여행지는?

인희: 다음 달 셋째 주에 연휴던데, 그때 여행갈 계획 있어?
세훈: 응, 이번에는 꼭 가야지. 월요일, 수요일, 금요일이 공휴일이잖아. 그래서 우리 회사에서는 화요일과 목요일에만 연가를 쓰면 앞뒤 주말 포함해서 최대 9일 연휴가 되더라고. 그런데 난 연가가 하루밖에 남지 않아서 그렇게 길게는 안 돼. 그래도 이번엔 꼭 해외여행을 갈 거야.
인희: 어디로 갈 생각이야?
세훈: 나는 어디로 가든 상관없는데 여행지에 도착할 때까지 비행기를 오래 타면 너무 힘들더라고. 그래서 편도 총비행시간이 8시간 이내면서 직항 노선이 있는 곳으로 가려고.
인희: 여행기간은 어느 정도로 할 거야?
세훈: 남은 연가를 잘 활용해서 주어진 기간 내에서 최대한 길게 다녀오려고 해. A여행사 해외여행 상품 중에 하나를 정해서 다녀올 거야.

〈A여행사 해외여행 상품〉

여행지	여행기간 (한국시각 기준)	총비행시간 (편도)	비행기 환승 여부
두바이	4박 5일	8시간	직항
모스크바	6박 8일	8시간	직항
방콕	4박 5일	7시간	1회 환승
홍콩	3박 4일	5시간	직항
뉴욕	4박 5일	14시간	직항

① 두바이
② 모스크바
③ 방콕
④ 홍콩
⑤ 뉴욕

11. 다음 글을 근거로 판단할 때, 〈보기〉에서 옳은 것만을 모두 고르면?

주민투표제도는 주민에게 과도한 부담을 주거나 중대한 영향을 미치는 주요사항을 결정하는 과정에서 주민에게 직접 의사를 표시할 수 있는 기회를 주기 위해 2004년 1월 주민투표법에 의해 도입되었다. 주민투표법에서는 주민투표를 실시할 수 있는 권한을 지방자치단체장에게만 부여하고 있다. 한편 중앙행정기관의 장은 지방자치단체장에게 주민투표 실시를 요구할 수 있고, 지방의회와 지역주민은 지방자치단체장에게 주민투표 실시를 청구할 수 있다.

주민이 직접 조례의 제정 및 개폐를 청구할 수 있는 주민발의제도는 1998년 8월 지방자치법의 개정으로 도입되었다. 주민발의는 지방자치단체장에게 청구하도록 되어있는데, 지방자치단체장은 청구를 수리한 날로부터 60일 이내에 조례의 제정 또는 개폐안을 작성하여 지방의회에 부의하여야 한다. 주민발의를 지방자치단체장에게 청구하려면 선거권이 있는 19세 이상 주민 일정 수 이상의 서명을 받아야 한다. 청구에 필요한 주민의 수는 지방자치단체의 조례로 정하되 인구가 50만 명 이상인 대도시에서는 19세 이상 주민 총수의 100분의 1 이상 70분의 1 이하의 범위 내에서, 그리고 그 외의 시·군 및 자치구에서는 19세 이상 주민 총수의 50분의 1 이상 20분의 1 이하의 범위 내에서 정하도록 하고 있다.

주민소환제도는 선출직 지방자치단체장 또는 지방의회의원의 위법·부당행위, 직무유기 또는 직권남용 등에 대한 책임을 묻는 제도로, 2006년 5월 지방자치법 개정으로 도입되었다. 주민소환 실시의 청구를 위해서도 주민소환에 관한 법률에 따라 일정 수 이상 주민의 서명을 받아야 한다. 광역자치단체장을 소환하고자 할 때는 선거권이 있는 19세 이상 주민 총수의 100분의 10 이상, 기초자치단체장에 대해서는 100분의 15 이상, 지방의회 지역구의원에 대해서는 100분의 20 이상의 서명을 받아야 주민소환 실시를 청구할 수 있다.

〈보기〉

ㄱ. 주민투표법에서 주민투표를 실시할 수 있는 권한은 지방자치단체장만이 가지고 있다.
ㄴ. 인구 70만 명인 甲시에서 주민발의 청구를 위해서는 19세 이상 주민 총수의 50분의 1 이상 20분의 1 이하의 범위에서 서명을 받아야 한다.
ㄷ. 주민발의제도에 근거할 때 주민은 조례의 제정 및 개폐에 관한 사항을 지방의회에 대해 직접 청구할 수 없다.
ㄹ. 기초자치단체인 乙시의 丙시장에 대한 주민소환 실시의 청구를 위해서는 선거권이 있는 19세 이상 주민의 100분의 20 이상의 서명을 받아야 한다.

① ㄱ, ㄷ
② ㄱ, ㄹ
③ ㄴ, ㄷ
④ ㄱ, ㄴ, ㄹ
⑤ ㄴ, ㄷ, ㄹ

12. 다음 글을 근거로 판단할 때 옳은 것은?

파스타(pasta)는 밀가루와 물을 주재료로 하여 만든 반죽을 소금물에 넣고 삶아 만드는 이탈리아 요리를 총칭하는데, 파스타 요리의 가장 중요한 재료인 면을 의미하기도 한다.

파스타는 350여 가지가 넘는 다양한 종류가 있는데, 형태에 따라 크게 롱(long) 파스타와 쇼트(short) 파스타로 나눌 수 있다. 롱 파스타의 예로는 가늘고 기다란 원통형인 스파게티, 넓적하고 얇은 면 형태인 라자냐를 들 수 있고, 쇼트 파스타로는 속이 빈 원통형인 마카로니, 나선 모양인 푸실리를 예로 들 수 있다.

역사를 살펴보면, 기원전 1세기경에 고대 로마시대의 이탈리아 지역에서 라자냐를 먹었다는 기록이 전해진다. 이후 기원후 9~11세기에는 이탈리아 남부의 시칠리아에서 아랍인들로부터 제조 방법을 전수받아 건파스타(driedpasta)의 생산이 처음으로 이루어졌다고 한다. 건파스타는 밀가루에 물만 섞은 반죽으로 만든 면을 말린 것인데, 이는 시칠리아에서 재배된 듀럼(durum) 밀이 곰팡이나 해충에 취약해 장기 보관이 어려웠기 때문에 저장기간을 늘리고 수송을 쉽게 하기 위함이었다.

듀럼 밀은 주로 파스타를 만들 때 사용하는 특수한 품종으로 일반 밀과 여러 가지 측면에서 차이가 난다. 일반 밀이 강수량이 많고 온화한 기후에서 잘 자라는 반면, 듀럼 밀은 주로 지중해 지역과 같이 건조하고 더운 기후에서 잘 자란다. 또한 일반 밀로 만든 하얀 분말 형태의 고운 밀가루는 이스트를 넣어 발효시킨 빵과 같은 제품들에 주로 사용되고, 듀럼 밀을 거칠게 갈아 만든 황색의 세몰라 가루는 파스타를 만드는 데 적합하다.

① 속이 빈 원통형인 마카로니는 롱 파스타의 한 종류이다.
② 건파스타 제조 방법은 시칠리아인들로부터 아랍인들에게 최초로 전수되었다.
③ 이탈리아 지역에서는 기원전부터 롱 파스타를 먹은 것으로 보인다.
④ 파스타를 만드는 데 사용하는 세몰라 가루는 곱게 갈아 만든 흰색의 가루이다.
⑤ 듀럼 밀은 곰팡이나 해충에 강해 건파스타의 주재료로 적합하다.

13. 다음 글을 근거로 판단할 때, 〈보기〉에서 옳은 것만을 모두 고르면?

인류 역사상 불공정거래 문제가 나타난 것은 먼 옛날부터이다. 자급자족경제에서 벗어나 물물교환이 이루어지고 상업이 시작된 시점부터 불공정거래 문제가 나타났고, 법을 만들어 이를 규율하기 시작하였다. 불공정거래 문제가 법적으로 다루어진 것으로 알려진 최초의 사건은 기원전 4세기 아테네에서 발생한 곡물 중간상 사건이다. 기원전 388년 겨울, 곡물 수입 항로가 스파르타로부터 위협을 받게 되자 곡물 중간상들의 물량 확보 경쟁이 치열해졌고 입찰가격은 급등하였다. 이에 모든 곡물 중간상들이 담합하여 동일한 가격으로 응찰함으로써 곡물 매입가격을 크게 하락시켰고, 이를 다시 높은 가격에 판매하였다. 이로 인해 그들은 아테네 법원에 형사상 소추되어 유죄 판결을 받았다. 당시 아테네는 곡물 중간상들이 담합하여 일정 비율 이상의 이윤을 붙일 수 없도록 성문법으로 규정하고 있었으며, 해당 규정 위반 시 사형에 처해졌다.

곡물의 공정거래를 규율하는 고대 아테네의 성문법은 로마로 계승되어 더욱 발전되었다. 그리고 로마의 공정거래 관련법은 13세기부터 15세기까지 이탈리아의 우루비노와 피렌체, 독일의 뉘른베르크 등의 도시국가와 프랑스 등 중세유럽 각국의 공정거래 관련법 제정에까지 영향을 미쳤다. 영국에서도 로마의 공정거래 관련법의 영향을 받아 1353년에 에드워드 3세의 공정거래 관련법이 만들어졌다.

〈보기〉

ㄱ. 인류 역사상 불공정거래 문제는 자급자족경제 시기부터 나타났다.
ㄴ. 기원전 4세기 아테네의 공정거래 관련법에 규정된 최고형은 벌금형이었다.
ㄷ. 로마의 공정거래 관련법은 영국 에드워드 3세의 공정거래 관련법 제정에 영향을 미쳤다.
ㄹ. 기원전 4세기 아테네 곡물 중간상 사건은 곡물 중간상들이 곡물을 1년 이상 유통하지 않음으로 인해 발생하였다.

① ㄱ
② ㄷ
③ ㄱ, ㄴ
④ ㄴ, ㄹ
⑤ ㄷ, ㄹ

14. 다음 글을 근거로 판단할 때, 〈보기〉에서 옳은 것만을 모두 고르면?

A국과 B국은 대기오염 정도를 측정하여 통합지수를 산정하고 이를 바탕으로 경보를 한다.

A국은 5가지 대기오염 물질 농도를 각각 측정하여 대기환경지수를 산정하고, 그 평균값을 통합지수로 한다. 통합지수의 범위에 따라 호흡 시 건강에 미치는 영향이 달라지며, 이를 기준으로 그 등급을 아래와 같이 6단계로 나눈다.

〈A국 대기오염 등급 및 경보기준〉

등급	좋음	보통	민감군에게 해로움	해로움	매우 해로움	심각함
통합지수	0 ~ 50	51 ~ 100	101 ~ 150	151 ~ 200	201 ~ 300	301 ~ 500
경보색깔	초록	노랑	주황	빨강	보라	적갈
행동지침	외부활동 가능		외부활동 자제			

※ 민감군: 노약자, 호흡기 환자 등 대기오염에 취약한 사람

B국은 A국의 5가지 대기오염 물질을 포함한 총 6가지 대기오염 물질의 농도를 각각 측정하여 대기환경지수를 산정하고, 이 가운데 가장 높은 대기환경지수를 통합지수로 사용한다. 다만 오염물질별 대기환경지수 중 101 이상인 것이 2개 이상일 경우에는 가장 높은 대기환경지수에 20을 더하여 통합지수를 산정한다. 통합지수는 그 등급을 아래와 같이 4단계로 나눈다.

〈B국 대기오염 등급 및 경보기준〉

등급	좋음	보통	나쁨	매우 나쁨
통합지수	0 ~ 50	51 ~ 100	101 ~ 250	251 ~ 500
경보색깔	파랑	초록	노랑	빨강
행동지침	외부활동 가능		외부활동 자제	

〈보기〉

ㄱ. A국과 B국의 통합지수가 동일하더라도, 각 대기오염 물질의 농도는 다를 수 있다.
ㄴ. B국의 통합지수가 180이라면, 6가지 대기오염 물질의 대기환경지수 중 가장 높은 것은 180 미만일 수 없다.
ㄷ. A국이 대기오염 등급을 '해로움'으로 경보한 경우, 그 정보만으로는 특정 대기오염 물질 농도에 대한 정확한 수치를 알 수 없을 것이다.
ㄹ. B국 국민이 A국에 방문하여 경보색깔이 노랑인 것을 확인하고 B국의 경보기준을 따른다면, 외부활동을 자제할 것이다.

① ㄱ, ㄴ
② ㄱ, ㄷ
③ ㄴ, ㄹ
④ ㄱ, ㄷ, ㄹ
⑤ ㄴ, ㄷ, ㄹ

15. 다음 글을 근거로 판단할 때, 〈보기〉에서 옳은 것만을 모두 고르면?

제00조(술에 취한 상태에서의 운전 금지) ① 누구든지 술에 취한 상태에서 자동차를 운전하여서는 아니 된다.
② 경찰공무원은 제1항을 위반하여 술에 취한 상태에서 자동차를 운전하였다고 인정할 만한 상당한 이유가 있는 경우에는 운전자가 술에 취하였는지를 호흡조사로 측정(이하 '음주측정'이라 한다)할 수 있다. 이 경우 운전자는 경찰공무원의 음주측정에 응하여야 한다.
③ 제1항을 위반하여 술에 취한 상태에서 자동차를 운전한 사람은 다음 각 호의 구분에 따라 처벌한다.
1. 혈중알콜농도가 0.2퍼센트 이상인 사람은 1년 이상 3년 이하의 징역이나 500만 원 이상 1천만 원 이하의 벌금
2. 혈중알콜농도가 0.1퍼센트 이상 0.2퍼센트 미만인 사람은 6개월 이상 1년 이하의 징역이나 300만 원 이상 500만 원 이하의 벌금
3. 혈중알콜농도가 0.05퍼센트 이상 0.1퍼센트 미만인 사람은 6개월 이하의 징역이나 300만 원 이하의 벌금

④ 다음 각 호의 어느 하나에 해당하는 사람은 1년 이상 3년 이하의 징역이나 500만 원 이상 1천만 원 이하의 벌금에 처한다.
1. 제3항에도 불구하고 제1항을 2회 이상 위반한 사람으로서 다시 술에 취한 상태에서 자동차를 운전한 사람
2. 술에 취한 상태에 있다고 인정할 만한 상당한 이유가 있는 사람으로서 제2항에 따른 경찰공무원의 음주측정에 응하지 아니한 사람

〈보기〉

ㄱ. 혈중알콜농도 0.05퍼센트의 상태에서 운전하여 1회 적발된 행위는, 술에 취한 상태에서 운전을 하고 있다고 인정할 만한 상당한 이유가 있는 사람이 경찰공무원의 음주측정을 거부하는 행위보다 불법의 정도가 크다.
ㄴ. 술에 취한 상태에서 자동차를 운전하는 행위는 혈중알콜농도 또는 적발된 횟수에 따라 처벌의 정도가 달라질 수 있다.
ㄷ. 술에 취한 상태에서의 자동차 운전으로 2회 적발된 자가 다시 혈중알콜농도 0.15퍼센트 상태의 운전으로 적발된 경우, 6개월 이상 1년 이하의 징역이나 300만 원 이상 500만 원 이하의 벌금에 처해진다.

① ㄱ
② ㄴ
③ ㄱ, ㄷ
④ ㄴ, ㄷ
⑤ ㄱ, ㄴ, ㄷ

16. 다음 글을 근거로 판단할 때 옳은 것은?

제00조(성년후견) ① 가정법원은 질병, 장애, 노령, 그 밖의 사유로 인한 정신적 제약으로 사무를 처리할 능력이 지속적으로 결여된 사람에 대하여 본인, 배우자, 4촌 이내의 친족, 검사 또는 지방자치단체의 장의 청구에 의하여 성년후견개시의 심판을 한다.
② 성년후견인은 피성년후견인의 법률행위를 취소할 수 있다.
③ 제2항에도 불구하고 일용품의 구입 등 일상생활에 필요하고 그 대가가 과도하지 아니한 법률행위는 성년후견인이 취소할 수 없다.
제00조(피성년후견인의 신상결정) ① 피성년후견인은 자신의 신상에 관하여 그의 상태가 허락하는 범위에서 단독으로 결정한다.
② 성년후견인이 피성년후견인을 치료 등의 목적으로 정신병원이나 그 밖의 다른 장소에 격리하려는 경우에는 가정법원의 허가를 받아야 한다.
제00조(성년후견인의 선임) ① 성년후견인은 가정법원이 직권으로 선임한다.
② 가정법원은 성년후견인이 선임된 경우에도 필요하다고 인정하면 직권으로 또는 청구권자의 청구에 의하여 추가로 성년후견인을 선임할 수 있다.

① 성년후견인의 수는 1인으로 제한된다.
② 지방자치단체의 장은 가정법원에 성년후견개시의 심판을 청구할 수 있다.
③ 성년후견인은 피성년후견인이 행한 일용품 구입행위를 그 대가의 정도와 관계없이 취소할 수 없다.
④ 가정법원은 성년후견개시의 심판절차에서 직권으로 성년후견인을 선임할 수 없다.
⑤ 성년후견인은 가정법원의 허가 없이 단독으로 결정하여 피성년후견인을 치료하기 위해 정신병원에 격리할 수 있다.

17. 다음 글과 〈상황〉을 근거로 판단할 때 옳은 것은?

> 제00조(경계표, 담의 설치권) ① 인접하여 토지를 소유한 자는 공동비용으로 통상의 경계표나 담을 설치할 수 있다. 이 경우 그 비용은 쌍방이 절반하여 부담한다.
> ② 전항에도 불구하고 토지의 경계를 정하기 위한 측량비용은 토지의 면적에 비례하여 부담한다.
> 제00조(경계선 부근의 건축) ① 건물을 축조함에는 경계로부터 반미터 이상의 거리를 두어야 한다.
> ② 인접지소유자는 전항의 규정에 위반한 자에 대하여 건물의 변경이나 철거를 청구할 수 있다. 그러나 건축에 착수한 후 1년을 경과하거나 건물이 완성된 후에는 손해배상만을 청구할 수 있다.
> 제00조(차면시설의무) 경계로부터 2미터 이내의 거리에서 이웃 주택의 내부를 관망할 수 있는 창이나 마루를 설치하는 경우에는 적당한 차면(遮面)시설을 하여야 한다.
> 제00조(지하시설 등에 대한 제한) 우물을 파거나 용수, 하수 또는 오물 등을 저치(貯置)할 지하시설을 하는 때에는 경계로부터 2미터 이상의 거리를 두어야 하며, 지하실공사를 하는 때에는 경계로부터 그 깊이의 반 이상의 거리를 두어야 한다.

※ 차면(遮面)시설: 서로 안 보이도록 가리는 시설
※ 저치(貯置): 저축하거나 저장하여 둠

〈상황〉

○ 甲과 乙은 1,000m^2의 토지를 공동으로 구매하였다. 그리고 다음과 같이 A토지와 B토지로 나누어 A토지는 甲이, B토지는 乙이 소유하게 되었다.

A토지 (면적 600m^2)	B토지 (면적 400m^2)

○ 甲은 A토지와 B토지의 경계에 담을 설치하고, A토지 위에 C건물을 짓고자 한다. 乙은 B토지를 주차장으로만 사용한다.

① 토지의 경계를 정하기 위해 측량을 하는 데 비용이 100만 원이 든다면 甲과 乙이 각각 50만 원씩 부담한다.
② 통상의 담을 설치하는 비용이 100만 원이라면 甲이 60만 원, 乙이 40만 원을 부담한다.
③ 甲이 B토지와의 경계로부터 반미터 이상의 거리를 두지 않고 C건물을 완성한 경우, 乙은 그 건물의 철거를 청구할 수 없다.
④ C건물을 B토지와의 경계로부터 2미터 이내의 거리에 축조한다면, 甲은 C건물에 B토지를 향한 창을 설치할 수 없다.
⑤ 甲이 C건물에 지하 깊이 2미터의 지하실공사를 하는 경우, B토지와의 경계로부터 2미터 이상의 거리를 두어야 한다.

18. 다음 〈조건〉과 〈상황〉을 근거로 판단할 때, 甲이 향후 1년 간 자동차를 유지하는 데 소요될 총비용은?

〈조건〉

1. 자동차 유지비는 연 감가상각비, 연 자동차 보험료, 연 주유비용으로 구성되며 그 외의 비용은 고려하지 않는다.
2. 연 감가상각비 계산 공식
   연 감가상각비 = (자동차 구매비용 − 운행가능기간 종료 시 잔존가치) ÷ 운행가능기간(년)
3. 연 자동차 보험료

(단위: 만 원)

구분		차종		
		소형차	중형차	대형차
보험 가입 시 운전 경력	1년 미만	120	150	200
	1년 이상 2년 미만	110	135	180
	2년 이상 3년 미만	100	120	160
	3년 이상	90	105	140

※ 차량 구매 시 보험 가입은 필수이며 1년 단위로 가입
※ 보험 가입 시 해당 차량에 블랙박스가 설치되어 있으면 보험료 10% 할인

4. 주유비용
   1리터당 10km를 운행할 수 있으며, 리터당 비용은 연중 내내 1,500원이다.

〈상황〉

○ 甲은 1,000만 원에 중형차 1대를 구입하여 바로 운행을 시작하였다.
○ 차는 10년 동안 운행가능하며, 운행가능기간 종료 시 잔존가치는 100만 원이다.
○ 자동차 보험 가입 시, 甲의 운전 경력은 2년 6개월이며 차에는 블랙박스가 설치되어 있다.
○ 甲은 매달 500km씩 차를 운행한다.

① 192만 원
② 288만 원
③ 298만 원
④ 300만 원
⑤ 330만 원

19. 다음 글을 근거로 판단할 때, 2017학년도 A대학교 ○○학과 입학전형 합격자는?

○ A대학교 ○○학과 입학 전형
- 2017학년도 대학수학능력시험의 국어, 수학, 영어 3개 과목을 반영하여 지원자 중 1명을 선발한다.
- 3개 과목 평균등급이 2등급(3개 과목 등급의 합이 6) 이내인 자를 선발한다. 이 조건을 만족하는 지원자가 여러 명일 경우, 3개 과목 원점수의 합산 점수가 가장 높은 자를 선발한다.

○ 2017학년도 대학수학능력시험 과목별 등급 - 원점수 커트라인

(단위: 점)

과목＼등급	1	2	3	4	5	6	7	8
국어	96	93	88	79	67	51	40	26
수학	89	80	71	54	42	33	22	14
영어	94	89	85	77	69	54	41	28

※ 예를 들어, 국어 1등급은 100~96점, 국어 2등급은 95~93점

○ 2017학년도 A대학교 ○○학과 지원자 원점수 성적

(단위: 점)

지원자	국어	수학	영어
甲	90	96	88
乙	89	89	89
丙	93	84	89
丁	79	93	92
戊	98	60	100

① 甲
② 乙
③ 丙
④ 丁
⑤ 戊

20. 다음 글과 〈필요 물품 목록〉을 근거로 판단할 때, ○○부 아동방과후교육 사업에서 허용되는 사업비 지출품목만을 모두 고르면?

○○부는 아동방과후교육 사업을 운영하고 있다. 원칙적으로 사업비는 사용목적이 '사업 운영'인 경우에만 지출할 수 있다. 다만 다음 중 어느 하나에 해당하면 예외적으로 허용된다. 첫째, 품목당 단가가 10만 원 이하로 사용목적이 '서비스 제공'인 경우에 지출할 수 있다. 둘째, 사용연한이 1년 이내인 경우에 지출할 수 있다.

〈필요 물품 목록〉

품목	단가(원)	사용목적	사용연한
인형탈	120,000	사업 운영	2년
프로그램 대여	300,000	보고서 작성	6개월
의자	110,000	서비스 제공	5년
컴퓨터	950,000	서비스 제공	3년
클리어파일	500	상담일지 보관	2년
블라인드	99,000	서비스 제공	5년

① 프로그램 대여, 의자
② 컴퓨터, 클리어파일
③ 클리어파일, 블라인드
④ 인형탈, 프로그램 대여, 블라인드
⑤ 인형탈, 의자, 컴퓨터

21. 다음 〈상황〉을 근거로 판단할 때, 짜장면 1그릇의 가격은?

〈상황〉

○ A중식당의 각 테이블별 주문 내역과 그 총액은 아래 〈표〉와 같다.
○ 각 테이블에서는 음식을 주문 내역별로 1그릇씩 주문하였다.

〈표〉

테이블	주문 내역	총액(원)
1	짜장면, 탕수육	17,000
2	짬뽕, 깐풍기	20,000
3	짜장면, 볶음밥	14,000
4	짬뽕, 탕수육	18,000
5	볶음밥, 깐풍기	21,000

① 4,000원
② 5,000원
③ 6,000원
④ 7,000원
⑤ 8,000원

22. 다음 글과 〈표〉를 근거로 판단할 때, 백설공주의 친구 7명(A ~ G) 중 왕자의 부하는 누구인가?

○ A ~ G 중 2명은 왕자의 부하이다.
○ B ~ F는 모두 20대이다.
○ A ~ G 중 가장 나이가 많은 사람은 왕자의 부하가 아니다.
○ A ~ G 중 여자보다 남자가 많다.
○ 왕자의 두 부하는 성별이 서로 다르고, 국적은 동일하다.

〈표〉

친구	나이	성별	국적
A	37살	?	한국
B	28살	?	한국
C	22살	여자	중국
D	?	여자	일본
E	?	?	중국
F	?	?	한국
G	38살	여자	중국

① A, B
② B, F
③ C, E
④ D, F
⑤ E, G

23. **다음 글을 근거로 판단할 때, 甲연구소 신입직원 7명 (A~G)의 부서배치 결과로 옳지 않은 것은?**

甲연구소에서는 신입직원 7명을 선발하였으며, 신입직원들을 각 부서에 배치하고자 한다. 각 부서에서 요구한 인원은 다음과 같다.

정책팀	재정팀	국제팀
2명	4명	1명

신입직원들은 각자 원하는 부서를 2지망까지 지원하며, 1, 2지망을 고려하여 이들을 부서에 배치한다. 먼저 1지망 지원부서에 배치하는데, 요구인원보다 지원인원이 많은 경우에는 입사성적이 높은 신입직원을 우선적으로 배치한다. 1지망 지원부서에 배치되지 못한 신입직원은 2지망 지원부서에 배치되는데, 이때 역시 1지망에 따른 배치 후 남은 요구인원보다 지원인원이 많은 경우 입사성적이 높은 신입직원을 우선적으로 배치한다. 1, 2지망 지원부서 모두에 배치되지 못한 신입직원은 요구인원을 채우지 못한 부서에 배치된다.

신입직원 7명의 입사성적 및 1, 2지망 지원부서는 아래와 같다. A의 입사성적만 전산에 아직 입력되지 않았는데, 82점 이상이라는 것만 확인되었다. 단, 입사성적의 동점자는 없다.

신입직원	A	B	C	D	E	F	G
입사성적	?	81	84	78	96	80	93
1지망	국제	국제	재정	국제	재정	정책	국제
2지망	정책	재정	정책	정책	국제	재정	정책

① A의 입사성적이 90점이라면, A는 정책팀에 배치된다.
② A의 입사성적이 95점이라면, A는 국제팀에 배치된다.
③ B는 재정팀에 배치된다.
④ C는 재정팀에 배치된다.
⑤ D는 정책팀에 배치된다.

24. **다음 글을 근거로 판단할 때, 재생된 곡의 순서로 옳은 것은?**

○ 찬우는 A, B, C, D 4개의 곡으로 구성된 앨범을 감상하고 있다. A는 1분 10초, B는 1분 20초, C는 1분 00초, D는 2분 10초간 재생되며, 각각의 곡 첫 30초는 전주 부분이다.
○ 재생순서는 처음에 설정하여 이후 변경되지 않으며, 찬우는 자신의 선호에 따라 곡당 1회씩 포함하여 설정하였다.
○ 한 곡의 재생이 끝나면 시차 없이 다음 곡이 자동적으로 재생된다.
○ 마지막 곡 재생이 끝나고 나면 첫 곡부터 다시 재생된다.
○ 모든 곡은 처음부터 끝까지 건너뛰지 않고 재생된다.
○ 찬우는 13시 20분 00초부터 첫 곡을 듣기 시작했다.
○ 13시 23분 00초에 C가 재생되고 있었다.
○ A를 듣고 있던 어느 한 시점부터 3분 00초가 되는 때에는 C가 재생되고 있었다.
○ 13시 45분 00초에 어떤 곡의 전주 부분이 재생되고 있었다.

① A－B－C－D
② B－A－C－D
③ C－A－D－B
④ D－C－A－B
⑤ D－C－B－A

25. 다음 〈조건〉과 〈관광지 운영시간 및 이동시간〉을 근거로 판단할 때, 〈보기〉에서 옳은 것만을 모두 고르면?

〈조건〉

- ○ 하루에 4개 관광지를 모두 한 번씩 관광한다.
- ○ 궁궐에서는 가이드투어만 가능하다. 가이드투어는 10시와 14시에 시작하며, 시작 시각까지 도착하지 못하면 가이드투어를 할 수 없다.
- ○ 각 관광에 소요되는 시간은 2시간이며, 관광지 운영시간 외에는 관광할 수 없다.

〈관광지 운영시간 및 이동시간〉

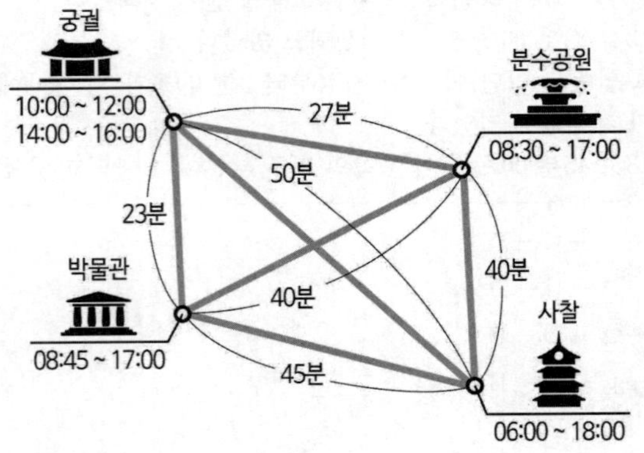

〈보기〉

ㄱ. 사찰에서부터 관광을 시작해야 한다.
ㄴ. 마지막 관광을 종료하는 시각은 16시 30분 이후이다.
ㄷ. 박물관과 분수공원의 관광 순서가 바뀌어도 무방하다.

① ㄴ
② ㄷ
③ ㄱ, ㄴ
④ ㄱ, ㄷ
⑤ ㄱ, ㄴ, ㄷ

약점 보완 해설집 p.36

01. 다음 글을 근거로 판단할 때 옳은 것은?

> 온돌(溫突)은 조선시대 건축에서 가장 일반적으로 사용된 바닥구조로 아궁이, 고래, 구들장, 불목, 개자리, 바람막이, 굴뚝 등으로 구성된다.
>
> 아궁이는 불을 때는 곳이고, 고래는 아궁이에서 발생한 열기와 연기가 흐르는 곳이다. 고래는 30cm 정도의 깊이로 파인 여러 개의 골이고, 그 위에 구들장을 올려놓는다. 아궁이에서 불을 지피면 고래를 타고 흐르는 열기와 연기가 구들장을 데운다. 고래 바닥은 아궁이가 있는 아랫목에서 윗목으로 가면서 높아지도록 경사를 주는데, 이는 열기와 연기가 윗목 쪽으로 쉽게 들어갈 수 있도록 하기 위한 것이다.
>
> 불목은 아궁이와 고래 사이에 턱이 진 부분으로 불이 넘어가는 고개라는 뜻이다. 불목은 아궁이 바닥과 고래 바닥을 연결시켜서 고래로 가는 열기와 연기를 분산시킨다. 또한 아궁이에서 타고 남은 재가 고래 속으로 들어가지 못하도록 막아준다. 고래가 끝나는 윗목 쪽에도 바람막이라는 턱이 있는데, 이 턱은 굴뚝에서 불어내리는 바람에 의해 열기와 연기가 역류되는 것을 방지한다.
>
> 바람막이 뒤에는 개자리라 부르는 깊이 파인 부분이 있다. 개자리는 굴뚝으로 빠져 나가는 열기와 연기를 잔류시켜 윗목에 열기를 유지하는 기능을 한다. 개자리가 깊을수록 열기와 연기를 머금는 용량이 커진다.

① 아궁이는 불목과 개자리 사이에 있을 것이다.
② 고래 바닥은 아랫목에서 윗목으로 갈수록 낮아질 것이다.
③ 개자리가 깊을수록 윗목의 열기를 유지하기 어려울 것이다.
④ 불목은 아랫목 쪽에 가깝고, 바람막이는 윗목 쪽에 가까울 것이다.
⑤ 바람막이는 타고 남은 재가 고래 안에 들어가지 못하도록 하는 기능을 할 것이다.

02. 다음 글을 근거로 판단할 때, 〈보기〉에서 옳은 것만을 모두 고르면?

> 청백리(淸白吏)는 전통적으로 우리나라를 비롯한 동아시아 유교 문화권에서 청렴결백한 공직자를 지칭할 때 사용하는 말이다. 청백리를 선발하고 표창하는 제도는 중국에서 처음 시작되었다. 우리나라는 중국보다 늦었지만 이미 고려 때부터 이 제도를 도입한 것으로 보인다. 고려 인종 14년(1136년)에 청렴하고 절개 있는 사람들을 뽑아 벼슬을 준 기록이 있다.
>
> 조선시대에는 국가에 의해 선발되어 청백리 대장에 이름이 올랐던 사람을 청백리라고 하였다. 정확히 구분하면 청백리는 작고한 사람들에 대한 호칭이었고, 살아있을 때는 염근리(廉謹吏) 또는 염리(廉吏)라고 불렀다. 염근리로 선발된 사람은 청백리 대장에 수록되어 승진이나 보직에서 많은 특혜를 받았고, 죽은 후에는 그 자손들에게 벼슬이 내려지는 등 여러 혜택이 있었다. 반대로 부정부패한 관료는 탐관오리 또는 장리(贓吏)라고 불렀다. 탐관오리로 지목돼 탄핵되었거나 처벌받은 관리는 장리 대장에 수록되어 본인의 관직생활에 불이익을 받는 것은 물론이고, 그 자손들이 과거를 보는 것도 허용되지 않았다.
>
> 조선시대에 청백리를 선발하는 방법은 일정하지 않았다. 일반적으로는 청백리를 선발하라는 임금의 지시가 있거나 신하의 건의가 있어 임금이 승낙을 하면 2품 이상의 관리나 감사가 대상자를 예조에 추천하였다. 예조에서 후보자를 뽑아 의정부에 올리면 의정부의 대신들이 심의하여 임금에게 보고하였다. 어떤 때는 사헌부, 사간원 등에서 후보자를 의정부에 추천하기도 하였다.

〈보기〉

ㄱ. 동아시아 유교 문화권에서 청백리를 선발하는 제도는 고려에서 처음 시작되었을 것이다.
ㄴ. 조선시대에 염근리로 선발된 사람은 죽은 후에 청백리라고 불렸을 것이다.
ㄷ. 조선시대에 관리가 장리 대장에 수록되면 본인은 물론 그 자손까지 영향을 받았을 것이다.
ㄹ. 조선시대에 예조의 추천을 받지 못한 사람은 청백리가 될 수 없었을 것이다.

① ㄱ
② ㄴ, ㄷ
③ ㄷ, ㄹ
④ ㄱ, ㄴ, ㄹ
⑤ ㄴ, ㄷ, ㄹ

03. 다음 글을 근거로 판단할 때 옳은 것은?

> 종래의 철도는 일정한 간격으로 된 2개의 강철레일 위를 강철바퀴 차량이 주행하는 것이다. 반면 모노레일은 높은 지주 위에 설치된 콘크리트 빔(beam) 위를 복렬(複列)의 고무타이어 바퀴 차량이 주행하는 것이다. 빔 위에 다시 레일을 고정하고, 그 위를 강철바퀴 차량이 주행하는 모노레일도 있다.
>
> 처음으로 실용화된 모노레일은 1880년경 아일랜드의 밸리뷰니온사(社)에서 건설한 것이었다. 1901년에는 현수 장치를 사용하는 모노레일이 등장하였는데, 이 모노레일은 독일 부퍼탈시(市)의 전철교식 복선으로 건설되어 본격적인 운송수단으로서의 역할을 하였다. 그 후 여러 나라에서 각종 모노레일 개발 노력이 이어졌다.
>
> 제2차 세계대전이 끝난 뒤 독일의 알베그사(社)를 창설한 베너그렌은 1952년 1/2.5 크기의 시제품을 만들고, 실험과 연구를 거듭하여 1957년 알베그식(式) 모노레일을 완성하였다. 그리고 1958년에는 기존의 강철레일·강철바퀴 방식에서 콘크리트 빔·고무타이어 방식으로 개량하여 최고 속력이 80km/h에 달하는 모노레일이 등장하기에 이르렀다.
>
> 프랑스에서도 1950년 말엽 사페즈사(社)가 독자적으로 사페즈식(式) 모노레일을 개발하였다. 이것은 쌍레일 방식과 공기식 타이어차량 운용 경험을 살려 개발한 현수식 모노레일로, 1960년 오를레앙 교외에 시험선(線)이 건설되었다.

① 콘크리트 빔·고무타이어 방식은 1960년대까지 개발되지 않았다.
② 독일에서 모노레일이 본격적인 운송수단 역할을 수행한 것은 1950년대부터이다.
③ 주행에 강철바퀴가 이용되느냐의 여부에 따라 종래의 철도와 모노레일이 구분된다.
④ 아일랜드의 밸리뷰니온사는 오를레앙 교외에 전철교식 복선 모노레일을 건설하였다.
⑤ 베너그렌이 개발한 알베그식 모노레일은 오를레앙 교외에 건설된 사페즈식 모노레일 시험선보다 먼저 완성되었다.

04. 다음 글을 근거로 판단할 때, 〈사례〉의 '공공누리 마크' 이용조건에 부합하는 甲의 행위는?

> K국 정부는 공공저작물 이용활성화를 위해 '공공누리'라는 표시기준을 정하였고, 공공저작물을 이용하는 사람이 그 이용조건을 쉽게 확인할 수 있도록 '공공누리 마크'를 만들었다. 그 의미는 아래와 같다.

공공누리 마크	이용조건의 의미
OPEN	• 공공저작물을 일정한 조건 하에 자유롭게 이용할 수 있다.
출처표시	• 이용하는 공공저작물의 출처를 표시해야 한다. 예컨대 "본 저작물은 ○○공공기관에서 △△년 작성하여 개방한 □□ 저작물을 이용하였음"과 같이 출처를 표시해야 한다.
₩ 상업용금지	• 공공저작물의 상업적 이용은 금지되고 비상업적으로만 이용할 수 있다. • 이 마크가 표시되어 있지 않으면, 이용자는 해당 공공저작물을 상업적 및 비상업적으로 이용할 수 있다.
변경금지	• 공공저작물의 변경이 금지된다. 예컨대 공공저작물의 번역·편곡·변형·각색 등이 금지된다. • 이 마크가 표시되어 있지 않으면, 이용자는 해당 공공저작물의 내용이나 형식을 변경하여 이용할 수 있다.

〈사례〉

> 甲은 환경관련 보고서(이하 '보고서')를 작성하기 위하여 A공공기관이 발간한 『환경백서』에 수록되어 있는 사진(이하 '사진저작물')과 그 설명문을 근거자료로 이용하고자 한다. 『환경백서』에는 다음과 같은 공공누리 마크가 표시되어 있다.
>
> OPEN 출처표시 변경금지

① 출처를 표시하지 않고 사진저작물과 그 설명문을 그대로 보고서에 수록하는 행위
② 사진저작물의 색상을 다른 색상으로 변형하여 이를 보고서에 수록하는 행위
③ 상업적인 목적으로 보고서를 작성하면서 출처를 표시하고 사진저작물과 그 설명문을 그대로 수록하는 행위
④ 비상업적인 목적으로 보고서를 작성하면서 사진저작물을 다른 사진과 합성하여 수록하는 행위
⑤ 출처를 표시하고 사진저작물의 설명문을 영어로 번역하여 그 사진저작물과 번역문을 보고서에 수록하는 행위

05. 동산 X를 甲, 乙, 丙 세 사람이 공유하고 있다. 다음 A국의 규정을 근거로 판단할 때, 〈보기〉에서 옳은 것만을 모두 고르면?

> 제00조(물건의 공유) ① 물건이 지분에 의하여 여러 사람의 소유로 된 때에는 공유로 한다.
> ② 공유자의 지분은 균등한 것으로 추정한다.
> 제00조(공유지분의 처분과 공유물의 사용, 수익) 공유자는 자신의 지분을 다른 공유자의 동의 없이 처분할 수 있고 공유물 전부를 지분의 비율로 사용, 수익할 수 있다.
> 제00조(공유물의 처분, 변경) 공유자는 다른 공유자의 동의 없이 공유물을 처분하거나 변경하지 못한다.
> 제00조(공유물의 관리, 보존) 공유물의 관리에 관한 사항은 공유자의 지분의 과반수로써 결정한다. 그러나 보존행위는 각자가 할 수 있다.
> 제00조(지분포기 등의 경우의 귀속) 공유자가 그 지분을 포기하거나 상속인 없이 사망한 때에는 그 지분은 다른 공유자에게 각 지분의 비율로 귀속한다.

〈보기〉

ㄱ. 甲, 乙, 丙은 X에 대해 각자 1/3씩 지분을 갖는 것으로 추정된다.
ㄴ. 甲은 단독으로 X에 대한 보존행위를 할 수 있다.
ㄷ. 甲이 X에 대한 자신의 지분을 처분하기 위해서는 乙과 丙의 동의를 얻어야 한다.
ㄹ. 甲이 상속인 없이 사망한 경우, X에 대한 甲의 지분은 乙과 丙에게 각 지분의 비율에 따라 귀속된다.

① ㄱ, ㄴ
② ㄴ, ㄷ
③ ㄷ, ㄹ
④ ㄱ, ㄴ, ㄹ
⑤ ㄱ, ㄷ, ㄹ

06. 다음 글을 근거로 판단할 때, 〈사례〉에서 甲이 乙에게 지급을 청구하여 받을 수 있는 최대 손해배상액은?

> 채무자가 고의 또는 과실로 인하여 채무의 내용에 따른 이행을 하지 않으면 채권자는 채무자에게 손해배상을 청구할 수 있다. 채권자가 채무불이행을 이유로 채무자로부터 손해배상을 받으려면 손해의 발생사실과 손해액을 증명하여야 하는데, 증명의 어려움을 해소하기 위해 손해배상액을 예정하는 경우가 있다.
>
> 손해배상액의 예정은 장래의 채무불이행 시 지급해야 할 손해배상액을 사전에 정하는 약정을 말한다. 채권자와 채무자 사이에 손해배상액의 예정이 있으면 채권자는 실손해액과 상관없이 예정된 배상액을 청구할 수 있지만, 실손해액이 예정액을 초과하더라도 그 초과액을 배상받을 수 없다. 그리고 손해배상액을 예정한 사유가 아닌 다른 사유로 발생한 손해에 대해서는 손해배상액 예정의 효력이 미치지 않는다. 따라서 이로 인한 손해를 배상받으려면 별도로 손해의 발생사실과 손해액을 증명해야 한다.

〈사례〉

甲과 乙은 다음과 같은 공사도급계약을 체결하였다.

- 계약당사자: 甲(X건물 소유주)/乙(건축업자)
- 계약내용: X건물의 리모델링
- 공사대금: 1억 원
- 공사기간: 2015. 10. 1.～2016. 3. 31.
- 손해배상액의 예정: 공사기간 내에 X건물의 리모델링을 완료하지 못할 경우, 지연기간 1일당 위 공사대금의 0.1%를 乙이 甲에게 지급

그런데 乙의 과실로 인해 X건물 리모델링의 완료가 30일이 지연되었고, 이로 인해 甲은 500만 원의 손해를 입었다. 또한 乙이 고의로 불량자재를 사용하여 부실공사가 이루어졌고, 이로 인해 甲은 1,000만 원의 손해를 입었다. 甲은 각각의 손해발생사실과 손해액을 증명하여 乙에게 손해배상을 청구하였다.

① 500만 원
② 800만 원
③ 1,300만 원
④ 1,500만 원
⑤ 1,800만 원

07. 다음 글과 <상황>을 근거로 판단할 때 옳은 것은?

> K국의 현행법상 상속인으로는 혈족상속인과 배우자상속인이 있다. 제1순위 상속인은 피상속인의 직계비속이며, 직계비속이 없는 경우 직계존속이 상속인이 된다. 태아는 사산되어 출생하지 못한 경우를 제외하고 상속인이 된다. 배우자는 직계비속과 동순위로 공동상속인이 되고, 직계비속이 없는 경우에 피상속인의 직계존속과 공동상속인이 되며, 피상속인에게 직계비속과 직계존속이 없으면 단독상속인이 된다. 현행 상속분 규정은 상속재산을 배우자에게 직계존속·직계비속보다 50%를 더 주도록 정하고 있다. 예를 들어 상속인이 배우자(X)와 2명의 자녀(Y, Z)라면, '1.5(X) : 1(Y) : 1(Z)'의 비율로 상속이 이루어진다.
>
> 그런데 K국에서는 부부의 공동재산 기여분을 보장하기 위한 차원에서 상속법 개정을 추진하고 있다. '개정안'은 상속재산의 절반을 배우자에게 우선 배분하고, 나머지 절반은 현행 규정대로 배분하는 내용을 골자로 한다. 즉, 피상속인이 사망하였을 경우 상속재산의 50%를 그 배우자에게 먼저 배분하고, 이를 제외한 나머지 50%에 대해서는 다시 현행법상의 비율대로 상속이 이루어진다.

<상황>

> 甲은 심장마비로 갑자기 사망하였다. 甲의 유족으로는 어머니 A, 배우자 B, 아들 C, 딸 D가 있고, B는 현재 태아 E를 임신 중이다. 甲은 9억 원의 상속재산을 남겼다.

① 현행법에 의하면, E가 출생한 경우 B는 30% 이하의 상속분을 갖게 된다.
② 개정안에 의하면, E가 출생한 경우 B는 6억 원을 상속받게 된다.
③ 현행법에 의하면, E가 사산된 경우 B는 3억 원을 상속받게 된다.
④ 개정안에 의하면, E가 사산된 경우 B는 4억 원을 상속받게 된다.
⑤ 개정안에 의하면, E의 사산여부에 관계없이 B가 상속받게 되는 금액은 현행법에 의할 때보다 50% 증가한다.

08. 다음 <설명>을 근거로 <수식>을 계산한 값은?

<설명>

> 연산자 A, B, C, D는 다음과 같이 정의한다.
> A: 좌우에 있는 두 수를 더한다. 단, 더한 값이 10 미만이면 좌우에 있는 두 수를 곱한다. (예: 2 A 3=6)
> B: 좌우에 있는 두 수 가운데 큰 수에서 작은 수를 뺀다. 단, 두 수가 같거나 뺀 값이 10 미만이면 두 수를 곱한다.
> C: 좌우에 있는 두 수를 곱한다. 단, 곱한 값이 10 미만이면 좌우에 있는 두 수를 더한다.
> D: 좌우에 있는 두 수 가운데 큰 수를 작은 수로 나눈다. 단, 두 수가 같거나 나눈 값이 10 미만이면 두 수를 곱한다.

※ 연산은 '( )', '{ }'의 순으로 한다.

<수식>

> {(1 A 5) B (3 C 4)} D 6

① 10
② 12
③ 90
④ 210
⑤ 360

09. 다음 글과 〈상황〉을 근거로 판단할 때, 〈보기〉에서 옳은 것만을 모두 고르면?

A국 사람들은 아래와 같이 한 손으로 1부터 10까지의 숫자를 표현한다.

숫자	1	2	3	4	5
펼친 손가락 개수	1개	2개	3개	4개	5개
펼친 손가락 모양					
숫자	6	7	8	9	10
펼친 손가락 개수	2개	3개	2개	1개	2개
펼친 손가락 모양		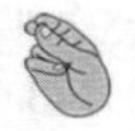			

〈상황〉

A국에 출장을 간 甲은 A국의 언어를 하지 못하여 물건을 살 때 상인의 손가락을 보고 물건의 가격을 추측한다. A국 사람의 숫자 표현법을 제대로 이해하지 못한 甲은 상인이 금액을 표현하기 위해 펼친 손가락 1개당 1원씩 돈을 지불하려고 한다. (단, 甲은 하나의 물건을 구매하며, 물건의 가격은 최소 1원부터 최대 10원까지라고 가정한다.)

〈보기〉

ㄱ. 물건의 가격과 甲이 지불하려는 금액이 일치했다면, 물건의 가격은 5원 이하이다.
ㄴ. 상인이 손가락 3개를 펼쳤다면, 물건의 가격은 최대 7원이다.
ㄷ. 물건의 가격과 甲이 지불하려는 금액이 8원 만큼 차이가 난다면, 물건의 가격은 9원이거나 10원이다.
ㄹ. 甲이 물건의 가격을 초과하는 금액을 지불하려는 경우가 발생할 수 있다.

① ㄱ, ㄴ
② ㄷ, ㄹ
③ ㄱ, ㄴ, ㄷ
④ ㄱ, ㄷ, ㄹ
⑤ ㄴ, ㄷ, ㄹ

10. 다음 글을 근거로 판단할 때, 사자바둑기사단이 선발할 수 있는 출전선수 조합의 총 가짓수는?

○ 사자바둑기사단과 호랑이바둑기사단이 바둑시합을 한다.
○ 시합은 일대일 대결로 총 3라운드로 진행되며, 한 명의 선수는 하나의 라운드에만 출전할 수 있다.
○ 호랑이바둑기사단은 1라운드에는 甲을, 2라운드에는 乙을, 3라운드에는 丙을 출전시킨다.
○ 사자바둑기사단은 각 라운드별로 이길 수 있는 확률이 0.6 이상이 되도록 7명의 선수(A ~ G) 중 3명을 선발한다.
○ A ~ G가 甲, 乙, 丙에 대하여 이길 수 있는 확률은 다음 〈표〉와 같다.

〈표〉

선수	甲	乙	丙
A	0.42	0.67	0.31
B	0.35	0.82	0.49
C	0.81	0.72	0.15
D	0.13	0.19	0.76
E	0.66	0.51	0.59
F	0.54	0.28	0.99
G	0.59	0.11	0.64

① 18가지
② 17가지
③ 16가지
④ 15가지
⑤ 14가지

11. 다음 글을 근거로 판단할 때 옳은 것은?

2009년 미국의 설탕, 옥수수 시럽, 기타 천연당의 1인당 연평균 소비량은 140파운드로 독일, 프랑스보다 50%가 많았고, 중국보다는 9배가 많았다. 그런데 설탕이 비만을 야기하고 당뇨병 환자의 건강에 해롭다는 인식이 확산되면서 사카린과 같은 인공감미료의 수요가 증가하였다.

세계 최초의 인공감미료인 사카린은 1879년 미국 존스 홉킨스 대학에서 화학물질의 산화반응을 연구하다가 우연히 발견됐다. 당도가 설탕보다 약 500배 정도 높은 사카린은 대표적인 인공감미료로 체내에서 대사되지 않고 그대로 배출된다는 특징이 있다. 그런데 1977년 캐나다에서 쥐를 대상으로 한 사카린 실험 이후 유해성 논란이 촉발되었다. 사카린을 섭취한 쥐가 방광암에 걸렸기 때문이다. 그러나 사카린의 무해성을 입증한 다양한 연구결과로 인해 2001년 미국 FDA는 사카린을 다시 안전한 식품첨가물로 공식 인정하였고, 현재도 설탕의 대체재로 사용되고 있다.

아스파탐은 1965년 위궤양 치료제를 개발하던 중 우연히 발견된 인공감미료로 당도가 설탕보다 약 200배 높다. 그러나 아스파탐도 발암성 논란이 끊이지 않았다. 미국 암협회가 안전하다고 발표했지만 이탈리아의 한 과학자가 쥐를 대상으로 한 실험에서 아스파탐이 암을 유발한다고 결론 내렸기 때문이다.

① 사카린과 아스파탐은 설탕보다 당도가 높고, 사카린은 아스파탐보다 당도가 높다.

② 사카린과 아스파탐은 모두 설탕을 대체하기 위해 거액을 투자해 개발한 인공감미료이다.

③ 사카린은 유해성 논란으로 현재 미국에서는 더 이상 식품 첨가물로 사용되지 않을 것이다.

④ 2009년 기준 중국의 설탕, 옥수수 시럽, 기타 천연당의 1인당 연평균 소비량은 20파운드 이상이었을 것이다.

⑤ 아스파탐은 암 유발 논란에 휩싸였지만, 2001년 미국 FDA로부터 안전한 식품첨가물로 처음 공식 인정받았다.

12. 다음 글을 근거로 판단할 때, 〈보기〉에서 옳은 것만을 모두 고르면?

조선시대 지방행정제도는 기본적으로 8도(道) 아래 부(府), 대도호부(大都護府), 목(牧), 도호부(都護府), 군(郡), 현(縣)을 두는 체제였다. 이들 지방행정기관은 6조(六曹)를 중심으로 한 중앙행정기관의 지시를 받았으나 중앙행정기관의 완전한 하부 기관은 아니었다. 지방행정기관도 중앙행정기관과 같이 왕에 직속되어 있었기 때문에 중앙행정기관과 의견이 다르거나 쟁의가 있을 때는 왕의 재결을 바로 품의(稟議)할 수 있었다.

지방행정기관의 장으로는 도에 관찰사(觀察使), 부에 부윤(府尹), 대도호부에 대도호부사(大都護府使), 목에 목사(牧使), 도호부에 도호부사(都護府使), 군에 군수(郡守), 그리고 현에 현감(縣監)을 두었다. 관찰사는 도의 행정·군사·사법에 관한 전반적인 사항을 다스리고, 관내의 지방행정기관장을 지휘·감독하는 일을 하였다. 제도 시행 초기에 관찰사는 순력(巡歷)이라 하여 일정한 사무소를 두지 않고 각 군·현을 순례하면서 지방행정을 감시하였으나, 나중에는 고정된 근무처를 가지게 되었다. 관찰사를 제외한 지방행정기관장은 수령(首領)으로 통칭되었는데, 이들 역시 행정업무와 함께 일정한 수준의 군사·사법업무를 같이 담당하였다.

중앙에서는 파견한 지방행정기관장에 대한 관리와 감독을 철저히 했다. 권력남용 등의 부조리나 지방세력과 연합하여 독자세력으로 발전하는 것을 막기 위한 조치였다. 일례로 관찰사의 임기를 360일로 제한하여 지방토호나 지방영주로 변질되는 것을 막고자 하였다.

〈보기〉

ㄱ. 조선시대 지방행정기관은 왕의 직속기관이었을 것이다.
ㄴ. 지방행정기관의 우두머리라는 의미에서 관찰사를 수령이라고 불렀을 것이다.
ㄷ. 군수와 현감은 행정업무뿐만 아니라 군사업무와 사법 업무도 담당했을 것이다.
ㄹ. 관찰사의 임기를 제한한 이유 중 하나는 지방세력과 연합하여 독자세력으로 발전하는 것을 막으려는 것이었다.

① ㄱ, ㄴ
② ㄱ, ㄹ
③ ㄴ, ㄷ
④ ㄱ, ㄷ, ㄹ
⑤ ㄴ, ㄷ, ㄹ

13. 다음 글을 근거로 판단할 때 옳은 것은?

> 이슬람권 국가에서는 여성들이 베일을 쓴 모습을 흔히 볼 수 있다. 그런데 이슬람교 경전인 코란이 여성의 정숙함을 강조하지만, 베일로 얼굴을 감싸는 것을 의무로 규정하고 있는 것은 아니다. 겸허한 태도를 지키고 몸의 윤곽, 그것도 얼굴이 아니라 상반신을 베일로 가리라고 충고할 뿐이다. 베일로 얼굴을 감싸는 관습은 코란에 따른 의무라기보다는, 예전부터 존재했던 겸허와 존중의 표시였다.
>
> 날씨가 더운 나라의 여성들도 베일을 착용하였는데, 남성에 대한 순종의 의미보다 햇볕이나 사막의 뜨거운 모래바람으로부터 얼굴을 보호하려는 것이 목적이었다. 이란의 반다르 에아바스에 사는 수니파 여성들은 얼굴 보호를 위해 자수 장식이 있는 두꺼운 면직물로 된 붉은색 마스크를 썼다. 이것도 이슬람 전통이 정착되기 전부터 존재했을 가능성이 크다. 사우디아라비아의 베두인족 여성들은 은과 진주로 장식한 천이나 가죽 소재의 부르카로 얼굴 전체를 감쌌다. 부르카 위에 다시 커다란 검은색 베일을 쓰기도 했다.
>
> 외부 침입이 잦은 일부 지역에서 베일은 낯선 이방인의 시선으로부터 자신을 보호하는 수단으로 사용됐다. 북아프리카의 투아레그족 남자들이 리탐이라고 부르는 남색의 면직물로 된 큰 베일을 썼던 것이 그 예이다. 전설에 따르면 전쟁에서 패하고 돌아온 투아레그족 남자들이 수치심 때문에 머리에 감았던 터번으로 얼굴을 가리고 다녔는데, 그 뒤로는 타인의 시선으로부터 자신을 보호하기 위해 계속해서 얼굴을 감싸게 되었다고 한다.

① 베일은 여성만 착용하는 것으로 남성에 대한 겸허의 의미를 담고 있었을 것이다.
② 반다르 에아바스 지역의 수니파 여성들은 은으로 장식한 가죽으로 얼굴을 감쌌을 것이다.
③ 이슬람권 여성이 베일로 얼굴을 감싸는 것은 코란의 의무규정으로부터 시작되었을 것이다.
④ 타인의 시선으로부터 자신을 보호하는 것도 사람들이 베일을 쓰는 이유 중 하나였을 것이다.
⑤ 사우디아라비아 베두인족 여성의 부르카와 북아프리카 투아레그족의 리탐은 모두 가죽 소재로 만들었을 것이다.

14. 다음 글을 근거로 판단할 때 옳은 것은?

> 아파트를 분양받을 경우 전용면적, 공용면적, 공급면적, 계약면적, 서비스면적이라는 용어를 자주 접하게 된다.
>
> 전용면적은 아파트의 방이나 거실, 주방, 화장실 등을 모두 포함한 면적으로, 개별 세대 현관문 안쪽의 전용 생활공간을 말한다. 다만 발코니 면적은 전용면적에서 제외된다.
>
> 공용면적은 주거공용면적과 기타공용면적으로 나뉜다. 주거공용면적은 세대가 거주를 위하여 공유하는 면적으로 세대가 속한 건물의 공용계단, 공용복도 등의 면적을 더한 것을 말한다. 기타공용면적은 주거공용면적을 제외한 지하층, 관리사무소, 노인정 등의 면적을 더한 것이다.
>
> 공급면적은 통상적으로 분양에 사용되는 용어로 전용면적과 주거공용면적을 더한 것이다. 계약면적은 공급면적과 기타공용면적을 더한 것이다. 서비스면적은 발코니 같은 공간의 면적으로 전용면적과 공용면적에서 제외된다.

① 발코니 면적은 계약면적에 포함된다.
② 관리사무소 면적은 공급면적에 포함된다.
③ 계약면적은 전용면적, 주거공용면적, 기타공용면적을 더한 것이다.
④ 공용계단과 공용복도의 면적은 공급면적에 포함되지 않는다.
⑤ 개별 세대 내 거실과 주방의 면적은 주거공용면적에 포함된다.

15. 다음 A국의 규정을 근거로 판단할 때 옳은 것은?

제00조 ① 법령 등을 제정·개정 또는 폐지(이하 "입법"이라 한다)하려는 경우에는 해당 입법안을 마련한 행정청은 이를 예고하여야 한다. 다만, 다음 각 호의 어느 하나에 해당하는 경우에는 예고를 하지 아니할 수 있다.
1. 신속한 국민의 권리 보호 또는 예측 곤란한 특별한 사정의 발생 등으로 입법이 긴급을 요하는 경우
2. 상위 법령 등의 단순한 집행을 위한 경우
3. 예고함이 공공의 안전 또는 복리를 현저히 해칠 우려가 있는 경우

② 법제처장은 입법예고를 하지 아니한 법령안의 심사 요청을 받은 경우에 입법예고를 하는 것이 적당하다고 판단할 때에는 해당 행정청에 입법예고를 권고하거나 직접 예고할 수 있다.

제00조 ① 행정청은 입법안의 취지, 주요 내용 또는 전문(全文)을 관보·공보나 인터넷·신문·방송 등을 통하여 널리 공고하여야 한다.

② 행정청은 입법예고를 할 때에 입법안과 관련이 있다고 인정되는 중앙행정기관, 지방자치단체, 그 밖의 단체 등이 예고사항을 알 수 있도록 예고사항을 통지하거나 그 밖의 방법으로 알려야 한다.

③ 행정청은 예고된 입법안의 전문에 대한 열람 또는 복사를 요청받았을 때에는 특별한 사유가 없으면 그 요청에 따라야 하며, 복사에 드는 비용을 복사를 요청한 자에게 부담시킬 수 있다.

① 행정청은 신속한 국민의 권리 보호를 위해 입법이 긴급을 요하는 경우 입법예고를 하지 않을 수 있다.
② 행정청은 예고된 입법안 전문에 대한 복사 요청을 받은 경우 복사에 드는 비용을 부담하여야만 한다.
③ 행정청은 법령의 단순한 집행을 위해 그 하위 법령을 개정하는 경우 입법예고를 하여야만 한다.
④ 법제처장은 입법예고를 하지 않은 법령안의 심사를 요청받은 경우 그 법령안의 입법예고를 직접 할 수 없다.
⑤ 행정청은 법령을 폐지하는 경우 입법예고를 하지 않는다.

16. 다음 글을 근거로 판단할 때 옳은 것은?

토지와 그 정착물을 부동산이라 하고, 부동산 이외의 물건을 동산이라 한다. 계약(예: 매매, 증여 등)에 의하여 부동산의 소유권을 취득하려면 양수인(예: 매수인, 수증자) 명의로 소유권이전등기를 마쳐야 한다. 반면에 상속·공용징수(강제수용)·판결·경매나 그 밖의 법률규정에 의하여 부동산의 소유권을 취득하는 경우에는 등기를 필요로 하지 않는다. 다만 등기를 하지 않으면 그 부동산을 처분하지 못한다. 한편 계약에 의하여 동산의 소유권을 취득하려면 양도인(예: 매도인, 증여자)이 양수인에게 그 동산을 인도하여야 한다.

① 甲이 자신의 부동산 X를 乙에게 1억 원에 팔기로 한 경우, 乙이 甲에게 1억 원을 지급할 때 부동산 X의 소유권을 취득한다.
② 甲의 부동산 X를 경매를 통해 취득한 乙이 그 부동산을 丙에게 증여하고 인도하면, 丙은 소유권이전등기 없이 부동산 X의 소유권을 취득한다.
③ 甲이 점유하고 있는 자신의 동산 X를 乙에게 증여하기로 한 경우, 甲이 乙에게 동산 X를 인도하지 않더라도 乙은 동산 X의 소유권을 취득한다.
④ 甲의 상속인으로 乙과 丙이 있는 경우, 乙과 丙이 상속으로 甲의 부동산 X에 대한 소유권을 취득하려면 乙과 丙명의로 소유권이전등기를 마쳐야 한다.
⑤ 甲과의 브동산 X에 대한 매매계약에 따라 乙이 甲에게 매매대금을 지급하였더라도 乙명의로 부동산 X에 대한 소유권이전등기를 마치지 않은 경우, 乙은 그 소유권을 취득하지 못한다.

17. 다음 글을 근거로 판단할 때, A에 해당하는 숫자는?

□ △△원자력발전소에서 매년 사용후핵연료봉(이하 '폐연료봉'이라 한다)이 50,000개씩 발생하고, 이를 저장하기 위해 발전소 부지 내 2가지 방식(습식과 건식)의 임시저장소를 운영

1. 습식저장소
   - 원전 내 저장수조에서 물을 이용하여 폐연료봉의 열을 냉각시키고 방사선을 차폐하는 저장방식으로 총 100,000개의 폐연료봉 저장 가능
2. 건식저장소
   - ○ X저장소
     - 원통형의 커다란 금속 캔에 폐연료봉을 저장하는 방식으로 총 300기의 캐니스터로 구성되고, 한 기의 캐니스터는 9층으로 이루어져 있으며, 한 개의 층에 60개의 폐연료봉 저장 가능
   - ○ Y저장소
     - 기체로 열을 냉각시키고 직사각형의 콘크리트 내에 저장함으로써 방사선을 차폐하는 저장방식으로 이 방식을 이용하여 저장소 내에 총 138,000개의 폐연료봉 저장 가능

□ 현재 습식저장소는 1개로 저장용량의 50%가 채워져 있고, 건식저장소 X, Y는 각각 1개로 모두 비어 있는 상황

□ 따라서 발생하는 폐연료봉의 양이 항상 일정하다고 가정하면, △△원자력발전소에서 최대 (A)년 동안 발생하는 폐연료봉을 현재의 임시저장소에 저장 가능

① 3
② 4
③ 5
④ 6
⑤ 7

18. 다음 글과 〈상황〉을 근거로 판단할 때, 甲이 둘째 딸에게 물려주려는 땅의 크기는?

한 도형이 다른 도형과 접할 때, 안쪽에서 접하는 것을 내접, 바깥쪽에서 접하는 것을 외접이라고 한다. 이를테면 한 개의 원이 다각형의 모든 변에 접할 때, 그 다각형은 원에 외접한다고 하며 원은 다각형에 내접한다고 한다. 한편 원이 한 다각형의 각 꼭짓점을 모두 지날 때 그 원은 다각형에 외접한다고 하며, 다각형은 원에 내접한다고 한다. 정다각형은 반드시 내접원과 외접원을 가지게 된다.

〈상황〉

甲은 죽기 전 자신이 가진 가로와 세로가 각각 100m인 정사각형의 땅을 다음과 같이 나누어 주겠다는 유서를 작성하였다.

"내 전 재산인 정사각형의 땅에 내접하는 원을 그리고, 다시 그 원에 내접하는 정사각형을 그린다. 그 내접하는 정사각형에 해당하는 땅을 첫째 딸에게 주고, 나머지 부분은 둘째 딸에게 물려준다."

① 4,000m^2
② 5,000m^2
③ 6,000m^2
④ 7,000m^2
⑤ 8,000m^2

19. 다음 글과 〈평가 결과〉를 근거로 판단할 때, 〈보기〉에서 옳은 것만을 모두 고르면?

X국에서는 현재 정부 재정지원을 받고 있는 복지시설(A ~ D)을 대상으로 다섯 가지 항목(환경개선, 복지관리, 복지지원, 복지성과, 중장기 발전계획)에 대한 종합적인 평가를 진행하였다.

평가점수의 총점은 각 평가항목에 대해 해당 시설이 받은 점수와 해당 평가항목별 가중치를 곱한 것을 합산하여 구하고, 총점 90점 이상은 1등급, 80점 이상 90점 미만은 2등급, 70점 이상 80점 미만은 3등급, 70점 미만은 4등급으로 한다.

평가 결과, 1등급 시설은 특별한 조치를 취하지 않으며, 2등급 시설은 관리 정원의 5%를, 3등급 이하 시설은 관리 정원의 10%를 감축해야 하고, 4등급을 받으면 정부의 재정지원도 받을 수 없다.

〈평가 결과〉

평가항목 (가중치)	A시설	B시설	C시설	D시설
환경개선 (0.2)	90	90	80	90
복지관리 (0.2)	95	70	65	70
복지지원 (0.2)	95	70	55	80
복지성과 (0.2)	95	70	60	60
중장기 발전계획 (0.2)	90	95	50	65

〈보기〉

ㄱ. A시설은 관리 정원을 감축하지 않아도 된다.
ㄴ. B시설은 관리 정원을 감축해야 하나 정부의 재정지원은 받을 수 있다.
ㄷ. 만약 평가항목에서 환경개선의 가중치를 0.3으로, 복지성과의 가중치를 0.1로 바꾼다면 C시설은 정부의 재정지원을 받을 수 있다.
ㄹ. D시설은 관리 정원을 감축해야 하고 정부의 재정지원도 받을 수 없다.

① ㄱ, ㄴ
② ㄴ, ㄹ
③ ㄷ, ㄹ
④ ㄱ, ㄴ, ㄷ
⑤ ㄱ, ㄷ, ㄹ

20. 다음 글을 근거로 판단할 때, 〈보기〉에서 옳은 것만을 모두 고르면?

甲과 乙이 '사냥게임'을 한다. 1, 2, 3, 4의 번호가 매겨진 4개의 칸이 아래와 같이 있다.

1	2	3	4

여기에 甲은 네 칸 중 괴물이 위치할 연속된 두 칸을 정하고, 乙은 네 칸 중 화살이 명중할 하나의 칸을 정한다. 甲과 乙은 동시에 자신들이 정한 칸을 말한다. 그 결과 화살이 괴물이 위치하는 칸에 명중하면 乙이 승리하고, 명중하지 않으면 甲이 승리한다.

예를 들면 甲이 [1|2], 乙이 [1] 또는 [2]를 선택한 경우 괴물이 화살에 맞은 것으로 간주하여 乙이 승리한다. 만약 甲이 [1|2], 乙이 [3] 또는 [4]를 선택했다면 괴물이 화살을 피한 것으로 간주하여 甲이 승리한다.

〈보기〉

ㄱ. 괴물이 위치할 칸을 甲이 무작위로 정할 경우 乙은 [1]보다는 [2]를 선택하는 것이 승리할 확률이 높다.
ㄴ. 화살이 명중할 칸을 乙이 무작위로 정할 경우 甲은 [2|3]보다는 [3|4]를 선택하는 것이 승리할 확률이 높다.
ㄷ. 이 게임에서 甲이 선택할 수 있는 대안은 3개이고 乙이 선택할 수 있는 대안은 4개이므로 乙이 이기는 경우의 수가 더 많다.

① ㄱ
② ㄴ
③ ㄷ
④ ㄱ, ㄴ
⑤ ㄱ, ㄷ

21. 다음 글을 근거로 판단할 때, 1단계에서 甲이 나눈 두 묶음의 구슬 개수로 옳은 것은?

> 甲은 아래 세 개의 단계를 순서대로 거쳐 16개의 구슬을 네 묶음으로 나누었다. 네 묶음의 구슬 개수는 각각 1개, 5개, 5개, 5개이다.
> - 1단계: 16개의 구슬을 두 묶음으로 나누어, 한 묶음의 구슬 개수가 다른 묶음의 구슬 개수의 n배(n은 자연수)가 되도록 했다.
> - 2단계: 5개 이상의 구슬이 있던 한 묶음에서 다른 묶음으로 5개의 구슬을 옮겼다.
> - 3단계: 두 묶음을 각각 두 묶음씩으로 다시 나누어 총 네 묶음이 되도록 했다.

① 8개, 8개
② 11개, 5개
③ 12개, 4개
④ 14개, 2개
⑤ 15개, 1개

22. 다음 글을 근거로 판단할 때 옳지 않은 것은?

> 甲은 〈가격표〉를 참고하여 〈조건〉에 따라 동네 치킨 가게(A ~ D)에서 치킨을 배달시켰다.
>
> 〈조건〉
>
> 조건 1. 프라이드치킨, 양념치킨, 간장치킨을 한 마리씩 주문한다.
> 조건 2. 동일한 가게에 세 마리를 주문하지 않는다.
> 조건 3. 주문금액(치킨 가격 + 배달료)의 총 합계가 최소가 되도록 한다.
>
> 〈가격표〉
>
> (단위: 원)

동네 치킨 가게	치킨 가격 (마리당 가격)			배달료	배달가능 최소금액
	프라이드 치킨	양념 치킨	간장 치킨		
A	7,000	8,000	9,000	0	10,000
B	7,000	7,000	10,000	2,000	5,000
C	5,000	8,000	8,000	1,000	7,000
D	8,000	8,000	8,000	1,000	5,000

※ 배달료는 가게당 한 번만 지불한다.

① A가게에는 주문하지 않았다.
② 총 주문금액은 23,000원이다.
③ 주문이 가능한 경우의 조합은 총 네 가지이다.
④ B가게가 휴업했더라도 총 주문금액은 달라지지 않는다.
⑤ '조건 2'를 고려하지 않는다면 총 주문금액은 22,000원이다.

23. 다음 글을 근거로 판단할 때, 〈보기〉에서 옳은 것만을 모두 고르면?

ㅇ '○○코드'는 아래 그림과 같이 총 25칸(5×5)으로 이루어져 있으며, 각 칸을 흰색으로 채우거나 검정색으로 채우는 조합에 따라 다른 코드가 만들어진다.

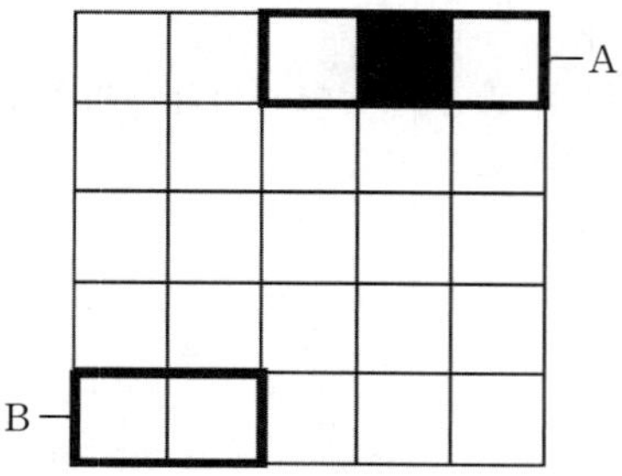

ㅇ 상단 오른쪽의 3칸(A)은 항상 '흰색－검정색－흰색'으로 ○○코드의 고유표시를 나타낸다.
ㅇ 하단 왼쪽의 2칸(B)은 코드를 제작한 지역을 표시하는 것으로 전 세계를 총 4개의 지역으로 분류하고, 甲지역은 '흰색－흰색'으로 표시한다.

※ 코드를 회전시키는 경우는 고려하지 않는다.

〈보기〉

ㄱ. 甲지역에서 만들 수 있는 코드 개수는 100만 개를 초과한다.
ㄴ. 甲지역에서 만들 수 있는 코드와 다른 지역에서 만들 수 있는 코드는 최대 20칸이 동일하다.
ㄷ. 각 칸을 기존의 흰색과 검정색뿐만 아니라 빨간색과 파란색으로도 채울 수 있다면, 만들 수 있는 코드 개수는 기존보다 100만 배 이상 증가한다.
ㄹ. 만약 상단 오른쪽의 3칸(A)도 다른 칸과 마찬가지로 코드 만드는 것에 사용토록 개방한다면, 만들 수 있는 코드 개수는 기존의 6배로 증가한다.

① ㄱ, ㄴ
② ㄱ, ㄷ
③ ㄴ, ㄹ
④ ㄱ, ㄷ, ㄹ
⑤ ㄴ, ㄷ, ㄹ

24. 다음 〈조건〉을 따를 때, 5에 인접한 숫자를 모두 더한 값은? (단, 숫자가 인접한다는 것은 숫자가 쓰인 칸이 인접함을 의미한다.)

〈조건〉

ㅇ 1~10까지의 자연수를 모두 사용하여, 〈숫자판〉의 각 칸에 하나의 자연수를 쓴다. 단, 6과 7은 〈숫자판〉에 쓰여 있다.
ㅇ 1은 소수$^※$와만 인접한다.
ㅇ 2는 모든 홀수와 인접한다.
ㅇ 3에 인접한 숫자를 모두 더하면 16이 된다.
ㅇ 5는 가장 많은 짝수와 인접한다.
ㅇ 10은 어느 짝수와도 인접하지 않는다.

※ 소수: 1과 자신만을 약수로 갖는 자연수

〈숫자판〉

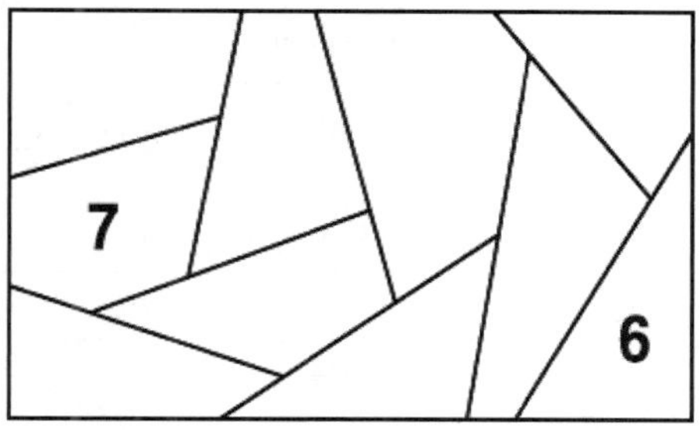

① 22
② 23
③ 24
④ 25
⑤ 26

25. 다음 글을 근거로 판단할 때 옳지 않은 것은?

○○군에서는 관내 임업인 중 정부 보조금 지원 대상자를 선정하기 위하여 〈평가기준〉을 홈페이지에 게시하였다. 이에 임업인 甲, 乙, 丙, 丁이 관련 서류를 완비하여 보조금 지원을 신청하였으며, ○○군은 평가를 거쳐 〈선정결과〉를 발표하였다.

〈평가기준〉

<table>
<tr><th>구분</th><th>평가항목</th><th colspan="2">배점기준</th><th>배점</th><th>평가자료</th></tr>
<tr><td rowspan="3">1</td><td rowspan="3">보조금 수급 이력</td><td colspan="2">없음</td><td>40</td><td rowspan="3">정부 보유자료</td></tr>
<tr><td rowspan="2">있음</td><td>3백만 원 미만</td><td>26</td></tr>
<tr><td>3백만 원 이상</td><td>10</td></tr>
<tr><td rowspan="4">2</td><td rowspan="4">임산물 판매규모</td><td colspan="2">2천만 원 이상</td><td>30</td><td rowspan="4">2015년 연간 판매액 증빙자료</td></tr>
<tr><td colspan="2">1천만 원 이상 2천만 원 미만</td><td>25</td></tr>
<tr><td colspan="2">5백만 원 이상 1천만 원 미만</td><td>19</td></tr>
<tr><td colspan="2">5백만 원 미만</td><td>12</td></tr>
<tr><td rowspan="2">3</td><td rowspan="2">전문 임업인</td><td colspan="2">해당</td><td>10</td><td rowspan="2">군청 보유자료</td></tr>
<tr><td colspan="2">해당 없음</td><td>5</td></tr>
<tr><td rowspan="2">4</td><td rowspan="2">임산물 관련 교육 이수</td><td colspan="2">해당</td><td>10</td><td rowspan="2">이수증, 수료증</td></tr>
<tr><td colspan="2">해당 없음</td><td>5</td></tr>
<tr><td rowspan="2">5</td><td rowspan="2">2015년 산림청 통계조사 표본농가</td><td colspan="2">해당</td><td>10</td><td rowspan="2">산림청 보유자료</td></tr>
<tr><td colspan="2">해당 없음</td><td>7</td></tr>
</table>

□ 선정기준: 평가기준에 따른 총점이 가장 높은 임업인 1인

□ 임업인이 제출해야 할 서류

- 2번 항목: 2015년 임산물 판매 영수증, 세금계산서
- 4번 항목: 이수증 또는 수료증

□ 선정제외 대상: 보조금을 부당하게 사용하였거나 관련 법령을 위반한 자

□ 동점 시 우선 선정기준

1. 보조금 수급 이력 점수가 높은 자
2. 임산물 판매규모 점수가 높은 자
3. 연령이 높은 자

〈선정결과〉

항목 / 임업인	1	2	3	4	5	총점	선정 여부
甲	40	25	10	5	7	87	X
乙	40	19	5	10	10	84	X
丙	40	19	10	5	10	84	O
丁	26	30	5	10	7	78	X

① 甲은 관련 법령을 위반한 적이 있을 것이다.

② 甲과 丁은 2015년 산림청통계조사 표본농가에 포함되지 않았을 것이다.

③ 乙이 관련 법령위반 경력이 없다면, 丙은 乙보다 연령이 높을 것이다.

④ 丁은 300만 원 이상에 해당되는 보조금 수급 이력 서류를 제출하였을 것이다.

⑤ 乙과 丁은 임산물 관련 교육 이수 사실 증명을 위해 이수증이나 수료증을 제출하였을 것이다.

약점 보완 해설집 p.40

해커스PSAT **5·7급 + 민경채 PSAT**
김우진 상황판단 기출문제집

5급
기출문제

01. 다음 글을 근거로 판단할 때 옳은 것은?

제00조(공공데이터의 제공 및 이용 활성화에 관한 기본계획) ① 정부는 공공데이터의 제공 및 이용 활성화에 관한 기본계획(이하 '기본계획'이라 한다)을 수립하여야 한다.
② 기본계획은 행정안전부장관이 과학기술정보통신부장관과 협의하여 매 3년마다 국가 및 각 지방자치단체의 부문계획을 종합하여 수립하며, 공공데이터전략위원회(이하 '전략위원회'라 한다)의 심의·의결을 거쳐 확정한다. 기본계획 중 중요한 사항을 변경하는 경우에도 또한 같다.
③ 행정안전부장관은 전략위원회의 심의를 거쳐 국가와 지방자치단체의 부문계획의 작성지침을 정하고 이를 관계 기관에 통보할 수 있으며, 기본계획의 작성을 위하여 필요한 경우 공공기관의 장에게 관련 자료의 제출을 요청할 수 있다.
제00조(공공데이터의 제공 및 이용 활성화에 관한 시행계획) ① 국가와 지방자치단체의 장은 기본계획에 따라 매년 공공데이터의 제공 및 이용 활성화에 관한 시행계획(이하 '시행계획'이라 한다)을 수립하여야 한다.
② 중앙행정기관의 장과 지방자치단체의 장은 시행계획을 전략위원회에 제출하고, 전략위원회의 심의·의결을 거쳐 시행하여야 한다. 시행계획 중 중요한 사항을 변경하는 경우에도 또한 같다.
제00조(공공데이터의 제공 운영실태 평가) ① 행정안전부장관은 매년 공공기관(국회·법원·헌법재판소 및 중앙선거관리위원회는 제외한다. 이하 이 조에서 같다)을 대상으로 공공데이터의 제공기반조성, 제공현황 등 제공 운영실태를 평가하여야 한다.
② 행정안전부장관은 제1항에 따른 평가결과를 전략위원회와 국무회의에 보고한 후 이를 공공기관의 장에게 통보하고 공표하여야 하며, 전략위원회가 개선이 필요하다고 권고한 사항에 대하여는 해당 공공기관에 시정요구 등의 조치를 취하여야 한다.
③ 행정안전부장관은 제1항에 따른 평가결과가 우수한 공공기관이나 공공데이터 제공에 이바지한 공로가 인정되는 공무원 또는 공공기관 임직원을 선정하여 포상할 수 있다.

① 행정안전부장관은 기본계획의 작성을 위해 필요한 경우, 관련 자료의 제출을 공공기관의 장에게 요청할 수 있다.
② 지방자치단체의 장은 시행계획 중 중요한 사항을 변경하는 경우, 공공데이터전략위원회의 심의를 생략하고 이를 시행할 수 있다.
③ 행정안전부장관은 헌법재판소를 대상으로 공공데이터의 제공 운영실태를 평가하여야 한다.
④ 공공데이터전략위원회는 공공데이터의 제공 운영실태 평가결과를 행정안전부장관에게 보고하여야 한다.
⑤ 공공데이터의 제공 운영실태 평가에 따른 포상 대상은 공무원에 한한다.

02. 다음 글을 근거로 판단할 때 옳은 것은?

제○○조(문화관광형시장의 지정·육성) ① 시장·군수·구청장(이하 '시장 등'이라 한다)은 직접 또는 상인조직을 대표하는 자가 신청하는 경우 시·도지사의 승인을 받아 문화관광형시장을 지정할 수 있다. 이 경우 시·도지사는 중소벤처기업부장관 및 문화체육관광부장관과 협의를 거쳐 승인 여부를 결정하여야 한다.
② 시장 등은 문화관광형시장을 지정한 경우에는 그 지정 내용과 육성계획을 중소벤처기업부장관과 시·도지사에게 제출하여야 한다.
③ 정부와 지방자치단체는 지정된 문화관광형시장을 육성하기 위하여 다음 각 호의 사항을 지원할 수 있다.
1. 문화관광형시장으로 육성하기 위하여 필요한 공공시설과 편의시설의 설치 및 개량
2. 기념품 및 지역특산품의 개발과 판매시설 설치
3. 지역특성을 반영한 축제·행사·문화공연 개최
4. 시장·상점가와 지역 문화·관광자원을 연계한 상품 및 문화·관광 콘텐츠의 개발과 홍보
5. 문화관광형시장의 상인 및 상인조직에 대한 교육

제□□조(문화관광형시장 지정의 해제) ① 시·도지사는 지정된 문화관광형시장이 다음 각 호의 어느 하나에 해당하는 경우에는 그 지정을 해제할 수 있다.
1. 문화관광형시장을 지정한 날부터 3개월 이내에 제○○조 제2항에 따라 지정 내용과 육성계획이 제출되지 아니한 경우
2. 문화관광형시장을 지정한 날부터 2년 이내에 제○○조 제2항의 육성계획이 추진되지 아니한 경우

② 시·도지사는 문화관광형시장의 지정을 해제하려는 경우에는 시장 등 및 그 밖의 이해관계인에게 의견진술의 기회를 주어야 한다.
③ 시·도지사는 문화관광형시장의 지정을 해제한 때에는 그 내용을 중소벤처기업부장관, 문화체육관광부장관 및 시장 등에게 통보하여야 한다.

① 시·도지사는 개별 상인의 신청에 따라 문화관광형시장을 지정할 수 있다.
② 문화관광형시장의 지정을 해제한 때에는 시·도지사가 그 내용을 중소벤처기업부장관에게 통보할 필요가 없다.
③ 시·도지사는 문화관광형시장의 지정 해제를 함에 있어 이해관계인에게 의견진술의 기회를 줄 필요는 없다.
④ 지방자치단체는 지정된 문화관광형시장을 육성하기 위해 지역특산품의 개발과 판매시설 설치를 지원할 수 있지만, 기념품 개발과 판매시설 설치는 지원할 수 없다.
⑤ 시장·군수·구청장이 문화관광형시장을 지정한 날부터 3개월 이내에 그 지정 내용과 육성계획을 제출하지 않은 경우, 시·도지사는 그 지정을 해제할 수 있다.

03. 다음 글을 근거로 판단할 때 옳은 것은?

제00조(자연지진·지진해일·화산의 관측 결과 통보) 기상청장은 국내외에서 발생하는 주요 자연지진·지진해일·화산에 대한 관측 결과 및 특보 등의 정보를 보도기관 또는 인터넷 홈페이지를 이용하거나 다른 적절한 방법을 통하여 관계 기관과 국민에게 알릴 수 있다.
제00조(지진조기경보체제 구축·운영) ① 기상청장은 지진관측 즉시 관련 정보를 국민에게 알릴 수 있는 지진조기경보체제를 구축·운영하여야 한다.
② 기상청장은 다음 각 호의 경우 즉시 지진조기경보를 발령하여야 한다.
1. 규모 5.0 이상으로 예상되는 지진이 국내에서 발생한 경우
2. 규모 5.0 이상으로 예상되는 지진으로서 국내에 상당한 영향을 미칠 것으로 예상되는 지진이 국외에서 발생한 경우
제00조(지진·지진해일·화산의 관측 결과 통보의 제한) ① 기상청장 외의 자는 지진·지진해일·화산에 대한 관측 결과 및 특보를 발표할 수 없다. 다만, 다음 각 호의 경우에는 그러하지 아니하다.
1. 핵실험이나 대규모 폭발 등으로 인하여 발생한 인공지진에 대한 관측 결과를 발표하는 경우
2. 지진·지진해일·화산에 대한 관측 결과를 학문연구를 위하여 발표하는 경우
② 기상청장 외의 자가 제1항 단서에 따른 발표를 하려는 때에는 기상청장의 승인을 받아야 한다.

① 기상청장은 국내외에서 발생하는 모든 자연지진에 대한 관측 결과를 관계 기관과 국민에게 알려야 한다.
② 지진조기경보는 지진의 발생이 예상되는 즉시 발령되어야 한다.
③ 기상청장은 화산에 대한 관측 결과를 학문연구를 위해 발표할 수 없다.
④ 핵실험으로 인해 발생한 인공지진에 대한 관측 결과를 기상청장 외의 자가 발표하려는 경우, 기상청장의 승인은 필요 없다.
⑤ 국외에서 규모 6.0으로 예상되는 지진이 발생하였으나 그 지진이 국내에 영향을 미치지 않을 것으로 예상된다면, 기상청장은 즉시 지진조기경보를 발령하지 않아도 된다.

04. 다음 글을 근거로 판단할 때 옳은 것은?

제○○조(헌혈증서의 발급 및 수혈비용의 보상 등) ① 혈액원이 헌혈자로부터 헌혈을 받았을 때에는 헌혈증서를 그 헌혈자에게 발급하여야 한다.
② 제1항에 따른 헌혈자 또는 그 헌혈자의 헌혈증서를 양도받은 사람은 의료기관에 그 헌혈증서를 제출하면 무상으로 혈액제제를 수혈받을 수 있다.
③ 보건복지부장관은 의료기관이 제2항에 따라 헌혈증서 제출자에게 수혈을 하였을 때에는 제□□조 제2항에 따른 헌혈환급적립금에서 그 비용을 해당 의료기관에 보상하여야 한다.
제□□조(헌혈환급예치금 및 헌혈환급적립금) ① 혈액원이 헌혈자로부터 헌혈을 받았을 때에는 헌혈환급예치금을 보건복지부장관에게 내야 한다.
② 보건복지부장관은 제1항에 따른 헌혈환급예치금으로 헌혈환급적립금(이하 '적립금'이라 한다)을 조성·관리한다.
③ 적립금은 다음 각 호의 어느 하나에 해당하는 용도에만 사용하여야 한다.
1. 제○○조 제3항에 따른 수혈비용의 보상
2. 헌혈의 장려
3. 혈액관리와 관련된 연구
제△△조(특정수혈부작용 및 채혈부작용의 보상) ① 혈액원은 다음 각 호의 어느 하나에 해당하는 사람에 대하여 특정수혈부작용 및 채혈부작용에 대한 보상금(이하 '보상금'이라 한다)을 지급할 수 있다.
1. 혈액원이 공급한 혈액이 직접적인 원인이 되어 질병이 발생하거나 사망한 특정수혈부작용자
2. 헌혈이 직접적인 원인이 되어 질병이 발생하거나 사망한 채혈부작용자
② 제1항에도 불구하고 다음 각 호의 어느 하나에 해당하는 경우에는 보상금을 지급하지 아니할 수 있다.
1. 채혈부작용이 헌혈자 본인의 고의 또는 중대한 과실로 인하여 발생한 경우
2. 채혈부작용이라고 결정된 사람 또는 그 가족이 손해배상청구소송 등을 제기한 경우 또는 소송제기 의사를 표시한 경우

① 헌혈증서를 제출함으로써 무상으로 혈액제제를 수혈받을 수 있는 사람은 헌혈자에 한한다.
② 혈액원은 헌혈이 직접적인 원인이 되어 사망한 자에 대하여 헌혈환급적립금에서 보상금을 지급하여야 한다.
③ 보건복지부장관은 혈액원으로부터 적립받은 헌혈환급적립금으로 헌혈환급예치금을 조성·관리하여야 한다.
④ 혈액원이 공급한 혈액이 직접적인 원인이 되어 질병이 발생한 특정수혈부작용자가 손해배상청구소송을 제기한 경우, 혈액원의 보상금 지급대상에서 제외된다.
⑤ 의료기관이 헌혈증서를 제출한 헌혈자에게 무상으로 혈액제제를 수혈한 경우, 해당 의료기관은 보건복지부장관으로부터 그 비용을 보상받을 수 있다.

05. 다음 글을 근거로 판단할 때 옳은 것은?

제○○조(건축물에 대한 미술작품의 설치 등) ① 일정 규모 이상의 건축물을 건축하려는 자(이하 '건축주'라 한다)는 제4항에 따른 금액을 사용하여 회화·조각·공예 등 건축물 미술작품(이하 '미술작품'이라 한다)을 설치하여야 한다.
② 건축주는 건축물에 미술작품을 설치하려는 경우 해당 건축물이 소재하는 지역을 관할하는 시·도지사에게 해당 미술작품의 가격과 예술성 등에 대한 감정·평가를 받아야 한다.
③ 제1항에 따라 미술작품을 설치해야 하는 건축물은 다음 각 호의 어느 하나에 해당되는 건축물로서 연면적이 1만 제곱미터(증축하는 경우에는 증축되는 부분의 연면적이 1만 제곱미터) 이상인 것으로 한다.
1. 공동주택(기숙사 및 공공건설임대주택은 제외한다)
2. 문화 및 집회시설 중 공연장·집회장 및 관람장
3. 업무시설
④ 미술작품의 설치에 사용해야 하는 금액은 다음과 같다.
1. 제3항 제1호의 공동주택: 건축비용의 1천분의 1
2. 제3항 제1호 이외의 건축물: 건축비용의 1천분의 5
3. 제1호 및 제2호에도 불구하고 제3항 제1호부터 제3호까지의 건축물로서 건축주가 국가 또는 지방자치단체인 건축물: 건축비용의 1백분의 1

제□□조(건축물에 대한 미술작품의 설치 등) ① 건축주(국가 및 지방자치단체는 제외한다)는 제○○조 제4항에 따른 금액을 미술작품의 설치에 사용하는 대신에 문화예술진흥기금에 출연할 수 있다.
② 제1항에 따라 문화예술진흥기금에 출연하는 금액은 제○○조 제4항에 따른 금액의 1백분의 70에 해당하는 금액으로 한다.
③ 건축물의 설계변경으로 건축비용이 인상됨에 따라 제○○조 제4항에 따른 금액이 종전에 제○○조 제2항에 따른 감정·평가를 거친 금액보다 커진 경우에는 그 차액을 문화예술진흥기금에 출연하는 것으로 미술작품을 변경하여 설치하는 것을 갈음할 수 있다.

① A지방자치단체가 건축비용 30억 원으로 연면적 1만 5천 제곱미터의 공연장을 건립하려는 경우, 미술작품 설치에 1천 5백만 원을 사용하여야 한다.
② B지방자치단체가 건축비용 25억 원으로 연면적 1만 제곱미터 이상의 업무시설을 건립하려는 경우, 미술작품을 설치하는 대신에 1,750만 원을 문화예술진흥기금에 출연하여도 된다.
③ C회사가 건축비용 10억 원으로 기존 연면적 7천 제곱미터의 업무시설을 전체 연면적 1만 2천 제곱미터의 업무시설로 증축하려는 경우, 미술작품을 설치할 필요가 없다.
④ D대학교가 건축비용 20억 원으로 연면적 1만 제곱미터의 기숙사를 건립하려는 경우, 미술작품의 설치에 200만 원을 사용하여야 한다.
⑤ E회사가 건축비용 40억 원으로 연면적 1만 제곱미터의 집회장을 건립하면서 2천만 원의 미술작품을 설치하기로 한 후, 설계변경으로 건축비용이 45억 원으로 늘어났다면 2천만 원을 문화예술진흥기금에 출연하여야 한다.

06. 다음 글을 근거로 판단할 때, 〈보기〉에서 옳은 것만을 모두 고르면?

○○문화예술위원회는 매년 문학적 역량이 뛰어난 작가의 집필활동을 지원하기 위해 문학창작기금 지원사업(이하 '지원사업'이라 한다)을 실시하고 있다. 지원대상은 집필이 완료된 작품의 작품집을 발간하려는 작가이며, 선정된 작가에게는 작품집의 발간을 위해 창작지원금(원고료 및 출판 비용 등) 1,000만 원이 지급된다. 2024년 지원사업의 신청 마감일은 2024년 6월 30일이고, 창작지원금은 2025년 1월 중 지급한다.

신청 대상은 국적에 관계없이 한국에서 활동 중인 시, 시조, 소설, 수필, 평론, 희곡 분야의 작가이다. 신청 마감일을 기준으로 신청 분야의 최초 창작활동 시작 후 3년 이상 경과한 작가에게 자격요건이 있으며, 창작활동 경력은 신청 분야와 활동 분야가 동일한 경우에 한해 인정된다. 신청 분야의 창작활동 시작 시점은 ① 신청 분야 신춘문예 당선일, ② 신청 분야 단행본 출간일, ③ 신청 분야 신인문학상 수상일, ④ 신청 분야 문예매체 작품 발표일, ⑤ 최초 공연일(희곡 분야에 한함)로 한다.

선정된 작가는 창작지원금을 지급받은 해의 12월 말일까지 작품집을 발간해야 한다. 지정된 날짜까지 작품집 발간 실적이 없는 경우, 창작지원금이 반환처리될 수 있다.

〈보기〉

ㄱ. 지원사업은 한국에서 활동 중인 한국인 작가만을 대상으로 한다.
ㄴ. 2015년 4월 16일 소설 분야 신춘문예에 당선된 이후 한국에서 활동 중인 작가는 2024년 지원사업의 소설 분야 신청 자격이 있다.
ㄷ. 2020년 6월 28일 최초 공연된 작품으로 3개월 뒤 희곡 분야 신인문학상을 수상한 이후 한국에서 활동 중인 작가는 희곡 분야 2024년 지원사업 신청 자격이 없다.
ㄹ. 2024년 지원사업에 선정된 작가가 2025년 12월 말일까지 작품집을 발간하지 않는 경우, 창작지원금이 반환처리될 수 있다.

① ㄱ, ㄷ
② ㄱ, ㄹ
③ ㄴ, ㄷ
④ ㄴ, ㄹ
⑤ ㄱ, ㄴ, ㄷ

07. 다음 글을 근거로 판단할 때, 〈보기〉에서 옳은 것만을 모두 고르면?

> 상대습도란 현재 대기 중의 수증기량을 현재 온도의 포화 수증기량으로 나눈 값이다. 이는 현재 온도에서 공기가 최대로 품을 수 있는 수증기량에 대한 현재 공기 중에 포함된 수증기량의 비율이다. 상대습도가 100%일 때를 포화 상태라고 표현하며, 이때는 물과 수증기가 평형을 이루어 수증기의 양이 늘거나 줄지 않는다. 포화 수증기량은 기온이 올라갈수록 증가하고 기온이 내려갈수록 감소하는데, 포화 수증기량이 감소하여 현재 수증기량보다 적어지면 초과한 만큼의 수증기가 응결되어 물이 된다.

〈보기〉

ㄱ. 포화 수증기량이 20% 증가하면 상대습도는 20% 낮아진다.
ㄴ. 상대습도가 80%인 공기의 수증기량을 증가시켜 포화 상태로 만들 수 있다.
ㄷ. 밀폐된 공간의 공기 온도가 올라가면 상대습도는 높아진다.

① ㄱ
② ㄴ
③ ㄷ
④ ㄱ, ㄴ
⑤ ㄴ, ㄷ

08. 다음 글과 〈상황〉을 근거로 판단할 때, ㉠과 ㉡을 옳게 짝지은 것은?

> 자동차 연비를 표시하는 단위는 나라마다 다르다. A국은 자동차 연비를 1갤런의 연료로 달릴 수 있는 거리(마일)로 계산하며, 단위는 mpg를 사용한다. B국에서는 100km를 달릴 때 소요되는 연료량(L)으로 계산하며, 단위는 L/100km를 사용한다. C국은 연료 1L로 주행할 수 있는 거리(km)로 계산하며 km/L를 단위로 사용한다.

※ 1갤런은 4L, 1마일은 1.6km로 간주한다.

〈상황〉

> X, Y, Z 세 대의 자동차가 있다. 각 자동차의 연비는 순서대로 15mpg, 8L/100km, 18km/L이다. 따라서 X는 120km를 이동하는 데 연료 [㉠]L가 소요된다. 그리고 4갤런의 연료로 Z는 Y보다 [㉡]km 더 이동할 수 있다.

	㉠	㉡
①	5	72
②	5	88
③	20	72
④	20	88
⑤	32	88

09. 다음 글과 〈상황〉을 근거로 판단할 때, 甲과 乙이 각각 선택할 은행과 그 은행에서 적용받을 최종금리를 옳게 짝지은 것은?

A, B, C은행은 고객의 계좌를 개설할 때, 다음과 같이 최종금리를 결정하고 있다.

최종금리(%) = 기본금리 + 특별금리 + 우대금리

은행	기본금리	특별금리
A	4.2%	0.5%
B	4.0%	0.5%
C	3.8%	0.5%

※특별금리 조건: 연소득 2,400만 원 이하

은행	우대금리 조건	최대가산 우대금리
A	– 주택청약 보유 0.5% – 공과금 자동이체 0.5% – K카드 실적 월 30만 원 이상 0.5%	1.0%
B	– 최초 신규고객 1.0% – 공과금 자동이체 0.5%	1.5%
C	– 급여이체 0.7% – 최초 신규고객 0.6% – K카드 실적 월 60만 원 이상 0.4%	1.7%

〈상황〉

甲과 乙은 A, B, C은행 중 적용받을 최종금리가 가장 높은 은행을 각각 선택하여 계좌를 개설하려 한다. 이들은 아래와 같은 대화를 나누었다.

甲: 나는 여태 A은행만 이용해 왔고, 주택청약도 보유하고 있어. 공과금 자동이체 계좌는 다른 은행으로 바꿀 수 있지만, 급여이체 계좌는 바꿀 수 없어. 나는 한 달에 K카드를 40만 원 사용해. 나는 연소득 2,200만 원이야.

乙: 나는 B은행만 이용해 왔어. 급여이체와 공과금 자동이체를 어떤 은행에서 하더라도 괜찮아. 나는 한 달에 K카드를 70만 원 사용해. 나는 연소득 3,600만 원이야.

	甲	乙
①	A은행, 5.7%	A은행, 5.2%
②	A은행, 6.2%	C은행, 5.5%
③	B은행, 6.0%	A은행, 5.7%
④	B은행, 6.0%	C은행, 5.5%
⑤	C은행, 6.0%	A은행, 5.7%

10. 다음 글을 근거로 판단할 때, ㉠, ㉡, ㉢, ㉣의 합으로 가능한 수는?

○ ㉠, ㉡, ㉢, ㉣은 0부터 9까지의 정수이다.
○ ㉠과 ㉡은 같다.
○ ㉠, ㉡, ㉢, ㉣ 중 홀수는 ㉡개다.
○ ㉠, ㉡, ㉢, ㉣ 중 1은 ㉢개다.
○ ㉠, ㉡, ㉢, ㉣ 중 2는 ㉣개다.

① 1
② 3
③ 5
④ 7
⑤ 9

11. 다음 글을 근거로 판단할 때, 甲과 乙이 가지고 있는 닭의 마릿수는?

> 甲: 닭 가격이 올랐으니 지금이 닭을 팔 좋은 기회야. 우리 둘이 가진 닭 중 75마리를 팔면, 지금 가진 사료만으로도 닭을 팔기 전보다 20일 더 먹일 수 있어.
> 乙: 하지만 내 생각에는 닭 가격이 앞으로 더 오를 것 같아. 지금은 닭을 팔기보다는 사는 것이 낫다고 생각해. 만약 닭을 100마리 사면 지금 가진 사료가 15일 일찍 동이 나겠지만, 사료는 더 구매하면 되는 것이고….
> 甲: 그래? 그럼 닭을 팔아야 할지 사야 할지 다시 고민해보자.

① 100
② 200
③ 300
④ 400
⑤ 500

12. 다음 글을 근거로 판단할 때, 甲이 은행 금고에 맡길 A의 개수는?

> 甲은 보석을 은행 금고에 맡기려 한다. 은행 금고에는 정확히 1kg만 맡길 수 있다. 甲은 모든 종류의 보석을 하나씩은 포함하여 최대 금액이 되도록 맡기려 한다. 다만, 보석을 쪼갤 수 없다.
> 甲이 가진 보석은 다음과 같다.

보석 종류	개당 가격(만 원)	개당 무게(g)	수량(개)
A	10	12	52
B	7	10	48
C	3	3	150
D	1	2	31

① 44
② 45
③ 46
④ 47
⑤ 48

13. 다음 글을 근거로 판단할 때 옳은 것은?

A마을에 사는 5명(甲~戊)은 서로 나이가 다르다. 이들은 자신보다 연상인 사람의 나이는 모르지만, 연하인 사람의 나이는 알고 있다.

A마을 사람들은 연상인 사람에 대해서는 아래 표에 따라 칭하는 말을 붙인다.

화자 \ 칭하는 대상	여자	남자
여자	우후	우히
남자	이후	이히

甲~丁은 아래와 같은 대화를 나누었다.

甲: 戊 우후가 몇 살이지?
乙: 글쎄, 모르겠네. 甲, 네가 나보다 1살 어린 건 기억나는데.
丙: 乙 이히가 모르는 것도 있네.
丁: 내 나이는 모르는 사람이 없지. 戊 이후도 내 나이를 알고 있어.

① 甲은 丙에게 '우히'를 붙인다.
② 丁은 丙에게 '이후'를 붙인다.
③ 丙과 戊의 나이 차는 2살 이하이다.
④ 甲~戊 중 여자가 남자보다 더 많다.
⑤ 甲~戊 중 두 번째로 나이가 많은 사람은 乙이다.

14. 다음 글과 〈상황〉을 근거로 판단할 때, ㉠에 들어갈 수 있는 최솟값과 최댓값을 옳게 짝지은 것은?

A시는 호우특보(호우주의보 또는 호우경보) 발효 중에 현장 모니터링을 위해 당직자를 다음과 같이 지정한다.

○ 호우주의보 발효 중에는 하루에 1명씩 당직을 선다.
○ 호우경보 발효 중에는 하루에 2명씩 당직을 선다.
○ 당직 대상자는 총 3명(甲~丙)이다.
○ 출장이나 휴가를 간 날에는 당직을 설 수 없다.
○ 같은 사람이 이틀 연속 당직을 설 수 없다.

〈상황〉

A시에 8월 중에는 7일부터 14일까지 8일간만 호우특보가 발효되었다. 8월 9일과 13일에는 호우경보가, 나머지 날에는 모두 호우주의보가 발효되었다. 乙은 8월 11일에 하루 출장을 갔고, 丙은 8월 13일에 하루 휴가를 갔다. 甲~丙은 8월에 호우특보 발효 기간에만 당직을 섰다. 丙은 8월 중 총 [㉠]일 당직을 섰다.

	최솟값	최댓값
①	2	3
②	2	4
③	3	4
④	3	5
⑤	4	5

15. 다음 글을 근거로 판단할 때, 甲이 일주일에 강아지를 산책시키는 최대 횟수는?

> 강아지 한 마리를 키우고 있는 甲은 다음 조건에 따라 매주 같은 횟수로 강아지를 산책시키고 있다.
>
> 강아지 산책은 아침, 점심, 저녁에 각 한 번, 하루 세 번까지 가능하다. 하루에 세 번 강아지를 산책시키면 이튿날은 아침과 점심에 강아지를 산책시킬 수 없다. 그리고 하루에 점심, 저녁 연달아 강아지를 산책시키면 이튿날 아침에는 산책을 쉬어야 한다. 강아지를 하루에 한 번도 산책시키지 않으면 이튿날 아침에도 산책을 시키지 않는다. 甲은 매주 수요일에는 하루 종일 출장을 가서 강아지를 산책시킬 수 없다. 또한 매주 금요일 저녁에는 강아지를 산책시킬 수 없다.

① 12
② 13
③ 14
④ 15
⑤ 16

16. 다음 글과 〈상황〉을 근거로 판단할 때 옳은 것은?

> △△부는 A~D업체 중 여론조사를 수행할 1개의 업체를 선정하고자 한다. 각 업체가 제출한 제안서에 대해 5명의 평가위원이 상, 중, 하 3개의 등급으로 평가하여 각각 100점, 90점, 80점을 부여한다.
>
> 업체를 선정하는 방식은 다음과 같다.
>
> 평가점수 중 최고점과 최저점을 제외한 나머지 점수들의 합이 가장 큰 업체를 선정한다. 단, 최고점이 여러 개일 경우 1개의 점수만 제외하고, 최저점이 여러 개일 경우도 마찬가지이다. 최고 득점 업체가 복수인 경우, 최고 득점 업체를 대상으로 2차 발표 평가를 추가로 진행한다.

〈상황〉

다음은 5명의 평가위원이 A~D업체에 부여한 평가점수에 대한 정보이다.

구분	A업체	B업체	C업체	D업체
최고점	100	90	90	100
최저점	80	80	?	80
평균점수	92	?	88	?

① A업체는 평가위원 3명으로부터 중의 등급을 받았다.
② C업체는 평가위원 2명으로부터 하의 등급을 받았다.
③ B업체가 선정될 가능성은 없다.
④ C업체가 선정될 가능성이 있다.
⑤ 3개 업체가 2차 발표 평가 대상이 될 가능성이 있다.

17. 다음 글과 〈신청 사업자 현황〉을 근거로 판단할 때, 용역 사업자로 선정될 사업자는?

□□부처는 정밀안전진단 용역사업자를 선정하고자 한다. 평가항목별 합산 점수가 가장 높은 사업자를 선정하되, 합산 점수가 가장 높은 사업자가 복수인 경우 실적 건수가 가장 많은 사업자를 선정한다. 단, 초급 기술을 가진 사업자는 선정에서 제외한다.

다음은 정밀안전진단 용역사업자 〈평가항목 및 배점〉이다.

〈평가항목 및 배점〉

(가) 기술 등급

기술 등급	특급	고급	중급
점수	4	3	2

(나) 경력 기간

경력 기간	10년 이상	10년 미만 9년 이상	9년 미만 8년 이상	8년 미만 7년 이상	7년 미만
점수	8	7	6	5	4

(다) 실적 건수

실적 건수	14건 이상	14건 미만 12건 이상	12건 미만 10건 이상	10건 미만 8건 이상	8건 미만
점수	5	4	3	2	1

(라) 실적 금액

실적 건수	7억 원 이상	7억 원 미만 6억 원 이상	6억 원 미만 5억 원 이상	5억 원 미만 4억 원 이상	4억 원 미만
점수	5	4	3	2	1

〈신청 사업자 현황〉

사업자	기술 등급	경력 기간	실적 건수	실적 금액
甲	중급	9.5년	13건	8억 원
乙	고급	9년	12건	6억 원
丙	특급	8.5년	9건	8.5억 원
丁	특급	8년	10건	7.5억 원
戊	초급	13년	14건	5.5억 원

① 甲
② 乙
③ 丙
④ 丁
⑤ 戊

18. 다음 글과 〈상황〉을 근거로 판단할 때, 청년후계농으로 선발될 수 있는 지원자는?

〈2023년 청년후계농 선발 공고문〉

□ 목적
○ 젊고 유능한 인재의 농업분야 유입을 촉진하고, 청년 근로자의 영농 정착과 농업 인력구조 개선을 도모

□ 지원자격
○ 만 19세~만 40세(병역이행기간은 연령 계산 시 미산입)
○ 독립경영 3년 이하인 자 및 독립경영 예정자
– 독립경영: ① 본인명의로 농지를 임차하거나 구입하고, ② 경영주로 등록한 후, ③ 본인이 직접영농에 종사하는 경우
– 위의 독립경영 요건 중 ①과 ②를 충족하였으나 ③을 충족하지 못한 경우를 독립경영 예정자로 봄
○ 2023. 1. 1. 현재 위의 기준을 충족한 자에 한함

〈상황〉

지원자(甲~戊)에 관한 정보는 다음과 같다.

지원자	甲	乙	丙	丁	戊
생년월일	1980. 5. 4.	2000. 2. 27.	1994. 7. 5.	1989. 10. 20.	1992. 8. 8.
병역이행기간	6개월	×	30개월	24개월	×
농지	2021. 12. 31. 본인명의 구입	2022. 10. 31. 본인명의 임차	2018. 1. 31. 본인명의 구입	2020. 5. 10. 본인명의 임차	2022. 4. 10. 본인명의 구입
경영주 등록	2022. 1. 10.	2023. 1. 3.	2018. 2. 3.	2020. 12. 3.	×
직접영농 개시	2022. 1. 10.	×	2018. 2. 3.	2021. 1. 5.	×

① 甲
② 乙
③ 丙
④ 丁
⑤ 戊

[19～20] 다음 글을 읽고 물음에 답하시오.

□□연구소에서 발행한 보고서에 따르면 관광이 지역경제에 미치는 효과는 여러 가지 방식으로 측정할 수 있다.

우선, 효과가 직접적으로 발생하는지 여부에 따라 구분하는 방법이 있다. '직접효과'란 관광객이 어떤 지역에서 그 지역 관광사업자에게 직접적으로 지출한 경비(최초 관광지출)가 그 지역에 일차적으로 발생시키는 효과로 일차효과라고도 부른다. 다시 말하면, 그 지역에서 관광객의 최초 관광지출로 인해 지역 관광사업자에게 직접적으로 발생하는 소득이다.

다음으로 관광객의 최초 관광지출이 지역경제에 주입되면 이에 영향을 받는 이차집단이 생기게 되는데, 이들에게 발생하는 효과를 '간접효과'라고 한다. 예를 들어, 관광객에게 숙박비를 받은 호텔 업주는 이 수입 중 일부를 자신에게 쌀이나 부식재료를 공급해준 농업 종사자나 중간상, 통신 서비스를 제공한 전기통신사업자, 청소 서비스를 제공한 청소업체 등에게 지출한다. 이때 농업 종사자나 중간상, 전기통신사업자, 청소업체는 관광객으로부터 간접적인 영향을 받게 되는 셈이다. 이러한 영향을 합친 것이 간접효과이다.

직접효과와 간접효과만으로 포착되지 않는 효과도 존재한다. 관광수입 증대로 인해 해당 지역경제 내의 호텔 업주, 농업 종사자 등 지역경제 구성원의 가계부문 소득이 향상되면 지역경제에 대한 이들의 지출이 증가하게 되고, 이것이 다시 지역산업에 대한 투자 증대, 고용 창출 등으로 이어지는 경제적 효과가 발생한다. 이러한 효과를 '유발효과'라고 부른다. 간접효과와 유발효과를 합쳐 이차효과라고 부르기도 한다. 관광효과는 직접효과와 간접효과, 유발효과를 모두 합한 값이다.

한편 관광이 지역경제에 미치는 효과는 승수(乘數)를 이용하여 나타내기도 한다. 승수는 경제에 발생한 최초의 변화가 최종적으로 그 경제에 얼마나 큰 변화를 가져오는지를 배수(倍數)로 표현한 값이다. 예를 들어 최초 변화 10으로 인해 최종적으로 20의 변화가 발생했다면 승수는 2가 된다. 관광으로 인한 지역 내의 최초 변화가 지역경제에 가져오는 총 효과를 측정하는 승수에는 비율승수와 일반승수가 있다. 비율승수는 직접효과·간접효과·유발효과의 합을 직접효과로 나눈 값으로 계산된다. 그리고 일반승수는 직접효과·간접효과·유발효과의 합을 관광객의 최초 관광지출로 나눈 값이다.

19. 윗글을 근거로 판단할 때, 〈보기〉에서 옳은 것만을 모두 고르면?

〈보기〉

ㄱ. 관광효과에서 유발효과를 제외한 값은 직접효과이다.
ㄴ. 관광지 소재 식당이 관광객에게 직접 받은 식대는 유발효과에 해당된다.
ㄷ. 일반승수 계산 시 나누어지는 값은 일차효과와 이차효과의 합이다.

① ㄱ
② ㄷ
③ ㄱ, ㄴ
④ ㄴ, ㄷ
⑤ ㄱ, ㄴ, ㄷ

20. 윗글과 〈상황〉을 근거로 판단할 때, A시의 2023년 관광으로 인한 직접효과와 비율승수를 옳게 짝지은 것은?

〈상황〉

A시가 2023년에 관광으로 얻은 직접효과는 관광객의 최초 관광지출의 50%이다. 간접효과는 직접효과보다 10억 원 많으며, 유발효과는 직접효과의 2배이다. A시의 일반승수는 2.5이다.

	직접효과	비율승수
①	5억 원	4
②	10억 원	4
③	10억 원	5
④	20억 원	5
⑤	20억 원	6

21. 다음 글을 근거로 판단할 때 옳은 것은?

제○○조(정의) 이 법에서 사용하는 용어의 뜻은 다음과 같다.
1. "공연"이란 음악·무용·연극 등 예술적 관람물을 실연(實演)에 의하여 공중에게 관람하도록 하는 행위를 말한다.
2. "공연장"이란 공연을 주된 목적으로 설치하여 운영하는 시설을 말한다.
3. "연소자"란 18세 미만의 사람(고등학교에 재학 중인 사람을 포함한다)을 말한다.

제□□조(유해 공연물 관람금지) 누구든지 다음 각 호의 기준에 따른 연소자 유해 공연물을 연소자에게 관람시킬 수 없다.
1. 연소자에게 성적인 욕구를 자극하는 선정적인 것
2. 각종 폭력 행위 또는 약물의 남용을 자극하거나 미화하는 것

제△△조(공연장 설치·운영 등) ① 공연장을 설치하여 운영하려는 자(이하 '공연장 운영자'라 한다)는 공연장 소재지를 관할하는 시장, 군수, 구청장(이하 '시장 등'이라 한다)에게 등록하여야 한다.
② 제1항에 따라 공연장의 등록을 한 자가 영업을 폐지한 경우에는 폐지한 날부터 30일 이내에 관할 시장 등에게 폐업신고를 하여야 한다.
③ 관할 시장 등은 제2항에 따라 폐업신고를 하여야 하는 자가 폐업신고를 하지 아니하면 폐업한 사실을 확인한 후 그 등록사항을 직권으로 말소할 수 있다.
④ 공연장 운영자는 화재 등 재해나 그 밖의 위급한 상황의 발생 시 관람자가 안전하게 피난할 수 있도록 공연장에 피난안내도를 갖추어 두어야 한다.
⑤ 공연장 외의 장소에서 1천 명 이상의 관람자가 있을 것으로 예상되는 공연을 하려는 자가 갖추어 두어야 할 피난안내도에 관하여는 제4항을 준용한다.

제◇◇조(벌칙) ① 제□□조를 위반한 자는 3년 이하의 징역 또는 3천만 원 이하의 벌금에 처한다.
② 공연의 입장권을 판매하는 자의 동의 없이 다른 사람에게 입장권을 상습 또는 영업으로 자신이 구입한 가격을 넘는 금액으로 판매한 자(이하 '암표상'이라 한다)는 20만 원 이하의 벌금, 구류 또는 과료에 처한다.

① 甲이 A도 B군에서 공연장을 설치하여 운영하려는 경우, A도지사에게 등록하여야 한다.
② 공연장 등록을 한 乙이 영업을 폐지한 경우 관할 시장 등에게 폐업신고를 하지 않는다면, 관할 시장 등은 그 등록사항을 직권으로 말소할 수 없다.
③ 丙이 18세인 고등학생에게 약물의 남용을 자극하는 내용의 공연물을 관람시킨 경우, 丙은 3천만 원의 벌금에 처해질 수 있다.
④ 丁이 암표상으로부터 공연장 입장권을 구매한 경우, 丁은 10만 원의 벌금에 처해질 수 있다.
⑤ 戊가 공연장 외의 장소에서 500명의 관람자가 있을 것으로 예상되는 공연을 하는 경우, 피난안내도를 갖추어 두어야 한다.

22. 다음 글을 근거로 판단할 때 옳은 것은?

제○○조(참전유공자 등) ① 이 법에서 "참전유공자"란 다음 각 호의 어느 하나에 해당하는 사람을 말한다. 다만, 6·25전쟁이나 월남전쟁 참전 중 범죄행위로 인하여 금고 이상의 형을 선고받고 불명예스러운 제대를 하거나 파면된 사실이 있는 사람은 제외한다.
1. 6·25전쟁에 참전하고 전역 또는 퇴직한 군인 및 경찰공무원
2. 월남전쟁에 참전하고 전역한 군인
3. 6·25전쟁에 참전한 사실 또는 월남전쟁에 참전한 사실이 있다고 국방부장관이 인정한 사람
4. 경찰서장 등 경찰관서장의 지휘·통제를 받아 6·25전쟁에 참전한 사실이 있다고 경찰청장이 인정한 사람

② 참전유공자로서 제□□조에 따라 등록된 사람은 이 법에 따른 예우를 받는다.

제□□조(참전유공자 등록 등) ① 참전유공자로서 이 법을 적용받으려는 사람은 국가보훈부장관에게 등록을 신청하여야 한다.
② 국가보훈부장관은 제○○조 제1항에 따른 참전유공자임에도 불구하고 제1항에 따른 등록을 마치지 못하고 사망한 사람에 대해서는 참전유공자로 기록하고 예우 및 관리를 할 수 있다.

제△△조(참전명예수당) ① 국가보훈부장관은 65세 이상의 참전유공자에게는 참전의 명예를 기리기 위하여 참전명예수당을 지급한다.
② 참전명예수당은 제1항에 따른 참전명예수당 지급연령이 된 날이 속하는 달부터 지급한다. 다만, 참전명예수당 지급연령이 지난 후에 제□□조 제1항에 따른 등록신청을 한 경우에는 등록신청을 한 날이 속하는 달부터 지급한다.
③ 참전유공자가 국적을 상실한 경우에도 참전명예수당을 지급할 수 있다.
④ 참전명예수당은 수당지급 대상자가 지정하는 예금계좌에 입금하는 방법으로 지급한다. 다만, 불가피한 사유가 있는 경우에는 해당 수당지급 대상자의 신청에 따라 현금으로 지급할 수 있다.

① 65세 이상의 참전유공자가 이 법에 따른 등록을 마친 후 대한민국 국적을 상실한 경우에도 국가보훈부장관은 참전명예수당을 지급할 수 있다.
② 월남전쟁에 참전한 사실이 있다고 경찰청장이 인정한 사람은 참전유공자가 된다.
③ 참전명예수당은 불가피한 사유가 있는 경우, 해당 수당지급 대상자가 신청하지 않더라도 현금으로 지급한다.
④ 6·25전쟁에 참전한 군인이 전역 후에 범죄행위를 저질러 금고 이상의 형을 선고받은 경우, 참전유공자에서 제외된다.
⑤ 참전유공자가 참전명예수당 지급연령이 지난 후 참전유공자 등록신청을 한 경우, 참전명예수당은 그 지급연령이 된 날이 속하는 달부터 소급하여 지급한다.

23. 다음 글을 근거로 판단할 때 옳은 것은?

제○○조(등록대상 선박) 국제선박으로 등록할 수 있는 선박은 다음 각 호의 어느 하나에 해당하는 선박으로 한다.
1. 대한민국 국민이 소유한 선박
2. 대한민국 법률에 따라 설립된 상사(商事) 법인이 소유한 선박

제□□조(등록절차) ① 국제선박으로 등록하려는 등록대상 선박의 소유자는 해양수산부장관에게 등록을 신청하여야 한다. 이 경우 선박소유자는 국제선박으로 등록하기 전에 선적항을 관할하는 지방해양수산청장에게 신청하여 그 선박을 선박원부에 등록하고 선박국적증서를 발급받아야 한다.
② 해양수산부장관은 제1항에 따른 국제선박의 등록신청을 받은 경우에는 그 선박이 제○○조에 따른 국제선박의 등록대상이 되는 선박인지를 확인한 후, 등록대상인 경우 지체 없이 이를 국제선박등록부에 등록하고 신청인에게 국제선박등록증을 발급하여야 한다.
③ 제2항에 따라 등록된 국제선박의 선박소유자는 선박소유자, 구조변경 등 등록사항이 변경된 경우에는 그 사실이 발생한 날부터 1개월 이내에 해양수산부장관에게 변경등록을 신청하여야 한다.
④ 제2항에 따라 등록된 국제선박은 국내항과 외국항 간 또는 외국항 간에만 운항하여야 한다.

① 등록된 국제선박의 선박소유자 甲은 그 국제선박을 부산항과 인천항 간에 운항할 수 있다.
② 외국법에 따라 설립된 상사 법인 乙은 소유하고 있는 선박을 국제선박으로 등록할 수 있다.
③ 대한민국 국민 丙은 자신의 선박을 국제선박으로 등록한 후에 관할 지방해양수산청장에게 신청하여 선박국적증서를 발급받아야 한다.
④ 대한민국 국민 丁이 자신의 선박을 국제선박으로 등록신청한 경우, 해양수산부장관은 그 선박을 선박원부에 등록하고 丁에게 국제선박등록증을 발급할 수 있다.
⑤ 등록된 국제선박의 선박소유자 戊가 구조변경을 하여 등록사항이 변경된 경우, 戊는 그 사실이 발생한 날부터 1개월 이내에 해양수산부장관에게 변경등록을 신청해야 한다.

24. 다음 글과 〈상황〉을 근거로 판단할 때 옳은 것은?

제○○조(특허표시 및 특허출원표시) ① 특허권자는 다음 각 호의 구분에 따른 방법으로 특허표시를 할 수 있다.
1. 물건의 특허발명의 경우:그 물건에 "특허"라는 문자와 그 특허번호를 표시
2. 물건을 생산하는 방법의 특허발명의 경우:그 방법에 따라 생산된 물건에 "방법특허"라는 문자와 그 특허번호를 표시

② 특허출원인은 다음 각 호의 구분에 따른 방법으로 특허출원표시를 할 수 있다.
1. 물건의 특허출원의 경우:그 물건에 "특허출원(심사중)"이라는 문자와 그 출원번호를 표시
2. 물건을 생산하는 방법의 특허출원의 경우:그 방법에 따라 생산된 물건에 "방법특허출원(심사중)"이라는 문자와 그 출원번호를 표시

③ 제1항 또는 제2항에 따른 특허표시 또는 특허출원표시를 할 수 없는 물건의 경우에는 그 물건의 용기 또는 포장에 특허표시 또는 특허출원표시를 할 수 있다.

제□□조(허위표시의 금지) 누구든지 특허된 것이 아닌 물건, 특허출원 중이 아닌 물건, 특허된 것이 아닌 방법이나 특허출원 중이 아닌 방법에 의하여 생산한 물건 또는 그 물건의 용기나 포장에 특허표시 또는 특허출원표시를 하거나 이와 혼동하기 쉬운 표시를 하는 행위를 하여서는 아니 된다.

제△△조(허위표시의 죄) ① 제□□조를 위반한 자는 3년 이하의 징역 또는 3천만 원 이하의 벌금에 처한다.
② 법인의 대표자나 법인 또는 개인의 대리인, 사용인, 그 밖의 종업원이 그 법인 또는 개인의 업무에 관하여 제□□조에 해당하는 위반행위를 하면 그 행위자를 벌하는 외에 그 법인에는 6천만 원 이하의 벌금형을, 그 개인에게는 제1항의 벌금형을 과한다.

〈상황〉

○ 물건의 특허발명에 해당하는 잠금장치를 발명한 甲은 그 발명에 대해 특허를 출원하여 특허권을 부여받은 후, 乙을 고용하여 해당 잠금장치를 생산하고 있다.
○ 황금색 도자기를 생산하는 방법을 발명한 丙은 그 발명에 대해 특허출원 중이며, 그 방법에 따라 황금색 도자기를 생산하고 있다. 丁은 丙의 황금색 도자기를 포장하는 데 사용되는 종이박스를 생산하고 있다.

① 甲이 잠금장치에 "방법특허"라는 문자와 특허번호를 표시한 경우, 허위표시에 해당하지 않는다.
② 丙이 황금색 도자기의 밑부분에 "특허출원(심사중)"이라는 문자와 출원번호를 표시한 경우, 허위표시에 해당하지 않는다.
③ 甲이 잠금장치에 특허표시를 하지 않은 경우, 허위표시의 죄로 처벌된다.
④ 甲의 지시에 따라 乙이 잠금장치에 허위의 특허표시를 한 경우, 乙은 허위표시의 죄로 처벌되지 않는다.
⑤ 丁이 丙의 황금색 도자기를 포장하는 종이박스에 허위의 특허출원표시를 한 경우, 丁은 허위표시의 죄로 처벌된다.

25. 다음 글을 근거로 판단할 때 옳은 것은?

제○○조(어장청소 등) ① 양식업면허를 받은 자는 그 양식업면허를 받은 날부터 3개월 이내에 해당 어장의 퇴적물이나 어장에 버려진 폐기물을 수거·처리(이하 '어장청소'라 한다)해야 하고, 어장청소를 끝낸 날부터 정해진 주기에 따라 어장청소를 해야 한다.

② 제1항의 어장청소 주기는 다음의 표와 같다. 단, 같은 면허 내에서 서로 다른 양식방법을 혼합하거나 두 종류 이상의 수산동식물을 양식하는 경우, 어장청소 주기는 그중 단기로 한다.

면허의 종류	양식방법	양식품종	주기
해조류 양식업	수하식 (지주망식)	김, 매생이 등	5년
	수하식 (연승식)	미역, 다시마, 톳, 모자반 등	4년
어류 등 양식업	가두리식	조피볼락, 돔류, 농어, 방어, 고등어, 민어 등	3년
	수하식 (연승식)	우렁쉥이, 미더덕, 오만둥이 등	4년

③ 제1항에도 불구하고, 양식업면허의 유효기간이 만료된 자가 해당 어장에서 기존 면허와 동일한 신규 면허를 받은 경우에는 면허의 유효기간 만료 전 마지막으로 어장청소를 끝낸 날부터 제2항의 주기에 따라 어장청소를 할 수 있다.

④ 시장·군수·구청장(이하 '시장 등'이라 한다)은 양식업면허를 받은 자가 제1항을 위반하여 어장청소를 하지 아니하는 경우 어장청소를 명하되, 60일 이내의 범위에서 이행기간을 부여해야 한다.

제□□조(이행강제금) ① 시장 등은 제○○조 제4항에 따른 명령을 받고 그 정한 기간 내에 명령을 이행하지 아니한 자에게 어장 규모 등을 고려하여 이행강제금을 부과한다.

② 시장 등은 제○○조 제4항에 따른 최초의 명령을 한 날을 기준으로 1년에 2회 이내의 범위에서 그 명령이 이행될 때까지 반복하여 제1항의 이행강제금을 부과할 수 있다.

③ 제1항에 따른 이행강제금은 면허면적 0.1ha당 5만 원이며, 1회 부과하는 이행강제금은 250만 원을 초과할 수 없다.

① 유효기간이 10년인 해조류 양식업면허를 처음으로 받은 甲이 수하식(지주망식)으로 매생이를 양식하는 경우, 유효기간 동안 어장청소를 두 번은 해야 한다.

② 어류 등 양식업면허를 받은 乙이 가두리식으로 방어와 수하식(연승식)으로 우렁쉥이를 양식하는 경우, 어장청소 주기는 4년이다.

③ 유효기간이 만료된 후 해당 어장에서 기존 면허와 동일한 신규 면허를 받은 丙은 신규 면허를 받은 날부터 3개월 이내에 어장청소를 해야 한다.

④ 6ha 면적의 어류 등 양식업면허를 받은 丁이 지속적으로 어장청소를 하지 않을 경우, 1회 300만 원의 이행강제금이 부과된다.

⑤ 2020. 12. 11. 어류 등 양식업면허를 받아 수하식(연승식)으로 미더덕을 양식하는 戊가 2024. 3. 11.까지 어장청소를 한 번밖에 하지 않는다면, 2024. 3. 12.에 이행강제금이 부과된다.

26. 다음 글을 근거로 판단할 때 옳은 것은?

고대 수메르의 유적에서 맥주 제조법이 적힌 점토판이 발굴되었다. 점토판의 기록에 따르면, 수메르인은 보리를 갈아 빵과 같은 형태로 만든 후 물을 부어 저장해 두는 방식으로 맥주를 제조하였다.

현대 맥주의 기본 재료는 맥아, 홉, 효모, 물이다. 맥아는 보리를 물에 담가 싹을 틔운 것을 말하고, 맥아에 열을 가해 볶은 것을 몰트라고 한다. 홉은 삼과에 속하는 식물인데, 암꽃이 성숙하여 생기는 루풀린이라는 작은 알갱이가 맥주의 재료로 사용된다. 오늘날 우리가 마시는 맥주에서 느끼는 쌉싸름한 맛은 홉의 사용이 보편화된 산업혁명 이후에 갖게 된 맥주의 특성이다. 효모는 일종의 미생물로서 맥주의 발효에 중요한 요소이다. 맥주의 발효는 18~25℃에서 이루어지는 상면 발효와 5~15℃에서 이루어지는 하면 발효가 있는데, 전자의 방식으로 만든 맥주를 에일, 후자의 방식으로 만든 맥주를 라거라고 한다. 맥주 제조에 사용되는 물은 칼슘과 마그네슘 등이 많이 포함된 경수와 적게 포함된 연수로 구분되는데, 라거를 생산할 때는 주로 연수를 사용한다.

맥주의 색상은 몰트에 의해 결정된다. 일반적으로 80℃ 정도의 낮은 온도에서 볶은 몰트는 색이 옅고 200℃ 정도의 높은 온도에서 볶은 몰트는 색이 진하다. 산업혁명 이전의 수공업 몰트 제조 기술로는 몰트를 골고루 적당하게 볶기 어려워 검게 탄 몰트를 사용했기에 맥주가 까만색에 가까웠으나, 산업혁명 이후 기술이 발달하여 원하는 정도로 맥아를 볶을 수 있게 되었다.

① 맥주의 색깔은 보리의 발아 온도에 따라 결정된다.

② 고대 수메르인은 홉을 이용하여 맥주를 생산했다.

③ 에일은 5~15℃에서 발효시켜 만든 맥주이다.

④ 하면 발효 맥주에는 연수가 주로 사용된다.

⑤ 산업혁명 이후에는 낮은 온도보다는 높은 온도로 몰트를 만들었다.

27. 다음 글과 <상황>을 근거로 판단할 때, 甲이 2024년에 받게 될 탄소중립포인트는?

○ A시는 주민의 전기, 상수도, 도시가스 사용량 감축률에 따라 다음년도에 탄소중립포인트를 지급하는 온실가스 감축 제도를 운영하고 있다.
○ 탄소중립포인트 지급기준은 다음과 같다.

(단위: 포인트)

감축률	전기	상수도	도시가스
5% 이상 10% 미만	600	75	300
10% 이상 15% 미만	750	150	600
15% 이상	1,000	200	800

○ 감축률(%) = $\frac{\text{직전년도 월평균 사용량} - \text{당해년도 월평균 사용량}}{\text{직전년도 월평균 사용량}} \times 100$

<상황>

A시 주민 甲의 2022년 및 2023년 전기, 상수도, 도시가스 월평균 사용량은 다음과 같다.

연도	전기(kWh)	상수도(m^3)	도시가스(m^3)
2022	400	11	60
2023	350	10	51

① 1,425
② 1,625
③ 1,675
④ 1,700
⑤ 1,750

28. 다음 글을 근거로 판단할 때, 甲이 기부한 금액의 일의 자리 숫자와 丙이 기부한 금액의 십의 자리 숫자의 합은?

甲의 기부액은 일의 자리 숫자(□)를 모르는 12,345,67□원이다. 乙의 기부액은 甲의 3배이고, 丙의 기부액은 乙의 3배이다. 丁의 기부액은 丙의 3배이며 모든 자리 숫자가 3이다.

① 4
② 5
③ 7
④ 10
⑤ 14

29. 다음 글을 근거로 판단할 때, 甲이 결제할 최소 금액은?

甲은 열대어를 다음 조건에 따라 구입하여 기르고자 한다.

○ 베타를 포함하여 2종류 이상의 열대어 4마리를 구입한다.
○ 열대어를 기르기 위해 필요한 어항을 함께 구입한다.
○ 베타는 다른 종류의 열대어와 한 어항에서 기를 수 없다.
○ 구입할 수 있는 열대어와 어항은 다음과 같다.

열대어 종류	가격(원/마리)	필요 어항용적(cm^3/마리)
구피	3,000	400
몰리	3,500	500
베타	4,000	300

어항 종류	용적(cm^3)	가격(원/개)
A형	900	35,000
B형	1,500	40,000

① 56,000원
② 84,000원
③ 84,500원
④ 85,000원
⑤ 85,500원

30. 다음 글을 근거로 판단할 때, 甲이 2024년 1월 10일에 보유한 포인트는?

2022년 1월 1일 甲은 A그룹 통합 멤버십 서비스에 가입하였다. 해당 서비스는 A그룹 제휴 업체에서 결제 시 결제금액의 일부를 포인트로 적립하고, 적립된 포인트를 다음 결제부터 현금처럼 사용할 수 있는 제도이다. 결제 시 포인트를 사용하는 경우, 보유한 포인트 중 가장 먼저 적립된 포인트부터 사용되며, 결제금액 중 사용포인트를 제외한 금액에 대해서만 포인트가 적립된다. 단, 사용하지 않은 포인트는 적립일(결제일)로부터 1년이 되는 날이 속한 달의 말일에 소멸된다.

甲이 A그룹 제휴 업체에서 결제한 내역은 다음과 같다.

날짜	제휴 업체	결제금액(원)	적립률(%)	사용포인트
2022. 1. 5.	A영화관	50,000	5	
2022. 9. 20.	A카페	22,000	2	2,000
2023. 1. 9.	A편의점	25,000	2	
2023. 3. 27.	A레스토랑	50,300	4	300
2024. 1. 5.	A화장품점	10,500	5	500

① 2,000
② 2,300
③ 2,500
④ 2,600
⑤ 3,100

31. 다음 글을 근거로 판단할 때, 임용 후 외향형이자 사고형인 사람의 수는?

> A부는 100명의 신입 사무관을 대상으로 임용 전과 임용 후의 성격유형을 검사하였다. 성격유형은 쌍을 이루는 두 가지 지표(외향형－내향형, 감정형－사고형)로 구성되었다. 100명의 검사 결과는 다음과 같다.
>
> ○ 내향형이자 사고형인 사람의 수는 임용 전후 모두 20명이다.
> ○ 임용 후 내향형인 사람의 수는 임용 전의 두 배가 되었다.
> ○ 임용 후 사고형인 사람의 수는 임용 전의 절반이 되었다.
> ○ 임용 후 외향형이자 감정형인 사람의 수는 임용 전의 두 배가 되었다.

① 10
② 20
③ 30
④ 40
⑤ 60

32. 다음 글을 근거로 판단할 때, 달리기에서 3등을 한 사람은?

> 사무관 5명(甲～戊)은 달리기를 한 후 다음과 같은 대화를 나누었다.
>
> 甲: 나는 1등 아니면 5등이야.
> 乙: 나는 중간에 丙과 丁을 제친 후, 누구에게도 추월당하지 않았어.
> 丙: 나보다 앞서 달린 적이 있는 사람은 乙과 丁뿐이야.
> 丁: 나는 丙에게 따라잡힌 적이 없어.
> 戊: 우리 중 같은 등수는 없네.

① 甲
② 乙
③ 丙
④ 丁
⑤ 戊

33. 다음 글과 〈상황〉을 근거로 판단할 때, 乙의 주민등록번호 앞 6자리로 가능한 것은?

○ '청년 교통비 지원사업'의 내용은 다음과 같다.
  - 매년 4월 10일에 지원금 지급
  - 지급일 기준 만 20세 이상 만 35세 이하의 청년에게 지원금 지급
  - 홀수해에는 지급 대상자 중 홀수일에 태어난 사람에게, 짝수해에는 지급 대상자 중 짝수일에 태어난 사람에게 기념품 증정

〈상황〉

○ '청년 교통비 지원사업' 담당자 甲은 지급내역을 정리하다가 2023년에 지원금을 받은 乙의 주민등록번호 앞 6자리가 지워져 있음을 발견하였다.
○ 甲은 乙의 주민등록번호 앞 6자리와 관련하여 다음과 같은 특징을 기억하고 있다.
  - 3가지 숫자로만 구성되어 있다.
  - 같은 숫자가 연속되는 부분이 있다.
○ 乙은 2022년에 지원금을 받았으나 기념품은 받지 못했다.
○ 乙은 2028년에도 지원금을 받을 수 있다.

① 920202
② 931118
③ 000610
④ 010411
⑤ 031103

34. 다음 글과 〈1차 투표 결과〉를 근거로 판단할 때 옳은 것은?

○ △△부서에서는 팀원 5명(甲~戊)의 투표를 통해 프로젝트명을 정하려 한다.
○ 프로젝트명 후보는 3개(A~C)이다.
○ 1차 투표에서는 한 명당 두 표를 가지며, 두 표 모두 하나의 후보에 줄 수도 있다.
○ 1차 투표 결과에 따라 최다 득표 후보를 프로젝트명으로 선정하며, 최다 득표 후보가 복수인 경우 최소 득표 후보를 제외하고 2차 투표를 실시한다.
○ 2차 투표에서는 한 명당 한 표씩 행사하여, 최다 득표 후보를 프로젝트명으로 선정한다.

〈1차 투표 결과〉

○ 하나의 후보에 두 표를 모두 준 사람은 甲과 乙뿐이며, 이들은 동일한 후보에 표를 주었다.
○ A에 투표한 사람은 3명이다.
○ B에 투표한 사람은 2명이다.
○ C에 투표한 사람은 3명이다.

① B는 선정될 수 없다.
② 1차 투표에서 丙과 丁이 투표한 후보의 조합은 서로 다르다.
③ 1차 투표에서 A가 받은 표는 최대 5표이다.
④ 1차 투표에서 C는 4표 이상 받았다.
⑤ 2차 투표를 실시하는 경우가 있다.

35. 다음 글을 근거로 판단할 때, 유학생의 날로 지정된 날짜의 요일로 가능한 것은?

> ○ A시는 올해 중 하루를 유학생의 날로 지정하였다.
> ○ 유학생의 날 1주 전 같은 요일이 전통시장의 날이고, 유학생의 날 3주 뒤 같은 요일이 도서기증의 날이다.
> ○ 전통시장의 날과 도서기증의 날은 같은 달에 있다.
> ○ 유학생의 날이 있는 달에는 네 번의 토요일과 다섯 번의 일요일이 있다.

① 화요일
② 수요일
③ 목요일
④ 금요일
⑤ 토요일

36. 다음 글을 근거로 판단할 때, 〈보기〉에서 옳은 것만을 모두 고르면?

다음은 甲 스포츠 팀의 시즌 11번째, 12번째 경기의 결과와 직전 10개 경기 전적을 나타낸 것이다.

구분	11번째 경기	12번째 경기
결과	㉠	㉡
직전 10개 경기 전적	6승 4패	㉢

〈보기〉

ㄱ. ㉠이 '패'라면, ㉢은 '6승 4패'가 될 수 없다.
ㄴ. ㉠이 '승'이고 ㉢이 '7승 3패'라면, ㉡은 '승'이다.
ㄷ. ㉠이 '승'이고 ㉢이 '6승 4패'라면, 시즌 1번째 경기의 결과는 '승'이다.
ㄹ. ㉠, ㉡이 모두 '패'이고 ㉢이 '5승 5패'라면, 시즌 13번째 경기의 직전 10개 경기 전적은 '4승 6패'이다.

① ㄱ
② ㄷ
③ ㄱ, ㄴ
④ ㄴ, ㄹ
⑤ ㄷ, ㄹ

37. 다음 글과 〈상황〉을 근거로 판단할 때, 설치업체로 선정될 곳은?

甲시는 전기차충전기 설치업체를 선정하려고 한다. 다음과 같은 〈평가표〉를 바탕으로 후보업체 5곳(A~E) 중 최종 점수가 가장 높은 곳을 선정한다.

〈평가표〉

평가항목	등급	점수
품질	상	5
	중	3
	하	1
가격	8억 원 미만	7
	8억 원 이상 9억 원 미만	5
	9억 원 이상 10억 원 미만	3
	10억 원 이상	1
안전성	상	5
	중	3
	하	1

○ 품질 점수에 대해서는 3배의 가중치를 부여하고 안전성 점수에 대해서는 2배의 가중치를 부여한 후, 항목별로 산출한 점수를 합하여 최종 점수를 산정한다. 단, 설치업체로 2회 이상 선정된 적이 있는 업체에 대해서는 2.5점의 가점을 부여하여 최종 점수를 산출한다.

〈상황〉

○ 각 업체의 평가 결과는 다음과 같다.

구분	A	B	C	D	E
품질	중	하	상	중	상
가격 (천 원)	735,000	784,200	900,000	850,000	1,120,000
안전성	하	중	중	상	중

※ E는 설치업체로 2회 선정된 적이 있다.

① A
② B
③ C
④ D
⑤ E

38. 다음 글과 〈상황〉을 근거로 판단할 때, 甲부처가 지급할 지원금액의 총합은?

○ 甲부처는 에너지 사용을 효율적으로 관리하기 위해 신청 기업을 대상으로 에너지경영시스템 인프라 구축을 지원하고자 함
○ 지원대상
- 발전부문 에너지 목표관리기업(단, 배출권거래제에 참여중인 기업은 지원대상에서 제외)
- 중간보고서 점수의 20%, 시설설치 점수의 30%, 최종보고서 점수의 50%를 합한 총점이 70점 이상인 기업
○ 지원금액
- 중소기업: 총 비용의 80%
- 중견기업: 총 비용의 50%
- 대기업: 총 비용의 30%

〈상황〉

신청 기업 A~E는 모두 발전부문 에너지 목표관리기업이다. 각 기업의 평가결과 및 현황은 다음과 같다.

구분	중간보고서 점수	시설설치 점수	최종보고서 점수	총 비용	기업 규모
A	60	70	70	10억 원	중견기업
B	90	60	80	6억 원	중소기업
C	85	60	70	7억 원	중소기업
D	70	90	80	12억 원	중견기업
E	80	90	90	15억 원	대기업

※ D는 배출권거래제에 참여 중인 기업이다.

① 10.4억 원
② 14.9억 원
③ 19.9억 원
④ 20.9억 원
⑤ 25.9억 원

[39 ~ 40] **다음 글을 읽고 물음에 답하시오.**

설탕은 사탕수수나 사탕무에서 얻은 원당을 정제해 만든 천연 감미료로 자당을 주성분으로 한다. 사탕수수가 처음 재배된 곳은 기원전 8,000년경 태평양 남서부의 뉴기니섬 지역이었다. 이후 사탕수수는 기원전 6,000년경에 인도네시아, 필리핀, 인도 등 동남아시아와 남아시아로 전해졌다. 초기에 사람들은 단맛을 즐기기 위해 사탕수수를 씹어 당을 빨아먹었지만 350년경 굽타 왕조 시대에 인도에서 사탕수수액을 활용한 설탕 결정법을 알아냈다. 7세기 중반 당태종 때 인도의 외교사절단이 사탕수수 재배법을 가르쳐 중국에서도 사탕수수를 재배하기 시작했다.

이후, 1747년에 한 화학자가 콧병, 인후염, 변비 등의 치료제로 주로 사용되던 사탕무에 자당이 함유된 것을 발견하였다. 당시 사탕무는 경제성 문제로 설탕 제조에는 활용되지 못하다가, 1801년에 이르러서야 프로이센에서 사탕무를 활용한 설탕의 대량생산에 성공했다.

조선시대에 설탕은 수입에만 의존하는 귀한 식자재였다. 조선시대 요리서에 설탕을 사용하는 조리법이 없는 것은 이 시기 설탕이 널리 퍼지지 못했기 때문이다. 설탕은 개항기에 왕실과 외국인을 중심으로 유통되었으나, 일제강점기에는 도시의 아동과 젊은이의 식생활에까지 확산되었다.

1884년 설탕 가격은 같은 무게 소고기의 2.5배로 매우 높았으나, 1890년대 설탕 수입량이 증가하면서 가격이 하락하였다. 1893년에는 설탕 가격이 1884년 대비 40% 하락했고, 1911년에는 1근(斤)에 9전까지 하락하였다.

이에 따라 전통 음식에도 차츰 설탕을 넣기 시작했다. 1910년대 무렵부터 떡·한과 같은 병과류(餠菓類)와 음료 같은 음청류(飮淸類)에 꿀이나 엿 대신 설탕을 넣기 시작했다. 1920~1930년대에 이르러서는 꿀이나 엿을 전혀 사용하지 않던 육류, 생선류, 찬류, 김치류 등에도 설탕을 넣는 신식요리법이 개발되었다.

39. 윗글을 근거로 판단할 때 옳은 것은?

① 사탕수수를 처음 재배한 곳은 필리핀이었다.
② 사탕수수액을 이용한 설탕 결정법은 당태종 시기에 개발되었다.
③ 1910년대 이전 우리나라에서는 생선류, 김치류에 설탕 대신 꿀이나 엿을 넣었다.
④ 인도의 외교사절단이 사탕수수 재배법을 중국에 전파한 것은 350년경이다.
⑤ 19세기가 되어서야 사탕무를 이용한 설탕의 대량생산이 가능해졌다.

40. 윗글과 〈상황〉을 근거로 판단할 때, ㉠에 해당하는 수는?

〈상황〉

1893년에 설탕 1근의 가격이 12전이라고 가정할 때, 甲이 1884년에 52전을 모두 써서 설탕 1근과 소고기를 구입하였다면 소고기는 [㉠]근을 구입할 수 있었다. 단, 설탕 1근과 소고기 1근의 무게는 같고, 화폐가치는 동일하다.

① 3
② 4
③ 5
④ 6
⑤ 7

약점 보완 해설집 p.44

01. 다음 글을 근거로 판단할 때 옳은 것은?

> 제○○조(동물학대 등의 금지) 누구든지 동물에 대하여 학대행위를 하여서는 아니 된다.
> 제△△조(동물보호센터의 설치·지정 등) ① 지방자치단체의 장은 동물의 구조·보호조치 등을 위하여 A부장관이 정하는 기준에 맞는 동물보호센터를 설치·운영할 수 있다.
> ② A부장관은 지방자치단체의 장이 설치·운영하는 동물보호센터의 설치·운영비용의 전부 또는 일부를 지원할 수 있다.
> ③ 지방자치단체의 장은 A부장관이 정하는 기준에 맞는 기관이나 단체를 동물보호센터로 지정하여 동물의 구조·보호조치 등을 하게 할 수 있고, 이때 소요비용(이하 '보호비용'이라 한다)의 전부 또는 일부를 지원할 수 있다.
> ④ 제3항에 따른 동물보호센터로 지정받으려는 기관이나 단체는 A부장관이 정하는 바에 따라 지방자치단체의 장에게 신청하여야 한다.
> ⑤ 지방자치단체의 장은 지정된 동물보호센터가 다음 각 호의 어느 하나에 해당하는 경우에는 그 지정을 취소할 수 있다. 다만 제1호에 해당하는 경우에는 지정을 취소하여야 한다.
> 1. 거짓이나 그 밖의 부정한 방법으로 지정을 받은 경우
> 2. 제3항에 따른 지정기준에 맞지 아니하게 된 경우
> 3. 제○○조의 규정을 위반한 경우
> 4. 보호비용을 거짓으로 청구한 경우
>
> ⑥ 지방자치단체의 장은 제5항에 따라 지정이 취소된 기관이나 단체를 지정이 취소된 날부터 1년 이내에는 다시 동물보호센터로 지정하여서는 아니 된다. 다만 제5항 제3호에 따라 지정이 취소된 기관이나 단체는 지정이 취소된 날부터 2년 이내에는 다시 동물보호센터로 지정하여서는 아니 된다.

① A부장관은 지방자치단체의 장이 지정한 동물보호센터에 보호비용의 일부를 지원하여야 한다.
② 지정된 동물보호센터가 동물을 학대한 사실이 확인된 경우, 지방자치단체의 장은 그 지정을 취소하여야 한다.
③ 동물보호센터로 지정받고자 하는 기관은 지방자치단체의 장이 정하는 바에 따라 A부장관에게 신청하여야 한다.
④ 부정한 방법으로 동물보호센터 지정을 받아 그 지정이 취소된 기관은 지정이 취소된 날부터 2년이 지나야 다시 동물보호센터로 지정받을 수 있다.
⑤ 지정된 동물보호센터가 보호비용을 거짓으로 청구한 경우라도 지방자치단체의 장은 그 지정을 취소해야 하는 것은 아니다.

02. 다음 글을 근거로 판단할 때 옳은 것은?

> 제00조(소하천의 점용 등) ① 소하천에서 다음 각 호의 어느 하나에 해당하는 행위를 하려는 자는 그 소하천을 지정한 시장·군수 또는 구청장(이하 '관리청'이라 한다)의 허가(이하 '소하천 점용·사용 허가'라 한다)를 받아야 한다.
> 1. 유수(流水)의 점용
> 2. 토지의 점용
> 3. 토석·모래·자갈, 그 밖의 소하천 산출물의 채취
> 4. 인공구조물의 신축·개축 또는 변경
>
> ② 관리청은 소하천에 대하여 제1항 제1호에 따른 허가를 한 때에는 그 내용을 A부장관에게 통보하여야 한다.
> 제00조(원상회복 의무) ① 소하천 점용·사용 허가를 받은 자는 그 허가가 실효(失效)되거나 점용 또는 사용을 폐지한 경우에는 그 소하천을 원상으로 회복시켜야 한다.
> ② 관리청은 필요한 경우 제1항의 원상회복 의무를 면제할 수 있고, 이때 그 인공구조물이나 그 밖의 물건은 해당 지방자치단체에 무상(無償)으로 귀속된다.
> 제00조(점용료 등의 징수) ① 관리청은 소하천 점용·사용 허가를 받은 자로부터 유수 및 토지의 점용료, 토석·모래·자갈 등 소하천 산출물의 채취료(이하 '점용료 등'이라 한다)를 징수할 수 있다.
> ② 관리청은 소하천 점용·사용 허가를 받지 아니하고 소하천을 점용하거나 사용한 자로부터 변상금을 징수할 수 있다.
> ③ 소하천 점용·사용 허가를 받으려는 자는 수수료를 내야 한다.
> ④ 관리청은 소하천 점용·사용 허가를 하는 경우로서 다음 각 호의 어느 하나에 해당하는 경우에는 점용료 등 또는 수수료를 감면할 수 있다. 이 경우 점용료 등의 감면 비율은 대통령령으로 정하고, 수수료의 감면 비율은 해당 지방자치단체의 조례로 정한다.
> 1. 공공용 사업, 그 밖의 공익 목적 비영리사업인 경우
> 2. 재해나 그 밖의 특별한 사정으로 본래의 점용 목적을 달성할 수 없는 경우

① 관리청은 소하천에서의 토석 채취를 허가한 경우, 그 내용을 A부장관에게 통보하여야 한다.
② 관리청이 소하천에서의 인공구조물 신축 허가를 받은 자에게 원상회복 의무를 면제한 경우, 해당 인공구조물은 그 허가를 받은 자에게 귀속된다.
③ 소하천 점용·사용 허가에 따른 점용료 등과 수수료의 각 감면비율은 해당 지방자치단체의 조례로 정한다.
④ 소하천 점용·사용 허가를 하는 경우에 재해로 인하여 본래의 점용 목적을 달성할 수 없는 때에는 관리청은 점용료 등을 감면할 수 있다.
⑤ 공공용 사업을 위해 소하천 점용·사용 허가를 받지 않고 소하천을 점용한 경우, 관리청은 변상금을 감면할 수 있다.

03. 다음 글을 근거로 판단할 때 옳은 것은?

제00조(정의) 이 법에서 사용하는 용어의 뜻은 다음과 같다.
1. "인공우주물체"란 우주공간에서 사용하는 것을 목적으로 설계·제작된 물체(우주발사체, 인공위성, 우주선 및 그 구성품을 포함한다)를 말한다.
2. "우주발사체"란 자체 추진기관에 의하여 인공위성이나 우주선 등을 우주공간에 진입시키는 인공우주물체를 말한다.

제00조(인공우주물체의 국내 등록) ① 인공우주물체(우주발사체는 제외한다. 이하 같다)를 발사하려는 경우, 다음 각 호의 구분에 따라 발사 예정일부터 180일 전까지 과학기술정보통신부장관에게 예비등록을 하여야 한다.
1. 대한민국 국민이 국내외에서 발사하려는 경우
2. 대한민국 국민이 아닌 자가 대한민국 영역 또는 대한민국의 관할권이 미치는 지역·구조물에서 발사하려는 경우
3. 대한민국 국민이 아닌 자가 대한민국 정부 또는 국민이 소유하고 있는 우주발사체를 이용하여 국외에서 발사하려는 경우

② 제1항에 따라 인공우주물체를 예비등록하려는 자는 다음 각 호의 사항이 포함된 발사계획서를 첨부하여야 한다.
1. 인공우주물체의 사용 목적에 관한 사항
2. 인공우주물체의 소유권자 또는 이용권자에 관한 사항
3. 인공우주물체의 기본적 궤도에 관한 사항
4. 우주사고 발생 시의 손해배상책임 이행에 관한 사항

③ 제1항에 따라 인공우주물체를 예비등록한 자는 그 인공우주물체가 위성궤도에 진입한 날부터 90일 이내에 과학기술정보통신부장관에게 인공우주물체를 등록하여야 한다. 다만 국제 협약에 따라 발사국 정부와 합의하여 외국에 등록한 인공우주물체에 대하여는 그러하지 아니하다.

① 대한민국 국민이 우주발사체를 발사하려는 경우, 과학기술정보통신부장관에게 그 발사체를 예비등록하여야 한다.
② 대한민국 국민이 아닌 자가 대한민국 정부 소유의 우주발사체를 이용하여 국내에서 인공위성을 발사하려는 경우, 그 위성을 예비등록할 필요가 없다.
③ 우주선을 발사하려는 자는 그 사용 목적에 관한 사항이 포함된 발사계획서를 첨부하여 발사 예정일부터 9개월 전까지 예비등록하여야 한다.
④ 국제 협약에 따라 발사국 정부와 합의하여 외국에 등록한 인공위성의 경우, 위성궤도에 진입한 날부터 90일이 경과했더라도 과학기술정보통신부장관에게 그 위성을 등록하지 않아도 된다.
⑤ 인공위성을 예비등록한 자가 그 위성을 발사한 경우, 발사한 날부터 90일 이내에 과학기술정보통신부장관에게 인공위성을 등록하여야 한다.

04. 다음 글과 〈상황〉을 근거로 판단할 때 옳은 것은?

제○○조(신고) 식품판매업을 하려는 자는 영업소 소재지를 관할하는 시장·군수·구청장(이하 '시장 등'이라 한다)에게 신고해야 한다.

제□□조(준수사항) ① 식품판매업자는 다음 각 호의 사항을 지켜야 한다.
1. 소비기한이 경과된 식품을 판매의 목적으로 진열·보관하거나 이를 판매하지 말 것
2. 식중독 발생 시 보관 또는 사용 중인 식품은 역학조사가 완료될 때까지 폐기하지 않고 원상태로 보존하여야 하며, 식중독 원인규명을 위한 행위를 방해하지 말 것

② 관할 시장 등은 식품판매업자가 제1항을 위반한 경우에는 6개월 이내의 기간을 정하여 그 영업의 전부 또는 일부를 정지하거나 영업소 폐쇄를 명할 수 있다.

③ 관할 시장 등은 다음 각 호의 행위를 신고한 자에게는 포상금을 지급한다.
1. 제1항 제1호에 위반되는 행위: 7만 원
2. 제2항에 따른 영업정지 또는 영업소 폐쇄명령에 위반하여 영업을 계속하는 행위: 20만 원

제◇◇조(제품교환 등) 식품판매업자는 소비자에게 다음 각 호에 따른 조처를 이행해야 한다.
1. 소비자가 소비기한이 경과한 식품을 구입한 경우: 제품교환 또는 구입가 환급
2. 소비자가 제1호의 식품을 섭취함으로써 신체에 부작용이 발생한 경우: 치료비, 경비 및 일실소득 배상

제△△조(벌칙) 다음 각 호의 어느 하나에 해당하는 식품판매업자는 3년 이하의 징역 또는 3천만 원 이하의 벌금에 처한다.
1. 제□□조 제1항의 사항을 위반한 경우
2. 제□□조 제2항의 명령을 위반하여 영업을 계속한 경우

〈상황〉

식품판매업자 甲은 A도 B군에 영업소를 두고 있다. 乙은 甲의 영업소에 진열되어 있는 C식품을 구입하였는데, 집에서 확인해보니 구매 당시 이미 소비기한이 지나 있었고 이 사실을 친구 丙에게 알려 주었다.

① A도지사는 소비기한이 경과된 식품을 판매한 甲에 대해 1개월의 영업정지 명령을 내릴 수 있다.
② 甲에 대한 영업정지 또는 영업소 폐쇄명령 여부에 관계없이 甲은 3년 이하의 징역에 처해질 수 있다.
③ 乙이 C식품에 대해 제품교환을 요구하는 경우, 甲은 乙에게 제품교환과 함께 구입가 환급을 해 주어야 한다.
④ 丙이 甲의 소비기한 경과 식품 판매 사실을 신고한 경우, 乙과 丙은 각각 7만 원의 포상금을 지급받는다.
⑤ 乙이 C식품의 일부를 먹고 식중독에 걸렸는데 먹다 남은 C식품을 丙이 폐기함으로써 식중독 원인규명이 방해된 경우, 丙은 500만 원의 벌금에 처해질 수 있다.

05. 다음 글과 〈상황〉을 근거로 판단할 때, 〈보기〉에서 A가 가맹금을 반환해야 하는 것만을 모두 고르면?

> 제○○조(정보공개서의 제공의무) 가맹본부는 가맹희망자에게 정보공개서를 제공하지 아니하였거나 제공한 날부터 14일이 지나지 아니한 경우에는 다음 각 호의 행위를 하여서는 아니 된다.
> 1. 가맹희망자로부터 가맹금을 수령하는 행위
> 2. 가맹희망자와 가맹계약을 체결하는 행위
>
> 제□□조(허위·과장된 정보제공의 금지) 가맹본부는 가맹희망자나 가맹점사업자에게 정보를 제공함에 있어서 다음 각 호의 행위를 하여서는 아니 된다.
> 1. 사실과 다르게 정보를 제공하거나 사실을 부풀려 정보를 제공하는 행위
> 2. 계약의 체결·유지에 중대한 영향을 미치는 사실을 은폐하거나 축소하는 방법으로 정보를 제공하는 행위
>
> 제△△조(가맹금의 반환) 가맹본부는 다음 각 호의 어느 하나에 해당하는 경우에는 가맹희망자나 가맹점사업자가 서면으로 요구하면 가맹금을 반환하여야 한다.
> 1. 가맹본부가 제○○조를 위반한 경우로서 가맹희망자 또는 가맹점사업자가 가맹계약 체결 전 또는 가맹계약의 체결일부터 4개월 이내에 가맹금의 반환을 요구하는 경우
> 2. 가맹본부가 제□□조를 위반한 경우로서 가맹희망자가 가맹계약 체결 전에 가맹금의 반환을 요구하는 경우
> 3. 가맹본부가 정당한 사유 없이 가맹사업을 일방적으로 중단한 경우로서 가맹희망자 또는 가맹점사업자가 가맹사업의 중단일부터 4개월 이내에 가맹금의 반환을 요구하는 경우

〈상황〉

> 甲, 乙, 丙은 가맹본부 A에게 지급했던 가맹금의 반환을 2023. 2. 27. 서면으로 A에게 요구하였다.

〈보기〉

> ㄱ. 2023. 1. 18. A가 甲에게 정보공개서를 제공하고, 2023. 1. 30. 가맹계약을 체결한 경우
> ㄴ. 2022. 9. 27. 가맹계약을 체결한 乙이 건강상의 이유로 2023. 1. 3. 가맹점사업을 일방적으로 중단한 경우
> ㄷ. 2023. 3. 7. 가맹계약을 체결할 예정인 가맹희망자 丙에게 A가 2023. 2. 10. 제공하였던 정보공개서상 정보의 내용이 사실과 다른 경우

① ㄱ
② ㄷ
③ ㄱ, ㄴ
④ ㄱ, ㄷ
⑤ ㄴ, ㄷ

06. 다음 글과 〈상황〉을 근거로 판단할 때 옳은 것은?

> 교부금은 중앙정부가 지방정부에 제공하는 재정지원의 한 종류이다. 중앙정부가 지방정부에 일정 금액의 교부금을 지급하면 이는 지방정부의 예산이 그만큼 증가한 것과 같은 결과를 가져온다. 따라서 교부금 지급이 해당 지역의 공공서비스 공급에 미치는 영향은 지방정부의 자체예산이 교부금과 동일한 금액만큼 증가한 경우의 영향과 같을 것으로 예상된다.
>
> 그런데 지방재정에 관한 실증연구 결과를 보면 이러한 예상은 잘 들어맞지 않는다. 현실에서는 교부금 형태로 발생한 추가적 재원 중 공공서비스의 추가적 공급에 사용되는 비중이 지방정부의 자체예산 증가분 중 공공서비스의 추가적 공급에 사용되는 비중보다 높다. 자체예산을 공공서비스와 기타사업에 항상 절반씩 투입하는 甲국 A시에서는 자체예산 증가분의 경우, 그 50%를 공공서비스의 추가적 공급에 투입하고 나머지는 기타사업에 투입한다. 그런데 중앙정부로부터 교부금을 받은 경우에는 그중 80%를 공공서비스의 추가적 공급에 투입하고 나머지를 기타사업에 투입한다.

〈상황〉

> 甲국 A시의 올해 예산은 100억 원이었으며, 모두 자체예산이었다. 중앙정부는 내년에 20억 원의 교부금을 A시에 지급하기로 하였다. A시의 내년도 자체예산은 올해와 마찬가지로 100억 원이다.

① A시가 내년에 기타사업에 지출하는 총 금액은 60억 원일 것이다.
② A시는 내년에 기타사업에 지출하는 총 금액을 올해보다 4억 원 증가시킬 것이다.
③ A시는 내년에 공공서비스 공급에 지출하는 총 금액을 올해와 동일하게 유지할 것이다.
④ A시는 내년에 공공서비스 공급에 지출하는 총 금액을 올해보다 50% 증가시킬 것이다.
⑤ A시는 내년에 공공서비스 공급에 지출하는 총 금액을 올해보다 10억 원 증가시킬 것이다.

07. 다음 글을 근거로 판단할 때, A팀이 1박스 분량의 용지를 사용하는 데 걸리는 일수는?

> □□부처의 A팀은 甲~丁 총 4명으로 구성되어 있고, 甲~丁 각각은 매일 일정한 양의 용지를 사용한다. 개인의 용지 사용량과 관련하여 甲~丁은 다음과 같이 진술하였다.
>
> 甲: 나는 용지 1박스를 사용하는 데 20일 걸려.
> 乙: 나는 용지 1박스를 사용하는 데 甲의 4배의 시간이 걸려.
> 丙: 나도 乙과 같아.
> 丁: 丙이 용지 $\frac{1}{2}$박스를 사용하는 동안, 나는 1박스를 사용해.

① 5
② 8
③ 9
④ 10
⑤ 12

08. 다음 글을 근거로 판단할 때, ㉠에 해당하는 수는?

> 甲: 〈자기를 위한 인생〉을 찍은 소다르 감독 작고 소식 들었어?
> 乙: 응. 그 작품이 소다르 감독이 세 번째로 찍은 영화였지? 1962년 작품이었나?
> 甲: 그렇지. 그해 마지막으로 찍은 작품이기도 하고. 1960년에 〈내 멋대로 하자〉로 데뷔하고 〈남자는 남자다〉 다음에 찍은 영화니까. 정작 우리나라에서 개봉은 늦어졌지만.
> 乙: 우리나라에선 1983년에 찍은 〈미남 갱 카르멘〉이 주목받아서 그허 처음 개봉된 다음, 데뷔작부터 찍은 순서대로 개봉됐던 거지?
> 甲: 전부 순서대로 개봉된 것은 아냐. 1963년 작품 중 2편은 우리나라에서 10편 넘는 작품이 개봉된 이후에야 극장에서 상영되었지.
> 乙: 아, 그랬지. 1963년에는 총 3편, 그다음 해에는 총 2편을 찍었으니까….
> 甲: 응. 그리고 1965년에 첫 번째로 찍은 영화가 〈베타빌〉이야.
> 乙: 그럼 〈베타빌〉은 소다르 감독 작품 중 우리나라에서 개봉된 순서로 [㉠] 번째구나.

① 6
② 7
③ 8
④ 9
⑤ 10

09. 다음 글과 <상황>을 근거로 판단할 때, <방식 1>과 <방식 2>에 따른 결승점을 옳게 짝지은 것은?

> 신설된 어느 스포츠 종목은 두 팀이 대결하는 경기로, 1점씩 득점하며 경기 종료 시 더 많은 득점을 한 팀이 승리한다. 이 종목의 '결승점'을 정의하는 방식으로 다음 두 가지가 있다.
>
> <방식 1>
>
> 상대 팀의 점수보다 1점 많아지는 득점을 한 후, 경기 종료 시까지 동점이나 역전을 허용하지 않고 승리할 때, 그 득점을 결승점으로 정의한다.
>
> <방식 2>
>
> 승리한 팀의 득점 중 자기 팀의 점수가 상대 팀의 최종 점수보다 1점 많아질 때의 득점을 결승점으로 정의한다.

<상황>

> 두 팀 A, B가 맞붙어 다음과 같은 순서로 득점을 하고 경기가 종료되었다. (A, B는 득점한 팀을 나타낸다)
>
> A－A－B－B－B－A－B－A－A－A－B

	방식 1	방식 2
①	A의 세 번째 득점	A의 두 번째 득점
②	A의 다섯 번째 득점	A의 다섯 번째 득점
③	A의 다섯 번째 득점	A의 여섯 번째 득점
④	A의 여섯 번째 득점	A의 다섯 번째 득점
⑤	A의 여섯 번째 득점	A의 여섯 번째 득점

10. 다음 글을 근거로 판단할 때, 주사위에서 나오지 않는 수는?

> 자연수 1~6 중 어느 하나는 전혀 나오지 않고, 나머지는 모두 동일한 확률로 나오는 주사위가 있다. 이 주사위를 3번 던졌을 때 3번 모두 같은 홀수가 나올 확률은 1.6%이다. 또한 이 주사위를 10번 던지면 그중 소수(素數)가 나오는 횟수는 평균적으로 6번이다.

① 1
② 2
③ 3
④ 4
⑤ 6

11. 다음 글을 근거로 판단할 때, A와 B가 선택하지 않을 결혼식 날짜는?

A와 B는 다음 달에 결혼식을 하려고 한다. 두 사람은 결혼식에 5명의 친구들(甲~戊)을 초대할 예정이며, 그 친구들이 가장 많이 올 수 있도록 결혼식 날짜를 선택하려고 한다.

甲~戊의 다음 달 일정은 아래와 같으며, 일정이 있는 날짜에는 결혼식에 갈 수 없고 그 외의 날짜에는 결혼식에 갈 수 있다.

○ 甲은 매주 월요일부터 금요일까지는 휴일에 상관없이 회사에 간다.
○ 乙은 매주 화, 목, 토요일에는 세미나가 있다.
○ 丙은 1일부터 14일까지 여행을 간다.
○ 丁은 매주 일요일에는 등산을 한다.
○ 戊는 3의 배수 또는 3, 6, 9가 포함되는 날짜에는 부모님 간병을 한다.

〈다음 달 달력〉

일	월	화	수	목	금	토
					1	2
3	4	5	6	7	8	9
10	11	12	13	14	15	16
17	18	19	20	21	22	23
24	25	26	27	28	29	30
31						

① 다음 달 9일
② 다음 달 17일
③ 다음 달 20일
④ 다음 달 22일
⑤ 다음 달 25일

12. 다음 글을 근거로 판단할 때 옳은 것은?

○ →는 자연수의 맨 앞 숫자를 맨 뒤로 보내라는 기호이다. (예: → 4321=3214)
○ ←는 자연수의 맨 뒤 숫자를 맨 앞으로 보내라는 기호이다. (예: ← 4321=1432)
○ → 또는 ←를 적용하여 0이 맨 앞 숫자가 되면 그 0을 제거한다.
○ 기호가 연속된 경우에는 숫자에 가까운 기호부터 차례대로 적용한다. (예: → ← 4321=→ 1432=4321)

① → 43의 결과는 홀수이다.
② 두 자리 자연수에 → ←를 적용하면 원래 수와 같다.
③ 세 자리 자연수에 → → →를 적용하면 원래 수와 같다.
④ 두 자리 자연수에 → ←를 적용한 결과와 ← →를 적용한 결과는 다르다.
⑤ 두 자리 자연수 A가 있을 때 (→ A)+A의 결과는 11의 배수이다.

13. 다음 글과 〈A부처 스크랩 후보〉를 근거로 판단할 때, 스크랩의 앞에서부터 5번째에 배치되는 기사 제목은?

○ A부처는 당일 조간신문 및 전일 석간신문 기사(사설과 논평 포함)를 선별하여 스크랩하고 있다.
○ 다음 조건들을 '조건 1'부터 순서대로 적용하여 기사를 선별·배치한다. 조건을 적용할 때 먼저 적용한 조건을 위배할 수 없다.

조건1: 제목에 '정책'이라는 단어가 포함된 기사는 다른 기사보다 앞에 배치(단, '△△정책'이 제목에 포함된 기사는 스크랩에서 제외)
조건2: 사설과 논평은 일반기사보다 뒤에 배치
조건3: 제목에 '규제'나 '혁신'이라는 단어가 포함된 기사는 다른 기사보다 앞에 배치
조건4: 조간신문 기사는 석간신문 기사보다 앞에 배치

〈A부처 스크랩 후보〉

구분	종류	기사 제목
조간	논평	규제 샌드박스, 적극 확대되어야
석간	사설	★★정책 추진결과, "양호"
조간	논평	플랫폼경제의 명암
석간	일반기사	△△정책 추진계획 발표
석간	일반기사	□□산업 혁신 성장 포럼 성황리 개최
석간	사설	◎◎생태계는 진화 중
석간	사설	네거티브 규제, 현실성 고려해야
조간	논평	◇◇정책 도입의 효과, 어디까지?
조간	일반기사	▼▼수요 증가로 기업들 화색
조간	일반기사	정부 혁신 중간평가 성적표 공개

① 규제 샌드박스, 적극 확대되어야
② △△정책 추진계획 발표
③ □□산업 혁신 성장 포럼 성황리 개최
④ ◎◎생태계는 진화 중
⑤ ▼▼수요 증가로 기업들 화색

14. 다음 글과 〈상황〉을 근거로 판단할 때, 〈보기〉에서 옳은 것만을 모두 고르면?

△△대륙의 국가들은 외교 조약을 체결한다. 외교 조약은 두 나라 사이에서만 직접 체결된다. 이때 그 두 나라는 '직접 조약' 관계에 있다고 한다.

한편 어떤 두 나라가 직접 조약 관계에 있지는 않지만, 그 두 나라와 공통으로 직접 조약 관계인 나라가 3개 이상인 경우 '친밀' 관계, 2개인 경우 '우호' 관계, 1개 이하인 경우 '중립' 관계라 한다.

〈상황〉

○ △△대륙의 국가는 A~E국으로 총 5개국이다.
○ A국과 직접 조약 관계인 어떤 나라도 D국과 직접 조약 관계에 있지 않다.
○ A국과 B국은 친밀 관계이다.

〈보기〉

ㄱ. D국과 E국은 우호 관계이다.
ㄴ. A국과 D국은 직접 조약 관계이다.
ㄷ. 중립 관계인 두 나라가 있다.

① ㄱ
② ㄷ
③ ㄱ, ㄴ
④ ㄴ, ㄷ
⑤ ㄱ, ㄴ, ㄷ

15. 다음 글을 근거로 판단할 때, 정책자문단을 구성하는 경우의 수는?

○ A부서는 다음 조건에 따라 정책자문단을 구성하는 중이다.
- 정책자문단은 8명의 정책자문위원으로 구성하며, 그중 여성이 2명 이상이어야 한다.
- 정책자문위원은 학계, 예술계, 법조계, 언론계 4개 분야의 전문가 중 위촉한다.
- 각 분야의 전문가를 1명 이상 위촉해야 하며, 같은 분야의 전문가를 4명 이상 위촉해서는 안 된다.

○ 정책자문위원 위촉 현황은 다음과 같다.

분야				성별	
학계	예술계	법조계	언론계	남성	여성
2	3	0	1	5	1

○ 다음 전문가(甲~戊) 중 정책자문위원을 추가로 위촉하여 정책자문단 구성을 완료하려 한다.

전문가	분야	성별
甲	예술계	남성
乙	법조계	남성
丙	법조계	여성
丁	학계	여성
戊	언론계	남성

① 1
② 2
③ 3
④ 4
⑤ 5

16. 다음 글과 〈상황〉을 근거로 판단할 때, A가 방문할 매장을 모두 고르면?

A는 친구 5명(甲~戊)에게 줄 크리스마스 선물을 사려고 한다. 크리스마스 선물을 고르는 조건은 다음과 같다.

○ 예산은 20만 원이며, 모두 사용한다.
○ 매장은 2곳만 방문한다.
○ 모두에게 서로 다른 선물을 사준다. 단, 甲과 乙에게는 똑같은 선물을 사준다.
○ 丙에게는 건강식품을 선물한다.

〈상황〉

다음은 A가 방문할 수 있는 매장과 선물 품목 등에 관한 정보이다.

매장	판매품 종류	선물 품목	가격
홍삼전문점	건강식품	홍삼 절편	4만 원
		홍삼액	5만 원
녹차전문점	음료 용품	녹차 티백	3만 원
		다도 세트	4만 원
인테리어 가게	인테리어 소품	램프	5만 원
		액자 세트	6만 원
문구점	필기구	만년필	4만 원

① 홍삼전문점, 녹차전문점
② 홍삼전문점, 인테리어 가게
③ 홍삼전문점, 문구점
④ 녹차전문점, 인테리어 가게
⑤ 녹차전문점, 문구점

17. 다음 글과 〈상황〉을 근거로 판단할 때, □□연구지원센터가 지급할 연구비 총액은?

□□연구지원센터는 최대 3개의 연구팀을 선정하여 연구비를 지급하고자 한다. 선정 및 연구비 지급 기준은 아래와 같다.

○ 평가 항목은 연구실적 건수, 피인용 횟수, 연구계획서 평가결과, 특허출원 건수이며, 항목별 점수는 다음과 같다.
  - 연구실적 건수: 1건당 15점
  - 피인용 횟수: 5회마다 1점
  - 연구계획서 평가결과: '우수' 25점, '보통' 20점, '미흡' 15점
  - 특허출원 건수:1건당 3점
○ 합계 점수 상위 3개 팀을 고르되, 합계 점수가 80점 미만인 팀은 3위 안에 들더라도 선정에서 제외한다.
○ 선정된 연구팀에게 지급할 연구비는 다음과 같다.
  - 1위: 10억 원, 2위: 7억 원, 3위: 4억 원
  - 단, 선정된 연구팀 가운데 연구계획서 평가에서 '우수'를 받은 연구팀은 1억 원을 증액 지급하고, 특허출원이 3건 미만인 연구팀은 1억 원을 감액 지급한다.

〈상황〉

다음은 연구팀 A~E에 대한 평가 자료이다.

구분	연구실적 건수	피인용 횟수	연구계획서 평가결과	특허출원 건수
A	2	45	보통	3
B	3	62	우수	4
C	2	88	미흡	5
D	4	37	보통	2
E	1	165	우수	2

① 17억 원
② 18억 원
③ 19억 원
④ 21억 원
⑤ 22억 원

18. 다음 글을 근거로 판단할 때, 甲사무관이 선택할 경로는?

○ 甲사무관은 차를 운전하여 A부처에서 B연구소로 출장을 가려고 한다.
○ 甲사무관은 회의 시작 시각까지 회의 장소에 도착하려고 한다.
○ 출발 시각은 오전 11시이며, 회의 시작 시각은 당일 오후 1시 30분이다.
○ 甲사무관은 A부처에서 B연구소 주차장까지 갈 경로를 다음 5가지 중에서 선택하려고 한다.

경로	주행 거리	소요시간	통행요금	피로도
최적경로	128km	1시간 34분	2,600원	4
최소시간경로	127km	1시간 6분	7,200원	2
최단거리경로	116km	2시간 6분	0원	2
무료도로경로	132km	1시간 31분	0원	5
초보자경로	129km	1시간 40분	4,600원	1

※ 피로도 수치가 작을수록 피로가 덜한 것을 의미함

○ 甲사무관은 통행요금이 5,000원을 넘으면 해당 경로를 이용하지 않으며, 통행요금이 5,000원을 넘지 않으면 피로가 가장 덜한 경로를 선택한다.
○ 甲사무관은 B연구소 주차장에 도착한 후, 도보 10분 거리의 음식점으로 걸어가 점심식사(30분 소요)를 마치고 다시 주차장까지 걸어온 뒤, 주차장에서 5분 걸려 회의 장소에 도착할 예정이다.

① 최적경로
② 최소시간경로
③ 최단거리경로
④ 무료도로경로
⑤ 초보자경로

[19 ~ 20] **다음 글을 읽고 물음에 답하시오.**

석유사업의 시작은 1859년으로 거슬러 올라간다. 甲국 ○○계곡에서 석유시추 현장책임자인 A가 오랜 노력 끝에 석유시추에 성공하였고, 그날부터 A는 매일 30배럴씩 석유를 퍼 올렸다.

A의 성공을 계기로 석유에 대한 관심이 급증했다. 석유시추에 성공한 이후 1860년 말에는 70여 개의 유정이 석유를 뿜어냈고 정제시설도 15개나 들어섰다. ○○계곡의 연간 산유량은 1859년의 2천 배럴에서 10년 만에 250배가 되었다. 그러나 생산량이 늘어나면서 가격은 하락하였다. 급기야 석유가격은 A가 최초로 시추한 날의 평균가격에서 96%나 떨어져 배럴당 1.2달러에 판매되기도 하였다. 이러한 생산과잉을 해결하기 위해 수출이 시작되었다. 1880년에는 甲국의 수출량이 국내 소비량의 150%가 되었으며, 甲국에서 그해 생산된 석유의 총 가액은 3,500만 달러였다.

석유사업 확대는 연구 및 수요 증가와 밀접한 관련이 있다. 원유에서는 액화석유가스(LPG), 휘발유(가솔린), 등유, 경유(디젤), 중유 등을 생산할 수 있다. 하지만 1859년에는 등유만을 생산하였고, 부산물은 용도가 없어 내다 버렸다. 그런데 등화용으로 사용되던 등유 소비가 한계에 달하면서 새로운 시장을 개척하기 위해 부산물의 용도를 연구하기 시작하였다. 그 결과 휘발유가 석탄을 대신해서 증기기관의 동력으로 사용될 수 있음을 알게 되었다. 1886년 휘발유 자동차가 생산되면서 휘발유의 가치는 치솟았다. 1908년 자동차의 대량생산을 계기로 휘발유 사용이 극적으로 증가하였고, 1911년에는 휘발유 소비가 처음으로 등유를 앞질렀다.

1893년에는 디젤엔진의 특허가 등록되었고, 1910년경 동력장치로 발명된 디젤엔진이 선박에 처음으로 사용되었다. 경유(디젤)가 자동차 연료로 처음 사용된 것은 1927년에 소형 연료분사장치가 발명되면서부터이다. 한편 1912년에는 원유에서 끓는점에 따라 휘발유, 등유, 경유, 중유를 차례로 생산하는 최초의 현대식 정유공장이 세워졌으며, 액화석유가스 생산 기술이 처음으로 개발되었다.

19. 윗글을 근거로 판단할 때 옳은 것은?

① 1890년이 되어서야 휘발유는 동력 기계를 움직이는 연료로 사용되었다.
② 1907년에는 휘발유보다 등유의 소비량이 더 많았을 것이다.
③ 1925년에 경유가 자동차 연료로 사용되기 시작했을 것이다.
④ 최초의 석유시추는 휘발유와 경유를 생산하기 위한 것이었다.
⑤ 1910년에는 액화석유가스가 자동차 연료로 사용되기 시작했을 것이다.

20. 윗글을 근거로 판단할 때, 〈보기〉에서 옳은 것만을 모두 고르면?

〈보기〉

ㄱ. A가 시추 첫날 생산한 석유가 그날 평균가격으로 모두 팔렸다면 판매액은 총 900달러이다.
ㄴ. 1869년 ○○계곡의 월 평균 산유량은 2만 배럴이다.
ㄷ. 비축 및 수입된 석유가 없다고 가정할 때, 1880년 甲국의 국내 석유 소비량을 금액으로 환산하면 총 2,100만 달러이다.

① ㄱ
② ㄷ
③ ㄱ, ㄴ
④ ㄱ, ㄷ
⑤ ㄴ, ㄷ

21. 다음 글을 근거로 판단할 때 옳은 것은?

> 제00조(간행물 정가 표시 및 판매) ① 출판사가 판매를 목적으로 간행물(전자출판물을 포함한다. 이하 같다)을 발행할 때에는 소비자에게 판매하는 가격(이하 '정가'라 한다)을 정하여 해당 간행물의 표지에 표시하여야 한다.
> ② 제1항에도 불구하고 전자출판물의 경우에는 출판사가 정가를 서지정보에 명기하고, 전자출판물을 판매하는 자는 출판사가 서지정보에 명기한 정가를 구매자가 식별할 수 있도록 판매사이트에 표시하여야 한다.
> ③ 간행물을 판매하는 자는 이를 정가대로 판매하여야 한다.
> ④ 제3항에도 불구하고 간행물을 판매하는 자는 독서 진흥을 위하여 정가의 15퍼센트 이내에서 가격할인과 경제상의 이익을 자유롭게 조합하여 판매할 수 있다. 이 경우 가격할인은 정가의 10퍼센트 이내로 하여야 한다.
> ⑤ 다음 각 호의 어느 하나에 해당하는 간행물에 대하여는 제3항 및 제4항에 따른 제한을 적용하지 아니한다.
> 1. 사회복지시설에 판매하는 간행물
> 2. 저작권자에게 판매하는 간행물
>
> ⑥ 제4항에서 "경제상의 이익"이란 간행물의 거래에 부수하여 소비자에게 제공되는 다음 각 호의 어느 하나에 해당하는 것을 말한다.
> 1. 물품
> 2. 할인권
> 3. 상품권

① 출판사가 사회복지시설에 판매할 목적으로 간행물을 발행할 때에는 정가를 표시할 필요가 없다.
② 전자출판물을 판매하는 자는 서지정보에 정가가 명기되어 있다면, 판매사이트에는 할인된 가격만 표시해도 된다.
③ 간행물을 판매하는 자는 저작권자에게 간행물을 정가의 20퍼센트 할인한 가격으로 판매할 수 없다.
④ 간행물을 판매하는 자가 간행물을 할인하여 판매할 경우, 가격할인은 정가의 15퍼센트로 한다.
⑤ 간행물을 판매하는 자는 독서 진흥을 위하여 정가 20,000원인 간행물을 19,000원에 판매하고 이에 부수하여 2,000원 상당의 물품을 제공할 수 있다.

22. 다음 글을 근거로 판단할 때 옳은 것은?

> 제00조(정의) 이 법에서 사용하는 용어의 뜻은 다음과 같다.
> 1. "건강검사"란 신체의 발달상황 및 능력, 정신건강 상태, 생활습관, 질병의 유무 등에 대하여 조사하거나 검사하는 것을 말한다.
> 2. "학교"란 유치원, 초·중·고등학교, 대학·산업대학·교육대학·전문대학 및 각종학교를 말한다.
> 3. "관할청"이란 다음 각 목의 구분에 따른 지도·감독기관을 말한다.
>   가. 국립 유치원, 국립 초·중·고등학교: 교육부장관
>   나. 공·사립 유치원, 공·사립 초·중·고등학교: 교육감
>   다. 대학·산업대학·교육대학·전문대학 및 각종학교: 교육부장관
>
> 제00조(건강검사 등) ① 학교의 장은 학생과 교직원에 대하여 건강검사를 실시하여야 한다.
> ② 학교의 장은 천재지변 등 부득이한 사유가 있는 경우 관할청의 승인을 받아 건강검사를 연기하거나 건강검사의 전부 또는 일부를 생략할 수 있다.
> ③ 학교의 장은 정신건강 상태 검사를 실시할 때 필요한 경우에는 학부모의 동의 없이 실시할 수 있다. 이 경우 학교의 장은 그 실시 후 지체 없이 해당 학부모에게 검사 사실을 통보하여야 한다.
> 제00조(등교 중지) ① 감염병으로 인해 주의 이상의 위기경보가 발령되는 경우, 교육부장관은 질병관리청장과 협의하여 등교 중지가 필요하다고 인정되는 학생 또는 교직원에 대하여 등교를 중지시킬 것을 학교의 장에게 명할 수 있다. 이 경우 해당 학교의 관할청을 경유하여야 한다.
> ② 제1항에 따른 명을 받은 학교의 장은 해당 학생 또는 교직원에 대하여 지체 없이 등교를 중지시켜야 한다.

① 건강검사와 관련하여 국·공립 중학교의 관할청은 교육부장관이다.
② 학생의 정신건강 상태 검사를 실시하는 경우, 학교의 장은 필요한 때에는 학부모의 동의 없이 이를 실시할 수 있다.
③ 교육부장관이 사립대학 교직원의 등교 중지를 명하는 경우, 관할 교육감을 경유하여야 한다.
④ 학교의 장은 천재지변이 발생한 경우, 건강검사를 다음 학년도로 연기하거나 생략하여야 한다.
⑤ 감염병으로 인해 주의 이상의 위기경보가 발령되는 경우, 질병관리청장은 학교의 장에게 학생 또는 교직원에 대한 등교 중지를 명할 수 있다.

23. 다음 글을 근거로 판단할 때 옳지 않은 것은?

> 제00조(지방전문경력관직위 지정) 지방자치단체의 장(교육감을 포함한다. 이하 같다)은 해당 기관의 공무원 직위 중 순환보직이 곤란하거나 장기 재직 등이 필요한 특수 업무 분야의 직위를 지방전문경력관직위로 지정할 수 있다.
> 제00조(직위군 구분) ① 지방전문경력관직위의 군(이하 '직위군'이라 한다)은 직무의 특성·난이도 및 직무에 요구되는 숙련도 등에 따라 가군, 나군 및 다군으로 구분한다.
> ② 지방자치단체의 장이 지방전문경력관직위를 지정할 때에는 해당 지방전문경력관직위를 제1항의 직위군 중 어느 하나에 배정하여야 한다.
> 제00조(시험실시기관) 지방전문경력관의 임용시험은 특별시·광역시·특별자치시·도·특별자치도(이하 '시·도'라 한다) 단위로 해당 시·도 인사위원회에서 실시한다.
> 제00조(임용시험 공고) 시·도 인사위원회는 다음 각 호의 어느 하나에 해당하는 경우에는 지방전문경력관 임용시험 공고를 하지 아니할 수 있다.
> 1. 임용시험에 따른 비용이 지나치게 많이 들거나 그 밖에 이에 준하는 특별한 사유가 있는 경우
> 2. 외국인, 북한이탈주민을 임용하는 경우로서 불가피한 사유가 있는 경우
>
> 제00조(임용시험의 방법) 임용권자는 지방전문경력관을 임용할 때에는 응시요건을 갖추었는지 등을 서면으로 심사하고, 해당 직무 수행에 필요한 지식·능력 및 적격성 등을 필기시험, 실기시험, 면접시험을 통하여 검정(檢定)하여야 한다. 다만 필기시험 또는 실기시험은 시·도 인사위원회가 필요하다고 인정하는 경우에만 실시한다.
> 제00조(시보임용) 지방전문경력관 가군을 신규임용할 때에는 1년간 시보(試補)로 임용하고, 지방전문경력관 나군 및 지방전문경력관 다군은 각각 6개월간 시보로 임용한다.

① 甲도지사가 지방전문경력관직위를 지정할 때에는 가군, 나군, 다군 중 어느 하나에 배정해야 한다.
② 乙교육감은 해당 기관 내 장기 재직이 필요한 특수 업무 분야의 직위를 지방전문경력관직위로 지정할 수 있다.
③ 丙이 지방전문경력관으로 신규임용될 경우, 시보임용 기간은 해당 직위군에 따라 다를 수 있다.
④ 임용시험을 실시하는 경우, 그 실시에 비용이 지나치게 많이 든다면 임용권자는 면접시험을 통한 검정 없이 지방전문경력관을 임용할 수 있다.
⑤ 외국인을 지방전문경력관으로 임용하는 경우, 불가피한 사유가 있는 때에는 임용시험 공고를 하지 아니할 수 있다.

24. 다음 글과 〈상황〉을 근거로 판단할 때 옳은 것은?

> 제00조(입주민대표회의 구성) ① 입주민대표회는 공동주택의 각 동별로 선출된 입주민대표자(이하 '동대표자'라 한다)들로 구성된다.
> ② 동대표자는 동대표자 선출공고에서 정한 각종 서류 제출 마감일(이하 '서류 제출 마감일'이라 한다)을 기준으로 해당 동에 주민등록을 마친 후 계속하여 6개월 이상 거주하고 있는 입주민 중에서 선출한다.
> ③ 서류 제출 마감일을 기준으로 다음 각 호의 어느 하나에 해당하는 사람은 동대표자가 될 수 없고, 이에 해당하면 그 자격을 상실한다.
> 1. 미성년자, 피성년후견인 또는 피한정후견인
> 2. 파산자
> 3. 금고형 또는 징역형의 실형 선고가 확정되고 그 집행이 끝나거나 집행이 면제된 날부터 2년이 지나지 아니한 사람
> 4. 금고형 또는 징역형의 집행유예 선고가 확정되고 그 유예기간 중에 있는 사람
>
> ④ 동대표자가 임기 중에 제2항에 따른 자격요건을 충족하지 않게 된 경우나 제3항 각 호에 따른 결격사유에 해당하게 된 경우에는 당연히 퇴임한다.

〈상황〉

> K공동주택은 A, B, C, D동으로 구성되어 있고, 甲은 A동, 乙은 B동, 丙은 C동, 丁은 D동의 입주민이다.

① K공동주택의 입주민대표회는 A, B, C, D동의 동별 구분 없이 선출된 입주민대표자들로 구성된다.
② 서류 제출 마감일이 2023. 3. 2.이고 선출일이 2023. 3. 31.인 A동대표자 선출에서, 2023. 3. 20.에 성년이 되는 甲은 A동대표자가 될 수 있다.
③ 서류 제출 마감일이 2023. 1. 2.인 B동대표자의 선출에서, B동에 2022. 7. 29. 주민등록을 마쳤고 계속 거주하여 온 乙은 B동대표자로 선출될 자격이 있다.
④ 징역 2년의 실형 선고를 받고 2020. 1. 1.에 그 집행이 종료된 丙이 C동대표자 선출을 위한 서류 제출 마감일인 2023. 1. 2. 현재 파산자인 경우, C동대표자로 선출될 수 있다.
⑤ 임기가 2023. 12. 31.까지인 D동대표자 丁에 대하여 2023. 3. 7.에 징역 6개월 집행유예 1년의 선고가 확정된다면, 丁은 D동대표자의 직에서 당연히 퇴임한다.

25. 다음 글과 〈상황〉을 근거로 판단할 때 옳은 것은?

□ 특허무효심판
가. 특허청에 등록된 특허를 무효로 하기 위해서는 이해관계인 또는 특허청 심사관이 특허권자를 상대로 특허심판원에 특허무효심판을 제기해야 한다.
나. 특허심판원은 특허가 무효라고 판단하면 인용심결을, 특허가 유효라고 판단하면 기각심결을 선고하여 심판을 종료한다. 특허의 유·무효에 관한 심결이 잘못되었음을 주장하여 심결에 대해 불복하는 자는 심결의 등본을 송달받은 날부터 30일 이내에 특허법원에 심결취소의 소를 제기해야 한다.

□ 심결취소의 소
가. 특허법원은 특허의 유·무효에 관한 특허심판원의 심결에 잘못이 없다고 인정한 경우에는 기각판결을, 잘못이 있다고 인정한 경우에는 인용판결을 선고하여 소송을 종료한다. 예컨대 특허심판원의 인용심결에 대해 특허법원 역시 특허가 무효라고 판단하여 심결에 잘못이 없다고 인정하면 기각판결을 한다. 특허법원의 판결이 잘못되었음을 주장하여 판결에 대해 불복하는 자는 판결의 등본을 송달받은 날부터 2주 이내에 대법원에 상고해야 한다.
나. 대법원은 특허법원의 판결에 잘못이 없다고 인정한 경우에는 기각판결을, 잘못이 있다고 인정한 경우에는 인용판결을 선고하여 상고심을 종료한다. 이 판결에 대해서는 불복할 수 없다.

〈상황〉

특허청에 등록된 甲의 특허에 대해서 이해관계인 乙이 특허무효심판을 제기하였다.

① 특허심판원은 甲의 특허가 무효라고 판단한 경우, 기각심결을 선고하여 심판을 종료한다.
② 특허심판원의 인용심결이 선고된 경우, 乙은 심결의 등본을 송달받은 날부터 30일 이내에 특허법원에 심결취소의 소를 제기해야 한다.
③ 특허심판원의 인용심결에 대한 심결취소의 소에서 특허법원이 甲의 특허가 유효하다고 판단한 경우, 인용판결을 선고해야 한다.
④ 특허심판원의 기각심결에 대한 심결취소의 소에서 특허법원이 기각판결을 선고하고 이에 대한 상고심에서 기각판결이 선고된 경우, 대법원은 甲의 특허가 무효라고 판단한 것이다.
⑤ 특허심판원의 기각심결에 대한 심결취소의 소에서 특허법원이 기각판결을 선고하고 이에 대한 상고심에서 기각판결이 선고된 경우, 乙은 상고심 판결의 등본을 송달받은 날부터 2주 이내에 불복할 수 있다.

26. 다음 글과 〈상황〉을 근거로 판단할 때, 甲이 ○○약국에 지불해야 할 약값의 총액은?

甲은 병원에서 받은 처방에 따라 ○○약국에서 약을 구매하려 한다. 甲이 처방받은 약은 기침약, 콧물약, 항생제, 위장약 총 4가지이며 각 약의 형태와 복용방법은 다음과 같다.

종류	형태	복용방법
기침약	알약	1일 3정 복용(매 아침, 점심, 저녁 식사 후)
콧물약	캡슐	1일 1정 복용(매 점심 식사 후)
항생제	알약	1일 2정 복용(매 아침, 저녁 식사 후)
위장약	캡슐	항생제 1정 복용 시 1정씩 함께 복용

○○약국의 약 종류와 가격은 다음과 같다.

종류	1정당 가격(원)	비고
기침약	300	같은 종류의 약을 10정 이상 구매 시, 해당 약 구매액의 10% 할인 (단, 캡슐 형태의 약에 한정)
콧물약	200	
항생제	500	
위장약	700	

〈상황〉

甲은 병원에서 다음과 같이 처방을 받았다.
○ 기침약 3일치
○ 콧물약, 항생제 각 7일치
○ 위장약

① 19,220원
② 19,920원
③ 20,200원
④ 20,320원
⑤ 20,900원

27. 다음 글을 근거로 판단할 때 옳지 않은 것은?

> 승화는 100원 단위로 가격이 책정되어 있는 아이스크림을 5개 샀다. 5개 아이스크림 가운데 1개의 가격은 다른 4개의 아이스크림 가격을 합한 것과 같았다. 승화가 산 아이스크림 중 두 번째로 비싼 아이스크림 가격은 1,500원이었고, 이는 승화가 산 어떤 한 아이스크림 가격의 3배였다. 승화가 산 5개 아이스크림 가격의 합은 5,000원이었다.

① 승화는 500원짜리 아이스크림을 샀다.
② 승화는 400원짜리 아이스크림을 샀을 수도 있다.
③ 승화는 가격이 같은 아이스크림을 2개 샀을 수도 있다.
④ 승화가 산 아이스크림 가운데 가장 비싼 아이스크림의 가격은 2,500원이었다.
⑤ 승화가 산 가장 비싼 아이스크림의 가격은 승화가 산 가장 싼 아이스크림 가격의 20배를 넘었을 수도 있다.

28. 다음 글을 근거로 판단할 때, 〈보기〉에서 옳은 것만을 모두 고르면?

> 나이는 현재 연도에서 출생 연도를 뺀 '연 나이'와, 태어난 날을 0살로 하여 매해 생일에 한 살씩 더하는 '만 나이'로 구분된다. 연 나이와 만 나이에 따라 甲~丁이 각각 존댓말 사용 여부를 결정하는 방식은 다음과 같다.
>
> 甲: 만 나이 기준으로 자신보다 나이가 많으면 존댓말을 쓰고, 그렇지 않으면 존댓말을 쓰지 않는다.
> 乙: 연 나이 기준으로 자신보다 두 살 이상 많으면 존댓말을 쓰고, 그렇지 않으면 존댓말을 쓰지 않는다.
> 丙: 연 나이 기준으로 자신보다 두 살 이상 많거나 만 나이 기준으로 한 살 이상 많으면 존댓말을 쓰고, 그렇지 않으면 존댓말을 쓰지 않는다.
> 丁: 연 나이, 만 나이 모두 자신과 같으면 존댓말을 쓰지 않고, 그렇지 않으면 존댓말을 쓴다.
>
> 甲은 1995년 10월 21일에, 乙은 1994년 7월 19일에, 丙은 1994년 7월 6일에, 丁은 1994년 11월 22일에 태어났다.

〈보기〉

ㄱ. 甲은 乙에게 항상 존댓말을 쓴다.
ㄴ. 乙과 丙은 서로에게 존댓말을 쓰지 않는다.
ㄷ. 2022년 9월 26일에 丁은 甲에게 존댓말을 쓰지 않는다.
ㄹ. 乙은 丁에게 존댓말을 쓰지 않지만, 丁은 乙에게 존댓말을 쓰는 경우가 있다.

① ㄱ, ㄴ
② ㄴ, ㄷ
③ ㄷ, ㄹ
④ ㄱ, ㄴ, ㄹ
⑤ ㄱ, ㄷ, ㄹ

29. 다음 글과 〈상황〉을 근거로 판단할 때, 甲이 얻을 수 있는 득점 총합의 최댓값과 최솟값을 옳게 짝지은 것은?

두 선수가 겨루는 어느 스포츠 종목의 경기 규칙은 다음과 같다.

○ 한 경기는 최대 3세트까지 진행되며, 한 선수가 두 세트를 이기면 그 선수가 승자가 되고 경기가 종료된다.
○ 1~2세트는 15점을 먼저 득점하는 선수가 이기며, 3세트는 10점을 먼저 득점하는 선수가 이긴다.
○ 단, 1~2세트는 점수가 14:14가 되면 점수가 먼저 2점 앞서거나 20점에 먼저 도달하는 선수가 이기며, 3세트는 점수가 9:9가 되면 점수가 먼저 2점 앞서거나 15점에 먼저 도달하는 선수가 이긴다.
○ 경기 결과(세트 스코어)에 따른 승자와 패자의 승점은 다음과 같다.

경기 결과 (세트 스코어)	승점	
	경기 승자	경기 패자
2:0	3	0
2:1	2	1

〈상황〉

甲은 두 경기를 하여 승점 4점을 얻었다.

	최댓값	최솟값
①	93	45
②	93	50
③	108	45
④	108	50
⑤	111	52

30. 다음 글을 근거로 판단할 때, 3월 3일의 '일 지수'를 옳게 계산한 것은?

甲, 乙, 丙은 함께 밭을 일구었다. 이들은 하루 동안 한 일의 양을 산정하기 위해 다음과 같은 '일 지수'를 만들었다.

일 지수=[甲이 한 일의 양]×[乙이 한 일의 양]×[丙이 한 일의 양]

甲은 3월 3일의 일 지수를 계산할 때, 자신이 실제로 한 일의 양의 $\frac{1}{5}$을 늘려서 계산했다. 甲은 계산된 일 지수가 잘못된 것을 깨닫고, 앞에서 계산했던 방식에서 乙이 한 일의 양의 $\frac{1}{5}$을 줄이고 그 외는 동일하게 계산했다. 甲이 이렇게 계산한 이유는 자신이 실제로 한 일과 乙이 실제로 한 일의 양이 같았기 때문이다. 하지만 이렇게 계산한 일 지수는 옳게 계산한 일 지수보다 3이 작았다.

① 66
② 69
③ 72
④ 75
⑤ 84

31. 다음 글을 근거로 판단할 때, COW와 EA를 곱한 결과로 가능하지 않은 수는?

> 甲은 수를 영문자로 표현하는 새로운 방법을 고안하였다. 그 방법은 숫자 0~9를 다음 표와 같이 영문자로 표현하는 것이다. 예를 들어 301은 FBC 또는 FAE 등으로 표현된다.

숫자	영문자
0	A 또는 B
1	C 또는 E
2	D 또는 I
3	F 또는 O
4	G 또는 U
5	H 또는 W
6	J 또는 Y
7	AI 또는 K
8	EA 또는 M
9	N 또는 OW

① 120
② 152
③ 190
④ 1080
⑤ 1350

32. 다음 글을 근거로 판단할 때, 2022년 A시 인구수의 천의 자리 숫자는?

> A시는 2022년까지 매년 인구수를 발표해왔다. 2010년 이후 이 도시의 인구는 매년 600명 이내에서 지속적으로 증가만 해왔다.
> 그런데 A시의 2019년 인구수는 2,739,372로 독특한 형태를 보이고 있다. 천의 자리 숫자(한가운데 숫자)를 중심으로 하여, 나머지 숫자들이 마치 데칼코마니처럼 대칭으로 놓여 있다. 즉, 2739372는 9를 중심으로 2, 7, 3이 각각 좌우 대칭으로 자리 잡고 있는 모습이다. 3년 뒤인 2022년 인구수도 마찬가지 형태이다.

① 0
② 1
③ 2
④ 3
⑤ 4

33. 다음 글을 근거로 판단할 때, 추가 질문으로 가능한 것은?

○ 甲~戊 5명은 총 18개의 구슬을 서로 다른 개수로 나누어 가지며, 모두 한 개 이상의 구슬을 가지고 있다.
○ 각각 몇 개의 구슬을 가지고 있는지 알아내기 위해 질문을 했고, 이에 대한 甲~戊의 답변은 다음과 같았다.

질문	답변				
	甲	乙	丙	丁	戊
가지고 있는 구슬의 개수가 짝수입니까?	아니요	예	예	아니요	예
5명이 각자 가진 구슬 개수의 산술평균보다 많이 가지고 있습니까?	아니요	아니요	예	예	예

○ 1회의 추가 질문으로 甲~戊가 각각 가진 구슬의 개수를 모두 정확히 알아내고자 한다.

① 가지고 있는 구슬의 개수가 4 이상입니까?
② 가지고 있는 구슬의 개수가 8 이하입니까?
③ 가지고 있는 구슬의 개수가 10의 약수입니까?
④ 가지고 있는 구슬의 개수가 12의 약수입니까?
⑤ 가지고 있는 구슬의 개수가 3의 배수입니까?

34. 다음 글을 근거로 판단할 때, 다음 주에 戊가 A와 함께 먹을 음식의 종류는?

甲~戊는 다음 주 월~금요일 중 각자 다른 요일에 A와 저녁을 먹으려 한다. A는 다양한 음식을 즐기기 위해서 한식, 중식, 일식, 양식, 퓨전음식을 한 번씩 먹는다. 甲은 A와 다음 주 월요일 저녁에 중식을 먹기로 약속을 잡았다. 乙은 출장 때문에 다음 주 목요일과 금요일에만 약속을 잡을 수 있고, 丙은 일식과 양식만 먹는다. 丁은 월요일과 화요일에는 금식하며, 수요일에는 한식을, 목요일에는 일식을, 금요일에는 다른 종류의 음식을 먹는다. 한편 한식 음식점은 화요일과 목요일에는 영업하지 않으며, 퓨전음식점은 수요일에만 영업한다.

① 한식
② 중식
③ 일식
④ 양식
⑤ 퓨전음식

35. 다음 글을 근거로 판단할 때, 〈보기〉에서 옳은 것만을 모두 고르면?

○ △△강좌의 교수는 수강생을 3개의 팀으로 편성하려고 한다.
○ 모든 수강생들에 대한 정보는 다음 표와 같다. 빈칸은 현재 알 수 없는 정보이지만, 해당 정보가 무엇이더라도 '팀 편성 규칙'에 위배되지 않도록 팀을 편성해야 한다.

구분	수강생	학년	성별	학과
팀장	A	3		수학과
	B	2	남성	통계학과
	C		여성	화학과
팀원	甲	4	남성	경영학과
	乙	4	여성	영문학과
	丙	3	남성	국문학과
	丁	3	여성	경영학과
	戊	2	여성	물리학과
	己	2	여성	기계공학과

○ 팀 편성 규칙은 다음과 같다.
 - 각 팀은 팀장 1명과 팀원 2명으로 구성한다.
 - 4학년 학생 2명을 한 팀에 편성할 수 없다.
 - 동일 학과 학생을 한 팀에 편성할 수 없다.
 - 물리학과 학생과 화학과 학생은 한 팀에 편성한다.
 - 각 팀은 특정 성(性)의 수강생만으로 편성할 수 없다.
 - 丙과 丁은 한 팀에 편성할 수 없다.

〈보기〉

ㄱ. 乙과 丁은 한 팀에 편성한다.
ㄴ. 경영학과 학생과 기계공학과 학생은 한 팀에 편성할 수 없다.
ㄷ. 己는 A의 팀에 편성한다.

① ㄱ
② ㄴ
③ ㄱ, ㄷ
④ ㄴ, ㄷ
⑤ ㄱ, ㄴ, ㄷ

36. 다음 글과 〈상황〉을 근거로 판단할 때, △△대회 개최지로 선정될 곳은?

甲위원회는 △△대회를 개최하기 위해 후보지 5곳(A~E)에 대하여 다음과 같은 세 단계의 절차를 거쳐 최종 점수가 높은 상위 2곳을 개최지로 선정하기로 하였다.
○ 1단계: 인프라, 안전성, 홍보효과 항목에 대해 점수를 부여한다.
○ 2단계: 안전성 점수에는 2배의 가중치를, 홍보효과 점수에는 1.5배의 가중치를 부여한 후, 각 항목별 점수를 합산한다.
○ 3단계: △△대회를 2회 이상 개최한 적이 있는 곳에 대해서는 합산 점수에서 10점을 감점한다.

〈상황〉

○ 1단계에서 부여된 각 평가 항목의 점수는 다음과 같다.

구분	A	B	C	D	E
인프라	13	12	18	23	12
안전성	18	20	17	14	19
홍보효과	16	17	13	20	19

○ △△대회를 2회 이상 개최한 적이 있는 곳은 C, D이다.

① A, B
② A, C
③ A, E
④ B, D
⑤ B, E

37. 다음 글을 근거로 판단할 때, 〈보기〉에서 옳은 것만을 모두 고르면?

○ 건축물 점검기관은 점검대상 건축물의 연면적에 따라 다음과 같이 책임자와 점검자를 각각 따로 두어야 한다.

인력 \ 연면적	3천m^2 미만	3천m^2 이상 1만m^2 미만	1만m^2 이상
책임자(명)	1	1	1
점검자(명)	2	3	4

※연면적: 한 건축물의 각층 바닥면적의 합계

○ 책임자와 점검자는 다음의 교육을 받아야 한다.
1. 교육의 종류 및 시간
  가. 기본교육: 7시간(단, 책임자는 35시간)
  나. 보수교육: 7시간
2. 교육 이수 주기
  가. 기본교육: 매년 이수
  나. 보수교육: 3년마다 이수

〈보기〉

ㄱ. 연면적 2천m^2인 건축물을 점검하는 점검기관의 책임자와 점검자가 이수해야 할 연간 교육시간의 총합은 49시간 이상이다.
ㄴ. 책임자 1명, 점검자 3명으로 구성된 점검기관은 각층 바닥면적이 5천m^2인 2층 건축물을 점검할 수 있다.
ㄷ. 연면적 2만m^2인 건축물을 점검하는 점검기관의 책임자와 점검자는 총 35시간의 보수교육을 매년 이수해야 한다.

① ㄱ
② ㄴ
③ ㄱ, ㄷ
④ ㄴ, ㄷ
⑤ ㄱ, ㄴ, ㄷ

38. 다음 글과 〈상황〉을 근거로 판단할 때, 가원이가 A무인세탁소 사업자로부터 받을 총액은?

A무인세탁소의 사업자가 사업장 내 기기의 관리상 주의를 소홀히 하여 세탁물이 훼손된 경우, 아래와 같은 배상 및 환급 기준을 적용한다.

○ 훼손된 세탁물에 대한 배상액은 '훼손된 세탁물의 구입가격 ×배상비율'로 산정한다. 배상비율은 물품의 내구연한과 사용일수에 따라 다르며 아래 〈배상비율표〉에 따른다.
○ 물품의 사용일수는 사용개시일에 상관없이 구입일부터 세탁일까지의 일수이다.
○ 사업자는 훼손된 세탁물에 대한 배상과는 별도로 고객이 지불한 이용요금 전액을 환급한다.

〈배상비율표〉

내구연한	배상비율			
	80%	60%	40%	20%
1년	0~44일	45~134일	135~269일	270일~
2년	0~88일	89~268일	269~538일	539일~
3년	0~133일	134~403일	404~808일	809일~

〈상황〉

가원이는 2022. 12. 20. A무인세탁소에서 셔츠, 조끼, 치마를 한꺼번에 세탁하였다. 그런데 사업자의 세탁기 관리 소홀로 인하여 세탁물 모두가 훼손되었다.

A무인세탁소의 이용요금은 세탁 1회당 8,000원이며, 가원이의 세탁물 정보는 다음과 같다.

구분	내구연한	구입일	사용개시일	구입가격
셔츠	1년	2022. 10. 10.	2022. 11. 15.	4만 원
조끼	3년	2021. 1. 20.	2022. 1. 22.	6만 원
치마	2년	2022. 12. 1.	2022. 12. 10.	7만 원

① 124,000원
② 112,000원
③ 104,000원
④ 96,000원
⑤ 88,000원

[39 ~ 40] **다음 글을 읽고 물음에 답하시오.**

다음은 ○○국가의 민원인 질의에 대한 챗봇의 답변내용 중 일부이다.

Q: 산지전용은 무엇이며 허가권자는 누구인가요?

A: 산지전용이란 산지를 본래의 용도(조림(造林), 입목의 벌채 등) 외로 사용하기 위해 그 형질을 변경하는 것을 말합니다. 산지전용을 하려는 사람은 산지의 종류 및 면적 등의 구분에 따라 허가권자의 허가를 받아야 합니다. 허가권자는 보전산지인지 그렇지 않은 산지인지에 따라 다릅니다. 보전산지는 산림청장이 임업생산과 공익을 위해 지정하는 산지로서 산림청장 소관입니다. 보전산지에는 산림자원의 조성 등 임업생산 기능의 증진을 위해 지정하는 임업용산지와 재해방지, 국민보건휴양 증진 등 공익 기능을 위하여 지정하는 공익용산지가 있습니다. 산지전용 허가권자는 다음과 같습니다.

○ 산지면적 200만m² 이상(보전산지의 경우 100만m² 이상): 산림청장
○ 산지면적 50만m² 이상 200만m² 미만(보전산지의 경우 3만m² 이상 100만m² 미만)
  – 산림청장 소관인 국유림의 산지인 경우: 산림청장
  – 산림청장 소관이 아닌 국유림, 공유림 또는 사유림의 산지인 경우: 시·도지사
○ 산지면적 50만m² 미만(보전산지의 경우 3만m² 미만): 시장·군수·구청장

Q: 산지전용 허가를 받기 위해서는 어떤 서류를 제출해야 하나요?

A: 산지전용허가신청서와 사업계획서, 도면을 제출하여야 합니다. 도면으로는 지적도와 임야도를 제출하는데, 이것은 지도나 지형도와는 개념이 다릅니다. 지적도와 임야도를 보면 해당 필지의 모양, 주변 필지와의 경계를 알 수 있습니다. 물론 지도와 마찬가지로 지적도와 임야도에도 축척을 사용합니다. 1/1,200의 대축척 도면은 좁은 지역을 상세하게 표시하고, 1/6,000의 소축척 도면은 넓은 지역을 간략하게 표시합니다. 지적도는 1/1,200 축척을 사용하고, 임야도는 1/6,000 축척을 사용합니다. 임야는 다른 지목의 토지보다 넓어서 1/1,200 축척의 도면에 전체 면적을 담기 어렵기 때문입니다.

Q: 산지면적을 표시할 때 여러 단위를 쓰지 않나요?

A: 토지의 면적은 미터법(m²)으로 표기하는 것이 원칙이나, 일상에서 '평'으로 표기하기도 합니다. 1평은 3.3m²입니다. 그런데 산지는 면적이 넓어 편리하게 'ha(헥타르)'나 '정보(町步)'로 표기하기도 합니다. 1ha는 가로와 세로가 각각 100m인 정사각형의 면적을 말하며 1정보는 3,000평입니다.

39. **윗글을 근거로 판단할 때, 〈보기〉에서 옳은 것만을 모두 고르면?**

〈보기〉

ㄱ. 임야도의 경우 넓은 지역의 전체 면적을 담기 위해 대축척을 사용한다.
ㄴ. 보전산지의 지정권자는 면적에 관계없이 산림청장이다.
ㄷ. 산지전용 허가를 받기 위해서는 지도와 지형도를 제출하여야 한다.
ㄹ. 산림청장 소관이 아닌 사유림의 소유자가 그 산지에서 입목의 벌채를 하려는 경우 산지전용 허가를 받아야 한다.

① ㄱ
② ㄴ
③ ㄱ, ㄷ
④ ㄴ, ㄹ
⑤ ㄷ, ㄹ

40. **윗글과 〈상황〉을 근거로 판단할 때, X임야와 Y임야의 산지전용 허가권자를 옳게 짝지은 것은?**

〈상황〉

개발업자 甲은 X임야와 Y임야에 대한 산지전용 허가를 받고자 한다. X임야는 산림청장이 국민보건휴양 증진을 위해 보전산지로 지정한 국유림으로서 산지면적이 100정보이며, Y임야는 甲의 소유로서 산지면적이 50ha이다.

	X임야	Y임야
①	시·도지사	시장·군수·구청장
②	산림청장	산림청장
③	산림청장	시·도지사
④	시·도지사	시·도지사
⑤	산림청장	시장·군수·구청장

약점 보완 해설집 p.50

01. 다음 글을 근거로 판단할 때 옳은 것은?

> 제00조 ① 자신의 생명 또는 신체상의 위험을 무릅쓰고 급박한 위해에 처한 다른 사람의 생명·신체 또는 재산을 구하기 위한 구조행위로서 다음 각 호의 어느 하나의 경우에 대해서는 이 법을 적용한다. 다만 자신의 행위로 인하여 위해에 처한 사람에 대하여 구조행위를 하다가 사망하거나 부상을 입은 행위는 제외한다.
> 1. 범죄행위를 제지하거나 그 범인을 체포하다가 사망하거나 부상을 입은 경우
> 2. 운송수단의 사고로 위해에 처한 다른 사람의 생명·신체 또는 재산을 구하다가 사망하거나 부상을 입은 경우
> 3. 천재지변, 수난(水難), 화재 등으로 위해에 처한 다른 사람의 생명·신체 또는 재산을 구하다가 사망하거나 부상을 입은 경우
> 4. 물놀이 등을 하다가 위해에 처한 다른 사람의 생명 또는 신체를 구하다가 사망하거나 부상을 입은 경우
>
> ② 의사자(義死者)란 직무 외의 행위로서 구조행위를 하다가 사망하여 □□부장관이 의사자로 인정한 사람을 말한다.
> ③ 의상자(義傷者)란 직무 외의 행위로서 구조행위를 하다가 신체상의 부상을 입어 □□부장관이 의상자로 인정한 사람을 말한다.
> 제00조 ① 국가는 의사자·의상자가 보여준 살신성인의 숭고한 희생정신과 용기가 항구적으로 존중될 수 있도록 서훈(敍勳)을 수여하는 등 필요한 조치를 할 수 있다.
> ② 국가와 지방자치단체는 의사자를 추모하고 숭고한 뜻을 기리기 위한 동상 및 비석 등의 기념물을 설치하는 기념사업을 수행할 수 있다.
> ③ 국가는 다음 각 호의 기준에 따라 의상자 및 의사자 유족에게 보상금을 지급한다.
> 1. 의상자의 경우에는 그 본인에게 지급한다.
> 2. 의사자의 경우에는 그 배우자, 자녀, 부모, 조부모, 형제자매의 순으로 지급한다. 이 경우 같은 순위의 유족이 2인 이상인 때에는 보상금을 같은 금액으로 나누어 지급한다.

※ 서훈: 공적의 등급에 따라 훈장을 내림

① 의사자 甲에게 배우자와 자녀가 있는 경우, 보상금은 전액 배우자에게 지급된다.
② 지방자치단체는 의상자 乙에게 서훈을 수여하거나 동상을 설치하는 기념사업을 수행할 수 있다.
③ 소방관 丙이 화재 현장에 출동하여 화재를 진압하던 중 부상을 입은 경우, 丙은 의상자로 인정될 수 있다.
④ 물놀이를 하던 丁이 물에 빠진 애완동물을 구조하던 중 부상을 입은 경우, 丁은 의상자로 인정될 수 있다.
⑤ 운전자 戊가 자신이 일으킨 교통사고의 피해자를 구조하던 중 다른 차량에 치여 부상당한 경우, 戊는 의상자로 인정될 수 있다.

02. 다음 글을 근거로 판단할 때 옳은 것은?

> 제00조 ① 본인 또는 배우자, 직계혈족(이하 '본인 등'이라 한다)은 가족관계등록부의 기록사항에 관하여 발급할 수 있는 증명서(가족관계증명서, 기본증명서, 혼인관계증명서, 입양관계증명서, 친양자입양관계증명서 등)의 교부를 청구할 수 있고, 본인 등의 대리인이 청구하는 경우에는 본인 등의 위임을 받아야 한다. 다만 다음 각 호의 어느 하나에 해당하는 경우에는 본인 등이 아닌 경우에도 교부를 신청할 수 있다.
> 1. 국가 또는 지방자치단체가 직무상 필요에 따라 문서로 신청하는 경우
> 2. 소송·민사집행의 각 절차에서 필요한 경우
> 3. 다른 법령에서 본인 등에 관한 증명서를 제출하도록 요구하는 경우
>
> ② 제1항에도 불구하고 친양자입양관계증명서는 다음 각 호의 어느 하나에 해당하는 경우에 한하여 교부를 청구할 수 있다.
> 1. 친양자가 성년이 되어 신청하는 경우
> 2. 법원의 사실조회촉탁이 있거나 수사기관이 수사상 필요에 따라 문서로 신청하는 경우
>
> ③ 제1항 및 제2항에 따라 증명서의 교부를 청구하는 사람은 수수료를 납부하여야 하며, 증명서의 송부를 신청하는 경우에는 우송료를 따로 납부하여야 한다.
> ④ 본인 또는 배우자, 부모, 자녀는 가족관계등록부의 기록사항 전부 또는 일부에 대하여 전자적 방법에 의한 열람을 청구할 수 있다. 다만 친양자입양관계증명서의 기록사항에 대하여는 친양자가 성년이 된 이후에만 청구할 수 있다.

① A의 직계혈족인 B가 A의 기본증명서 교부를 청구할 때에는 A의 위임을 받아야 한다.
② 본인의 입양관계증명서 교부를 청구한 C는 수수료와 우송료를 일괄 납부하여야 한다.
③ 지방자치단체는 직무상 필요에 따라 구두로 지역주민 D의 가족관계증명서 교부를 신청할 수 있다.
④ E의 자녀 F는 E의 혼인관계증명서의 기록사항에 대해 전자적 방법에 의한 열람을 청구할 수 있다.
⑤ 미성년자 G는 본인의 친양자입양관계증명서의 기록사항에 대해 전자적 방법에 의한 열람을 청구할 수 있다.

03. 다음 글과 〈상황〉을 근거로 판단할 때 옳은 것은?

제○○조 ① 소비자는 물품 등의 사용으로 인한 피해의 구제를 한국소비자원에 신청할 수 있다.
② 국가·지방자치단체 또는 소비자단체는 소비자로부터 피해구제의 신청을 받은 때에는 한국소비자원에 그 처리를 의뢰할 수 있다.
③ 사업자는 소비자로부터 피해구제의 신청을 받은 때에는 다음 각 호의 어느 하나에 해당하는 경우에 한하여 한국소비자원에 그 처리를 의뢰할 수 있다.
1. 소비자로부터 피해구제의 신청을 받은 날부터 30일이 경과하여도 합의에 이르지 못하는 경우
2. 한국소비자원에 피해구제의 처리를 의뢰하기로 소비자와 합의한 경우

제□□조 ①한국소비자원장은 피해구제신청사건을 처리함에 있어서 당사자 또는 관계인이 법령을 위반한 것으로 판단되는 때에는 관계 기관에 이를 통보하고 적절한 조치를 의뢰하여야 한다. 다만 다음 각 호의 경우에는 그러하지 아니하다.
1. 피해구제신청사건의 당사자가 피해보상에 관한 합의를 하고 법령위반행위를 시정한 경우
2. 관계 기관에서 위법사실을 이미 인지·조사하고 있는 경우
② 한국소비자원장은 피해구제신청의 당사자에 대하여 피해보상에 관한 합의를 권고할 수 있다.

제△△조 한국소비자원장은 제○○조의 규정에 따라 피해구제의 신청을 받은 날부터 30일 이내에 제□□조 제2항의 규정에 따른 합의가 이루어지지 아니하는 때에는 지체 없이 소비자분쟁조정위원회에 분쟁조정을 신청하여야 한다.

제◇◇조 한국소비자원의 피해구제 처리절차 중에 법원에 소를 제기한 당사자는 그 사실을 한국소비자원에 통보하여야 한다.

〈상황〉

소비자 甲은 사업자 乙이 생산한 물품을 사용하다가 피해를 입었다. 이에 甲은 乙에게 피해구제를 신청하였다.

① 乙이 신청을 받은 날부터 30일이 지나도록 甲과 합의에 이르지 못한 경우, 乙은 한국소비자원에 그 처리를 의뢰할 수 있다.
② 甲과 乙이 한국소비자원에 피해구제의 처리를 의뢰하기로 합의한 경우, 乙은 30일 이내에 소비자분쟁조정위원회에 분쟁조정을 신청하여야 한다.
③ 한국소비자원이 甲의 피해구제 처리절차를 진행하는 중에는 甲은 해당 사건에 대해 법원에 소를 제기할 수 없다.
④ 한국소비자원장이 권고한 피해보상에 관한 합의가 甲과 乙 사이에 이루어지지 않은 경우, 한국소비자원장은 30일 이내에 소비자분쟁조정위원회에 분쟁조정을 신청하여야 한다.
⑤ 한국소비자원장은 피해구제신청사건을 처리함에 있어서 乙이 법령을 위반한 것으로 판단되면, 관계 기관에서 위법사실을 이미 인지·조사하고 있는 경우라도 관계 기관에 이를 통보하고 적절한 조치를 의뢰하여야 한다.

04. 다음 글과 〈상황〉을 근거로 판단할 때 옳은 것은?

제00조 ① 박물관에는 임원으로서 관장 1명, 상임이사 1명, 비상임이사 5명 이내, 감사 1명을 둔다.
② 감사는 비상임으로 한다.
③ 관장은 정관으로 정하는 바에 따라 □□부장관이 임면하고, 상임이사와 비상임이사 및 감사의 임면은 정관으로 정하는 바에 따른다.

제00조 ① 관장의 임기는 3년으로 하며, 1년 단위로 연임할 수 있다.
② 이사와 감사의 임기는 2년으로 하며, 1년 단위로 연임할 수 있다.
③ 임원의 사임 등으로 인하여 선임되는 임원의 임기는 새로 시작된다.
④ 관장은 박물관을 대표하고 그 업무를 총괄하며, 소속 직원을 지휘·감독한다.
⑤ 관장이 부득이한 사유로 직무를 수행할 수 없을 때에는 상임이사가 그 직무를 대행하고, 상임이사도 직무를 수행할 수 없을 때에는 정관으로 정하는 임원이 그 직무를 대행한다.

제00조 ① 박물관의 중요 사항을 심의·의결하기 위하여 박물관에 이사회를 둔다.
② 이사회는 의장을 포함한 이사로 구성하고 관장이 의장이 된다.
③ 이사회는 재적이사 과반수의 출석으로 개의하고, 재적이사 과반수의 찬성으로 의결한다.
④ 감사는 직무와 관련하여 필요한 경우 이사회에 출석하여 발언할 수 있다.

제00조 ① 박물관의 임직원이나 임직원으로 재직하였던 사람은 그 직무상 알게 된 비밀을 누설하거나 도용하여서는 아니 된다.
② 제1항을 위반하여 직무상 알게 된 비밀을 누설하거나 도용한 사람은 2년 이하의 징역 또는 2천만 원 이하의 벌금에 처한다.

〈상황〉

○○박물관에는 임원으로 이사인 관장 A, 상임이사 B, 비상임이사 C, D, E, F와 감사 G가 있다.

① A가 2년간 재직하다가 퇴직한 경우, 새로 임명된 관장의 임기는 1년이다.
② 이사회에 A, B, C, D, E가 출석한 경우, 그 중 2명이 반대하면 안건은 부결된다.
③ A가 부득이한 사유로 직무를 수행할 수 없을 때에는 G가 소속 직원을 지휘·감독한다.
④ B가 직구상 알게 된 비밀을 누설한 경우, 1년의 징역과 500만 원의 벌금에 처해질 수 있다.
⑤ ○○박물관 정관에 "관장은 이사, 감사를 임면한다."라고 규정되어 있는 경우, A는 G의 임기가 만료되면 H를 상임감사로 임명할 수 있다.

05. 다음 글과 〈상황〉을 근거로 판단할 때 옳은 것은?

19세 이상 주민(이하 '주민'이라 한다)은 지방자치단체에 조례의 제정·개정 및 폐지를 청구할 수 있다. 시·도와 인구 50만 이상 대도시에서는 주민 총수의 100분의 1 이상, 시·군 및 자치구에서는 주민 총수의 50분의 1 이상의 연서로 해당 지방자치단체의 장에게 조례를 제정하거나 개정 또는 폐지할 것을 청구할 수 있다. 이때 청구인 대표자는 조례의 제정안·개정안 및 폐지안(이하 '주민청구조례안'이라 한다)을 작성하여 제출해야 한다. 지방자치단체의 장은 청구를 받은 날부터 5일 이내에 그 내용을 공표하여야 하며, 공표한 날을 포함하여 10일간 청구인명부나 그 사본을 공개된 장소에서 누구나 열람할 수 있도록 해야 한다. 청구인명부의 서명에 관하여 이의가 있는 주민은 열람기간 동안 해당 지방자치단체의 장에게 이의를 신청할 수 있다. 지방자치단체의 장은 이의신청을 받으면 열람기간이 끝난 날의 다음 날부터 14일 이내에 그에 대해 심사·결정하고 그 결과를 당사자에게 알려야 한다.

지방자치단체의 장은 이의신청이 없는 경우 또는 이의신청에 대해 그 결정이 끝난 경우 청구를 수리하고, 요건을 갖추지 못하였다면 청구를 각하한다. 지방자치단체의 장은 청구를 수리한 날을 포함하여 60일 이내에 주민청구조례안을 지방의회에 부의하여야 하며, 그 결과를 청구인 대표자에게 알려야 한다.

지방의회는 재적의원 3분의 1 이상의 출석으로 개의한다. 의결 사항은 재적의원 과반수의 출석과 출석의원 과반수의 찬성으로 의결한다.

〈상황〉

○ □□도 A시의 인구는 30만 명이며, 19세 이상 주민은 총 20만 명이다.
○ A시 주민 甲은 청구인 대표자로 2022. 1. 3. ○○조례에 대한 개정을 청구했고, 이에 A시 시장 B는 같은 해 1. 5. 이를 공표하였다.
○ A시 의회 재적의원은 12명이다.

① A시에서 주민이 조례 개정을 청구하기 위해서는 최소 6,000명 이상의 연서가 필요하다.
② A시 주민이 甲의 조례 개정 청구인명부의 서명에 대해 이의를 신청할 수 있는 기간은 2022. 1. 14.까지이다.
③ A시 주민 乙이 2022. 1. 6. 청구인명부의 서명에 대해 이의를 신청했다면, B는 같은 해 1. 31.까지 그에 대한 심사·결정 결과를 당사자에게 통보해야 한다.
④ 甲의 조례 개정 청구가 2022. 2. 1. 수리되었다면, B는 같은 해 4. 2.까지 ○○조례 개정안을 A시 의회에 부의해야 한다.
⑤ A시 의회는 의원 3명의 참석으로 ○○조례 개정안에 대해 개의할 수 있다.

06. 다음 글을 근거로 판단할 때, 〈보기〉에서 옳은 것만을 모두 고르면?

사람들은 관리자의 업무지시 능력이 뛰어난 작업장일수록 '업무실수 기록건수'가 적을 것이라고 생각한다. 이런 통념을 검증하기 위해 ○○공장의 8개 작업장을 대상으로 연구가 진행되었다. 각 작업장의 인력 구성과 업무량 등은 모두 동일했다. 업무실수 기록건수를 종속변수로 설정하고 6개월 동안 관련 자료를 꼼꼼히 조사하여 업무실수 기록건수 실태를 파악하였다. 또한 공장 구성원에 대한 설문조사와 인터뷰를 통해 관리자의 업무지시 능력, 근로자의 직무만족도, 직장문화 등을 조사했다.

분석 결과 관리자의 업무지시 능력이 우수할수록, 근로자의 직무만족도가 높을수록 업무실수 기록건수가 많았다. 또한 근로자가 상급자의 실수 지적을 두려워하지 않고 자신의 실수를 인정하며 그것을 통해 학습하려는 직장문화에서는 업무실수 기록건수가 많았다. 반면 업무실수 기록건수가 적은 작업장에서는 근로자가 자신의 실수를 보고하면 상급자로부터 질타나 징계를 받을 것이라는 우려 때문에 가급적 실수를 감추었다.

〈보기〉

ㄱ. 업무실수 기록건수가 많은 작업장에서는 실수를 통해 학습하려는 직장문화가 약할 것이다.
ㄴ. 업무실수 기록건수가 많다고 해서 근로자의 직무만족도가 낮은 것은 아닐 것이다.
ㄷ. 관리자의 업무지시 능력이 우수한 작업장일수록 업무실수 기록건수가 적을 것이다.
ㄹ. 징계에 대한 우려가 약한 작업장보다 강한 작업장에서 업무실수 기록건수가 적을 것이다.

① ㄱ, ㄴ
② ㄱ, ㄷ
③ ㄴ, ㄷ
④ ㄴ, ㄹ
⑤ ㄷ, ㄹ

07. 다음 글과 〈상황〉을 근거로 판단할 때 옳은 것은?

한 지리학자는 임의의 국가에 분포하는 도시를 인구규모 순으로 배열할 때, 도시 순위와 인구규모 사이에 일정한 법칙이 존재한다는 것을 발견했다. 이를 도시의 순위규모법칙이라고 부르며, 이에 따른 분포를 '순위규모분포'라고 한다. 순위규모분포가 나타나는 경우 인구규모 두 번째 도시의 인구는 인구규모가 가장 큰 도시인 수위도시 인구의 1/2이고, 세 번째 도시의 인구는 수위도시 인구의 1/3이 된다. 그 이하의 도시에도 동일한 규칙이 적용된다.

이와 달리 한 국가의 인구규모 1위 도시에 인구가 집중되는 양상이 나타나면 이를 '종주분포'라고 한다. 도시화가 전국적으로 진행되지 않은 나라에서는 인구규모 2위 이하의 도시에 비해 1위 도시의 인구규모가 훨씬 큰 종주분포 형태를 보인다. 이때 인구규모가 첫 번째인 도시를 종주도시라고 부른다. 종주분포의 정도를 측정하는 척도로 종주도시지수가 사용된다. 종주도시지수는 '1위 도시의 인구÷2위 도시의 인구'로 나타낸다. 대체로 개발도상국의 경우 급속한 산업화로 종주도시로의 인구집중이 현저하게 나타나기 때문에 종주도시지수가 높다.

〈상황〉

○ 순위규모분포를 보이는 A국에서 인구규모 세 번째 도시의 인구는 200만 명이다.
○ 종주분포를 보이는 B국에서 인구규모 두 번째 도시의 인구는 200만 명이고 종주도시지수는 3.3이다.

① A국의 수위도시와 인구규모 두 번째 도시 간 인구의 차이는 300만 명이다.
② B국의 인구규모 세 번째 도시의 인구는 종주도시의 1/3이다.
③ B국의 종주도시 인구는 A국의 수위도시에 비해 40만 명 적다.
④ 인구규모 첫 번째 도시와 두 번째 도시의 인구 합은 A국이 B국보다 60만 명 더 많다.
⑤ A국과 B국의 인구규모 두 번째 도시 인구는 동일하다.

08. 다음 글을 근거로 판단할 때, 乙이 계산할 금액은?

甲~丁은 회전 초밥을 먹으러 갔다. 식사를 마친 후, 각자 먹은 접시는 각자 계산하기로 했다. 초밥의 접시당 가격은 다음과 같다.

〈초밥의 접시당 가격〉

(단위: 원)

빨간색 접시	1,500
파란색 접시	1,200
노란색 접시	2,000
검정색 접시	4,000

이들은 각각 3가지 색의 접시만 먹었으며, 각자 먹지 않은 접시의 색은 서로 달랐다. 이들이 먹은 접시 개수를 모두 세어 보니 빨간색 접시 7개, 파란색 접시 4개, 노란색 접시 8개, 검정색 접시 3개였다. 이들이 먹은 접시에 대한 정보는 다음과 같다.

○ 甲은 빨간색 접시 4개, 파란색 접시 1개, 노란색 접시 2개를 먹었다.
○ 丙은 乙보다 파란색 접시를 1개 더 먹었으며, 노란색 접시는 먹지 않았다.
○ 丁은 모두 6개의 접시를 먹었으며, 이 중 빨간색 접시는 2개였고 파란색 접시는 먹지 않았다.

① 7,200원
② 7,900원
③ 9,400원
④ 11,200원
⑤ 13,000원

09. 다음 글과 <상황>을 근거로 판단할 때, <보기>에서 옳은 것만을 모두 고르면?

甲: 수면무호흡증으로 고생하고 있는데 양압기를 사용하면 많이 개선된다고 들었어요. 건강보험 급여 적용을 받으면 양압기 대여료가 많이 저렴해진다던데 설명 좀 들을 수 있을까요?

乙: 급여 대상이 되려면 수면다원검사를 받으시고, 검사 결과 무호흡·저호흡 지수가 15 이상이면 돼요. 무호흡·저호흡 지수가 10 이상 15 미만이면 불면증·주간졸음·인지기능저하·기분장애 중 적어도 하나에 해당하면 돼요.

甲: 그러면 제가 부담하는 대여료는 얼마인가요?

乙: 일단 수면다원검사 결과 급여 대상에 해당하면 양압기 처방을 받으실 수 있어요. 양압기는 자동형과 수동형이 있는데 둘 중 하나를 선택해야 하고 중간에 바꿀 수는 없어요. 자동형의 기준금액은 하루에 3,000원이고 수동형은 하루에 2,000원이에요. 대여기간 중에는 사용 여부와 관계없이 대여료가 부과돼요. 처방일부터 최대 90일간 순응기간이 주어져요. 순응기간에는 기준금액 중 50%만 고객님이 부담하시면 되고, 나머지는 건강보험공단에서 저희 회사로 지급해요. 90일 기간 내에 연이은 30일 중 하루 4시간 이상 사용한 일수가 21일이 되면 그날로 순응기간이 종료돼요. 그러면 바로 그다음 날부터는 정식사용기간이 시작되어 기준금액의 20%만 고객님이 부담하시면 됩니다.

<상황>

수면다원검사 결과 甲의 무호흡·저호흡 지수는 16이었다. 甲은 2021년 4월 1일 양압기 처방을 받고 그날 양압기를 대여받았다.

<보기>

ㄱ. 甲은 불면증·주간졸음·인지기능저하·기분장애 증상이 없었더라도 양압기 처방을 받았을 것이다.
ㄴ. 甲이 2021년 4월 한 달 동안 부담한 양압기 대여료가 30,000원이라면, 甲은 수동형 양압기를 대여받았을 것이다.
ㄷ. 甲의 순응기간이 2021년 5월 21일에 종료되었다면, 甲은 해당 월에 양압기를 최소한 48시간 이상 사용하였을 것이다.
ㄹ. 甲이 자동형 양압기를 대여받았고 2021년 6월에 부담한 대여료가 36,000원이라면, 甲이 처방일부터 3개월간 부담한 총 대여료는 126,000원일 것이다.

① ㄱ, ㄷ
② ㄴ, ㄹ
③ ㄷ, ㄹ
④ ㄱ, ㄴ, ㄷ
⑤ ㄱ, ㄴ, ㄹ

10. 다음 글과 <상황>을 근거로 판단할 때, □□시가 A동물보호센터에 10월 지급할 경비의 총액은?

□□시는 관할구역 내 동물보호센터에 다음과 같은 기준으로 경비를 지급하고 있다.

○ 사료비

구분	무게	1일 사료 급여량	사료가격
개	10kg 미만	300g/마리	5,000원/kg
	10kg 이상	600g/마리	5,000원/kg
고양이	–	400g/마리	5,000원/kg

○ 인건비
– 포획활동비(1일 1인당): 안전관리사 노임액(115,000원)
– 관리비(1일 1마리당): 안전관리사 노임액(115,000원)의 100분의 20

○ 주인이 유실동물을 찾아간 경우 동물보호센터가 주인에게 보호비를 징수한다. 보호비는 보호일수와 관계없이 1마리당 100,000원이다. 단, 3일 미만 보호 시 징수하지 않으며, 7일 이상 보호 시 50%를 가산한다.

○ □□시는 사료비와 인건비를 합한 금액에서 보호비를 공제한 금액을 다음 달에 경비로 지급한다.

<상황>

○ □□시 소재 A동물보호센터가 9월 한 달간 관리한 동물의 일 평균 마릿수는 다음과 같다.

개	10kg 미만	10
	10kg 이상	5
고양이	–	5

○ A동물보호센터는 9월 한 달간 1인을 8일 동안 포획활동에 투입하였다.

○ A동물보호센터에서 9월 한 달간 주인에게 반환된 유실동물의 마릿수는 다음과 같다.

보호일수	1일	2일	3일	4일	5일	6일	7일 이상
마릿수	2	3	1	1	2	0	2

① 1,462만 원
② 1,512만 원
③ 1,522만 원
④ 1,532만 원
⑤ 1,572만 원

11. 다다음 글과 〈상황〉을 근거로 판단할 때, A가 새로 읽기 시작한 350쪽의 책을 다 읽은 때는?

ㅇ A는 특별한 일이 없는 경우 월~금요일까지 매일 시외버스를 타고 30분씩 각각 출근과 퇴근을 하며 밤 9시 이전에 집에 도착한다.
ㅇ A는 대중교통을 이용할 때 책을 읽는다. 단, 시내버스에서는 책을 읽지 않고, 또 밤 9시가 넘으면 어떤 대중교통을 이용해도 책을 읽지 않는다.
ㅇ A는 10분에 20쪽의 속도로 책을 읽는다. 다만 책의 1쪽부터 30쪽까지는 10분에 15쪽의 속도로 읽는다.

〈상황〉

A는 이번 주 월~금요일까지 출퇴근을 했는데, 화요일에는 회사 앞에서 회식이 있어 밤 8시 30분에 시외버스를 타고 30분 후에 집 근처 정류장에 내려 퇴근했다. 수요일에는 오전 근무를 마치고 회의를 위해서 지하철로 20분 이동한 후 다시 시내버스를 30분 타고 회의 장소로 갔다. 회의가 끝난 직후 밤 9시 10분에 지하철을 40분 타고 퇴근했다. A는 200쪽까지 읽은 280쪽의 책을 월요일 아침 출근부터 이어서 읽었고, 그 책을 다 읽은 직후 곧바로 350쪽의 새로운 책을 읽기 시작했다.

① 수요일 회의 장소 이동 중
② 수요일 퇴근 중
③ 목요일 출근 중
④ 목요일 퇴근 중
⑤ 금요일 출근 중

12. 다음 글을 근거로 판단할 때, '사무관'을 옳게 암호화한 것은?

A암호화 방식은 단어를 〈자모변환표〉와 〈난수표〉를 이용하여 암호로 변환한다.

〈자모변환표〉

ㄱ	ㄲ	ㄴ	ㄷ	ㄸ	ㄹ	ㅁ	ㅂ	ㅃ	ㅅ	ㅆ	ㅇ	ㅈ	ㅉ	ㅊ	ㅋ	ㅌ	ㅍ	ㅎ	ㅏ
120	342	623	711	349	035	537	385	362	479	421	374	794	734	486	325	842	248	915	775
ㅐ	ㅑ	ㅒ	ㅓ	ㅔ	ㅕ	ㅖ	ㅗ	ㅘ	ㅙ	ㅚ	ㅛ	ㅜ	ㅝ	ㅞ	ㅟ	ㅠ	ㅡ	ㅢ	ㅣ
612	118	843	451	869	917	615	846	189	137	789	714	456	198	275	548	674	716	496	788

〈난수표〉

48449611213534864105609513745862515386441891 3…

ㅇ 우선 암호화하고자 하는 단어의 자모를 초성(첫 자음자)－중성(모음자)－종성(받침) 순으로 나열하되, 종성이 없는 경우 초성－중성으로만 나열한다. 예를 들어 '행복'은 'ㅎㅐㅇㅂㅗㄱ'이 된다.
ㅇ 그 다음 각각의 자모를 〈자모변환표〉에 따라 대응하는 세 개의 숫자로 변환한다. 예를 들어 '행복'은 '915612374385846120'으로 변환된다.
ㅇ 변환된 숫자와 〈난수표〉의 숫자를 가장 앞의 숫자부터 순서대로 하나씩 대응시켜 암호 숫자로 바꾼다. 이때 암호 숫자는 그 암호 숫자와 변환된 숫자를 더했을 때 그 결과값의 일의 자리가 〈난수표〉의 대응 숫자와 일치하도록 하는 0~9까지의 숫자이다. 따라서 '행복'에 대한 암호문은 '579884848850502521'이다.

① 015721685634228562433
② 015721685789228562433
③ 905721575679228452433
④ 015721685789228805381472
⑤ 905721575679228795281472

13. 다음 글을 근거로 판단할 때, ㉠에 해당하는 것은?

> 甲: 혹시 담임 선생님 생신이 몇 월 며칠인지 기억나?
> 乙: 응, 기억하지. 근데 그건 왜?
> 甲: 내가 그날(월일)로 네 자리 일련번호를 설정했는데, 맨 앞자리가 0이 아니었다는 것 말고는 도저히 기억이 나질 않아서 말이야.
> 乙: 그럼 내가 몇 가지 힌트를 줄게. 맞혀볼래?
> 甲: 좋아.
> 乙: 선생님 생신은 31일까지 있는 달에 있어.
> 甲: 고마워. 그다음 힌트는 뭐야?
> 乙: 선생님 생신의 일은 8의 배수야.
> 甲: 그래도 기억이 나질 않네. 힌트 하나만 더 줄 수 있어?
> 乙: 알았어. [㉠]
> 甲: 아! 이제 알았다. 고마워.

① 선생님 생신은 15일 이전이야.
② 선생님 생신의 일은 월의 배수야.
③ 선생님 생신의 일은 월보다 큰 수야.
④ 선생님 생신은 네 자리 모두 다른 수야.
⑤ 선생님 생신의 네 자리 수를 모두 더하면 9야.

14. 다음 글을 근거로 판단할 때, 다음 주 수요일과 목요일의 청소당번을 옳게 짝지은 것은?

> A~D는 다음 주 월요일부터 금요일까지 하루에 한 명씩 청소당번을 정하려고 한다. 청소당번을 정하는 규칙은 다음과 같다.
> ○ A~D는 최소 한 번씩 청소당번을 한다.
> ○ 시험 전날에는 청소당번을 하지 않는다.
> ○ 발표 수업이 있는 날에는 청소당번을 하지 않는다.
> ○ 한 사람이 이틀 연속으로는 청소당번을 하지 않는다.
>
> 다음은 청소당번을 정한 후 A~D가 나눈 대화이다.
> A: 나만 두 번이나 청소당번을 하잖아. 월요일부터 청소당번이라니!
> B: 미안. 내가 월요일에 발표 수업이 있어서 그날 너밖에 할 사람이 없었어.
> C: 나는 다음 주에 시험이 이틀 있는데, 발표 수업이 매번 시험 보는 날과 겹쳐서 청소할 수 있는 요일이 하루밖에 없었어.
> D: 그래도 금요일에 청소하고 가야 하는 나보다는 나을걸.

	수요일	목요일
①	A	B
②	A	C
③	B	A
④	C	A
⑤	C	B

15. 다음 글과 <상황>을 근거로 판단할 때, <보기>에서 옳은 것만을 모두 고르면?

퍼스널컬러(personal color)란 개인의 머리카락, 눈동자, 피부색 등을 종합하여 본인에게 가장 어울리는 색상을 말한다. 퍼스널컬러는 크게 웜(warm)톤과 쿨(cool)톤으로 나눠지는데, 웜톤은 따스하고 부드러운 느낌의 색인 반면에 쿨톤은 차갑고 시원한 느낌의 색이다. 웜톤은 봄타입과 가을타입으로, 쿨톤은 여름타입과 겨울타입으로 세분화된다.

퍼스널컬러는 각 타입의 색상 천을 얼굴에 대봄으로써 찾을 수 있다. 가장 잘 어울리는 타입의 천을 얼굴에 댔을 때 얼굴빛이 화사해지고 이목구비가 또렷해 보인다. 이를 '형광등이 켜졌다'라고 표현한다.

<상황>

네 명(甲~丁)이 퍼스널컬러를 알아보러 갔다. 각 타입(봄, 여름, 가을, 겨울)마다 색상 천은 밝은 색과 어두운 색이 있어서 총 8장이 있다. 하나의 색상 천을 네 명에게 동시에 대보고 형광등이 켜지는지 확인하였다. 얼굴에 대보는 색상 천의 순서는 다음과 같다.

1. 첫 번째에서 네 번째까지 밝은 색 천을 대보고 다섯 번째부터 여덟 번째까지 어두운 색 천을 대본다.
2. 웜톤 천과 쿨톤 천을 교대로 대보지만, 첫 번째로 대보는 천의 톤은 알 수 없다.

진단 결과, 甲, 乙, 丙, 丁은 서로 다른 타입의 퍼스널컬러를 진단받았으며, 본인 타입의 천을 대보았을 때는 밝은 색과 어두운 색의 천 모두에서 형광등이 켜졌고, 그 외의 천을 대보았을 때는 형광등이 켜지지 않았다.

다음은 진단 후 네 명이 나눈 대화이다.

甲: 나는 가을타입이었어. 마지막 색상 천에서는 형광등이 켜지지 않았어.
乙: 나는 짝수 번째 천에서는 형광등이 켜진 적이 없어.
丙: 나는 乙이랑 타입은 다르지만 톤은 같아. 그리고 나한테 형광등이 켜진 색상 천 순서에 해당하는 숫자를 합해보니까 6이야.
丁: 나는 밝은 색 천을 대보았을 때, 乙보다 먼저 형광등이 켜졌어.

<보기>

ㄱ. 네 명의 타입을 모두 알 수 있다.
ㄴ. 丙은 첫 번째 색상 천에서 형광등이 켜졌다.
ㄷ. 색상 천을 대본 순서별로 형광등이 켜진 사람이 누구인지 알 수 있다.
ㄹ. 형광등이 켜진 색상 천 순서에 해당하는 숫자의 합은 丙을 제외한 세 명이 같다.

① ㄱ, ㄴ
② ㄱ, ㄷ
③ ㄴ, ㄹ
④ ㄱ, ㄷ, ㄹ
⑤ ㄴ, ㄷ, ㄹ

16. 다음 글과 <상황>을 근거로 판단할 때, 청년미래공제에 참여 가능한 기업을 모두 고르면?

<2022년 청년미래공제 참여기업 모집 공고문>

○ 목적
  – 미취업 청년의 중소기업 유입을 촉진하고, 청년 근로자의 장기 근속과 자산 형성을 지원
○ 참여 자격
  – 고용보험 피보험자 수 5인 이상 중소기업
  – 고용보험 피보험자 수 1인 이상 5인 미만의 기업이라도 청년기업은 참여 가능
    ※ 청년기업: 14세 이상 39세 이하인 청년이 현재 대표이면서 사업을 개시한 날부터 7년이 지나지 않은 기업
○ 참여 제한
  – 청년수당 가입유지율이 30% 미만인 기업은 참여 불가. 단, 청년수당 가입 인원이 2인 이하인 경우는 참여 가능
    ※ 청년수당 가입유지율(%) = $\frac{\text{청년수당 6개월 이상 가입 유지 인원(㉡)}}{\text{청년수당 가입 인원(㉠)}} \times 100$

<상황>

2022년 현재 중소기업(A~E)에 관한 정보는 다음과 같다.

기업	고용보험 피보험자 수	대표자 나이	사업 개시 경과연수	(㉠)	(㉡)
A	45	39	8	25	7
B	30	40	8	25	23
C	4	40	6	2	2
D	2	39	6	2	0
E	2	38	8	2	2

① A, C
② A, D
③ B, D
④ B, E
⑤ C, E

17. 다음 글을 근거로 판단할 때, 〈보기〉에서 옳은 것만을 모두 고르면?

국민은 A, B 두 집단으로 구분되며, 현행 정책과 개편안에 따라 각 집단에 속한 개인이 얻는 혜택은 다음과 같다.

집단	현행 정책	개편안
A	100	90
B	50	80

정부는 다음 (가), (나), (다) 중 하나를 판단기준으로 하여 정책을 채택하려고 한다.

(가) 국민 전체 혜택의 합이 더 큰 정책을 채택한다.
(나) 개인이 얻는 혜택이 적은 집단에 더 유리한 정책을 채택한다.
(다) A, B 두 집단 간 개인 혜택의 차이가 더 작은 정책을 채택한다.

〈보기〉

ㄱ. (가)를 판단기준으로 할 경우, A인구가 B인구의 4배라면 현행 정책이 유지된다.
ㄴ. (가)를 판단기준으로 할 경우, B인구가 전체 인구의 30%라면 개편안이 채택된다.
ㄷ. (나)를 판단기준으로 할 경우, A와 B의 인구와 관계없이 개편안이 채택된다.
ㄹ. (다)를 판단기준으로 할 경우, A인구가 B인구의 5배라면 현행 정책이 유지된다.

① ㄱ, ㄴ
② ㄱ, ㄹ
③ ㄴ, ㄷ
④ ㄷ, ㄹ
⑤ ㄱ, ㄴ, ㄷ

18. 다음 글과 〈상황〉을 근거로 판단할 때, 2022년에 건강검진을 받을 직원이 가장 많은 검진항목은?

A기관은 직원들을 대상으로 건강검진 프로그램을 운영하고 있다. 직원들은 각 검진항목의 대상에 해당하는 경우 주기에 맞춰 반드시 검진을 받는다. 다만 검진주기가 2년인 검진항목은 최초 검진대상이 되는 해 또는 그다음 해에 검진을 받아야 한다. 예를 들어 2021년에 45세가 된 직원은 2021년 또는 2022년 중 한 번 심장 검진을 받고, 이후 2년마다 심장 검진을 받아야 한다.

〈A기관 건강검진 프로그램〉

검진항목	대상	주기
위	40세 이상	2년
대장	50세 이상	1년
심장	45세 이상	2년
자궁경부	30세 이상 45세 미만 여성	2년
간	40세 이상 간암 발생 고위험군	1년

〈상황〉

A기관 직원 甲~戊의 2020년 건강검진 기록은 다음과 같다. 2020년 검진 이후 A기관 직원 현황과 간암 발생 고위험군 직원은 변동이 없다.

〈2020년 A기관 직원 건강검진 기록〉

이름	나이(세)	성별	검진항목
甲	28	여	없음
乙	45	남	위
丙	40	여	간
丁	48	남	심장
戊	54	여	대장

① 위
② 대장
③ 심장
④ 자궁경부
⑤ 간

[19~20] 다음 글을 읽고 물음에 답하시오.

'탄소중립'이란 인간 활동을 통한 온실가스 배출을 최대한 줄이고, 남은 온실가스는 산림 흡수 및 제거활동을 통해 실질적인 배출량을 0으로 만드는 것을 의미한다. 즉 배출되는 탄소량과 흡수·제거되는 탄소량을 동일하게 만든다는 개념으로, 이에 탄소중립을 '넷제로(Net-Zero)'라 부르기도 한다. 탄소중립에 동참하기로 한 A은행은 업무를 수행하면서 발생하는 이산화탄소 배출량을 줄이기 위해 2가지 사항에 주목하였다. 첫 번째는 항공 출장이고, 두 번째는 컴퓨터의 전력 낭비이다.

한 사람이 비행기로 출장 시 발생하는 이산화탄소 평균 배출량은 400kg으로, 이는 같은 거리를 4명이 자동차 한 대로 출장 시 발생하는 이산화탄소 평균 배출량의 2배에 해당한다. 항공 출장으로 인하여 현재 A은행이 배출하는 연간 이산화탄소의 양은 A은행의 연간 전체 이산화탄소 배출량의 1/5에 달하는 수준이다.

항공 출장을 줄이기 위해서 A은행은 화상회의시스템을 도입하기로 하였다. 화상회의시스템을 활용할 경우에 한 사람의 이산화탄소 평균 배출량은 항공 출장의 1/10 수준에 불과하다. A은행에서는 매년 연인원 1,000명이 항공 출장을 가고 있는데, 항공 출장인원의 30%에게 항공 출장 대신 화상회의시스템을 활용하도록 할 계획이다.

한편 은행과 같이 정보 처리가 업무의 핵심인 업계에서는 컴퓨터 시스템의 전력 소비가 전체 전력 소비의 큰 비중을 차지한다. A은행은 컴퓨터의 전력 낭비 요소를 파악하기 위하여 컴퓨터 전력 사용 현황을 조사하였다. 그 결과 컴퓨터의 전력 소비량이 밤 시간대에 놀라울 정도로 많다는 것을 발견하게 되었다. 그 이유는 직원들이 자신의 컴퓨터를 끄지 않고 퇴근하여 많은 컴퓨터가 밤에 계속 켜져 있었기 때문이다.

이에 A은행은 전력차단프로젝트를 수행하기로 하였다. 22,000대의 컴퓨터에 전력관리 소프트웨어를 설치하여, 컴퓨터가 일정시간 사용되지 않으면 언제라도 컴퓨터와 모니터의 전원이 자동으로 꺼지도록 하는 것이다. 이 프로젝트를 통하여 A은행은 연간 35만kWh의 전력 소비를 절감할 수 있을 것으로 예상되며, 이는 652톤의 이산화탄소 배출에 해당하는 양이다.

19. 윗글을 근거로 판단할 때, 〈보기〉에서 옳은 것만을 모두 고르면?

〈보기〉

ㄱ. A은행이 전력차단프로젝트를 시행하더라도 주간에 전력 절감은 없을 것이다.
ㄴ. A은행의 전력차단프로젝트로 절감되는 컴퓨터 1대당 전력량은 연간 15kWh 이상이다.
ㄷ. A은행이 화상회의시스템과 전력차단프로젝트를 도입하면 넷제로가 실현된다.
ㄹ. 1인당 이산화탄소 평균 배출량은 4명이 자동차 한 대로 출장을 가는 경우가 같은 거리를 1명이 비행기로 출장을 가는 경우의 1/8에 해당한다.

① ㄱ, ㄴ
② ㄱ, ㄷ
③ ㄴ, ㄹ
④ ㄱ, ㄷ, ㄹ
⑤ ㄴ, ㄷ, ㄹ

20. 윗글을 근거로 판단할 때, ㉠에 해당하는 것은?

A은행은 화상회의시스템과 전력차단프로젝트의 도입효과를 검토해 보았다. 검토 결과 둘을 도입하면, A은행 이산화탄소 배출량은 도입 전에 비해 연간 (㉠)% 감소할 것으로 예상되었다.

① 30
② 32
③ 34
④ 36
⑤ 38

21. 다음 글과 〈상황〉을 근거로 판단할 때, A시장이 잘못 부과한 과태료 초과분의 합은?

제00조 ① ☆☆영업을 하려는 자는 시·도지사에게 기간 내에 일정한 사항을 신고하여야 한다.
② 신고의무자가 부실하게 신고한 경우에는 신고하지 아니한 것으로 본다.
③ 시·도지사는 신고의무자가 기간 내에 신고하지 아니한 경우, 일정한 기간(이하 '사실조사기간'이라 한다)을 정하여 그 사실을 조사하고, 신고의무자에게 사실대로 신고할 것을 촉구하여야 한다.
④ 시·도지사는 신고의무자가 기간 내에 신고하지 아니한 경우에는 다음 각 호의 기준에 따라 과태료를 부과한다. 단, 제3항의 촉구를 받은 신고의무자가 신고하지 아니한 경우에는 다음 각 호 기준 금액의 2배를 부과한다.
1. 신고기간이 지난 후 1개월 이내: 1만 원
2. 신고기간이 지난 후 1개월 초과 6개월 이내: 3만 원
3. 신고기간이 지난 후 6개월 초과: 5만 원

제00조 시·도지사는 과태료 처분대상자가 다음 각 호의 어느 하나에 해당하는 경우에는 과태료를 경감하여 부과한다. 단, 둘 이상에 해당하는 경우에는 그 중 높은 경감비율만을 한 차례 적용한다.
1. 사실조사기간 중 자진신고한 자: 2분의 1 경감
2. 『장애인복지법』상 장애인: 10분의 2 경감

〈상황〉

A시장은 신고기간 내에 신고를 하지 않은 甲, 乙, 丙을 대상으로 사실조사를 실시하였고, 사실조사기간 중 자진신고를 한 丙을 제외한 모든 자에게 신고를 촉구하였다. 촉구를 받은 甲은 사실대로 신고하였지만 乙은 부실하게 신고하였다. 그 후 A시장은 甲, 乙, 丙에게 아래의 금액을 과태료로 부과하였다.

〈과태료 부과현황〉

대상자	신고기간 후 경과일수	특이사항	부과액
甲	200일	국가유공자	10만 원
乙	71일		6만 원
丙	9일	『장애인복지법』상 장애인	1만 5천 원

① 57,000원
② 60,000원
③ 72,000원
④ 85,000원
⑤ 90,000원

22. 다음 글과 〈상황〉을 근거로 판단할 때 옳은 것은?

제○○조 ① 사업주는 다음 각 호의 어느 하나에 해당하는 작업을 도급하여 자신의 사업장에서 수급인의 근로자가 그 작업을 하도록 해서는 아니 된다.
1. 도금작업
2. 수은, 납 또는 카드뮴을 가공·처리하는 작업
② 사업주는 제1항에도 불구하고 다음 각 호의 어느 하나에 해당하는 경우에는 제1항 각 호에 따른 작업을 도급하여 자신의 사업장에서 수급인의 근로자가 그 작업을 하도록 할 수 있다.
1. 일시적·간헐적으로 하는 작업을 도급하는 경우
2. 수급인이 보유한 기술이 전문적이고 해당 사업주의 사업 운영에 필수불가결한 경우로서 고용노동부장관의 승인을 받은 경우
③ 제2항 제2호에 따른 승인을 받은 작업을 도급받은 수급인은 그 작업을 하도급할 수 없다.

제□□조 도급인은 수급인의 근로자가 자신의 사업장에서 작업을 하는 경우, 자신의 근로자와 수급인의 근로자의 산업재해를 예방하기 위하여 필요한 안전조치 및 보건조치를 하여야 한다.

제△△조 고용노동부장관은 사업주가 다음 각 호의 어느 하나에 해당하는 경우에는 10억 원 이하의 과징금을 부과·징수할 수 있다.
1. 제○○조 제1항을 위반하여 도급한 경우
2. 제○○조 제2항 제2호를 위반하여 승인을 받지 아니하고 도급한 경우
3. 제○○조 제3항을 위반하여 재하도급한 경우

제◇◇조 제□□조를 위반한 자는 3년 이하의 징역 또는 3천만 원 이하의 벌금에 처한다.

※ 도급(都給): 공사 등을 타인(수급인)에게 맡기는 일

〈상황〉

장신구 제조업체 甲(도급인)은 도금작업을 위해 도금 전문업체 乙(수급인)과 도급계약을 체결하였다.

① 도금작업이 일시적인 경우, 甲은 고용노동부장관의 승인 없이 乙의 근로자를 자신의 사업장에서 작업하도록 할 수 있다.
② 도금작업이 상시적인 경우, 甲이 乙의 근로자를 자신의 사업장에서 작업하도록 하였다면 3년 이하의 징역에 처한다.
③ 乙은 자신의 기술이 甲의 사업 운영에 필수불가결한 경우가 아니라면 그 작업을 하도급할 수 없다.
④ 乙의 근로자가 甲의 사업장에서 작업을 하는 경우, 안전조치 및 보건조치를 할 의무는 乙이 진다.
⑤ 甲이 자신의 사업장에서 작업을 하는 乙의 근로자에 대해 필요한 안전조치 및 보건조치를 하지 않을 경우, 고용노동부장관은 3억 원의 과징금을 부과할 수 있다.

23. 다음 글과 〈상황〉을 근거로 판단할 때 옳은 것은?

민사소송에서 법원은 원고가 청구한 금액의 한도 내에서만 판결을 해야 하고, 그 상한을 넘는 금액을 인정하는 판결을 해서는 안 된다. 예컨대 임대인(원고)이 임차인(피고)을 상대로 밀린 월세를 이유로 2천 4백만 원의 지급을 청구하는 소를 제기하였다. 이 경우 법원은 심리 결과 임차인의 밀린 월세를 2천만 원으로 판단하면 2천만 원을 지급하라고 판결해야 하지만, 3천만 원으로 판단하더라도 3천만 원을 지급하라고 판결할 수는 없다. 다만 임대인이 소송 도중 청구금액을 3천만 원으로 변경하면 비로소 법원은 3천만 원을 지급하라고 판결할 수 있다.

그런데 교통사고 등으로 신체상 손해를 입은 경우, 피해자인 원고는 적극적 손해(치료비), 소극적 손해(일실수익), 위자료 등 3가지 손해항목으로 금액을 나누어 손해배상을 청구하는 것이 일반적이다. 예컨대 교통사고 피해자가 적극적 손해 3백만 원, 소극적 손해 4백만 원, 위자료 2백만 원으로 손해항목을 나누고 그 총액인 9백만 원의 지급을 청구하는 소를 제기하는 것이다. 이와 관련하여 손해배상 총액을 초과하지 않으면, 법원이 손해항목별 상한을 넘는 금액을 인정하는 판결을 할 수 있는지가 문제된다. 위 사례에서 법원이 심리 결과 적극적 손해 2백만 원, 소극적 손해 5백만 원, 위자료 2백만 원이 타당하다고 판단한 경우, 피고가 원고에게 합계 9백만 원의 손해배상을 지급하라고 판결할 수 있는지에 대해 3가지 견해가 있다. A견해는 각 손해항목별로 금액의 상한을 초과하는 판결을 할 수 없다고 한다. B견해는 손해배상 총액의 상한만 넘지 않으면 손해항목별 상한 금액을 넘더라도 무방하다고 한다. C견해는 적극적 손해와 소극적 손해는 동일한 '재산상 손해'이지만 '위자료'는 정신적 고통에 대한 배상으로 그 성질이 다르다는 점을 중시하여, 적극적 손해와 소극적 손해를 합산한 '재산상 손해' 그리고 '위자료' 두 개의 손해항목으로 나누고 그 항목별 상한 금액을 넘지 않으면 된다고 한다.

※ 일실수익: 교통사고 등으로 사망하거나 신체상의 상해를 입은 사람이 장래 얻을 수 있는 수입액의 상실분

〈상황〉

甲은 乙 소유의 주택에 화재를 일으켰다. 이로 인해 乙은 주택 소실에 따른 재산상 손해를 입었고 주택의 임차인 丙이 화상을 입었다. 이에 乙은 재산상 손해 6천만 원의 지급을 청구하는 소를, 丙은 치료비 1천만 원, 일실수익 1억 원, 위자료 5천만 원, 합계 1억 6천만 원의 지급을 청구하는 소를 甲을 상대로 각각 제기하였다.

법원은 심리 결과 乙의 재산상 손해는 5천만 원이고, 丙의 손해는 치료비 5백만 원, 일실수익 1억 2천만 원, 위자료 3천 5백만 원이 타당하다고 판단하였다.

① 법원은 甲이 乙에게 6천만 원을 지급하라고 판결해야 한다.
② 소송 도중 乙이 청구금액을 8천만 원으로 변경한 경우, 법원은 심리 결과 손해액을 5천만 원으로 판단하더라도 甲이 乙에게 8천만 원을 지급하라고 판결해야 한다.
③ A견해에 따르면, 법원은 甲이 丙에게 1억 6천만 원을 지급하라고 판결해야 한다.
④ B견해에 따르면, 법원은 甲이 丙에게 1억 4천만 원을 지급하라고 판결해야 한다.
⑤ C견해에 따르면, 법원은 甲이 丙에게 1억 4천 5백만 원을 지급하라고 판결해야 한다.

24. 다음 글을 근거로 판단할 때, 입찰공고 기간을 준수한 것은?

제00조 ① 입찰공고(이하 '공고'라 한다)는 입찰서 제출마감일의 전일부터 기산(起算)하여 7일 전에 이를 행하여야 한다.
② 공사를 입찰하는 경우로서 현장설명을 실시하는 경우에는 현장설명일의 전일부터 기산하여 7일 전에 공고하여야 한다. 다만 입찰참가자격을 사전에 심사하려는 공사에 관한 입찰의 경우에는 현장설명일의 전일부터 기산하여 30일 전에 공고하여야 한다.
③ 공사를 입찰하는 경우로서 현장설명을 실시하지 아니하는 경우에는 입찰서 제출마감일의 전일부터 기산하여 다음 각 호에서 정한 기간 전에 공고하여야 한다.
1. 입찰가격이 10억 원 미만인 경우: 7일
2. 입찰가격이 10억 원 이상 50억 원 미만인 경우: 15일
3. 입찰가격이 50억 원 이상인 경우: 40일
④ 제1항부터 제3항까지의 규정에도 불구하고 다음 각 호의 어느 하나에 해당하는 경우에는 입찰서 제출마감일의 전일부터 기산하여 5일 전까지 공고할 수 있다.
1. 재공고입찰의 경우
2. 다른 국가사업과 연계되어 일정조정이 불가피한 경우
3. 긴급한 행사 또는 긴급한 재해예방·복구 등을 위하여 필요한 경우
⑤ 협상에 의해 계약을 체결하는 경우에는 제1항 및 제4항에도 불구하고 제안서 제출마감일의 전일부터 기산하여 40일 전에 공고하여야 한다. 다만 다음 각 호의 어느 하나에 해당하는 경우에는 제안서 제출마감일의 전일부터 기산하여 10일 전까지 공고할 수 있다.
1. 제4항 각 호의 어느 하나에 해당하는 경우
2. 입찰가격이 고시금액 미만인 경우

① A부서는 건물 청소 용역업체 교체를 위해 제출마감일을 2021. 4. 1.로 정하고 2021. 3. 26. 공고를 하였다.
② B부서는 입찰참가자격을 사전에 심사하고 현장설명을 실시하는 신청사 건설공사 입찰가격을 30억 원에 진행하고자, 현장설명일을 2021. 4. 1.로 정하고 2021. 3. 15. 공고를 하였다.
③ C부서는 협상에 의해 헬기도입에 관한 계약을 체결하려고 하였는데, 다른 국가사업과 연계되어 일정조정이 불가피하게 되자 제출마감일을 2021. 4. 1.로 정하고 2021. 3. 19. 공고를 하였다.
④ D부서는 협상에 의해 다른 국가사업과 관계없는 계약을 체결하고자, 제출마감일을 2021. 4. 1.로 정하고 2021. 3. 26. 공고를 하였다.
⑤ E부서는 현장설명 없이 5억 원에 주차장 공사를 입찰하고자 2021. 4. 1.을 제출마감일로 하여 공고하였으나, 입찰자가 1개 회사밖에 없어 제출마감일을 2021. 4. 9.로 다시 정하고 2021. 4. 5. 재공고하였다.

25. 다음 글을 근거로 판단할 때, 〈상황〉의 ㉠~㉢을 옳게 짝지은 것은?

> 1957년 제정 저작권법은 저작물의 저작재산권을 저작자가 생존하는 동안과 사망한 후 30년간 존속하는 것으로 규정하고 있었다.
>
> 이후 1987년 개정 저작권법은 저작재산권을 저작자가 생존하는 동안과 사망 후 50년간 존속하도록 개정하여 저작재산권의 보호기간(이하 '보호기간'이라 한다)을 연장하였다. 다만 1987년 저작권법이 시행된 1987. 7. 1. 이전에 1957년 저작권법에 따른 보호기간이 이미 경과한 저작물은 더 이상 보호하지 않는 것으로 규정하였다.
>
> 또한 2011년 개정 저작권법은 보호기간을 저작자 생존 기간 동안과 사망 후 70년간으로 개정하였으며, 다만 2011년 저작권법이 시행된 2013. 7. 1. 이전에 1987년 저작권법에 따른 보호기간이 이미 경과한 저작물은 더 이상 보호하지 않는 것으로 규정하였다.
>
> 한편 보호기간을 산정할 때는 저작자가 사망한 다음 해의 1월 1일을 기산일(起算日)로 한다. 예컨대 '저작물 X'를 창작한 저작자 甲이 1957. 4. 1. 사망하였다면 저작물 X의 보호기간은 1958. 1. 1.부터 기산하여 1987년 저작권법에 의해 2007. 12. 31.까지 연장되지만, 2011년 저작권법에 따르면 보호기간이 이미 만료된 상태이다.

〈상황〉

> '저작물 Y'를 창작한 저작자 乙은 1963. 1. 1. 사망하였다. 저작물 Y의 보호기간은 1957년 제정 저작권법에 따르면 (㉠)이고, 1987년 개정 저작권법에 따르면 (㉡)이며, 2011년 개정 저작권법에 따르면 (㉢)이다.

	㉠	㉡	㉢
①	1992. 1. 1.까지	2012. 1. 1.까지	이미 만료된 상태
②	1992. 12. 31.까지	2012. 12. 31.까지	이미 만료된 상태
③	1992. 12. 31.까지	2012. 12. 31.까지	2032. 12. 31.까지
④	1993. 12. 31.까지	2013. 12. 31.까지	이미 만료된 상태
⑤	1993. 12. 31.까지	2013. 12. 31.까지	2033. 12. 31.까지

26. 다음 글을 근거로 판단할 때, 〈보기〉에서 옳은 것만을 모두 고르면?

> 석유에서 얻을 수 있는 연료를 대체하는 물질 중 하나는 식물성 기름이다. 식물성 기름의 지방산을 처리하면 자동차 연료로 쓸 수 있는 바이오디젤을 만들 수 있다. 바이오디젤은 석유에서 얻는 일반디젤에 비해 몇 가지 장점이 있다. 바이오디젤은 분진이나 일산화탄소, 불완전연소 유기물과 같은 오염 물질을 적게 배출한다. 또한 석유에서 얻는 연료와 달리 식물성 기름에는 황이 거의 들어 있지 않아 바이오디젤을 연소했을 때 이산화황이 거의 배출되지 않는다. 바이오디젤은 기존 디젤 엔진에서도 사용될 수 있고 석유 연료에 비해 쉽게 생분해되기 때문에 외부로 유출되더라도 환경에 미치는 영향이 작다.
>
> 물론 바이오디젤도 단점이 있다. 우선 바이오디젤은 일반디젤보다 생산원가가 훨씬 높다. 또한 바이오디젤은 생분해되기 때문에 장기간 저장이 어렵고, 질소산화물을 더 많이 배출한다. 그뿐 아니라 엔진에 접착성 찌꺼기가 남을 수 있고, 일반디젤보다 응고점이 높다. 이 때문에 바이오디젤을 일반디젤의 첨가물로 사용하고 있다. 바이오디젤과 일반디젤은 쉽게 혼합되며, 그 혼합물은 바이오디젤보다 응고점이 낮다. 바이오디젤은 영어 약자 BD로 나타내는데, BD20은 바이오디젤 20%와 일반디젤 80%의 혼합연료를 뜻한다.

〈보기〉

ㄱ. 같은 양이라면 BD20의 생산원가가 일반디젤보다 낮을 것이다.
ㄴ. 석유에서 얻은 연료에는 황 성분이 포함되어 있을 것이다.
ㄷ. 같은 온도에서 바이오디젤이 액체일 때 일반디젤은 고체일 수 있다.
ㄹ. 바이오디젤만 연료로 사용하면 일반디젤만 사용했을 때와 비교해서 질소산화물 배출은 늘지만 이산화황 배출은 줄어들 것이다.

① ㄱ
② ㄴ, ㄷ
③ ㄴ, ㄹ
④ ㄷ, ㄹ
⑤ ㄱ, ㄴ, ㄷ

27. 다음 글을 근거로 판단할 때 옳은 것은?

> 커피에 함유된 카페인의 각성효과는 사람에 따라 다르다. 커피를 한 잔만 마셔도 각성효과가 큰 사람이 있고, 몇 잔을 연거푸 마셔도 거의 영향을 받지 않는 사람도 있다. 甲국 정부는 하루 카페인 섭취량으로 성인은 400mg 이하, 임신부는 300mg 이하, 어린이·청소년은 체중 1kg당 2.5mg 이하를 권고하고 있다.
>
> 카페인은 식물에서 추출한 알칼로이드 화학물질로 각성효과, 기억력, 집중력을 일시적으로 향상시킨다. 카페인의 효과는 '아데노신'과 밀접한 관련이 있다. 사람의 몸에서 생성되는 화학물질인 아데노신은 뇌의 각성상태를 완화시켜 잠들게 하는 신경전달물질이다. 이 아데노신이 뇌 수용체와 결합하기 전에 카페인이 먼저 뇌 수용체와 결합하면 각성효과가 나타나게 된다. 즉 커피 속의 카페인은 아데노신의 역할을 방해하는 셈이다.
>
> 몸에 들어온 카페인은 간에서 분해된다. 카페인의 분해가 잘 될수록 각성효과가 빨리 사라진다. 카페인이 간에서 분해되는 과정에는 카페인 분해 효소가 필요하다. 카페인 분해 효소의 효율이 유전적·환경적 요인에 따라 어떻게 달라지는지 확인하기 위해 조사를 진행하였다. 그 결과 흡연 또는 여성의 경구 피임약 복용 등도 카페인 분해 효율에 영향을 주지만 유전적 요인이 가장 큰 영향을 준다는 결론에 도달했다. 카페인 분해 효소의 효율을 결정하는 유전자는 15번 염색체에 있다. 이 유전자 염기서열 특정 부분의 변이가 A형인 사람을 '빠른 대사자', C형인 사람을 '느린 대사자'로 나누기도 한다. C형인 사람은 카페인 분해가 느려서 카페인이 일으키는 각성효과를 길게 받는다. "나는 낮에 커피 한 잔만 마셔도 밤에 잠이 안 와!"라고 말하는 사람은 느린 대사자일 가능성이 높다. 반면에 커피를 마셔도 잘 자는 사람은 빠른 대사자일 가능성이 높다.

① 甲국 정부가 권고하는 하루 카페인 섭취량 이하를 섭취하면 각성효과가 나타나지 않는다.

② 카페인은 각성효과를 돕는 아데노신 분비를 촉진시킨다.

③ 유전자 염기서열 특정 부분의 변이가 A형인 사람은 C형인 사람보다 카페인의 각성효과가 더 오래 유지된다.

④ 몸무게가 60kg인 성인 남성에 대해 甲국 정부가 권고하는 하루 카페인 섭취량은 최대 150mg이다.

⑤ 사람에 따라 커피의 각성효과가 달라지는 데 가장 큰 영향을 주는 것은 유전적 요인이다.

28. 다음 글을 근거로 판단할 때, 〈상황〉의 ㉠과 ㉡을 옳게 짝지은 것은?

> 수액을 주입할 때 사용하는 단위 gtt는 방울이라는 뜻의 라틴어 gutta에서 유래한 것으로, 수액 용기에서 떨어지는 수액의 방울 수를 나타낸다. 일반적으로 20gtt/ml가 '기준규격'이며, 이는 용기에서 20방울이 떨어졌을 때 수액 1ml가 주입되는 것을 말한다.

〈상황〉

○ 기준규격에 따라 수액 360ml를 2시간 동안 모두 주입하려면, 1초당 (㉠)gtt씩 주입하여야 한다.

○ 기준규격에 따라 3초당 1gtt로 수액을 주입하면, 24시간 동안 최대 (㉡)ml를 주입할 수 있다.

	㉠	㉡
①	0.5	720
②	1	720
③	1	1,440
④	2	1,440
⑤	2	2,880

29. 다음 글을 근거로 판단할 때, 진로의 순위를 옳게 짝지은 것은?

○ 甲은 A, B, C 3가지 진로에 대해 비용편익분석(편익 − 비용)을 통하여 최종 결과값이 큰 순서대로 순위를 정하려고 한다.
○ 각 진로별 예상되는 편익은 다음과 같다.
 − 편익 = 근속연수 × 평균연봉
 − 연금이 있는 경우 편익에 1.2를 곱한다.

구분	A	B	C
근속연수	25	35	30
평균연봉	1억 원	7천만 원	5천만 원
연금 여부	없음	없음	있음

○ 각 진로별 예상되는 비용은 다음과 같다.
 − 비용 = 준비연수 × 연간 준비비용 × 준비난이도 계수
 − 준비난이도 계수는 상 2.0, 중 1.5, 하 1.0으로 한다.
 − 연고지가 아닌 경우 비용에 2억 원을 더한다.

구분	A	B	C
준비연수	3	1	4
연간 준비비용	6천만 원	1천만 원	3천만 원
준비난이도	중	하	상
연고지 여부	연고지	비연고지	비연고지

○ 평판도가 1위인 경우, 비용편익분석 결과값에 2를 곱한다.

구분	A	B	C
평판도	2위	3위	1위

	1순위	2순위	3순위
①	A	B	C
②	B	A	C
③	B	C	A
④	C	A	B
⑤	C	B	A

30. 다음 글과 〈상황〉을 근거로 판단할 때, X의 범위는?

A국은 다음과 같은 원칙에 따라 소득에 대해 과세한다.
○ 근로소득자나 사업자 모두 원칙적으로 과세대상소득의 20%를 세금으로 납부한다.
○ 근로소득자의 과세대상소득은 근로소득이고, 사업자의 과세대상소득은 매출액에서 생산비용을 공제한 값이다.
○ 근로소득자의 경우 신용카드 지출금액의 5%는 과세대상소득에서 공제한다. 예를 들어 원래 과세대상소득이 1천만 원인 사람이 10만 원을 신용카드로 지출하면 이 사람의 실제 과세대상소득은 5천 원 감소하여 999만 5천 원이 된다.
○ 사업자는 신용카드로 취득한 매출액의 1%를 수수료로 카드회사에 지불한다. 수수료는 생산비용에 포함되지 않는다.
○ 지역상권 활성화를 위해 2021년 한시적으로 지역상권부흥상품권을 통한 거래는 사업자의 과세대상에서 제외하기로 했다.

〈상황〉

2021년 A국의 근로소득자 甲은 가구를 제작·판매하는 사업자 乙로부터 100만 원에 판매되는 식탁을 신용카드로 구입하려고 하였다. 乙이 이 식탁을 제작하는 데 드는 생산비용은 80만 원이다. 그런데 乙은 지역상권부흥상품권으로 자신이 판매하는 가구를 구매하는 고객에게 (X)만 원을 할인하는 행사를 진행하였고, 甲은 이 사실을 알게 되었다. 이에 甲은 지역상권부흥상품권으로 이 식탁을 구매하였으며, 결과적으로 신용카드로 거래하는 것보다 甲과 乙 모두 금전적으로 이득을 보았다.

① $0 < X < 5$
② $1 < X < 5$
③ $1 < X < 6$
④ $3 < X < 6$
⑤ $3 < X < 10$

31. 다음 글을 근거로 판단할 때, 5세트가 시작한 시점에 경기장에 남아 있는 관람객 수의 최댓값은?

○ 총 5세트의 배구경기에서 각 세트를 이길 때마다 세트 점수 1점을 획득하여 누적 세트 점수 3점을 먼저 획득하는 팀이 승리한다.
○ 경기 시작 전, 경기장에는 홈팀을 응원하는 관람객 5,000명과 원정팀을 응원하는 관람객 3,000명이 있었다.
○ 각 세트가 끝날 때마다 누적 세트 점수가 낮은 팀을 응원하는 관람객이 경기장을 나가는데, 홈팀은 1,000명, 원정팀은 500명이 나간다.
○ 경기장을 나간 관람객은 다시 들어오지 못하며, 경기 중간에 들어온 관람객은 없다.
○ 경기는 원정팀이 승리했으나 홈팀이 두 세트를 이기며 분전했다.

① 6,000명
② 6,500명
③ 7,000명
④ 7,500명
⑤ 8,000명

32. 다음 글을 근거로 판단할 때, 〈보기〉에서 옳은 것만을 모두 고르면?

1에서 9까지 아홉 개의 숫자버튼이 있고, 단계별로 숫자버튼을 한 번 누르면 〈규칙〉에 따라 값이 출력되는 장치가 있다.

〈규칙〉
1단계: 숫자버튼을 누르면 그 수가 그대로 출력된다.
2단계: '1단계 출력값'에 '2단계에서 누른 수에 11을 곱한 값'을 더한 값이 출력된다.
3단계: '2단계 출력값'에 '3단계에서 누른 수에 111을 곱한 값'을 더한 값이 출력된다. 다만 그 값이 1,000 이상인 경우 0이 출력된다.

〈보기〉
ㄱ. 100부터 999까지의 정수는 모두 출력 가능하다.
ㄴ. 250이 출력되도록 숫자버튼을 누르는 방법은 한 가지이다.
ㄷ. 100의 배수(0 제외)가 출력되었다면 처음 누른 숫자버튼은 반드시 1이다.

① ㄱ
② ㄴ
③ ㄱ, ㄴ
④ ㄱ, ㄷ
⑤ ㄴ, ㄷ

33. 다음 〈대화〉를 근거로 판단할 때 옳은 것은? (단, 토끼는 옹달샘이 아닌 다른 곳에서도 물을 마실 수 있다)

〈대화〉

토끼 A: 우리 중 나를 포함해서 셋만 옹달샘에 다녀왔어.
토끼 B: D가 물을 마셨다면 나도 물을 마셨어.
토끼 C: 나는 계속 D만 졸졸 따라다녔어.
토끼 D: B가 옹달샘에 가지 않았다면, 나도 옹달샘에 가지 않았어.
토끼 E: 너희 중 둘은 물을 마셨지. 나를 포함해서 셋은 물을 한 모금도 마시지 않아서 목이 타.

① A와 D는 둘 다 물을 마셨다.
② C와 D는 둘 다 물을 마셨다.
③ E는 옹달샘에 다녀가지 않았다.
④ A가 물을 마시지 않았으면 B가 물을 마셨다.
⑤ 물을 마시지 않은 토끼는 모두 옹달샘에 다녀갔다.

34. 다음 글을 근거로 판단할 때, 사무소 B의 전화번호를 구성하는 6개 숫자를 모두 합한 값의 최댓값은?

사무소 A와 사무소 B 각각의 전화번호는 1부터 9까지의 숫자 중 6개로 구성되어 있다.

- A와 B전화번호에서 공통된 숫자의 종류는 5를 포함하여 세 가지이다.
- A전화번호는 세 가지의 홀수만으로 구성되어 있다.
- A전화번호의 첫 번째와 마지막 숫자는 서로 다르며, 합이 10이다.
- B전화번호를 구성하는 숫자 중 가장 큰 숫자는 세 번 나타난다.
- B전화번호를 구성하는 숫자 중 두 번째로 작은 숫자는 짝수다.

① 33
② 35
③ 37
④ 39
⑤ 42

35. 다음 글을 근거로 판단할 때, <보기>에서 옳은 것만을 모두 고르면?

A마을에서는 다음과 같이 양의 이름을 짓는다.
○ '물', '불', '돌', '눈' 중 한 개 이상의 글자를 사용하여 이름을 짓는다.
○ 봄에 태어난 양의 이름에는 '물', 여름에 태어난 양의 이름에는 '불', 가을에 태어난 양의 이름에는 '돌', 겨울에 태어난 양의 이름에는 '눈'이 반드시 포함되어야 한다.
○ 수컷 양의 이름에는 '물', 암컷 양의 이름에는 '불'이 반드시 포함되어야 한다.
○ 같은 글자가 두 번 이상 사용되어서는 안 된다.

<보기>

ㄱ. 겨울에 태어난 A마을 양이 암컷이라면, 그 양에게 붙일 수 있는 두 글자 이름은 두 가지이다.
ㄴ. A마을 양 '물불'은 여름에 태어났다면 수컷이고 봄에 태어났다면 암컷이다.
ㄷ. A마을 양의 이름은 모두 두 글자 이상 네 글자 이하이다.

① ㄱ
② ㄴ
③ ㄷ
④ ㄱ, ㄴ
⑤ ㄴ, ㄷ

36. 다음 글과 <상황>을 근거로 판단할 때, 일반하역사업 등록이 가능한 사업자만을 모두 고르면?

<일반하역사업의 최소 등록기준>

구분	1급지 (부산항, 인천항, 포항항, 광양항)	2급지 (여수항, 마산항, 동해·묵호항)	3급지 (1급지와 2급지를 제외한 항)
총시설 평가액	10억 원	5억 원	1억 원
자본금	3억 원	1억 원	5천만 원

○ 사업자의 시설 중 본인 소유 시설평가액 총액이 등록기준에서 정한 급지별 '총시설평가액'의 3분의 2 이상이어야 한다.
○ 사업자의 하역시설 평가액 총액은 해당 사업자의 시설평가액 총액의 3분의 2 이상이어야 한다.
○ 3급지 항에 대해서는 자본금이 1억 원 이상이면 등록기준에서 정한 급지별 '총시설평가액'을 2분의 1로 완화한다.

<상황>

○ 시설 A~F 중 하역시설은 A, B, C이다.
○ 사업자 甲~丁 현황은 다음과 같다.

사업자	항만	자본금	시설	시설 평가액	본인 소유여부
甲	부산항	2억 원	B	4억 원	○
			C	2억 원	○
			D	1억 원	×
			E	3억 원	×
乙	광양항	3억 원	C	8억 원	○
			E	1억 원	×
			F	2억 원	×
丙	동해·묵호항	4억 원	A	1억 원	○
			C	4억 원	○
			D	3억 원	×
丁	대산항	1억 원	A	6천만 원	○
			B	1천만 원	×
			C	1천만 원	×
			D	1천만 원	○

① 甲, 乙
② 甲, 丙
③ 乙, 丙
④ 乙, 丁
⑤ 丙, 丁

37. 다음 글과 〈상황〉을 근거로 판단할 때, 甲소방서에서 폐기대상을 제외하고 가장 먼저 교체대상이 될 장비는?

○ 〈소방장비 내용연수 기준〉에 따라 소방장비 구비목록의 소방장비를 교체해야 한다. 사용연수가 내용연수 기준을 초과한 소방장비는 폐기하고, 초과하지 않은 소방장비는 내용연수가 적게 남은 것부터 교체해야 한다.

〈소방장비 내용연수 기준〉

구분		내용연수
소방자동차		10
소방용로봇		7
구조장비	산악용 들것	5
	구조용 안전벨트	3
방호복	특수방호복	5
	폭발물방호복	10

※ 내용연수:소방장비의 내구성을 고려할 때, 최대 사용연수로 적절한 기준 연수

○ 내용연수 기준을 초과한 소방장비의 기한을 연장하여 사용할 필요가 있는 경우에는 다음 기준에 따라 1회에 한해 연장 사용할 수 있으며, 이 경우 내용연수 기준을 초과하지 않은 것으로 본다.
  - 소방자동차: 1년(단, 특수정비를 받은 경우에는 3년까지 가능)
  - 그 밖의 소방장비: 1년
○ 위의 내용연수 기준과 연장 사용 기준에도 불구하고 다음 어느 하나에 해당하는 경우에는 내용연수 기준을 초과한 것으로 본다.
  - 소방자동차의 운행거리가 12만km를 초과한 경우
  - 실사용량이 경제적 사용량을 초과한 경우

〈상황〉

○ 甲소방서의 현재 소방장비 구비목록은 다음과 같다.

구분	사용연수	연장사용여부	비고
소방자동차1	12	2년 연장	운행거리 15만km 특수정비 받음
소방자동차2	9	없음	운행거리 8만km 특수정비 불가
소방용로봇	4	없음	
구조용 안전벨트	5	1년 연장	경제적 사용량 1,000회 실사용량 500회
폭발물 방호복	9	없음	경제적 사용량 500회 실사용량 600회

① 소방자동차1
② 소방자동차2
③ 소방용로봇
④ 구조용 안전벨트
⑤ 폭발물방호복

38. 다음 글을 근거로 판단할 때, 甲과 乙이 선택할 스포츠 종목은?

○ 甲과 乙은 함께 스포츠 데이트를 하려 한다. 이들이 고려하고 있는 종목은 등산, 스키, 암벽등반, 수영, 볼링이다.
○ 甲과 乙은 비용, 만족도, 위험도, 활동량을 기준으로 종목별 점수를 부여하고, 종목별로 두 사람의 점수를 더하여 합이 가장 높은 종목을 선택한다. 단, 동점일 때는 乙이 부여한 점수의 합이 가장 높은 종목을 선택한다.
○ 甲과 乙이 점수를 부여하는 방식은 다음과 같다.
  - 甲과 乙은 비용이 적게 드는 종목부터, 만족도가 높은 종목부터 순서대로 5점에서 1점까지 1점씩 차이를 두고 부여한다.
  - 甲은 위험도가 높은 종목부터, 활동량이 많은 종목부터 순서대로 5점에서 1점까지 1점씩 차이를 두고 부여하며, 乙은 그 반대로 점수를 부여한다.

구분	등산	스키	암벽등반	수영	볼링
비용(원)	8,000	60,000	32,000	20,000	18,000
만족도	30	80	100	20	70
위험도	40	100	80	50	60
활동량	50	100	70	90	30

① 등산
② 스키
③ 암벽등반
④ 수영
⑤ 볼링

[39~40] 다음 글을 읽고 물음에 답하시오.

하드디스크는 플래터와 헤드 등으로 구성되어 있다. '플래터'는 원반 모양이고 같은 크기의 플래터가 위아래로 여러 개 나란히 정렬되어 있다. 플래터의 양면은 각각 '표면'이라 불리는데, 데이터를 저장하기 위해 자기물질로 덮여 있다. '헤드'는 데이터를 표면에 저장하거나 저장된 데이터를 인식한다. 이를 위해 헤드는 회전하는 플래터의 중심부와 바깥 사이를 플래터 반지름 선을 따라 일정한 속도로 이동한다.

플래터의 표면은 폭이 일정한 여러 개의 '트랙'이 동심원을 이룬다. 플래터마다 트랙 수는 같으며, 트랙은 여러 개의 '섹터'로 나누어진다. 이 구분은 하드디스크상의 위치를 나타내고 파일(데이터)을 디스크 공간에 할당하기 위해 사용된다. 예를 들어 어떤 특정한 데이터는 '표면 3, 트랙 5, 섹터 7'에 위치하게 된다. 이때 표면은 위에서부터 차례로 번호가 부여된다. 트랙은 바깥쪽에서 안쪽으로 순서대로 번호가 부여되며, 섹터는 반시계 방향으로 번호가 부여된다.

섹터는 하드디스크의 최소 저장 단위로 하나의 섹터에는 파일을 1개만 저장한다. 한 섹터는 512바이트까지 저장할 수 있지만, 10바이트 파일을 저장해도 섹터 한 개를 전부 차지한다. 초기 하드디스크는 모든 트랙마다 동일한 섹터 수를 가졌지만, 현재의 하드디스크에는 바깥쪽 트랙에 좀 더 많은 섹터가 있다. 섹터의 크기가 클수록 섹터의 저장 공간이 커지기 때문에 크기를 똑같이 하여 섹터당 저장 공간을 일정하게 유지하고 있다.

플래터 표면 중심에서 거리가 같은 모든 트랙을 수직으로 묶어 하나의 '실린더'라 한다. 표면마다 하나씩 있는 여러 개의 헤드가 동시에 이동하는데, 헤드가 한 트랙(실린더)에서 다른 트랙(실린더)으로 움직이는 데는 시간이 걸린다. 따라서 동시에 호출되는 데이터를 동일한 실린더 안에 있게 하면, 헤드의 추가 이동이 필요 없어져서 탐색 시간을 단축시킬 수 있다. 하지만 이런 저장 방식이 항상 가능한 것은 아니며, 하드디스크의 여러 곳(트랙과 섹터)에 분산되어 파일이 저장되기도 한다.

데이터 탐색 속도는 플래터 바깥쪽에 있던 헤드가 데이터를 읽고 쓴 후 다시 플래터 바깥쪽에 정확히 정렬하는 데까지 걸리는 시간을 가리킨다. 하드디스크가 성능이 좋을수록 플래터는 빠른 속도로 회전하는데, 일반적으로 회전속도는 5,400rpm(분당 5,400회전) 혹은 7,200rpm이다. 플래터 위를 이동하는 헤드의 속도는 1번 트랙의 바깥쪽 끝과 마지막 트랙의 안쪽 끝 사이를 초당 몇 번 왕복하는지를 나타내며, Hz로 표현된다. 예를 들어 1Hz는 1초에 헤드가 1번 왕복하는 것을 의미한다.

39. 윗글을 근거로 판단할 때 옳은 것은?

① 플래터가 5개라면 표면의 개수는 최대 5개이다.
② 플래터가 5개, 플래터당 트랙이 10개, 트랙당 섹터가 20개라면, 실린더의 개수는 10개이다.
③ 플래터 안의 모든 섹터의 크기가 같다면, 각 트랙의 섹터 수는 같다.
④ 10바이트 파일 10개 저장에 필요한 최소 섹터 수와 100바이트 파일 1개 저장에 필요한 최소 섹터 수는 같다.
⑤ 파일 크기가 트랙 1개의 저장용량보다 작다면, 해당 파일은 항상 하나의 트랙에 저장된다.

40. 윗글을 근거로 판단할 때, 〈상황〉의 ㉠과 ㉡을 옳게 짝지은 것은?

〈상황〉

A하드디스크는 표면 10개, 표면당 트랙 20개, 트랙당 섹터 20~50개로 이루어져 있다. 현재 헤드의 위치는 1번 트랙의 바깥쪽 끝이며 헤드 이동경로에 처음 위치한 섹터는 1번이다. 플래터의 회전속도는 7,200rpm, 헤드의 이동속도는 5Hz이다. 플래터 1회전에 걸리는 시간은 (㉠)초이고, 헤드가 트랙 하나를 이동하는 데 걸리는 시간은 평균 (㉡)초이다.

	㉠	㉡
①	$\frac{1}{12}$	$\frac{1}{10}$
②	$\frac{1}{12}$	$\frac{1}{100}$
③	$\frac{1}{120}$	$\frac{1}{100}$
④	$\frac{1}{120}$	$\frac{1}{200}$
⑤	$\frac{1}{720}$	$\frac{1}{200}$

약점 보완 해설집 p.56

01. 다음 글을 근거로 판단할 때 옳은 것은?

> 제00조 ① 특별시장·광역시장·특별자치시장·도지사 또는 특별자치도지사(이하 '시·도지사'라 한다)는 아이돌보미의 양성을 위하여 적합한 시설을 교육기관으로 지정·운영하여야 한다.
> ② 시·도지사는 교육기관이 다음 각 호의 어느 하나에 해당하는 경우 사업의 정지를 명하거나 그 지정을 취소할 수 있다. 다만 제1호에 해당하는 경우 지정을 취소하여야 한다.
> 1. 거짓이나 그 밖의 부정한 방법으로 교육기관으로 지정을 받은 경우
> 2. 교육과정을 1년 이상 운영하지 아니하는 경우
>
> ③ 제2항 제1호의 방법으로 교육기관 지정을 받은 자는 1년 이하의 징역 또는 1천만 원 이하의 벌금에 처한다.
> ④ 아이돌보미가 되려는 사람은 시·도지사가 지정·운영하는 교육기관에서 교육과정을 수료하여야 한다.
> ⑤ 아이돌보미가 되려는 사람은 여성가족부장관이 실시하는 적성·인성검사를 받아야 한다.
> 제00조 ① 아이돌보미는 다른 사람에게 자기의 성명을 사용하여 아이돌보미 업무를 수행하게 하거나 수료증을 대여하여서는 아니 된다.
> ② 아이돌보미가 아닌 사람은 아이돌보미 또는 이와 유사한 명칭을 사용할 수 없다.
> ③ 제1항, 제2항을 위반한 사람에게는 300만 원 이하의 과태료를 부과한다.
> 제00조 ① 여성가족부장관은 아이돌봄서비스의 질적 수준과 아이돌보미의 전문성 향상을 위하여 보수교육을 실시하여야 한다.
> ② 제1항에 따른 보수교육은 전문기관에 위탁하여 실시할 수 있다.

① 아이돌보미가 아닌 보육 관련 종사자도 아이돌보미 명칭을 사용할 수 있다.
② 시·도지사는 아이돌보미 양성을 위한 교육기관을 지정·운영하고 보수교육을 실시하여야 한다.
③ 아이돌보미가 되려는 사람은 시·도지사가 실시하는 적성·인성검사를 받아야 한다.
④ 서울특별시의 A기관이 부정한 방법을 통해 아이돌보미 양성을 위한 교육기관으로 지정을 받은 경우, 서울특별시장은 200만 원의 과태료를 부과할 수 있다.
⑤ 인천광역시의 B기관이 아이돌보미 양성을 위한 교육기관으로 지정된 후 교육과정을 1년간 운영하지 않은 경우, 인천광역시장은 그 지정을 취소할 수 있다.

02. 다음 글과 〈상황〉을 근거로 판단할 때 옳은 것은?

> 제00조 ① 문화재청장은 학술조사 또는 공공목적 등에 필요한 경우 다음 각 호의 지역을 발굴할 수 있다.
> 1. 고도(古都)지역
> 2. 수중문화재 분포지역
> 3. 폐사지(廢寺址) 등 역사적 가치가 높은 지역
>
> ② 문화재청장은 제1항에 따라 발굴할 경우 발굴의 목적, 방법, 착수 시기 및 소요 기간 등의 내용을 발굴 착수일 2주일 전까지 해당 지역의 소유자, 관리자 또는 점유자(이하 '소유자 등'이라 한다)에게 미리 알려 주어야 한다.
> ③ 제2항에 따른 통보를 받은 소유자 등은 그 발굴에 대하여 문화재청장에게 의견을 제출할 수 있으며, 발굴을 거부하거나 방해 또는 기피하여서는 아니 된다.
> ④ 문화재청장은 제1항의 발굴이 완료된 경우에는 완료된 날부터 30일 이내에 출토유물 현황 등 발굴의 결과를 소유자 등에게 알려 주어야 한다.
> ⑤ 국가는 제1항에 따른 발굴로 손실을 받은 자에게 그 손실을 보상하여야 한다.
> ⑥ 제5항에 따른 손실보상에 관하여는 문화재청장과 손실을 받은 자가 협의하여야 하며, 보상금에 대한 합의가 성립하지 않은 때에는 관할 토지수용위원회에 재결(裁決)을 신청할 수 있다.
> ⑦ 문화재청장은 제1항에 따른 발굴 현장에 발굴의 목적, 조사기관, 소요 기간 등의 내용을 알리는 안내판을 설치하여야 한다.

〈상황〉

> 문화재청장 甲은 고도(古都)에 해당하는 A지역에 대한 학술조사를 위해 2021년 3월 15일부터 A지역의 발굴에 착수하고자 한다. 乙은 자기 소유의 A지역을 丙에게 임대하여 현재 임차인 丙이 이를 점유·사용하고 있다.

① 甲은 A지역 발굴의 목적, 방법, 착수 시기 및 소요 기간 등에 관한 내용을 丙에게 2021년 3월 29일까지 알려주어야 한다.
② A지역의 발굴에 대한 통보를 받은 丙은 甲에게 그 발굴에 대한 의견을 제출할 수 있다.
③ 乙은 발굴 현장에 발굴의 목적 등을 알리는 안내판을 설치하여야 한다.
④ A지역의 발굴로 인해 乙에게 손실이 예상되는 경우, 乙은 그 발굴을 거부할 수 있다.
⑤ A지역과 인접한 토지 소유자인 丁이 A지역의 발굴로 인해 손실을 받은 경우, 丁은 보상금에 대해 甲과 협의하지 않고 관할 토지수용위원회에 재결을 신청할 수 있다.

03. 다음 글을 근거로 판단할 때 옳은 것은?

제00조 ① 농림축산식품부장관은 채소류 등 저장성이 없는 농산물의 가격안정을 위하여 필요하다고 인정할 때에는 생산자 또는 생산자단체로부터 농산물가격안정기금으로 해당 농산물을 수매할 수 있다. 다만 가격안정을 위하여 특히 필요하다고 인정할 때에는 도매시장에서 해당 농산물을 수매할 수 있다.
② 제1항에 따라 수매한 농산물은 판매 또는 수출하거나 사회복지단체에 기증하는 등 필요한 처분을 할 수 있다.
③ 농림축산식품부장관은 제1항과 제2항에 따른 수매 및 처분에 관한 업무를 농업협동조합중앙회·산림조합중앙회(이하 '농림협중앙회'라 한다) 또는 한국농수산식품유통공사에 위탁할 수 있다.
제00조 ① 농림축산식품부장관은 농산물(쌀과 보리는 제외한다. 이하 이 조에서 같다)의 수급조절과 가격안정을 위하여 필요하다고 인정할 때에는 농산물가격안정기금으로 농산물을 비축하거나 농산물의 출하를 약정하는 생산자에게 그 대금의 일부를 미리 지급하여 출하를 조절할 수 있다.
② 제1항에 따른 비축용 농산물은 생산자 또는 생산자단체로부터 수매할 수 있다. 다만 가격안정을 위하여 특히 필요하다고 인정할 때에는 도매시장에서 수매하거나 수입할 수 있다.
③ 농림축산식품부장관은 제1항과 제2항에 따른 사업을 농림협중앙회 또는 한국농수산식품유통공사에 위탁할 수 있다.
④ 농림축산식품부장관은 제2항 단서에 따라 비축용 농산물을 수입하는 경우, 국제가격의 급격한 변동에 대비하여야 할 필요가 있다고 인정할 때에는 선물거래(先物去來)를 할 수 있다.

① 한국농수산식품유통공사는 가격안정을 위해 수매한 저장성이 없는 농산물을 외국에 수출할 수 없다.
② 채소류의 가격안정을 위해서 특히 필요하다고 인정되어 수매할 경우, 농림협중앙회는 소매시장에서 수매하여야 한다.
③ 농림협중앙회는 보리의 수급조절을 위하여 보리 생산자에게 대금의 일부를 미리 지급하여 출하를 조절할 수 있다.
④ 농림축산식품부장관은 개별 생산자로부터 비축용 농산물을 수매할 수 있다.
⑤ 농림축산식품부장관은 비축용 농산물 국제가격의 급격한 변동에 대비하여야 할 필요가 있다고 인정할 경우에도 선물거래를 할 수 없다.

04. 다음 글을 근거로 판단할 때 옳지 않은 것은?

A협회는 매년 12월 열리는 정기총회에서 다음해 협회장을 선출한다. 협회장의 선출은 ① 입후보자가 1인인 경우에는 '찬반투표'로 이루어지고, ② 입후보자가 2인 이상인 경우에는 '선거'를 통해 이루어진다.

'찬반투표'에 참여할 수 있는 회원의 자격은 투표일 현재까지 A협회의 정회원인 사람으로 한정한다. A협회의 정회원은 A협회의 준회원으로 만 1년 이상을 활동한 후 정회원 가입 신청을 하고 연회비를 납부한 자를 말한다. 기준에 따라 정회원 가입을 신청하고 연회비를 납부한 그 날부터 정회원 자격이 부여된다. 정회원은 정회원 자격을 획득한 다음해부터 매해 1월 30일까지 연회비를 납부하여야 그 자격이 유지된다. 기한 내에 연회비를 납부하지 않은 정회원은 그 자격이 유보되어 권리를 행사할 수 없고, 정회원 자격을 회복하기 위해서는 그 다음해 연회비 납부일까지 연회비의 3배를 납부하여야 한다. 2년 연속 연회비를 납부하지 않은 사람은 A협회의 회원 자격이 영구히 박탈된다.

한편 '선거'에 참여할 수 있는 회원의 자격은 선거일을 기준으로 정회원 자격을 얻은 후 만 1년을 경과한 정회원으로 한정한다. 연회비 미납부로 정회원 자격이 유보된 사람도 정회원 자격을 회복한 후 만 1년을 경과하여야 선거에 참여할 수 있다.

① 2019년 10월 A협회 정회원 자격을 얻은 甲은 '2020년 협회장' 선출을 위한 '선거'에 참여할 수 있었다.
② 2018년 10월 A협회 정회원 자격을 얻은 乙은 2019년 연회비 납부 여부와 관계없이 '2019년 협회장' 선출을 위한 '찬반투표'에 참여할 수 있었다.
③ 2017년 10월 A협회 정회원 자격을 얻은 丙이 연회비 미납부로 자격이 유보되었다가 2019년에 정회원 자격을 회복하였더라도 '2020년 협회장' 선출을 위한 '선거'에 참여할 수 없었다.
④ 2017년 10월 A협회 준회원 활동을 시작한 丁이 최소 요구 연한 경과 직후에 정회원 자격을 획득하였다면 '2019년 협회장' 선출을 위한 '찬반투표'에 참여할 수 있었다.
⑤ 2016년 10월 처음으로 A협회 정회원 자격을 얻은 戊가 2017년부터 연회비를 계속 납부하지 않았다면 협회장 선출을 위한 '선거'에 한 번도 참여할 수 없었다.

05. 다음 글과 〈상황〉을 근거로 판단할 때 옳은 것은?

공소제기는 법원에 특정한 형사사건의 심판을 청구하는 검사의 소송행위이다. 그러나 공소시효 기간이 만료(공소시효가 완성)된 범죄에 대하여는 검사가 공소를 제기할 수 없다. 공소시효는 범죄 후 일정 기간이 지나면 국가의 형벌소추권을 소멸시키는 제도이다. 따라서 공소시효가 완성된 범죄에 대한 검사의 공소제기는 위법하다.

공소시효는 범죄행위가 종료된 때를 기준으로 계산한다. 예컨대 감금죄의 경우 범죄행위의 종료는 감금된 날이 아니라 감금에서 벗어나는 날이 기준이므로 그날부터 공소시효를 계산한다. 또한 초일은 시간을 계산하지 않고 1일로 산정하며, 기간의 말일이 공휴일이거나 토요일이라도 기간에 산입한다. 연 또는 월 단위로 정한 기간은 연 또는 월 단위로 기간을 계산한다. 예컨대 절도행위가 2021년 1월 5일에 종료된 경우 절도죄의 공소시효는 7년이고 1월 5일을 1일로 계산하므로 2028년 1월 4일 24시에 공소시효가 완성된다.

한편 공소시효는 일정한 사유로 정지될 수 있다. 공소시효가 정지되었다가 그 사유가 없어지면 그날부터 나머지 공소시효 기간이 진행된다. 예컨대 범인이 형사처벌을 면할 목적으로 1년간 국외에 있다가 귀국하였다면 공소시효의 계산에서 1년을 제외한다. 다만 공범이 있는 경우 국외로 출국하지 않은 공범은 그 기간에도 공소시효가 정지되지 않는다.

또한 공소가 제기되면 그때부터 공소시효가 정지되고, 이는 공범의 경우에도 마찬가지이다. 따라서 공범 1인에 대하여 공소가 제기되면 그날부터 다른 공범의 공소시효도 정지되었다가 공범이 재판에서 유죄로 확정된 날부터 다른 공범에 대한 나머지 공소시효 기간이 진행된다. 그러나 공소가 먼저 제기된 사람이 범죄혐의 없음을 이유로 무죄판결을 받은 경우, 다른 공범에 대한 공소시효는 정지되지 않는다.

〈상황〉

- 甲은 2015년 5월 1일 피해자를 불법으로 감금하였는데, 피해자는 2016년 5월 2일에 구조되어 감금에서 풀려났다. 甲은 피해자를 감금 후 수사망이 좁혀오자 2개월간 국외로 도피하였다가 2016년 5월 1일에 귀국하였다.
- 乙, 丙, 丁이 공동으로 행한 A죄의 범죄행위가 2015년 2월 1일 종료되었다. 그 후 乙은 국내에서 도피 중 2016년 1월 1일 공소제기 되어 2016년 6월 30일 범죄혐의 없음을 이유로 무죄 확정판결을 받았다. 한편 丙은 범죄행위 종료 후 형사처벌을 면할 목적으로 1년간 국외에서 도피 생활을 하다가 귀국한 뒤 2020년 1월 1일 공소가 제기되어 2020년 12월 31일 유죄 확정판결을 받았다. 丁은 범죄행위 종료 후 계속 국내에서 도피 중이다.

※ 감금죄의 공소시효는 7년, A죄의 공소시효는 5년임

① 甲에 대해 공소가 제기되기 전 정지된 공소시효 기간은 2개월이다.
② 2023년 5월 1일 甲에 대해 공소가 제기된다면 위법한 공소제기이다.
③ 丙에 대해 공소가 제기되기 전 정지된 공소시효 기간은 1년이다.
④ 丙의 국외 도피기간 중 丁의 공소시효는 정지된다.
⑤ 2022년 1월 31일 丁에 대해 공소가 제기된다면 적법한 공소제기이다.

06. 다음 글을 근거로 판단할 때, 甲이 수강할 과목만을 모두 고르면?

- 甲이 소속된 기관에서는 상시학습 과목을 주기적으로 반복하여 수강하도록 하고 있다.
- 甲은 2021년 1월 15일 하루 동안 상시학습 과목을 수강하여 '학습점수'를 최대화하고자 한다.
- 甲이 하루에 수강할 수 있는 최대 시간은 8시간이다.
- 2021년 1월 15일 기준, 권장 수강주기가 지난 상시학습 과목을 수강하는 경우 수강시간 만큼 학습점수로 인정한다.
- 2021년 1월 15일 기준, 권장 수강주기 이내에 상시학습 과목을 수강하는 경우 수강시간의 두 배를 학습점수로 인정한다.
- 과목별 수강시간을 다 채운 경우에 한하여 학습점수를 인정한다.

〈상시학습 과목 정보〉

과목명	수강시간	권장 수강주기	甲의 직전 수강일자
통일교육	2	12개월	2020년 2월 20일
청렴교육	2	9개월	2020년 4월 11일
장애인식교육	3	6개월	2020년 6월 7일
보안교육	3	3개월	2020년 9월 3일
폭력예방교육	5	6개월	2020년 8월 20일

① 통일교육, 폭력예방교육
② 통일교육, 장애인식교육, 보안교육
③ 통일교육, 청렴교육, 보안교육
④ 청렴교육, 장애인식교육, 폭력예방교육
⑤ 보안교육, 폭력예방교육

07. 다음 글을 근거로 판단할 때, <보기>에서 옳은 것만을 모두 고르면?

맥동변광성(脈動變光星)은 팽창과 수축을 되풀이하면서 밝기가 변하는 별이다. 맥동변광성은 변광 주기가 길수록 실제 밝기가 더 밝다. 이를 '주기－광도 관계'라 한다.

세페이드 변광성은 보통 3일에서 50일 이내의 변광 주기를 갖는 맥동변광성이다. 지구에서 관찰되는 별의 밝기는 지구로부터의 거리에 따라 달라지기 때문에 실제 밝기는 측정하기 어려운데, 세페이드 변광성의 경우는 주기－광도 관계를 이용하여 실제 밝기를 알 수 있다.

별의 밝기는 등급으로 표시하기도 하는데, 지구에서 측정한 밝기인 겉보기등급과 실제 밝기를 나타낸 절대등급이 있다. 두 경우 모두 등급의 수치가 작을수록 밝은데, 그 수치가 1 줄어들 때마다 2.5배 밝아진다. 겉보기등급이 절대등급과 다른 까닭은 별의 밝기가 거리의 제곱에 반비례하기 때문이다. 한편 모든 별이 지구로부터 10파섹(1파섹＝3.26광년)의 일정한 거리에 있다고 가정하고 지구에서 관찰된 밝기를 산출한 것을 절대등급이라고 한다. 어느 성단에서 세페이드 변광성이 발견되면 주기－광도 관계에 따라 별의 절대등급을 알 수 있으므로, 겉보기등급과의 차이를 보아 그 성단까지의 거리를 계산할 수 있다.

천문학자 W. 바데는 세페이드 변광성에 두 종류가 있으며, I형 세페이드 변광성이 동일한 변광 주기를 갖는 II형 세페이드 변광성보다 1.5등급만큼 더 밝다는 것을 밝혀냈다.

<보기>

ㄱ. 변광 주기가 10일인 I형 세페이드 변광성은 변광 주기가 50일인 I형 세페이드 변광성보다 어둡다.
ㄴ. 변광 주기가 동일한 두 개의 II형 세페이드 변광성의 겉보기등급 간에 수치 차이가 1이라면, 지구로부터 두 별까지의 거리의 비는 2.5이다.
ㄷ. 실제 밝기를 기준으로 비교할 때, 변광 주기가 20일인 I형 세페이드 변광성은 같은 주기의 II형 세페이드 변광성보다 2.5배 이상 밝다.
ㄹ. 지구로부터 1파섹 떨어진 별의 밝기는 절대등급과 겉보기등급이 동일하다.

① ㄱ, ㄷ
② ㄱ, ㄹ
③ ㄴ, ㄷ
④ ㄴ, ㄹ
⑤ ㄱ, ㄴ, ㄷ

08. 다음 글을 근거로 판단할 때, ㉠과 ㉡을 옳게 짝지은 것은?

동물로봇공학에서는 다양한 형태의 동물 로봇을 개발한다. 로봇 연구자들이 가장 본뜨고 싶어 하는 곤충은 미국바퀴벌레이다. 이 바퀴벌레는 초당 150cm의 속력으로 달린다. 이는 1초에 몸길이의 50배가 되는 거리를 간다는 뜻이다. 신장이 180cm인 육상선수가 1초에 신장의 50배가 되는 거리를 가려면 시속 (㉠)km로 달려야 한다. 이 바퀴벌레의 걸음걸이를 관찰한 결과, 모양이 서로 다른 세 쌍의 다리를 달아주면 로봇의 보행 속력을 끌어올릴 수 있는 것으로 밝혀졌다.

한편 동물로봇공학에서는 수중 로봇에 대한 연구도 활발하다. 바닷가재나 칠성장어의 운동 능력을 본뜬 수중 로봇도 연구되고 있다. 미국에서 개발된 바닷가재 로봇은 높이 20cm, 길이 61cm, 무게 2.9kg으로, 물속의 기뢰제거에 사용될 계획이다. 2005년 10월에는 세계 최초의 물고기 로봇이 영국 런던의 수족관에 출현했다. 길이 (㉡)cm, 두께 12cm인 이 물고기 로봇은 미국바퀴벌레의 1/3 속력으로 헤엄칠 수 있다. 수중에서의 속력이라는 점을 감안하면 엄청난 수준이다. 이는 1분에 몸길이의 200배가 되는 거리를 간다는 뜻이다. 이 물고기 로봇은 해저탐사나 기름 유출의 탐지 등에 활용될 것으로 전망되었다.

	㉠	㉡
①	81	5
②	162	10
③	162	15
④	324	10
⑤	324	15

09. 다음 글을 근거로 판단할 때 옳지 않은 것은?

도시 O, A, B, C는 순서대로 동일 직선상에 배치되어 있으며 도시 간 거리는 각각 30km로 동일하다. ($\overline{OA}$: 30km, $\overline{AB}$: 30km, $\overline{BC}$: 30km)

A, B, C가 비용을 분담하여 O에서부터 A와 B를 거쳐 C까지 연결하는 직선도로를 건설하려고 한다. A, B, C 주민은 O로의 이동을 위해서만 도로를 이용한다. 도로 1km당 건설비용은 동일하다. 비용 분담안으로 다음 세 가지 안이 논의되고 있다.

○ I안: 각 도시가 균등하게 비용을 부담
○ II안: 각 도시가 이용 구간의 길이에 비례하여 비용을 부담
○ III안: 도로를 $\overline{OA}$, $\overline{AB}$, $\overline{BC}$로 나누어 해당 구간을 이용하는 도시가 해당 구간 건설비용을 균등하게 부담

① A에게는 III안이 가장 부담 비용이 낮다.
② B의 부담 비용은 I안과 II안에서 같다.
③ II안에서 A와 B의 부담 비용의 합은 C의 부담 비용과 같다.
④ I안에 비해 부담 비용이 낮아지는 도시의 수는 II안보다 III안에서 더 많다.
⑤ C의 부담 비용은 III안이 I안의 2배 이상이다.

10. 다음 글을 근거로 판단할 때, 하나의 단어를 표현하는 가장 긴 코드의 길이는?

일반적으로 대화에는 약 18,000개의 단어가 사용된다. 항공우주연구소는 화성에 보낸 우주비행사와의 통신을 위해 아래의 〈원칙〉에 따라 단어를 코드로 바꾸어 교신하기로 하였다.

〈원칙〉

○ 하나의 코드는 하나의 단어만을 나타낸다.
○ 26개의 영어 알파벳 소문자를 사용하여 왼쪽에서부터 오른쪽으로 일렬로 나열한 코드를 만든다.
○ 코드 중 가장 긴 것의 길이를 최소화한다.
○ 18,000개의 단어를 표현할 수 있어야 한다.

〈단어-코드 변환의 예〉

코드	단어	코드	단어
a	우주비행사	aa	지구
b	우주정거장	ab	외계인
⋮	⋮	⋮	⋮

※ 코드의 길이는 코드에 표시된 글자의 수를 뜻한다.

① 1
② 2
③ 3
④ 4
⑤ 5

11. 다음 글을 근거로 판단할 때 옳지 않은 것은?

○ 甲과 乙은 조선시대 왕의 계보를 외우는 놀이를 한다.
○ 甲과 乙은 번갈아가며 직전에 나온 왕의 다음 왕부터 순차적으로 외친다.
○ 한 번에 최소 1명, 최대 3명의 왕을 외칠 수 있다.
○ 甲이 제1대 왕 '태조'부터 외치면서 놀이가 시작되고, 누군가 마지막 왕인 '순종'을 외치면 놀이가 종료된다.
○ '조'로 끝나는 왕 2명 이상을 한 번에 외칠 수 없다.
○ 반정(反正)에 성공한 왕은 해당 반정으로 폐위(廢位)된 왕과 함께 외칠 수 없다.
 – 중종 반정: 연산군 폐위
 – 인조 반정: 광해군 폐위

〈조선시대 왕의 계보〉

1	태조	10	연산군	19	숙종
2	정종	11	중종	20	경종
3	태종	12	인종	21	영조
4	세종	13	명종	22	정조
5	문종	14	선조	23	순조
6	단종	15	광해군	24	헌종
7	세조	16	인조	25	철종
8	예종	17	효종	26	고종
9	성종	18	현종	27	순종

① 甲이 '명종'까지 외쳤다면, 甲은 '인조'를 외칠 수 없다.
② 甲과 乙이 각각 6번씩 외치는 것으로 놀이가 종료될 수 있다.
③ 甲이 '인종, 명종, 선조'를 외쳤다면, '연산군'은 甲이 외친 것이다.
④ 甲이 첫 차례에 3명의 왕을 외친다면, 甲은 자신의 다음 차례에 '세조'를 외칠 수 있다.
⑤ '순종'을 외치는 사람이 지는 게임이라면, 甲이 '영조'를 외쳤을 때 乙은 甲의 선택에 관계없이 승리할 수 있다.

12. 다음 글을 근거로 판단할 때, 18시에서 20시 사이에 보행신호가 점등된 횟수는?

○ A시는 차량통행은 많지만 사람의 통행은 적은 횡단보도에 보행자 자동인식시스템을 설치하였다.
○ 보행자 자동인식시스템이 횡단보도 앞에 도착한 보행자를 인식하면 1분 30초의 대기 후에 보행신호가 30초간 점등되며, 이후 차량통행을 보장하기 위해 2분간 보행신호는 점등되지 않는다. 점등 대기와 보행신호 점등, 차량통행 보장 시간 동안에는 보행자를 인식하지 않는다.

점등 대기	→	보행신호 점등	→	차량통행 보장
1분 30초		30초		2분

○ 보행신호가 점등되기 전까지 횡단보도 앞에 도착한 사람만 모두 건넌다.
○ 다음은 17시 50분부터 20시까지 횡단보도 앞에 도착한 사람의 수와 도착 시각을 정리한 것이다.

도착 시각	인원	도착 시각	인원
18:25:00	1	18:44:00	3
18:27:00	3	18:59:00	4
18:30:00	2	19:01:00	2
18:31:00	5	19:48:00	4
18:43:00	1	19:49:00	2

① 6
② 7
③ 8
④ 9
⑤ 10

13. 다음 글을 근거로 판단할 때, 가장 먼저 교체될 시계와 가장 나중에 교체될 시계를 옳게 짝지은 것은?

> 甲부서에는 1~12시 눈금표시가 된 5개의 벽걸이 시계(A~E)가 있다. 그런데 A는 시침과 분침이 모두 멈춰버려서 더 이상 작동하지 않는 상태다. B는 정확한 시계보다 하루에 1분씩 느려지는 시계다. C는 정확한 시계보다 하루에 1시간씩 느려지는 시계다. D는 정확한 시계보다 하루에 2시간씩 느려지는 시계다. E는 정확한 시계보다 하루에 5분씩 빨라지는 시계다.
>
> 甲부서는 5개의 시계를 순차적으로 교체하려고 한다. 앞으로 1년 동안 정확한 시계와 일치하는 횟수가 적을 시계부터 순서대로 교체한다.

※ B~E는 각각 일정한 속도로 작동한다.

	가장 먼저 교체될 시계	가장 나중에 교체될 시계
①	A	C
②	B	A
③	B	D
④	D	A
⑤	D	E

14. 다음 글을 근거로 판단할 때, 〈보기〉에서 옳은 것만을 모두 고르면?

> 甲: 안녕? 나는 지난 주말 중 하루에 당일치기로 서울 여행을 다녀왔는데, 서울에는 눈이 예쁘게 내려서 너무 좋았어. 너희는 지난 주말에 어디 있었니?
>
> 乙: 나는 서울과 강릉을 하루에 모두 다녀왔는데, 두 곳 다 눈이 예쁘게 내리더라.
>
> 丙: 나는 부산과 강릉에 하루씩 있었는데 하늘에서 눈을 보지도 못했어.
>
> 丁: 나도 광주에 하루 있었는데, 해만 쨍쨍하고 눈은 안 왔어. 그날 뉴스를 보니까 부산에도 광주처럼 눈은 커녕 해가 쨍쨍하다고 했더라고.
>
> 甲: 응? 내가 서울에 있던 날 뉴스를 봤는데, 광주에도 눈이 내리고 있다고 했어.

※ 지난 주말(토요일과 일요일) 각 도시에 눈이 내린 날은 하루 종일 눈이 내렸고, 눈이 내리지 않은 날은 하루 종일 눈이 내리지 않았다.

〈보기〉

> ㄱ. 광주에는 지난 주말 중 하루만 눈이 내렸다.
>
> ㄴ. 지난 주말 중 하루만 서울에 눈이 내렸다면 부산에도 지난 주말 중 하루만 눈이 내렸다.
>
> ㄷ. 지난 주말 중 하루만 부산에 눈이 내렸다면 甲과 乙이 서울에 있었던 날은 다른 날이다.
>
> ㄹ. 지난 주말 중 하루만 서울에 눈이 내렸다면 丙이 부산에 있었던 날과 丁이 광주에 있었던 날은 다른 날이다.

① ㄱ, ㄴ
② ㄱ, ㄷ
③ ㄴ, ㄹ
④ ㄱ, ㄷ, ㄹ
⑤ ㄴ, ㄷ, ㄹ

15. 다음 글과 〈대화〉를 근거로 판단할 때 옳지 않은 것은?

> ○ A부서의 소속 직원(甲~戊)은 법령집, 백서, 판례집, 민원 사례집을 각각 1권씩 보유하고 있었다.
> ○ A부서는 소속 직원에게 다음의 기준에 따라 새로 발행된 도서(법령집 3권, 백서 3권, 판례집 1권, 민원 사례집 2권)를 나누어 주었다.
> – 법령집: 보유하고 있던 법령집의 발행연도가 빠른 사람부터 1권씩 나누어 주었다.
> – 백서: 근속연수가 짧은 사람부터 1권씩 나누어 주었다.
> – 판례집: 보유하고 있던 판례집의 발행연도가 가장 빠른 사람에게 주었다.
> – 민원 사례집: 민원업무가 많은 사람부터 1권씩 나누어 주었다.

※ 甲~戊는 근속연수, 민원업무량에 차이가 있고, 보유하고 있던 법령집, 판례집은 모두 발행연도가 다르다.

〈대화〉

> 甲: 나는 책을 1권만 받았어.
> 乙: 나는 4권의 책을 모두 받았어.
> 丙: 나는 법령집은 받았지만 판례집은 받지 못했어.
> 丁: 나는 책을 1권도 받지 못했어.
> 戊: 나는 丙이 받은 책은 모두 받았고, 丙이 받지 못한 책은 받지 못했어.

① 법령집을 받은 사람은 백서도 받았다.
② 甲은 丙보다 민원업무가 많다.
③ 甲은 戊보다 많은 도서를 받았다.
④ 丁은 乙보다 근속연수가 길다.
⑤ 乙이 보유하고 있던 법령집은 甲이 보유하고 있던 법령집보다 발행연도가 빠르다.

16. 다음 글을 근거로 판단할 때, A시 예산성과금을 가장 많이 받는 사람은?

〈A시 예산성과금 공고문〉

○ 제도의 취지
– 예산의 집행방법과 제도 개선 등으로 예산을 절감하거나 수입을 증대시킨 경우 그 일부를 기여자에게 성과금(포상금)으로 지급함으로써 예산의 효율적 사용 장려

○ 지급요건 및 대상
– 자발적 노력을 통한 제도 개선 등으로 예산을 절감하거나 세입원을 발굴하는 등 세입을 증대한 경우
– 예산절감 및 수입증대 발생시기: 2020년 1월 1일~2020년 12월 31일
– A시 공무원, A시 사무를 위임(위탁) 받아 수행하는 기관의 임직원
– 예산낭비를 신고하거나, 지출절약이나 수입증대에 관한 제안을 제출하여 A시의 예산절감 및 수입증대에 기여한 국민

○ 지급기준
– 1인당 지급액

구분	예산절감		수입증대
	주요사업비	경상적 경비	
지급액	절약액의 20%	절약액의 50%	증대액의 10%

– 타 부서나 타 사업으로 확산 시 지급액의 30%를 가산하여 지급

① 사업물자 계약방법을 개선하여 2019년 12월 주요사업비 8천만 원을 절약한 A시 사무관 甲
② 제도 개선을 통해 2020년 5월 주요사업비 3천 5백만 원을 절약하여 개선된 제도가 A시청 전 부서에 확대 시행되는 데 기여한 A시 사무관 乙
③ A시 지역축제에 관한 제안을 제출하여 2020년 7월 8천만 원의 수입증대에 기여한 국민 丙
④ A시 위임사무를 수행하면서 제도 개선을 통해 2020년 8월 경상적 경비 1천 8백만 원을 절약한 B기관 이사 丁
⑤ A시장의 지시를 받아 사무용품 조달방법을 개선하여 2020년 9월 경상적 경비 1천만 원을 절약한 A시 사무관 戊

17. 다음 글과 〈상황〉을 근거로 판단할 때, 甲관할구역 소방서에 배치되어야 하는 소방자동차의 최소 대수는?

〈소방서에 두는 소방자동차 배치기준〉

가. 소방사다리차
 1) 관할구역에 층수가 11층 이상인 아파트가 20동 이상 있거나 11층 이상 건축물(아파트 제외)이 20개소 이상 있는 경우에는 고가사다리차를 1대 이상 배치한다.
 2) 관할구역에 층수가 5층 이상인 아파트가 50동 이상 있거나 5층 이상 백화점, 복합상영관 등 대형 화재의 우려가 있는 건물이 있는 경우에는 굴절사다리차를 1대 이상 배치한다.
 3) 고가사다리차 또는 굴절사다리차가 배치되어 있는 119안전센터와의 거리가 20km 이내인 경우에는 배치하지 않을 수 있다.

나. 화학차(내폭화학차 또는 고성능화학차): 위험물을 저장·취급하는 제조소·옥내저장소·옥외탱크저장소·옥외저장소·암반탱크저장소 및 일반취급소(이하 '제조소 등'이라 한다)의 수에 따라 화학차를 설치한다. 관할구역 내 제조소 등이 50개소 이상 500개소 미만인 경우는 1대를 배치한다. 500개소 이상인 경우는 2대를 배치하며, 1,000개소 이상인 경우는 다음 계산식에 따라 산출(소수점 이하 첫째자리에서 올림)된 수만큼 추가 배치한다.

화학차 대수 = (제조소 등의 수 − 1,000) ÷ 1,000

다. 지휘차 및 순찰차: 각각 1대 이상 배치한다.

라. 그 밖의 차량: 소방활동을 원활하게 추진하기 위하여 소방서장이 필요하다고 판단하는 경우 배연차, 조명차, 화재조사차, 중장비, 견인차, 진단차, 행정업무용 차량 등을 추가로 배치할 수 있다.

〈상황〉

甲관할구역 내에는 소방서 한 곳이 설치되어 있으며, 이 소방서와 가장 가까운 119안전센터(乙관할구역)는 소방서로부터 25km 떨어져 있다. 甲관할구역 내에는 층수가 11층 이상인 아파트가 30동 있고, 3층 백화점 건물이 하나 있으며, 위험물을 저장·취급하는 제조소 등이 1,200개소 있다.

① 3
② 4
③ 5
④ 6
⑤ 7

18. 다음 글과 〈상황〉을 근거로 판단할 때, 甲이 보고할 내용으로 옳은 것은?

대규모 외환거래는 런던, 뉴욕, 도쿄, 프랑크푸르트, 싱가포르 같은 금융중심지에서 이루어진다. 최근 들어 세계 외환거래 규모는 급증하고 있다. 하루 평균 세계 외환거래액은 1989년에 6천억 달러 수준이었는데, 2019년에는 6조 6천억 달러로 크게 늘어났다.

은행 간 외환거래는 대부분 미국 달러를 통해 이루어진다. 달러는 이처럼 외환거래에서 중심적인 역할을 하기 때문에 기축통화라고 불린다. 기축통화는 서로 다른 통화를 사용하는 거래 참여자가 국제거래를 위해 널리 사용하는 통화이다. 1999년 도입된 유럽 유로는 달러와 동등하게 기축통화로 발전할 것으로 예상되었으나, 2020년 세계 외환거래액의 32%를 차지하는 데 그쳤다. 이는 4년 전보다는 2%p 높아진 것이지만 10년 전보다는 오히려 8%p 낮아진 수치이다.

〈상황〉

2010년과 2016년의 하루 평균 세계 외환거래액은 각각 3조 9천억 달러와 5조 2천억 달러였다. ○○은행 국제자본이동분석팀장 甲은 2016년 유로로 이루어진 하루 평균 세계 외환거래액을 2010년과 비교(달러 기준)하여 보고하려 한다.

① 10억 달러 감소
② 10억 달러 증가
③ 100억 달러 감소
④ 100억 달러 증가
⑤ 변화 없음

[19~20] 다음 글을 읽고 물음에 답하시오.

연령규범은 특정 연령의 사람이 어떤 일을 할 수 있거나 해야 한다는 사회적 기대와 믿음이다. 연령규범은 사회적 자원 분배나 사회문화적 특성, 인간발달의 생물학적 리듬이 복합적으로 작용하여 제도화된다. 그 결과 결혼할 나이, 자녀를 가질 나이, 은퇴할 나이 등 사회구성원이 동의하는 기대연령이 달라진다. 즉 졸업, 취업, 결혼 등에 대한 기대연령은 사회경제적 여건에 따라 달라지는 것이다.

연령규범이 특정 나이에 어떤 행동을 해야 하는지에 대한 기대를 담고 있기 때문에 나이에 따라 사회적으로 용인되는 행위도 달라진다. 이러한 기대는 법적 기준에 반영되기도 한다. 예를 들어 甲국의 청소년법은 만 19세 미만인 청소년의 건강을 고려하여 음주나 흡연을 제한한다. 그럼에도 불구하고 만 19세가 되는 해의 1월 1일부터는 술·담배 구입을 허용한다. 동법에 따르면 청소년은 만 19세 미만이지만, 만 19세에 도달하는 해의 1월 1일을 맞은 사람은 제외하기 때문이다. 이때 사용되는 나이 기준을 '연 나이'라고 한다. '연 나이'는 청소년법 등에서 공식적으로 사용하는 나이 계산법으로 현재 연도에서 태어난 연도를 뺀 값이 나이가 된다. 이와 달리 '만 나이'는 태어난 날을 기준으로 0살부터 시작하여 1년이 지나면 한 살을 더 먹는 것으로 계산한다.

한편 법률상 甲국의 성인기준은 만 19세 이상이지만, 만 18세 이상이면 군 입대, 운전면허 취득, 취업, 공무원 시험 응시가 가능하다. 청소년 관람불가 영화도 고등학생을 제외한 만 18세 이상이면 관람할 수 있다. 국회의원 피선거권은 만 20세 이상, 대통령 피선거권은 만 35세 이상이지만 투표권은 만 19세 이상에게 부여된다.

최근 甲국에서 노인 인구가 급증하면서 노인에 대한 연령규범이 변화하고 노인의 연령기준도 달라지고 있다. 甲국에서 노인 연령기준은 통상 만 65세 이상이지만, 만 65세 이상 국민의 과반수가 만 70세 이상을 노인으로 인식하고 있다.

하지만 甲국의 어떤 법에서도 몇 세부터 노인이라고 규정하는 연령기준이 일관되게 제시되지 않고 있다. 예를 들어 노인복리법은 노인에 대한 정의를 내리지 않고 만 65세 이상에게 교통수단 이용 시 무료나 할인 혜택을 주도록 규정하고 있다. 기초연금 수급, 장기요양보험 혜택, 노인 일자리 제공 등도 만 65세 이상이 대상이다. 한편 노후연금 수급연령은 만 62세부터이며, 노인복지관과 노인교실 이용, 주택연금 가입이나 노인주택 입주자격은 만 60세부터이다.

19. 윗글을 근거로 판단할 때 옳은 것은?

① 연령규범은 특정 나이에 어떤 일을 할 수 있는지에 대한 개인적 믿음을 말한다.
② 같은 연도 내에서는 만 나이와 연 나이가 항상 같다.
③ 甲국 법률에서 제시되는 노인 연령기준은 동일하다.
④ 결혼에 대한 기대연령은 생물학적 요인의 영향을 크게 받기 때문에 사회여건 변화가 영향을 미치기 어렵다.
⑤ 甲국의 연령규범에 따르면 만 19세인 사람은 운전면허 취득, 술 구매, 투표가 가능하다.

20. 윗글을 근거로 판단할 때, 5월생인 甲국 국민이 '연 나이' 62세가 된 날 이미 누리고 있거나 누릴 수 있게 되는 것만으로 옳은 것은?

① 국회의원 피선거권, 노인교실 이용, 장기요양보험 혜택
② 노후연금 수급, 기초연금 수급, 대통령 피선거권
③ 국회의원 피선거권, 기초연금 수급, 노인주택 입주자격
④ 노후연금 수급, 국회의원 피선거권, 노인복지관 이용
⑤ 노인교실 이용, 대통령 피선거권, 주택연금 가입

21. 다음 글과 〈상황〉을 근거로 판단할 때, 〈보기〉에서 옳은 것만을 모두 고르면?

제00조 ① 급식은 유아의 교육을 위하여 설립·운영되는 국립·공립·사립 유치원을 대상으로 실시한다.
② 제1항에도 불구하고 원아수 50명 미만의 사립 유치원은 급식 대상에서 제외한다. 다만 교육감이 필요하다고 인정하는 경우 급식 대상에 포함시킬 수 있다.
③ 교육감은 제2항에 따라 급식 대상에서 제외되는 유치원의 명칭과 주소를 매년 1월말까지 공시하여야 한다.
제00조 ① 유치원에 두는 영양교사의 배치기준은 다음 각 호와 같다.
1. 급식을 실시할 유치원에는 영양교사 1명을 둔다.
2. 제1호에도 불구하고 같은 교육지원청의 관할구역에 있는 원아수 각 200명 미만인 유치원은 2개 이내의 유치원에 순회 또는 공동으로 영양교사를 둘 수 있다.

② 교육감은 급식을 위한 시설과 설비를 갖춘 유치원 중 원아수 100명 미만의 유치원에 대하여 영양관리, 식생활 지도 등의 업무를 지원하기 위하여 교육지원청에 전담직원을 둘 수 있다. 이 경우 교육지원청의 지원을 받는 유치원에는 영양교사를 둔 것으로 본다.

〈상황〉

○ 현재 유치원 현황은 다음과 같다.

유치원	분류	원아수	관할 교육지원청
A	공립	223	甲
B	사립	152	乙
C	사립	123	乙
D	사립	74	丙
E	공립	46	丙

〈보기〉

ㄱ. A유치원은 급식을 실시하기 위하여 영양교사 1명을 배치해야 한다.
ㄴ. B유치원과 C유치원은 공동으로 영양교사 1명을 배치할 수 있다.
ㄷ. 급식을 위한 시설과 설비를 갖춘 D유치원이 丙교육지원청의 전담직원을 통하여 영양관리, 식생활 지도 등의 업무를 지원받고 있다면, D유치원은 영양교사를 둔 것으로 본다.
ㄹ. E유치원은 급식 대상에서 제외되는 유치원으로 그 명칭과 주소가 매년 1월말까지 공시되어야 한다.

① ㄱ, ㄴ
② ㄱ, ㄹ
③ ㄷ, ㄹ
④ ㄱ, ㄴ, ㄷ
⑤ ㄴ, ㄷ, ㄹ

22. 다음 글을 근거로 판단할 때 옳은 것은?

제00조 ① 재산공개대상자 및 그 이해관계인이 보유하고 있는 주식의 직무관련성을 심사·결정하기 위하여 인사혁신처에 주식백지신탁 심사위원회(이하 '심사위원회'라 한다)를 둔다.
② 심사위원회는 위원장 1명을 포함한 9명의 위원으로 구성한다.
③ 심사위원회의 위원장 및 위원은 대통령이 임명하거나 위촉한다. 이 경우 위원 중 3명은 국회가, 3명은 대법원장이 추천하는 자를 각각 임명하거나 위촉한다.
④ 심사위원회의 위원은 다음 각 호의 어느 하나에 해당하는 자격을 갖추어야 한다.
1. 대학이나 공인된 연구기관에서 부교수 이상의 직에 5년 이상 근무하였을 것
2. 판사, 검사 또는 변호사로 5년 이상 근무하였을 것
3. 금융 관련 분야에 5년 이상 근무하였을 것
4. 3급 이상 공무원 또는 고위공무원단에 속하는 공무원으로 3년 이상 근무하였을 것

⑤ 위원장 및 위원의 임기는 2년으로 하되, 1차례만 연임할 수 있다. 다만 임기가 만료된 위원은 그 후임자가 임명되거나 위촉될 때까지 해당 직무를 수행한다.
⑥ 주식의 직무관련성은 주식 관련 정보에 관한 직접적·간접적인 접근 가능성, 영향력 행사 가능성 등을 기준으로 판단하여야 한다.

① 심사위원회의 위원장은 위원 중에서 호선한다.
② 심사위원회의 위원 중 3명은 국회가 위촉한다.
③ 심사위원회의 위원이 4년을 초과하여 직무를 수행하는 경우가 있다.
④ 주식 관련 정보에 관한 간접적인 접근 가능성은 주식의 직무관련성을 판단하는 기준이 될 수 없다.
⑤ 금융 관련 분야에 5년 이상 근무하였더라도 대학에서 부교수 이상의 직에 5년 이상 근무하지 않으면 심사위원회의 위원이 될 수 없다.

23. 다음 글을 근거로 판단할 때, 〈보기〉에서 옳은 것만을 모두 고르면?

제00조 ① 여객자동차플랫폼운송사업(이하 '플랫폼운송사업'이라 한다)은 운송플랫폼과 자동차를 확보하고 다른 사람의 수요에 응하여 운송플랫폼을 통해 운송계약을 여객과 체결하여 유상으로 여객을 운송하는 사업을 말한다.
② 플랫폼운송사업을 경영하려는 자는 국토교통부장관의 허가를 받아야 한다.
③ 국토교통부장관은 제2항에 따라 플랫폼운송사업을 허가하는 경우, 30년 이내에서 기간을 한정하여 허가하거나 플랫폼운송사업의 질서를 확립하기 위하여 필요한 조건을 붙일 수 있다.
④ 플랫폼운송사업자는 매출액, 허가대수 또는 운행횟수를 고려하여 다음 각 호에 따른 여객자동차운송시장안정기여금(이하 '기여금'이라 한다)을 국토교통부장관에게 납부해야 한다.
1. 기여금은 월 단위로 산정하여 해당 월의 차차 월(다음다음 달) 말일까지 납부해야 한다.
2. 기여금은 매출액의 5%, 운행횟수당 800원, 허가대수당 40만 원 중 사업자가 어느 하나를 선택할 수 있다. 다만 허가대수가 총 300대 미만인 사업자는 아래 표와 같이 완화하여 적용한다.

허가대수 / 기여금 산정방식	200대 미만	200대 이상 300대 미만
매출액 대비 정률	1.25%	2.50%
운행횟수당 정액	200원	400원
허가대수당 정액	10만 원	20만 원

〈보기〉

ㄱ. 국토교통부장관은 플랫폼운송사업을 하려는 甲에게 사업 기간을 15년으로 하여 허가할 수 있다.
ㄴ. 플랫폼운송사업허가를 받아 2020년 12월 15일부터 사업을 시작한 乙은 첫 기여금을 2021년 1월 31일까지 납부하여야 한다.
ㄷ. 100대의 차량으로 플랫폼운송사업허가를 받은 丙이 1개월 동안 20,000회 운행하여 매출 3억 원을 올렸다면, 丙이 납부해야 할 해당 월의 기여금은 400만 원 미만이 될 수 있다.
ㄹ. 300대의 차량으로 플랫폼운송사업허가를 받은 丁은 매출액의 5%에 해당하는 금액 또는 허가대수당 800원 중에서 선택하여 기여금을 납부할 수 있다.

① ㄱ, ㄴ
② ㄱ, ㄷ
③ ㄱ, ㄹ
④ ㄴ, ㄷ
⑤ ㄷ, ㄹ

24. 다음 글을 근거로 판단할 때 옳은 것은?

상속에는 혈족상속과 배우자상속이 있다. 혈족상속인은 피상속인(사망자)과의 관계에 따라 피상속인의 직계비속(1순위), 피상속인의 직계존속(2순위), 피상속인의 형제자매(3순위), 피상속인의 4촌 이내 방계혈족(4순위) 순으로 상속인이 된다. 후순위 상속인은 선순위 상속인이 없는 경우에 상속재산을 상속할 수 있다. 같은 순위의 혈족상속인이 여럿인 경우, 그 법정상속분은 균분(均分)한다.

피상속인의 배우자는 언제나 상속인이 된다. 그 배우자의 법정상속분은 직계비속과 공동으로 상속하는 때에는 직계비속 상속분의 5할을 가산하고, 직계존속과 공동으로 상속하는 때에는 직계존속 상속분의 5할을 가산한다. 피상속인에게 배우자만 있고 직계비속도 직계존속도 없는 때에는 배우자가 단독으로 상속한다.

한편 개인은 자신의 재산을 증여하거나 유언(유증)으로 자유롭게 처분할 수 있다. 그런데 이러한 자유를 무제한 허용한다면 상속재산의 전부가 타인에게 넘어가 상속인의 생활기반이 붕괴될 우려가 있다. 그래서 법률은 일정한 범위의 상속인에게 유류분을 인정하고 있다. 유류분이란 법률상 상속인에게 귀속되는 것이 보장되는 상속재산에 대한 일정비율을 의미한다.

피상속인이 유류분을 침해하는 유증이나 증여를 하는 경우, 유류분 권리자는 자기가 침해당한 유류분에 대해 반환을 청구할 수 있다. 유류분 권리자는 피상속인의 직계비속, 배우자, 직계존속 및 형제자매이다. 유류분은 피상속인의 배우자 또는 직계비속의 경우 그 법정상속분의 2분의 1, 피상속인의 직계존속 또는 형제자매의 경우 그 법정상속분의 3분의 1이다.

유류분반환청구권의 행사는 반드시 소에 의한 방법으로 하여야 할 필요는 없고, 유증을 받은 자 또는 증여를 받은 자에 대한 의사표시로 하면 된다. 유류분반환청구권은 유류분 권리자가 상속의 개시(피상속인의 사망시)와 반환하여야 할 증여 또는 유증을 한 사실을 안 때부터 1년 내에 행사하지 않거나, 상속이 개시된 때부터 10년이 경과하면 시효에 의하여 소멸한다.

① 피상속인이 유언에 의해 재산을 모두 사회단체에 기부한 경우, 그의 자녀는 유류분 권리자가 될 수 없다.
② 피상속인의 자녀에게는 법정상속분 2분의 1의 유류분이 인정되며, 유류분 산정액은 피상속인의 배우자의 그것과 같다.
③ 피상속인의 부모는 피상속인의 자녀와 공동으로 상속재산을 상속할 수 있다.
④ 상속이 개시한 때부터 10년이 경과하였다면, 소에 의한 방법으로 유류분반환청구권을 행사해야 한다.
⑤ 피상속인에게 3촌인 방계혈족만 있는 경우, 그 방계혈족은 상속인이 될 수 있지만 유류분 권리자는 될 수 없다.

25. 다음 글을 근거로 판단할 때, 〈보기〉에서 옳은 것만을 모두 고르면?

제00조 이 법에서 사용하는 용어의 뜻은 다음과 같다.
1. '임종과정에 있는 환자'란 담당의사와 해당 분야의 전문의 1명으로부터 임종과정에 있다는 의학적 판단을 받은 자를 말한다.
2. '연명의료계획서'란 말기환자 등의 의사에 따라 담당의사가 환자에 대한 연명의료중단결정 및 호스피스에 관한 사항을 계획하여 문서(전자문서를 포함한다)로 작성한 것을 말한다.
3. '사전연명의료의향서'란 19세 이상인 사람이 자신의 연명의료중단결정 및 호스피스에 관한 의사를 직접 문서(전자문서를 포함한다)로 작성한 것을 말한다.
4. '연명의료중단결정'이란 임종과정에 있는 환자에 대한 연명의료를 시행하지 아니하거나 중단하기로 하는 결정을 말한다.

제00조 ① 말기환자 등은 담당의사에게 연명의료계획서의 작성을 요청할 수 있다.
② 의료기관의 장은 작성된 연명의료계획서를 등록·보관하여야 한다.

제00조 ① 연명의료중단결정을 원하는 환자의 의사는 다음 각 호의 어느 하나의 방법으로 확인한다.
1. 의료기관에서 작성된 연명의료계획서가 있는 경우 이를 환자의 의사로 본다.
2. 담당의사가 사전연명의료의향서의 내용을 환자에게 확인하는 경우 이를 환자의 의사로 본다.

② 제1항에 해당하지 아니하여 환자의 의사를 확인할 수 없고 환자가 의사표현을 할 수 없는 의학적 상태인 경우 다음 각 호의 어느 하나에 해당할 때에는 해당 환자를 위한 연명의료중단결정이 있는 것으로 본다. 다만 담당의사 또는 해당 분야 전문의 1명이 환자가 연명의료중단결정을 원하지 아니하였다는 사실을 확인한 경우는 제외한다.
1. 미성년자인 환자의 법정대리인(친권자에 한정한다)이 연명의료중단결정의 의사표시를 하고 담당의사와 해당 분야 전문의 1명이 확인한 경우
2. 환자가족 중 다음 각 목에 해당하는 사람(19세 이상인 사람에 한정하며, 행방불명자 등 대통령령으로 정하는 사유에 해당하는 사람은 제외한다) 전원의 합의로 연명의료중단결정의 의사표시를 하고 담당의사와 해당 분야 전문의 1명이 확인한 경우
   가. 배우자
   나. 1촌 이내의 직계 존속·비속

〈보기〉

ㄱ. 17세 환자가 자신의 연명의료중단결정에 관한 전자문서를 직접 작성하였다면, 그 문서는 사전연명의료의향서에 해당된다.
ㄴ. 말기환자의 요청에 따라 담당의사가 의료기관에서 문서로 작성한 연명의료계획서가 등록·보관되어 있는 경우, 연명의료중단결정을 원하는 환자의 의사가 있는 것으로 본다.
ㄷ. 21세 환자가 의사를 표현할 수 없는 의학적 상태인 경우, 환자가 1년 전 작성해 둔 사전연명의료의향서가 있다면 담당의사의 확인이 없더라도 연명의료중단결정을 원하는 환자의 의사가 있는 것으로 본다.
ㄹ. 임종과정에 있는 환자에게 배우자, 자녀, 손자녀가 있는 경우, 그 환자에 대한 연명의료중단결정에는 이들 모두의 합의된 의사표시가 필요하다.

① ㄴ
② ㄹ
③ ㄱ, ㄴ
④ ㄴ, ㄷ
⑤ ㄷ, ㄹ

26. 다음 글을 근거로 판단할 때, '친구 단위'로 입장한 사람의 수와 '가족 단위'로 입장한 사람의 수를 옳게 짝지은 것은?

A놀이공원은 2명의 친구 단위 또는 4명의 가족 단위로만 입장이 가능하다. 발권기계는 2명의 친구 단위 또는 4명의 가족 단위당 1장의 표를 발권한다. 놀이공원의 입장객은 총 158명이며, 모두 50장의 표가 발권되었다.

	'친구 단위'로 입장한 사람의 수	'가족 단위'로 입장한 사람의 수
①	30	128
②	34	124
③	38	120
④	42	116
⑤	46	112

27. 다음 글과 〈상황〉을 근거로 판단할 때 옳은 것은?

질병의 확산을 예측하는 데 유용한 수치 중 하나로 '기초 감염재생산지수(R_0)'가 있다. 간단히 말해 이 수치는 질병에 대한 예방조치가 없을 때, 해당 질병에 감염된 사람 한 명이 비감염자 몇 명을 감염시킬 수 있는지를 나타낸다. 다만 이 수치는 질병의 전파 속도를 의미하지는 않는다. 예를 들어 R_0가 4라고 하면 예방조치가 없을 때, 한 사람의 감염자가 질병에서 회복하거나 질병으로 사망하기 전까지 그 질병을 평균적으로 4명의 비감염자에게 옮긴다는 뜻이다. 한편 또 하나의 질병 통계치인 치사율은 어떤 질병에 걸린 환자 중 그 질병으로 사망하는 환자의 비율을 나타내는 것으로 R_0의 크기와 반드시 비례하지는 않는다.

예방조치가 없을 때, R_0가 1보다 큰 질병은 전체 개체군으로 확산될 것이다. 이 수치는 때로 1보다 훨씬 클 수 있다. 스페인 독감은 3, 천연두는 6, 홍역은 무려 15였다. 전염성이 강한 질병 중 하나로 꼽히는 말라리아의 R_0는 100이 넘는다.

문제는 특정 전염병이 한 차례 어느 지역을 휩쓸고 지나간 후 관련 통계 자료를 수집·분석할 수 있는 시간이 더 흐르고 난 뒤에야, 그 질병의 R_0에 대해 믿을 만한 추정치가 나온다는 데 있다. 그렇기에 새로운 질병이 발생한 초기에는 얼마 되지 않는 자료를 바탕으로 추정을 할 수밖에 없다. R_0와 마찬가지로 치사율도 확산 초기 단계에서는 정확하게 알 수 없다.

〈상황〉

다음 표는 甲국의 최근 20년간의 데이터를 토대로 A~F질병의 R_0를 추정한 것이다.

질병	A	B	C	D	E	F
R_0	100	15	6	3	2	0.5

① 예방조치가 없다면, 발병 시 가장 많은 사람이 사망하는 질병은 A일 것이다.
② 예방조치가 없다면, A~F질병 모두가 전 국민을 감염시킬 것이다.
③ 예방조치가 없다면, C질병이 전 국민을 감염시킬 때까지 걸리는 시간은 평균적으로 D질병의 절반일 것이다.
④ R_0와 달리 치사율은 전염병의 확산 초기 단계에서도 정확하게 알 수 있다.
⑤ 예방조치가 없다면, 감염자 1명당 감염시킬 수 있는 사람 수의 평균은 B질병이 D질병의 5배일 것이다.

28. 다음 글을 근거로 판단할 때, 〈보기〉에서 옳은 것만을 모두 고르면?

- 3개의 과일상자가 있다.
- 하나의 상자에는 사과만 담겨 있고, 다른 하나의 상자에는 배만 담겨 있으며, 나머지 하나의 상자에는 사과와 배가 섞여 담겨 있다.
- 각 상자에는 '사과 상자', '배 상자', '사과와 배 상자'라는 이름표가 붙어 있다.
- 이름표대로 내용물(과일)이 들어 있는 상자는 없다.
- 상자 중 하나에서 한 개의 과일을 꺼내어 확인할 수 있다.

〈보기〉

ㄱ. '사과와 배 상자'에서 과일 하나를 꺼내어 확인한 결과 사과라면, '사과 상자'에는 배만 들어 있다.
ㄴ. '배 상자'에서 과일 하나를 꺼내어 확인한 결과 배라면, '사과 상자'에는 사과와 배가 들어 있다.
ㄷ. '사과 상자'에서 과일 하나를 꺼내어 확인한 결과 배라면, '배 상자'에는 사과만 들어 있다.

① ㄱ
② ㄴ
③ ㄱ, ㄷ
④ ㄴ, ㄷ
⑤ ㄱ, ㄴ, ㄷ

29. 다음 글을 근거로 판단할 때, 甲이 귀가했을 때의 정확한 시각은?

> 甲은 집에 있는 시계 X의 건전지가 방전되어 새 건전지로 갈아 끼웠다. 甲은 정확한 시각을 알 수 없어서 일단 X의 시각을 정오로 맞춘 직후 일정한 빠르기로 걸어 친구 乙의 집으로 갔다. 乙의 집에 당일 도착했을 때 乙의 집 시계 Y는 10시 30분을 가리키고 있었다. 甲은 乙과 1시간 동안 이야기를 나눈 후 집으로 출발했다. 집으로 돌아올 때는 갈 때와 같은 길을 2배의 빠르기로 걸었다. 집에 도착했을 때, X는 14시 정각을 가리키고 있었다. 단, Y는 정확한 시각보다 10분 느리게 설정되어 있다.

※ X와 Y는 시각이 부정확한 것 외에는 정상 작동하고 있다.

① 11시 40분
② 11시 50분
③ 12시 00분
④ 12시 10분
⑤ 12시 20분

30. 다음 글을 근거로 판단할 때, 〈보기〉에서 옳은 것만을 모두 고르면?

> 아르키메데스는 대장장이가 만든 왕관이 순금인지 알아내기 위해 질량 1kg인 왕관을 물이 가득 찬 용기에 완전히 잠기도록 넣었을 때 넘친 물의 부피를 측정하였다.
>
> 이 왕관은 금, 은, 구리, 철 중 1개 이상의 금속으로 만들어졌고, 밀도는 각각 20, 10, 9, 8g/cm^{3}이다.
>
> 밀도와 질량, 부피 사이의 관계는 아래 식과 같다.
>
> $$밀도(g/cm^3) = \frac{질량(g)}{부피(cm^3)}$$

※ 각 금속의 밀도, 질량, 부피 변화나 금속 간의 반응은 없고, 둘 이상의 금속을 합해 만든 왕관의 질량(또는 부피)은 각 금속의 질량(또는 부피)의 합과 같다.

〈보기〉

ㄱ. 대장장이가 왕관을 금으로만 만들었다면, 넘친 물의 부피는 50cm^{3}이다.
ㄴ. 넘친 물의 부피가 80cm^{3}이고 왕관이 금과 은으로만 만들어졌다면, 왕관에 포함된 은의 부피는 왕관에 포함된 금 부피의 3배이다.
ㄷ. 넘친 물의 부피가 80cm^{3}이고 왕관이 금과 구리로만 만들어졌다면, 왕관에 포함된 구리의 부피는 왕관에 포함된 금 부피의 3배 이상이다.
ㄹ. 넘친 물의 부피가 120cm^{3}보다 크다면, 왕관은 철을 포함하고 있다.

① ㄱ, ㄴ
② ㄴ, ㄷ
③ ㄷ, ㄹ
④ ㄱ, ㄴ, ㄹ
⑤ ㄱ, ㄷ, ㄹ

31. 다음 글을 근거로 판단할 때, ㉠과 ㉡을 옳게 짝지은 것은?

○ 甲회사는 재고를 3개의 창고 A, B, C에 나누어 관리하며, 2020년 1월 1일자 재고는 A창고 150개, B창고 100개, C창고 200개였다.
○ 2020년 상반기 입·출고기록은 다음 표와 같으며, 재고는 입고 및 출고에 의해서만 변화한다.

입고기록				출고기록			
일자 \ 창고	A	B	C	일자 \ 창고	A	B	C
3월 4일	50	80	0	2월 18일	30	20	10
4월 10일	0	25	10	3월 27일	10	30	60
5월 11일	30	0	0	4월 13일	20	0	15

○ 2020년 5월 25일 하나의 창고에 화재가 발생하여 그 창고 안에 있던 재고 전부가 불에 그을렸는데, 그 개수를 세어보니 150개였다.
○ 화재 직후인 2020년 5월 26일 甲회사의 재고 중 불에 그을리지 않은 것은 [㉠]개였다.
○ 甲회사는 2020년 6월 30일 상반기 장부를 정리하던 중 두 창고 [㉡]의 상반기 전체 출고기록이 맞바뀐 것을 뒤늦게 발견하였다.

	㉠	㉡
①	290	A와 B
②	290	A와 C
③	290	B와 C
④	300	A와 B
⑤	300	A와 C

32. 다음 글을 근거로 판단할 때, A물건 1개의 무게로 가능한 것은?

甲이 가진 전자식 체중계는 소수점 이하 첫째 자리에서 반올림하여 kg 단위의 자연수로 무게를 표시한다. 甲은 이 체중계를 아래와 같이 이용하여 A물건의 무게를 추정하고자 한다.

○ 甲이 체중계에 올라갔더니 66이 표시되었다.
○ 甲이 A물건을 2개 들고 체중계에 올라갔지만 66이 그대로 표시되었다.
○ 甲이 A물건을 3개 들고 체중계에 올라갔더니 67이 표시되었다.
○ 甲이 A물건을 4개 들고 체중계에 올라갔을 때에도 67이 표시되었다.
○ 甲이 A물건을 5개 들고 체중계에 올라갔더니 68이 표시되었다.

① 200g
② 300g
③ 400g
④ 500g
⑤ 600g

33. 다음 글을 근거로 판단할 때, 甲이 잃어버린 인물카드의 수는?

> 甲은 이름, 성별, 직업이 기재된 인물카드를 모으고 있다. 며칠 전 그 중 몇 장을 잃어버렸다. 다음은 카드를 잃어버리기 전과 후의 상황이다.
>
> 〈잃어버리기 전〉
>
> ○ 남성 인물카드를 여성 인물카드보다 2장 더 많이 가지고 있다.
> ○ 가지고 있는 인물카드의 직업은 총 5종류이며, 인물카드는 직업별로 최대 2장이다.
> ○ 가수 직업의 인물카드는 1장만 가지고 있다.
>
> 〈잃어버린 후〉
>
> ○ 잃어버린 인물카드 중 2장은 직업이 소방관이다.
> ○ 가수 직업의 인물카드는 잃어버리지 않았다.
> ○ 인물카드는 총 5장 가지고 있으며, 직업은 4종류이다.

① 2장
② 3장
③ 4장
④ 5장
⑤ 6장

34. 다음 글과 〈상황〉을 근거로 판단할 때 옳은 것은?

> 甲은 상자를 운반하려고 한다. 甲은 상자를 1회 운반할 때마다 다음 규칙 중 하나를 선택하여 적용한다.
> ㉠ 남아 있는 상자 중 가장 무거운 것과 가장 가벼운 것의 총 무게가 17kg 이하이면 함께 운반한다. 가장 무거운 것과 가장 가벼운 것의 총 무게가 17kg 초과이면 가장 무거운 것만 운반한다.
> ㉡ 남아 있는 상자 중 총 무게가 17kg 이하인 상자 3개를 함께 운반한다.
> ㉢ 남아 있는 상자를 모두 운반한다. 단, 운반하려는 상자의 총 무게가 17kg 이하여야 한다.

〈상황〉

> 甲이 운반하는 상자는 10개(A~J)이다. 상자는 A가 20kg으로 가장 무겁고 알파벳순으로 2kg씩 가벼워져 J가 가장 가볍다. 甲은 첫 번째로 A를, 두 번째로 [ⓐ]·I·J를 운반한다.

① D는 다른 상자와 같이 운반된다.
② 두 번째 운반 후에 ㉠은 적용되지 않는다.
③ ⓐ가 G라면 이후에 ㉢은 적용될 수 없다.
④ 두 번째 운반부터 상자를 모두 옮길 때까지 운반 횟수를 최소로 하려면 ⓐ가 H여서는 안 된다.
⑤ 상자를 모두 옮길 때까지 전체 운반 횟수를 최소로 하기 위해서는 두 번째 운반에 ㉠을 적용해야 한다.

35. 다음 글을 근거로 판단할 때, 甲과 乙이 가진 4장의 숫자 카드에 적힌 수의 합으로 가능한 것은?

> 1부터 9까지 서로 다른 자연수가 하나씩 적힌 9장의 숫자 카드 1세트가 있다. 甲과 乙은 여기에서 각각 2장씩 카드를 뽑았다. 카드를 뽑고 보니 甲이 가진 카드에 적힌 숫자의 합과 乙이 가진 카드에 적힌 숫자의 합이 같았다. 또한 甲이 첫 번째 뽑은 카드에 3을 곱한 값과 두 번째 뽑은 카드에 9를 곱한 값의 일의 자리 수가 서로 같았다. 乙도 같은 방식으로 곱하여 얻은 두 값의 일의 자리 수가 서로 같았다.

① 18
② 20
③ 22
④ 24
⑤ 26

36. 다음 글을 근거로 판단할 때, 규칙 위반에 해당하는 것은?

〈드론 비행 안전 규칙〉

드론을 비행하려면 다음 요건을 갖추어야 한다.

구 분		기체검사	비행승인	사업등록	구 분		장치신고	조종자격
이륙중량 25kg 초과	사업자	○	○	○	자체중량 12kg 초과	사업자	○	○
	비사업자	○	○	×		비사업자	○	×
이륙중량 25kg 이하	사업자	×	△	○	자체중량 12kg 이하	사업자	○	×
	비사업자	×	△	×		비사업자	×	×

※ ○:필요, ×:불필요
　△:공항 또는 비행장 중심 반경 5km 이내에서는 필요

① 비사업자인 甲은 이륙중량 20kg, 자체중량 10kg인 드론을 공항 중심으로부터 10km 떨어진 지역에서 비행승인 없이 비행하였다.
② 비사업자인 乙은 이륙중량 30kg, 자체중량 10kg인 드론을 기체검사, 비행승인을 받아 비행하였다.
③ 사업자인 丙은 이륙중량 25kg, 자체중량 12kg인 드론을 사업등록, 장치신고를 하고 비행승인 없이 비행장 중심으로부터 4km 떨어진 지역에서 비행하였다.
④ 사업자인 丁은 이륙중량 30kg, 자체중량 20kg인 드론을 기체검사, 사업등록, 장치신고, 조종자격을 갖추고 비행승인을 받아 비행하였다.
⑤ 사업자인 戊는 이륙중량 20kg, 자체중량 13kg인 드론을 사업등록, 장치신고, 조종자격을 갖추고 비행승인 없이 비행장 중심으로부터 20km 떨어진 지역에서 비행하였다.

37. 다음 글과 〈대화〉를 근거로 판단할 때, 인영이가 현장답사 대상으로 선정한 기업은?

○ 인영은 기업 현장답사 계획안을 작성해야 한다.
○ 현장답사 할 기업을 먼저 선정해야 하는데, 기업 후보를 5개 받았으며 이 가운데에서 한 기업을 골라야 한다. 현장답사 후보 기업 관련 정보는 다음과 같다.

기업	업종	직원수	실내/실외 여부	근접역 유무 및 역과의 거리
A	제조	80명	실외	있음, 20km
B	서비스	500명	실내	있음, 10km
C	서비스	70명	실외	있음, 12km
D	서비스	100명	실내	없음
E	제조	200명	실내	있음, 8km

○ 인영은 서연에게 도움을 요청했고, 다음 〈대화〉를 바탕으로 현장답사 대상 기업을 선정하였다.

〈대화〉

인영: 서연아, 예전에 기업 현장답사 계획한 적 있었지? 나도 이번에 계획안을 작성해야 하는데, 현장답사 기업을 선정할 때 어떤 업종이 좋을까?
서연: 응, 했었지. 얼마 전 있었던 현장답사 기업이 제조기업이었으니, 이번에는 서비스기업에 가는 것이 좋겠어.
인영: 그렇구나, 기업의 위치는 어떤 곳이 좋을까?
서연: 아무래도 일정이 바쁜 사람이 많을 테니 근접역과의 거리가 15km 이내면 좋겠어. 그리고 기업의 규모도 중요할텐데, 관련한 조건은 없었어?
인영: 그러고 보니 이번에는 직원수가 100명 이하인 곳이어야 해. 그런데 근접역이 없으면 아예 답사 대상에서 제외되는 거야?
서연: 아니야. 근접역이 없을 때는 차량지원이 나오기 때문에 답사 대상으로 선정 가능해.
인영: 그렇구나, 또 고려해야 할 것은 없어?
서연: 답사 예정 날짜를 보니 비 예보가 있네. 그러면 실외는 안 되겠다.

① A
② B
③ C
④ D
⑤ E

38. 다음 글과 〈상황〉을 근거로 판단할 때, 수질 개선 설비 설치에 필요한 최소 비용은?

○ 용도에 따른 필요 수질은 다음과 같다.
  – 농업용수:중금속이 제거되고 3급 이상인 담수
  – 공업용수:중금속이 제거되고 2급 이상인 담수
  – 생활용수:중금속이 제거되고 음용이 가능하며 1급인 담수
○ 수질 개선에 사용하는 설비의 용량과 설치 비용은 다음과 같다.

수질 개선 설비	기능	처리 용량 (대당)	설치 비용 (대당)
1차 정수기	5~4급수를 3급수로 정수	5톤	5천만 원
2차 정수기	3~2급수를 1급수로 정수	1톤	1억 6천만 원
3차 정수기	음용 가능 처리	1톤	5억 원
응집 침전기	중금속 성분 제거	3톤	5천만 원
해수담수화기	염분 제거	10톤	1억 원

– 3차 정수기에는 2차 정수기의 기능이 포함되어 있다.
– 모든 수질 개선 설비는 필요 용량 이상으로 설치되어야 한다. 예를 들어 18톤의 해수를 담수로 개선하기 위해 해수담수화기가 최소 2대 설치되어야 한다.
– 수질 개선 전후 수량 변화는 없는 것으로 간주한다.

〈상황〉

○○기관은 중금속이 포함된 4급에 해당하는 해수 3톤을 정수 처리하여 생활용수 3톤을 확보하려 한다. 이를 위해 필요한 설비를 갖추어 수질을 개선하여야 한다.

① 16억 원
② 16억 5천만 원
③ 17억 원
④ 18억 6천만 원
⑤ 21억 8천만 원

[39~40] 다음 글을 읽고 물음에 답하시오.

농장동물복지는 인간 편의만 생각해 동물을 이용하는 것이 아니라 이들의 습성을 고려해 적절한 생활환경을 보장하는 것을 의미한다. 이는 세계농장동물복지위원회가 규정한 '동물의 5대 자유', 즉 활동의 부자유·배고픔·불편함·질병·두려움으로부터의 자유를 바탕으로 한다. 사실 농장동물복지는 사람에게도 중요한 문제이다. '공장식 축산'의 밀집사육에 따른 전염병 확산, 항생제 남용은 사람의 건강에도 직·간접적인 영향을 미치기 때문이다. 가축분뇨와 악취에 따른 환경오염 역시 무시할 수 없는 문제이다.

甲국은 2011년 동물보호법을 개정하면서 농장·도축장 등에 대한 '동물복지시설인증제'와 축산물에 대한 '동물복지축산물인증 마크' 두 가지 동물복지인증제도를 도입했다. 동물복지시설인증제는 정부가 정한 기준에 따라 동물을 기르는 농장이나 도축하는 시설에 동물복지시설인증을 부여하는 것이다. 더 나아가 동물복지축산물인증 마크는 사육 과정뿐만 아니라 운송·도축과정까지 기준을 지킨 축산물에 인증 마크를 부여하는 것이다. 동물복지인증제도는 2012년 산란계(알을 낳는 닭)를 시작으로 2013년 돼지, 2014년 육계(식용육으로 기르는 닭), 2015년 육우·젖소·염소로 대상을 확대했다.

동물복지시설인증을 받은 농장은 먹이는 물론 먹는 물, 사육장 내 온도·조도·공기오염도까지 세밀하게 기준을 지켜야 한다. 이러한 기준을 잘 지키고 있는지 확인하기 위해 인증을 받은 농장에 대해 인증을 받은 다음해부터 매년 1회 사후관리를 위한 점검을 실시한다.

시설인증을 받은 농가가 늘고 있지만 여전히 미미한 수준이다. 2020년 현재 해당 인증을 받은 농장은 산란계 74곳, 육계 5곳, 돼지 9곳, 육우 2곳에 불과하다. 시설인증을 가장 많이 받은 산란계 농장도 전체 산란계 농장의 1.1%만 인증을 받았을 뿐이다.

몇몇 농가에서는 해당 제도의 기준에 대해 문제를 제기하기도 한다. 동물복지시설인증을 받으려면 밀집사육을 피하기 위해 가축 개체당 공간 기준을 충족해야 한다. 최소 사육규모 기준 역시 시설인증을 어렵게 하는 장애물 중 하나이다. 돼지농장이라면 어미돼지를 30마리 이상 키워야 시설인증을 신청할 수 있다. 예컨대 A농장은 가축 개체당 공간 기준과 최소 사육규모 기준을 동시에 충족하기 위하여 어미돼지 수를 20% 줄여서 시설인증을 받았다. 또한 닭의 최소 사육규모 기준은 4,000마리 이상이다. 따라서 사육 수를 늘릴 여력이 없는 소규모 농장에선 공장식 축산을 하지 않아도 인증 신청조차 못하는 것이다.

게다가 축산물을 판매할 때 동물복지축산물인증 마크를 붙이려면 도축도 동물복지시설인증을 받은 곳에서 해야 한다. 하지만 전국 70여개 도축장 가운데 동물복지시설인증을 받은 도축장은 2곳에 불과하다. 시설인증을 받은 농가에서 인증 도축장을 이용하고 싶어도 물리적 거리가 걸림돌이 되고 있다.

한편 소비자들의 동물복지인증제도에 대한 인지도 역시 높지 않다. 또한 동물복지축산물인증 마크가 붙은 닭고기, 돼지고기, 소고기 등은 가격이 높아서 소비자들이 많이 찾지 않는 것이 현실이다.

39. 윗글을 근거로 판단할 때 옳은 것은?

① 농장동물복지는 동물의 5대 자유를 보장하기 위한 것으로 사람의 삶과는 무관하다.
② 동물복지시설인증을 받으려는 농장은 도축 시설도 함께 갖추어야 한다.
③ A농장에서 사육하는 돼지는 동물복지축산물인증 마크를 부착한 축산물로 판매된다.
④ 甲국의 소비자 대부분은 동물복지축산물인증 마크가 붙은 축산물을 구매한다.
⑤ 공장식 축산을 하지 않더라도 동물복지시설인증을 받지 못하는 경우가 있다.

40. 윗글을 근거로 판단할 때, 〈보기〉에서 옳은 것만을 모두 고르면?

〈보기〉

ㄱ. 甲국에서 동물복지시설인증을 받은 돼지농장은 2020년 12월 31일까지 사후관리를 위한 점검을 최소 10회 받았다.
ㄴ. 2020년 甲국 전체 농장수가 100,000개라면, 동물복지시설인증을 받은 농장 비율은 0.1% 미만이다.
ㄷ. 2020년 甲국 전체 산란계 농장수는 6,000개 이상이다.
ㄹ. 동물복지시설인증을 받기 전, A농장에서 사육하던 어미돼지는 35마리 이하였다.

① ㄱ
② ㄴ, ㄷ
③ ㄴ, ㄹ
④ ㄱ, ㄷ, ㄹ
⑤ ㄴ, ㄷ, ㄹ

약점 보완 해설집 p.62

2020년 기출문제

40문항/90분

01. 다음 글을 근거로 판단할 때 옳은 것은?

제○○조 ① 지방자치단체의 장은 소속공무원이 적극행정으로 인해 징계 의결 요구가 된 경우 적극행정지원위원회(이하 '위원회'라 한다)의 변호인 선임비용 지원결정(이하 '지원결정'이라 한다)에 따라 200만 원 이하의 범위 내에서 변호인 선임비용을 지원할 수 있다.
② 지방자치단체의 장은 소속공무원이 적극행정으로 인해 고소·고발을 당한 경우 위원회의 지원결정에 따라 기소 이전 수사과정에 한하여 500만 원 이하의 범위 내에서 변호인 선임비용을 지원할 수 있다.
③ 제1항, 제2항에 따라 지원결정을 받은 공무원은 이미 변호인을 선임한 경우를 제외하고는 선임비용을 지원받은 날부터 1개월 내에 변호인을 선임하여야 한다.
제□□조 ① 위원회는 지원결정을 받은 공무원이 다음 각 호의 어느 하나에 해당하는 경우 그 결정을 취소할 수 있다.
1. 허위 또는 부정한 방법으로 지원결정을 받은 경우
2. 제○○조 제2항의 고소·고발 사유와 동일한 사실관계로 유죄의 확정판결을 받은 경우
3. 제○○조 제3항의 사항을 이행하지 않은 경우
② 제1항에 따라 지원결정이 취소된 경우 해당 공무원은 지원받은 변호인 선임비용을 즉시 반환하여야 한다.
③ 위원회는 제2항에 따른 반환의무를 전부 부담시키는 것이 타당하지 않다고 판단하는 경우에는 반환의무의 일부 또는 전부를 면제하는 결정을 할 수 있다.
④ 제1항부터 제3항은 해당 공무원이 변호인 선임비용을 지원받은 후 퇴직한 경우에도 적용한다.

※ 적극행정이란 공무원이 불합리한 규제를 개선하는 등 공공의 이익을 위해 창의성과 전문성을 바탕으로 적극적으로 업무를 처리하는 행위를 말한다.

① 지방자치단체의 장은 소속공무원이 적극행정으로 인해 징계 의결 요구가 된 경우, 위원회의 지원결정에 따라 500만 원의 변호인 선임비용을 지원할 수 있다.
② 지원결정을 받은 공무원이 적극행정으로 인해 고발당한 사건에 대해 이미 변호인을 선임하였더라도 선임비용을 지원받은 날부터 1개월 내에 새로운 변호인을 선임해야 한다.
③ 지원결정을 받은 공무원이 적극행정으로 인해 고소당한 사유와 동일한 사실관계로 무죄의 확정판결을 받은 경우, 위원회는 지원결정을 취소해야 한다.
④ 지원결정이 취소된 경우라도 위원회는 해당 공무원이 지원받은 변호인 선임비용에 대한 반환의무의 일부 또는 전부를 면제하는 결정을 할 수 있다.
⑤ 지원결정에 따라 변호인 선임비용을 지원받고 퇴직한 공무원에 대해 지원결정이 취소되더라도 그가 그 비용을 반환하는 경우는 없다.

02. 다음 글과 〈상황〉을 근거로 판단할 때 옳은 것은?

제○○조 ① 주택 등에서 월령 2개월 이상인 개를 기르는 경우, 그 소유자는 시장·군수·구청장에게 이를 등록하여야 한다.
② 소유자는 제1항의 개를 기르는 곳에서 벗어나게 하는 경우에는 소유자의 성명, 소유자의 전화번호, 등록번호를 표시한 인식표를 그 개에게 부착하여야 한다.
제□□조 ① 맹견의 소유자는 다음 각 호의 사항을 준수하여야 한다.
1. 소유자 없이 맹견을 기르는 곳에서 벗어나지 아니하게 할 것
2. 월령이 3개월 이상인 맹견을 동반하고 외출할 때에는 목줄과 입마개를 하거나 맹견의 탈출을 방지할 수 있는 적정한 이동장치를 할 것
② 시장·군수·구청장은 맹견이 사람에게 신체적 피해를 주는 경우, 소유자의 동의 없이 맹견에 대하여 격리조치 등 필요한 조치를 취할 수 있다.
③ 맹견의 소유자는 맹견의 안전한 사육 및 관리에 관하여 정기적으로 교육을 받아야 한다.
제△△조 ① 제□□조 제1항을 위반하여 사람을 사망에 이르게 한 자는 3년 이하의 징역 또는 3천만 원 이하의 벌금에 처한다.
② 제□□조 제1항을 위반하여 사람의 신체를 상해에 이르게 한 자는 2년 이하의 징역 또는 2천만 원 이하의 벌금에 처한다.

〈상황〉

甲과 乙은 맹견을 각자 자신의 주택에서 기르고 있다. 甲은 월령 1개월인 맹견 A의 소유자이고, 乙은 월령 3개월인 맹견 B의 소유자이다.

① 甲이 A를 동반하고 외출하는 경우 A에게 목줄과 입마개를 해야 한다.
② 甲은 맹견의 안전한 사육 및 관리에 관하여 정기적으로 교육을 받지 않아도 된다.
③ 甲이 A와 함께 타 지역으로 여행을 가는 경우, A에게 甲의 성명과 전화번호를 표시한 인식표를 부착하지 않아도 된다.
④ B가 제3자에게 신체적 피해를 주는 경우, 구청장이 B를 격리조치하기 위해서는 乙의 동의를 얻어야 한다.
⑤ 乙이 B에게 목줄을 하지 않아 제3자의 신체를 상해에 이르게 한 경우, 乙을 3년의 징역에 처한다.

03. 다음 글을 근거로 판단할 때 옳은 것은?

제00조 ① 청원경찰이란 기관의 장 또는 시설·사업장 등의 경영자(이하 '기관의 장 등'이라 한다)가 경비를 부담할 것을 조건으로 경찰의 배치를 신청하는 경우 그 기관·시설·사업장 등의 경비를 담당하게 하기 위하여 배치하는 경찰을 말한다.
② 청원경찰을 배치받으려는 기관의 장 등은 관할 지방경찰청장에게 청원경찰 배치를 신청하여야 한다.
③ 지방경찰청장은 제2항의 청원경찰 배치신청을 받으면 지체 없이 그 배치 여부를 결정하여야 한다.
④ 지방경찰청장은 청원경찰 배치가 필요한 경우 관할 구역에 소재하는 기관의 장 등에게 청원경찰을 배치할 것을 요청할 수 있다.
제00조 ① 청원경찰은 청원경찰의 배치결정을 받은 자[이하 '청원주'(請願主)라 한다]와 배치된 기관·시설·사업장의 구역을 관할하는 경찰서장의 감독을 받아 그 경비구역만의 경비를 목적으로 필요한 범위에서 「경찰관 직무집행법」에 따른 경찰관의 직무를 수행한다.
② 청원경찰은 제1항에도 불구하고 수사활동 등 사법경찰관리(司法警察官吏)의 직무를 수행해서는 아니 된다.
제00조 ① 청원경찰은 청원주가 임용하되, 임용을 할 때에는 미리 관할 지방경찰청장의 승인을 받아야 한다.
② 「국가공무원법」의 결격사유에 해당하는 사람은 청원경찰로 임용될 수 없다.
③ 청원경찰의 임용자격·임용방법·교육 및 보수에 관하여는 대통령령으로 정한다.
제00조 청원주가 청원경찰이 휴대할 무기를 대여받으려는 경우에는 관할 경찰서장을 거쳐 지방경찰청장에게 무기대여를 신청하여야 한다.

① 청원경찰의 임용승인과 직무감독의 권한은 관할 경찰서장에게 있다.
② 청원경찰은 관할 지방경찰청장의 요청뿐만 아니라 배치받으려는 기관의 장 등의 신청에 의해서도 배치될 수 있다.
③ 청원경찰의 임용자격 및 임용방법은 「국가공무원법」에 따르며, 청원경찰의 결격사유는 대통령령으로 정한다.
④ 청원경찰은 배치된 사업장의 경비를 목적으로 필요한 범위에서 수사활동 등 사법경찰관리의 직무를 수행할 수 있다.
⑤ 청원경찰은 직무수행에 필요한 경우 직접 관할 지방경찰청장에게 무기대여를 신청하여야 한다.

04. 다음 글을 근거로 판단할 때 옳은 것은?

제00조 ① 다음 각 호의 어느 하나에 해당하는 자는 농식품경영체에 대한 투자를 목적으로 하는 농식품투자조합을 결성할 수 있다.
1. 중소기업창업투자회사
2. 투자관리전문기관
② 제1항에 따른 조합은 그 채무에 대하여 무한책임을 지는 1인 이상의 조합원(이하 '업무집행조합원'이라 한다)과 출자액을 한도로 하여 유한책임을 지는 조합원(이하 '유한책임조합원'이라 한다)으로 구성한다. 이 경우 업무집행조합원은 다음 각 호의 어느 하나에 해당하는 자로 하되, 그 중 1인은 제1호에 해당하는 자이어야 한다.
1. 제1항 각 호의 어느 하나에 해당하는 자
2. 「보험업법」에 따른 보험회사
제00조 업무집행조합원은 농식품투자조합의 업무를 집행할 때 다음 각 호의 어느 하나에 해당하는 행위를 하여서는 아니 된다.
1. 자기나 제3자의 이익을 위하여 농식품투자조합의 재산을 사용하는 행위
2. 농식품투자조합 명의로 자금을 차입하는 행위
3. 농식품투자조합의 재산으로 지급보증 또는 담보를 제공하는 행위
제00조 ① 농식품투자조합은 다음 각 호의 어느 하나에 해당하는 사유가 있을 때에는 해산한다.
1. 존속기간의 만료
2. 유한책임조합원 또는 업무집행조합원 전원의 탈퇴
3. 농식품투자조합의 자산이 출자금 총액보다 적어지거나 그 밖의 사유가 생겨 업무를 계속 수행하기 어려운 경우로서 조합원 총수의 과반수와 조합원 총지분 과반수의 동의를 받은 경우
② 농식품투자조합이 해산하면 업무집행조합원이 청산인이 된다. 다만 조합의 규약으로 정하는 바에 따라 업무집행조합원 외의 자를 청산인으로 선임할 수 있다.
③ 농식품투자조합의 해산 당시의 출자금액을 초과하는 채무가 있으면 업무집행조합원이 그 채무를 변제하여야 한다.

① 농식품투자조합이 해산한 경우, 조합의 규약에 다른 규정이 없는 한 업무집행조합원이 청산인이 된다.
② 투자관리전문기관은 농식품투자조합의 유한책임조합원이 될 수 있지만 업무집행조합원이 될 수 없다.
③ 업무집형조합원은 농식품투자조합의 업무를 집행할 때, 그 조합의 재산으로 지급을 보증하는 행위를 할 수 있다.
④ 농식품투자조합 해산 당시 출자금액을 초과하는 채무가 있으면, 유한책임조합원 전원이 연대하여 그 채무를 변제하여야 한다.
⑤ 농식품투자조합의 자산이 출자금 총액보다 적어 업무를 계속 수행하기 어려운 경우, 조합원 총수의 과반수의 동의만으로 농식품투자즈합은 해산한다.

05. 다음 글을 근거로 판단할 때, 〈보기〉에서 민원을 정해진 기간 이내에 처리한 것만을 모두 고르면?

제00조 ① 행정기관의 장은 '질의민원'을 접수한 경우에는 다음 각 호의 기간 이내에 처리하여야 한다.

1. 법령에 관해 설명이나 해석을 요구하는 질의민원: 7일
2. 제도·절차 등에 관해 설명이나 해석을 요구하는 질의민원: 4일

② 행정기관의 장은 '건의민원'을 접수한 경우에는 10일 이내에 처리하여야 한다.

③ 행정기관의 장은 '고충민원'을 접수한 경우에는 7일 이내에 처리하여야 한다. 단, 고충민원의 처리를 위해 14일의 범위에서 실지조사를 할 수 있고, 이 경우 실지조사 기간은 처리기간에 산입(算入)하지 아니한다.

④ 행정기관의 장은 '기타민원'을 접수한 경우에는 즉시 처리하여야 한다.

제00조 ① 민원의 처리기간을 '즉시'로 정한 경우에는 3근무시간 이내에 처리하여야 한다.

② 민원의 처리기간을 5일 이하로 정한 경우에는 민원의 접수시각부터 '시간' 단위로 계산한다. 이 경우 1일은 8시간의 근무시간을 기준으로 한다.

③ 민원의 처리기간을 6일 이상으로 정한 경우에는 '일' 단위로 계산하고 첫날을 산입한다.

④ 공휴일과 토요일은 민원의 처리기간과 실지조사 기간에 산입하지 아니한다.

※ 업무시간은 09:00~18:00이다. (점심시간 12:00~13:00 제외)

※ 3근무시간: 업무시간 내 3시간

※ 광복절(8월 15일, 화요일)과 일요일은 공휴일이고, 그 이외에 공휴일은 없다고 가정한다.

〈보기〉

ㄱ. A부처는 8.7(월) 16시에 건의민원을 접수하고, 8.21(월) 14시에 처리하였다.

ㄴ. B부처는 8.14(월) 13시에 고충민원을 접수하고, 10일간 실지조사를 하여 9.7(목) 10시에 처리하였다.

ㄷ. C부처는 8.16(수) 17시에 기타민원을 접수하고, 8.17(목) 10시에 처리하였다.

ㄹ. D부처는 8.17(목) 11시에 제도에 대한 설명을 요구하는 질의민원을 접수하고, 8.22(화) 14시에 처리하였다.

① ㄱ, ㄴ

② ㄱ, ㄷ

③ ㄴ, ㄹ

④ ㄱ, ㄷ, ㄹ

⑤ ㄴ, ㄷ, ㄹ

06. 다음 글을 근거로 판단할 때 옳은 것은?

「국가공무원법」은 정무직 공무원을 ① 선거로 취임하는 공무원, ② 임명할 때 국회의 동의가 필요한 공무원, ③ 고도의 정책결정 업무를 담당하거나 이러한 업무를 보조하는 공무원으로서 법률이나 대통령령에서 정무직으로 지정하는 공무원으로 규정하고 있다. 이에 해당하는 정무직 공무원에는 대통령, 감사원장, 민주평화통일자문회의 사무처장, 국가정보원장, 대통령비서실 수석비서관 등이 있다.

「지방공무원법」에서는 정무직 공무원을 ① 선거로 취임하는 공무원, ② 임명할 때 지방의회의 동의가 필요한 공무원, ③ 고도의 정책결정 업무를 담당하거나 이러한 업무를 보조하는 공무원으로서 법령 또는 조례에서 정무직으로 지정하는 공무원으로 규정하고 있다.

정무직 공무원은 재산등록의무가 있으며 병역사항 신고의무도 있다. 한편 「국가공무원법」상 정무직 공무원은 국가공무원의 총정원에 포함되지 않지만 그 인사에 관한 사항은 관보에 게재된다.

행정기관 소속 정무직 공무원으로는 정부부처의 차관급 이상 공무원, 특별시의 행정부시장과 정무부시장 등이 있다. 이들은 정책결정자 역할과 함께 최고관리자 역할도 수행한다. 여기에는 일과 인력을 조직화하고 소속 직원의 동기를 부여하며 업무 수행을 통제하는 역할이 포함된다. 그리고 이들은 정책을 개발할 뿐만 아니라 정책집행의 법적 책임도 진다. 행정기관 소속 정무직 공무원은 좁은 의미의 공무원을 지칭하는 정부관료집단에 포함되지 않는 것이 보통이다.

① 감사원장은 국가공무원 총정원에 포함된다.

② 조례로 정무직 공무원을 지정하는 것이 가능하다.

③ 「국가공무원법」상 정무직 공무원의 임명에는 모두 국회의 동의가 필요하다.

④ 대통령비서실 수석비서관은 재산등록의무가 있으나 병역사항 신고의무는 없다.

⑤ 정부부처의 차관은 정부관료집단의 일원이지만 정책집행의 법적 책임은 지지 않는다.

07. 다음 글을 근거로 판단할 때, 〈보기〉에서 옳은 것만을 모두 고르면?

> 甲국은 출산장려를 위한 경제적 지원 정책으로 다음과 같은 세 가지 안(A~C)을 고려 중이다.
> ○ A안: 18세 이하의 자녀가 있는 가정에 수당을 매월 지급하되, 자녀가 둘 이상인 경우에 한한다. 18세 이하의 자녀에 대해서 첫째와 둘째는 각각 15만 원, 셋째는 30만 원, 넷째부터는 45만 원씩의 수당을 해당 가정에 지급한다.
> ○ B안: 18세 이하의 자녀가 있는 가정에 수당을 매월 지급한다. 다만 자녀가 18세를 초과하더라도 재학 중인 경우에는 24세까지 수당을 지급한다. 첫째와 둘째는 각각 20만 원, 셋째는 22만 원, 넷째부터는 25만 원씩의 수당을 해당 가정에 지급한다.
> ○ C안: 자녀가 중학교를 졸업할 때(상한 연령 16세)까지만 해당 가정에 수당을 매월 지급한다. 우선 3세 미만의 자녀가 있는 가정에는 3세 미만의 자녀 1명 당 10만 원을 지급한다. 3세부터 초등학교를 졸업할 때까지는 첫째와 둘째는 각각 8만 원, 셋째부터는 10만 원씩 해당 가정에 지급한다. 중학생 자녀의 경우, 일률적으로 1명 당 8만 원씩 해당 가정에 지급한다.

〈보기〉

ㄱ. 18세 이하 자녀 3명만 있는 가정의 경우, 지급받는 월 수당액은 A안보다 B안을 적용할 때 더 많다.
ㄴ. A안을 적용할 때 자녀가 18세 이하 1명만 있는 가정은 월 15만 원을 수당으로 지급받는다.
ㄷ. C안의 수당을 50% 증액하더라도 중학생 자녀 2명(14세, 15세)만 있는 가정은 A안보다 C안을 적용할 때 더 적은 월 수당을 지급받는다.
ㄹ. C안을 적용할 때 한 자녀에 대해 지급되는 월 수당액은 그 자녀가 성장하면서 지속적으로 증가하는 특징이 있다.

① ㄱ, ㄷ
② ㄱ, ㄹ
③ ㄴ, ㄹ
④ ㄱ, ㄴ, ㄷ
⑤ ㄴ, ㄷ, ㄹ

08. 다음 글을 근거로 판단할 때, 창렬이가 결제할 최소 금액은?

○ 창렬이는 이번 달에 인터넷 면세점에서 가방, 영양제, 목베개를 각 1개씩 구매한다. 각 물품의 정가와 이번 달 개별 물품의 할인율은 다음과 같다.

구분	정가(달러)	이번 달 할인율(%)
가방	150	10
영양제	100	30
목베개	50	10

○ 이번 달 개별 물품의 할인율은 자동 적용된다.
○ 이번 달 구매하는 모든 물품의 결제 금액에 대해 20%를 일괄적으로 할인받는 '이달의 할인 쿠폰'을 사용할 수 있다.
○ 이번 달은 쇼핑 행사가 열려, 결제해야 할 금액이 200달러를 초과할 때 '20,000원 추가 할인 쿠폰'을 사용할 수 있다.
○ 할인은 '개별 물품 할인 → 이달의 할인 쿠폰 → 20,000원 추가 할인 쿠폰' 순서로 적용된다.
○ 환율은 1달러 당 1,000원이다.

① 180,000원
② 189,000원
③ 196,000원
④ 200,000원
⑤ 210,000원

09. 다음 글을 근거로 판단할 때, 오늘날을 기준으로 1석(石)은 몇 승(升)인가?

> 옛날 도량에는 두(斗), 구(區), 부(釜), 종(鍾) 등이 있었다. 1두(斗)는 4승(升)인데, 4두(斗)가 1구(區)이고, 4구(區)가 1부(釜)이며, 10부(釜)가 1종(鍾)이었다.
>
> 오늘날 도량은 옛날과 다소 달라졌다. 지금의 1승(升)이 옛날 1승(升)에 비해 네 배가 되어 옛날의 1두(斗)와 같아졌다. 오늘날 4구(區)는 1부(釜)로 옛날과 같지만, 4승(升)이 1구(區)가 되며, 1부(釜)는 1두(豆) 6승(升), 1종(鍾)은 16두(豆)가 된다. 오늘날 1석(石)은 1종(鍾)에 비해 1두(豆)가 적다.

① 110승
② 120승
③ 130승
④ 140승
⑤ 150승

10. 다음 글을 근거로 판단할 때, 1차 투표와 2차 투표에서 모두 B안에 투표한 주민 수의 최솟값은?

> ○○마을은 새로운 사업을 추진하기 위해 주민 100명을 대상으로 투표를 실시하였다. 주민들에게 사업안 A, B, C 중 하나를 선택하도록 하였다. 사전 자료를 바탕으로 1차 투표를 한 후, 주민들끼리 토론을 거쳐 2차 투표로 최종안을 결정하였다. 1차와 2차 투표 모두 투표율은 100%였고, 무효표는 없었다. 투표 결과는 다음과 같다.

구분	1차 투표	2차 투표
A안	30명	(　)명
B안	50명	(　)명
C안	20명	35명

> 1차 투표와 2차 투표에서 모두 A안에 투표한 주민은 20명이었고, 2차 투표에서만 A안에 투표한 주민은 5명이었다.

① 10
② 15
③ 20
④ 25
⑤ 30

11. 다음 글을 근거로 판단할 때, 〈보기〉에서 옳은 것만을 모두 고르면?

○ 甲과 乙은 총 10장의 카드를 5장씩 나누어 가진 후에 심판의 지시에 따라 게임을 한다.
○ 카드는 1부터 9까지의 서로 다른 숫자가 하나씩 적힌 9장의 숫자카드와 1장의 만능카드로 이루어진다.
○ 이 중 6 또는 9가 적힌 숫자카드는 9와 6 중에서 원하는 숫자카드 하나로 활용할 수 있다.
○ 만능카드는 1부터 9까지의 숫자 중 원하는 숫자가 적힌 카드 하나로 활용할 수 있다.

〈보기〉

ㄱ. 심판이 가장 큰 다섯 자리의 수를 만들라고 했을 때, 가능한 가장 큰 수는 홀수이다.
ㄴ. 상대방보다 작은 두 자리의 수를 만들면 승리한다고 했을 때, 乙이 '12'를 만들었다면 승리한다.
ㄷ. 상대방보다 큰 두 자리의 수를 만들면 승리한다고 했을 때, 甲이 '98'을 만들었다면 승리한다.
ㄹ. 심판이 10보다 작은 3의 배수를 상대방보다 많이 만들라고 했을 때, 乙이 3개를 만들었다면 승리한다.

① ㄱ, ㄴ
② ㄱ, ㄷ
③ ㄷ, ㄹ
④ ㄱ, ㄴ, ㄹ
⑤ ㄴ, ㄷ, ㄹ

12. 다음 글을 근거로 판단할 때, 〈보기〉에서 옳은 것만을 모두 고르면?

A과에는 4급 과장 1명, 5급 사무관 3명, 6급 주무관 6명이 근무한다. A과의 내선번호는 253 ? 네 자리로 이루어져 있으며, 맨 뒷자리 번호는 0~9 중에서 하나씩 과원에게 배정된다.

맨 뒷자리 번호 배정규칙은 다음과 같다. 먼저 직급 순으로 배정한다. 따라서 과장에게 0, 사무관에게 1~3, 주무관에게 4~9를 배정한다. 다음으로 동일 직급 내에서는 여성에게 앞 번호가 배정된다. 성별도 같은 경우, 나이가 많은 사람에게 앞 번호가 배정된다. 나이도 같은 경우에는 소속 팀명의 '가', '나', '다' 순으로 앞 번호가 배정된다.

〈A과 조직도〉

과장: 50세, 여성

가팀	나팀	다팀
사무관1: 48세, 여성	사무관2: 45세, 여성	사무관3: 45세, ( )
주무관1: 58세, 여성 주무관2: 39세, 남성	주무관3: ( ), ( ) 주무관4: 27세, 여성	주무관5: 44세, 남성 주무관6: 31세, 남성

〈보기〉

ㄱ. 사무관3이 배정받는 내선번호는 그의 성별에 따라서 달라지지 않는다.
ㄴ. 여성이 총 5명이라면, 배정되는 내선번호가 확정되는 사람은 4명뿐이다.
ㄷ. 주무관3이 남성이고 31세 이상 39세 이하인 경우, 모든 과원의 내선번호를 확정할 수 있다.
ㄹ. 사무관3의 성별과 주무관3의 나이와 성별을 알게 된다면, 현재의 배정규칙으로 모든 과원의 내선번호를 확정할 수 있다.

① ㄱ, ㄴ
② ㄱ, ㄷ
③ ㄴ, ㄹ
④ ㄱ, ㄷ, ㄹ
⑤ ㄴ, ㄷ, ㄹ

13. 다음 글을 근거로 판단할 때, 〈보기〉에서 옳은 것만을 모두 고르면?

甲과 乙은 시계와 주사위를 이용한 게임을 하며, 규칙은 다음과 같다.

○ 1~12시까지 적힌 시계 문자판을 말판으로 삼아, 1개의 말을 12시에 놓고 게임을 시작한다.
○ 주사위를 던져 짝수가 나오면 말을 시계 방향으로 1시간 이동시키며, 홀수가 나오면 말을 반시계 방향으로 1시간 이동시킨다.
○ 甲과 乙이 번갈아 주사위를 각 12번씩 총 24번 던져 말의 최종 위치로 게임의 승자를 결정한다.
○ 말의 최종 위치가 1~5시이면 甲이 승리하고, 7~11시이면 乙이 승리한다. 6시 또는 12시이면 무승부가 된다.

〈보기〉

ㄱ. 말의 최종 위치가 3시일 확률은 $\frac{1}{12}$이다.
ㄴ. 말의 최종 위치가 4시일 확률과 8시일 확률은 같다.
ㄷ. 乙이 마지막 주사위를 던질 때, 홀수가 나오는 것보다 짝수가 나오는 것이 甲에게 항상 유리하다.
ㄹ. 乙이 22번째 주사위를 던져 말을 이동시킨 결과 말의 위치가 12시라면, 甲이 승리할 확률은 무승부가 될 확률보다 낮다.

① ㄱ, ㄷ
② ㄴ, ㄷ
③ ㄴ, ㄹ
④ ㄷ, ㄹ
⑤ ㄱ, ㄴ, ㄹ

14. 다음 글과 〈진술 내용〉을 근거로 판단할 때, 첫 번째 사건의 가해차량 번호와 두 번째 사건의 목격자를 옳게 짝지은 것은?

○ 어제 두 건의 교통사고가 발생하였다.
○ 첫 번째 사건의 가해차량 번호는 다음 셋 중 하나이다.
99★2703, 81★3325, 32★8624
○ 어제 사건에 대해 진술한 목격자는 甲, 乙, 丙 세 명이다. 이 중 두 명의 진술은 첫 번째 사건의 가해차량 번호에 대한 것이고 나머지 한 명의 진술은 두 번째 사건의 가해차량 번호에 대한 것이다.
○ 첫 번째 사건의 가해차량 번호는 두 번째 사건의 목격자 진술에 부합하지 않는다.
○ 편의상 차량 번호에서 ★ 앞의 두 자리 수는 A, ★ 뒤의 네 자리 수는 B라고 한다.

〈진술 내용〉

○ 甲: A를 구성하는 두 숫자의 곱은 B를 구성하는 네 숫자의 곱보다 작다.
○ 乙: B를 구성하는 네 숫자의 합은 A를 구성하는 두 숫자의 합보다 크다.
○ 丙: B는 A의 50배 이하이다.

	첫 번째 사건의 가해차량 번호	두 번째 사건의 목격자
①	99★2703	甲
②	99★2703	乙
③	81★3325	乙
④	81★3325	丙
⑤	32★8624	丙

15. 다음 〈상황〉과 〈대화〉를 근거로 판단할 때 乙의 점수는?

〈상황〉

○ 甲, 乙, 丙이 과제를 제출하여 각자 성적을 받았다.
○ 甲, 乙, 丙의 점수는 서로 다른 자연수로서 세 명의 점수를 합하면 100점이 되며, 甲, 乙, 丙은 이 사실을 알고 있다.
○ 甲, 乙, 丙은 자신의 점수는 알지만 다른 사람의 점수는 모르고 있다.

〈보기〉

甲: 내가 우리 셋 중에 가장 높은 점수를 받았어.
乙: 甲의 말을 들으니 우리 세 사람이 받은 점수를 확실히 알겠네.
丙: 나도 이제 우리 세 사람의 점수를 확실히 알겠어.

① 1
② 25
③ 33
④ 41
⑤ 49

16. 다음 글을 근거로 판단할 때, 〈보기〉에서 옳은 것만을 모두 고르면?

○ A청은 업무능력 평가를 통해 3개 부서(甲~丙) 중 평가항목별 최종점수의 합계가 높은 2개 부서를 포상한다.
○ 4명의 평가위원(가~라)은 문제인식, 실현가능성, 성장전략으로 구성된 평가항목을 5개 등급(최상, 상, 중, 하, 최하)으로 각각 평가하여 점수를 부여한다.
○ 각 평가항목의 등급별 점수는 다음과 같다.

구분	최상	상	중	하	최하
문제인식	30	24	18	12	6
실현가능성	30	24	18	12	6
성장전략	40	32	24	16	8

○ 평가항목별 최종점수는 아래의 식에 따라 산출한다. 단, 최고점수 또는 최저점수가 복수인 경우 각각 하나씩만 차감한다.

$$\frac{\text{평가항목에 대한 점수 합계} - (\text{최고점수} + \text{최저점수})}{\text{평가위원 수} - 2}$$

○ 평가결과는 다음과 같다.

구분	평가위원	점수		
		문제인식	실현가능성	성장전략
甲	가	30	24	24
	나	24	30	24
	다	30	18	40
	라	ⓐ	12	32
乙	가	6	24	32
	나	12	24	ⓑ
	다	24	18	16
	라	24	18	32
丙	가	12	30	ⓒ
	나	24	24	24
	다	18	12	40
	라	30	6	24

〈보기〉

ㄱ. ⓐ값에 관계없이 문제인식 평가항목의 최종점수는 甲이 제일 높다.
ㄴ. ⓑ = ⓒ > 16이라면, 성장전략 평가항목의 최종점수는 乙이 丙보다 낮지 않다.
ㄷ. ⓐ = 18, ⓑ = 24, ⓒ = 24일 때, 포상을 받게 되는 부서는 甲과 丙이다.

① ㄴ
② ㄷ
③ ㄱ, ㄴ
④ ㄱ, ㄷ
⑤ ㄱ, ㄴ, ㄷ

17. 다음 글을 근거로 판단할 때, 〈보기〉에서 〈A사업의 상황별 대안의 기대이익〉에 대한 설명으로 옳은 것만을 모두 고르면?

기준Ⅰ, 기준Ⅱ, 기준Ⅲ을 이용하여 불확실한 상황에서 대안을 비교·평가할 수 있다.

기준Ⅰ은 최상의 상황이 발생할 것이라는 가정에서 최선의 대안을 선택하는 것이다. 〈표 1〉에서 각 대안의 최대 기대이익을 비교하여, 그 중 가장 큰 값을 갖는 '대안1'을 선택하는 것이다.

기준Ⅱ는 최악의 상황이 발생할 것이라는 가정에서 최선의 대안을 선택하는 것이다. 〈표 1〉에서 각 대안의 최소 기대이익을 비교하여, 그 중 가장 큰 값을 갖는 '대안3'을 선택하는 것이다.

〈표 1〉 ○○사업의 상황별 대안의 기대이익

구분	상황1	상황2	상황3	최대 기대이익	최소 기대이익
대안1	30	10	−10	30	−10
대안2	20	14	5	20	5
대안3	15	15	15	15	15

기준Ⅲ은 최대 '후회'가 가장 작은 대안을 선택하는 것이다. 후회는 일정한 상황에서 특정 대안을 선택함으로써 최선의 대안을 선택하였더라면 얻을 수 있는 기대이익을 얻지 못해 발생하는 손실을 의미한다. 〈표 1〉의 상황별 최대 기대이익에서 각 대안의 기대이익을 차감하여 〈표 2〉와 같이 후회를 구할 수 있다. 이후 각 대안의 최대 후회를 비교하여, 그 중 가장 작은 값을 갖는 '대안2'를 선택하는 것이다.

〈표 2〉 ○○사업의 후회

구분	상황1	상황2	상황3	최대 후회
대안1	0	5	25	25
대안2	10	1	10	10
대안3	15	0	0	15

〈A사업의 상황별 대안의 기대이익〉

구분	상황S_1	상황S_2	상황S_3
대안A_1	50	16	−9
대안A_2	30	19	5
대안A_3	20	15	10

〈보기〉

ㄱ. 기준Ⅰ로 대안을 선택한다면, 대안A_2를 선택하게 된다.
ㄴ. 기준Ⅱ로 대안을 선택한다면, 대안A_3을 선택하게 된다.
ㄷ. 상황S_2에서 대안A_2의 후회는 11이다.
ㄹ. 기준Ⅲ으로 대안을 선택한다면, 대안A_1을 선택하게 된다.

① ㄱ, ㄴ
② ㄱ, ㄷ
③ ㄴ, ㄹ
④ ㄷ, ㄹ
⑤ ㄴ, ㄷ, ㄹ

18. 다음 글을 근거로 판단할 때, 태은이의 만족도 점수의 합은?

태은이는 모처럼의 휴일을 즐길 계획을 세우고 있다. 예산 10만 원을 모두 사용하여 외식, 전시회 관람, 쇼핑을 한 번씩 한다. 태은이는 만족도 점수의 합이 최대가 되도록 항목별로 최대 6만 원까지 1만 원 단위로 지출한다. 다음은 항목별 지출에 따른 태은이의 만족도 점수이다.

구분	1만 원	2만 원	3만 원	4만 원	5만 원	6만 원
외식	3점	5점	7점	13점	15점	16점
전시회 관람	1점	3점	6점	9점	12점	13점
쇼핑	1점	2점	6점	8점	10점	13점

① 23점
② 24점
③ 25점
④ 26점
⑤ 27점

[19~20] 다음 글을 읽고 물음에 답하시오.

○○프로그램에서 하나의 명령문은 cards, input 등의 '중심어'로 시작하고 반드시 세미콜론(;)으로 끝난다. 중심어에는 명령문의 지시 내용이 담겨있는데, cards는 그 다음 줄부터 input 명령문에서 이용할 일종의 자료집합인 레코드(record)가 한 줄씩 나타남을 의미한다. 〈프로그램 1〉에서 레코드는 '701102'와 '720508'이다.

input은 레코드를 이용하여 변수에 수를 저장하는 것을 의미한다. 첫 번째 input은 첫 번째 레코드를 이용하여 명령을 수행하고, 그 다음부터의 input은 차례대로 그 다음 레코드를 이용한다. 예를 들어 〈프로그램 1〉에서 첫 번째 input 명령문의 변수 a에는 첫 번째 레코드 '701102'의 1~3번째 위치에 있는 수인 '701'을 저장하고, 변수 b에는 같은 레코드의 5~6번째 위치에 있는 수인 '02'에서 앞의 '0'을 빼고 '2'를 저장한다. 두 번째 input 명령문의 변수 c에는 두 번째 레코드 '720508'의 1~2번째 위치에 있는 수인 '72'를 저장한다. 〈프로그램 2〉와 같이 만약 input 명령문이 하나이고 여러 개의 레코드가 있을 경우 모든 레코드를 차례대로 이용한다. 한편 input 명령문이 다수인 경우, 어느 한 input 명령문에 @가 있으면 바로 다음 input 명령문은 @가 있는 input 명령문과 같은 레코드를 이용한다. 이후 input 명령문부터는 차례대로 그 다음 레코드를 이용한다.

print는 input 명령문에서 변수에 저장한 수를 결과로 출력하라는 의미이다. 다음은 각 프로그램에서 변수 a, b, c에 저장한 수를 출력한 〈결과〉이다.

〈프로그램 1〉

```
cards
701102
720508
;
input a 1-3 b 5-6;
input c 1-2;
print;
```

〈결과〉

a	b	c
701	2	72

〈프로그램 2〉

```
cards
701102
720508
;
input a 1-6 b 1-2 c 2-4;
print;
```

〈결과〉

a	b	c
701102	70	11
720508	72	205

19. 윗글을 근거로 판단할 때, 〈보기〉에서 옳은 것만을 모두 고르면?

〈보기〉

ㄱ. input 명령문은 레코드에서 위치를 지정하여 변수에 수를 저장할 수 있다.

ㄴ. 두 개의 input 명령문은 같은 레코드를 이용하여 변수에 수를 저장할 수 없다.

ㄷ. 하나의 input 명령문이 다수의 레코드를 이용하여 변수에 수를 저장할 수 있다.

① ㄴ
② ㄷ
③ ㄱ, ㄴ
④ ㄱ, ㄷ
⑤ ㄱ, ㄴ, ㄷ

20. 윗글을 근거로 판단할 때, 다음 〈프로그램〉의 〈결과〉로 출력된 수를 모두 더하면?

〈프로그램〉

```
cards
020824
701102
720508
;
input a 1-6 b 3-4;
input c 5-6@;
input d 3-4;
input e 3-5;
print;
```

〈결과〉

a	b	c	d	e

① 20895
② 20911
③ 20917
④ 20965
⑤ 20977

21. 다음 글과 <상황>을 근거로 판단할 때, 2020년 5월 16일 현재 공무원 신분인 사람만을 모두 고르면?

제00조 ① 다음 각 호의 어느 하나에 해당하는 자는 공무원으로 임용될 수 없다.
1. 파산선고를 받고 복권되지 아니한 자
2. 금고 이상의 실형을 선고받고 그 집행이 종료되거나 집행을 받지 아니하기로 확정된 후 5년이 지나지 아니한 자
3. 금고 이상의 형을 선고받고 그 집행유예 기간이 끝난 날부터 2년이 지나지 아니한 자
4. 금고 이상의 형의 선고유예를 받은 경우에 그 선고유예 기간 중에 있는 자

② 제1항 각 호의 어느 하나에 해당하는 자가 국가의 과실로 인해 공무원으로 임용된 경우 공무원 신분은 발생하지 않는다.
③ 공무원이 제1항 각 호의 어느 하나에 해당할 경우에는 당연히 퇴직된다.
제00조 ① 공무원의 정년은 60세로 한다.
② 공무원은 그 정년에 이른 날이 1월부터 6월 사이에 있으면 6월 30일에, 7월부터 12월 사이에 있으면 12월 31일에 각각 당연히 퇴직된다.
제00조 정직은 1개월 이상 3개월 이하의 기간으로 하고, 정직처분을 받은 자는 그 기간 중 공무원의 신분은 보유하나 직무에 종사하지 못하며 보수는 전액을 감한다.

<상황>

○ 파산선고를 받고 복권된 후 다시 신용불량 상태에서 공무원으로 임용되어 근무중인 甲
○ 결격사유 없이 공무원으로 임용되었다가 금고형의 선고유예를 받고 선고유예 기간 중에 있는 乙
○ 결격사유 없이 공무원으로 임용되었다가 비위행위를 이유로 정직처분을 받아 정직 중에 있는 丙
○ 금고형을 선고받고 그 집행유예 기간 중에 국가의 과실로 공무원으로 임용되어 근무중인 丁
○ 결격사유 없이 공무원으로 임용되어 2020년 3월 31일 정년에 이른 戊

① 甲, 丁
② 乙, 丁
③ 甲, 丙, 戊
④ 乙, 丙, 戊
⑤ 甲, 乙, 丁, 戊

22. 다음 글을 근거로 판단할 때 옳은 것은?

제00조 ① 특별자치시장·특별자치도지사·시장·군수 또는 자치구의 구청장(이하 '시장·군수 등'이라 한다)은 빈집이 다음 각 호의 어느 하나에 해당하면 빈집정비계획에서 정하는 바에 따라 그 빈집 소유자에게 철거 등 필요한 조치를 명할 수 있다. 다만 빈집정비계획이 수립되어 있지 아니한 경우에는 지방건축위원회의 심의를 거쳐 그 빈집 소유자에게 철거 등 필요한 조치를 명할 수 있다.
1. 붕괴·화재 등 안전사고나 범죄발생의 우려가 높은 경우
2. 공익상 유해하거나 도시미관 또는 주거환경에 현저한 장애가 되는 경우

② 제1항의 경우 빈집 소유자는 특별한 사유가 없으면 60일 이내에 조치를 이행하여야 한다.
③ 시장·군수 등은 제1항에 따라 빈집의 철거를 명한 경우 그 빈집 소유자가 특별한 사유 없이 제2항의 기간 내에 철거하지 아니하면 직권으로 그 빈집을 철거할 수 있다.
④ 시장·군수 등은 제3항에 따라 철거할 빈집 소유자의 소재를 알 수 없는 경우 그 빈집에 대한 철거명령과 이를 이행하지 아니하면 직권으로 철거한다는 내용을 일간신문 및 홈페이지에 1회 이상 공고하고, 일간신문에 공고한 날부터 60일이 지난 날까지 빈집 소유자가 빈집을 철거하지 아니하면 직권으로 철거할 수 있다.
⑤ 시장·군수 등은 제3항 또는 제4항에 따라 빈집을 철거하는 경우에는 정당한 보상비를 빈집 소유자에게 지급하여야 한다. 이 경우 시장·군수 등은 보상비에서 철거에 소요된 비용을 빼고 지급할 수 있다.
⑥ 시장·군수 등은 다음 각 호의 어느 하나에 해당하는 경우에는 보상비를 법원에 공탁하여야 한다.
1. 빈집 소유자가 보상비 수령을 거부하는 경우
2. 빈집 소유자의 소재불명(所在不明)으로 보상비를 지급할 수 없는 경우

※ 공탁이란 채무자가 변제할 금액을 법원에 맡기면 채무(의무)가 소멸하는 것을 말한다.

① A자치구 구청장은 주거환경에 현저한 장애가 되더라도 붕괴 우려가 없는 빈집에 대해서는 빈집정비계획에 따른 철거를 명할 수 없다.
② B군 군수가 소유자의 소재를 알 수 없는 빈집의 철거를 명한 경우, 일간신문에 공고한 날부터 60일 내에 직권으로 철거해야 한다.
③ C특별자치시 시장은 직권으로 빈집을 철거한 경우, 그 소유자에게 철거에 소요된 비용을 빼지 않고 보상비 전액을 지급해야 한다.
④ D군 군수가 빈집을 철거한 경우, 그 소유자가 보상비 수령을 거부하면 그와 동시에 보상비 지급의무는 소멸한다.
⑤ E시 시장은 빈집정비계획에 따른 빈집 철거를 명한 후 그 소유자가 특별한 사유 없이 60일 이내에 철거하지 않으면, 지방건축위원회의 심의 없이 직권으로 철거할 수 있다.

23. 다음 글을 근거로 판단할 때 옳은 것은?

제00조 ① 체육시설업은 다음과 같이 구분한다.
1. 등록체육시설업:스키장업, 골프장업, 자동차 경주장업
2. 신고체육시설업:빙상장업, 썰매장업, 수영장업, 체력단련장업, 체육도장업, 골프연습장업, 당구장업, 무도학원업, 무도장업, 야구장업, 가상체험 체육시설업

② 체육시설업자는 체육시설업의 종류에 따라 아래 〈시설기준〉에 맞는 시설을 설치하고 유지·관리하여야 한다.

〈시설기준〉

필수시설	○ 수용인원에 적합한 주차장(등록 체육시설업만 해당한다) 및 화장실을 갖추어야 한다. 다만 해당 체육시설이 같은 부지 또는 복합건물 내에 다른 시설물과 함께 위치한 경우로서 그 다른 시설물과 공동으로 사용하는 주차장 및 화장실이 있을 때에는 별도로 갖추지 아니할 수 있다. ○ 수용인원에 적합한 탈의실과 급수시설을 갖추어야 한다. 다만 신고 체육시설업(수영장업은 제외한다)과 자동차 경주장업에는 탈의실을 대신하여 세면실을 설치할 수 있다. ○ 부상자 및 환자의 구호를 위한 응급실 및 구급약품을 갖추어야 한다. 다만 신고 체육시설업(수영장업은 제외한다)과 골프장업에는 응급실을 갖추지 아니할 수 있다.
임의시설	○ 체육용품의 판매·수선 또는 대여점을 설치할 수 있다. ○ 식당·목욕시설·매점 등 편의시설을 설치할 수 있다(무도학원업과 무도장업은 제외한다). ○ 등록 체육시설업의 경우에는 해당 체육시설을 이용하는 데에 지장이 없는 범위에서 그 체육시설 외에 다른 종류의 체육시설을 설치할 수 있다. 다만 신고 체육시설업의 경우에는 그러하지 아니하다.

① 무도장을 운영할 때 목욕시설과 매점을 설치하는 경우 시설기준에 위반된다.
② 수영장을 운영할 때 수용인원에 적합한 세면실과 급수시설을 모두 갖추어야 한다.
③ 체력단련장을 운영할 때 이를 이용하는 데에 지장이 없는 범위에서 가상체험 체육시설을 설치할 수 있다.
④ 복합건물 내에 위치한 골프연습장을 운영할 때 다른 시설물과 공동으로 사용하는 주차장이 없다면, 수용인원에 적합한 주차장을 반드시 갖추어야 한다.
⑤ 수영장을 운영할 때 구급약품을 충분히 갖추어 부상자 및 환자의 구호에 지장이 없다면, 응급실을 갖추지 않아도 시설기준에 위반되지 않는다.

24. 다음 글과 〈상황〉을 근거로 판단할 때 옳은 것은?

주주총회의 소집절차 또는 그 결의방법이 법령이나 정관을 위반하거나 그 결의내용이 정관을 위반한 경우, 주주총회 결의취소의 소(이하 '결의취소의 소'라 한다)를 제기할 수 있는 사람은 해당 회사의 주주, 이사 또는 감사이다. 이들 이외의 사람이 결의취소의 소를 제기하면 소는 부적법한 것으로 각하된다. 결의취소의 소를 제기한 주주·이사·감사는 변론이 종결될 때까지 그 자격을 유지하여야 한다. 따라서 변론종결 전에 원고인 주주가 주식을 전부 양도하거나 이사·감사가 임기만료나 해임·사임·사망 등으로 그 지위를 상실한 경우, 소는 부적법한 것으로 각하된다. 소가 부적법 각하되면 주주총회의 결의를 취소하는 것이 정당한지에 관한 법원의 판단 없이 소송은 그대로 종료하게 된다.

결의취소의 소는 해당 회사를 피고로 해야 하며, 회사 아닌 사람을 공동피고로 한 경우 그 사람에 대한 소는 부적법한 것으로 각하되고, 회사에 대한 소송만 진행된다. 한편 회사가 피고가 된 소송에서는 회사의 대표이사가 회사를 대표하여 소송을 수행한다. 그렇지만 이사가 결의취소의 소를 제기한 때에는 이사와 대표이사의 공모를 막기 위해서 감사가 회사를 대표하여 소송을 수행한다. 이와 달리 이사 이외의 자가 결의취소의 소를 제기한 때에는 대표이사가 소송을 수행하며, 그 대표이사가 결의취소의 소의 대상이 된 주주총회 결의로 선임된 경우라 하더라도 마찬가지이다.

〈상황〉

A회사의 주주총회는 대표이사 甲을 해임하고 새로이 乙을 대표이사로 선임하는 결의를 하여 乙이 즉시 대표이사로 취임하였다. 그런데 그 주주총회의 소집절차는 법령에 위반된 것이었다. A회사의 주주는 丙과 丁 등이 있고, 이사는 戊, 감사는 己이다. 甲과 乙은 주주가 아니며, 甲은 대표이사 해임결의로 이사의 지위도 상실하였다.

① 甲이 A회사를 피고로 하여 결의취소의 소를 제기하면, 법원은 결의를 취소하는 것이 정당한지에 관해 판단해야 한다.
② 丙이 A회사를 피고로 하여 결의취소의 소를 제기하면, 乙이 A회사를 대표하여 소송을 수행한다.
③ 丁이 A회사와 乙을 공동피고로 하여 결의취소의 소를 제기하면, A회사와 乙에 대한 소는 모두 부적법 각하된다.
④ 戊가 A회사를 피고로 하여 결의취소의 소를 제기하면, 甲이 A회사를 대표하여 소송을 수행한다.
⑤ 己가 A회사를 피고로 하여 제기한 결의취소의 소의 변론이 종결된 후에 己의 임기가 만료된다면, 그 소는 부적법 각하된다.

25. 다음 글과 〈상황〉을 근거로 판단할 때 옳은 것은?

제00조 ① 법원은 소송비용을 지출할 자금능력이 부족한 사람의 신청에 따라 또는 직권으로 소송구조(訴訟救助)를 할 수 있다. 다만 패소할 것이 분명한 경우에는 그러하지 아니하다.
② 제1항의 신청인은 구조의 사유를 소명하여야 한다.
제00조 소송구조의 범위는 다음 각 호와 같다. 다만 법원은 상당한 이유가 있는 때에는 다음 각 호 가운데 일부에 대한 소송구조를 할 수 있다.
1. 재판비용의 납입유예
2. 변호사 보수의 지급유예
3. 소송비용의 담보면제
제00조 ① 소송구조는 이를 받은 사람에게만 효력이 미친다.
② 법원은 소송승계인에게 미루어 둔 비용의 납입을 명할 수 있다.
제00조 소송구조를 받은 사람이 소송비용을 납입할 자금능력이 있다는 것이 판명되거나, 자금능력이 있게 된 때에는 법원은 직권으로 또는 이해관계인의 신청에 따라 언제든지 구조를 취소하고, 납입을 미루어 둔 소송비용을 지급하도록 명할 수 있다.

※ 소송구조: 소송수행상 필요한 비용을 감당할 수 없는 경제적 약자를 위하여 비용을 미리 납입하지 않고 소송을 할 수 있도록 하는 제도
※ 소송승계인: 소송 중 소송당사자의 지위를 승계한 사람

〈상황〉

甲은 乙이 운행하던 차량에 의해 교통사고를 당했다. 이에 甲은 乙을 상대로 불법행위로 인한 손해배상청구의 소를 제기하였다.

① 甲의 소송구조 신청에 따라 법원이 소송구조를 하는 경우, 甲의 재판비용 납입을 면제할 수 있다.
② 甲이 소송구조를 받아 소송을 진행하던 중 증여를 받아 자금능력이 있게 되었더라도 법원은 직권으로 소송구조를 취소할 수 없다.
③ 甲의 신청에 의해 법원이 소송구조를 한 경우, 甲뿐만 아니라 乙에게도 그 효력이 미쳐 乙은 법원으로부터 변호사 보수의 지급유예를 받을 수 있다.
④ 甲이 소송비용을 지출할 자금능력이 부족함을 소명하여 법원에 소송구조를 신청한 경우, 법원은 甲이 패소할 것이 분명하더라도 소송구조를 할 수 있다.
⑤ 甲이 소송구조를 받아 소송이 진행되던 중 丙이 甲의 소송승계인이 된 경우, 법원은 소송구조에 따라 납입유예한 재판비용을 丙에게 납입하도록 명할 수 있다.

26. 다음 글을 근거로 판단할 때 옳지 않은 것은?

개발도상국으로 흘러드는 외국자본은 크게 원조, 부채, 투자가 있다. 원조는 다른 나라로부터 지원받는 돈으로, 흔히 해외원조 혹은 공적개발원조라고 한다. 부채는 은행 융자와 정부 혹은 기업이 발행한 채권으로, 투자는 포트폴리오 투자와 외국인 직접투자로 이루어진다. 포트폴리오 투자는 경영에 대한 영향력보다는 경제적 수익을 추구하기 위한 투자이고, 외국인 직접투자는 회사 경영에 일상적으로 영향력을 행사하기 위한 투자이다.

개발도상국에 유입되는 이러한 외국자본은 여러 가지 문제점을 보이고 있다. 해외 원조는 개발도상국에 대한 경제적 효과가 있다고 여겨져 왔으나 최근 경제학자들 사이에서는 그러한 경제적 효과가 없다는 주장이 점차 힘을 얻고 있다.

부채는 변동성이 크다는 단점이 지적되고 있다. 특히 은행 융자는 변동성이 큰 것으로 유명하다. 예컨대 1998년 개발도상국에 대하여 이루어진 은행 융자 총액은 500억 달러였다. 하지만 1998년 러시아와 브라질, 2002년 아르헨티나에서 일어난 일련의 금융 위기가 개발도상국을 강타하여 1999~2002년의 4개년 동안에는 은행 융자 총액이 연평균 −65억 달러가 되었다가, 2005년에는 670억 달러가 되었다. 은행 융자만큼 변동성이 큰 것은 아니지만, 채권을 통한 자본 유입 역시 변동성이 크다. 외국인은 1997년에 380억 달러의 개발도상국 채권을 매수했다. 그러나 1998~2002년에는 연평균 230억 달러로 떨어졌고, 2003~2005년에는 연평균 440억 달러로 증가했다.

한편 포트폴리오 투자는 은행 융자만큼 변동성이 크지는 않지만 채권에 비하면 변동성이 크다. 개발도상국에 대한 포트폴리오 투자는 1997년의 310억 달러에서 1998~2002년에는 연평균 90억 달러로 떨어졌고, 2003~2005년에는 연평균 410억 달러에 달했다.

① 개발도상국에 대한 투자는 경제적 수익뿐만 아니라 회사 경영에 영향력을 행사하기 위해서도 이루어질 수 있다.
② 해외 원조는 개발도상국에 대한 경제적 효과가 없다고 주장하는 경제학자들이 있다.
③ 개발도상국에 유입되는 외국자본에는 해외 원조, 은행 융자, 채권, 포트폴리오 투자, 외국인 직접투자가 있다.
④ 개발도상국에 대한 2005년의 은행 융자 총액은 1998년의 수준을 회복하지 못하였다.
⑤ 1998~2002년과 2003~2005년의 연평균을 비교할 때, 개발도상국에 대한 포트폴리오 투자가 채권보다 증감액이 크다.

27. 다음 글을 근거로 판단할 때, 우수부서 수와 기념품 구입 개수를 옳게 짝지은 것은?

> A기관은 탁월한 업무 성과로 포상금 5,000만 원을 지급받았다. 〈포상금 사용기준〉은 다음과 같다.
>
> 〈포상금 사용기준〉
>
> ○ 포상금의 40% 이상은 반드시 각 부서에 현금으로 배분한다.
> - 전체 15개 부서를 우수부서와 보통부서 두 그룹으로 나누어 우수부서에 150만 원, 보통부서에 100만 원을 현금으로 배분한다.
> - 우수부서는 최소한으로 선정한다.
>
> ○ 포상금 중 2,900만 원은 직원 복지 시설을 확충하는 데 사용한다.
>
> ○ 직원 복지 시설을 확충하고 부서별로 현금을 배분한 후 남은 금액을 모두 사용하여 개당 1만 원의 기념품을 구입한다.

	우수부서 수	기념품 구입 개수
①	9개	100개
②	9개	150개
③	10개	100개
④	10개	150개
⑤	11개	50개

28. 다음 글을 근거로 판단할 때, 서연이가 구매할 가전제품과 구매할 상점을 옳게 연결한 것은?

> ○ 서연이는 가전제품 A~E를 1대씩 구매하기 위하여 상점 甲, 乙, 丙의 가전제품 판매가격을 알아보았다.
>
> 〈상점별 가전제품 판매가격〉
>
> (단위:만 원)

구분	A	B	C	D	E
甲	150	50	50	20	20
乙	130	45	60	20	10
丙	140	40	50	25	15

> ○ 서연이는 각각의 가전제품을 세 상점 중 어느 곳에서나 구매할 수 있으며, 아래의 〈혜택〉을 이용하여 총 구매액을 최소화하고자 한다.
>
> 〈혜택〉
> - 甲: 200만 원 이상 구매시 전품목 10% 할인
> - 乙: A를 구매한 고객에게는 C, D를 20% 할인
> - 丙: C, D를 모두 구매한 고객에게는 E를 5만 원에 판매

① A－甲
② B－乙
③ C－丙
④ D－甲
⑤ E－乙

29. 다음 글을 근거로 판단할 때, 甲과 乙이 콩을 나누기 위한 최소 측정 횟수는?

> 甲이 乙을 도와 총 1,760g의 콩을 수확한 후, 甲은 400g을 가지고 나머지는 乙이 모두 가지기로 하였다. 콩을 나눌 때 사용할 수 있는 도구는 2개의 평형접시가 달린 양팔저울 1개, 5g짜리 돌멩이 1개, 35g짜리 돌멩이 1개뿐이다. 甲과 乙은 양팔저울 1개와 돌멩이 2개만을 이용하여 콩의 무게를 측정한다. 양팔저울의 평형접시 2개가 평형을 이룰 때 1회의 측정이 이루어진 것으로 본다.

① 2
② 3
③ 4
④ 5
⑤ 6

30. 다음 글을 근거로 판단할 때, ○○공장에서 4월 1일과 4월 2일에 작업한 최소 시간의 합은?

> ○○공장은 작업반 A와 B로 구성되어 있고 제품 X와 제품 Y를 생산한다. 다음 표는 각 작업반이 1시간에 생산할 수 있는 각 제품의 수량을 나타낸다. 각 작업반은 X와 Y를 동시에 생산할 수 없고 작업 속도는 일정하다.
>
> 〈작업반별 시간당 생산량〉
>
> (단위: 개)
>
> | 구분 | X | Y |
> |---|---|---|
> | 작업반 A | 2 | 3 |
> | 작업반 B | 1 | 3 |
>
> ○○공장은 4월 1일 오전 9시에 X 24개와 Y 18개를 주문받았으며, 4월 2일에도 같은 시간에 동일한 주문을 받았다. 당일 주문받은 물량은 당일에 모두 생산하였다.
>
> 4월 1일에는 작업 여건상 두 작업반이 같은 시간대에 동일한 종류의 제품만을 생산해야 했지만, 4월 2일에는 그러한 제약이 없었다. 두 작업반은 매일 동시에 작업을 시작하며, 작업 시간은 작업 시작 시점부터 주문받은 물량 생산 완료 시점까지의 시간을 의미한다.

① 19시간
② 20시간
③ 21시간
④ 22시간
⑤ 23시간

31. 다음 글과 〈상황〉을 근거로 판단할 때, 〈보기〉에서 옳은 것만을 모두 고르면?

甲~戊로 구성된 A팀은 회식을 하고자 한다. 회식메뉴는 다음의 〈메뉴 선호 순위〉와 〈메뉴 결정 기준〉을 고려하여 정한다.

〈메뉴 선호 순위〉

팀원＼메뉴	탕수육	양고기	바닷가재	방어회	삼겹살
甲	3	2	1	4	5
乙	4	3	1	5	2
丙	3	1	5	4	2
丁	2	1	5	3	4
戊	3	5	1	4	2

〈메뉴 결정 기준〉

○ 기준1: 1순위가 가장 많은 메뉴로 정한다.
○ 기준2: 5순위가 가장 적은 메뉴로 정한다.
○ 기준3: 1순위에 5점, 2순위에 4점, 3순위에 3점, 4순위에 2점, 5순위에 1점을 부여하여 각각 합산한 뒤, 점수가 가장 높은 메뉴로 정한다.
○ 기준4: 기준3에 따른 합산 점수의 상위 2개 메뉴 중, 1순위가 더 많은 메뉴로 정한다.
○ 기준5: 5순위가 가장 많은 메뉴를 제외하고 남은 메뉴 중, 1순위가 가장 많은 메뉴로 정한다.

〈상황〉

○ 丁은 바닷가재가 메뉴로 정해지면 회식에 불참한다.
○ 丁이 회식에 불참하면 丙도 불참한다.
○ 戊는 양고기가 메뉴로 정해지면 회식에 불참한다.

〈보기〉

ㄱ. 기준1과 기준4 중 어느 것에 따르더라도 같은 메뉴가 정해진다.
ㄴ. 기준2에 따르면 탕수육으로 메뉴가 정해진다.
ㄷ. 기준3에 따르면 모든 팀원이 회식에 참석한다.
ㄹ. 기준5에 따르면 戊는 회식에 참석하지 않는다.

① ㄱ, ㄴ
② ㄴ, ㄷ
③ ㄷ, ㄹ
④ ㄱ, ㄴ, ㄹ
⑤ ㄱ, ㄷ, ㄹ

32. 다음 글을 근거로 판단할 때, 甲이 출연할 요일과 프로그램을 옳게 짝지은 것은?

甲은 ○○방송국으로부터 아래와 같이 프로그램 특별 출연을 요청받았다.

매체	프로그램	시간대	출연 가능 요일
TV	모여라 남극유치원	오전	월, 수, 금
	펭귄극장	오후	화, 목, 금
	남극의 법칙	오후	월, 수, 목
라디오	지금은 남극시대	오전	화, 수, 목
	펭귄파워	오전	월, 화, 금
	열시의 펭귄	오후	월, 수, 금
	굿모닝 남극대행진	오전	화, 수, 금

甲은 다음주 5일(월요일~금요일) 동안 매일 하나의 프로그램에 출연하며, 한 번 출연한 프로그램에는 다시 출연하지 않는다. 또한 동일 매체에 2일 연속 출연하지 않으며, 동일 시간대에도 2일 연속 출연하지 않는다.

	요일	프로그램
①	월요일	펭귄파워
②	화요일	굿모닝 남극대행진
③	수요일	열시의 펭귄
④	목요일	펭귄극장
⑤	금요일	모여라 남극유치원

33. 다음 글을 근거로 판단할 때, 甲~丁 4명이 모두 외출 준비를 끝내는 데 소요되는 최소 시간은?

甲~丁 4명은 화장실 1개, 세면대 1개, 샤워실 2개를 갖춘 숙소에 묵었다. 다음날 아침 이들은 화장실, 세면대, 샤워실을 이용한 후 외출을 하려고 한다.
○ 화장실, 세면대, 샤워실 이용을 마치면 외출 준비가 끝난다.
○ 화장실, 세면대, 샤워실 순서로 1번씩 이용한다.
○ 화장실, 세면대, 각 샤워실은 한 번에 한 명씩 이용한다.

〈개인별 이용시간〉

(단위: 분)

구분	화장실	세면대	샤워실
甲	5	3	20
乙	5	5	10
丙	10	5	5
丁	10	3	15

① 40분
② 42분
③ 45분
④ 48분
⑤ 50분

34. 다음 〈상황〉과 〈자기소개〉를 근거로 판단할 때 옳지 않은 것은?

〈상황〉

5명의 직장인(甲~戊)이 커플 매칭 프로그램에 참여했다.

○ 남성이 3명이고 여성이 2명이다.
○ 5명의 나이는 34세, 32세, 30세, 28세, 26세이다.
○ 5명의 직업은 의사, 간호사, TV드라마감독, 라디오작가, 요리사이다.
○ 의사와 간호사는 성별이 같다.
○ 라디오작가는 요리사와 매칭된다.
○ 남성과 여성의 평균 나이는 같다.
○ 한 사람당 한 명의 이성과 매칭이 가능하다.

〈자기소개〉

甲: 안녕하세요. 저는 32세이고 의료 관련 일을 합니다.
乙: 저는 방송업계에서 일하는 남성입니다.
丙: 저는 20대 남성입니다.
丁: 반갑습니다. 저는 방송업계에서 일하는 여성입니다.
戊: 제가 이 중 막내네요. 저는 요리사입니다.

① TV드라마감독은 乙보다 네 살이 많다.
② 의사와 간호사 나이의 평균은 30세이다.
③ 요리사와 라디오작가는 네 살 차이이다.
④ 甲의 나이는 방송업계에서 일하는 사람들 나이의 평균과 같다.
⑤ 丁은 의료계에서 일하는 두 사람 중 나이가 적은 사람보다 두 살 많다.

35. 다음 글을 근거로 판단할 때, 甲이 조립한 상자의 개수는?

> 甲, 乙, 丙은 상자를 조립하는 봉사활동을 하였다. 이들은 상자 조립을 동시에 시작하여 각각 일정한 속도로 조립하였다. 그리고 '1분당 조립한 상자 개수', '조립한 상자 개수', '조립한 시간'에 대하여 아래와 같이 말하였다. 단, 2명은 모두 진실만을 말하였고 나머지 1명은 거짓만을 말하였다.
>
> 甲: 나는 乙보다 1분당 3개 더 조립했는데, 乙과 조립한 상자 개수는 같아. 丙보다 10분 적게 일했어.
>
> 乙: 나는 甲보다 40분 오래 일했어. 丙보다 10개 적게 조립했고 1분당 2개 적게 조립했어.
>
> 丙: 나는 甲보다 1분당 1개 더 조립했어. 조립한 시간은 乙과 같은데 乙보다 10개 적게 조립했어.

① 210
② 240
③ 250
④ 270
⑤ 300

36. 다음 글과 〈상황〉을 근거로 판단할 때 옳지 않은 것은?

> 甲국은 국가혁신클러스터 지구를 선정하고자 한다. 산업단지를 대상으로 〈평가 기준〉에 따라 점수를 부여하고 이를 합산한다. 지방자치단체(이하 '지자체')의 육성 의지가 있는 곳 중 합산점수가 높은 4곳의 산업단지를 국가혁신클러스터 지구로 선정한다.

〈평가 기준〉

○ 산업단지 내 기업 집적 정도

산업단지 내 기업 수	30개 이상	10~29개	9개 이하
점수	40점	30점	20점

○ 산업단지의 산업클러스터 연관성

업종	연관 업종	유사 업종	기타
점수	40점	20점	0점

※ 연관 업종: 자동차, 철강, 운송, 화학, IT
  유사 업종: 소재, 전기전자

○ 신규투자기업 입주공간 확보 가능 여부

입주공간 확보	가능	불가
점수	20점	0점

○ 합산점수가 동일할 경우 우선순위는 다음과 같은 순서로 정한다.
  1) 산업클러스터 연관성 점수가 높은 산업단지
  2) 기업 집적 정도 점수가 높은 산업단지
  3) 신규투자기업의 입주공간 확보 가능 여부 점수가 높은 산업단지

〈상황〉

산업단지(A~G)에 관한 정보는 다음과 같다.

산업 단지	산업단지 내 기업 수	업종	입주공간 확보	지자체 육성 의지
A	58개	자동차	가능	있음
B	9개	자동차	가능	있음
C	14개	철강	가능	있음
D	10개	운송	가능	없음
E	44개	바이오	가능	있음
F	27개	화학	불가	있음
G	35개	전기전자	가능	있음

① B는 선정된다.
② A가 '소재'산업단지인 경우 F가 선정된다.
③ 3곳을 선정할 경우 G는 선정되지 않는다.
④ F는 산업단지 내에 기업이 3개 더 있다면 선정된다.
⑤ D가 소재한 지역의 지자체가 육성 의지가 있을 경우 D는 선정된다.

37. 다음 〈대화〉와 〈품질인증서번호 부여 규칙〉을 근거로 판단할 때, 乙이 발급받은 품질인증서번호는?

〈대화〉

甲: 안녕하세요? '품질인증서' 발급을 신청하러 오셨나요?
乙: 토목분야로 예전에 품질인증서를 발급받은 적이 있어요. 재발급받으려 합니다.
甲: 인증서 유효기간은 발급일로부터 2년까지입니다. 선생님께서 2017년 11월 20일에 발급받으셨네요. 오늘 접수하시면 유효기간 만료일로부터 30일이 지난 겁니다.
乙: 그렇군요. 저희가 2019년 11월에 본사와 공장을 전부 이전해서 주소가 바뀌었어요. 본사는 대전으로 이전했고, 공장은 중동에서 베트남으로 이전해 있어요. 이러한 내용으로 발급해 주세요.
甲: 접수되었습니다. 품질인증서는 접수일로부터 3주 후에 발급됩니다.

〈품질인증서번호 부여 규칙〉

품질인증서번호는 부여 규칙(가~라)에 따라 아래와 같이 ㉠~㉣란에 숫자 또는 코드가 기재된다.

㉠	㉡	㉢	㉣

가. ㉠란에 발급연도의 3, 4번째 숫자를 기재한다.
나. ㉡란에 아래의 신청유형별 코드를 기재한다.

신청유형	코드	신청유형	코드
신규신청	1A	재발급(기간만료 후)	4B
연장신청(기간만료 전)	2A	재발급(양도)	5C
규격확인 신청	3B	재발급(공장주소변경)	6C

※ 2개 이상의 신청유형에 해당되는 경우에는 해당 코드를 모두 기재하되, 각 코드에 포함된 숫자가 큰 코드를 먼저 기재한다.

다. ㉢란에 아래의 분야별 코드를 기재한다.

분야명	코드	분야명	코드
기계	AA	에너지	CC
전기·전자	AB	토목	CD
정보·통신	BB	의료기기	DD

라. ㉣란에 아래의 지역구분 코드를 기재한다. (단, 지역구분 코드는 발급연도를 기준으로 공장소재지에 따른다)

국내	코드	국외	코드
서울·인천·경기	DA	아시아	FA
대전·세종·충남·충북	DB	미주	FB
광주·전남·전북·제주	DC	유럽	FC
부산·울산·경남	DD	중동	FD
대구·경북	DE	아프리카	FE
강원	DF	기타지역	FF

① 196C4BCDFA
② 194B6CCCDB
③ 196C4BCDFD
④ 204B6CCDDB
⑤ 206C4BCDFA

38. 다음 글과 〈상황〉을 근거로 판단할 때, 〈보기〉에서 옳은 것만을 모두 고르면?

여러 가지 성분으로 구성된 물질을 조성물이라고 한다. 조성물을 구성하는 각 성분의 양은 일정한 범위 내에 있고, 이는 각 성분의 '중량%' 범위로 표현할 수 있다. 중량% 범위의 최솟값을 최소성분량, 최댓값을 최대성분량이라고 한다.

다음 중 어느 하나에라도 해당되는 조성물을 '불명확'하다고 한다.

○ 모든 성분의 최소성분량의 합이 100중량%를 초과하는 경우
○ 모든 성분의 최대성분량의 합이 100중량%에 미달하는 경우
○ 어느 한 성분의 최소성분량과 나머지 모든 성분의 최대성분량의 합이 100중량%에 미달하는 경우
○ 어느 한 성분의 최대성분량과 나머지 모든 성분의 최소성분량의 합이 100중량%를 초과하는 경우

〈상황〉

조성물 甲은 성분 A, B, C, D, E만으로 구성되어 있고, 각각의 최소성분량과 최대성분량은 다음과 같다.

(단위: 중량%)

성분	최소성분량	최대성분량
A	5	10
B	25	30
C	10	20
D	20	40
E	x	y

〈보기〉

ㄱ. x가 4이고 y가 10인 경우, 조성물 甲은 불명확하다.
ㄴ. x가 10이고 y가 20인 경우, 조성물 甲은 불명확하다.
ㄷ. x가 25이고 y가 26인 경우, 조성물 甲은 불명확하다.
ㄹ. x가 20이고 y가 x보다 크고 40보다 작은 경우, 조성물 甲은 불명확하지 않다.

① ㄱ, ㄴ
② ㄱ, ㄷ
③ ㄴ, ㄹ
④ ㄱ, ㄷ, ㄹ
⑤ ㄴ, ㄷ, ㄹ

[39~40] 다음 글을 읽고 물음에 답하시오.

> ‘알파고’는 기존 인공지능의 수읽기 능력뿐만 아니라 정책망과 가치망이라는 두 가지 인공신경망을 통해 인간 고수 못지않은 감각적 예측 능력(정책망)과 형세판단 능력(가치망)을 구현한 바둑 인공지능이다. 인간의 지능활동은 물리적인 차원에서 보면 뇌 안의 시냅스로 연결된 뉴런들이 주고받는 전기신호의 상호작용으로 인해 나타난다. 인공신경망은 인간의 뇌가 작동하는 방식에서 착안하여 만든 것이다.
>
> ‘학습’을 거치지 않은 인공신경망은 무작위로 설정한 다수의 가중치를 갖고 있다. 이를 갖고 입력값을 처리했을 때 옳지 않은 출력값이 나온 경우, 올바른 결과를 도출하기 위해 가중치를 조절하는 것이 인공신경망의 학습과정이다. 따라서 오답에 따른 학습을 반복할수록 인공신경망의 정확도는 향상된다.
>
> 알파고의 첫 번째 인공신경망인 ‘정책망’은 “인간 고수라면 다음 수를 어디에 둘까?”를 예측한다. 입력(현 바둑판의 상황)과 출력(그 상황에서의 인간 고수의 착점) 사이의 관계를 간단한 함수로 표현할 수는 없다. 하지만 알파고는 일련의 사고가 단계별로 진행되므로 인공신경망의 입력과 출력 사이에 13개의 중간층을 둔 심층신경망을 통해 다음 수를 결정한다. 이 복잡한 인공신경망은 인간의 뇌에서 뉴런들이 주고받는 전기신호의 세기에 해당하는 가중치를 최적화해 나아간다. 이를 위해 인터넷 바둑 사이트의 6~9단 사용자의 기보 16만 건에서 추출된 약 3,000만 건의 착점을 학습했다. 3,000만 개의 예제를 학습하여 입력값을 넣었을 때 원하는 출력값이 나오게끔 하는 가중치를 각종 최적화 기법으로 찾는 방식이다.
>
> 이러한 ‘지도학습’이 끝나면 ‘강화학습’이 시작된다. 지도학습으로 찾아낸 각 가중치를 조금씩 바꿔보는 것이다. 예를 들어 지도학습 결과 어떤 가중치가 0.3이었다면, 나머지 모든 조건은 동일한 상태에서 그 가중치만 0.4로 바꾼 인공신경망과 가중치가 0.3인 기존의 인공신경망을 여러 번 대국시켰을 때, 주로 이긴 인공신경망의 가중치를 선택하게 된다. 모든 가중치에 대해 이와 같은 과정을 반복하여 최적의 가중치를 찾게 되는 것이다.
>
> 알파고의 두 번째 인공신경망인 ‘가치망’은 바둑의 대국이 끝날 때까지 시뮬레이션을 해보고 결과를 판단하는 대신에, 현재 장면으로부터 앞으로 몇 수만 진행시켜보고 그 상황에서 형세를 판단하는 것이다. 현대 바둑 이론으로도 형세의 유불리를 판단하는 기준이 몇 집인지 정량적으로 환산하기는 어렵다. 마찬가지로 정확한 평가 함수를 프로그래머가 알아야 할 필요가 없다. 평가 함수의 초깃값을 임의로 설정해놓고 정책망의 강화학습 때와 같이 두 가지 버전의 인공신경망을 대국시킨다. 만약 변경된 버전이 주로 이겼다면 그 다음 실험에서는 변경된 버전을 채택하는 과정을 무수히 반복한다. 이런 식으로 아주 정확한 평가 함수를 찾아갈 수 있는 것이다.

39. 윗글을 근거로 판단할 때 옳은 것은?

① 오답을 통한 학습과정을 더 많이 거칠수록 인공신경망의 정확도는 떨어진다.
② 알파고는 가중치를 최적화하는 과정에서 기보 한 건당 1,000건 이상의 착점을 학습했다.
③ 알파고는 빠른 데이터 처리 능력 덕분에 인터넷 기보를 이용한 지도학습만으로도 정확한 형세판단 능력의 평가 함수를 찾을 수 있었다.
④ 알파고가 바둑의 형세를 판단하도록 하기 위해서 프로그래머는 정확한 평가 함수를 알아야 한다.
⑤ 최초에는 동일한 인공신경망이라고 해도 강화학습의 유무에 따라 인공신경망의 가중치는 달라질 수 있다.

40. 윗글과 다음 <상황>을 근거로 판단할 때, 최종적으로 선택할 알파고의 가중치 A와 B를 옳게 짝지은 것은?

<상황>

> ○ 다른 모든 조건이 동일한 상태에서 가중치 A, B만을 변경한다.
> ○ 가중치 A가 0.4이고 가중치 B가 0.3인 인공신경망이 가중치 A가 0.3이고 가중치 B가 0.3인 인공신경망을 주로 이겼다.
> ○ 가중치 A가 0.5이고 가중치 B가 0.3인 인공신경망이 가중치 A가 0.3이고 가중치 B가 0.3인 인공신경망을 주로 이겼다.
> ○ 가중치 A가 0.4이고 가중치 B가 0.4인 인공신경망은 가중치 A가 0.4이고 가중치 B가 0.3인 인공신경망에게 주로 졌다.
> ○ 가중치 A가 0.5이고 가중치 B가 0.3인 인공신경망은 가중치 A가 0.4이고 가중치 B가 0.3인 인공신경망에게 주로 졌다.
> ○ 가중치 A가 0.4이고 가중치 B가 0.3인 인공신경망이 가중치 A가 0.4이고 가중치 B가 0.2인 인공신경망을 주로 이겼다.

	가중치 A	가중치 B
①	0.3	0.3
②	0.4	0.2
③	0.4	0.3
④	0.4	0.4
⑤	0.5	0.3

약점 보완 해설집 p.70

해커스PSAT 5·7급+민경채 PSAT 김우진 상황판단 기출문제집

SPEED CHECK 답안지

답안지 활용 방법

1. 문제 풀이 시 답안 체크를 함께 하면서 실전 감각을 높이시기 바랍니다.
2. 채점 시 O, △, X로 구분하여 채점하시기 바랍니다. (O: 정확하게 맞음, △: 찍었는데 맞음, X: 틀림)

진행 날짜:

2024년 7급 기출문제

1	① ② ③ ④ ⑤	6	① ② ③ ④ ⑤	11	① ② ③ ④ ⑤	16	① ② ③ ④ ⑤	21	① ② ③ ④ ⑤
2	① ② ③ ④ ⑤	7	① ② ③ ④ ⑤	12	① ② ③ ④ ⑤	17	① ② ③ ④ ⑤	22	① ② ③ ④ ⑤
3	① ② ③ ④ ⑤	8	① ② ③ ④ ⑤	13	① ② ③ ④ ⑤	18	① ② ③ ④ ⑤	23	① ② ③ ④ ⑤
4	① ② ③ ④ ⑤	9	① ② ③ ④ ⑤	14	① ② ③ ④ ⑤	19	① ② ③ ④ ⑤	24	① ② ③ ④ ⑤
5	① ② ③ ④ ⑤	10	① ② ③ ④ ⑤	15	① ② ③ ④ ⑤	20	① ② ③ ④ ⑤	25	① ② ③ ④ ⑤

맞힌 개수 / 전체 개수 : _____ / 25　　O: _____개, △: _____개, X: _____개

2023년 7급 기출문제

1	① ② ③ ④ ⑤	6	① ② ③ ④ ⑤	11	① ② ③ ④ ⑤	16	① ② ③ ④ ⑤	21	① ② ③ ④ ⑤
2	① ② ③ ④ ⑤	7	① ② ③ ④ ⑤	12	① ② ③ ④ ⑤	17	① ② ③ ④ ⑤	22	① ② ③ ④ ⑤
3	① ② ③ ④ ⑤	8	① ② ③ ④ ⑤	13	① ② ③ ④ ⑤	18	① ② ③ ④ ⑤	23	① ② ③ ④ ⑤
4	① ② ③ ④ ⑤	9	① ② ③ ④ ⑤	14	① ② ③ ④ ⑤	19	① ② ③ ④ ⑤	24	① ② ③ ④ ⑤
5	① ② ③ ④ ⑤	10	① ② ③ ④ ⑤	15	① ② ③ ④ ⑤	20	① ② ③ ④ ⑤	25	① ② ③ ④ ⑤

맞힌 개수 / 전체 개수 : _____ / 25　　O: _____개, △: _____개, X: _____개

2022년 7급 기출문제

1	① ② ③ ④ ⑤	6	① ② ③ ④ ⑤	11	① ② ③ ④ ⑤	16	① ② ③ ④ ⑤	21	① ② ③ ④ ⑤
2	① ② ③ ④ ⑤	7	① ② ③ ④ ⑤	12	① ② ③ ④ ⑤	17	① ② ③ ④ ⑤	22	① ② ③ ④ ⑤
3	① ② ③ ④ ⑤	8	① ② ③ ④ ⑤	13	① ② ③ ④ ⑤	18	① ② ③ ④ ⑤	23	① ② ③ ④ ⑤
4	① ② ③ ④ ⑤	9	① ② ③ ④ ⑤	14	① ② ③ ④ ⑤	19	① ② ③ ④ ⑤	24	① ② ③ ④ ⑤
5	① ② ③ ④ ⑤	10	① ② ③ ④ ⑤	15	① ② ③ ④ ⑤	20	① ② ③ ④ ⑤	25	① ② ③ ④ ⑤

맞힌 개수 / 전체 개수 : _____ / 25　　O: _____개, △: _____개, X: _____개

2021년 7급 기출문제

1	① ② ③ ④ ⑤	6	① ② ③ ④ ⑤	11	① ② ③ ④ ⑤	16	① ② ③ ④ ⑤	21	① ② ③ ④ ⑤
2	① ② ③ ④ ⑤	7	① ② ③ ④ ⑤	12	① ② ③ ④ ⑤	17	① ② ③ ④ ⑤	22	① ② ③ ④ ⑤
3	① ② ③ ④ ⑤	8	① ② ③ ④ ⑤	13	① ② ③ ④ ⑤	18	① ② ③ ④ ⑤	23	① ② ③ ④ ⑤
4	① ② ③ ④ ⑤	9	① ② ③ ④ ⑤	14	① ② ③ ④ ⑤	19	① ② ③ ④ ⑤	24	① ② ③ ④ ⑤
5	① ② ③ ④ ⑤	10	① ② ③ ④ ⑤	15	① ② ③ ④ ⑤	20	① ② ③ ④ ⑤	25	① ② ③ ④ ⑤

맞힌 개수 / 전체 개수 : _____ / 25　　O: _____개, △: _____개, X: _____개

2020년 7급 모의평가

1	① ② ③ ④ ⑤	6	① ② ③ ④ ⑤	11	① ② ③ ④ ⑤	16	① ② ③ ④ ⑤	21	① ② ③ ④ ⑤
2	① ② ③ ④ ⑤	7	① ② ③ ④ ⑤	12	① ② ③ ④ ⑤	17	① ② ③ ④ ⑤	22	① ② ③ ④ ⑤
3	① ② ③ ④ ⑤	8	① ② ③ ④ ⑤	13	① ② ③ ④ ⑤	18	① ② ③ ④ ⑤	23	① ② ③ ④ ⑤
4	① ② ③ ④ ⑤	9	① ② ③ ④ ⑤	14	① ② ③ ④ ⑤	19	① ② ③ ④ ⑤	24	① ② ③ ④ ⑤
5	① ② ③ ④ ⑤	10	① ② ③ ④ ⑤	15	① ② ③ ④ ⑤	20	① ② ③ ④ ⑤	25	① ② ③ ④ ⑤

맞힌 개수 / 전체 개수 : _____ / 25　　O: _____개, △: _____개, X: _____개

자르는 선

해커스PSAT 5·7급+민경채 PSAT 김우진 상황판단 기출문제집

SPEED CHECK 답안지

답안지 활용 방법

1. 문제 풀이 시 답안 체크를 함께 하면서 실전 감각을 높이시기 바랍니다.
2. 채점 시 O, △, X로 구분하여 채점하시기 바랍니다. (O: 정확하게 맞음, △: 찍었는데 맞음, X: 틀림)

진행 날짜:

2020년 민경채 기출문제

1	① ② ③ ④ ⑤	6	① ② ③ ④ ⑤	11	① ② ③ ④ ⑤	16	① ② ③ ④ ⑤	21	① ② ③ ④ ⑤
2	① ② ③ ④ ⑤	7	① ② ③ ④ ⑤	12	① ② ③ ④ ⑤	17	① ② ③ ④ ⑤	22	① ② ③ ④ ⑤
3	① ② ③ ④ ⑤	8	① ② ③ ④ ⑤	13	① ② ③ ④ ⑤	18	① ② ③ ④ ⑤	23	① ② ③ ④ ⑤
4	① ② ③ ④ ⑤	9	① ② ③ ④ ⑤	14	① ② ③ ④ ⑤	19	① ② ③ ④ ⑤	24	① ② ③ ④ ⑤
5	① ② ③ ④ ⑤	10	① ② ③ ④ ⑤	15	① ② ③ ④ ⑤	20	① ② ③ ④ ⑤	25	① ② ③ ④ ⑤

맞힌 개수 / 전체 개수 : _____ / 25　　O: _____개,　△: _____개,　X: _____개

2019년 민경채 기출문제

1	① ② ③ ④ ⑤	6	① ② ③ ④ ⑤	11	① ② ③ ④ ⑤	16	① ② ③ ④ ⑤	21	① ② ③ ④ ⑤
2	① ② ③ ④ ⑤	7	① ② ③ ④ ⑤	12	① ② ③ ④ ⑤	17	① ② ③ ④ ⑤	22	① ② ③ ④ ⑤
3	① ② ③ ④ ⑤	8	① ② ③ ④ ⑤	13	① ② ③ ④ ⑤	18	① ② ③ ④ ⑤	23	① ② ③ ④ ⑤
4	① ② ③ ④ ⑤	9	① ② ③ ④ ⑤	14	① ② ③ ④ ⑤	19	① ② ③ ④ ⑤	24	① ② ③ ④ ⑤
5	① ② ③ ④ ⑤	10	① ② ③ ④ ⑤	15	① ② ③ ④ ⑤	20	① ② ③ ④ ⑤	25	① ② ③ ④ ⑤

맞힌 개수 / 전체 개수 : _____ / 25　　O: _____개,　△: _____개,　X: _____개

2018년 민경채 기출문제

1	① ② ③ ④ ⑤	6	① ② ③ ④ ⑤	11	① ② ③ ④ ⑤	16	① ② ③ ④ ⑤	21	① ② ③ ④ ⑤
2	① ② ③ ④ ⑤	7	① ② ③ ④ ⑤	12	① ② ③ ④ ⑤	17	① ② ③ ④ ⑤	22	① ② ③ ④ ⑤
3	① ② ③ ④ ⑤	8	① ② ③ ④ ⑤	13	① ② ③ ④ ⑤	18	① ② ③ ④ ⑤	23	① ② ③ ④ ⑤
4	① ② ③ ④ ⑤	9	① ② ③ ④ ⑤	14	① ② ③ ④ ⑤	19	① ② ③ ④ ⑤	24	① ② ③ ④ ⑤
5	① ② ③ ④ ⑤	10	① ② ③ ④ ⑤	15	① ② ③ ④ ⑤	20	① ② ③ ④ ⑤	25	① ② ③ ④ ⑤

맞힌 개수 / 전체 개수 : _____ / 25　　O: _____개,　△: _____개,　X: _____개

2017년 민경채 기출문제

1	① ② ③ ④ ⑤	6	① ② ③ ④ ⑤	11	① ② ③ ④ ⑤	16	① ② ③ ④ ⑤	21	① ② ③ ④ ⑤
2	① ② ③ ④ ⑤	7	① ② ③ ④ ⑤	12	① ② ③ ④ ⑤	17	① ② ③ ④ ⑤	22	① ② ③ ④ ⑤
3	① ② ③ ④ ⑤	8	① ② ③ ④ ⑤	13	① ② ③ ④ ⑤	18	① ② ③ ④ ⑤	23	① ② ③ ④ ⑤
4	① ② ③ ④ ⑤	9	① ② ③ ④ ⑤	14	① ② ③ ④ ⑤	19	① ② ③ ④ ⑤	24	① ② ③ ④ ⑤
5	① ② ③ ④ ⑤	10	① ② ③ ④ ⑤	15	① ② ③ ④ ⑤	20	① ② ③ ④ ⑤	25	① ② ③ ④ ⑤

맞힌 개수 / 전체 개수 : _____ / 25　　O: _____개,　△: _____개,　X: _____개

2016년 민경채 기출문제

1	① ② ③ ④ ⑤	6	① ② ③ ④ ⑤	11	① ② ③ ④ ⑤	16	① ② ③ ④ ⑤	21	① ② ③ ④ ⑤
2	① ② ③ ④ ⑤	7	① ② ③ ④ ⑤	12	① ② ③ ④ ⑤	17	① ② ③ ④ ⑤	22	① ② ③ ④ ⑤
3	① ② ③ ④ ⑤	8	① ② ③ ④ ⑤	13	① ② ③ ④ ⑤	18	① ② ③ ④ ⑤	23	① ② ③ ④ ⑤
4	① ② ③ ④ ⑤	9	① ② ③ ④ ⑤	14	① ② ③ ④ ⑤	19	① ② ③ ④ ⑤	24	① ② ③ ④ ⑤
5	① ② ③ ④ ⑤	10	① ② ③ ④ ⑤	15	① ② ③ ④ ⑤	20	① ② ③ ④ ⑤	25	① ② ③ ④ ⑤

맞힌 개수 / 전체 개수 : _____ / 25　　O: _____개,　△: _____개,　X: _____개

자르는 선

해커스PSAT 5·7급+민경채 PSAT 김우진 상황판단 기출문제집

SPEED CHECK 답안지

답안지 활용 방법

1. 문제 풀이 시 답안 체크를 함께 하면서 실전 감각을 높이시기 바랍니다.
2. 채점 시 O, △, X로 구분하여 채점하시기 바랍니다. (O: 정확하게 맞음, △: 찍었는데 맞음, X: 틀림)

진행 날짜:

2024년 5급 기출문제

1	① ② ③ ④ ⑤	11	① ② ③ ④ ⑤	21	① ② ③ ④ ⑤	31	① ② ③ ④ ⑤
2	① ② ③ ④ ⑤	12	① ② ③ ④ ⑤	22	① ② ③ ④ ⑤	32	① ② ③ ④ ⑤
3	① ② ③ ④ ⑤	13	① ② ③ ④ ⑤	23	① ② ③ ④ ⑤	33	① ② ③ ④ ⑤
4	① ② ③ ④ ⑤	14	① ② ③ ④ ⑤	24	① ② ③ ④ ⑤	34	① ② ③ ④ ⑤
5	① ② ③ ④ ⑤	15	① ② ③ ④ ⑤	25	① ② ③ ④ ⑤	35	① ② ③ ④ ⑤
6	① ② ③ ④ ⑤	16	① ② ③ ④ ⑤	26	① ② ③ ④ ⑤	36	① ② ③ ④ ⑤
7	① ② ③ ④ ⑤	17	① ② ③ ④ ⑤	27	① ② ③ ④ ⑤	37	① ② ③ ④ ⑤
8	① ② ③ ④ ⑤	18	① ② ③ ④ ⑤	28	① ② ③ ④ ⑤	38	① ② ③ ④ ⑤
9	① ② ③ ④ ⑤	19	① ② ③ ④ ⑤	29	① ② ③ ④ ⑤	39	① ② ③ ④ ⑤
10	① ② ③ ④ ⑤	20	① ② ③ ④ ⑤	30	① ② ③ ④ ⑤	40	① ② ③ ④ ⑤

맞힌 개수 / 전체 개수 : _____ / 40 O: _____개, △: _____개, X: _____개

2023년 5급 기출문제

1	① ② ③ ④ ⑤	11	① ② ③ ④ ⑤	21	① ② ③ ④ ⑤	31	① ② ③ ④ ⑤
2	① ② ③ ④ ⑤	12	① ② ③ ④ ⑤	22	① ② ③ ④ ⑤	32	① ② ③ ④ ⑤
3	① ② ③ ④ ⑤	13	① ② ③ ④ ⑤	23	① ② ③ ④ ⑤	33	① ② ③ ④ ⑤
4	① ② ③ ④ ⑤	14	① ② ③ ④ ⑤	24	① ② ③ ④ ⑤	34	① ② ③ ④ ⑤
5	① ② ③ ④ ⑤	15	① ② ③ ④ ⑤	25	① ② ③ ④ ⑤	35	① ② ③ ④ ⑤
6	① ② ③ ④ ⑤	16	① ② ③ ④ ⑤	26	① ② ③ ④ ⑤	36	① ② ③ ④ ⑤
7	① ② ③ ④ ⑤	17	① ② ③ ④ ⑤	27	① ② ③ ④ ⑤	37	① ② ③ ④ ⑤
8	① ② ③ ④ ⑤	18	① ② ③ ④ ⑤	28	① ② ③ ④ ⑤	38	① ② ③ ④ ⑤
9	① ② ③ ④ ⑤	19	① ② ③ ④ ⑤	29	① ② ③ ④ ⑤	39	① ② ③ ④ ⑤
10	① ② ③ ④ ⑤	20	① ② ③ ④ ⑤	30	① ② ③ ④ ⑤	40	① ② ③ ④ ⑤

맞힌 개수 / 전체 개수 : _____ / 40 O: _____개, △: _____개, X: _____개

2022년 5급 기출문제

1	① ② ③ ④ ⑤	11	① ② ③ ④ ⑤	21	① ② ③ ④ ⑤	31	① ② ③ ④ ⑤
2	① ② ③ ④ ⑤	12	① ② ③ ④ ⑤	22	① ② ③ ④ ⑤	32	① ② ③ ④ ⑤
3	① ② ③ ④ ⑤	13	① ② ③ ④ ⑤	23	① ② ③ ④ ⑤	33	① ② ③ ④ ⑤
4	① ② ③ ④ ⑤	14	① ② ③ ④ ⑤	24	① ② ③ ④ ⑤	34	① ② ③ ④ ⑤
5	① ② ③ ④ ⑤	15	① ② ③ ④ ⑤	25	① ② ③ ④ ⑤	35	① ② ③ ④ ⑤
6	① ② ③ ④ ⑤	16	① ② ③ ④ ⑤	26	① ② ③ ④ ⑤	36	① ② ③ ④ ⑤
7	① ② ③ ④ ⑤	17	① ② ③ ④ ⑤	27	① ② ③ ④ ⑤	37	① ② ③ ④ ⑤
8	① ② ③ ④ ⑤	18	① ② ③ ④ ⑤	28	① ② ③ ④ ⑤	38	① ② ③ ④ ⑤
9	① ② ③ ④ ⑤	19	① ② ③ ④ ⑤	29	① ② ③ ④ ⑤	39	① ② ③ ④ ⑤
10	① ② ③ ④ ⑤	20	① ② ③ ④ ⑤	30	① ② ③ ④ ⑤	40	① ② ③ ④ ⑤

맞힌 개수 / 전체 개수 : _____ / 40 O: _____개, △: _____개, X: _____개

자르는 선

해커스PSAT 5·7급+민경채 PSAT 김우진 상황판단 기출문제집

SPEED CHECK 답안지

답안지 활용 방법

1. 문제 풀이 시 답안 체크를 함께 하면서 실전 감각을 높이시기 바랍니다.
2. 채점 시 O, △, X로 구분하여 채점하시기 바랍니다. (O: 정확하게 맞음, △: 찍었는데 맞음, X: 틀림)

진행 날짜:

2021년 5급 기출문제

1	① ② ③ ④ ⑤	11	① ② ③ ④ ⑤	21	① ② ③ ④ ⑤	31	① ② ③ ④ ⑤
2	① ② ③ ④ ⑤	12	① ② ③ ④ ⑤	22	① ② ③ ④ ⑤	32	① ② ③ ④ ⑤
3	① ② ③ ④ ⑤	13	① ② ③ ④ ⑤	23	① ② ③ ④ ⑤	33	① ② ③ ④ ⑤
4	① ② ③ ④ ⑤	14	① ② ③ ④ ⑤	24	① ② ③ ④ ⑤	34	① ② ③ ④ ⑤
5	① ② ③ ④ ⑤	15	① ② ③ ④ ⑤	25	① ② ③ ④ ⑤	35	① ② ③ ④ ⑤
6	① ② ③ ④ ⑤	16	① ② ③ ④ ⑤	26	① ② ③ ④ ⑤	36	① ② ③ ④ ⑤
7	① ② ③ ④ ⑤	17	① ② ③ ④ ⑤	27	① ② ③ ④ ⑤	37	① ② ③ ④ ⑤
8	① ② ③ ④ ⑤	18	① ② ③ ④ ⑤	28	① ② ③ ④ ⑤	38	① ② ③ ④ ⑤
9	① ② ③ ④ ⑤	19	① ② ③ ④ ⑤	29	① ② ③ ④ ⑤	39	① ② ③ ④ ⑤
10	① ② ③ ④ ⑤	20	① ② ③ ④ ⑤	30	① ② ③ ④ ⑤	40	① ② ③ ④ ⑤

맞힌 개수 / 전체 개수 : _____ / 40 O: _____개, △: _____개, X: _____개

2020년 5급 기출문제

1	① ② ③ ④ ⑤	11	① ② ③ ④ ⑤	21	① ② ③ ④ ⑤	31	① ② ③ ④ ⑤
2	① ② ③ ④ ⑤	12	① ② ③ ④ ⑤	22	① ② ③ ④ ⑤	32	① ② ③ ④ ⑤
3	① ② ③ ④ ⑤	13	① ② ③ ④ ⑤	23	① ② ③ ④ ⑤	33	① ② ③ ④ ⑤
4	① ② ③ ④ ⑤	14	① ② ③ ④ ⑤	24	① ② ③ ④ ⑤	34	① ② ③ ④ ⑤
5	① ② ③ ④ ⑤	15	① ② ③ ④ ⑤	25	① ② ③ ④ ⑤	35	① ② ③ ④ ⑤
6	① ② ③ ④ ⑤	16	① ② ③ ④ ⑤	26	① ② ③ ④ ⑤	36	① ② ③ ④ ⑤
7	① ② ③ ④ ⑤	17	① ② ③ ④ ⑤	27	① ② ③ ④ ⑤	37	① ② ③ ④ ⑤
8	① ② ③ ④ ⑤	18	① ② ③ ④ ⑤	28	① ② ③ ④ ⑤	38	① ② ③ ④ ⑤
9	① ② ③ ④ ⑤	19	① ② ③ ④ ⑤	29	① ② ③ ④ ⑤	39	① ② ③ ④ ⑤
10	① ② ③ ④ ⑤	20	① ② ③ ④ ⑤	30	① ② ③ ④ ⑤	40	① ② ③ ④ ⑤

맞힌 개수 / 전체 개수 : _____ / 40 O: _____개, △: _____개, X: _____개

자르는 선

2025 최신판

해커스PSAT
5·7급+민경채 PSAT
김우진 상황판단 기출문제집

초판 1쇄 발행 2025년 2월 27일

지은이	김우진
펴낸곳	해커스패스
펴낸이	해커스PSAT 출판팀
주소	서울특별시 강남구 강남대로 428 해커스PSAT
고객센터	1588-4055
교재 관련 문의	gosi@hackerspass.com
	해커스PSAT 사이트(psat.Hackers.com) 1:1 문의 게시판
학원 강의 및 동영상강의	psat.Hackers.com
ISBN	979-11-7244-822-6 (13320)
Serial Number	01-01-01

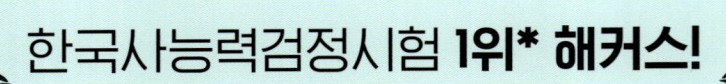

약점 보완 해설집

해커스PSAT

5·7급+민경채 PSAT

김우진 상황판단

기출문제집

약점 보완 해설집

해커스

모바일 자동 채점 및
성적 분석 서비스

7급 2024년 기출문제 정답 및 해설

정답

p.18

01	02	03	04	05	06	07	08	09	10
⑤	⑤	②	④	①	②	④	④	②	③
11	**12**	**13**	**14**	**15**	**16**	**17**	**18**	**19**	**20**
①	④	③	③	⑤	⑤	②	①	③	④
21	**22**	**23**	**24**	**25**					
③	④	②	⑤	①					

해설

01 ⑤

난이도 하

유형 법학추론

해설 ① (X) 제5항. 실태조사는 현장조사, 서면조사, 통계조사 및 문헌조사 등의 방법으로 실시하되, 필요한 경우 전자적 방식으로 실시할 수 있다.

② (X) 제3조. 지방자치단체는 조세감면을 할 수 있다.

③ (X) 제4항 제3호. A부장관은 실태조사를 할 때에 인력 현황 및 인력 수요 전망을 포함해야 한다.

④ (X) 제3항. A부장관은 관계 중앙행정기관의 장이 요구하는 경우 실태조사 결과를 통보하여야 한다.

⑤ (O) 제2조 제2항. 관계 중앙행정기관의 장은 사업 수행에 드는 비용을 지원할 수 있다.

02 ⑤

난이도 하

유형 법학추론

해설 ① (X) 제1조 제3호. 방제는 예방 활동도 포함된다.

② (X) 제2조. 예찰에 필요한 조치를 취할 주체는 산림소유자이다.

③ (X) 제2조 제5항. 인건비도 지원 대상에 해당한다.

④ (X) 제2조 제4항. 공고 의무는 이동 제한이나 사용 금지를 명한 경우이다.

⑤ (O) 제2조 제3항. 특별한 사유가 없으면 명령에 따라야 하기에, 특별한 사유가 있으면 따르지 않을 수 있다.

03 ②

난이도 하

유형 법학추론

해설 ① (X) 제1조 제4항, 제3조 제3항. 감사와 위원 모두 3년으로 임기가 같다.

② (O) 제1조 제2항, 제3조 제2항. 위원장과 감사는 상임이다.

③ (X) 제1조 제3항. 위원장은 위원 중에서 호선한다.

④ (X) 제1조 제2항. 위원회는 위원장 포함 위원 9명 이내로 구성하며 감사를 포함하지는 않는다.

⑤ (X) 제2조 제2항. 위원회는 A부장관의 인가를 받아 성립한다.

04 ④

난이도 하

유형 법학추론

해설 1) 종전 대법원 판례에 따르면, 직계비속으로서 장남이 사망한 경우 장손자이므로 D가 된다.

2) 최근 대법원 판례에 따르면, 직계비속 가운데 최근친 중 연장자이므로 A가 된다.

05 ①

난이도 하

유형 상황이해 및 추론

해설 ① (O) [1문단] 자기조절을 하기 위해서는 나의 미래 상태를 현재 나의 상태와 구별해 낼 수 있어야 한다.

② (X) [3문단] 내측전전두피질과 배외측전전두피질 간의 기능적 연결성이 강할수록 집중력이 높아지므로 그것이 약할수록 집중력은 낮아질 것이다.

③ (X) [3문단] 목표달성을 위해서는 자기 자신에 집중할 수 있는 능력과 대상에 집중할 수 있는 능력이 필요하다.

④ (X) [3문단] 자기 자신에 집중하기 위해서는 자기참조과정이 필요하다.

⑤ (X) [1문단] 자기조절력의 하위 요소로 자기절제가 있다.

06 ②

난이도 하

유형 문제해결

해설 1) 일의 자리 합: 18

2) 십의 자리 합: 1(올림) + 10 + □ = 19, □ = 8

3) 백의 자리 합: 1(올림) + 14 + □ + □ = 19, □ + □ = 4

4) 천의 자리 합: 1(올림) + 18 = 19

5) 만의 자리 합: 1(올림) + 16 + □ + □ = 19, □ + □ = 2

따라서 보이지 않는 숫자의 합은 8 + 4 + 2 = 14가 된다.

07 ④

난이도 하

유형 문제해결

해설 ㄱ. (X) 2개 상자에만 나누어 담을 수 있으므로 옳지 않다.

[1]	[2]	[3]
빨강 2개(60) 노랑 1개(40)	빨강 1개(30) 파랑 1개(50)	노랑 1개(40) 파랑 1개(50)

ㄴ. (O) 합이 모두 다르게 된다.

[1]	[2]	[3]
빨강 2개(60) 노랑 1개(40)	빨강 1개(30) 파랑 1개(50)	노랑 1개(40) 파랑 1개(50)

ㄷ. (X) 다음과 같이 가능하다.

[1]	[2]	[3]
빨강 2개(60) 노랑 1개(40)	빨강 1개(30) 파랑 1개(50)	노랑 1개(40) 파랑 1개(50)

ㄹ. (O) 각 상자에는 적어도 2가지 색의 공을 담아야 한다. 빨강 2개는 노랑 1개가 되어야 100g이 되므로 함께 담아야 한다. 이 경우 빨강 1개, 노랑 1개, 파랑 2개가 남기 때문에 가장 적은 상자 [2]는 파란색 공이 담기게 된다.

[1]	[2]	[3]
빨강 2개(60) 노랑 1개(40)	빨강 1개(30) 파랑 1개(50)	노랑 1개(40) 파랑 1개(50)

08 ④

난이도 하

유형 판단 및 의사결정

해설 1) 성묘: 기본 70 + 10(장르가 판타지) - 10(직전 작품 흥행 실패) = 70

2) 서울의 겨울: 기본 85 - 10(스태프 인원 50명 미만) - 10(직전 작품 흥행 실패) = 65

3) 만날 결심: 기본 75

4) 빅 포레스트: 기본 65 + 10(2개 작품 흥행 성공) = 75

09 ②

난이도 하

유형 상황이해 및 추론

해설 ㄱ. (O) [1문단] 암호문에서 평문으로 변환하는 것이 복호화다.

ㄴ. (X) [3문단] 비대칭키 방식의 경우에는 수신자가 송신자의 키를 몰라도 자신의 키만 알면 복호화가 가능하다.

ㄷ. (X) [2문단] 대체는 각 문자를 다른 문자나 기호로 일대일로 대응시키는 것이다.

ㄹ. (O) [5문단] DES는 더 이상 안전하지 않아, 삼중 DES 알고리즘을 사용하므로 더 안전하다.

10 ③

난이도 하

유형 상황이해 및 추론

해설 1) $2^{60} = 2^{56+1+1+1+1} = 2^{56} \times 2 \times 2 \times 2 \times 2$

2) 2배가 될 때마다 10만 원씩 비싸지므로, 10만 원 × 4 = 40만 원이 비싸지게 되어 총 140만 원이 된다.

11 ①

난이도 하

유형 법학추론

해설 ① (O) 제1조 제4항 제1호. 부정 방법으로 지정을 받은 경우 취소해야 한다.

② (X) 제3조 제2항. 김치의 품질향상과 국가 간 교역을 촉진하기 위하여 김치의 국제규격화를 추진하여야 한다.

③ (X) 제1조 제2항. 전문인력 양성을 위하여 적절한 시설을 갖추어야 한다.

④ (X) 제2조 제1항. 국가는 김치연구소를 설립해야 하지만, 지방자치단체가 그러한 의무가 있는 것은 아니다.

⑤ (X) 제3조 제1항. 개인에 대한 지원도 할 수 있다.

12 ④

난이도 하

유형 판단 및 의사결정

해설 1) A: 중요도가 상인 보도자료이므로 한 면에 1쪽씩 인쇄하여 총 2장이 필요하다.

2) B: 한 면에 2쪽 인쇄하므로 총 17장이 필요하다.

3) C: 중요도가 하이므로 한 면에 2쪽씩 양면으로 인쇄하여 5쪽은 4쪽 1장, 나머지 1쪽 1장으로 총 2장이 필요하다.

4) D: 중요도가 상인 설명자료이므로 한 면에 2쪽씩 인쇄하여 총 2장이 필요하다.

그러므로 총 23장이 필요하다.

13 ③

난이도 하

유형 상황이해 및 추론

해설 ① (X) 할아버지의 이름까지 알 수 있을 뿐이다.

② (X) [3문단] 부칭만으로 부르지 않는다.

③ (O) [3문단] 부칭이 아닌 이름의 영어 알파벳 순서로 정렬하여 전화번호부를 발행하므로 옳은 진술이다.

④ (X) [1문단] 욘의 부칭은 스테아운손이지만, 피얄라르의 부칭은 욘손이므로 다르다.

⑤ (X) [1문단] 아들의 경우 아버지 이름 뒤에 s와 손을 붙이고, 딸은 s와 도티르를 붙이므로 다르다.

14 ③

난이도 중

유형 문제해결

해설 1) A팀 4명보다 C팀 3명이 모두 순위가 높다.

2) B팀 3명의 순위가 2, 5, 8위이므로, C팀은 1, 3, 4위, A팀은 6, 7, 9, 10위이다.

ㄱ. (O) 1위는 C팀이다.

ㄴ. (X) A팀 가장 낮은 순위는 10위이다.

ㄷ. (X) 국가대표에는 각 팀 소속 선수가 최소 1명은 있어야 하므로, C팀 2명(1위, 3위), B팀 1명(2위), A팀 1명(6위)이 된다. 따라서 국가대표 중 국내 순위가 가장 낮은 선수는 6위이다.

ㄹ. (O) 3위, 4위는 모두 C팀 선수이다.

15 ⑤

난이도 중

유형 판단 및 의사결정

해설 1) A : B = 2 : 1, B = Q / Q = 100 = B, A = 200

2) A = X + 2Y, X = A / A(200) = X(200) + 2Y(400),
X = 1, Y = 2 대입, A(200) = 200 + 800 = 1,000만 원

3) B(1) = Z(1) + W(1) or Z × 2 or W × 2, Z = 4, W = 3(최소)
B(100) = W(100 × 3 = 300) × 2 = 600만 원

그러므로 총 1,600만 원이 최소 비용이 된다.

16 ⑤

난이도 중

유형 문제해결

해설 ㄱ. (X) 갑이 2번 이기면서 경기가 끝나야 한다. 그런데 홀수인 경우 예를 들어 5게임인 경우, 을은 2번 이기면 갑이 2번 이겨 점수가 동점이 되고 +1점만 되므로 승자가 될 수 없다. 그런데 을이 1번 이기면 4게임이 끝났을 때 갑이 승리하기에 n은 5가 될 수 없다. 결국 다른 홀수인 경우에도 마찬가지이므로 옳지 않다.

ㄴ. (X) (n−1)이 3인 경우 4게임에서 갑이 승자가 되어야 한다. 그런데 갑이 2점 앞서기 위해서는 을이 이기기 전에 이미 2점이 앞서야 가능하다. 따라서 직전 게임에서 을이 이길 수는 없다. 결국 (n−1)게임과 n번째 게임에서 갑이 연속으로 이겨야 한다.

ㄷ. (O) 갑이 연속으로 이겨야 승자가 되므로 (n−2)번째 게임에서 두 선수의 점수는 같았다.

ㄹ. (O) (n−3)번째 게임에서 을이 이기고 (n−2)번째 게임에서 갑이 이겨 동점이 되고, 이어서 갑이 연속으로 이기면 승자가 되므로 가능한 경우이다.

17 ②

난이도 중

유형 문제해결

해설 1) 7점: 공동순위 6위가 되면 8 + 6 = 14, ÷ 2 = 7이 된다.

2) 100점: 1위, 50점: 2위

결국 1 + 2 + 6 = 9가 된다.

18 ①

난이도 상

유형 문제해결

해설 1) 갑, 병, 정의 진술로 확정된 정보들을 표시하면 다음과 같다.

	메일	공지	결재	문의
갑			X	
을			O	
병		O	O	O
정		X	O	

2) 접속 못 하는 메뉴가 적어도 1개 이상 있어야 하므로 병은 메일에 접속할 수 없다.

3) 병이나 정이 접속하지 못하는 메뉴는 을도 접속할 수 없으므로 을은 메일과 공지에 접속할 수 없다.

	메일	공지	결재	문의
갑			X	
을	X	X	O	
병	X	O	O	O
정		X	O	

4) 갑이 접속하지 못하는 메뉴는 을, 병, 정이 접속해야 하므로 을과 정은 문의에 접속한다. 따라서 갑은 문의에 접속하지 못하고 메일과 공지에는 접속하였다.

	메일	공지	결재	문의
갑	O	O	X	X
을	X	X	O	O
병	X	O	O	O
정		X	O	O

① (O) 갑은 공지에 접속하므로 옳지 않아 답이 된다.

② (X) 을은 메일에 접속할 수 없다.

③ (X) 을은 결재와 문의에 접속할 수 있다.

④ (X) 정은 문의에 접속할 수 있다.

⑤ (X) 갑과 병은 공지에 공통으로 접속할 수 있다.

19 ③

난이도 상

유형 문제해결

해설 1) 1층 바닥면에서 2층 바닥면의 높이: X

2) 240 = X − A + B

3) 220 = X − B + A

2) + 3) 460 = 2X, X = 230

20 ④

난이도 중

유형 판단 및 의사결정

해설 1) A: 인원 30명 미만이 아니며 운영비가 1억 원 미만이 아니어서 제외된다.

2) B: 교육분야 − (2.0 × 0.5 = 1) + (4.0 × 0.2 = 0.8) = 1.8
C: 공연분야 − (3.0 × 0.2 = 0.6) + (3.0 × 0.5 = 1.5) = 2.1
D: 교육분야 − (0.8 × 0.5 = 0.4) + (5.0 × 0.2 = 1) = 1.4

3) 인원이 많은 단체부터 지급하므로 D, B, C의 순서가 된다. 그러므로 D에 1.4억, B에 1.8억을 지급하면 총 4억에서 8천만 원이 남아 이를 C에 지급한다. 따라서 가장 많은 액수를 지급받는 예술단체는 B이며 1억 8,000만 원이 된다.

21 ③

난이도 상

유형 문제해결

해설 1) 갑과 정은 뒷좌석에 앉았고 을이 교육 둘째 날 출석했으므로 을은 갑의 앞자리가 아니라 정의 앞자리이다. 따라서 병이 갑의 앞자리임을 알 수 있다.

병	을
갑	정

2) 첫째 날과 마지막 날에는 모두 출석하였고, 진술에 따라 다른 요일별 출석을 정리하면 다음과 같다.

	월	화	수	목	금
갑	O	O	X	X	O
을	O	O	O	O	O
병	O	X	O	X	O
정	O	O	O	O	O

결국 4일 이상 출석하지 않아 직무교육을 이수하지 못한 사람은 갑과 병이다.

22 ④

난이도 중

유형 문제해결

해설 서로 다른 1~10개의 도토리의 차이가 모두 동일한 경우는 다음 2가지이다.

1	2	3	4	5	
6	7	8	9	10	: 차이 5개

1	3	5	7	9	
2	4	6	8	10	: 차이 1개

그러므로 5 - 1 = 4가 된다.

23 ②

난이도 상

유형 판단 및 의사결정

해설 1) 3월 1~5일: 900 - 300 = 600, × 5 = 3,000
2) 3월 6~10일: 900 - 500 = 400, × 5 = 2,000
3) 3월 11~14일: 900 - 700 = 200, × 4 = 800
4) 3월 15일: 900 - 700 - 1,000 = -800, 남은 물: 5,000
5) 3월 16~31일: 900 - 700 = 200, × 16 = 3,200, 남은 물: 8,200
6) 4월 1~5일: 900 - 700 = 200, × 5 = 1,000, 남은 물: 9,200

결국 4월 6일 00:10에 + 900이 될 경우, 물탱크는 10,000리터 가득 차게 된다.

24 ⑤

난이도 상

유형 판단 및 의사결정

해설 현재까지의 점수를 정리하면 다음과 같다.

	1번 (+1/3)	2번 (+1)	3번 (+1/3)	4번 (+3)	5번 (+1)	6번 (+1)
갑 (6+2/3)	1+1/3		1+1/3	1+3		
을 (2+2/3)	1+1/3		1+1/3			
병 (3+1/3)	1+1/3	1+1				
정 (3+1/3)		1+1	1+1/3			

ㄱ. (O) 1+1/3+1+1/3+4=6+2/3. 5번과 6번을 모두 맞추면 +2와 추가 점수 +2가 되어 10+2/3=32/3이 된다.
ㄴ. (O) 을이 2+2/3로 가장 적다.
ㄷ. (X) 다음의 경우 모두 5점 이상이 되어 합격할 수 있다.

	1번 (+1/3)	2번 (+1)	3번 (+1/3)	4번 (+3)	5번 (+1)	6번 (+1)
갑 (6+2/3)	1+1/3	X	1+1/3	1+3	X	X
을 (6+2/3)	1+1/3	X	1+1/3	X	O(+2)	O(+2)
병 (5+1/3)	1+1/3	1+1	X	X	O(+2)	X
정 (5+1/3)	X	1+1	1+1/3	X	X	O(+2)

ㄹ. (O) ㄷ의 사례에서 합은 24점이므로 옳은 진술이다. 기본 점수 13점+추가 점수 11점이 된다.

25 ①

난이도 상

유형 문제해결

해설 ㄱ. (O) A의 2023.1.1. 대비 2024.1.1. 증감은 -1,500이다. 이는 2022년에 +2,000이 빠지고 +500이 추가된 것이므로 2022년 우승자였다는 것을 추론할 수 있다.
ㄴ. (O) B는 +250이 되었으므로 가능한 점수는 4위밖에 없다.
ㄷ. (X) C는 +1,000이 되었으므로 준우승임을 알 수 있다.
ㄹ. (X) D는 +2,000이 되었다. 이는 2022년 점수가 2023년에 추가되지 않고 2023년에 우승을 해야 가능한 점수이다. 따라서 2022년에 D는 대회에 참가하지 않았음을 추론할 수 있다.

7급 2023년 기출문제 정답 및 해설

정답

p.32

01	02	03	04	05	06	07	08	09	10
②	①	⑤	③	④	①	⑤	④	①	⑤
11	**12**	**13**	**14**	**15**	**16**	**17**	**18**	**19**	**20**
④	⑤	②	④	①	①	②	④	③	③
21	**22**	**23**	**24**	**25**					
②	②	④	③	⑤					

해설

01 ②
난이도 하

유형 법학추론

해설 ① (X) 제1조 제4호. 윤년을 포함한다.
② (O) 제1조 제6호. 24절기가 월력요항에 표기된다.
③ (X) 제2조 제2항. 국제기구가 결정한다.
④ (X) 제2조 제1항. 음력을 병행하여 사용할 수 있다.
⑤ (X) 제2조 제3항. 다음 연도의 월력요항을 작성하여 게재한다.

02 ①
난이도 하

유형 법학추론

해설 ① (O) 제1조 제1항. 특별한 규정 제외하고 적용되지 않기에, 특별한 규정이 있는 경우 적용할 수 있다.
② (X) 제2조. 무효인 처분은 처음부터 그 효력이 발생하지 않는다.
③ (X) 제3조 제1항. 부당한 처분의 전부나 일부 모두 취소할 수 있다.
④ (X) 제1조 제2항. 특별한 사정이 있는 경우를 제외할 수 있다.
⑤ (X) 제3조 제2항 제1호. 부정한 방법으로 처분을 받은 경우는 비교·형량하지 않는다.

03 ⑤
난이도 하

유형 법학추론

해설 ① (X) 제1조 제2항. 경찰서장이 주체이다.
② (X) 제2조 제3항. 유사 복장을 해서는 안 된다.
③ (X) 제3조 제2항. 제1항의 제3호 특정 정당 선거운동에 해당되는 형벌이다.
④ (X) 제2조 제2항. 신분증도 소지해야 한다.
⑤ (O) 제1조 제3항. 제3조 제1항 제2호의 해촉 사유에 해당되어 옳은 판단이다.

04 ③
난이도 하

유형 법학추론

해설 ① (X) 제1조 제1항. 변경하는 경우에도 허가를 받아야 한다.
② (X) 제4조. 7년 이하의 징역 또는 2억 원 이하의 벌금으로 둘 모두를 적용하는 것은 아니다.
③ (O) 제3조 제2항 제2호. 허가를 받지 않고 행위를 한 경우이므로 폐쇄를 명할 수 있다.
④ (X) 제2조. 범위를 초과하게 되면 이를 허가해서는 안 되는 의무사항이다.
⑤ (X) 제3조. 취소할 수 있다.

05 ④
난이도 하

유형 상황이해 및 추론

해설 ① (X) 10월쯤 수확되므로 옳지 않다.
② (X) 두유에 간수인 염화마그네슘을 사용하면 응고되고 하얀 덩어리와 물로 분리된다.
③ (X) 익히면 비린내는 없어진다.
④ (O) 간수의 주성분인 염화마그네슘은 두유에 함유된 식물성 단백질을 응고시킨다.
⑤ (X) 여름에는 반나절 정도이다.

06 ①
난이도 하

유형 판단 및 의사결정

해설 1) 총 8mL 중 1/4만 먹었으므로 2mL로 이 중 해열시럽 1mL만 먹었다.
2) 그리고 남은 6mL에 사과즙 50mL 총 56mL 중 절반인 28mL를 먹었으므로 해열시럽은 남은 3mL 중 절반인 1.5mL를 먹은 것이다.
3) 결국 아직 해열시럽 1.5mL를 더 먹어야 한다.

07 ⑤

난이도 중

유형 판단 및 의사결정

해설 ① (X) A: 기본 1시간 2,000×11시간=22,000원
② (X) B: 기본 1시간 3,000×11시간=33,000원
③ (X) C: 일 주차권 20,000원
④ (X) D: 기본 1시간 5,000+추가 요금 14,000(1시간 1,400×10시간)=19,000원
⑤ (O) E: 18시부터 무료이므로 9시간, 기본 5,000+추가 요금 16,000(1시간 2,000원×8시간)=21,000, 저공해차량 20% 할인: 16,800원

08 ④

난이도 하

유형 판단 및 의사결정

해설 ① (X) 갑: 근로소득과 사업소득이 모두 없는 사람이기에 제외된다.
② (X) 을: 19~34세인 사람에 해당하지 않는다.
③ (X) 병: 직전 2개년 중 금융소득 종합과세 대상자였기에 제외된다.
④ (O) 정: 가능하다.
⑤ (X) 무: 근로소득과 사업소득 합이 5,000만 원 이상이므로 제외된다.

09 ①

난이도 하

유형 상황이해 및 추론

해설 ① (O) 부향률은 EDP가 15~20%, EDC는 2~5%이므로 옳다.
② (X) 수증기 증류법이 값싸게 얻을 수 있는 방법이다.
③ (X) 오늘날 향수의 대부분은 천연향료와 합성향료를 배합하여 만든다.
④ (X) 고가이고 향유의 함유량이 적은 것은 흡수법이다.
⑤ (X) 일반적으로 가장 많이 사용하는 것은 EDP이며 부향률이 가장 높은 것은 아니다.

10 ⑤

난이도 중

유형 상황이해 및 추론

해설 ① (X) 갑: 16:00에 뿌렸고 EDC는 1~2시간 지속되므로 최대 18:00까지이다.
② (X) 을: 09:30에 뿌렸고 가장 강한 향이므로 Parfum이고 8~10시간 지속된다. 따라서 최대 19:30이다.
③ (X) 병: 갑보다 5시간 전이므로 11:00에 뿌렸고 부향률 18%는 EDP이므로 5~8시간 지속된다. 따라서 최대 19:00이다.
④ (X) 정: 14:00에 뿌렸고 EDT이므로 3~5시간 지속되므로 최대 19:00이다.
⑤ (O) 무: 정보다 한 시간 뒤인 15:00에 뿌렸고 EDP이므로 5~8시간 지속된다. 따라서 23:00까지 최대 지속된다.

11 ④

난이도 하

유형 법학추론

해설 ① (X) 제3조 제2항. 일부를 위탁할 수 있다.
② (X) 제1조. 효율성을 떨어뜨린다고 판단되는 경우에는 그러하지 않는다.
③ (X) 제3조 제3항. 지역공동체도 수탁자로 우선 지정할 수 있다.
④ (O) 제4조 제1항 제2호. 500만 원 이하의 과태료를 부과하기에 옳다.
⑤ (X) 제2조 제1항. 협의해야 한다.

12 ⑤

난이도 하

유형 법학추론

해설 ① (X) 제1조 제1항. 소방청장이 주체이다.
② (X) 제3조. 훈련견 평가에 모두 합격하여야 한다.
③ (X) 제2조 제2항. 중간평가에도 합격해야 한다.
④ (X) 제2조 제2항 제2호 가목. 훈련시작 12개월 이상이어야 한다.
⑤ (O) 제2조 제3항. 관리전환할 수 있다.

13 ②

난이도 하

유형 판단 및 의사결정

해설 ① (X) ㉠=1이면, 모두 선물을 받게 되어 옳지 않다.
② (O) ㉠=2이면, 갑(15−6=9, B), 을(15−4=11, A), 병(10−6=4, B), 정(5−0=5, B), 무(5−6=−1)이 되어 조건에 충족한다.
③, ④, ⑤ (X) A선물 대상자가 없게 된다.

14 ④

난이도 중

유형 판단 및 의사결정

해설 1) 1,000쪽을 출력했고 임원은 2명이므로 1명당 500쪽을 출력하였다.
2) 20일 초과한 날을 일하였으므로 21건 이상의 보고서를 작성해야 한다. 동시에 임원 1명을 위한 보고서 총 출력이 500쪽이 되어야 한다.
3) 정확히 500쪽 출력이 되는 날은 25일에 보고서 20쪽을 출력한 경우 밖에 없다.

15 ①

난이도 하

유형 문제해결

해설 1) A와 C가 서로 겹치지 않고 두 합은 30이므로 모든 시간에 최소 한 명이 접속하였다.
2) E는 25분간 접속해 있었으므로 맨 처음과 마지막 시간 5분간 한 명만 접속 가능하다.
따라서 한 명만 화상회의 시스템에 접속해 있던 시각으로 9:04만 가능하다.

16 ①

난이도 하

유형 문제해결

해설 ① (O) (1, 1, 2, 4)인 경우 곱과 합이 모두 8이므로 적절하다.
② (X) (1, 1, 3, 3)이 가능하나 곱은 9이고 합은 8이므로 옳지 않다.
③ (X) 합으로 (1, 1, 4, 4)가 가능하나 곱은 16으로 옳지 않다.
④ (X) 합으로 (3, 3, 3, 3), (3, 3, 4, 2) 등이 가능하나 곱은 동일할 수 없다.
⑤ (X) (4, 4, 4, 4)가 합으로 가능하나 곱은 다르다.

17 ②

난이도 중

유형 판단 및 의사결정

해설 1) 원격지 전보에 대항하는 신청자만 배정되므로 을은 배제된다.
2) 갑 : 병 : 정 : 무 = 7 : 5 : 3 : 5의 비율이다.
3) 신청액 합은 200만 원으로 40만 원 초과되어 2)의 비율에 맞추어 삭감한다.
4) 갑은 7/20이므로 7/20×40(초과분) = 14, 70 - 14 = 56만 원이 된다.

18 ④

난이도 중

유형 판단 및 의사결정

해설 기술능력 평가점수에서 만점의 85%(산술평균 68점) 미만은 제외되므로 을과 무는 제외된다.
① (X) 갑: 13 + 68 = 81
② (X) 을 제외
③ (X) 병: 15 + 69 = 84
④ (O) 정: 14 + 70 = 84, 기술점수가 병보다 높기에 선정된다.
⑤ (X) 무 제외

19 ③

난이도 중

유형 판단 및 의사결정

해설 ① (X) 금요일 2시간 + 토요일 2시간 = 4시간
② (X) 금요일 1시간 55분
③ (O) 금요일 3시간 + 토요일 2시간 = 5시간
④ (X) 재택근무로 인정되지 않음
⑤ (X) 금요일 4시간(5시간 30분이나 하루 최대 인정은 4시간임)

20 ③

난이도 중

유형 판단 및 의사결정

해설 ㄱ. (O) A가 30점일 경우, 평균 60점이 될 수 없다. (30 + 70 + 60 + 40 + 80 = 280)
ㄴ. (X) B가 30점일 경우, 평균 60점이 될 수 없다. (70 + 30 + 60 + 40 + 80 = 280)
ㄷ. (X) C가 60점이 되면, 나머지 중 2명이 과락(50점 미만)이 되어야 하므로 A나 B 중 하나가 30점이 되는데, 이 경우 평균 60점이 될 수 없다.
ㄹ, ㅁ. (O) 결국 A와 B는 70점, C와 D가 40점, E가 80점이 되어야 한다.

21 ②

난이도 상

유형 문제해결

해설 (6)은 일요일이므로, 그 전날인 (5)는 토요일이다.
① (X) 4월 5일이 월요일이면 11일이 일요일이 된다. 그런데 서로 다른 요일의 일기 일부를 발췌한 것이므로 (6)에서 일요일이므로 조건에 위배된다.
② (O) 5일이 화요일, 11일 월요일, (3) 수요일, 15일 금요일, (5) 토요일, (6) 일요일이 된다.
③ (X) 5일이 목요일이며 11일은 수요일이 되는데, (3)이 수요일이 되어야 하기에 맞지 않다.
④ (X) 5일이 금요일일 경우, 11일 목요일, 15일 월요일이 되는데 이때 11일과 15일 사이에 날짜순으로 (3) 수요일이 올 수 없다.
⑤ (X) (5)가 토요일이므로 서로 다른 요일이 되어야 하므로 옳지 않다.

22 ②

난이도 상

유형 문제해결

해설 ㄱ. (X) 한 사람이 여러 번 누를 수 있으므로 옳지 않다.
ㄴ. (O) 총 10번을 눌렀기 때문에 나머지 5번이 남았다. 그런데 필요한 버튼은 4층, 5층, 6층 이상 2번으로 총 4번이 필요하다. 이 중 하나의 버튼이 5번 눌러지면 그 층에서 멈추게 된다. 즉 필요한 층의 버튼에 해당한다. 따라서 나머지 5번에서 실제 멈춘 3개의 버튼은 눌러야 한다. 결국 2번이 남게 되는데, 멈추는 층에 2번 누를 수는 없다. 그럴 경우 취소가 되기 때문이다. 그리고 멈추는 층에는 1번, 3번을 눌러야 멈추게 된다. 그러므로 나머지 2번은 멈추지 않은 층에 2번 눌러서 취소가 된 경우이거나 멈추는 층에 3번을 누른 경우밖에 없게 된다.
ㄷ. (X) 2번 누를 수도 있기 때문에 알 수 없다.
ㄹ. (X) 2번 누르면 취소되므로 가능하다.

23 ④

난이도 상

유형 문제해결

해설 1) 확정 정보: A는 3명의 연락처를 가지고 있고, B는 2명의 연락처를 가지고 있다. 그리고 C는 A의 연락처만 있고, A도 C의 연락처가 있다. D는 2명의 연락처를, E는 B의 연락처만 있다.

	A	B	C	D	E	합
A			O			3
B						2
C	O	X		X	X	1
D						2
E	X	O	X	X		1
합						

2) A의 연락처를 가지고 있는 사람은 모두 3명이다. 따라서 B와 D가 A의 연락처를 가지고 있음을 알 수 있다.

	A	B	C	D	E	합
A			O			3
B	O					2
C	O	X		X	X	1
D	O					2
E	X	O	X	X		1
합	3					

3) B는 2명의 연락처를 갖고 있는데, 그 2명을 제외한 2명만 B의 연락처를 가지고 있다. 따라서 B가 A의 연락처를 가지고 있으므로 A는 B의 연락처를 가지고 있지 않다. 이 경우 A가 3명의 연락처를 가지고 있으므로 나머지 D와 E의 연락처를 가지고 있게 된다.

	A	B	C	D	E	합
A		X	O	O	O	3
B	O					2
C	O	X		X	X	1
D	O					2
E	X	O	X	X		1
합	3					

4) B의 연락처는 2명만 가지고 있으므로 D가 B의 연락처를 가지고 있으며, B가 가지고 있는 연락처가 있는 사람과 B의 연락처를 가진 사람이 달라야 하므로 B는 D와 E의 연락처를 가지고 있지 않다. 따라서 B는 나머지 C의 연락처를 가지고 있다.

	A	B	C	D	E	합
A		X	O	O	O	3
B	O		O	X	X	2
C	O	X		X	X	1
D	O	O				2
E	X	O	X	X		1
합	3					

5) D는 2명의 연락처를 가지고 있으므로 C와 E의 연락처를 가지고 있지 않다.

	A	B	C	D	E	합
A		X	O	O	O	3
B	O		O	X	X	2
C	O	X		X	X	1
D	O	O	X		X	2
E	X	O	X	X		1
합	3	2	2	1	1	

① (X) 옳지 않다.
② (X) 옳지 않다.
③ (X) C의 연락처를 가진 사람은 2명이다.
④ (O) 옳은 진술이다.
⑤ (X) E의 연락처를 가진 사람은 1명이다.

24 ③ 난이도 상

유형 문제해결

해설 ① (X) 11:05-12:05 시간이 실제 시각과 맞는 경우가 없다.
② (X) 12:05-시침 1, 분침 06
③ (O) 시침 1, 분침 06-시침 2, 분침 07 실제 시각과 맞는 경우가 발생한다.
④ (X) 2:06-3:07
⑤ (X) 3:07-4:08

25 ⑤ 난이도 하

유형 법학추론

해설 ① (X) 제1조 제2호 가, 나, 다 목이 가능하다.
② (X) 제1조 제3호. 병역의무 기간인 18개월을 가산할 경우 23세 6개월까지 가능하기 때문이다.
③ (X) 제3조 제1항. 복지 급여 신청이 있으면 실시하게 된다.
④ (X) 제3조 제3항 제1호. 추가적인 복지 급여를 실시해야 한다.
⑤ (O) 제3조 제2항. 단서 조항에서 그 경우에도 아동양육비는 지급할 수 있다.

7급 2022년 기출문제 정답 및 해설

모바일 자동 채점 및 성적 분석 서비스

정답

p.46

01	02	03	04	05	06	07	08	09	10
⑤	①	⑤	①	②	②	③	④	②	③
11	**12**	**13**	**14**	**15**	**16**	**17**	**18**	**19**	**20**
①	②	③	⑤	①	③	④	②	③	③
21	**22**	**23**	**24**	**25**					
⑤	④	①	④	④					

해설

01 ⑤ 난이도 하

유형 법학추론

해설 ① (X) 제2조 제3항. 예외적으로 제2항 제3호의 경우로 인증받을 수 있다.
② (X) 제3조. 6개월마다 재평가하기에 2022.8.25.에 할 수 있다.
③ (X) 제2조 제4항. 비용은 신청하는 자가 부담한다.
④ (X) 제3조 제1호에 해당되므로 반드시 인증을 취소해야 한다.
⑤ (O) 제3조 제3호. 인증을 취소할 수 있는 경우이므로 옳은 판단이다.

02 ① 난이도 하

유형 법학추론

해설 ① (X) 김가을은 김여름의 성을 따르기 때문에 김여름의 등록기준지인 부산 주소를 기입해야 하며, 박겨울의 서울 주소를 기입해서는 안 된다.
② (O) 김여름의 주소를 기입해야 한다.
③ (O) 출생연월일을 기입해야 한다.
④ (O) 본도 기입해야 한다.
⑤ (O) 성별도 기입해야 한다.

03 ⑤ 난이도 하

유형 법학추론

해설 ① (X) 제3조. 시장 등이 아닌 자가 시행하려는 경우 조합을 설립해야 한다.
② (X) 제4조. 준공인가신청은 시장 등이 아닌 자가 공사를 완료한 때에 받아야 한다.
③ (X) 준공인가 완료와 조합의 해산과는 관련이 없다.
④ (X) 제5조 제1항. 고시가 있은 날의 다음 날에 해제된다.
⑤ (O) 제4조 제4항. 시장 등은 공사가 완료된 때에는 그 완료를 해당 지방자치단체의 공보에 고시해야 한다.

04 ① 난이도 하

유형 법학추론

해설 ① (O) 총톤수 80톤은 제1조 제2항에 의해 소형선박이다. 따라서 제2조 제1항 단서 조항에 의해 소유권의 이전 시 계약당사자 사이의 양도합의와 선박의 등록으로 효력이 발생한다.
② (X) 제2조 제2항. 총톤수 20톤 이상의 기선은 선박의 등기를 한 후 선박의 등록을 신청해야 한다.
③ (X) 제2조 제2항. 지방해양수산청장에게 선박 등록을 신청해야 한다.
④ (X) 제2조 제3항. 지방해양수산청장이 선박국적증서를 발급해야 한다.
⑤ (X) 제2조 제3항. 지방해양수산청장이 선박원부에 등록하고 선박국적증서를 발급해야 한다.

05 ② 난이도 하

유형 상황이해 및 추론

해설 ① (X) 흰색 쌀은 가을철에 논에서 수확하며 여름에 심는 콩은 가을이 수확기이다.
② (O) 봄보리는 봄에 파종하여 그해 수확하며 가을보리는 가을철에 파종하여 이듬해 수확한다. 그리고 보리를 수확하는 시기는 하지이다. 따라서 봄보리의 재배 기간이 가을보리보다 짧았다.
③ (X) 흰색 쌀은 논에서 수확하며 보리쌀인 회색 쌀은 밭에서 수확한다.
④ (X) 남부 지역의 보리는 하지에 수확하기에 보릿고개는 이때 사라진다.
⑤ (X) 봄철 밭에서는 보리, 콩, 조가 함께 자라는 것을 볼 수 있었다.

06 ② 난이도 하

유형 상황이해 및 추론

해설 ㄱ. (O) 거리 A가 증가하며 시간 B가 감소하면 속력은 증가하므로 항상 대안경로를 선택한다.

ㄴ. (X) A가 B보다 더 증가할 경우에만 대안경로를 선택한다.

ㄷ. (O) A의 감소가 B의 감소보다 적을 때에는 대안경로를 선택하기에 옳은 판단이다.

ㄹ. (X) A가 감소하고 B가 증가하면 속력은 줄어들기 때문에 대안경로를 선택하지 않는다.

07 ③

난이도 중

유형 판단 및 의사결정

해설 ① (X) 더 지불한 금액은 9,300원이므로, 한 과일 2상자가 더 계산될 수 없다.

② (X) 두 과일이 1상자씩 더 계산되어 +9,300원이 될 수 없다.

③ (O) 딸기가 1상자 더 계산되고(+23,600), 복숭아가 1상자가 덜 계산되면(−14,300) 9,300원이 더 계산되므로 옳은 판단이다.

④ (X) 한 과일이 1상자 더 계산되고 다른 두 과일이 1상자씩 덜 계산되어 9,300원의 차이가 될 수 없다.

⑤ (X) 9,300원의 차이가 나타날 수 없다.

08 ④

난이도 하

유형 상황이해 및 추론

해설 1) 갑: 병원의 간호사이므로 참여할 수 있다.

2) 을: 회계법인의 노무사이므로 참여 제외된다.

3) 병: 사회복지법인의 대표이므로 참여할 수 있다.

4) 정: 대기업 회사원이므로 제외된다.

5) 무: 비영리단체의 임원이며 병원이 아니라 재단의 의사이므로 참여할 수 있다.

따라서 휴가지원사업에 참여할 수 있는 사람은 갑, 병, 무이다.

09 ②

난이도 하

유형 상황이해 및 추론

해설 ① (X) [2문단] 국민제안제도에서는 예산사업의 우선순위는 관계부처가 채택 여부를 결정한다. 국민들은 제안만 할 뿐이다.

② (O) [3문단] 국민참여예산사업은 국무회의에서 정부예산안에 반영되어 국회에 제출되며 국회는 심의·의결을 한다.

③ (X) [1문단] 국민참여예산제도는 정부의 예산편성권 범위 내에서 운영된다.

④ (X) [3문단] 참여예산 후보사업의 제안은 예산국민참여단이 후보사업을 압축하며 설문조사와 예산국민참여단 투표를 통해 사업선호도 조사 후 선호순위가 높은 후보사업이 결정된다. 이후 재정정책자문회의의 논의를 거쳐 국무회의에서 정부예산안에 반영된다.

⑤ (X) [4문단] 예산국민참여단의 참여의사는 전화를 통해 타진하지만, 사업선호도는 오프라인 투표를 통해 조사한다.

10 ③

난이도 하

유형 상황이해 및 추론

해설 1) 2019년도 국민참여예산은 800억 원이다. 이때 생활밀착형사업 예산이 688억이고 나머지 112억 원이 취약계층지원사업 예산이다. 따라서 112/800=14%가 된다.

2) 2020년도: 2019년도 대비 25% 증가하였으므로 1,000억 원이다. 생활밀착형사업 예산이 870억 원이고 나머지 130억 원이 취약계층 지원사업 예산이다. 그러므로 13%가 된다.

11 ①

난이도 하

유형 상황이해 및 추론

해설 1) 첫 번째 원칙에 의해 법 − 시행령 − 시행규칙의 순서로, B − A − D − C − E로 보고된다.

2) 두 번째 원칙에 의해 B − C − A − E − D순으로 보고된다.

3) 국장보고가 첫 번째로 보고되어 D − B − C − A − E순으로 보고된다.

따라서 네 번째로 보고되는 개정안은 A법 개정안이다.

12 ②

난이도 하

유형 판단 및 의사결정

해설 A: 외부 작업인 쉼터 900만 원 중 본인부담 10%인 90만 원을 제외한 810만 원이 지원된다.

B: 쉼터에 50만 원, 창호에 500만 원에서 본인부담금 50% 250만 원 제외한 250만 원이 지원되어 총 300만 원이 지원된다.

따라서 갑은 사업 A를 선택하고 지원금은 810만 원을 받을 수 있다.

13 ③

난이도 하

유형 판단 및 의사결정

해설

	월(60)	화(50)	수(60)	목(50)	금(60)
[1]	100(칭찬)	80(칭찬)	60	40(꾸중)	20(꾸중)
[2]	0(꾸중)	30(꾸중)	60	90(칭찬)	120(칭찬)
[3]	60	60(칭찬)	60	60(칭찬)	60

ㄱ. (X) 화요일에 칭찬을 받는다.

ㄴ. (O) 수요일에는 모든 방식에서 기본업무량과 동일하므로 칭찬도 꾸중도 듣지 않는다.

ㄷ. (O) 칭찬을 받는 날은 모두 2일씩이다.

ㄹ. (X) 방식3이 칭찬 2번, 꾸중 0번으로 최대가 된다.

14 ⑤

난이도 중

유형 판단 및 의사결정

해설 ㄱ. (O)

1) 남자 + 여자 = 1,000

2) 0.4남자 + 0.5여자 = 430 (= 4남자 + 5여자 = 4,300)

3) 1) × 5 = 5남자 + 5여자 = 5,000

3) − 2) = 남 = 700, 여자 = 300

ㄴ. (X) 연수희망자

- 남자: 700 × 0.4 = 280 / 여자: 300 × 0.5 = 150, 연수희망자 총합 430명
- 연수희망자 중 여자직원의 비율: 150 / 430 = 34.9%

ㄷ. (O)

- 여자: 연수희망직원 150명 중 B지역 희망자 = 150 × 0.8 = 120명, A지역: 30명

- 남자: 연수희망직원 280명 중 B지역 희망자 = 280 × 0.4 = 112명, A지역: 168명
- A지역 희망 직원: 30 + 168 = 198명

ㄹ. (O) B지역 연수를 희망하는 남자직원: 112명

ㄴ. (O) 갑이 3점에 2번 도전했을 때 갑의 최솟값은 9점이다. 그런데 을은 3번 성공하면서 9점보다 높기 위해서는 3점 2번, 4점 1번이 되어야 10점이 될 수 있다.

ㄷ. (X) 갑의 최솟값 7점이 되고 을이 최대 10점에서 -2가 되면 8점이 되므로 을이 승리할 수도 있다.

15 ① 　난이도 중

유형 판단 및 의사결정

해설 ㄱ. (X) 모든 요소가 동일하므로 이익은 동일하다. 따라서 지원금을 받지 못한다.

ㄴ. (O) 판매가격이 인하되면 매출액도 줄어든다. 판매가격이 5% 인하되어 4천만 원 매출액이 감소한다. 그런데 나머지는 동일하므로 이익도 4천만 원 줄어들어 이익은 2천만 원이 된다. 따라서 이익 감소액은 2/3가 줄기에 지원금을 받게 된다.

ㄷ. (X) 판매량이 10% 증가하고 고정원가는 5% 줄어들어 이익은 증가한다. 따라서 지원금을 받을 수 없다.

ㄹ. (X) 판매가격과 판매량이 증가하였고 나머지는 동일하므로 이익은 증가한다.

16 ③ 　난이도 중

유형 판단 및 의사결정

해설 ① (O) 갑의 작년 성과급은 3,500 × 0.3 = 1,050만 원이다.

② (O) 갑과 을의 성과급은 4,000 × 0.4 = 1,600만 원으로 동일하다.

③ (X) 병은 작년 3,000 × 0.15 = 450만 원, 올해 3,500 × 0.1 = 350만 원으로 줄어든다.

④ (O) 성과급 합은 병이 가장 적다.

⑤ (O) 갑은 1,050만 원에서 1,600만 원으로, 을은 1,000만 원에서 1,600만 원으로 증가하므로 을이 가장 상승률이 높다.

17 ④ 　난이도 중

유형 문제해결

해설 1) 전공: A > B > E, C > D

2) 영어: E > F > G

3) 적성: G > B, G > C

① (X) A가 합격했어도 B는 A보다 전공점수가 낮다는 것만 알 수 있다.

② (X) G가 합격하였다면, E와 F가 합격한 것을 알 수 있을 뿐, C는 알 수 없다.

③ (X) A와 B가 합격하였다면, G, E, F가 합격하였음을 알 수 있지만 C와 D는 알 수 없다.

④ (O) B와 E가 합격하였다면 F와 G가 합격했음을 알 수 있다.

⑤ (X) B가 합격하였다면, A, E, F, G가 합격하였음을 알 수 있으므로 총 5명임을 알 수 있다.

18 ② 　난이도 상

유형 문제해결

해설 ㄱ. (X) 갑의 최소 점수는 성공 2점 4번(8), 4점 1번 실패(-1)이므로 7점이다.

19 ③ 　난이도 상

유형 문제해결

해설 반지름 12km로 된 정육각형을 원 안에 배치하고 정삼각형을 구성하면, 원의 중심 1개와 정육각형의 꼭짓점 6개가 나타나므로 A군 양봉농가의 최대 수는 총 7개가 가능하다.

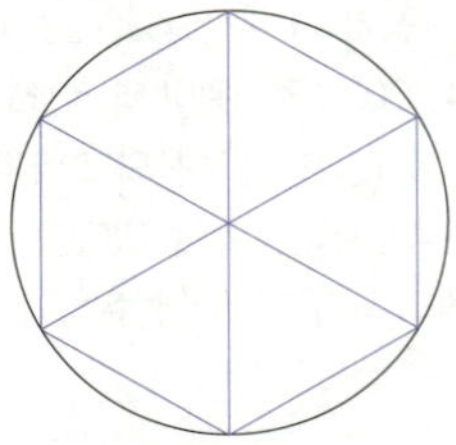

20 ③ 　난이도 상

유형 문제해결

해설 1) 2022년에 만 23살이므로 태어난 해는 1999년이다.

2) 그저께 만 21살이 되려면, 어제는 만 22살이 되고 그저께와 어제는 동일한 해인 2021년이 되어야 한다. 그리고 오늘은 2022년이 되어야 한다.

3) 생일은 12월 31일임을 알 수 있다.
: 주민등록번호 앞 6자리는 991231이며 모두 곱하면 486이 된다.

21 ⑤ 　난이도 상

유형 판단 및 의사결정

해설 1) 국장, 사무 처리 직원: 100% 차감하므로 처리 건수는 0

2) 과장: 직원 10% 차감+과장 추가 50%=60% 차감, 처리 건수의 40% 처리

3) 일반 직원: 10% 차감, 90% 처리(올해 100건, 내년 90건 기준)

올해(기준: 1인 100건)	내년(120%)
과장: 9명 × 40건 = 360 일반 직원: 80 × 90 = 7,200 총: 7,560	총 처리 건수: 7,560 × 1.2 = 9,072건 과장: 9명 × 36(90건 × 0.4) = 324건 일반 직원 : 81건 처리(90건 × 0.9) × 80명 = 6,480건 현 인원 처리가능 건수 : 324 + 6,480 = 6,804건 부족 건수: 9,072 - 6,804 = 2,268건 증원요청인원: 2,268 / 81 = 28명

22 ④

난이도 상

유형 문제해결

해설 1) 1~3회 문제 번호 계산

	1	2	3	4	5	6	7
갑	O[3]	O[7]	X[4]			O	X
을	O[3]	O[7]	O[15]			X	O
병	O[3]	X[2]	O[5]			O	X

2) 4회

: 갑, 병 – (X)일 경우 3번 문제로 동일하기에 불가→갑, 병(O)

: 을 – (O)일 경우 25번 문제 풀고 더 이상 문제 풀면 안 됨→을(X)

	1	2	3	4	5	6	7
갑	O[3]	O[7]	X[4]	O[9]		O	X
을	O[3]	O[7]	O[15]	X[8]		X	O
병	O[3]	X[2]	O[5]	O[11]		O	X

3) 5회

: 갑, 을, 병 정답 개수 동일해야 하므로 모두 O 또는 모두 X

– 모두 X: 을 6회 때에 5번 문제 풀어야 하고, 7회에는 3번 풀어야 함→중복 불가!

– 모두 O

	1	2	3	4	5	6	7
갑	O[3]	O[7]	X[4]	O[9]	O[19]	O[25]	X
을	O[3]	O[7]	O[15]	X[8]	O[17]	X[9]	O
병	O[3]	X[2]	O[5]	O[11]	O[23]	O[25]	X

ㄱ. (X) 갑은 4번을, 병은 11번 문제를 풀었다.

ㄴ. (O) 갑과 병 두 명이 문제를 풀었다.

ㄷ. (X) 5회차에는 모두 정답을 맞추었다.

ㄹ. (O) 을은 7회차에 9번을 풀었다.

23 ①

난이도 상

유형 문제해결

해설 ① (X) 단둘이 식사하지 않는다는 조건을 위배한다.

갑	A	B	C	D	E	F	G
O	O				O	O	
O		O	O/X	X/O			
O			O/X	X/O			

②, ③, ⑤ (O)

갑	A	B	C	D	E	F	G
O		O	O				O
O	O			O			
O					O	O	

④ (O) D와 E가 함께 식사할 경우, 그 식사에는 F도 참가해야 하므로 총 4명이 된다. 따라서 C가 식사하게 될 경우 A나 B 부팀장과 함께 식사해야 한다.

갑	A	B	C	D	E	F	G
O				O	O	O	
O	O		O/X				
O		O	X/O				O

24 ④

난이도 상

유형 판단 및 의사결정

해설 1) 을이 갑에게 간 시간만큼 일찍 나선 것이 되므로 4분이 된다.

2) 갑이 결과적으로 2분 일찍 복귀했으므로 편도 1분 빠르게 만난 것이 된다.

결과적으로 을이 5분 일찍 자신의 사무실을 나섰다는 것을 알 수 있다.

25 ④

난이도 중

유형 법학추론

해설 ① (X) 제1항. 공관장 갑은 공무로 일시귀국하고자 하는 경우이므로 신고가 아니라, 장관의 허가를 받아야 한다.

② (X) 제2항. 직계존속이 위독하여 일시귀국하고자 하는 경우 공관장은 장관에게 신고해야 한다.

③ (X) 제2항. 을은 공관장 아닌 재외공무원이므로 공관장의 허가를 받아야 한다.

④ (O) 제4항 제2호. 재외공무원이 일시귀국 후 국내 체류기간을 연장하는 경우 장관의 허가를 받아야 한다.

⑤ (X) 병은 이미 직계존속의 회갑으로 1회 일시귀국한 적이 있다. 그런데 다시 일시귀국하기 위해서는 제4항 제1호에 해당하므로 장관의 허가를 받아야 한다.

7급 2021년 기출문제 정답 및 해설

모바일 자동 채점 및 성적 분석 서비스

정답

p.60

01	02	03	04	05	06	07	08	09	10
④	①	⑤	④	④	①	①	③	②	③
11	**12**	**13**	**14**	**15**	**16**	**17**	**18**	**19**	**20**
②	⑤	③	④	③	④	③	④	⑤	⑤
21	**22**	**23**	**24**	**25**					
②	⑤	①	②	②					

해설

01 ④ 난이도 하

유형 법학추론

해설 ① (X) 제1항. 광역시장은 제외되므로 옳지 않다.
② (X) 제1항. 주민등록번호를 변경할 수 있는 주체는 위원회가 아니라 B구청장이다.
③ (X) 제3항 제1호. 번호의 뒤 7자리 중 첫째 자리는 변경할 수 없다.
④ (O) 제4항. 번호가 변경된 경우 운전면허증 번호 변경을 신청해야 한다.
⑤ (X) 제5항. 이의신청은 위원회가 아닌 B구청장에게 해야 한다.

02 ① 난이도 하

유형 법학추론

해설 ① (O) 제4조 제2항. 물품관리관의 명령이 없으면 물품출납공무원은 물품을 출납할 수 없다.
② (X) 제1조 제1항. 각 중앙관서의 장은 필요하면 다른 중앙관서의 소속 공무원에게 위임할 수 있다.
③ (X) 제3조. 계약담당공무원이 아니라 물품관리관의 업무이다.
④ (X) 제2조 제1항. 물품출입공무원이 아니라 계약담당공무원에게 청구해야 한다.
⑤ (X) 제5조. 물품출납공무원이 인정하면 그 사실을 물품관리관에게 보고하고, 물품관리관이 인정하면 계약담당공무원에게 청구해야 한다. 따라서 물품출납공무원이 바로 계약담당공무원에게 청구해야 하는 것은 아니다.

03 ⑤ 난이도 하

유형 법학추론

해설 ① (X) 제2조. 불법검열에 의한 우편물은 증거로 사용할 수 없다.
② (X) 제1조. 타인 상호 간의 대화 내용이 아니기에 해당되지 않는다.
③ (X) 제1조 제2항. 1년 이상 10년 이하의 징역과 5년 이하의 자격정지에 해당하며, 1천만 원 이하의 벌금은 제4항의 단말기 고유번호 제공과 관련된 처벌이다.
④ (X) 제1조 제3항. 단말기 개통처리는 정당한 업무이기에 해당되지 않는다.
⑤ (O) 제1조 제2항. 1년 이상 10년 이하의 징역과 5년 이하의 자격정지에 해당한다.

04 ④ 난이도 상

유형 법학추론

해설 1) 총매출이 500억 원 미만이 대상이므로 A와 B는 제외된다.
2) 우선 지원 대상은 D(인공지능), E(비대면), G(백신)이다.
3) 소요 광고비×2020년도 총매출은 C가 1,200억 원이고 F가 600억 원이므로 우선 지원 대상 다음에 F가 선정된다.
4) 지원금 상한액이 1억 2,000만 원이며, D, E의 광고비가 각각 4, 5억이므로 상한액인 1억 2,000만 원이 각각 지원된다.
5) G는 총매출이 100억 원 이하이므로 상한액의 2배인 2억 4,000만 원이 지원가능하나, G의 소요 광고비가 4억이므로 1/2인 2억 원까지 지원할 수 있다.
6) F는 소요 광고비가 6억 원이며 총매출이 100억 원 이하이므로 지원 상한액 2배인 2억 4,000만 원까지 지원 가능하다. 그런데 우선대상인 D, E, G에 지원하고 남은 금액이 1억 6,000만 원이므로 이를 모두 지원하게 된다.

05 ④

난이도 중

유형 문제해결

해설 1) 합 57명, 10개 조직, 5, 6, 7명의 조직이 적어도 하나 이상 있어야 한다.

2) 5명 최대 7개: 35, 나머지 22명으로, 6명이나 7명 조직 3개를 만들 수 없다.

3) 5명 최대 6개: 30, 나머지 27명으로, 6명 1개, 7명 3개 만들 수 있다.

4) 5명 최소 3개: 15, 나머지 42명으로 6명 조직 7개 가능하나 7명 조직을 만들 수 없다.

5) 5명 최소 4개: 20, 나머지 37명으로, 6명 조직 5개, 7명 조직 1개가 가능하다.

06 ①

난이도 중

유형 문제해결

해설 1) 현재 해당 업무역량 재능×4 가장 높은 부문: 추진력 440

2) 현재 통합력 점수=60×4=240

3) 둘의 점수 차이: 200점

4) 해당 업무역량 노력×3=200, 해당 업무노력=200/3=66.666...

따라서 통합력이 가장 높은 값이 되기 위해서는 해당 업무역량 노력은 최소 67점(정수)이 되어야 한다.

07 ①

난이도 중

유형 문제해결

해설 1) 시계방향으로 앉은 좌석을 1-2-3-4-5-6이라고 가정할 때에, 1번부터 시작하면 첫 번째로 6번을 먹는다.

2) 6번 다음에 1번이므로 1번부터 시작하면 1-2-3-4-5-1이 되어 1번을 먹는다.

3) 2번부터 시작하여 2-3-4-5-2-3이 되어 3번을 먹는다.

4) 4번부터 시작하여 4-5-2-4-5-2가 되어 2번을 먹는다.

5) 4번부터 시작하여 4-5-4-5-4-5가 되어 5번을 먹는다.

6) 마지막 남은 4번을 먹는다.

결국 4번 바로 전에 5번을 먹기 때문에 시계 순서상 송편 다음에 오는 무지개떡을 그 직전에 먹게 된다.

08 ③

난이도 중

유형 문제해결

해설 1) 무게 무거운 순서: A>B>C>D

2) 서로 다른 두 상품 무게 결과(kg): 35, 39, 44, 45, 50, 54

3) 가장 무거운 2개: A+B=54, 가장 가벼운 조합 2개: C+D=35

4) 그다음 무거운 조합: A+C=50, B와 C의 차이 4kg

5) A+D=45, B+C=44

① (X) B와 C의 차이는 4kg이어야 하므로 6kg은 옳지 않다.

② (X) B와 C의 차이가 7kg이므로 옳지 않다.

③ (O) B와 C의 차이가 4kg이며 합이 44로 옳다.

④ (X) B+C의 값이 46kg은 있을 수 없다.

⑤ (X) B+C의 값이 48kg은 있을 수 없다.

09 ②

난이도 상

유형 문제해결

해설 1) 매시 정각부터 일정한 시간 간격으로 해당 시의 수만큼 종을 친다.

2) 6시 정각을 알리기 위한 마지막 6번째 종을 치는 시각은 6시 6초이다.

1번	2번	3번	4번	5번	6번
6시 정각	0초 이후부터 6초 이전까지 4번 종을 침				6초

3) 0초부터 6초까지 5간격이 성립되므로 1간격은 1.2초이다.

4) 11시는 10간격이므로 12초 걸리기 때문에 11시 12초에 마지막 종을 친다.

10 ③

난이도 중

유형 문제해결

해설 1) 병: 자신이 현재까지 했던 일의 절반이 남았으므로 2/3의 일을 하였다.

2) 갑: 병이 아직 못한 일(1/3)의 절반이므로 1/6의 일을 하였다.

3) 정: 갑이 남겨 놓은 일만큼 하였으므로 5/6의 일을 하였다.

4) 을: 정의 남겨놓은 일(1/6)의 2배에 해당하는 일을 하였으므로 1/3을 하였다.

5) 무: 을이 남겨 놓은 일(2/3)의 절반에 해당하는 일을 하였으므로 1/3을 하였다.

따라서 두 번째로 많은 양의 일을 한 사람은 병이다.

11 ②

난이도 중

유형 문제해결

해설 1) 점수 30점은 을>갑>병>정의 순서대로 배정되어야 한다.

2) 정이 4점이므로 병은 최소 5점 이상이 되어야 한다.

3) 병이 6점일 때에 20점이 남기 때문에 을과 갑에 크기 순서대로 배정할 수 있다.

4) 병이 7점일 때에 19점이 남기 때문에 을과 갑에 크기 순서대로 배정할 수 있다.

5) 병이 8점일 때에 18점이 남기에 을과 갑 각각 9점이 배정되어 조건을 충족할 수 없다.

따라서 병이 받을 수 있는 최대 성과점수는 7점임을 알 수 있다.

12 ⑤

난이도 중

유형 판단 및 의사결정

해설 1) 벽돌집은 $1m^2$당 9만 원, 나무집은 6만 원+20만 원, 지푸라기 집은 3만 원+5만 원이 든다.

2) 면적: 총합이 $11m^2$이며, 첫째, 둘째, 셋째가 6:3:2의 비율로 가지고 있다.

①, ② (X) 첫째가 벽돌집일 경우 9×6=54, 둘째가 나무집 6×3+20=38로 둘째의 비용이 가장 많이 들었다는 조건을 위배한다.

③ (X) 첫째가 나무집일 경우 6×6+20=56, 둘째 벽돌집 9×3=27로 조건을 위배한다.

④ (X) 둘째가 벽돌집 27, 셋째가 나무집 6×2+20=32로 조건을 위배한다.

⑤ (O) 둘째가 나무집 38, 셋째가 벽돌집 9×2=18, 첫째가 지푸라기 집 3×2+5=11로 조건을 충족한다.

13 ③

난이도 중

유형 판단 및 의사결정

해설 1) 갑: 착수금: 기본료 1,200,000 + 종속항 2개 70,000 + 도면 3도 45,000 = 1,315,000원
사례금: 등록결정, 1,315,000, 보수 = 2,630,000원
2) 을: 착수금: 기본료 1,200,000 + 종속항 16개 560,000 + 독립항 4개 초과 400,000원 + 명세서 30면 초과 270.000+도면 12도 180,000 = 2,610,000원, 이때 140만 원을 초과하므로 착수금 140만 원
사례금: 거절결정으로 0
∴ 갑 2,630,000원 - 1,400,000원 = 1,230,000원

14 ④

난이도 중

유형 판단 및 의사결정

해설 ㄱ. (X) A의 ㉣ 점수가 15점일 경우, 기본점수 75점, 감점 9가 되어 66점이 되기에 재허가 70점 이상이 될 수 없다.
ㄴ. (O) B의 ㉣ 점수가 19점이 되면 기본점수 76점, 감점 15.5가 되어 60.5의 총점이 되기에 허가 취소되지 않는다.
ㄷ. (O) C는 기본점수 78점, 감점 14점으로 총점 64점으로 '허가 정지'이다. 이때 과태료를 부과받은 적이 없으면 +8이 되어 72점이 되므로 '재허가'가 되기에 결과가 달라진다.
ㄹ. (X) 감점 점수가 가장 큰 것은 B이므로 옳지 않다.

15 ③

난이도 하

유형 법학추론

해설 A: 잔류염소 기준 충족(정수장)
B: 질산성 질소 검사 결과 10mg/L 초과
C: 일반세균 검사빈도 매주 1회 이상 충족 못 함
D: 대장균 기준 충족
E: 잔류염소 기준 충족(배수지)

16 ④

난이도 하

유형 법학추론

해설 ① (X) 기타민원은 구술 또는 전화로 가능하다.
② (X) 민원의 신청은 전자문서를 포함한다.
③ (X) 다른 행정기관의 소관인 경우 이송해야 한다.
④ (O) 기타민원의 경우 민원인이 요청하는 경우, 구술 또는 전화로 통지할 수 있다.
⑤ (X) 원칙적으로 2회 이상 처리결과를 통지했어도 3회 이상 반복하여 제출한 경우 바로 종결할 수 있지만, 법정민원의 경우 제외된다.

17 ③

난이도 하

유형 법학추론

해설 ① (O) 갑은 5만 제곱미터인 건축물을 대상으로 하기에 제1조 제1항에 의해 구청장의 허가를 받아야 한다.
② (O) 제2조 제2항. 광역시장은 지역계획에 필요하다고 인정하면 제한할 수 있다.
③ (X) 제2조 제3항. 장관이나 시·도지사가 제한하려는 경우 심의를 거쳐야 하며 구청장은 해당되지 않는다.
④ (O) 제1조 제2항 제1호. 허가를 받은 날부터 2년 이내에 공사에 착수하지 아니한 경우 허가를 취소하여야 한다.
⑤ (O) 제2조 제1항, 제4항. 문화재보존을 위하여 요청하면 착공을 제한할 수 있으며, 이 경우 제한기간은 2년이며 1회에 한하여 1년 이내의 범위에서 제한기간을 연장할 수 있으므로 최대 3년간 착공을 제한할 수 있다.

18 ④

난이도 하

유형 법학추론

해설 ① (O) 제3항. 외부 위원의 임기는 2년으로 하되 2회에 한하여 연임할 수 있기에 최대 6년이다.
② (O) 제1항. 내부 위원은 4명이며 외부 위원의 전체 인원의 1/3 이상이 되어야 하므로 최소 6명으로 구성된다.
③ (O) 제2항. 내부 위원이 4명 모두 여성이며 이때 남성이 1/2 이하가 되지 않아야 하므로 최소 3명의 남성 위원이 포함되어야 하기에, 외부 위원 포함 총 7명이 될 수 있다.
④ (X) 제4항. 8명의 2/3 이상은 6명이므로 6명 출석으로 개의하고 출석위원 2/3 이상인 4명의 찬성으로 의결할 수 있다.
⑤ (O) 제4항. 총 7명의 2/3 이상은 5명이기에 서면으로 의견을 제출한 2명의 의견과 관계없이 해당 안건은 찬성으로 의결된다.

19 ⑤

난이도 하

유형 판단 및 의사결정

해설 ㄱ. (X) 직전 2년 수강인원의 평균이 90명이며 120명 이상이 된 경우도 없다. 또한 강의만족도가 85점이므로 90%의 수강인원일 때 분반 허용도 할 수 없다. 따라서 분반이 허용되지 않는다.
ㄴ. (O) 2년 수강인원 평균이 30명이 되지 않고 50명 이상이 된 경우도 없다. 그런데 평가점수가 90점 이상이라면 2020년 수강인원이 45명이므로 분반이 가능하다. 그러나 분반이 허용되지 않았기에 평가점수가 90점 미만임을 알 수 있다.
ㄷ. (O) 실습강의는 2년 평균 20명 이상이어야 하며, 평가 점수가 92점이기에 90%인 평균 18명이 되어도 분반이 가능하다. 그런데 분반이 허용되지 않았다. 이는 C강의 수강인원이 2년 평균 18명, 즉 2년 합계 36명 미만이었다는 것을 알 수 있다. 2019년 20명이었기에 2020년 16명 미만이었으므로 15명을 넘지 않았을 것이다.

20 ⑤

난이도 하

유형 상황이해 및 추론

해설 1) 건축물이 포함되어 있어서 신청 허용: ㉮ 배제
2) '관련 정부사업과의 연계가능성' 비중 확대: ㉯ 두 번째 지표
3) '대학 내 주체 간 합의 정도' 타 지표로 이동하여 계속 평가: ㉲에서 ㉰로 이동
따라서 관계부처 협의 결과에 부합하는 것은 ㉯, ㉰, ㉲이다.

21 ②

난이도 중

유형 문제해결

해설 1) 갑의 진술: 을이 갑보다 먼저 다녀왔음을 알 수 있다.
2) 을의 진술: 병은 점심에 다녀왔고 을은 저녁에 다녀왔다.
3) 병의 진술: 병은 월요일에 다녀오지 않았기에 월요일에는 을이 다녀왔음을 알 수 있다.

요일	월	화	수
사람	을(저녁)		

: 확정되지 않은 것은 갑과 병이 어느 요일에 다녀왔는지와 갑이 점심이나 저녁 여부에 대한 것은 알 수 없는 상황이다. 따라서 이에 대한 확정되는 정보를 찾아야 한다.

①, ③, ⑤ (X) 병이 화요일 점심에 다녀온 것은 알 수 있으나, 갑이 수요일 점심 또는 저녁 여부에 대해서는 알 수 없다.
② (O) 갑이 화요일 점심, 병이 수요일 점심임을 알 수 있다.
④ (X) 월요일부터 수요일까지 갑, 을, 병이 겹치지 않게 한 번씩 다녀와야 하기에 을이 월요일에 가야 한다.

22 ⑤

난이도 상

유형 문제해결

해설 3일 연속 일치한 경우 앱을 설치한 후 제거하지 않기에 3일 연속 가능한 경우를 찾는다.
1) 월, 화, 수 연속 일치: 200,000×1/8(1/2×1/2×1/2)=25,000명
2) 화, 수, 목 연속 일치: 월요일에 일치하지 않은 100,000명을 대상으로 하여 1/8을 곱하면 12,500명이 된다.
3) 수, 목, 금 연속 일치: 화요일에 일치하지 않은 50,000명을 대상으로 한다(총 12,500명).
(1) 월, 화 모두 일치하지 않았지만 수, 목, 금 연속 일치된 사람 50,000명 중에서 6,250명
(2) 월요일에 일치하였지만 화요일에 일치하지 않은 사람으로 수, 목, 금 연속 일치된 사람 50,000명 중에서 1/8인 6,250명

따라서 앱을 설치한 잠재 사용자는 총 50,000명이 된다.

23 ①

난이도 하

유형 상황이해 및 추론

해설 ① (O) [3문단] 장관이 필요하다고 인정하여 해당 지방자치단체의 장에게 주민투표를 요구하여 실시하는 경우에는 지방의회의 의견을 들어야 하는 것은 아니다.
② (X) [2문단] 지방의회가 위원회에 통합을 건의할 때 통합 대상 지방자치단체를 관할하는 도지사를 경유해야 한다.
③ (X) [2문단] 주민이 건의하는 경우에는 주민투표권자 총수의 50분의 1 이상의 연서가 있어야 한다. 총수가 10만 명이므로 2,000명 이상의 연서가 필요하다.
④ (X) [5문단] 통합추진공동위원회의 위원은 관계지방자치단체의 장 및 그 지방의회가 추천하는 자로 한다.
⑤ (X) [2문단] 지방자치단체의 장이 위원회에 건의할 때에는 시·도지사를 경유해야 하며, 장관은 지방자치단체 간 통합권고안에 관하여 해당 지방의회의 의견을 들어야 한다.

24 ②

난이도 상

유형 상황이해 및 추론

해설 1) 관계지방자치단체 위원 수=[(통합대상 지방자치단체 A, B, C, D 4곳×6=24)+(통합대상 지방자치단체를 관할하는 도의 수: 갑, 을, 병 3곳×2=6)+1=31, 31÷관계지방자치단체 수 7=5(4.428...소수점 이하의 수 올림한 값)
2) 통합추진공동위원회의 전체 위원 수=관계지방자치단체 위원 수 5×관계지방자치단체 수 7=35

따라서 통합추진공동위원회의 전체 위원 수는 35명이다.

25 ②

난이도 상

유형 상황이해 및 추론

해설 1) 동일한 ○○시에 속하기에 첫 번째와 두 번째 숫자는 동일해야 한다. [⑤ 배제]
2) 기초자치단체인 시에 속하는 구는 자치단체가 아니기 때문에 A와 B는 각각 고유한 숫자가 아닌 같은 4번째 숫자가 부여되므로 ㉡은 '3'이 와야 한다. [①, ④ 배제]
3) 광역자치단체인 시에 속하는 구는 기초자치단체이므로 ㉠의 마지막 숫자는 '0'이 되어야 한다. [③ 배제]

세 조건을 모두 만족하는 것은 ②이다.

7급 2020년 모의평가 정답 및 해설

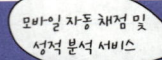

모바일 자동 채점 및 성적 분석 서비스

정답

p.74

01	02	03	04	05	06	07	08	09	10
④	⑤	⑤	⑤	③	②	①	③	④	④
11	12	13	14	15	16	17	18	19	20
②	⑤	②	④	③	③	⑤	②	①	③
21	22	23	24	25					
③	①	②	①	⑤					

해설

01 ④ 난이도 상

유형 법학추론

해설 ① (X) 제2조. 200만 명 이상은 3% 이상이어야 한다. 그런데 250만 명 중 6만 명이 되면 2.4%가 되어 '국제행사'에 해당하지 않게 된다.
② (X) 제3호 제1호. 국고지원을 아직 5번째이기에 2021년도에 받더라도 6회 지원을 받게 되어 국고지원 대상이 될 수 있다.
③ (X) 제1조. 국고지원의 대상은 10억 이상을 요구한 경우이므로 해당되지 않는다.
④ (O) 제4조 제3항. 국고지원 비율이 20% 이내이기에 전문위원회 검토로 대체할 수 있다.
⑤ (X) 제4조 제1항. 총사업비가 50억 원 이상이 아니기 때문에 타당성 조사 대상은 아니다.

02 ⑤ 난이도 중

유형 법학추론

해설 ① (X) 제2조 제2호에 해당하므로 징수하지 않는다.
② (X) 제1조 제2항. 다음 달 20일까지 납부할 경우 가산금이 부과되지 않는다.
③ (X) 제1조 제1항. 진흥기금은 입장권 가액의 5%이므로 입장권 가액과 진흥기금을 합한 금액이 12,000원일 경우, 진흥기금은 600원보다 적게 된다(약 571원).
④ (X) 제2조. 100분의 60 이상 상영해야 하므로 120일이 되어야 한다.
⑤ (O) 제1조 제4항. 진흥기금을 합한 금액이 103만 원이므로 가산금 3%는 3만 원이다. 따라서 진흥기금은 100만 원이고 이 금액의 3/100은 3만 원이므로 수수료는 3만 원을 초과할 수 없다.

03 ⑤ 난이도 중

유형 법학추론

해설 1) A청구: 3,000만 원 이하인 급전지급청구소송은 원고 또는 피고의 주소지를 관할하는 시·군법원에서 전담하기에 지방법원과 그 지원은 재판할 수 없다. 따라서 김포시법원과 양산시법원에서 A청구를 담당할 수 있다.
2) B청구: 고려청자 인도청구이기 때문에 피고의 주소지를 관할하는 지방법원 또는 그 지원이 재판할 수 있으므로 피고인 을의 주소지인 양산시는 울산지방법원에서 할 수 있다.
①, ② (X) A는 시법원에서 전담하기에 옳지 않다.
③, ④ (X), ⑤ (O) B청구는 울산지방법원에서 할 수 있다.

04 ⑤ 난이도 중

유형 법학추론

해설 1) 갑이 가장 먼저 2020.7.1.에 특허출원을 하였지만, 을이 이미 2020.6.1.에 반포된 간행물에 게재된 경우이므로, 특허출원 시점에 신규성이 상실되었기에 특허권이 부여되지 않는다.
2) 을: 갑이 선출원된 발명이 신규성 상실로 특허권이 부여되지 못한 경우로, 동일한 발명에 대한 후출원은 선출원주의로 인해 특허권이 부여되지 않는다.
3) 병: 2020.9.2. 가장 늦게 특허출원이 되어서 특허권이 부여되지 않는다.
결국 세 명 모두 특허권을 부여받지 못한다.

05 ③

난이도 중

유형 법학추론

해설 ㄱ. (O) 제2항 제3호 나목에 의해 가능하다.

ㄴ. (X) 제1항. 주택소유자 또는 주택소유자의 배우자가 60세 이상이면 가능하다. 조건에서 주택소유자인 갑이 61세이므로 배우자가 60세 이상이 되지 않아도 대출받을 수 있다.

ㄷ. (O) 제2항 제3호 가목에 의해서 가능하다.

06 ②

난이도 상

유형 법학추론

해설 ① (X) 토지소유자는 총수는 82이기에 이 중 1/2은 41명이 되어야 한다.

② (O) 갑, 을, 공동소유 1인이므로 41이 되기 위해서는 38명이 필요하다.

③ (X) 갑, 을, 공동소유 1인을 제외한 나머지 79명의 소유자가 있다. 한편 이들이 소유한 토지는 모두 13개로, 100개의 토지는 이들을 제외하고 87개가 남아 있다. 따라서 2개 이상의 소유자가 있으므로 옳지 않다.

④ (X) 갑은 토지 2개 소유로 1/4의 면적(1.5)을 가지고 있고, 을은 10개 소유인데 면적이 2가 된다. 그런데 제2항 제1호에서 1필은 1개의 토지이기에 모두 동일하지는 않다.

⑤ (X) 갑, 을, 병(공동) 소유의 토지 면적을 합하면 4.5이다. 전체 6에서 나머지 1.5가 모두 국유지가 될 수는 없기에 옳지 않다.

07 ①

난이도 중

유형 판단 및 의사결정

해설 1) 갑: 수요일에 점심시간은 근무시간으로 산정하지 않기에 3시간 근무를 한 것이며, 이는 최소 근무시간 4시간에 미치지 못한다.

2) 을: 조건을 모두 충족한다.

3) 병: 월, 화요일에 14시간 근무하는데, 이는 최대 12시간의 근무시간에 위배된다.

4) 정: 주 근무시간 합이 39시간이 되어 주 40시간의 조건에 위배된다.

따라서 근무계획이 승인될 수 있는 사람은 을이다.

08 ③

난이도 하

유형 상황이해 및 추론

해설 ㉠ 1936년 제11회 올림픽 다음으로 1948년에 런던 올림픽이 개최되었는데, 하계 올림픽은 중간에 개최되지 않아도 4년마다 대회 차수는 그대로 계산된다. 따라서 1948년 런던 올림픽은 14회가 된다.

㉡ 동계 올림픽은 실제 개최된 경우만 차수가 계산된다. 1936년이 제4회이기에 1992년까지 56년이 지나서 4로 나누면 14이므로 모두 개최되었을 때에는 18회가 되어야 한다. 그러나 세계대전으로 두 차례가 열리지 못하였으므로 1992년 동계 올림픽은 16회가 된다.

09 ④

난이도 중

유형 상황이해 및 추론

해설 ㄱ. (O) [2문단] 주간예보는 일일예보가 예보한 기간(오늘, 내일, 모레)의 다음 날부터 5일간의 날씨를 추가로 예보한다. 따라서 월요일 주간예보는 다음 주 월요일까지의 날씨가 포함된다.

ㄴ. (O) 3시간 예보는 0, 3, 6, 9, 12, 15, 18, 21시에 발표되며, 일일예보는 5, 11, 17, 23시에 발표된다. 따라서 둘은 겹치지 않는다.

ㄷ. (X) 오늘 5시에 발표된 일일예보와 23시에 발표된 일일예보는 1일 단위(0시~24시) 오늘, 내일, 모레 날씨를 발표하기에 그 내용이 동일하다.

ㄹ. (O) 대설경보는 대도시의 경우 20cm 이상, 대설주의보 기준은 울릉도가 20cm로 동일하다.

10 ④

난이도 중

유형 문제해결

해설 1) 네 종류의 사무용품을 모든 직원이 배분받으므로, A는 모든 사원이 받는 개수가 된다. 따라서 B = A의 1/2, C는 A의 1/4, D는 A의 1/8이 된다.

2) 사무용품의 총 개수 1,050 = A + B + C + D = A + 1/2A + 1/4A + 1/8A가 된다.

3) 15/8A = 1,050, A = 70 × 8 = 560, 따라서 직원 수는 560명이다.

선택지를 대입하여 총 개수와 맞는지 확인하는 방법도 가능하다.

11 ②

난이도 중

유형 판단 및 의사결정

해설 주어진 정보를 토대로 정리하면 다음과 같다.

	왕복 교통비	숙박요금	합
A	30,000	140,000	170,000
B	45,000	170,000	215,000
C	60,000	120,000	180,000

따라서 예약할 펜션은 A, 워크숍 비용은 170,000원이다.

12 ⑤

난이도 중

유형 판단 및 의사결정

해설

	1톤당 단가	1톤당 단가×관세율	1톤당 물류비	합
A	12	0	3	15
B	10	5	5	20
C	20	4	1	25

ㄱ. (O) FTA를 체결할 경우 관세율이 0이 된다. 이 경우 B는 1톤당 15가 되어 A국과 동일하게 된다.

ㄴ. (X) C국이 A국과 동일한 단가 12가 될 경우, 관세율이 20%이므로 2.4달러가 추가되고 물류비 1달러가 추가되어 15.4가 된다. 따라서 A보다 저렴하지 않다.

ㄷ. (O) A국은 15에 +6이 되어 21이 된다. 따라서 B국에서 수입하는 것이 20으로 더 유리하다.

13 ② 난이도 상

유형 문제해결

해설 1) 갑의 마지막 숫자가 3을 곱하여 2가 나오는 자연수는 4뿐이다. 따라서 갑의 끝에서 두 번째 숫자 즉, 올바른 우편번호의 끝자리는 4가 된다.

2) 을의 마지막 4×3=12이므로, 올바른 우편번호 끝자리는 을의 끝에서 두 번째 자리 ×3+1=4가 되어야 한다. 올 수 있는 수는 1밖에 없다. 따라서 올바른 숫자의 뒤에서 두 번째 수는 1이 된다.

			1	4=(3+1)	2
2				1	4

3) 3을 곱하여 1이 끝자리에 오는 수는 7밖에 없다. 따라서 올바른 숫자의 세 번째 수는 7이다.

		7	1	4	2
2			7	1	4

4) 올바른 세 번째 수 7은 을의 네 번째 7×3=21로부터 확정된 수이므로 올림 수 2를 뺀 7=2+5를 나머지로 하는 수가 3을 곱한 결과가 끝자리가 되어야 한다. 따라서 을의 세 번째는 5이며, 올바른 우편번호 두 번째 수는 5가 된다.

	5	7	1	4	2
2		5	7	1	4

5) 올바른 수 5는 5×3=15의 끝자리이므로 을의 두 번째 수×3의 끝자리는 4가 되어야 한다. 3을 곱하여 끝자리가 4가 되는 수는 8밖에 없다. 따라서 올바른 수의 첫 자리는 8이다.

8	5	7	1	4	2
2	8	5	7	1	4

6) 을의 첫 자리 2×3=6이며, 8×3=24이므로 8은 2×3=6과 올린 수 2의 합으로 적절하다.

따라서 올바른 우편번호의 첫자리와 끝자리 숫자의 합은 12이다.

14 ④ 난이도 하

유형 문제해결

해설 서로 같은 것을 낸 적이 없기 때문에 갑이 가위를 낼 때에 을은 바위와 보를, 을이 가위를 낼 때에 갑은 바위와 보를 낸다. 승패는 다음과 같이 구성된다.

갑	을	승리
가위	바위	을
가위	바위	을
가위	바위	을
가위	보	갑
가위	보	갑
가위	보	갑
바위	가위	갑
보	가위	을
보	가위	을
보	가위	을

따라서 갑은 4승 6패를 한다.

15 ③ 난이도 하

유형 판단 및 의사결정

해설 1) ○○ 기관: 갑의 기관 기준으로 볼 때에 현직급임용년월은 3년 이상 차이나지 않아야 하므로 A는 배제된다.

2) □□ 기관: B는 갑과 연령이 3년 이상 차이가 나고 최초임용년월도 5년 이상 차이가 나서 배제된다.

3) △△ 기관: E는 갑과 최초임용년월이 2년 이상 차이가 나서 배제된다.

결국 가능한 사람은 C와 D뿐이다.

16 ③ 난이도 상

유형 문제해결

해설 현재 사용할 수 있는 수는 1, 2, 4, 4, 5이다.

① (O) 3 다음에 A가 와야 하는데, 같은 수 3은 A 뒤에 이미 사용되었고, 적은 수는 1, 2가 있는데, 이 중 1은 다음 수가 3이기에 1만큼 큰 수의 조건에 의해 올 수가 없다. 그리고 1만큼 큰 수로 4가 가능하다. 따라서 2 또는 4가 A에 올 수 있다.

② (O)

1) A가 2: 이때 나머지 B, C, D, E에 가능한 수는 1, 4, 4, 5이다.
- 만약 1이 B에 오게 되면 이후 4나 5가 올 수밖에 없고 조건에 위배된다.
- 앞의 수가 3이기 때문에 5가 올 수 없다. 따라서 4밖에 올 수 없다.

2) A가 4:
- 1이 B에 오면 이후 2가 와야 하는데, 이후 4나 5가 올 수 없기에 B에 1이 오면 안 된다.
- 2가 B에 오면 이후 C에 1이 와야 하는데 D에 4나 5가 와서는 안 된다. 따라서 B에 2도 올 수 없다.
- 앞선 수가 3이기에 5가 B에 올 수 없다. 결국 B에 4가 배치될 수밖에 없다.

③ (X) C에 5가 올 수 있어서 옳지 않은 진술이다.

1) A 2, B 4: 나머지 수가 1, 4, 5이다.
- C에 1이 오면 D에 올 수 있는 수가 없다.
- C에 4가 오고 D에 1이 오면 E에 5가 될 수 없다.
- C에 4가 오고 D에 5가 오면 E에 1이 올 수 있다.
- C에 5가 오고 D에 1이 올 경우 E에 4가 올 수 없다.
- C에 5가 오고 D에 4가 올 경우 E에 1이 올 수 있다.

				A		B	C	D	E
5	1	2	3	2	3	4	4	5	1
5	1	2	3	2	3	4	5	4	1

2) A 4, B 4: 나머지 수는 1, 2, 5이다.
- C에 1이 오면 D에 2가 와야 하는데, E가 5일 수 없다.
- C에 2가 오면 D에 1이 와야 하는데, E가 5일 수 없다.
- C에 5가 오면 D에 1이 오고 E에 2가 올 수 있다.
- C에 5가 오면 D에 2가 오고 E에 1이 될 수 있다.

				A		B	C	D	E
5	1	2	3	4	3	4	5	1	2
5	1	2	3	4	3	4	5	2	1

④ (O) 위에서 4번째 경우를 통해 알 수 있다.

⑤ (O) E는 1 또는 2만 가능하다.

17 ⑤ 난이도 하

유형 판단 및 의사결정

해설 1) 전어는 제외되며, 소비촉진 기간에는 대구, 꽃게, 소라(5~6월)가 가능하다.

2) 지역경제활성화 지역은 C, D, E, F이므로 소라(3~5월)의 경우에도 가능하다.

따라서 새조개만 금지 대상이 된다.

18 ② 난이도 중

유형 판단 및 의사결정

해설 주어진 정보를 토대로 정리하면 다음과 같다.

	가격(만 원)	보조금(-)	개별소비세	취득세	합
A	4,000	1,500	400	0	2,900
B	3,500	1,000	0	0	2,500
C	3,500	500	0	175	3,175

따라서 정답은 B<A<C이다.

19 ① 난이도 중

유형 판단 및 의사결정

해설 D는 도농교류 활성화 점수가 40점으로 선정될 수 없다.

	친환경/전통식품	도농교류 활성화	가산점	총점
A	40	80		120
B	40	60		100
C	40	55	9.5(나)	104.5
E	30	75		105
F	40	70		110

E와 F는 모두 (라) 지역이므로 둘 중 F만 선정된다. 결국 총점 순으로 A, F, C가 선정된다.

20 ③ 난이도 중

유형 판단 및 의사결정

해설 ㄱ. (O) (가)는 입법부에서 1점으로 2점 미만이 되어 채택되지 않는다. 따라서 총합이 가장 높은 (나)가 채택된다.

ㄴ. (O) 입법부 수용가능성을 2회 높이는 절차를 진행할 경우 1점이 올라서 (가)는 채택될 수 있게 된다. 이때 점수는 14점으로 (가)와 (나)가 동점으로 가장 높고, 이때 국정과제 관련도 점수가 (가)가 더 높기 때문에 (가)가 채택된다.

ㄷ. (X) 부처 간 회의 1회는 +2점으로 (나)는 15점이 된다. 그리고 관계자간담회는 2회 2점이 추가되어 (다)는 14점이 되어 (나)가 채택된다.

21 ③ 난이도 상

유형 판단 및 의사결정

해설 주어진 규칙으로 계산하여 정리하면 다음과 같다.

참가자	조회수 등급	심사위원별 평가점수				
		(가)	(나)	(다)	(라)	(마)
甲	B(9.7)	9	(㉠)	7	8	7
乙(31.7)	B(9.7)	9	8	7	7	7
丙	A(10)	8	7	(㉡)	10	5
丁(29.7)	B(9.7)	5	6	7	7	7
戊(33.4)	C(9.4)	6	10	10	7	7

ㄱ. (X) ㉠이 5점일 경우, 갑과 을 모두 최고점과 최저점을 제외하면 8, 7, 7로 동일하고 조회수 등급도 B로 동일하게 된다. 따라서 둘 모두 31.7점으로 동일하다.

ㄴ. (O) ㉠이 최저점일 경우, 갑은 31.7점이 되며, ㉡이 최저점일 경우 병은 30점이 된다. 정은 29.7점이고 무는 33.4점, 을은 31.7점으로 병과 정은 수상하지 못한다.

ㄷ. (O) 무가 D등급을 받을 경우 9.1이 되어 33.1점이 되며, 을과 정보다 높다. 따라서 최소 3위 안에 들기에 수상한다.

ㄹ. (X) ㉠이 10점, ㉡이 9점이 될 경우, 심사위원별 평가점수는 갑이 9+8+7, 병도 9+8+7로 동일하며 조회수 등급은 병이 갑보다 0.3이 더 높기 때문에 병이 더 높을 수 있다.

22 ① 난이도 상

유형 판단 및 의사결정

해설 1) C는 X 점수가 80점, Y 점수가 74점이므로 더 높은 80점이 최종평가점수가 된다.

2) 최종평가점수 순위가 C가 가장 낮기 때문에 다른 기관들은 모두 80점보다 높아야 한다. 그런데 전기평가점수는 C가 가장 높았기 때문에 다른 기관들은 후기평가점수가 더 높게 나타나는 후자의 식을 선택한다는 것을 알 수 있다.

ㄱ. (O) A(0.2×60+0.8A)>(0.2×70)+0.8B=A>2.5+B, 자연수이므로 A가 B보다 3점 이상이 높다.

ㄴ. (X) (0.2×70)+0.8B>(0.2×80)+0.8D=B>2.5+D, 자연수이므로 B가 D보다 3점 이상 높아야 한다. 이때 B가 83점일 경우 D는 80점 이하가 되는데, 이때 C와 동일하거나 낮을 수 있으므로 옳지 않다.

ㄷ. (X) A가 B보다 3점이 높고, B가 D보다 3점이 높기 때문에 A가 D보다 6점이 높아야 한다.

23 ② 난이도 중

유형 상황이해 및 추론

해설 ㄱ. (X) [2문단] 일본군에 징병된 후 탈출해 광복군에 들어가 암호를 만들었다.

ㄴ. (O) [2문단] 네 자리로 표시하기에 4의 배수로 표시된다.

ㄷ. (O) 1830은 아, 0015는 받침 ㅁ이므로 암이 되나 2400에서 00은 모음 표시가 되지 못한다.

ㄹ. (X) 궤는 1148로 표시된다.

24 ①

난이도 상

유형 상황이해 및 추론

해설 1) 3: 5300

2) ·: 8000

3) 1: 5100

4) 운: 18360012

5) 동: 13340018

6) !: 6600

25 ⑤

난이도 상

유형 문제해결

해설 내선번호는 총 45개이고, 총원은 35명이므로 내선번호는 합 10개 더 부여받았다.

1) 갑: 내선번호는 7016~7024, 총원 9명, 내선번호 +0

2) 을: 총원이 가장 많음. 내선번호 +4

3) 병: 내선번호 7025~34 이상, 내선번호 +3

4) 정: 시작번호 끝자리 5, 내선번호 합이 10개 더 있으므로, +3

- 정의 경우, 내선번호 시작이 7005가 될 수 없고, 과장이 처음 시작이므로 7015도 될 수 없다. 7025는 병의 과이므로 정의 과는 7035부터 시작하여 7045까지이다. 내선번호가 3개 더 있으므로 총원은 8명이다.
- 나머지 을이 속한 과의 내선번호는 7001~7015이고 4개 더 부여되었으므로 총원은 11명이다.
- 결국 병은 내선번호 7025~7034까지 부여받았고, 3개가 더 많기 때문에 총원은 7명이 된다.

내선번호	내선 추가(10)	이름	총원
7001~7015	4	을	11
7016~7024	0	갑	9
7025~7034	3	병	7
7035~7045	3	정	8

7급 2019년 예시문제 정답 및 해설

정답

p.88

01	02	03	04						
②	④	⑤	②						

해설

01 ②

난이도 하

유형 법학추론

해설 ① (X) (A) 과실이란 가해자에게 의무가 있음에도 부주의로 그 의무의 이행을 다 하지 아니한 것으로 ㉰에서 甲이 교통신호 준수 의무를 위반한 것이 이에 해당한다.

② (O) (B) 가해 행위로 ㉮에서 甲이 보행자 乙을 친 것이 이에 해당한다.

③ (X) (C) 위법한 행위로 ㉯에서 甲이 도로교통법을 위반한 것으로 이에 해당한다.

④ (X) (D) ㉱에서 보행자 乙이 부상을 입은 것은 피해자로 손해가 발생한 것으로 적합하다.

⑤ (X) (E) 가해행위가 없었다면 손해가 발생하지 않았을 경우로 ㉲가 적합하다.

02 ④

난이도 상

유형 문제해결

해설 1) '가'지점에서 Y등급 지진의 경우 문자를 받을 수 있는 지점은 A, B, E이다. 그런데 이 중 2명만 받았다. 이들 중 한 명은 수신차단을 했다는 것을 알 수 있다.

2) '나'지점에서 X등급 지진이 일어나서 C와 D만 문자를 받았다.

3) '나'지점에서 정서쪽 2km 떨어진 지점에서 Y등급의 지진이 일어날 경우 그 반경에 있는 지점은 B와 E이다. 1)에 의해 A가 수신차단을 했을 경우, B와 E가 문자를 받을 것이며, B가 수신차단한 경우 E만 문자를 받을 것이고 E가 수신차단한 경우 B만 문자를 받을 수 있다.

ㄱ. (X) A는 '가'지점에서 Y등급 지진이 일어났을 때에 문자를 받을 수 있는 지역으로, ㉠에 해당되지 않는다.

ㄴ. (O) A나 E가 수신차단한 경우 문자를 받을 수 있다.

ㄷ. (O) A나 B가 수신차단한 경우 문자를 받을 수 있다.

ㄹ. (X) A는 반경에서 벗어나 있기에 문자를 받을 수 없다.

ㅁ. (O) A가 수신차단한 경우 B와 E가 모두 문자를 받을 수 있다.

ㅂ. (X) C는 '나'지점에서 X등급의 지진이 발생할 경우 문자를 받은 지역으로, ㉠의 반경에서 벗어나 있다.

03 ⑤

난이도 중

유형 상황이해 및 추론

해설 1) 과거 급제한 아들은 별급으로 20마지기를 받았다.

2) 과거 급제한 아들이 제사를 모시기로 하였으므로 다른 자녀보다 1/5이 더 분재된다.

3) 총 100마지기에 자녀가 4명이므로 1/4은 25마지기가 된다.

4) 2)에 의해 양녀의 25마지기 중 1/5인 5마지기를 더 받게 된다.

따라서 과거 급제한 아들은 20 + 25 + 5 = 50마지기를 받게 된다.

04 ②

난이도 중

유형 판단 및 의사결정

해설 ㄱ. (X) 월 120만 원 이용금액

A: (100만 원 이하 1,000) + 초과 20만 원(× 2 = 400) = 1,400

B: (100만 원 이하 × 2 = 2,000) + 초과 20만 원(× 1 = 200) = 2,200

ㄴ. (O) 200만 원일 때에 A와 B의 마일리지는 동일하다.

A: (100만 원 이하 1,000) + (초과 100만 원 × 2 = 2,000) = 3,000

B: (100만 원 이하 × 2 = 2,000) + (초과 100만 원 × 1 = 1,000) = 3,000

ㄷ. (X) 이용금액 300만 원: A가 B보다 더 많이 제공한다.

A: (100만 원까지 1,000) + (초과 100만 원 2,000) + (초과 100만 원 3,000) = 6,000

B: (70만 원까지 2,100) + (초과 230만 원 2,300) = 4,400

모바일 자동 채점 및 성적 분석 서비스

민경채 2020년 기출문제 정답 및 해설

정답

p.92

01	02	03	04	05	06	07	08	09	10
③	⑤	⑤	①	①	④	②	⑤	⑤	①
11	**12**	**13**	**14**	**15**	**16**	**17**	**18**	**19**	**20**
②	⑤	①	③	④	④	⑤	②	②	③
21	**22**	**23**	**24**	**25**					
③	④	②	③	④					

해설

01 ③

난이도 하

유형 법학추론

해설 ① (X) 제2조 제3항 제3호. 광역교통위원회의 위원장이 성별을 고려해 위촉하는 50명 이내의 사람이 있기에 옳지 않다.
② (X) 제2조 제2항. 실무위원회의 위원장은 광역교통위원회의 상임위원이 된다. 따라서 실무위원회의 구성원이 될 수 있다.
③ (O) 제2조 제3항 제1호에 해당하는 사람들은 소속 기관의 장이 지명하는 사람이므로 광역교통위원회 위원장의 위촉이 없어도 실무위원회의 위원이 될 수 있다.
④ (X) 제2조 제3항 제3호에서 공무원이 아닌 사람도 위원이 될 수 있다.
⑤ (X) 제1조 제2항. 광역교통위원회 위원은 국토교통부장관이 임명 또는 위촉한다.

02 ⑤

난이도 하

유형 법학추론

해설 ① (X) 제2조 제3항. 반대급부를 조건으로 알선해서는 안 된다.
② (X) 제3조 제2항. 항암치료를 받는 경우 5년 이상으로 정할 수 있다. 그러나 그러한 경우가 아닐 때는 제1항에 의해 5년 미만으로 한다.
③ (X) 제2조 제2항 제3호. 미성년자가 자녀를 얻기 위하여 가능하지만, 그렇지 않을 경우는 금지된다.
④ (X) 제4조. 보존기간이 지난 잔여배아는 원시선이 나타나기 전까지만 체외에서 사용될 수 있다. 그러나 보존기간이 남은 잔여배아는 사용 대상이 아니다.
⑤ (O) 제4조 제1호에 의해 가능하다.

03 ⑤

난이도 하

유형 법학추론

해설 ① (X) 제1조 제1항. 대상은 해외제조업소에 대한 것으로 국내 자기업소는 해당되지 않는다.
② (X) 제1조 제4항. 우수수입업소 등록의 유효기간은 등록된 날부터 3년이다. 따라서 4년은 해당되지 않는다.
③ (X) 제1조 제5항. 우수수입업소가 제1호에 해당하는 경우에는 등록이 취소된다.
④ (X) 제1조 제5항 제3호. 수입식품에 대한 부당한 표시를 하여 영업정지 2개월 이상의 행정처분을 받은 경우 취소가 되며 3년 동안 등록을 신청할 수 없다. 영업정지 1개월은 해당되지 않는다.
⑤ (O) 제2조 제2항 제1호. 우수수입업소로 등록된 자가 수입하는 수입식품의 검사 전부를 생략할 수 있다.

04 ①

난이도 하

유형 법학추론

해설 ㄱ. (O) 제3조 제1항. 공표된 저작물을 저작권자의 허락 없이 청각장애인을 위하여 한국수어로 변환할 수 있으며 복제 및 공중송신할 수 있다.
ㄴ. (X) 제3조 제2항. 영리를 목적으로 하지 않아야 하므로 옳지 않다.
ㄷ. (X) 제2조 제2항. 대상은 어문저작물이므로 피아니스트의 연주 음악은 해당되지 않는다.

05 ①

난이도 하

유형 상황이해 및 추론

해설 ① (X) [1문단] 공직부패는 사적 이익을 위해 공적 의무를 저버리고 권력을 남용하는 것이므로 권력 남용과 관계없다는 진술은 옳지 않다.

② (O) [3문단] 이해충돌에 대해 규제하는 것은 외관상 발생 가능성이 있는 것만으로도 정당화되고 있다.
③ (O) [1문단] 이해충돌은 공적 의무과 사적 이익이 충돌한다는 점에서 공직부패와 공통점이 있다.
④ (O) [2문단] 이해충돌은 직무수행 과정에서 빈번하게 나타날 수 있다.
⑤ (O) [2, 3문단] 이해충돌에 대한 전통적인 규제는 공직부패의 사전 예방에 초점이 맞추어져 있었고 최근에는 신뢰성 확보로 변화하고 있다.

06 ④

난이도 하

유형 상황이해 및 추론

해설 ① (X) 출발지가 인천공항인 경우 가능하다.
② (X) 출발지가 김포공항이라서 조건에 맞지 않는다.
③ (X) 미주노선(사이판 포함)은 제외된다.
④ (O) 출발지 인천공항이며, 출발 시각도 21:00, 목적지도 미주가 아니기 때문에 가능하다.
⑤ (X) 항공기 출발 시간이 10:00는 해당되지 않는다.

07 ②

난이도 중

유형 판단 및 의사결정

해설 기준에 따른 계산은 다음과 같다.

	수출	수입	무역의존도
A	300	300	600 / 1000 = 0.6
B	250	250	500 / 3,000 ≒ 0.17
C	200	200	400 / 2,000 = 0.2

따라서 무역의존도가 높은 순서대로 나열하면 A, C, B이다.

08 ⑤

난이도 상

유형 판단 및 의사결정

해설

	총점	학습내용	채택 여부
A	90	25	
B	67 + ㉠(최대 + 30)	30	
C	70 + ㉡(최대 + 20)	20	X(최대가 되어도 학습내용 A보다 적음)
D	85	25	X
E	75	20	X

ㄱ. (O) A보다 점수가 적기 때문에 채택되지 않는다.
ㄴ. (O) 최대가 되어도 총점은 90점이며 학습내용 점수가 A보다 적기 때문에 채택되지 않는다.
ㄷ. (O) 총점은 90점으로 A와 동일하며 학습내용 점수가 높기 때문에 채택된다.

09 ⑤

난이도 상

유형 문제해결

해설 ① (X) 4개 이상의 점에 도달해야 한다.
② (X) 한 번 그은 직선 위에 또 다른 직선을 겹쳐서 그을 수 없는데, 5-9 사이에 겹쳐 긋고 있다.
③ (X) 시작점과 동일한 점에서는 뗄 수 없다.
④ (X) 6에서 4로 갈 때에 5를 거쳐야 하기에 그어진 직선이 지나는 점의 번호인 5가 빠져 있다.
⑤ (O) 모든 규칙을 충족한다.

10 ①

난이도 상

유형 판단 및 의사결정

해설 1) 을은 전문의 수가 2명 이하이며 무는 가장 가까이 있는 기존 산재보험 의료기관까지의 거리가 500m이므로 지정 대상에서 제외된다.
2) 갑, 병, 정을 비교하여 점수를 부여하면 다음과 같다.

	전문의 수	평균 임상경력	행정 처분	가까이 있는 의료기관
갑(28.4)	8	14	2	+ [22 × 20% = 4.4]
병(26)	10	10	10	− [20 × 20% = 4]
무(24.4)	8	20	2	− [28 × 20% = 5.6]

결국 갑이 가장 높은 점수로 선정된다.

11 ②

난이도 하

유형 법학추론

해설 ① (X) 제4조 제4항. 비밀 취급의 인가는 문서로 해야 한다.
② (O) 제3조 제1항, 제2항. I급비밀 취급 인가권자는 법원행정처장이며 I급비밀 취급 인가권자는 II급 및 III급비밀 취급 인가권자이기에 옳은 진술이다.
③ (X) 제4조 제2항. 비밀 취급의 인가는 대상자의 직책에 따라 필요한 최소한의 인원으로 제한해야 한다.
④ (X) 제4조 제3항. 고의 또는 중대한 과실로 중대한 보안 사고를 범한 때 그 취급 인가를 해제해야 하므로, 고의가 아니라도 중대한 과실인 경우 해제할 수 있다.
⑤ (X) 제5조 제2항. I급비밀 취급을 인가하는 때에는 새로 신원조사를 실시해야 한다.

12 ⑤

난이도 하

유형 법학추론

해설 ① (X) 제△△조 제1호. 행정목적으로 사용하기 위하여 국유재산을 행정재산으로 사용 승인한 경우 매각할 수 없다.
② (X) 제□□조 제2항. 각호에 어느 하나에 해당하는 경우 총괄청의 승인을 요하지 않는다. 그런데 지명경쟁인 경우는 해당하지 않는다.
③ (X) 제□□조 제2항 제3호. 법원의 확정판결에 따른 소유권의 변경은 승인을 요하지 않는다.
④ (X) 제□□조 제2항 제1호. 수의계약의 방법으로 매각하는 경우 승인을 요하지 않는다.
⑤ (O) 제△△조 제2호. 행정재산의 용도로 사용하던 소유자 없는 부동산을 행정재산으로 취득하였으나 그 행정재산을 당해 용도로 사용하지 아니하게 된 경우 매각할 수 있다.

13 ①
난이도 하

유형 법학추론

해설 ① (O) (3) 국내에서의 새로운 기술을 기준으로 하므로 특허권을 부여받을 수 있다.
② (X) (5) 보호기간이 10년이므로 11년이 지난 경우에 특허권은 소멸되어 허락을 받을 필요가 없다.
③ (X) (1) 독점권을 부여하는 방식을 선택하였으므로 금전적 보상제도는 해당되지 않는다.
④ (X) (2) 신청에 의한 특허심사절차를 통해야 한다.
⑤ (X) (4) A국 영토로 한정하기에 다른 나라에서의 제조 및 판매한 자로부터 손해배상을 받을 수 없다.

14 ③
난이도 하

유형 상황이해 및 추론

해설 ① (O) [3문단] 공직자는 일반시민이 아니라는 입장이다.
② (O) [1문단] 플라톤은 통치자는 가족과 사유재산을 갖지 말아야 한다는 입장으로 축소된 사생활 보호의 원칙에 가깝다.
③ (X) [3문단] 공직자는 시민을 대표한다는 내용은 축소된 사생활 보호의 원칙에 해당한다.
④ (O) [2문단] 동등한 사생활 보호의 원칙에 해당되는 내용이다.
⑤ (O) [3문단] 축소된 사생활 보호의 원칙의 근거에 해당한다.

15 ④
난이도 하

유형 상황이해 및 추론

해설 ㄱ. (O) [2문단] 고산지대 A시에서 판매되는 휘발유는 다른 지역보다 최소 옥탄가의 기준이 등급별로 2가 낮기 때문에 고급은 91이 된다.
ㄴ. (O) [1문단] 실린더 내의 과도한 열로 인해 노킹 현상이 발생할 수 있다.
ㄷ. (O) [1문단] 공기 휘발유 혼합물이 점화되기도 전에 연소되는 것이 노킹 현상이므로 노킹 현상이 발생하지 않는다면, 공기 휘발유 혼합물이 점화되고 난 후에 연소된 것이다.
ㄹ. (X) [1문단] 연소는 탄화수소가 산소와 반응하여 이산화탄소와 물을 생성하는 것이다.

16 ④
난이도 하

유형 상황이해 및 추론

해설 1) 갑: 동일한 광역시 안에서 이전하기에 국내이전비가 지급되지 않는다.
2) 을: 이사화물을 옮기지 않기에 첫째 요건을 충족하지 않는다.
3) 병: 거주지를 이전하지 않기에 첫째 요건을 충족하지 않는다.
4) 기: 발령을 받은 후에 이전해야 하는데, 발령 이전에 이전하였기에 둘째 요건을 충족하지 않는다.

따라서 정과 무만 국내이전비를 받을 수 있다.

17 ⑤
난이도 상

유형 문제해결

해설 규칙에 따라 이동한 결과는 다음과 같다.

누른 순서	1	2	3	4	5
위치 칸	L	L	B	B	L

따라서 갑의 말이 최종적으로 위치하는 칸은 L칸이다.

18 ②
난이도 중

유형 판단 및 의사결정

해설 1) 지급기준액: 참석수당 3시간 15만 원+원고료 슬라이드 20면=A4 10면 10만 원=25만 원
2) 필요경비: 지급기준액의 60%=25만 원×60%=15만 원
3) 기타소득세: (지급기준액 25만 원-필요경비 15만 원=10만 원)×20%=20,000원
4) 주민세: 기타소득세 20,000×10%=2,000원
5) 지급금액: 250,000-22,000=228,000원

19 ②
난이도 중

유형 문제해결

해설 1) 두 번째 조건에 의해 3, 4, 6, 9는 사용하지 않는다. 따라서 0, 1, 2, 5, 7, 8이 가능하다.
2) 세 번째 조건: 짝, 홀, 홀, 홀, 짝이 되어야 하므로, 홀수인 1, 5, 7은 모두 사용하며 짝수 중 하나는 빠져야 한다.
3) 4번 조건: 가장 큰 수 짝수가 첫 자리에 와야 하며 홀수 중 7은 사용되어야 하므로 8이 첫 자리에 와야 한다.
4) 4번 조건: 가장 작은 수 짝수가 마지막에 와야 하므로 홀수 1보다 작은 0이 온다.
5) 5번 조건: 현재 6보다 둘째 자릿수가 커야 하므로 7이 온다. (8-7-홀-홀-0)
6) 6번 조건: 1이 세 번째에 올 경우 두 번째인 7과 6 차이가 나므로 조건을 위배한다. 따라서 세 번째에 5가 오고, 네 번째에 1이 온다. (8-7-5-1-0)

따라서 비밀번호의 둘째 자리 숫자와 넷째 자리 숫자의 합은 8이다.

20 ③
난이도 상

유형 판단 및 의사결정

해설 ㄱ. (O) 1일은 홀수일이므로 E에서 짝수인 갑은 운행할 수 있다.
ㄴ. (X) 6일은 짝수일이므로 A에서 홀수 9로 끝나는 차량을 가진 을은 운행할 수 있으나, D에서는 목요일에 9로 끝나는 차량은 운행할 수 없다.
ㄷ. (X) A와 H는 홀수일에 각각 홀수와 짝수로 끝나는 차량은 운행할 수 없고 짝수일에는 각각 짝수와 홀수로 끝나는 차량이 운행할 수 없다. 따라서 두 도시를 한 날에 이동할 수 없다.
ㄹ. (O) D시에서는 토요일에 제한되지 않으므로 운행할 수 있다. 그리고 F시에는 홀수일이므로 짝수인 차량을 가진 정은 운행할 수 있다.

21 ③
난이도 중

유형 문제해결

해설 ㄱ. (O) A방향으로 모두 보이게 하는 방식은 키가 작은 어린이로부터

큰 어린이의 순서로 배열하는 방법뿐이다. 즉 5-3-6-1-4-2의 순서대로 배치할 경우밖에 없다.

ㄴ. (O) 세 번째로 키 큰 어린이가 5번 자리에 있을 경우, 그 뒤에 6번 자리 하나밖에 없으므로 세 번째로 키 큰 어린이 앞에 그보다 키 큰 어린이 1명이 올 수밖에 없다. 따라서 그 어린이의 뒤통수는 볼 수 없다.

ㄷ. (O) B방향에서 2명만 보일 경우 B방향에서 작은 어린이와 큰 어린이의 배치가 이루어져야 한다. 따라서 A방향에서는 6번 자리 어린이는 보이지 않게 된다.

ㄹ. (X) B방향에서 3명이 보일 경우, A방향에서는 4명이 보일 수 있다. 5-3-6-2-4-1의 배치가 될 경우 가능하다.

22 ④ 난이도 상

유형 문제해결

해설 ㄱ. (O) 1, 2라운드 모두 A팀 왼손잡이가 승리하여 4점, B팀은 3라운드에서 오른손잡이가 승리하기에 0점이므로 두 팀의 점수 합은 4점이다.

	1	2	3	4	5
A	왼손(가위) +2	왼손(가위) +2	양손(바위)		
B	오른손(보)	오른손(보)	오른손(보) 0		

ㄴ. (X) A팀에서 모두 오른손잡이(보)를 출전시키고 B팀에서 왼손(가위+2), 양손잡이(바위)를 출전시킬 경우 A팀이 4 : 2로 이기기 때문에 B팀이 승리하지 못하는 경우가 발생할 수 있다.

	1	2	3	4	5
A	왼손(가위) +2	왼손(가위) +2	양손(바위)	오른손(보)	오른손(보) 0
0B	오른손(보)	오른손(보)	오른손(보) 0	왼손(가위) +2	양손(바위)

ㄷ. (O) 4, 5라운드에서 B팀이 왼손(가위) 양손잡이(바위)를, A팀이 오른손(보) 왼손잡이(가위)를 출전시킬 경우 B팀이 모두 이기기 때문에 합계 5점으로 승리하는 경우가 있을 수 있다.

	1	2	3	4	5
A	왼손(가위) +2	왼손(가위) +2	양손(바위)	오른손(보)	왼손(가위)
B	오른손(보)	오른손(보)	오른손(보) 0	왼손(가위) +2	양손(바위) +3

23 ② 난이도 중

유형 문제해결

해설 1. 모형화: 네 사람 갑, 을, 병, 정이 직업, 연령, 금융상품이 모두 다르고 수익률 및 투자액도 모두 다르다. 따라서 다음과 같은 도표를 만들 수 있다.

	연령	직업	금융	수익률	투자액
갑					
을					
병					
정					

2. 규칙 적용

1) 50대 주부는 주식에 투자했고 투자액이 가장 크다. 이를 블록을 사용하여 표현하면 다음과 같다.

연령	직업	금융	수익률	투자액
50대	주부	주식		1위

2) 반드시 참과 거짓 규칙 적용

30대 회사원 병이 수익률이 가장 높고, 을은 40대 회사원으로 옵션 투자하지 않았고 갑은 주식과 옵션 투자하지 않았다.

	연령	직업	금융	수익률	투자액
갑			~~주식, 옵션~~		
을	40대	회사원	~~옵션~~		
병	30대	회사원		1위	
정					

3. 추리

50대이면서 주식에 투자한 사람이 가능한 경우는 정뿐이다. 따라서 갑이 60대 사업가임을 알 수 있고, 옵션에 투자하는 사람은 병임도 알 수 있다. 이때 갑은 선물에 투자했음도 추리할 수 있다. 결국 을은 나머지 채권에 투자한 사람이 된다.

	연령	직업	금융	수익률	투자액
갑	60대	사업가	선물		
을	40대	회사원	채권		
병	30대	회사원	옵션	1위	
정	50대	주부	주식		1위

① (X) 채권 투자자는 을이다.
② (O) 선물 투자자는 사업가인 갑이다.
③ (X) 투자액 1위는 정이다.
④ (X) 회사원인 병이 옵션에 투자했다.
⑤ (X) 수익률이 가장 높은 사람은 병이며 옵션에 투자한 사람이다.

24 ③ 난이도 상

유형 판단 및 의사결정

해설 시간에 따른 미세먼지의 양적 변화는 다음과 같다.

시간	공기청정기	학생(증가)	미세먼지
15:50~16:00(10)	90 − 15		75
16:00~16:40(40)	− 60	+ (2 × 5 × 4 =)40	75 − 20 = 55
16:40~18:00(80)	− 120	+ (5 × 5 × 8 =)200	55 + 80 = 135
18:00~	105 = (15 × 7)		30

따라서 공기청정기가 자동으로 꺼지는 시각은 19시 10분이다.

25 ④ 난이도 중

유형 상황이해 및 추론

해설 ① (O) 갑은 패럴림픽 'ALL' 카드가 있으므로 모든 시설에 입장할 수 있다.
② (O) 패럴림픽의 T1은 VIP용 지정차량을 탑승하는 권한이므로 가능하다.
③ (O) 올림픽 기간 동안 OFH는 올림픽 패밀리 호텔에 들어갈 수 있는 권한이므로 가능하다.
④ (X) 올림픽 카드에 있어서 선수준비 구역은 코드 2이지만 갑돌이는 4와 6만 부여받았기에 들어갈 수 없다.
⑤ (O) 올림픽 카드의 TM은 미디어 셔틀버스를 탈 수 있는 권한이므로 가능하다.

민경채 2019년 기출문제 정답 및 해설

모바일 자동 채점 및 성적 분석 서비스

정답

p.106

01	02	03	04	05	06	07	08	09	10
①	②	④	①	③	②	①	②	③	⑤
11	**12**	**13**	**14**	**15**	**16**	**17**	**18**	**19**	**20**
①	⑤	②	②	⑤	⑤	④	③	①	④
21	**22**	**23**	**24**	**25**					
③	②	⑤	④	①					

해설

01 ① 난이도 하

유형 법학추론

해설 ㄱ. (O) 제4조 제2항에 의해 허가를 취소할 수 있다.
ㄴ. (O) 제3조 제2항 제2조에 의해 면제할 수 있다.
ㄷ. (X) 제4조 제3항은 제2항의 경우에만 가능하다.
ㄹ. (X) 제2조 제3항에 의해 1개월 전에 갱신해야 한다.

02 ② 난이도 중

유형 법학추론

해설 ① (X) 제2조 제1항에 의해 24시간이 지난 후에 매장할 수 있다.
② (O) 제3조 제2항에 의해 화장시설을 관할하는 C시장에게 신고해야 한다.
③ (X) 제4조 제2항에 의해 해당 묘지 소재지를 관할하는 시장 등의 신고가 아니라, 허가를 받아야 한다.
④ (X) 제3조 제1항에서 자연장은 신고에서 제외되며 '허가'의 대상도 아니다.
⑤ (X) 제3조 제3항에 의해 허가가 아니라 신고해야 한다.

03 ④ 난이도 하

유형 상황이해 및 추론

해설 1) 특허심사청구료: 1건 143,000 + 3항 132,000(44,000 × 3) = 275,000원
2) 특허출원료:
(1) 국어로 작성된 서면: 나 규정 적용 → 66,000 + 7,000 = 73,000원
(2) 외국어로 작성된 서면: 라 규정 적용 → 93,000 + 7,000 = 100,000원

∴ 국어로 작성된 경우 = 275,000 + 73,000 = 348,000원
∴ 외국어로 작성된 경우 = 275,000 + 100,000 = 375,000원

04 ① 난이도 하

유형 상황이해 및 추론

해설 ① (X) 수라상에는 원반과 협반이 차려진다. 수라는 둘째 날 죽수라, 조수라와 석수라 세 번 있으며, 따라서 협반은 둘째 날 총 3회 사용되었다.
② (O) 주식이 미음인 '미음상'이 차려진 경우는 없으므로 옳은 진술이다. '미음'은 수라 후에 첫째 날에 차려졌을 뿐이다.
③ (O) 둘째 날 조수라 이후에 주다반과(국수 주식)로 차려졌을 뿐, 주수라가 차려지지는 않았다.
④ (O) 첫째 날과 둘째 날 모두 야다반과가 차려졌으므로, 국수를 중심으로 하고 찬과 후식류가 자기에 담아 한 상에 차려졌음을 알 수 있다.
⑤ (O) '반과'가 첫째 날 조다반과, 주다반과, 야다반과 3번, 둘째 날 주다반과와 야다반과 2번 총 5번이 차려졌다.

05 ③ 난이도 중

유형 판단 및 의사결정

해설 ㄱ. (O) 각기: ㄱ 3개 = 2^3 = 8 / 논리: ㄴ 2개, ㄹ 1개 = $(2^2 + 2)/2 = 3$
ㄴ. (O) 예를 들어 '단백질'은 3개의 글자 수이며 5개의 자음 1개씩으로 구성되어 있기에 (2 + 2 + 2 + 2 + 2) / 5 = 2이다. 한편 '나'는 한 글자이지만 단어점수는 2로 동일할 수 있다.
ㄷ. (X) 각주에서 의미가 없는 글자의 나열도 단어로 인정한다고 하였으므로, 같은 자음이 8개로 구성된 글자 수 4개인 단어를 만들 수 있다. 이때 2^8 = 258이므로 250점을 넘을 수 있다.

06 ②

난이도 중

유형 판단 및 의사결정

해설 ① (X) 서울: 10+10+7+10=37

② (O) 인천: 10+7+10+5(교통에서 A)+3+5(바다를 끼고 있음) =40

③ (X) 대전: 회의시설에서 C를 받아 제외

④ (X) 부산: 7+10+7+10+5(바다를 끼고 있음)=39

⑤ (X) 제주: 회의시설에서 C를 받아 제외

07 ①

난이도 하

유형 문제해결

해설 1) 청소를 한 구역은 바로 다음 영업일에 하지 않는다.

2) C는 3회 청소, 일요일에 청소: 1)에 의해 월요일에 C구역 청소는 하지 않는다.

요일	월	화	수	목	금	토	일	월
구역			휴업			notC	C	notC

3) C는 화, 금 청소: 청소한 구역은 다음 영업일에 하지 않기에 목요일은 하지 않는다.

요일	월	화	수	목	금	토	일	월
구역		C	휴업		C		C	

4) B구역: 2회, 청소한 후 영업일, 휴업일 가리지 않고 이틀간 청소하지 않는다.: B는 월, 목

요일	월	화	수	목	금	토	일	월
구역	B	C	휴업	B	C		C	B

5) 나머지는 토요일에 A구역을 청소한다.

요일	월	화	수	목	금	토	일	월
구역	B	C	휴업	B	C	A	C	B

08 ②

난이도 상

유형 판단 및 의사결정

해설 ㄱ. (X) 첫 줄에서 A가 26이면, C+E=50이다. 둘째 줄에서 C+F=58이므로, F가 E보다 8만 원이 비싸다.

ㄴ. (O) 넷째 줄에서 D+F=82이므로 B=127-82=45이다. 45는 정가에 10% 할인된 금액이므로, 원래 금액을 'x'라고 할 경우 다음과 같이 50만 원이 된다.

x-1/10x=45, 9/10x=45, x=50

ㄷ. (X) 둘째 줄에서 C가 30이면 F가 28인 것을 알 수 있으며, 이를 통해 D=54임을 알 수 있다. 그리고 A+E=46임을 알 수 있지만, E의 금액을 알 수 없다.

ㄹ. (X) 둘째 줄에서 C+F=58, 넷째 줄에서 D+F=82이므로 D가 C보다 24만 원 비싸다.

09 ③

난이도 하

유형 상황이해 및 추론

해설 ㄱ. (O) 자본금액이 100억 원을 초과하기 때문에 첫 번째, 두 번째, 세 번째 (1) 경우 중 하나이며 이때 세액의 최소 금액은 20만 원이다.

ㄴ. (X) 제시된 경우에 해당되지 않기에 그 밖의 법인으로 5만 원이 된다.

ㄷ. (X) 100명을 초과해도 자본금액이 10억 원 이하일 경우 그 밖의 법인에 해당되어 5만 원이 될 수도 있다.

ㄹ. (O) 갑의 종업원 수가 100명을 초과할 경우 50만 원, 을의 종업원 수가 100명을 초과할 경우 10만 원, 병의 자본금액이 100억 원을 초과할 경우 50만 원이 되어 최대 110만 원이 된다.

10 ⑤

난이도 하

유형 판단 및 의사결정

해설 1) A: 정성평가가 20점이므로 재난안전분야와 재난관리 각각 10점으로 상에 해당한다.

2) 정성평가 기준에 의하면, 상은 20%를 줄 수 있는데 총 5개 기관이므로 1개에 해당하며 그 기관은 A임을 알 수 있다. 따라서 나머지 기관은 중 또는 하에 해당한다.

3) 중은 정성평가 각각에 60%이므로 3개 기관이며, 하는 1개 기관에 해당한다.

4) B, C: 정성평가가 11점이므로 점수는 6점과 5점으로만 가능하다. 따라서 B와 C 각각 재난안전분야와 종합평가에서 각각 6점, 5점을 받았다.

5) D, E: 정성평가는 최대 6+5=11점, 최소 3+1=4점이 되며, 8점 또는 7점이 될 수도 있다.

① (X) A와 B가 동일하게 91점인데, 동점일 경우 정성평가가 높은 순서로 결정되므로, 정성평가가 높은 A는 1위이며 2위가 될 수 없다.

② (X) D가 최댓값 11점을 얻어도 합 85점이 된다. 따라서 B가 91점이므로 3위가 될 수 없고 2위가 된다.

③ (X) C는 80점인데, D가 최댓값 11점을 얻으면 85점이 되므로 4위가 될 수 있다.

④ (X) D가 최댓값 11점을 얻어 85점이 되면, D가 3위가 될 수 있다.

⑤ (O) D가 최소 +4가 되면 총점은 78점이 되며, E는 최대 +11이 되면 77점이 된다. 따라서 어떠한 경우에도 E는 5위가 될 것이다.

11 ①

난이도 하

유형 상황이해 및 추론

해설 ㄱ. (O) 제1조 제1항에 의해 가능하다.

ㄴ. (X) 제1조 제1항에 의해 내국통화로 분할하여 납입할 수 있다.

ㄷ. (X) 제1조 제1항. 미합중국통화 또는 내국통화로 해야 하기에 출자금 전부를 내국통화로 출자한 경우 일부액을 미합중국통화로 중복해서 출자할 수 없다.

ㄹ. (X) 제2조 제1항에 의해 기획재정부장관이 지급해야 한다.

12 ⑤

난이도 상

유형 상황이해 및 추론

해설 ① (X) 을이 아닌 갑이 을과의 계약을 착오의 이유로 해제할 수 있다.

②, ④ (X) 하자가 아닌 착오를 이유로 해제할 수 있다.

③ (X), ⑤ (O) 착오를 이유로 착오에서 벗어난 날부터 3년 이내, 계약한 날부터 10년 이내에 해제할 수 있으므로 가능하다.

13 ② 난이도 하

유형 상황이해 및 추론

해설 ① (X) 제1조 제1항에 의해 채권자의 신청에 따라 조회할 수 있으나, 관할법원의 직권으로 조회할 수 있는 것은 아니다.
② (O) 제1조 제4항에서 정당한 사유 없이 거부하지 못한다고 규정하고 있다. 따라서 정당한 사유가 있다면 거부할 수 있다.
③ (X) 제2조 제1항에 의해 강제집행 외의 목적으로 사용하여서는 안 된다.
④ (X) 제1조 제5항에 의해 500만 원 이하의 과태료에 처하지만 벌금에 처하지는 않는다.
⑤ (X) 제1조 제2항에 의해 비용은 미리 내야 한다.

14 ② 난이도 중

유형 판단 및 의사결정

해설 ㄱ. (O) 최소 각도와 반비례가 시력이므로 1/10=0.1이 된다.
ㄴ. (O) A는 5초이며, 1초는 1분의 1/60이므로, 5초는 5분의 1/60이다. 1초는 1도의 1/60이므로 5초는 5×1/60=1/12이다. 따라서 최소 각도는 1/12이 되며, 최소 각도의 반비례가 시력이므로 12가 된다.
ㄷ. (X) 시력은 최소 각도의 반비례이므로 1/1.25=0.8이며, 1/0.1=10이므로 을이 갑보다 시력이 더 좋다.

15 ⑤ 난이도 상

유형 문제해결

해설

가	나	다	라	마	바	사	아	자	차	카
A	A#	B	C	C#	D	D#	E	F	F#	G

따라서 ⓐ는 E음으로 [가락]에서 모두 4번을 누른 상태로 줄을 튕겼다.

16 ⑤ 난이도 상

유형 판단 및 의사결정

해설

	적합	부적합
지원자(1,200)	800	400
채용(360)	320	40
탈락(840)	480	360

㉠ 오탈락률: 탈락 지원자/적합한 지원자=480/800=6/10=60%
㉡ 오채용률: 부적합 지원자/채용한 지원자=40/400=10%

17 ④ 난이도 하

유형 판단 및 의사결정

해설

	미세먼지	운행	not운행	갑(4일)	을(2일)	병(3일)
월(12)	O	짝수	홀수	O		X
화(13)	O	홀수	짝수	X		O
수(14)	O	짝수	홀수	O		X
목(15)	X		7, 8	O		O
금(16)	X		9, 0	O		O

1) 갑: 짝수이며, 7, 8, 9, 0이 아님: 2, 4, 6 중 하나
2) 병: 홀수이며 7, 8, 9, 0이 아님: 1, 3, 5 중 하나
3) 을: 홀수 또는 짝수: 최댓값 9 가능 - 13일, 15일 운행

따라서 세 사람의 번호 최댓값 합은 갑 6+병 5+을 9=20이 된다.

18 ③ 난이도 중

유형 문제해결

해설 1) A: 3의 배수 켜진 상태이면 끈다.
2) B: 2의 배수 켜진 상태라면 끄고, 꺼진 상태라면 켠다.
3) C: 3번 기준으로 켜진 전구 개수가 많은 쪽 전부 끈다. 동일 개수일 때에는 양쪽 모두 끈다.

① (X) (O: 켜짐, X: 꺼짐)

	1	2	3	4	5	6
상태	O	O	O	X	X	X
A	O	O	X	X	X	X
B	O	X	X	O	X	O
C	O	X	X	X	X	X

② (X)

	1	2	3	4	5	6
상태	O	O	O	X	X	X
A	O	O	X	X	X	X
C	X	X	X	X	X	X
B	X	O	X	O	X	O

③ (O)

	1	2	3	4	5	6
상태	O	O	O	X	X	X
B	O	X	O	O	X	O
A	O	X	X	O	X	X
C	X	X	X	X	X	X

④ (X)

	1	2	3	4	5	6
상태	O	O	O	X	X	X
B	O	X	O	O	X	O
C	O	X	O	X	X	X
A	O	X	X	X	X	X

⑤ (X)

	1	2	3	4	5	6
상태	O	O	O	X	X	X
C	X	X	O	X	X	X
B	X	O	X	O	X	O
A	X	O	X	O	X	X

19 ① 난이도 상

유형 문제해결

해설 ㄱ. (O) (1)에 해당 4명, (2)에 해당 5명: 연령별 비율로 맞출 경우 (1)에 2명, (2)에 1명이 최소로 필요하다. 혼합반을 편성해도 총 9명이기에 보육교사는 최소 3명이 필요하다.

ㄴ. (X) (2)가 6명, (3)이 12명이므로 연령별로 각각 2명씩 총 4명이 필요하다. 혼합반을 구성해도 총 18명으로 최소 4명이 필요하다.

ㄷ. (X) (1) 1명, (3) 2명으로 연령별 각각 1명씩 총 2명이 필요하다. 혼합반은 편성이 불가능하기에 결국 최소 보육교사는 2명을 배치해야 한다.

20 ④

난이도 중

유형 판단 및 의사결정

해설 ㄱ. (O) D 등급은 0%로 나타나도 허용되므로 전원에게 C^+이상을 줄 수 있다.

ㄴ. (X) A 등급은 총 20명 중 10~30%이므로 2명에서 6명이 되며, B 등급은 4~7명, C 등급은 4~8명이 될 수 있다. 이때 A 등급을 2명, B 등급을 4명을 줄 경우 총 6명이 되어 7위인 79점을 받은 학생은 C 등급이 될 수 있다.

ㄷ. (O) A 등급이 5명이면 나머지 1명은 B 등급으로 배정될 수 있다. B 등급의 최대는 7명이기 때문에 이 경우 최대 8명이 B 등급의 학점이 부여될 수 있다.

ㄹ. (O) 59점을 받은 학생은 18위이므로, A와 B 등급의 최대 합은 13명이기에 A 또는 B 등급을 받을 수 없다. 따라서 그 외의 등급이 가능하다.

21 ③

난이도 상

유형 판단 및 의사결정

해설 1) A시를 출발하고 20분 후 그 지점에서 볼 때에 B까지 거리의 절반만큼 왔다고 했으므로, A와 B 사이의 1/3 거리에 있음을 알 수 있다. 그렇다면 A에서 B까지 1시간이 걸린다.

2) 이후 75분 후에 위치한 곳은 그 지점에서부터 B까지 거리의 절반만큼 남았다고 하였으므로, B로부터 C까지의 2/3 지점에 있음을 알 수 있다.

3) B로부터 C까지의 2/3 지점에서 나머지 1/3을 가는 데에 30분이 걸렸으므로, B에서 C까지는 90분이 걸린다는 것을 알 수 있다.

4) A에서 B까지 1/3 지점(20분 지남)에서 B에서 C까지의 2/3 지점(30분 남음)까지 75km이다. 그런데 A에서 B까지 나머지 2/3는 40분이며, B에서 C까지 2/3는 60분이 걸렸고 일정한 속력으로 운전하였으므로 100분 동안 75km를 간 것이다. 10분에 7.5km에 해당한다.

5) A에서 B까지 60분이 걸렸고 10분에 7.5km를 가기 때문에 A에서 B까지의 거리는 6×7.5=45km가 된다.

22 ②

난이도 상

유형 문제해결

해설 1) 지나가 생일이 제일 빠를 수도 있기에 3월에 해당한다. 물론 3월이 2명이기에 확실히는 모르겠다고 대답한 것이다.

2) 혜명이 지나보다 빠를 수도 있다는 것은 혜명도 3월이라는 것이다.

3) 민경의 생일이 6월이라면, 앞에서 지나와 혜명이 3월이므로 정선은 9월임을 알 수 있다. 그런데 민경이 모르겠다는 것은 본인이 9월이기 때문이다.

4) 효인이 민경이보다 생일이 빠를 수도 그렇지 않을 수도 있다는 것은 효인도 생일이 9월이기 때문이다.

5) 결국 지나와 혜명이 3월, 민경과 효인이 9월이기에 나머지 정선은 6월임을 추론할 수 있다.

23 ⑤

난이도 상

유형 판단 및 의사결정

해설 1) A - B의 혼잡도는 20으로 보통이다. 따라서 ㉡은 보통이 된다.

2) B - C 구간이 매우혼잡이므로 하차 10명을 포함하여 결과적으로 총인원이 36~40이 되어야 한다. A - B 구간이 20명이고, 하차를 10명이 했으므로 10명이 남은 상황이다. 따라서 매우혼잡이 되기 위해서는 B에서 승차는 26~30이 해야 한다.

3) C - D 구간도 매우혼잡이 되어야 한다. C에서 5명이 승차를 했는데 만약 36명이 있었을 경우 하차도 5명이 되어야 한다.

4) D에서 10명이 하차를 했으므로 승차가 없을 경우 26~30이 최솟값이 된다. 이때에는 혼잡이 된다. 승차가 6명 이상일 경우 매우혼잡의 가능성도 있다.

5) E - F가 보통이므로 16~25가 되어야 한다. D의 최솟값을 기준으로 15명이 승차를 하면 41~45가 되는데, 보통이 되기 위해서는 적어도 41-25=16명이 하차를 해야 한다.

① (X) 3)에 의한 경우가 나타날 수 있으므로 하차한 사람이 아무도 없다고 추론할 수는 없다.

② (X) 5)에 의해 적어도 16명이 하차를 해야 한다.

③ (X) 2)에 의해 B에서 승차는 26~30이 해야 한다. 그러므로 최솟값과 최댓값의 합은 56이 된다.

④ (X) 1)에서 A - B의 혼잡도는 20으로 보통이다. 따라서 ㉡은 보통이 된다.

⑤ (O) 4)에 의해 혼잡이거나 매우혼잡이 된다.

24 ④

난이도 상

유형 판단 및 의사결정

해설 ㄱ. (X) 사슴의 수명이 13년이므로 효용은 13×40=520이다. 곰을 선택할 경우 11년을 포기해야 하므로 (13-11)×170=340이다. 따라서 곰을 선택하지 않는다.

ㄴ. (O) 사슴이 20년 수명이라면, 20×40=800이다. 독수리를 선택하면 (20-5)×50=750이다. 따라서 독수리를 선택하지 않는다.

ㄷ. (O) 호랑이와 사자의 효용은 각각 200, 250이며, 이들의 최소공배수는 1,000이다. 이때 사슴의 남은 수명에서 뺀 수치는 호랑이가 사자보다 1이 더 많기에 (4, 5)가 된다. 따라서 효용이 같은 경우가 있다. 즉 사슴의 수명이 18년일 경우 동일한 효용을 가지게 된다.

25 ①

난이도 중

유형 상황이해 및 추론

해설 ㄱ. (X) [2문단] 갑은 사망 전에 변호사 병을 소송대리인으로 선임한 상태이기에 절차는 중단되지 않는다.

ㄴ. (X) [2문단] 소송대리인인 변호사의 사망은 중단사유가 아니다. 당사자가 절차를 진행할 수 있기 때문이다.

ㄷ. (X) [3문단] 사고로 법원이 직무수행을 할 수 없게 된 당연중지의 경우이다. 법원의 속행명령이 아니라, 법원의 직무수행불능 상태가 소멸함과 동시에 중지도 해소된다.

ㄹ. (O) [3문단] 재판중지에 해당하며, 법원의 재판에 의해 절차진행이 정지된다. 그리고 법원의 취소재판에 의하여 중지가 해소되고 절차는 진행된다.

모바일 자동 채점 및 성적 분석 서비스

민경채 2018년 기출문제 정답 및 해설

정답

p.120

01	02	03	04	05	06	07	08	09	10
③	⑤	⑤	②	①	①	③	①	③	②
11	**12**	**13**	**14**	**15**	**16**	**17**	**18**	**19**	**20**
④	⑤	⑤	④	⑤	③	①	④	④	①
21	**22**	**23**	**24**	**25**					
⑤	②	③	②	①					

해설

01 ③
난이도 하

유형 상황이해 및 추론

해설 ① (X) [1문단] 정책의 쟁점 관리는 정책 쟁점이 미디어 의제로 전환된 후부터 진행된다.
② (X) [2문단] 지식수준이 높지만 관여도가 높지 않은 공중은 '인지 공중'이다.
③ (O) [2문단] 비활동 공중이 관여도가 높아지게 되면 '환기 공중'으로 변화한다.
④ (X) 다른 유형으로 변화될 수 있다.
⑤ (X) [3문단] 환기 공중의 경우 지식수준을 높이면 활동 공중으로 변할 수 있다.

02 ⑤
난이도 하

유형 상황이해 및 추론

해설 ① (X) 제2조 제2항. 둘 이상의 지방자치단체의 장이 설치하는 경우 인가를 받은 구청장이 관리청이 되므로 A자치구의 구청장이 된다.
② (X) 제1조 제5항. 환경부장관과 인가가 아니라, 미리 협의하여야 한다.
③ (X) 제1조 제4항. 폐지하려면 시·도지사의 인가를 받아야 한다.
④ (X) 제1조 제2항. 변경할 수 있다.
⑤ (O) 제1조 제3항. 공공하수도를 설치하려면 인가를 받아야 한다.

03 ⑤
난이도 하

유형 상황이해 및 추론

해설 ① (X) [1문단] 좌우별감은 좌수의 아랫자리이다.
② (X) [2문단] 감사나 어사가 식년에 9명씩 추천한다.
③ (X) [3문단] 자리를 채우되 정사는 맡기지 말라고 하였다.
④ (X) [2문단] 좌서후보자 모두 종사랑의 품계를 준다.
⑤ (O) [3문단] 도덕성을 재주나 슬기보다 우선하여 평가한다.

04 ②
난이도 하

유형 상황이해 및 추론

해설 ① (X) 사서는 폐기심의 대상 목록을 작성하나(나목), 폐기심의위원회는 폐기를 사서에게 위임한다.(다목)
② (O) 이견이 있는 자료는 당해 연도의 폐기 대상에서 제외하고 다음 연도의 회의에서 재결정한다. 따라서 바로 다음 회의에서 논의되지 않는다.(다목)
③ (X) 폐기심의위원회는 폐기심의대상 목록과 자료의 실물과 목록을 대조하여 확인해야 한다.(다목)
④ (X) 폐기한 자료의 목록과 폐기 경위에 관한 기록은 보존해야 하기에 옳지 않다. (마목)
⑤ (X) 도서관 직원은 이용하기 곤란하다고 생각되는 자료는 발견 즉시 회수하여 사무실로 옮겨야 하고(가목), 사무실에 회수된 자료는 사서들이 일차적으로 갱신 대상을 추려내어 갱신하고 폐기 대상 자료로 판단되는 것은 폐기심의대상 목록으로 작성하여 폐기심의위원회에 제출한다.

05 ①
난이도 하

유형 법학추론

해설 ㄱ. (O) 제1조 제1항 제1호에 따르면, 피신청인의 근무지 지방법원에 조정 신청이 가능하다.
ㄴ. (X) 제3조 제1항에 의해 조정을 하지 않는 결정에 불복할 수 없다.
ㄷ. (O) 제3조 제3항에 의해 조정조서는 판결과 동일한 효력을 갖는다.
ㄹ. (X) 제4조 제2호에서 조정 불성립으로 사건이 종결된 경우 조정신청을 한 때에 민사소송이 제기된 것으로 본다.

ㅁ. (X) 제3조 제1항. 신청인이 부당한 목적으로 조정을 한 경우에는 조정을 하지 아니하는 결정으로 사건을 종결시킬 수 있다.

06 ①

난이도 중

유형 법학추론

해설 ㄱ. (O) 제2조 제1항에서 임대가능성을 규정하고 있다.

ㄴ. (O) 연간 임대료는 1천분의 10 즉, 1/100이다. 따라서 5억 원의 1/100이므로 5백만 원이다. 그런데 문화시설로 사용할 경우 임대료 감액이 되어 임대료의 1/2 이하가 감액된다. 따라서 임대료의 최저액은 250만 원이 된다.

ㄷ. (X) 제3조 제1항 제3호에 의해 실제 거주하는 지역주민이 공동으로 소득증대시설로 사용하려는 경우 감액이 가능하다. 따라서 단독으로 하는 것은 해당되지 않는다.

ㄹ. (X) 제3조 제1항 제2호에 의해 지역주민이 아니어도 공공체육시설로 사용할 경우 임대료를 감액받을 수 있다.

07 ③

난이도 중

유형 판단 및 의사결정

해설 1) 1/25,000은 실제 수평거리 25,000cm를 지도상에 1cm로 나타낸 것이다. 4cm이므로 100,000cm가 실제 수평거리이다.

2) 표고는 1/25,000에서는 10m마다 그린 것이므로 표고 차이는 30m(3,000cm)이다.

3) 경사도는 표고 차이/실제 수평거리이므로 3,000/100,000=0.03이다.

08 ①

난이도 중

유형 판단 및 의사결정

해설 ㄱ. (O) A는 최소 접종연령이 12개월이며, 1, 2차 사이가 12개월이다. 4일 이내로 앞당겨서 일찍 접종을 할 수 있으므로 만 2세가 되기 전에 2회 모두 실시할 수 있다.

ㄴ. (X) B는 만 4세(48개월) 이후에 3차 접종을 유효하게 했다면 4차를 생략한다. 45개월에 1차 접종할 경우, 2차는 4주 후, 3차는 4주 후이므로 총 8주(56일)로, 2개월이 안 된다. 따라서 47개월 이전에 3차를 접종하므로 4세 이전에 한 것이다. 따라서 4차를 접종할 수 있다.

ㄷ. (X) 생후 40일에 접종한 것은 C의 최소 접종 연령 6주(42일)에서 2일 빠르므로 유효하다. 2차는 4주(28일) 사이이기에 68일이 되며, 4일 이내로 앞당길 수 있으므로 64일까지 유효하다. 그런데 60일에 한 접종은 유효하지 않다.

09 ③

난이도 상

유형 판단 및 의사결정

해설 1) 윗면의 숫자와 아랫면의 숫자의 합은 7이다. 만약 0이 있을 경우 검은 블록이 없기 때문에 아랫면도 0이 된다.

2) 그림에서 윗면에 0이 쓰인 곳은 6곳이다. 따라서 숫자가 아랫면에 쓰인 곳은 30개이다.

3) 30×7=210이며, 윗면의 숫자 합이 109이므로 210-109=101이 된다.

10 ②

난이도 상

유형 문제해결

해설 모두 3가지의 역량을 가지고 있다.

1) 자원관리역량은 병을 제외한 모두가 갖추고 있다.

	의사소통	대인관계	문제해결	정보수집	자원관리
갑					O
을					O
병					X
정					O

2) 정은 대인관계역량, 문제해결역량, 자원관리역량을 갖추고 있다.

	의사소통	대인관계	문제해결	정보수집	자원관리
갑					O
을					O
병					X
정	X	O	O	X	O

3) 갑은 심리상담을 할 수 있으므로 의사소통역량과 대인관계역량이 있고, 을과 병은 진학지도를 할 수 있으므로 문제해결과 정보수집역량이 있다.

	의사소통	대인관계	문제해결	정보수집	자원관리
갑	O	O	X	X	O
을	X	X	O	O	O
병			O	O	X
정	X	O	O	X	O

4) 대인관계역량은 2명밖에 없으므로 병은 대인관계역량이 없다.

	의사소통	대인관계	문제해결	정보수집	자원관리
갑	O	O	X	X	O
을	X	X	O	O	O
병	O	X	O	O	X
정	X	O	O	X	O

5) 각자의 가능한 업무는 다음과 같다.

	의사소통	대인관계	문제해결	정보수집	자원관리	업무
갑	O	O	X	X	O	심리, 지역
을	X	X	O	O	O	진학
병	O	X	O	O	X	위기, 진학
정	X	O	O	X	O	지역

따라서 A복지관에 채용될 2명의 후보자는 갑과 병이다.

11 ④

난이도 하

유형 상황이해 및 추론

해설 ① (O) [3문단] 변경된 현행 제도에서는 변경 전에 비해 만 5세 이하 자녀를 둔 공무원을 대상으로 1주일에 2일, 1일 2시간으로 확대되었다.

② (O) [4문단] 변경된 현행 제도에 따르면 '자녀돌봄휴가'는 자녀가 3명 이상일 경우 1일 가산하여 연간 최대 3일을 사용할 수 있다.

③ (O) [2문단] 기존 임신 12주 이내 또는 임신 36주 이상인 여성 공무원을 대상으로 하던 '모성보호시간'은 임신 기간 전체로 확대되어 모성보호시간을 사용할 수 있게 되었다.

④ (X) [4문단] 기존의 '자녀돌봄휴가'는 학교에서 공식적으로 주최하는 행사와 공식적인 상담에만 허용되었다. 따라서 자녀의 병원진료를 위해서는 사용할 수 없었다.

⑤ (O) [3문단] 변경된 제도에 의하면, 만 5세 이하 자녀를 둔 공무원은 '육아시간'을 1주일에 2일, 1일 2시간이므로 총 4시간을 사용할 수 있다.

12 ⑤

난이도 하

유형 상황이해 및 추론

해설 ㄱ. (X) 제2조 제1항. 상품이나 거래 분야의 성질에 비추어 고려할 수 있다.

ㄴ. (X) 제1조 제2항. 2년 이하의 징역 또는 1억 5천만 원 이하의 벌금에 처한다.

ㄷ. (O) 제3조 제1항. 1억 원 이하의 과태료를 부과하기에 가능하다.

ㄹ. (O) 제2조 제1항. 필요한 경우 표시·광고의 방법을 고시할 수 있다.

13 ⑤

난이도 하

유형 상황이해 및 추론

해설 ① (X) [3문단] 고종이 칙령으로 폐지하였다.

② (X) [1문단] 흥성대원군이 명명하였다.

③ (X) [3문단] 청일전쟁 승리 후 폐지를 요구하였다.

④ (X) [2문단] 3개월간 210건의 의안을 심의하였다.

⑤ (O) [2문단] 동학운동에서 요구한 개혁안이 포함되기도 하였다.

14 ④

난이도 하

유형 상황이해 및 추론

해설 ㄱ. (O) [2문단] 일본은 임기 6년의 참의원을 매 3년마다 1/2씩 선출하며, 프랑스 역시 임기 6년의 상원의원을 매 3년마다 1/2씩 선출한다. 따라서 일본 참의원과 프랑스 상원의원의 임기는 모두 6년으로 동일하다.

ㄴ. (X) [2문단] 미국은 임기 6년의 상원의원을 매 2년마다 1/3을 선출한다. 따라서 전체 상원의원을 2년마다 선출하는 것은 아니다.

ㄷ. (O) [3문단] 당선인의 임기 개시 전 사망 등의 사유가 있는 경우 재선거를 한다.

ㄹ. (O) [4문단] 임기 중 사망할 경우 다수대표제에서는 보궐선거를 실시한다.

15 ⑤

난이도 하

유형 상황이해 및 추론

해설 ① (X) 제1조 제1항. 무죄재판서 게재 청구는 소속 검사의 소속 지방검찰청에 청구할 수 있다.

② (X) 제1조 제2항. 무죄재판서 개제 청구를 하지 아니하고 사망한 경우 상속인이 청구할 수 있다. 취소한 경우는 해당되지 않는다.

③ (X) 제1조 제2항. 상속인이 여러 명일 때에는 상속인 모두가 동의해야 한다.

④ (X) 제2조 제4항. 무죄재판서의 게재기간은 1년으로 한다.

⑤ (O) 제2조 제2항 제2호. 관계인의 명예를 해칠 우려가 있는 경우 일부를 삭제하여 게재할 수 있다.

16 ③

난이도 하

유형 상황이해 및 추론

해설 ㄱ. (X) 제2조. 채권 전부의 변제를 받을 때까지 유치물 전부에 대해 권리를 행사할 수 있다.

ㄴ. (O) 제4조. 채권의 변제를 받기 위해 경매할 수 있다.

ㄷ. (O) 제5조. 유치권은 점유의 상실로 소멸한다.

ㄹ. (X) 제3조 제2항. 채무자의 승낙 없이 유치물을 대여하지 못한다.

17 ①

난이도 하

유형 판단 및 의사결정

해설 ㄱ. A부처에 B부처 소속 공무원이 3명 남아 있다면, 처음에 온 9명 중 6명이 다시 돌아간 것이다. 이때 B부처에 간 9명 중 3명은 A부처 공무원이 된다.

ㄴ. B부처에 A부처 공무원이 2명 남아 있다면, 9명이 B부처로 올 때에 나머지 7명이 B부처로 돌아온 것이다. 그렇다면 처음에 A부처로 간 9명 중 7명이 돌아온 것이므로 2명이 A부처에 남아 있게 된다.

따라서 각 괄호 안에 들어갈 숫자의 합은 $3+2=5$가 된다.

18 ④

난이도 하

유형 판단 및 의사결정

해설 ① (X) 갑: $8\times80=640$만 원

② (X) 을: 450kWh 이상으로 태양열 설비 지원 제외

③ (X) 병: 국가 소유 건물이므로 제외

④ (O) 정: $15\times50=750$만 원

⑤ (X) 무: 연료전지 기준 용량(1kW 이하) 초과이므로 제외

19 ④

난이도 상

유형 문제해결

해설 ㄱ. (O) 1차 시기 점수 산정 방법에 의하면 모두 짝수 또는 0이 되며, 2차 시기 역시 짝수 또는 0이므로 홀수가 될 수 없다.

ㄴ. (X) 1차 시기에서 4가지 경우, 2차에서 2가지 경우이다. 따라서 총 8가지 경우가 나타날 수 있다. 이는 다음과 같다.

	1차	2차	최종점수
2×	3=6	2	8
		0	6
	2=4	2	6
		0	4
	1=2	2	4
		0	2
	0=0	2	2
		0	0

가능한 최종 점수는 8, 6, 4, 2, 0으로 총 5가지이다.

ㄷ. (O) 갑의 최댓값은 $(4\times2)+2=14$, 을의 최솟값은 0이기에 차이는 14점이다.

20 ① 난이도 중

유형 문제해결

해설 1) 맞은 횟수가 12번인데, 점수는 14점이므로 대장 두더지를 2번 맞혔다.
2) A+C+D=9(3/4)이므로 B는 3이며, C도 3이다.
3) A도 가장 적게 맞았고, B는 C와 동일하게 3번 맞았고, D도 맞았다고 하므로, 한 번도 맞지 않은 두더지는 E이다.
4) A는 짝수이며 가장 적게 맞아야 하므로 3보다 작아야 한다. 따라서 A는 2대를 맞았다.
대장 두더지는 2번 맞았으므로 대장 두더지는 A이다.

21 ⑤ 난이도 중

유형 판단 및 의사결정

해설 ㄱ. (X) 득표자가 5명으로 5, 5, 5, 5, 4표를 받을 수도 있기 때문에 옳지 않다.
ㄴ. (O) 득표는 총 24표이다. 이 중 1명이 7표를 얻었다면, 다른 2명에게 17표가 간 것이다. 둘의 표차가 가장 적을 경우, 8, 9표를 얻게 되어 추첨으로 결정할 필요가 없다. 또한 표차가 많을 경우 7표가 있다고 해도 다른 사람이 10표를 받게 되므로 추첨할 필요 없이 위원장이 결정된다.
ㄷ. (O) 위원장이 8표 얻은 사람이 되었다면, 나머지 16표 중 8표 이상은 없다. 최대 7표가 가능한데, 이 경우 7표를 받은 사람이 2명이라도 2표를 받은 사람이 필요하다. 따라서 최소 득표자는 4명 이상이다.

22 ② 난이도 중

유형 판단 및 의사결정

해설 ㄱ. (X) A와 C만 하는 것보다 A, B, C 모두가 함께하는 것이 더 빠르다.
ㄴ. (O) 2시간에 B는 $2m^2$, C는 $3m^2$ 작업을 하기 때문에 2시간에 B와 C는 $5m^2$만큼 작업을 한다. 따라서 $60m^2$를 끝내기 위해서는 12×2=24시간이 필요하다.
ㄷ. (X)
1) B와 C에게 작업을 맡기면 총 24시간 작업을 하기 때문에 192만 원+216만 원=408만 원이 든다.
2) A, B, C 모두에게 작업을 맡기면, 2시간에 각각 4+2+3=$9m^2$만큼 작업하기 때문에 13시간 20분이면 끝내게 된다. 이때 비용은 A는 약 133만 원, B는 약 107만 원, C는 120만 원을 받게 되어 약 360만 원의 비용이 든다.
따라서 모두에게 작업을 맡기는 것이 비용이 적게 든다.

23 ③ 난이도 하

유형 문제해결

해설 양손잡이 10명 중 일부가 질문 1과 2에 모두 손을 들었기 때문에 총합 106에서 6명은 질문 1과 2에 각각 3명씩 손을 든 것이다. 따라서 왼손잡이는 13명, 오른손잡이는 77명, 양손잡이는 10명이다.
ㄱ. (O) 양손잡이는 10명이다.
ㄴ. (O) 왼손잡이는 13명으로 양손잡이보다 3명 더 많다.
ㄷ. (X) 오른손잡이는 77명이며, 왼손잡이는 13명이므로 13×6=78로 6배 미만이므로 옳지 않다.

24 ② 난이도 상

유형 판단 및 의사결정

해설 ㄱ. (X) 한 경기에서 한 선수가 패배할 확률은 다른 선수가 승리할 확률과 같다. 승리한 상수는 상수 K를 패배할 확률에 곱하고 패배한 선수는 승리할 확률이 K를 곱한다. 따라서 두 사람의 얻고 잃는 엘로 점수는 같다.
ㄴ. (O) 패배할 확률은 1 이하이기 때문에 엘로 점수는 32점 이하가 된다.
ㄷ. (X) $P_{XY}=\frac{1}{1+10^{-(E_X-E_Y)/400}}$
주어진 수식에서 만약 엘로 점수 차이가 400점이 될 경우, 1/11이 되어 한 명이 다른 한 명을 이길 확률이 10배가 된다. 한 사람은 1/11이고 상대방은 10/11이 되기 때문이다. 결국 400점이 높은 사람은 이길 확률이 10배가 된다는 것을 의미한다.
A가 B에게 패배할 확률이 0.1이라면 이길 확률은 0.9가 되어 이길 확률이 9배가 되는데, 이때 점수 차이는 400점이 되지 못한다. 400점이 되면 이길 확률이 패배할 확률보다 10배가 높아야 하기 때문이다.
ㄹ. (C) A:B=8:2, B:C=8:2/A:B:C=32:8:2, 따라서 A:C=16:1이다. A가 승리할 확률은 16/17이므로 약 0.94가 된다.

25 ① 난이도 중

유형 문제해결

해설 ㄱ. (O) '과학'이 들어간 절을 하루에 한 개 이상 읽기 때문에 3월 1일에 제2절까지 20쪽 이상을 읽는다.
ㄴ. (X) 하루에 40쪽을 읽을 수 있는데, 한번 읽기 시작한 절은 그날 모두 읽어야 한다. 그런데 3월 4일에 제7절(62쪽)부터 40쪽을 읽으면 101쪽까지 읽을 수 있지만, 제11절은 103쪽까지 있기 때문에 읽지 못한다. 따라서 제10절까지(91쪽) 읽을 수 있다. 3월 5일에는 92쪽부터 40쪽까지인 132쪽까지 읽을 수 있는데, 마지막 쪽은 133쪽이기에 끝까지 읽을 수 없다.
ㄷ. (X)
1일: 1에서 33쪽(제4절)
2일: 34에서 67쪽(제9절)
3일: 68에서 106쪽(제12절)
4일: 107에서 133쪽
따라서 최소 4일이 걸린다.

민경채 2017년 기출문제 정답 및 해설

모바일 자동 채점 및 성적 분석 서비스

정답

p.134

01	02	03	04	05	06	07	08	09	10
④	⑤	①	①	⑤	④	①	③	⑤	①
11	**12**	**13**	**14**	**15**	**16**	**17**	**18**	**19**	**20**
①	③	②	④	②	②	③	②	②	④
21	**22**	**23**	**24**	**25**					
③	③	⑤	⑤	④					

해설

01 ④

난이도 하

유형 상황이해 및 추론

해설 ① (X) [1문단] 1949년 지방자치법이 제정되어 지방선거를 통해 지방의회를 구성할 수 있게 되었으며, 지방자치단체장은 대통령이 임명하였다.

② (X) [1문단] 시·읍·면장은 지방의회가 선출하였다.

③ (X) [2문단] 1952년 치안 불안 지역과 미수복 지역을 제외한 지역에서 실시되었다.

④ (O) [3문단] 1956년에는 시·읍·면장이 최초로 주민 직선에 의해 실시되었다.

⑤ (X) [3문단] 1960년 12월에 4차례에 걸쳐 실시되었다.

02 ⑤

난이도 하

유형 상황이해 및 추론

해설 ㄱ. (O) [2문단] 배냇저고리는 약 20일간 입혔으므로 약 3주간 입히는 옷이다.

ㄴ. (X) [1문단] 남자아기의 배냇저고리는 재수가 좋다고 하여 시험이나 송사를 치르는 사람이 부적같이 몸에 지니는 풍습이 있었다.

ㄷ. (O) [2, 3문단] 돌띠저고리와 백줄을 누빈 저고리는 모두 장수하기를 바라는 의미가 있었다.

ㄹ. (O) [3문단] 돌에는 남자아기와 여자아기 모두 색동저고리를 입혔다.

03 ①

난이도 하

유형 상황이해 및 추론

해설 ㄱ. (O) [2문단] 동일한 지진에 대해서도 각 지역에 따라 진도가 달라질 수 있다.

ㄴ. (O) [1문단] 진폭이 10배가 될 때마다 1씩 증가하므로, 10×10=100배가 된다.

ㄷ. (X) 알 수 없는 내용이다.

ㄹ. (X) [1문단] 지진에너지는 1씩 증가할 때마다 32배가 되므로, 32×32×32=32,768이 된다.

04 ①

난이도 하

유형 상황이해 및 추론

해설 ㄱ. (O) 과업의 일반조건 2. 용역완료 후에라도 발주기관이 연구 결과와 관련된 자료를 요청할 경우에는 관련 자료를 성실히 제출해야 한다.

ㄴ. (O) 전체회의: 착수보고 전, 중간보고 전(2회), 최종보고 전 총 4회
보고: 착수보고, 중간보고(2회), 최종보고 총 4회

ㄷ. (X) 연구진 관리에서, 연구진은 모두 부득이한 경우 사전에 서류를 제출하여 승인을 받은 후 교체할 수 있다.

ㄹ. (X) 과업의 일반조건 1. 시작부터 종료까지 과업과 관련된 제반 비용의 지출행위에 대한 책임은 연구진이 진다.

05 ⑤

난이도 하

유형 상황이해 및 추론

해설 ㄱ. (O) 첫 번째 조 2항에 의해 위반이다.

ㄴ. (X) 마지막 조 2항에 의해 위반이 아니다.

ㄷ. (O) 두 번째 조 2항 2.에 의해 위반이다.

ㄹ. (O) 두 번째 조 2항 1.에 의해 위반이다.

06 ④
난이도 하

유형 상황이해 및 추론

해설 ① (X) [3문단] 재판에서 질문은 법원만이 할 수 있다.
② (X) [3문단] 당사자 본인은 진술보조인의 설명을 즉시 취소할 수 있다.
③ (X) [2문단] 법원은 언제든지 그 허가를 취소할 수 있다.
④ (O) [3문단] 진술보조인은 상소를 할 수 없다.
⑤ (X) [2문단] 2심의 법원에 서면으로 진술보조인에 대한 허가신청을 해야 한다.

07 ①
난이도 하

유형 상황이해 및 추론

해설 ㄱ. (O) 제2항. 판정자를 정하지 아니한 때에는 광고자가 판정하므로 A 청이 한다.
ㄴ. (O) 제3항. 광고에서 의사표시가 있기 때문에 없다는 판정이 가능하다.
ㄷ. (X) 제4항. 이의를 제기하지 못한다.
ㄹ. (X) 제5항. 1인만이 보수를 받을 것으로 정하였기 때문에 나눌 수 없고 추첨으로 결정해야 한다.

08 ③
난이도 중

유형 판단 및 의사결정

해설 1) 15℃에서 재배가능한 식물은 A, B, D E이다. 한편 20℃에서 재배가능한 식물은 A, D, E이다.
2) 15℃에서의 상품가치의 총합은 85,000원이며, 20℃에서는 60,000원, 25℃에서는 100,000원으로 25℃가 가장 크다.

09 ⑤
난이도 하

유형 판단 및 의사결정

해설 1) 출장 1: 수당 1 + 교통비 2 - 1(관용차량 사용) = 2
2) 출장 2: 수당 2 + 교통비 3 - 1(13시 이후 출장) = 4
3) 출장 3: 수당 2 + 교통비 3 - 1(업무추진비 사용) = 4
따라서 총액은 10만 원이다.

10 ①
난이도 하

유형 문제해결

해설 1) 월, 수, 금이 공휴일이며 화, 목에 연가를 모두 쓸 수 없기에 화요일에만 연가를 쓰면, 5일이 가능하다. 또는 목요일부터 월요일까지도 가능하며 이때에도 5일이 된다. 그러므로 모스크바는 제외된다.
2) 편도 총 비행시간이 8시간 이내의 직항을 원하므로 뉴욕과 방콕은 제외된다.
3) 최대한 길게 다녀올 생각이므로 4박 5일이 되어야 한다. 그러므로 홍콩은 제외된다.
따라서 두바이가 된다.

11 ①
난이도 하

유형 상황이해 및 추론

해설 ㄱ. (C) [1문단] 주민투표를 실시할 수 있는 권한은 지방자치단체장에게만 부여하고 있다.
ㄴ. (X) [2문단] 인구가 50만 명 이상인 대도시에서는 19세 이상 주민 총수의 100분의 1 이상 70분의 1 이하의 범위 내에서 정하도록 한다.
ㄷ. (O) [2문단] 주민발의제도는 지방자치단체장에게 청구하도록 되어 있으며 직접 지방의회에 청구할 수 없다.
ㄹ. (X) [3문단] 기초자치단체장에 대해서는 100분의 15 이상을 받아야 주민소환 실시를 청구할 수 있다.

12 ③
난이도 하

유형 상황이해 및 추론

해설 ① (X) [2문단] 마카로니는 쇼트 파스타의 한 종류이다.
② (X) [3문단] 건파스타 제조 방법은 시칠리아에서 아랍인들로부터 전수받은 것이다.
③ (O) [2, 3문단] 라자냐를 롱 파스타이며, 기원전 1세기경에 이탈리아에서 먹었다는 기록이 있다.
④ (X) [4문단] 세몰라 가루는 황색이다.
⑤ (X) [3문단] 듀럼 밀은 곰팡이나 해충에 취약하다.

13 ②
난이도 하

유형 상황이해 및 추론

해설 ㄱ. (X) [1문단] 자급자족에서 벗어나 상업이 시작된 시점부터 나타났다.
ㄴ. (X) [1문단] 최고형은 사형이었다.
ㄷ. (O) [2문단] 로마의 공정거래 관련법은 영국의 에드워드 3세의 법에도 영향을 끼쳤다.
ㄹ. (X) [1문단] 아테네 곡물 중간상 사건은 중간상들이 담합하여 곡물 매입가격을 크게 하락시키고 다시 높은 가격에 판매함으로써 나타났다.

14 ④
난이도 하

유형 상황이해 및 추론

해설 ㄱ. (O) A는 5가지 오염 물질의 환경지수의 평균값이며 B는 6가지 물질 중 가장 높은 지수이기에 평균은 다를 수 있다.
ㄴ. (X) B국에서는 101 이상인 것이 2개 이상일 경우 가장 높은 지수에 20을 더하여 산정한다. 따라서 통합지수가 180이더라도 160이 가장 높은 지수일 수 있다.
ㄷ. (O) A국에서는 평균값이 지수이기 때문에 특정 대기오염 물질 농도에 대한 정확한 수치를 할 수 없다.
ㄹ. (O) 노랑은 B국에서는 나쁨으로 외부활동 자제에 해당한다.

15 ② 난이도 하

유형 상황이해 및 추론

해설 ㄱ. (X) 제3항 제3호에서 혈중알콜농도 0.05퍼센트 이상인 경우 6개월 이하의 징역이나 300만 원 이하의 벌금이나 제4항 제2호에서 음주 측정을 거부한 경우 1년 이상 3년 이하의 징역이나 500만 원 이상 1천만 원 이하의 벌금이므로 후자가 불법의 정도가 더 크다.
ㄴ. (O) 제3항과 제4항 제1호에 의해 확인할 수 있다.
ㄷ. (X) 제4항 제1호에 해당되어 1년 이상 3년 이하의 징역이나 500만 원 이상 1천만 원 이하의 벌금이 부과된다.

16 ② 난이도 하

유형 상황이해 및 추론

해설 ① (X) 제3조 제2항. 필요하다고 인정하면 추가로 성년후견인을 선임할 수 있다. 따라서 1인으로 제한된 것은 아니다.
② (O) 제1조 제1항. 지방자치단체의 장의 청구에 의하여 성년후견개시의 심판을 할 수 있다.
③ (X) 제1조 제3항. 성년후견인은 대가가 과도할 경우 취소할 수 있다.
④ (X) 제3조 제2항. 가정법원은 직권으로 성년후견인을 선임할 수 있다.
⑤ (X) 제2조 제2항. 정신병원에 격리하려는 경우 가정법원의 허가를 받아야 한다.

17 ③ 난이도 하

유형 법학추론

해설 ① (X) 제1조 제2항에서 토지에 비례하여 측량비용을 부담하므로 갑과 을은 3 : 2의 비율로 부담해야 한다. 따라서 갑은 100만 원 중 60만 원을 부담한다.
② (X) 제1조 제1항에 의해 담 설치비용은 절반하여 부담하므로 갑과 을은 각각 50만 원씩 부담한다.
③ (O) 제2조 제2항에 의거하여 건물이 완성된 후에는 손해배상만을 청구할 수 있다.
④ (X) 제3조에 의해 창을 설치할 수 있으며 차면시설을 해야 한다.
⑤ (X) 제4조에서 깊이의 반 이상의 거리를 두어야 하므로 1m 이상의 거리를 두어야 한다.

18 ② 난이도 중

유형 판단 및 의사결정

해설 1) 감가상각비: (구매비용 1,000만 원-잔존가치 100만 원) / 운행가능기간 10년 = 90
2) 보험료: 운전경력 2년 6개월 중형차 120만 원 - 블랙박스 10% 할인 12만 원 = 108만 원
3) 주유비용: 한 달 500km / 1리터당 10km = 50리터, 1년간 50 × 12 = 600리터, 600 × 1,500 = 90만 원
따라서 90 + 108 + 90 = 288만 원이 된다.

19 ② 난이도 중

유형 판단 및 의사결정

해설 1) 3개 과목 평균등급이 2등급(합 6) 이내인 자: 갑과 정 제외
2) 원점수 합산(90 기준으로 ±): 을 -3(267), 병 -4(266), 무 -12(258)
따라서 을이 267점으로 가장 높기에 합격자이다.

20 ④ 난이도 중

유형 판단 및 의사결정

해설 1) 사업 운영 해당: 인형 탈
2) 단가 10만 원 이하 '서비스 제공' 목적: 블라인드
3) 사용 연한이 1년 이내: 프로그램 대여
따라서 ○○부 아동방과후교육 사업에서 허용되는 사업비 지출품목은 인형탈, 프로그램 대여, 블라인드이다.

21 ③ 난이도 상

유형 판단 및 의사결정

해설 (a: 짜장면, b: 탕수육, c: 짬뽕, d: 깐풍기, e: 볶음밥)
1. a + b = 17
2. c + d = 20
3. a + e = 14
4. c + b = 18
5. e + d = 21
6. d = a + 7 ………… 3-5
7. c = a + 1 ………… 1-4
8. (a + 1) + (a + 7) = 20 ………… 6.과 7.을 2에 대입
9. a = 6
따라서 짜장면(a)은 6,000원이다.

22 ③ 난이도 하

유형 문제해결

해설 1) B, C, D, E, F는 모두 20대이므로 나이는 G가 가장 많다. 따라서 G는 왕자의 부하가 아니다.
2) 여자보다 남자가 많기 때문에 A, B, E, F는 남자이다.
3) 왕자의 부하는 2명이고 성별이 다르며 국적은 동일하다.
① (X) A와 B 모두 남자이므로 될 수 없다.
② (X) B와 F도 모두 남자이다.
③ (O) C는 여자이고 E는 남자이며 국적이 중국으로 동일하기에 가능하다.
④ (X) D는 일본, F는 한국으로 국적이 다르다.
⑤ (X) G는 나이가 가장 많기에 될 수 없다.

23 ⑤

난이도 상

유형 문제해결

해설 ① (O) A가 90점이면 G보다 낮다. 그런데 A와 G 모두 국제팀이 1지망이므로 1지망에서 G가 93점으로 A보다 점수가 높아 국제팀에 배치된다. A는 두 번째로 점수가 높기에 2지망 정책팀으로 배치된다.

② (O) A가 95점이면 국제팀에 지원한 1지망 중 가장 점수가 높기 때문에 국제팀에 배치된다.

③ (O) 국제팀은 1명만 가능한데 B보다 G가 높기 때문에 될 수 없다. 따라서 2지망인 재정팀에 배치된다. 1지망에서 재정팀은 C와 E가 배치되는데, 2지망에서는 B와 F밖에 없기 때문에 가능하다.

④ (O) 1지망에서 재정팀에 지원한 사람은 C와 E밖에 없어서 둘 모두 재정팀에 배치된다.

⑤ (X) D는 1지망에서 국제팀에 G보다 점수가 적어 배치될 수 없다. 그런데 A가 최소 점수 82점이므로 D는 A보다 점수가 낮다. 2지망 정책팀은 1지망에서 F가 배치되고, 나머지 1명만 가능한데, A가 G보다 점수가 높으면 1지망에서 A가 국제팀, G가 2지망에서 정책팀에 배치되며, A가 G보다 점수가 낮으면 1지망에서 G가 국제팀, A가 2지망에서 정책팀에 배치된다. 따라서 D는 2지망 정책팀에 배치될 수 없다. 따라서 D는 재정팀에 배치된다.

24 ⑤

난이도 상

유형 문제해결

해설 ① (X)

1) A부터 D까지 한 번씩 듣는 데 총 5분 40초가 필요하다. 네 번 반복할 경우 22분 40초가 걸린다. 이때 A가 1분 10초이므로 5번째 반복할 때 A를 다 들으면 23분 50초가 된다.

2) 13시 20분에 시작하여 5번째 반복할 때에 A를 다 들으면 13시 43분 50초가 된다. 이때부터 B를 들으면 1분 20초간 듣게 되는데, 처음 30초가 전주이므로 44분 20초에 전주가 끝난다.

따라서 45분 00초에는 B의 본곡을 듣게 되기에 조건을 위배한다.

② (X) A는 1분 10초이며 C는 1분이다. 따라서 A를 듣고 있던 시점부터 3분이 되는 때에 C가 재생될 수 없다.

③ (X) A를 듣고 있던 시점부터 3분 이내에 C가 재생될 수 없다.

④ (X) 상동

⑤ (O) 4번 반복하여 전부 들으면 13시 43분 40초가 된다. 그리고 D를 다시 들으면 13시 44분 50초가 된다. 이어서 C를 들으면 44분 50초부터 45분 20초까지 C의 전주를 듣게 되어 조건을 충족한다.

25 ④

난이도 상

유형 판단 및 의사결정

해설 1) 사찰을 구경하고(06:00~08:00), 궁궐을 10:00에 구경하게 되면, 12:00부터 거리가 짧은 박물관 - 분수공원을 구경하는 데 교통시간을 포함하여 5시간 3분이 걸려 구경할 수 없다. 따라서 궁궐은 14:00에 구경해야 한다.

2) 사찰 구경(06:00~08:00) → 분수공원(40 + 2시간 = 10:40) → 박물관(40 + 2시간 = 13:20) → 궁궐 도착 13:43, 궁궐 구경(14:00~16:00)

3) 사찰 구경(~08:00) → 박물관(45 + 2시간 = 10:45) → 분수공원(40 + 2시간 = 13:25) → 궁궐 도착 13:52, 궁궐 구경(14:00~16:00)

ㄱ. (O) 사찰이 가장 일찍 운영하며, 가장 먼저 구경해야 한다.

ㄴ. (X) 16시에 종료된다.

ㄷ. (O) 두 가지 경우 모두 가능하다.

민경채 2016년 기출문제 정답 및 해설

모바일 자동 채점 및 성적 분석 서비스

정답

p.148

01	02	03	04	05	06	07	08	09	10
④	②	⑤	③	④	③	②	①	③	④
11	**12**	**13**	**14**	**15**	**16**	**17**	**18**	**19**	**20**
①	④	④	③	①	⑤	⑤	②	①	①
21	**22**	**23**	**24**	**25**					
⑤	③	②	⑤	④					

해설

01 ④

난이도 하

유형 상황이해 및 추론

해설 ① (X) 아궁이는 불목 옆 개자리 반대쪽에 위치한다.
② (X) [2문단] 고래 바닥은 윗목으로 갈수록 높아진다.
③ (X) [4문단] 개자리가 깊을수록 열기와 연기를 머금는 용량이 커지기에 윗목의 열기를 유지하기 쉽다.
④ (O) 불목은 아랫목 바로 옆이며 바람막이는 위목 옆에 있다.
⑤ (X) 바람막이는 굴뚝에서 불어내리는 바람에 의해 열기와 연기가 역류되는 것을 방지한다. 타고 남은 재가 고래 안에 들어가지 못하도록 하는 기능은 불목이다.

02 ②

난이도 하

유형 상황이해 및 추론

해설 ㄱ. (X) [1문단] 청백리를 선발하는 제도는 중국에서 처음 시작되었다.
ㄴ. (O) [2문단] 청백리는 작고한 사람들에 대한 호칭이었고, 살아 있을 때는 염근리로 불렀다.
ㄷ. (O) [2문단] 탐관오리가 장리 대장에 수록될 경우 본인의 불이익은 물론, 그 자손들이 과거를 보는 것도 허용되지 않았다.
ㄹ. (X) [3문단] 어떤 때는 사헌부, 사간원 등에서 후보자를 의정부에 추천하기도 하였다.

03 ⑤

난이도 하

유형 상황이해 및 추론

해설 ① (X) [3문단] 1958년 콘크리트 빔 고무타이어 방식으로 개량하여 등장하였다.
② (X) [2문단] 독일에서 모노레일이 본격적인 운송수단 역할을 수행한 것은 1901년이다.
③ (X) [1문단] 철도와 모노레일 모두 강철바퀴 차량이 있었기에 구분 기준이 아니다.
④ (X) [4문단] 오를레앙 교외에 전철교식 복선 모노레일의 건설은 프랑스 사페즈사가 개발하였다.
⑤ (O) [3, 4문단] 알베그식은 1957년에, 사페즈식은 1960년에 건설되었다.

04 ③

난이도 하

유형 상황이해 및 추론

해설 ① (X) 출처표시를 해야 한다.
② (X) 변경금지에 해당해야 한다.
③ (O) 출처를 표시하고 변경하지 않고 그대로 수록하는 행위에 해당한다.
④ (X) 합성은 변경에 해당되어 금지된다.
⑤ (X) 설명문을 번역하지 않고 그대로 수록해야 한다.

05 ④

난이도 하

유형 상황이해 및 추론

해설 ㄱ. (O) 제1조 제2항. 공유자의 지문은 균등하게 갖기에 1/3씩 갖는다.
ㄴ. (O) 제4조. 보존행위는 각자가 할 수 있다.
ㄷ. (X) 제2조. 공유자는 자신의 지분을 다른 공유자의 동의 없이 처분할 수 있다.
ㄹ. (O) 제5조. 사망한 때에는 그 지분은 다른 공유자에게 각 지분의 비율로 귀속한다.

06 ③

난이도 중

유형 법학추론

해설 1) 계약에 따른 지연기간 1일당 공사대금 1억 원의 0.1%(10만 원)을 지급하기 때문에 30일은 300만 원이 된다.

2) 부실공사로 인한 증명된 손해액 1,000만 원도 포함된다.

∴ 총합 1,300만 원이다.

07 ②

난이도 상

유형 법학추론

해설 1) E 출생: 현행법에 의해 배우자와 C, D, E와 1:5:1:1:1로 배분받는다. 따라서 B, C, D, E는 각각 3, 2, 2, 2억 원씩 상속받는다. 한편 개정법에 의해 배우자 B는 절반인 4.5억 원을 받는다. 그리고 나머지 4.5억 원에 대해 직계비속 C, D, E와 1.5:1:1:1로 배분한다. 따라서 B는 6억 원, 나머지 자식들은 모두 1억 원씩 상속받는다.

2) E 사산: 현행법으로는 B, C, D가 상속받으며, 1.5 : 1 : 1 (3.86:2.57:2.57억)로 상속받는다. 한편 개정법에 의하면, B는 4.5억 원을 우선 배분받고, 나머지를 B:C:D=1.5:1:1로 배분한다. (1.92:1.29:1.29억) 따라서 B는 약 6.42억 원을 상속받는다.

① (X) B는 3억 원을 상속받으며, 이는 33%에 해당한다.

② (O) E가 출생 시 B는 6억 원을 상속받는다.

③ (X) E가 사산될 경우 B는 1.92억 원을 상속받는다.

④ (X) E가 사산될 경우 개정안에 의하면 B는 6.42억 원을 상속받는다.

⑤ (X) E가 출생하는 경우 100% 증가하고(3억에서 6억), E가 사산되는 경우 66%(3.86에서 6.42) 정도로 상속받게 된다.

08 ①

난이도 하

유형 문제해결

해설 1) (1 A 5)=1과 5의 합이 10 미만이기에 곱하여 5가 된다.

2) (3 C 4)=3과 4를 곱하면 12이다.

3) (5 B 12)=12-5=7로 10 미만이므로 곱하면 60이 된다.

4) (60 D 6)=60÷6=10이다.

09 ③

난이도 하

유형 상황이해 및 추론

해설 ㄱ. (O) 손가락을 펼친 것으로 금액을 결정하므로 5 이하이다.

ㄴ. (O) 3개의 손가락을 펼친다면 3 또는 7이기에 최대 7이다.

ㄷ. (O) 9원일 때에 손가락 하나이므로 9-1=8, 10원일 때에 손가락 2개이므로 10-2=8이다.

ㄹ. (X) 5 이하까지 동일하며, 그 이후부터는 더 적은 금액을 지불하게 된다.

10 ④

난이도 상

유형 문제해결

해설 1) 이길 수 있는 확률이 0.6 이상이 되어야 하기에 갑의 상대는 C 또는 E(2명), 을의 상대는 A, B, C(3명), 병의 상대는 D, F, G 3명이 가능하다.

2) 모든 경우의 수는 2×3×3=18가지이다. 그런데 C의 경우 갑과 을 모두에 해당할 수 있다. 그러나 한 명의 선수는 하나의 라운드에만 출전할 수 있으므로 C가 갑과 을 모두와 대결하는 경우 3가지(C, C, D / C, C, F / C, C, G)는 가능하지 않은 경우이다.

따라서 총 경우의 수는 15가지이다.

11 ①

난이도 하

유형 상황이해 및 추론

해설 ① (O) 사카린은 설탕의 500배, 아스파탐은 설탕의 200배 당도가 높다. 그러므로 사카린은 아스파탐보다 당도가 높다.

② (X) 설탕을 대체하기 위한 거액 투자는 알 수 없다. 사카린은 산화반응 연구 중에, 아스파탐은 위궤양 치료제 개발 중 우연히 발견한 것이다.

③ (X) 사카린은 안전한 식품첨가물로 공식 인정하여 사용되고 있다.

④ (X) 미국의 소비량은 1인당 140파운드이고 중국보다 9배가 높은 수치이다. 따라서 중국은 약 16파운드가 된다.

⑤ (X) 아스파탐은 미국 암협회가 안전하다고 발표했을 뿐, 논란이 끊이지 않고 있다.

12 ④

난이도 하

유형 상황이해 및 추론

해설 ㄱ. (O) [1문단] 지방행정기관도 왕에 직속되어 있었다.

ㄴ. (X) [2문단] 관찰사를 제외한 지방행정기관장은 수령으로 통칭되었으므로, 동일하지 않았다.

ㄷ. (O) [2문단] 수령은 행정업무와 함께 일정한 수준의 군사 사법업무를 같이 담당하였다.

ㄹ. (O) [3문단] 관찰사의 지방세력과 연합하여 독자세력 즉, 지방토호 ㄴ 지방영주로 변질되는 것을 막기 위해 임기를 360일로 제한한 사례가 있다.

13 ④

난이도 하

유형 상황이해 및 추론

해설 ① (X) [3문단] 투아레그족 남자들도 베일을 사용하였다.

② (X) [2문단] 수니파 여성이 아닌, 배두인족 여성들이 은으로 장식한 가죽을 베일로 사용하였다.

③ (X) [1문단] 코란이 베일로 얼굴을 감싸는 것을 의무로 규정하고 있는 것은 아니다.

④ (O) [3문단] 타인의 시선으로부터 자신을 보호하기 위해서 투아레그족 남자들은 베일을 사용하였다.

⑤ (X) [3문단] 투아그레족의 리탐은 가죽이 아니라, 남색의 면직물로 된 베일을 사용하였다.

14 ③

난이도 하

유형 상황이해 및 추론

해설 1) 전용면적=방, 거실, 주방, 화장실 포함, 발코니 제외

2) 공용면적=주거공용면적(공용계단, 공용복도)+기타공용면적(지하층, 관리사무소, 노인정)

3) 공급면적 = 전용면적 + 주거공용면적
4) 계약면적 = 공급면적 + 기타공용면적
5) 서비스면적 = 발코니(전용면적과 공용면적에서 제외)
① (X) 발코니는 전용면적과 공용면적에서 제외되기 때문에 계약면적에 포함되지 않는다.
② (X) 관리사무소는 기타공용면적으로 공급면적에 포함되지 않는다.
③ (O) 계약면적은 공급면적과 기타공용면적에 해당한다. 공급면적에는 전용면적과 주거공용면적이 포함된다.
④ (X) 공용계단과 공용복도는 주거공용면적인데, 이는 공급면적에 포함된다.
⑤ (X) 거실과 주방은 전용면적에 해당하며, 주거공용면적은 아니다.

15 ①

난이도 하

유형 상황이해 및 추론

해설 ① (O) 제1조 제1항 제1호. 입법이 긴급을 요하는 경우 입법예고를 하지 않을 수 있다.
② (X) 제2조 제3항. 복사에 드는 비용은 복사를 요청한 자에게 부담시킬 수 있다.
③ (X) 제1조 제1항 제2호. 단순한 집행의 경우 입법예고를 하지 않을 수 있다.
④ (X) 제1조 제2항. 법제처장은 입법예고를 하지 아니한 법령안의 심사 요청을 받은 경우에 직접 예고할 수 있다.
⑤ (X) 제1조 제1항. 법령을 폐지하려는 경우에는 해당 입법안을 마련한 행정청은 이를 예고해야 한다.

16 ⑤

난이도 하

유형 법학추론

해설 ① (X) 소유권이전등기가 필요하다.
② (X) 등기를 하지 않으면 그 부동산을 처분하지 못한다.
③ (X) 증여하기 위해서는 동산을 인도해야 한다.
④ (X) 상속에 의해 부동산의 소유권을 취득하는 경우에는 등기를 필요로 하지 않는다.
⑤ (O) 부동산의 소유권을 취득하려면 소유권이전등기를 마쳐야 한다.

17 ⑤

난이도 중

유형 판단 및 의사결정

해설 1) 습식저장소는 현재 50% 저장 가능하기 때문에 50,000개 가능하다.
2) 건식 X: 300기의 캐니스터는 9층이며 한 개의 층에 60개가 저장 가능하기에 60 × 9 × 300 = 162,000개가 가능하다.
3) 건식 Y: 138,000개가 가능하다.
결국 저장 가능한 총합은 350,000개이며, 1년에 50,000개가 발생하므로 7년 동안 저장 가능하다.

18 ②

난이도 중

유형 문제해결

해설 1) 다음 그림에서 확인할 수 있듯이 원에 내접하는 정사각형의 면적은 가장 바깥에 있는 정사각형의 면적에서 원에 내접하는 정사각형의 면적을 뺀 면적과 동일하다. 그러므로 첫째 딸과 둘째 딸의 면적은 동일하다.
2) 바깥의 정사각형의 한 변이 100이므로 면적은 100 × 100 = 10,000m^2이다. 원에 내접하는 정사각형의 면적은 10,000 / 2 = 5,000m^2이다.

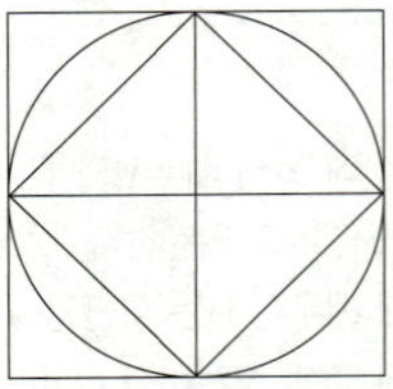

19 ①

난이도 중

유형 판단 및 의사결정

해설 ㄱ. (O) A시설은 93점으로 1등급이어서 감축하지 않아도 된다.
ㄴ. (O) B시설은 79점으로 3등급이어서 감축하지만 정부의 재정지원은 받을 수 있다.
ㄷ. (X) 환경개선 가중치를 0.3으로, 복지관리 가중치를 0.1로 하여도 63.5로 70점을 넘지 않는다.
ㄹ. (X) D시설은 73점으로 3등급이기에 정원 감축은 하지만 재정지원은 받을 수 있다.

20 ①

난이도 상

유형 문제해결

해설

	1	2	3	4	갑 승리
1-2	을	을	갑	갑	2/4
2-3	갑	을	을	갑	2/4
3-4	갑	갑	을	을	2/4
을 승리	1/3	2/3	2/3	1/3	

ㄱ. (O) 을이 1을 선택하면 승리할 확률이 1/3이며, 2를 선택하면 승리할 확률이 2/3가 된다.
ㄴ. (X) 1/2로 동일하다.
ㄷ. (X) 총 12가지 경우에서 이기는 경우는 6가지로 동일하다.

21 ⑤

난이도 중

유형 문제해결

해설 1) 1, 5, 5, 5의 네 묶음의 바로 전 단계인 3단계가 진행되기 전: 두 묶음이었으므로 6과 10이 묶음이 있었다.
2) 2단계 진행 전: 5개 이상의 구슬이 있던 곳은 두 군데가 가능하다.
- 6에서 10으로 5가 이동한 경우: 11과 5
- 10에서 6으로 5가 이동한 경우: 15와 1
3) 1단계 전: 11과 5는 자연수 배수가 불가하므로, 15와 1이 가능하다.

22 ③

난이도 중

유형 판단 및 의사결정

해설 1) 프라이드 치킨이 가장 싼 C를 주문하기 위해서는 배달 가능 최소 금액 7,000원을 맞추어야 한다. 따라서 C에서 프라이드와 양념, 또는 프라이드와 간장 치킨을 주문해야 한다.

2) 가격을 고려할 때에 세 가지 경우에 23,000원으로 최소 금액이 된다.

프라이드	양념	간장
C	C	D
C	B	C
C	D	C

① (O) 배달가능 최소 금액이 높기 때문에 시키지 않는다.
② (O) 최소 금액은 23,000원이다.
③ (X) 세 가지 경우가 가능하다.
④ (O) 첫 번째와 세 번째 경우가 가능하기에 주문 금액은 동일하다.
⑤ (O) 한 가게에서 모두 주문할 수 있다면 C에서 모두 주문하면 22,000원이 된다.

23 ②

난이도 상

유형 문제해결

해설 ㄱ. (O) 현재 25개 중 5개의 코드가 정해졌으므로 나머지 20개의 코드가 흰색이나 검은색 두 가지로 나타날 수 있으므로 경우의 수는 2^{20}으로 100만 개가 넘는다. (1,048,576)

ㄴ. (X) A는 모든 지역에 공통이며 갑지역의 코드 B는 4개 종류로 구분될 수 있는데, 이 중 흰색 하나가 공통될 수 있다. 따라서 최대 24개가 동일할 수 있다.

ㄷ. (O) 4^{20}이 되므로 기존보다 2^{20}만큼 증가한다.

ㄹ. (X) 2^{23}이 되므로 2^3만큼 증가하므로 8배 증가한다.

24 ⑤

난이도 상

유형 문제해결

해설 1) 2는 모든 홀수와 인접한다. 따라서 2는 7과 인접해야 하며, 다른 1, 3, 5, 9와도 인접해야 한다. 따라서 2는 7 아래에 배치된다.

2) 남은 칸은 모두 짝수가 되어야 한다.

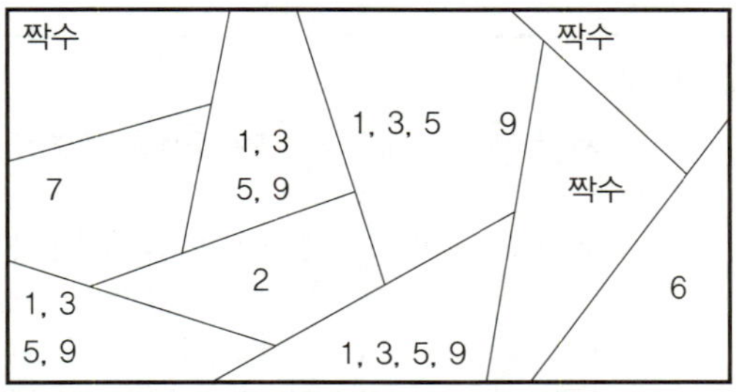

3) 10은 어느 짝수와도 인접하지 않기 때문에 가장 왼쪽 맨 위에 배치된다.

4) 5는 가장 많은 짝수와 인접해야 하기 때문에 오른쪽에서 세 번째 위에 배치된다.

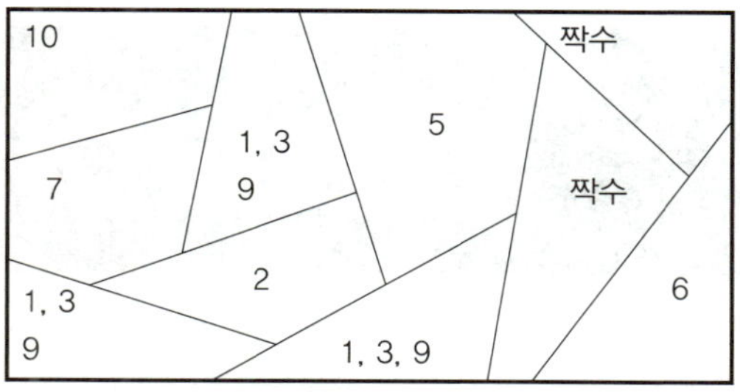

5) 1은 소수와만 인접해야 하기에 왼쪽 맨 아래에 배치되며, 인접하는 2 아래에는 3이 배치되어야 한다. 따라서 나머지 9가 2 위에 배치된다.

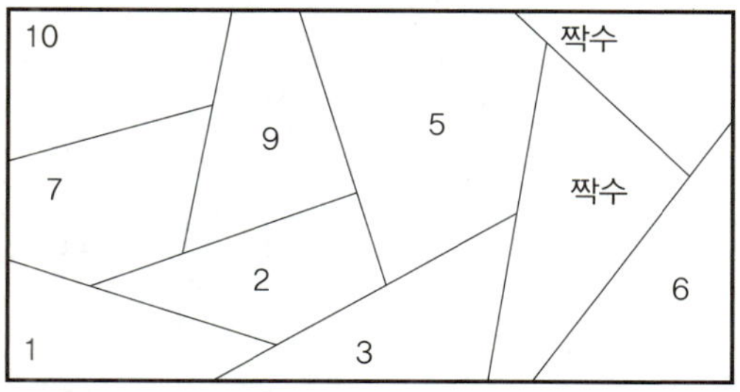

6) 3에 인접한 숫자를 모두 더하면 16이 되므로, 1+2+5+x=16이다. 따라서 x는 8이 된다. 그래서 6의 왼쪽에 8이 배치된다. 나머지 4는 6 위에 배치된다.

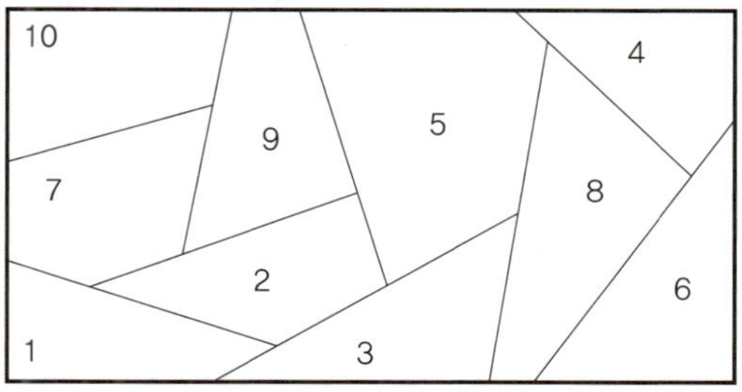

그러므로 5에 인접한 수의 합은 9+2+3+8+4=26이다.

25 ④

난이도 중

유형 판단 및 의사결정

해설 ① (O) 갑은 총점이 가장 높은데도 선정되지 않았다. 그리고 보조금을 수급한 적이 없다. 그렇다면 관련 법령을 위반한 자일 것이다.
② (O) 5에서 갑과 정의 점수가 7점이 되었으므로 표본농가에 포함되지 않았을 것이다.
③ (O) 을과 병의 총점이 동일하지만 병이 선정된 이유는, 법령위반 사실이 없다면 연령이 높기 때문일 것이다.
④ (X) 정은 26점이기에 3백만 원 미만에 해당한다.
⑤ (O) 임산물 관련 교육 이수 항목에서 10점을 받았기에 이수증이나 수료증을 제출했을 것이다.

5급 2024년 기출문제 정답 및 해설

모바일 자동 채점 및 성적 분석 서비스

정답

p.164

01	02	03	04	05	06	07	08	09	10
①	⑤	⑤	⑤	③	④	②	④	④	④
11	**12**	**13**	**14**	**15**	**16**	**17**	**18**	**19**	**20**
③	①	⑤	③	①	③	①	④	②	③
21	**22**	**23**	**24**	**25**	**26**	**27**	**28**	**29**	**30**
③	①	⑤	⑤	①	④	②	④	②	③
31	**32**	**33**	**34**	**35**	**36**	**37**	**38**	**39**	**40**
②	③	④	③	①	②	⑤	②	⑤	②

해설

01 ①
난이도 하

유형 법학추론

해설 ① (O) 제1조 제3항. 행정안전부장관은 기본계획의 작성을 위하여 필요한 경우 공공기관의 장에게 자료의 제출을 요구할 수 있다.
② (X) 제2조 제2항. 지방자치단체의 장은 시행계획 중 중요계획을 변경하는 경우 전략위원회의 심의·의결을 거쳐 시행해야 한다.
③ (X) 제3조 제1항. 헌법재판소는 제외된다.
④ (X) 제3조 제2항. 행정안전부장관이 전략위원회에 평가결과를 보고해야 한다.
⑤ (X) 제3조 제3항. 포상 대상은 공무원 또는 공공기관 임직원이다.

02 ⑤
난이도 하

유형 법학추론

해설 ① (X) 제1조 제1항. 상인조직을 대표하는 자가 신청해야 한다.
② (X) 제2조 제3항. 지정을 해제한 때에는 시·도지사는 중소벤처기업부장관에게 통보해야 한다.
③ (X) 제2조 제2항. 지정을 해제하려는 경우 이해관계인에게 의견진술 기회를 주어야 한다.
④ (X) 제1조 제3항 제2호. 기념품 및 지역특산품의 개별과 판매시설 설치도 지원할 수 있다.
⑤ (O) 제2조 제1항 제1호에 해당되어 해제할 수 있다.

03 ⑤
난이도 하

유형 법학추론

해설 ① (X) 제1조. 주요 자연지진에 대한 결과를 알려야 한다.
② (X) 제2조 제2항. 즉시 지진조기경보를 발령해야 하는 경우는 지진 발생이 예상되는 모든 경우가 아니다. 5.0 이상 규모 지진이 일어나는 경우이다.
③ (X) 제3조 제1항. 단서 조항 제2호에 의해 가능하다.
④ (X) 제3조 제2항. 기상청장의 승인이 필요하다.
⑤ (O) 제2조 제2항 제2호에 의해 옳은 판단이다.

04 ⑤
난이도 중

유형 법학추론

해설 ① (X) 제1조 제2항. 헌혈자 또는 헌혈증서를 양도받은 사람이 수혈받을 수 있다.
② (X) 제3조 제1항 제2호. 헌혈이 직접적인 원인이 되어 사망한 자에 대해서는 채혈부작용자 보상금을 지급할 수 있다. 헌혈환급적립금은 제1조 제3항에서 의료기관에 보상하는 금액일 뿐이다.
③ (X) 제2조 제2항. 보건복지부장관은 헌혈환급예치금으로 헌혈환급적립금을 조성·관리한다.
④ (X) 제3조 제2항 제2호. 소송제기한 경우 제외되는 대상은 채혈부작용이라고 결정된 사람 또는 그 가족이다.
⑤ (O) 제1조 제3항. 보건복지부장관은 의료기관에 보상하여야 한다.

05 ③ 난이도 중

유형 법학추론

해설 ① (X) 제1조 제4항 제3호. 지방자치단체이므로 1백분의 1이 되어 3천만 원을 사용해야 한다.
② (X) 제2조 제1항. 지방자치단체는 제외되므로 출연할 수 없다.
③ (O) 제1조 제3항. 증축되는 부분의 연면적이 1만 제곱미터 이상이어야 하므로 해당되지 않아서 사용할 필요가 없다.
④ (X) 제1조 제3항 제1호. 기숙사는 제외되므로 해당되지 않는다.
⑤ (X) 제2조 제3항. 차액을 출연해야 하므로 45억의 1천분의 5는 2천2백5십만 원이 되므로 차액인 2백5십만 원을 출연해야 한다.

06 ④ 난이도 하

유형 상황이해 및 추론

해설 ㄱ. (X) [2문단] 신청대상은 국적과 관계없다.
ㄴ. (O), ㄷ. (X) [2문단] 최초 창작활동 시작 후 3년이 경과하였기에 가능하다.
ㄹ. (O) [3문단] 지정된 날짜까지 작품집 발간 실적이 없는 경우 창작지원금이 반환처리될 수 있다.

07 ② 난이도 하

유형 상황이해 및 추론

해설 ㄱ. (X) 상대습도=(현 대기의 수증기량/현재 온도의 포화 수증기량)이므로, 포화 수증기량이 20% 증가하면 현 대기의 수증기량이 동일할 경우 상대습도는 약 17% 낮아질 뿐이다.
ㄴ. (O) 상대습도가 100%일 때 포화 상태이므로, 공기의 수증기량을 현재 온도의 포화 수증기량만큼 증가시킬 경우 가능하다.
ㄷ. (X) 공기 온도가 올라가면 포화 수증기량이 증가하므로 상대습도는 낮아질 것이다.

08 ④ 난이도 하

유형 판단 및 의사결정

해설 ㉠ X는 1갤런(4L)은 15마일(24km)을 갈 수 있다. 따라서 1L에 6km를 간다. 따라서 120km는 20L가 필요하다.
㉡ Y는 100km에 8L가 필요하다. 4갤런은 16L이므로 200km를 갈 수 있다.
Z는 1L에 18km를 이동하므로 16L에 288km를 이동한다. 따라서 Z는 Y보다 88km 더 이동할 수 있다.

09 ④ 난이도 하

유형 판단 및 의사결정

해설 주어진 정보로 정리하면 다음과 같다.

	A	B	C
갑 (특별금리)	4.7+(0.5+0.5, 최대 1.0)=5.7	4.5+1.0+0.5=6.0	4.3+0.6=4.9
을	4.2+최대 1.0=5.2	4.0+0.5=4.5	3.8+0.7+0.6+0.4=5.5

10 ④ 난이도 중

유형 문제해결

해설 ㉠~㉣: 숫자인 동시에 개수이므로 0~4가 되어야 한다.
1) ㉠=㉡=0: 홀수 0개이므로 1도 0개(㉢), 이때 ㉣은 1, 3(홀수)이 될 수 없고 2, 4도 2가 2개 또는 4개가 불가하므로 될 수 없다. 결국 ㉣은 0개가 된다. 선택지에 없으므로 다른 경우도 파악해야 한다.
2) ㉠=㉡=3: 홀수가 3개이고 3이 2개이므로 1은 1개만 가능하므로 ㉢은 1이다.
이때 2가 1개가 되면 ㉣이 1이 되어 성립할 수 없으므로 ㉣은 0이 된다. 따라서 ㉠~㉣의 합은 3+3+1+0=7이 가능하다.

11 ③ 난이도 상

유형 문제해결

해설 (A: 닭 마릿수, B: 1마리 하루 사료량, C: 일수, D: 전체 사료량)
1) ABC=D
2) 갑: (A−75)B(C+20)=D
3) 1)=2), 20A−75C=1,500, 5로 나눔 → 4A−15C=300
4) 을: (A+100)B(C−15)=D
5) 1)=3), −15A+100C=1,500, 5로 나눔 → −3A+20C=300
3A−20C=−300
6) 3)×4=16A−60C=1,200
7) 5)×3=9A−60C=−900
8) 6)−7): 7A=2,100마리, A=300마리

12 ① 난이도 상

유형 판단 및 의사결정

해설 1) 보석들의 1g당 가격을 계산하면 다음과 같다.
: A(10/12=5/6=0.83), B(7/10), C(1), D(1/2)
따라서 1g당 가격은 C>A>B>D 순서가 된다.
2) 최대 금액이 되도록 해야 하므로 C 150개를 모두 맡기면 1개 3g이므로 450g이 된다.
3) 모든 종류의 보석이 하나씩은 포함되어야 하므로 B 1개(10g), D 1개(2g) 12g이 필요하다. 그래서 C+B+D=462g이 된다.
4) 1kg(1,000g)−462=538g이므로 A는 1개당 12g으로 538/12≒44.8이 되어 44개를 맡길 수 있다.

13 ⑤ 난이도 상

유형 문제해결

해설 1) 갑의 진술: 갑과 무 모두 여자이고, 갑보다 무가 나이가 많다.
2) 을의 진술: 을보다 무가 나이가 많고 을이 갑보다 1살 많다.
3) 병의 진술: 병과 을은 남자이며, 병보다 을이 나이가 많다.
4) 정의 진술: 정의 나이가 가장 어리며, 정은 남자이다.
따라서 나이 순서는 무>을>갑>병>정 순이며, 갑과 무는 여자, 을, 병, 정은 남자이다.
① (X) 갑은 병보다 나이가 많기에 칭하는 말을 붙이지 않는다.
② (X) 정은 남자이고 병도 남자이기에 '이히'를 붙여야 한다.

③ (X) 을과 갑은 1살 차이고 무는 이들보다 나이가 많기에 병보다 최소 3살 많다.
④ (X) 남자가 3명, 여자가 2명으로 남자가 여자보다 많다.
⑤ (O) 나이가 두 번째로 많은 사람은 을이다.

14 ③

난이도 중

유형 문제해결

해설 1) 9일과 13일에 2명이 당직을 서며, 을은 11일에, 병은 13일에 할 수 없다. 그러므로 13일에 갑과 을 2명이 당직을 서며, 이들은 이틀 연속할 수 없으므로 12일과 14일에 병이 당직을 서야 한다.
2) 12일에 병이 당직을 서기에 11일에 병이 할 수 없다. 따라서 11일에는 갑이 당직을 선다.

날짜	7	8	9 (2명)	10	11	12	13 (2명)	14
당직					갑	병	갑, 을	병

- 최솟값: 병이 9일에 1번 더 추가로 할 경우 최소가 된다. (3일)
- 최댓값: 8일과 10일에 당직을 추가하면 최대가 된다. (4일)

15 ①

난이도 상

유형 문제해결

해설 1) 수요일에 출장 때문에 산책을 시킬 수 없으므로 화요일에 최대 3번 산책을 한다.
2) 수요일에 산책을 시킬 수 없으므로 그다음 날인 목요일 아침도 할 수 없기에 목요일 점심과 저녁에 산책을 시킨다.
3) 목요일에 점심, 저녁에 산책을 했으므로 금요일 아침에는 쉬며, 금요일 저녁에 할 수 없으므로 점심 1번만 할 수 있다. 또는 목요일에 1번, 금요일에 2번 할 수도 있다. 결국 목요일, 금요일 합하여 3번이 최대이다.
4) 토요일에 2번, 일요일에 2번을 하는데, 월요일에도 2번을 해야 하므로 일요일에는 3번 모두 할 수 없다.

월	화	수	목	금	토	일	합
2번	3번		3번		2번	2번	12번

16 ③

난이도 하

유형 판단 및 의사결정

해설 ① (X) A 평균이 92이므로 92×5=460, -최대 100-최소 80=280
280=(100, 100, 80), (100, 90, 90)이 되므로 중의 등급 3개가 될 수 없다.
② (X) C의 평균은 88이므로 88×5=440, -최대 90=350
350=(90, 90, 90, 80)이 되므로 하의 등급 2개를 받을 수 없다.
③ (O) B 최대는 270(90, 90, 90)이 되므로 A보다 적어서 될 수 없다.
④ (X) C는 A보다 적기 때문에 될 수 없다.
⑤ (X) D만 A와 동점이 가능하다.

17 ①

난이도 하

유형 판단 및 의사결정

해설 1) 갑: 2+7+4+5=18
2) 을: 3+7+4+4=18
3) 병: 4+6+2+5=17
4) 정: 4+6+3+5=18
5) 무: 초급 기술이라 제외됨
동점일 때에는 실적 건수가 가장 많은 사업자를 선정하므로 갑이 선정된다.

18 ④

난이도 중

유형 판단 및 의사결정

해설 1) 갑: 만 42세로 만 40세가 넘어서 제외된다.
2) 을: 경영주 등록을 2023. 1. 1 이후에 했기에 제외된다.
3) 병: 직접영농에 종사하기에 독립경영이지만 3년을 넘었기에 제외된다.
4) 무: 경영주 등록을 하지 않았으므로 제외된다.
따라서 정만 가능하다.

19 ②

난이도 하

유형 상황이해 및 추론

해설 ㄱ. (X) 관광효과에서 유발효과를 제외하면 직접효과와 간접효과가 된다.
ㄴ. (X) 관광지 소재 식당이 직접 받은 식대는 직접효과에 해당한다.
ㄷ. (O) 일반승수는 최초 관광지출로 나눈 값으로 최초 관광지출은 일차효과와 이차효과의 합이다.

20 ③

난이도 하

유형 상황이해 및 추론

해설 최초관광지출=A
직접효과: 1/2A
간접효과: 1/2A+10억
유발효과: A
일반승수=[1/2A+(1/2A+10억)+A]÷A=2.5
2A+10억=2.5A
1/2A=10억, A=20억
1) 직접효과는 10억이다.
2) 비율승수: 직접효과 10억+간접효과 20억+유발효과 20억=50억, 50/10=5가 된다.

21 ③

난이도 하

유형 법학추론

해설 ① (X) 제△△조 제1항. 공연장을 운영하는 B군수에게 등록해야 한다.
② (X) 제△△조 제3항. 폐업신고를 하지 않을 경우 직권으로 말소할 수 있다.
③ (O) 제◇◇조 제1항. 제□□조 제2호의 공연물을 연소자에게 관람하게 한 경우 3년 이하의 징역 또는 3천만 원의 벌금에 처한다.

④ (X) 제◇◇조 제2항. 암표상은 20만 원 이하의 벌금에 처할 수 있지만 구매자가 처벌받는 것은 아니다.
⑤ (X) 제△△조 제5항. 1천 명 이상의 관람자가 있을 것으로 예상되는 공연장에 피난안내도를 갖추어야 한다.

22 ①

난이도 하

유형 법학추론

해설 ① (O) 제△△조 제1항. 65세 이상의 참전유공자에게 참전명예수당을 지급할 수 있다.
② (X) 제○○조 제1항 제3호. 월남전쟁에 참전한 사실이 있다고 국방부장관이 인정한 사람은 참전유공자가 된다.
③ (X) 제△△조 제4항. 해당 수당지급 대상자의 신청에 따라 현금으로 지급할 수 있다.
④ (X) 제○○조 제1항. 전쟁 참전 중 범죄행위로 인하여 경우가 제외되는데, 전역 후 범죄행위는 그렇지 않다.
⑤ (X) 제□□조. 등록신청을 한 경우 등록신청을 한 날이 속하는 달부터 지급한다.

23 ⑤

난이도 하

유형 법학추론

해설 ① (X) 제□□조 제4항. 등록된 국제선박은 국내항과 외국항 간 또는 외국항 간에만 운항하여야 한다.
② (X) 제○○조. 국제선박으로 등록할 수 있는 선박은 국내법에 따라 설립된 법인 소유 선박이다.
③ (X) 제□□조 제1항. 선박소유자는 국제선박으로 등록하기 전에 선적항을 관할하는 지방해양수산청장에게 신청하여야 한다.
④ (X) 제□□조 제1항. 해양수산부장관이 아니라 지방해양수산청장의 권한이다.
⑤ (O) 제□□조 제3항. 등록사항이 변경된 경우 1개월 이내에 해양수산부장관에게 신청해야 한다.

24 ⑤

난이도 하

유형 법학추론

해설 ① (X) 갑은 잠금장치를 발명한 것으로 방법특허에 해당되지 않는다.
② (X) 병은 도자기 생산 방법을 발명하였으므로 '방법특허출원(심사중)'이라고 표시해야 한다.
③ (X) 제□□조. 특허된 것이 아닌 물건이나 아닌 방법에 의한 표시가 대상이므로 해당되지 않는다.
④ (X) 제△△조 제2항. 종업원이 행위를 해도 행위자도 벌한다.
⑤ (O) 제□□조. 도자기를 생산하는 방법에 의하여 생산된 물건의 포장에 특허출원표시를 해서는 안 된다. 이에 위반되는 경우 허위표시죄로 처벌된다.

25 ①

난이도 중

유형 법학추론

해설 ① (O) 수하식은 5년 주기이므로 두 번은 해야 한다.
② (X) 제○○조 제2항. 어장청소 주기는 두 종류 이상의 경우 단기로 하므로 가두리식 3년이 된다.
③ (X) 제3항. 유효기간 만료 후 동일한 신규 면허를 받은 경우 면허의 유효기간 만료 전 마지막으로 어장청소를 끝낸 날부터 제2항의 주기에 따라 하므로 3개월 이후가 될 수 있다.
④ (X) 제□□조 제3항. 1회 부과하는 이행강제금은 250만 원을 초과할 수 없다.
⑤ (X) 어류 등 면허의 수하식(연승식) 주기는 4년이다. 면허는 2020.12.11.에 받았고 현재 2024.3.11.까지 한 번 어장청소를 하였으므로 주기인 4년이 아직 지나지 않았다. 따라서 이행강제금이 부과되지 않는다.

26 ④

난이도 하

유형 상황이해 및 추론

해설 ① (X) [3문단] 맥주의 색상은 몰트에 의해 결정된다.
② (X) [1문단] 고대 수메르인은 보리를 갈아 빵과 같은 형태로 만든 후 물을 부어 저장해 두는 방식으로 제조하였다.
③ (X) [2문단] 에일은 18~25℃에서 이루어진다.
④ (O) [2문단] 하면 발효 방식 중 하나인 라거는 주로 연수를 사용한다.
⑤ (X) [3문단] 산업혁명 이후에는 기술이 발달하여 원하는 정도로 맥아를 볶을 수 있게 되어 골고루 적당하게 볶을 수 있게 되었다. 따라서 낮은 온도보다 높은 온도로 만들었는지 알 수 없다.

27 ②

난이도 하

유형 판단 및 의사결정

해설 1) 전기 감축률 = (400 − 350) / 400 = 1 / 8 = 12.5%: 750포인트
2) 상수도 감축률 = (11 − 10) / 11 = 1 / 11 = 9.1%: 75포인트
3) 도시가스 감축률 = (60 − 51) / 60 = 9 / 60 = 15%: 800포인트
따라서 총 1,625포인트가 된다.

28 ④

난이도 하

유형 문제해결

해설 1) 정의 모든 자리 숫자가 3이므로, 병의 모든 자릿수는 1이다.
2) 병은 을의 3배, 을은 갑의 3배이므로 병은 갑의 9배가 된다.
3) 갑의 자릿수가 모두 8자리이므로, 병의 자릿수는 9개가 된다.
4) 병의 기부액 111,111,111을 9로 나누면, 12, 345, 679가 된다.
따라서 병의 기부액 일의 자리 수 1과 갑의 일의 자리 수 9의 합은 10이 된다.

29 ②

난이도 중

유형 판단 및 의사결정

해설 1) 베타 1마리 구입한 경우
: 베타 4,000 + 어항 A형 35,000 = 39,000원
: 구피 3마리 9,000 + 어항 B형 40,000 = 49,000원, 합 88,000원
2) 베타 2마리 구입
: 베타 8,000 + 어항 A형 35,000 = 43,000원
: 구피 2마리 6,000 + 어항 A형 35,000 = 41,000원, 합 84,000원
따라서 최소 금액은 84,000원이다.

30 ③

난이도 상

유형 판단 및 의사결정

해설 2022.1.5. - 2,500포인트 적립

2022.9.20. - 2,000 사용 500 남음, 20,000의 2% 400 적립, 합 900 포인트

2023.1.9. - 500 적립, 합 1,400 중 1년 지나서 2022.1.5. 적립 포인트 500 소멸, 합 900포인트

2023.3.27. - 300 사용(2022.9.20. 400포인트에서 차감) 600 남음 50,000의 4% 2,000 적립, 합 2,600포인트

2023.9.20. - 1년 지나 2022.9.20. 남은 100 소멸, 합 2,500포인트

2024.1.5. - 500 사용, 2,000 남음, 10,000의 5% 500 적립, 합 2,500포인트

31 ②

난이도 상

유형 문제해결

해설

임용 전	감정형	사고형	임용 후	감정형	사고형
외향형	a	b	외향형	d	e
내향형	c	20	내향형	f	20

1) f + 20 = 2(c + 20), c = 1 / 2f − 10
2) 2(e + 20) = b + 20, b = 2e + 20
3) d = 2a, a = 1 / 2d
4) a + b + c = 100(전체 100−임용 전 내향형 & 사고형 20)
5) 1), 2), 3)의 a, b, c 4)에 대입, d + 4e + f = 140
6) d + e + f = 80
7) 5) − 6) = 3e = 60, e = 20

32 ③

난이도 중

유형 문제해결

해설 1) 병의 진술에 의해 갑은 1등이 아니다. 따라서 갑의 진술에 의해 갑은 1등 또는 5등인데, 1등이 아니므로 5등임을 알 수 있다.
2) 을은 병과 정보다 앞선다.
3) 정은 병보다 앞선다. 그러므로 을-정-병의 순서가 된다.
4) 병의 진술에서 병보다 앞서 달린 적이 있는 사람은 을과 정 뿐이다. 따라서 무는 병보다 뒤이다. 결국 을-정-병-무-갑의 순서로 등수가 결정되어 3등을 한 사람은 병이다.

33 ④

난이도 중

유형 문제해결

해설 1) 3가지 숫자로 구성되어 있으므로 4가지 숫자인 ②는 제외된다.
2) 같은 숫자가 연속되어야 하므로 ①은 제외된다.
3) 2022년은 짝수 해이므로 짝수일에 태어난 사람에게 기념품을 증정한다. 그런데 을은 기념품을 받지 못했으므로 홀수일이다. 그래서 짝수일인 ③이 제외된다.
4) 을은 2022년에도 지원금을 받을 수 있으므로 이때 만 20세 이상에 해당된다. 그런데 2003년에 태어날 경우 만 20세가 되지 못하므로 ⑤가 제외된다.

34 ③

난이도 상

유형 문제해결

해설 ① (X) 1차 투표 총수는 10표이다. 만약 B에 갑과 을이 투표하여 4표가 된다면, 다른 A와 C에 각각 3표씩이 되면 B가 선정될 수 있다.
② (X) 갑과 을이 B에 투표하고 병과 정이 A와 C에 1표씩 투표할 수 있으므로 옳지 않다.
③ (O) A는 총 3명에게 표를 받았는데, 갑과 을에게 2표씩 4표를 받고 다른 한 명에게서 1표를 받는다면 최대 5표가 될 수 있다.
④ (X) ①의 해설과 같이 3표도 될 수 있으므로 옳지 않다
⑤ (X) 갑과 을이 하나의 후보에 총 4표를 투표하였고, 나머지는 서로 다르게 투표해야 하기에 최대 3표를 받을 수 있을 뿐이다. 따라서 1차 투표에서 선정되므로 옳지 않다.

35 ①

난이도 중

유형 문제해결

해설 1) 유학생의 날이 있는 요일은 한 달에 5번이 되어야 한다.
2) 토요일은 4번, 일요일은 5번이 있다.
3) 월요일, 화요일, 수요일이 1일이면 일요일이 5번이 될 수 없다.
4) 목요일, 금요일, 토요일이 1일이면 토요일이 5번이 되어 조건을 충족할 수 없다.
5) 한 달이 31일이고 1일이 일요일이면, 일요일, 월요일, 화요일이 5번이 되며 토요일은 4번이 되어 조건을 충족한다. 따라서 유학생의 날로 지정된 날은 한 달에 5번이 가능한 일요일, 월요일, 화요일 중 하나가 된다.

36 ②

난이도 상

유형 문제해결

해설 ㄱ. (X) ㉠이 '패'가 되어도 첫 게임이 '패'라면 ㉢은 6승 4패가 될 수 있다.
ㄴ. (X) ㉠이 '승'이고 ㉢이 7승 3패가 되는 경우는, 첫 경기가 '패'인 경우이다. 하지만 이 정보만으로 ㉡이 '승'인지 알 수 없다.
ㄷ. (O) ㉠이 '승'이고 ㉢이 6승 4패일 때에 첫 경기의 결과는 '승'이다.
ㄹ. (X) ㉠, ㉡이 모두 '패'이고 ㉢이 5승 5패라면, 첫 경기 결과는 '승'이다. 그런데 13번째 경기의 직전 10개 경기 전적이 4승 6패인 경우는 두 번째 경기 결과가 '승'임이 가정되어야 한다.

37 ⑤

난이도 하

유형 판단 및 의사결정

해설 기준에 따라 점수를 부여하면 다음과 같다.

구분	A(18)	B(16)	C(24)	D(24)	E(+2.5) (22)
품질	9	3	15	9	15
가격(천 원)	7	7	3	5	1
안전성	2	6	6	10	6

E가 24.5로 가장 높아 선정된다.

38 ②

난이도 하

유형 판단 및 의사결정

해설 1) 배출권거래제에 참여 중인 D는 제외된다.

2) 기준에 따라 점수를 정리하면 다음과 같다.

구분	중간보고서 점수	시설설치 점수	최종보고서 점수	지원금액
A(68)	12	21	35	
B(76)	18	18	40	4.8
C(70)	17	18	35	5.6
E(88)	16	27	45	4.5

3) B+C+E 지원금액 합은 14.9억 원이다.

39 ⑤

난이도 하

유형 상황이해 및 추론

해설 ① (X) 사탕수수가 처음 재배된 곳은 뉴기니섬 지역이었다.

② (X) 사탕수수액을 활용한 설탕 결정법을 알아낸 때는 굽타왕조 시대 인도에서이다.

③ (X) 1910년대 이전 우리나라에서 생선류, 김치류에 설탕 대신 꿀이나 엿을 넣었는지는 알 수 없다.

④ (X) 7세기 중반 당태종 때 인도의 외교사절단이 사탕수수 재배법을 가르쳤다.

⑤ (O) 1801년에 이르러서야 프로이센에서 사탕무를 활용한 설탕의 대량생산에 성공했다.

40 ②

난이도 중

유형 상황이해 및 추론

해설 1) 1893년에 설탕 1근이 12전이었는데, 이는 1884년 대비 -40%가 된 것이다. 따라서 1884년에 20전이었던 것을 알 수 있다.

2) 설탕 1근(20전)은 소고기의 2.5배이므로 소고기 1근은 8전에 해당한다. 그러므로 52전=설탕(20전)+32전 소고기가 된다. 따라서 소고기 32전은 4근이다.(32/8=4)

모바일 자동 채점 및 성적 분석 서비스

5급 2023년 기출문제 정답 및 해설

정답

p.184

01	02	03	04	05	06	07	08	09	10
⑤	④	④	②	④	②	④	③	③	①
11	**12**	**13**	**14**	**15**	**16**	**17**	**18**	**19**	**20**
①	⑤	⑤	③	④	①	①	①	②	①
21	**22**	**23**	**24**	**25**	**26**	**27**	**28**	**29**	**30**
⑤	②	④	⑤	③	②	③	④	③	④
31	**32**	**33**	**34**	**35**	**36**	**37**	**38**	**39**	**40**
①	①	⑤	⑤	③	⑤	①	②	②	③

해설

01 ⑤

난이도 하

유형 법학추론

해설 ① (X) 제3항. 지방자체단체의 장이 보호비용의 전부 또는 일부를 지원할 수 있다.

② (X) 제5항. 학대 사실이 취소 사항은 아니다.

③ (X) 제4항. A부장관이 정하는 바에 따라 지방자치단체의 장에게 신청해야 한다.

④ (X) 제6항, 제5항 제1호의 경우 1년 이내에 다시 지정해서는 안 된다.

⑤ (O) 제5항 제4호. 보호비용을 거짓으로 청구한 경우 취소할 수 있으므로 반드시 취소해야 하는 것은 아니다.

02 ④

난이도 하

유형 법학추론

해설 ① (X) 제1조 제1항, 제2항. A부장관에게 통보해야 하는 사항은 제1항 제1호이다.

② (X) 제2조 제2항. 해당 지방자치단체에 무상으로 귀속된다.

③ (X) 제3조 제4항. 점용료의 감면 비율은 대통령령으로 정한다.

④ (O) 제3조 제4항 제2호. 감면 가능한 상황이다.

⑤ (X) 제3조 제2항. 허가를 받지 않고 점용하였기에 변상금을 징수할 수 있다.

03 ④

난이도 하

유형 법학추론

해설 ① (X) 제2조 제1항. 우주발사체는 제외된다.

② (X) 제2조 제1항 제3호. 국외에서 발사하는 경우이므로 옳지 않다.

③ (X) 제2조 제1항. 180일 전까지이다.

④ (O) 제2조 제3항. 단서 조항에 의해 옳은 판단이다.

⑤ (X) 제2조 제3항. 위성궤도에 진입한 날부터 기산한다.

04 ②

난이도 하

유형 법학추론

해설 ① (X) 제2조 제2항. B군수가 내릴 수 있다.

② (O) 제4조 제1호. 식품판매업자가 제2조 제1호 위반으로 3년 이하의 징역에 처할 수 있다.

③ (X) 제3조 제1호. 제품교환 또는 구입가 환급에 해당되며 둘 다 해주어야 하는 것은 아니다.

④ (X) 제2조 제3항. 신고한 자인 병만 포상금을 지급받는다.

⑤ (X) 제4조. 벌금 대상자는 식품판매업자인 갑이다.

05 ④

난이도 하

유형 법학추론

해설 ㄱ. (O) 제1조. 정보공개서를 제공한 날부터 14일이 지나지 않은 경우에 해당되므로 반환해야 한다.

ㄴ. (X) 제3조 제3호. 가맹본부가 일방적 중단한 경우가 아니기에 해당되지 않는다.

ㄷ. (O) 제2조 제1호. 사실과 다르게 정보 제공한 경우로 제3조 제2호에 의해 반환해야 한다.

06 ②

난이도 하

유형 상황이해 및 추론

해설 ① (X) 내년 기타 사업에 50억+4억=54억이 지출된다.

② (O) 올해는 50억, 내년에는 54억이므로 옳다.

③ (X) 내년 공공서비스에 50억+16억=66억이 지출된다.

④ (X) 올해 50억, 내년에 66억으로 32% 높다.

⑤ (X) 올해보다 16억 증가한다.

07 ④

난이도 하

유형 판단 및 의사결정

해설 1) 갑: 일일 1/20박스

2) 을과 병: 일일 1/80박스

3) 정: 일일 1/40박스

합 4/10박스이므로 1/10 일일 사용한다. 따라서 1박스 사용하는 데 10일 걸린다.

08 ③

난이도 중

유형 상황이해 및 추론

해설 1983년 <미남 갱 카르멘>

1960년 작품 <내 멋대로 하자>, <남자는 남자다>

1962년 작품 <자기를 위한 인생>

1963년 작품 1편 개봉(2편은 10편 개봉 후 상영)

1964년 2편 개봉

1965년 작품 <베타빌>

따라서 8번째에 해당한다.

09 ③

난이도 중

유형 문제해결

해설 결과적으로 6대 5로 A팀이 승리하였다.

<방식 1> 1점 많아지는 득점 이후 동점이나 역전이 되지 않고 승리한 득점이 결승점이므로 5대 4가 되는 다섯 번째 득점이 이에 해당된다.

<방식 2> 최종점수보다 1점 많아질 때의 득점이므로 A의 여섯 번째 득점이 결승점이다.

10 ①

난이도 중

유형 문제해결

해설 1) 총 5개 번호가 나오는 주사위이며, 10번 중 소수가 6번 확률인데, 소수는 2, 3, 5 총 3개이므로 모두 사용된다.

2) 주사위 3번을 던져 같은 홀수 1개가 나올 확률은 1/125=0/8%이다. 1.6%이므로 홀수 2개가 사용되었다.

1)에서 2, 3, 5는 반드시 사용되며, 2)에서 홀수는 1, 3, 5이며 이 중 2개가 사용되므로 1은 사용되지 않은 수이다.

11 ①

난이도 하

유형 문제해결

해설 ① (O) 갑과 정은 가능하며, 을, 병, 무는 안 된다.

②, ③, ④, ⑤ (X) 정을 제외하고 모두 가능하다.

12 ⑤

난이도 중

유형 문제해결

해설 ① (X) 34로 짝수가 된다.

②, ③ (X) 0이 포함될 경우 그렇지 않다.

④ (X) 동일하다.

⑤ (O) 어떤 수가 와도 11의 배수가 된다.

13 ⑤

난이도 중

유형 판단 및 의사결정

해설 조건 1. [2]줄과 [8]줄이 1번째 또는 2번째가 된다.

조건 2. 일반기사인 [4], [5], [9], [10] 줄이 3~6번째가 된다.

조건 3. [5]줄과 [10]줄이 3~4번째가 된다. 그러므로 [4] 또는 [9]줄이 5~6번째이다.

조건 4. 조간이 앞서므로 5번째는 [9]줄이 된다.

14 ③

난이도 중

유형 문제해결

해설 1) A와 B가 친밀관계이므로, 둘은 직접 관계가 아니며 나머지 C, D, E 나라와 직접 조약관계에 있다.

2) A와 직접 조약 관계인 국가 중 D와 직접 조약 관계가 없으므로, C와 E는 D와 직접 관계가 아니다.

ㄱ. (O) D와 E는 둘이 직접관계는 아니며, A와 B와는 각각 직접 조약 관계이므로 '우호'관계가 된다.

ㄴ. (O) 1)에 의해 옳은 추론이다.

ㄷ. (X) 중립 관계는 없다.

15 ④

난이도 중

유형 판단 및 의사결정

해설 1) 총 8명이므로 2명을 위촉해야 한다.

2) 여성이 최소 1명 있어야 한다. (병 or 정)

3) 법조계가 반드시 포함되어야 한다. (을 or 병)

[1] 을(법조계) 포함, 병 포함 안 됨: 여성인 정이 선발되어야 한다.

[2] 을이 포함 안 되고 병(여성) 포함: 정 또는 무가 선발될 수 있다.

(병, 정 / 병, 무)

[3] 을과 병 모두 선발될 수 있다.
따라서 총 4가지의 경우가 된다.

16 ①

난이도 하

유형 판단 및 의사결정

해설 매장 2곳만 방문하며 4가지 선물을 사야 하므로 한 가지밖에 없는 문구점은 제외된다.
① (O) 4가지 합이 16만 원이며 4만 원짜리 2개를 살 수 있다.
② (X) 4가지 합이 20만 원으로 하나를 살 수 없다.
③, ⑤ (X) 문구점이 포함되면 안 된다.
④ (X) 4가지 합이 18만 원이며 나머지 2만 원으로 살 수 없다.

17 ①

난이도 하

유형 판단 및 의사결정

해설 1) A 68점, C 77점, E 79점으로 선정에서 제외된다.
2) B 94점(1위), D 93점(2위)으로 선정된다.
따라서 지급할 연구비 총액은 총 17억 원이 된다.

18 ①

난이도 중

유형 판단 및 의사결정

해설 1) 5,000원이 넘으면 이용하지 않기에 최소시간경로는 제외된다.
2) 주차장 도착 후 10분+점심식사 30분+다시 주차장으로 10분+회의장소 이동 5분 총 55분이 소모되므로 총 2시간 30분 중 1시간 35분 이내가 걸려야 한다. 따라서 최단거리경로와 초보자경로는 제외된다.
3) 피로도가 가장 덜한 경로를 선택하므로 최적경로가 선택된다.

19 ②

난이도 하

유형 상황이해 및 추론

해설 ① (X) [3문단] 1886년에 휘발유 자동차가 생산되었다.
② (O) [3문단] 1911년에 휘발유 소비가 처음으로 등유를 앞질렀으므로 1907년에는 등유 소비량이 더 많았을 것이다.
③ (X) [4문단] 1927년에 소형 연소 분사장치가 발명되면서 경유가 사용되었다.
④ (X) [3문단] 1859년 최초의 석유시추는 등유만을 생산하기 위한 것이었다.
⑤ (X) [4문단] 1912년에 액화석유가스 생산 기술이 처음으로 개발되었다.

20 ①

난이도 하

유형 상황이해 및 추론

해설 ㄱ. (O) [2문단] 최초의 시추날 평균가격에서 96%가 떨어진 금액이 배럴당 1.2달러이다. 이는 최초 가격의 4%이므로 1%에 0.3달러, 100%는 30달러가 된다. [1문단]에서 매일 30배럴씩 생산하였으므로 30 × 30 = 900달러가 된다.
ㄴ. (X) [2문단] 1859년에 2천 배럴에서 1869년에 250배로 연간생산량이 증가하였으므로, 1869년에는 2,000 × 250 = 500,000이 된다. 이를 월로 나누면 500,000 / 12 ≒ 41,666이 된다.
ㄷ. (X) [2문단] 1880년 생산된 석유의 총 가액은 3,500만 달러였으며 이는 국내소비량과 수출량인 국내소비량의 150%를 합한 금액이다. 3,500만 달러는 250%이므로 100%인 국내소비량은 1,400만 달러가 된다.(3,500만 / 250% = 140만, 140만 × 100 = 1,400만 달러)

21 ⑤

난이도 하

유형 법학추론

해설 ① (X) 제1항. 소비자에게 판매하는 정가를 정하여 표시해야 한다.
② (X) 제2항. 전자출판물의 경우 판매사이트에 정가를 표시해야 한다.
③ (X) 제5항 제2호. 저작권자에게 판매하는 간행물의 경우 제4항의 제한이 적용되지 않기에 20% 할인을 할 수 있다.
④ (X) 제4항. 가격할인은 10% 이내로 해야 한다.
⑤ (O) 제4항. 정가 15% 이내에서 가격할인과 경제상의 이익을 자유롭게 조합하여 판매할 수 있으므로 가능하다.

22 ②

난이도 하

유형 법학추론

해설 ① (X) 공립 중학교의 관할청은 교육감이다.
② (O) 제2조 제3항. 정신건강 상태 검사를 실시할 때 필요한 경우 학부모의 동의 없이 실시할 수 있다.
③ (X) 제3조 제1항. 등교를 중지시킬 경우 해당 학교의 관할청을 경유해야 한다.
④ (X) 제2조 제2항. 건강검사를 연기하거나 생략할 수 있지만 반드시 그래야 하는 것은 아니다.
⑤ (X) 제3조 제1항. 질병관리청장이 아니라 교육부 장관이 중지를 명할 수 있다.

23 ④

난이도 하

유형 법학추론

해설 ① (X) 제2조 제2항. 가, 나, 다군 중 어느 하나에 배정해야 한다.
② (X) 제1조. 교육감도 지정할 수 있으므로 옳은 판단이다.
③ (X) 제6조. 가군은 1년간, 나군과 다군은 6개월간 시보로 임용한다.
④ (O) 제4조 제1호. 비용이 지나치게 많이 들 경우 임용시험 공고를 하지 않을 수 있을 뿐, 면접 시험을 통한 검정 없이 임용할 수 있는 것은 아니다.
⑤ (X) 제4조 제2호. 외국인의 경우 불가피한 사유가 있을 때에 가능하다.

24 ⑤

난이도 하

유형 법학추론

해설 ① (X) 제1항. 동별로 선출된 사람들이다.
② (X) 제3항 제1호. 마감일(3.2)을 기준으로 하여 판단하므로 3.20.에 성년이 되는 자는 대표자가 될 수 없다.
③ (X) 제2항. 6개월 이상 거주해야 하는데, 2022.7.29.~2023.1.2.은 5개월 4일이므로 해당되지 않는다.

④ (X) 제3항 제3호. 파산자는 자격이 없다.
⑤ (O) 제3항 제4호. 선고가 확정되고 그 유예 기간 중에 있는 사람은 자격을 상실한다.

25 ③

난이도 중

유형 법학추론

해설 ① (X) 특허무효심판-나. 특허가 무효라고 판단하면 인용심결을 선고한다.
② (X) 을이 아니라 특허가 무효가 된 갑이 제기할 수 있다.
③ (O) 심결취소의 소-가. 앞선 인용심결이 잘못된 것이므로 인용판결을 선고하여 소송을 종료한다.
④ (X) 심결취소의 소-가. 잘못이 없다고 인정한 경우이므로 기각판결을 한 것으로 특허가 유효라고 판단한 것이다.
⑤ (X) 심결취소의 소-나. 상고심에 의해 종료된 판결에 대해서는 불복할 수 없다.

26 ②

난이도 하

유형 판단 및 의사결정

해설 1) 기침약 3일 치: 1일 3정 총 9정 × 300 = 2,700원
2) 콧물약 7일 치: 7정 × 200 = 1,400원
3) 항생제 7일 치: 14정 × 500 = 7,000원
4) 위장약(캡슐): 14정 × 700 = 9,800, 10% 할인 - 980 = 8,820원
따라서 총합액은 19,920원이다.

27 ③

난이도 하

유형 문제해결

해설 1) A + B + C + D + E = 5,000원
2) A = B(1,500) + C(500) + D + E
3) 2)의 A를 1)에 대입: 2(B + C + D + E) = 5,000, B + C + D + E = 2,500, A = 2,500원
4) A(2,500) = B(1,500) + C(500) + D + E, D + E = 500원
① (X) C는 500원이다.
② (X) D + E = 500원이므로, 400 + 100이 가능하다.
③ (O) 100원 단위 가격이므로 같은 가격으로 2개는 있을 수 없다.
④ (X) A로 2,500원이 가장 비싼 아이스크림이다.
⑤ (X) 가장 싼 것이 100원이 가능하므로 가장 비싼 것은 20배를 넘을 수 있다.

28 ④

난이도 중

유형 상황이해 및 추론

해설 ㄱ. (O) 갑은 1995.10.12, 을은 1994.7.19.로 만 나이가 을이 더 많다. 따라서 갑은 을에게 항상 존댓말을 쓴다.
ㄴ. (O) 을(1994.7.19.)은 자신보다 연 나이가 두 살 이상 많으면 존댓말을 쓰고, 병(1994.7.6.)은 연 나이 2살 많거나 만 나이 한 살 이상 많으면 존댓말을 쓰는데, 을과 병은 같은 연도에 태어났으므로 서로 존댓말을 쓰지 않는다.
ㄷ. (X) 2022.9.26.에 정(1994.11.22)은 연 나이 28세, 만 나이 27세이며, 갑(1995.10.12)은 연 나이 27세, 만 나이 26세이므로 서로 다르다. 따라서 정은 갑에게 존댓말을 쓴다.
ㄹ. (O) 을과 정은 연 나이가 같으므로 존댓말을 쓰지 않는다. 하지만 정은 을이 생일이 빨라 만 나이가 많을 수 있으므로 존댓말을 쓸 수 있다.

29 ③

난이도 상

유형 문제해결

해설 1) 최솟값: 1승 1패 - 45점
- 1승: 2 : 0 승리 - 15 + 15 = 30
- 1패: 2 : 1 패 - 1세트 15점 승, 나머지 0점 2패
2) 최댓값: 2승(세트 2 : 1로 2번 승리) 승점 4점
- 1승: 20점 1번 승리, 19점 1번 패배, 15점 승리 = 54점
- 2승: 54 × 2 = 108점

30 ④

난이도 중

유형 판단 및 의사결정

해설 1) 갑 6 / 5 × 을 4 / 5 = 24 / 25
2) 차이: 1 / 25A(일 지수) = 3
3) A = 3 × 25 = 75
따라서 3월 3일의 '일 지수'를 옮겨 계산하면 75이다.

31 ①

난이도 하

유형 문제해결

해설 1) COW = 135 or 19
2) EA = 8 or 10

곱	135	19
10	1,350	190
8	1,080	152

따라서 가능하지 않은 수는 ① 120이다.

32 ①

난이도 중

유형 문제해결

해설 1) 2020년: 2019년 2,739,372 + 600(최대) = 2,739,972
2) 2021년: 2,739,972 + 600 = 2,740,572
3) 2022년: 2,740,572 + 600 = 2,741,172
4) 최댓값으로 진행할 경우 대칭 수열이 되려면 2,741,472가 되어야 하는데, 이는 최댓값의 합을 넘어서게 되어 불가하다. 따라서 네 번째 자리 수는 1이 아니라 0이 되어야 한다.
5) 2,740,472는 가능한 숫자가 되어 천의 자리 숫자는 0이 된다.

33 ⑤

난이도 중

유형 문제해결

해설 1) 갑(홀수), 을(짝수), 병(짝수), 정(홀수), 무(짝수)

2) 산술평균: 18÷5=3.6
  : 갑(1 or 3), 을(2), 병(4 or 6), 정(5), 무(6 or 4)
  - 최소한 을(2)+정(5)+무(4)=11이므로 갑이 1이더라도 병은 8이 될 수 없음
  - 을+정=7, 나머지 갑+병+무=11
3) 갑 3
  : 병+무=8이 되어 서로 다른 수인 4와 6이 될 수 없음. 따라서 갑은 1개
4) 갑 1개
  : 병+무=10으로 4와 6을 가질 수 있음

결국 결정되지 않은 것은 병과 무가 4 또는 6에 해당된다.

① (X) 병과 무 모두 4 이상에 해당되어 구별될 수 없다.
② (X) 둘 모두 8 이하에 해당한다.
③ (X) 둘 모두 10의 약수가 아니다.
④ (X) 둘 모두 12의 약수이다.
⑤ (O) 하나는 6으로 3의 배수, 나머지는 4로 3의 배수가 아니므로 구별된다.

34 ⑤

난이도 하

유형 문제해결

해설 1) 갑은 A와 월요일에 중식을 먹는다.
2) 퓨전음식을 수요일밖에 하지 않는데, 갑은 이미 일정이 있고 을은 수요일에 식사를 할 수 없다. 그리고 병은 일식 또는 양식만 가능하고 정은 수요일에 한식만 가능하다. 따라서 무가 A와 퓨전음식을 먹는다.

	월(중식)	화(~~한식~~)	수(퓨전)	목(~~한식~~)	금
갑	O	X	X	X	X
을	X	X	X		
병(일식/양식)	X		X		
정	X	X	한식	일식	~~한식, 일식~~
무	X	X	O	X	X

35 ③

난이도 중

유형 문제해결

해설 1) | ~~갑을~~ | ~~갑정~~ | C무 | ~~병정~~ |
2) 3개 팀은 특정 성 수강생만으로 편성할 수 없다.
3) 팀 구성: 팀장 1명과 팀원 2명

A(3, 남/여)	B(2, 남)	C(?, 여)
		무(여, 물리)

4) 만약 C가 4학년이면 갑은 C팀에 올 수 없는데, 해당 정보가 무엇이더라도 적용되어야 하므로 갑은 C팀에 올 수 없다. 그런데 C팀에 남자가 있어야 하므로 병이 C팀이 와야 한다.

A(3, 남/여)	B(2, 남)	C(?, 여)
		무(여, 물리) 병(남, 국문)

5) 갑이 B팀에 올 경우, 을과 정은 A팀이 되는데, A가 여자일 수 있으므로 불가한 경우가 된다. 따라서 갑은 A팀에 와야 한다. 그래서 다음과 같이 구성된다.

A(3, 남/여)	B(2, 남)	C(?, 여)
갑(경영, 남) 기(여, 기계)	을(여, 영문) 정(여, 경영)	무(여, 물리) 병(남, 국문)

ㄱ. (O) 을과 정은 B와 함께 배치한다.
ㄴ. (X) 경영학과(갑, 정) 기계공학과(기)가 A팀에 함께 편성할 수 있다.
ㄷ. (O) A팀에 기가 배치된다.

36 ⑤

난이도 하

유형 판단 및 의사결정

해설

구분	A	B	C	D	E
인프라	13	12	18	23	12
안전성	36	40	34	28	38
홍보효과	24	55	19.5	30	28.5
합	73	77.5	71.5-10 =61.5	81-10 =71	78.5

가장 높은 2곳은 B와 E이다.

37 ①

난이도 중

유형 판단 및 의사결정

해설 ㄱ. (O) 기본교육: 책임자 1명(35)+점검자 2명(14)=49시간
ㄴ. (X) 각층 바닥면적이 5천m^2이므로 2층 건축물은 합 1만m^2이 된다. 따라서 점검자 4명이 필요하다.
ㄷ. (X) 보수교육은 3년마다 이수한다.

38 ②

난이도 상

유형 문제해결

해설 1) 셔츠: 내구연한 1년, 사용일수 71일이므로 배상비율 60%, 40,000×0.6=24,000원
2) 조끼: 내구연한 3년, 사용일수 609일이므로 배상비율 40%, 60,000×0.4=24,000원
3) 치마: 내구연한 2년, 사용일수 19일이므로 배상비율 80%, 70,000×0.8=56,000원
4) 지불한 이용요금 8,000원
∴ 합: 112,000원

39 ②

난이도 상

유형 상황이해 및 추론

해설 ㄱ. (X) 두 번째 답변에서 임야도는 1/6,000 축척을 사용하며 이는 소축척 도면에 해당한다.
ㄴ. (O) 첫 번째 답변에서 보존산지는 산림청장이 지정하는 산지이다.
ㄷ. (X) 두 번째 답변에서 산지전용 허가를 받기 위해서는 지적도와 임야도를 제출해야 한다.

ㄹ. (X) 첫 번째 답변에서 산지전용이란 본래의 용도 외로 사용하기 위해 변경하는 것이다. 그런데 본래의 용도에 입목의 벌채가 포함되므로 허가를 받을 필요가 없다.

40 ③

난이도 하

유형 상황이해 및 추론

해설 X임야: 100정보 = 30만 평 = 99만 제곱미터이므로 산림청장이 허가권자이다.

Y임야: 50ha = 50 × 10,000제곱미터 = 50만 제곱미터이므로 사유림인 경우 시·도지사가 허가권자가 된다.

5급 2022년 기출문제 정답 및 해설

모바일 자동 채점 및 성적 분석 서비스

정답

p.204

01	02	03	04	05	06	07	08	09	10
①	④	①	②	②	④	①	④	④	③
11	**12**	**13**	**14**	**15**	**16**	**17**	**18**	**19**	**20**
④	②	②	④	⑤	③	⑤	②	③	⑤
21	**22**	**23**	**24**	**25**	**26**	**27**	**28**	**29**	**30**
②	①	⑤	③	⑤	③	⑤	③	⑤	②
31	**32**	**33**	**34**	**35**	**36**	**37**	**38**	**39**	**40**
③	⑤	④	③	①	④	②	①	②	④

해설

01 ①

난이도 하

유형 법학추론

해설 ① (O) 제2조 제3항 제2호. 의사자의 경우 배우자가 1순위이므로 옳은 판단이다.

② (X) 제2조 제2항. 서훈 수여는 의상자도 할 수 있지만, 동상 설치는 의상자가 아니라 의사자에게만 해당된다.

③ (X) 제1조 제3항. 의상자란 직무 외의 행위로서 부상을 입은 사람이기에 옳지 않다.

④ (X) 제1조 제1항 제4호. 다른 사람의 생명 또는 신체를 구하려다 부상을 당한 경우로 애완동물은 대상이 아니다.

⑤ (X) 제1조 제1항. 자신의 행위로 인한 부상은 해당되지 않는다.

02 ④

난이도 하

유형 법학추론

해설 ① (X) 제1항. 직계혈족은 교부를 위임 없이 청구할 수 있다.

② (X) 제3항. 수수료와 우송료는 따로 납부해야 한다.

③ (X) 제1항 제1호. 문서로 신청하는 경우 가능하다.

④ (O) 제4항. 자녀는 전자적 방법에 의한 열람청구가 가능하다.

⑤ (X) 제4항. 성년이 된 이후에만 청구할 수 있다.

03 ①

난이도 하

유형 법학추론

해설 ① (O) 제1조 제3항 제1호. 구제 신청을 받은 날부터 30일이 경과하여도 합의에 이르지 못하는 경우 한국소비자원에 그 처리를 의뢰할 수 있다.

② (X) 당사자들이 피해구제를 한국소비자원에 신청하고, 이에 한국소비자원장은 피해구제신청 당사자인 갑과 을에게 합의를 권고할 수 있다. 그리고 30일 이내에 제2조 제2항의 이러한 권고 합의가 이루어지지 아니하는 경우에 신청해야 한다. 그런데 사례에서는 신청에 대한 내용이 없다.

③ (X) 제4조. 피해구제 처리절차 중에도 법원에 소를 제기할 수 있다.

④ (X) 제3조. 구제 신청을 받은 날부터 30일 이내가 기준으로, 합의 결렬 후 30일 이내가 아니다.

⑤ (X) 제2조 제1항 제2호. 관계기관에서 이미 위법사실을 인지 조사하고 있는 경우에는 그럴 필요가 없다.

04 ②

난이도 상

유형 법학추론

해설 ① (X) 관장 A가 퇴직한 경우, 새로 임명된 관장의 임기에 대해서는 알 수 없다.

② (O) 제3조 제3항. 재적이사는 6명이며 과반 출석은 4명 이상이다. 그리고 재적이사 과반수 찬성으로 의결하기 때문에 4명이 찬성해야 한다. 그런데 5명이 출석하여 2명이 반대하고 3명이 찬성하였으므로 의결정족수가 되지 않는다. 따라서 부결된다.

③ (X) 제2조 제5항. 관장이 부득이한 사유로 직무를 수행할 수 없을 때에는 상임이사가 그 직무를 대행한다. 따라서 B가 대행해야 한다.

④ (X) 제4조 제2항. 2년 이하의 징역 또는 2천만 원 이하의 벌금 중 어느 하나로 처벌되기에 옳지 않은 판단이다.

⑤ (X) 제1조 제2항. 감사는 비상임이므로 옳지 않다.

05 ②

난이도 중

유형 법학추론

해설 ① (X) 19세 이상 주민은 20만 명이기에 1/50은 4,000명이 된다. 따라서 4,000명 이상의 연서를 받으면 가능하다.

② (O) 이의를 제기할 수 있는 기간은 공포한 날 포함하여 10일간이다. 따라서 가능하다.

③ (X) 이의를 신청할 경우, 열람기간이 끝난 날의 다음날부터 14일 이내이므로 1.15부터 14일은 1.29가 된다.

④ (X) 수리한 날 포함하여 60일 이내이므로 2월 28일, 3월 31일 합 59일이므로, 4.1까지 해야 한다.

⑤ (X) 1/3 이상의 출석으로 개의하는데, 12명 중 1/3은 4명이므로 옳지 않다.

06 ④

난이도 하

유형 상황이해 및 추론

해설 ㄱ. (X) 학습하려는 사업장에서는 실수 기록이 많을 것이다.

ㄴ. (O) 직무만족도가 높을수록 실수 기록이 많기에 옳은 판단이다.

ㄷ. (X) 업무능력이 높을수록 실수 기록도 많다.

ㄹ. (O) 징계 우려가 높은 사업장일수록 실수를 숨기려 하기에 실수 기록이 적을 것이다.

07 ①

난이도 하

유형 상황이해 및 추론

해설 ① (O) A국의 수위도시는 세 번째 도시가 200만이므로 3배인 600만이다. 그리고 두 번째 도시는 600만의 1/2이므로 300만이다. 따라서 두 도시의 차이는 300만 명이 된다.

② (X) B국의 두 번째 도시가 200만이며 종주도시지수가 3.3이므로 수위도시는 660만이다. 그런데 세 번째 도시는 지문의 정보만으로는 알 수 없다.

③ (X) B국의 종주도시는 660만이며 A국의 수위도시는 600만이므로 60만 명 많다.

④ (X) A국은 600 + 300 = 900만 명이며, B국은 660 + 200 = 860만으로 40만 명 많다.

⑤ (X) A국은 300만 명, B국은 200만 명으로 다르다.

08 ④

난이도 하

유형 문제해결

해설

	빨간	파란	노란	검정	합
갑	4	1	2	X	
을					
병			X		
정	2	X			6
합	7	4	8	3	

1) 각자 먹지 않은 접시의 색은 다르므로 을은 빨간색 접시를 먹지 않았다. 따라서 병이 빨간색 접시 1개를 먹었다.

2) 파란색 접시는 모두 4개인데 갑이 1개, 그리고 병이 을보다 1개 더 먹어야 하므로 을이 1개, 병이 2개를 먹었다.

3) 검정색 접시는 갑을 제외한 3명이 모두 먹어야 하며 합은 3개이므로 을, 병, 정이 각자 1개씩 먹었다.

	빨간	파란	노란	검정	합
갑	4	1	2	X	
을	X	1		1	
병	1	2	X	1	
정	2	X		1	6
합	7	4	8	3	

4) 정은 총 6개를 먹었으므로 노란색 접시를 3개 먹었다. 노란색 접시는 모두 8개이므로 을이 3개 먹어야 한다.

	빨간	파란	노란	검정	합
갑	4	1	2	X	
을	X	1	3	1	
병	1	2	X	1	
정	2	X	3	1	6
합	7	4	8	3	

결국 을은 파란색 1개 1,200 + 노란색 3개 6,000 + 검정색 1개 4,000 = 11,200원이 된다.

09 ④

난이도 중

유형 상황이해 및 추론

해설 ㄱ. (O) 무호흡·저호흡 지수가 16이므로 양압기 처방을 받을 수 있다.

ㄴ. (O) 자동형일 경우 하루 3,000원, 순응기간 50%이므로 1,500원이 된다. 이때 연이은 30일 중 하루 4시간 이상이 21일 때에 순응기간이 종료된다고 가정해도 1,500 × 21 = 31,500원이 되므로 자동형이 될 수 없다.

ㄷ. (O) 연이은 30일이 5.21에 끝나기 위해서는 4.22부터 시작해야 된다. 4월에 9일을 4시간 이상 사용한다고 가정하면, 5월에 최소 12일은 4시간 이상 사용해야 한다. 따라서 12 × 4 = 48시간 이상이 된다.

ㄹ. (X) 6월에 90일의 순응기간이 끝나게 된 경우이다. 6월에 36,000원이며 총 대여료가 126,000원이므로, 4월과 5월은 합하여 9만 원이 된다. 그런데 4월과 5월은 순응기간에 해당되고 총 61일이 되어 91,500원이 되어야 한다. 따라서 옳지 않다.

10 ③

난이도 상

유형 판단 및 의사결정

해설 1) 사료비: 합계 120만 원
(1) 개 10kg 미만 1마리 한 달(0.3×5,000×30)45,000×10마리=45만 원
(2) 개 10kg 이상 1마리 한 달(0.6×5,000×30)90,000×5마리=45만 원
(3) 고양이 1마리 한 달(0.4×5,000×30) 60,000×5마리=30만 원
2) 인건비: 합계 1,472만 원
(1) 포획활동비 1일 1인당 115,000×8일=92만 원
(2) 관리비 1일 1마리당 23,000×일일 20마리=46만 원, 한 달 1,380만 원
3) 보호비: 합계 70만 원
(1) 3~6일 4마리×10만=40만 원
(2) 7일 이상 2마리×15만=30만 원
∴ 경비 총액=사료비 120+인건비 1,472−보호비 70=1,522만 원

11 ④

난이도 상

유형 문제해결

해설 주어진 정보로부터 정리하면 다음과 같다.

요일	월	화	수	목
내용	출근: 60쪽 퇴근: 10분 20쪽/ 새 책 20분 30쪽	출근: 60쪽 퇴근: 60쪽 150쪽	출근: 60쪽 이동: 20분 40쪽 퇴근: 0쪽 250쪽	출근: 60쪽 퇴근: 40쪽 350쪽

12 ②

난이도 중

유형 상황이해 및 추론

해설 1) 'ㅅ'은 자모변환표에서 479이기에 015가 되어야 일의 자리가 난수표 484와 일치한다.
2) 'ㅜ'는 자모변환표 456이므로 789가 되어야 일의 자리가 난수표 135와 일치한다.
3) 'ㅘ'는 자모변환표 189이므로 562가 되어야 일의 자리가 난수표 641과 일치한다.

13 ②

난이도 중

유형 문제해결

해설 1) 10월 또는 12월
2) 일: 08 or 16 or 24
① (X) 15일 이전이라도 일은 8일이지만 월이 결정되지 않는다.
② (O) 10월일 경우 20일이 일이지만 8의 배수가 아니다. 따라서 12월이며 일은 24일이 된다.
③ (X) 월보다 큰 수는 16일과 24일이 가능하며 월도 결정되지 않는다.
④ (X) 10월 16일 또는 10월 24일, 12월 16일이 가능하여 결정되지 않는다.
⑤ (X) 10월 8일 또는 12월 24일이 가능하다.

14 ④

난이도 상

유형 문제해결

해설 1) 주어진 조건: A 월요일, D 금요일
2) C: 시험 전날과 발표수업 연속 2번 → 가능한 날 수요일
3) A 청소 2번: 화요일 이틀 연속 불가 → 목요일

월	화	수	목	금
A	B	C	A	D

15 ⑤

난이도 상

유형 문제해결

해설 1) 타입은 웜(봄, 가을), 쿨(여름, 겨울) 4개이며 갑~정 모두 다르다.
2) 타입 4개, 밝은 색, 어두운 색 2가지씩 총 8가지이다.
3) 총 8가지 중 밝은 색, 어두운 색 2개씩 해당한다.
4) 순서는 앞에 4개 밝은 색, 뒤에 4개 어두운 색이다.
5) 갑: 가을, 8번 X, 을: 짝수 X

	타입	1	2	3	4	5	6	7	8
갑	가을								X
을			X		X		X		X
병									
정									
톤									

6) 병: 을과 동일한 톤이므로 가을 이외에 쿨톤 두 가지이며, 나머지 정은 봄 타입
: 을과 동일한 톤이므로 짝수 아니다.

	타입	1	2	3	4	5	6	7	8
갑	가을								X
을			X		X		X		X
병			X		X		X		X
정	봄								
톤									

7) 병: 숫자 합이 6이므로 1+5, 따라서 을은 나머지 홀수인 3과 7
8) 홀수 쿨톤, 짝수 웜톤

	타입	1	2	3	4	5	6	7	8
갑	가을	X		X		X		X	X
을		X	X	O	X	X	X	O	X
병		O	X	X	X	O	X	X	X
정	봄	X		X		X		X	
톤		쿨	웜	쿨	웜	쿨	웜	쿨	웜

8) 정: 밝은 색 2와 4 중 을보다 먼저이므로 2, 나머지 4는 갑
9) 갑 나머지 6만 가능, 정은 8

	타입	1	2	3	4	5	6	7	8
갑	가을	X	X	X	O	X	O	X	X
을		X	X	O	X	X	X	O	X
병		O	X	X	X	O	X	X	X
정	봄	X	O	X	X	X	X	X	O
톤		쿨	웜	쿨	웜	쿨	웜	쿨	웜

ㄱ. (X) 을과 병의 타입은 여름 또는 겨울로 정확하게 알 수 없다.
ㄴ. (O) 병은 1과 5이므로 옳다.
ㄷ. (O) 순서를 모두 알 수 있으므로 옳다.
ㄹ. (O) 갑(4+6), 을(3+7), 병(1+5), 정(2+8)로 옳다.

16 ③

난이도 하

유형 판단 및 의사결정

해설 1) 5인 이하 기업인데 대표자 나이가 39세 이하가 아닌 A는 제외된다.
2) 5인 이하 기업이지만 사업 개시 경과연수가 7년이 지났기에 E는 제외된다.
3) 청년수당 가입유지율이 30% 미만인 A 제외(7/25=28%)
4) D도 청년수당 가입유지율이 0이지만, 2인 이하인 경우여서 참여 가능하다.

17 ⑤

난이도 중

유형 판단 및 의사결정

해설 ㄱ. (O) 현행(A 4×100+B 50=450)이 개편안(A 90×4+B 80=440)보다 크다.
ㄴ. (O) 현행(A 100×0.7+B 50×0.3=85)보다 개편안(A 90×0.7+80×0.3=87)이 더 크다.
ㄷ. (O) (나)는 혜택이 적은 B집단을 비교하여 판단하기에 개편안이 더 유리하다.
ㄹ. (X) (다)는 개인 혜택 차이가 현행 50, 개편안 10으로 개편안이 채택된다.

18 ②

난이도 상

유형 판단 및 의사결정

해설 1) 갑: 2022년에 30세가 되어 최초 자궁경부 검진을 받아야 하는데, 2년이 주기이므로 2022년 또는 2023년에 받을 수 있다.
2) 을: 위 검사는 2년마다 받기에 2022년에 받는다. 심장은 2년 주기인데 2020년에 받지 않아서 2021년에 받아야 한다. 따라서 2022년에는 받지 않는다.
3) 병: 간 검사를 받았으므로 고위험군으로 2022년에도 받는다.
4) 정: 심장은 2년마다 받기에 2022년에 받으며, 대장은 2022년에 50세가 되어 매년 받는다.
5) 무: 대장 검사는 매년 받는다.
따라서 2022년에 건강검진을 가장 많이 받은 검진항목은 대장이다.

19 ③

난이도 중

유형 상황이해 및 추론

해설 ㄱ. (X) 주간이라도 일정시간 사용하지 않으면 컴퓨터가 꺼질 수 있고 그 경우 전력절감이 가능하다.
ㄴ. (O) 22,000대의 컴퓨터를 35만kWh 전력 소비 절감이 되므로 22,000×15=33만이므로 옳은 판단이다.
ㄷ. (X) 넷제로가 될 것인지는 추론할 수 없다.
ㄹ. (O) 4명이 자동차 한 대로 출장 갈 경우보다 1명이 비행기로 출장한 경우가 2배 높기에 1인당 1/8이 될 것이다.

20 ⑤

난이도 상

유형 상황이해 및 추론

해설 1) 항공이용 1,000명×400(1인당 배출)=400,000kg=400톤
2) 항공이용 총 1/5이므로 전체 배출량: 400×5=2,000톤
3) 화상회의시스템 이용: 300명(항공이용 30%) 1/10로 줄어듦 - 1인당 360 감축, 300×360=108,000kg=108톤
4) 전력차단프로젝트: 652톤 감축
5) 총 108+652=760톤 감축
6) 760/2,000=38% 감축

21 ②

난이도 중

유형 법학추론

해설 1) 갑: 촉구를 받았고 6개월이 지났으므로 5만 원이 부과된다. 따라서 5만 원이 더 부과되었다.
2) 을: 1개월 이상 6개월 이하이므로 3만 원이 부과된다. 그런데 제1조 제2항에 의해 부실하게 한 경우 신고를 안 한 것이 되어 제4항에 의해 2배가 부과되어야 하므로 6만 원이 부과되어야 한다.
3) 병: 사실조사기간 내에 신고하여 1/2이 감액되기에 원래 1만 원에서 5천 원이 부과되어야 한다. 따라서 1만 원이 더 부과되었다.
따라서 잘못 부과한 과태료 초과분의 합은 6만 원이다.

22 ①

난이도 하

유형 법학추론

해설 ① (O) 제1조 제2항 제1호. 일시적인 경우 가능하다.
② (X) 제3조 제1호. 이에 해당하여 10억 원 이하의 과징금 부과 대상이다.
③ (X) 제1조 제2항 제2호에 해당할 경우 가능하다.
④ (X) 제2조. 도급인의 의무에 해당한다.
⑤ (X) 제4조. 3년 이하의 징역 또는 3천만 원 이하의 벌금에 해당한다.

23 ⑤

난이도 하

유형 법학추론

해설 ①, ② (X) 원고의 소송금액을 넘지 않으면 가능하기에 반드시 그 금액을 해야 하는 것은 아니다. 따라서 법원이 판단한 5천만 원으로 결정할 수 있다.
③ (X) A견해에 따르면, 손해항목별 상한을 넘어서는 안 되기에 일실손해액은 1억을 넘을 수 없다. 따라서 법원이 판단한 치료비 5백, 일실손해액 상한 1억, 위자료 3천5백의 합인 1억 4천이 된다.
④ (X) B견해에 따르면, 전체 금액 총합이 상한이 되므로 1억 6천이 가능하다.
⑤ (O) C견해에 따르면, 적극적 손해와 소극적 손해의 합인 재산상 손해 상한은 1억 1천만 원인데 법원 판단의 합계가 1억 2천5백이므로 1억 1천만 원을, 위자료는 상한을 넘지 않기에 3천5백만 원이 가능하다. 따라서 총 1억 4천5백이 된다.

24 ③

난이도 중

유형 법학추론

해설 ① (X) 제1항. 7일 전에 해야 하므로 3월 25일에 해야 한다.
② (X) 제2항. 30일 전에 해야 하므로 옳지 않다.
③ (O) 제5항. 10일 전에 해야 하므로 옳다.
④ (X) 제5항. 40일 전에 해야 하므로 옳지 않다.
⑤ (X) 제4항 제1호. 5일 전에 해야 하므로 4월 5일 이전에 해야 한다.

25 ⑤

난이도 중

유형 법학추론

해설 1) 1963. 1. 1.에 사망했으므로 다음 해 1964. 1. 1.이 기산일 된다.
2) 1957년 법에 따르면 30년이므로 1993. 12. 31.까지이며
3) 1987년 법에 따르면 50년이므로 2013. 12. 31.까지
4) 2011년 법에 따르면 70년이므로 2033. 12. 31.까지가 된다.

26 ③

난이도 중

유형 상황이해 및 추론

해설 ㄱ. (X) 바이오디젤은 생산원가가 일반디젤보다 높다.
ㄴ. (O) 석유와 달리 바이오디젤에는 황 성분이 포함되지 않으므로 옳은 판단이다.
ㄷ. (X) 바이오디젤은 일반디젤보다 응고점이 높은데, 응고점은 액체가 고체로 변하는 온도를 의미한다. 따라서 바이오디젤이 일반디젤보다 먼저 고체가 된다는 것이기에 옳지 않은 판단이다.
ㄹ. (O) 바이오디젤은 질소산화물을 일반디젤보다 더 많이 배출하지만 이산화황은 거의 배출되지 않기에 옳은 판단이다.

27 ⑤

난이도 하

유형 상황이해 및 추론

해설 ① (X) 카페인 각성효과는 사람마다 다르기 때문에 알 수 없다.
② (X) 아데노신 역할을 방해하며 각성효과가 나타난다.
③ (X) A형인 사람은 각성효과가 빠르게 진행되기에 C형인 사람보다 더 빨리 진행된다.
④ (X) 성인은 400 이하일 뿐이며 체중에 따른 양적 판단은 어린이·청소년에 해당한다.
⑤ (O) 유전적 요인이 가장 큰 영향을 주기에 옳은 판단이다.

28 ③

난이도 중

유형 판단 및 의사결정

해설 ㉠ 1ml - 20gtt
360ml - 7,200gtt
2시간 = 7,200초
결국 2시간(7,200초) 동안 7,200gtt이므로 1초당 1gtt 주입해야 한다.
㉡ 3초 - 1gtt
1분(60초) - 20gtt - 1ml 주입
24시간(1,440분) - 1,440ml 주입

29 ⑤

난이도 중

유형 판단 및 의사결정

해설 주어진 정보를 토대로 정리하면 다음과 같다.

	A	B	C
편익	25	24.5	18
비용	2.7	2.1	4.4
합계	22.3	22.4	13.6(×2) = 27.2

30 ②

난이도 상

유형 판단 및 의사결정

해설 1) 갑: 신용카드로 100만 원을 결제할 경우 5%인 5만 원이 공제된다. 따라서 5만 원의 20%인 1만 원 세금 납부금이 사라진다. 따라서 X는 1만 원보다 커야 갑이 이익이 된다.
2) 을: 100만 원 - 비용 80만 원 = 20만 원이 과세대상소득이다. 이 중 20% 세금으로 납부하므로 4만 원을 납부해야 한다. 그리고 신용카드로 취득한 매출 100만 원의 1%를 수수료로 내야 하므로 1만 원을 카드회사에 지불해야 한다. 따라서 총 5만 원보다 X가 적을 때에 을은 이익이 된다.

31 ③

난이도 상

유형 문제해결

해설 1) 첫 게임에서 홈팀 승리: [세트 1:0] : 세트 낮은 원정팀 -500명
2) 두 번째 게임에서 원정팀 승리: [세트 1:1] 세트 낮은 팀 없음
3) 세 번째 게임에서 홈팀 승리: [세트 2:1] 세트 낮은 원정팀 -500명
4) 네 번째 게임에서 원정팀 승리: [세트 2:2] 세트 낮은 팀 없음
결국 홈팀은 5,000명 그대로이며 원정팀이 -1,000명이므로 2,000명이 되어 총 7,000명이 응원에 참가하게 된다.

32 ⑤

난이도 상

유형 문제해결

해설 ㄱ. (X) 3단계에서 누른 수가 9일 수는 없다. 그럴 경우 999보다 큰 수가 크기 때문이다. 그런데 2단계까지 최댓값은 (9 + 99 = 108)이 된다. 이때 3단계 8을 눌러 888이 되어도 그 합이 996이 되어 999가 될 수 없다.
ㄴ. (O) 3단계에서 250이 되기 위해서는 2를 눌러 222가 되고 나머지 28이 되는데, 이는 2단계에서 2를 눌러 22 + 6이 되는 것밖에 없다. 따라서 250이 되는 것은 한 가지 경우밖에 없다.
ㄷ. (O) 0을 제외한 100의 배수가 되기 위해서는 (888 + 12 = 900), (777 + 23 = 800), (666 + 34 = 700)...이 되어야 한다. 이 경우 2단계는 12, 23, 34...가 되어야 하는데, 이 경우 1단계에서는 1이 되어야 가능하다.

33 ④

난이도 상

유형 문제해결

해설 1) 옹달샘에 간 토끼: A 포함 3마리
if. D: B, C – A까지 4마리이므로 조건 위배, D 가지 않음 → C도 가지 않음
∴ 옹달샘 간 토끼: A, B, E
2) 물을 마신 토끼 2마리, 마시지 않은 토끼 E 포함 3마리
①, ② (X) D가 마시면 B도 마시기에 A나 C 포함 3마리가 물을 마시게 되어 조건에 위배된다.
③ (X) E는 옹달샘에 갔으므로 옳지 않다.
④ (O) A는 물 마시지 않고 B도 물을 마시지 않을 경우, D도 물을 마시기에 기존에 물을 마시지 않은 E 포함하여 4마리가 되어 조건에 위배된다. 따라서 A가 물을 마시지 않으면 B가 물을 마셔야 한다.
⑤ (X) 물을 마시지 않은 토끼는 C, D, E가 될 수 있으므로 옳지 않다.

34 ③

난이도 상

유형 문제해결

해설 1) A: 첫 번째와 마지막 숫자 합이 10이 되는 것은 (1, 9), (3, 7)이고, 5를 포함해야 하므로 (1, 5, 9) 또는 (3, 5, 7)이 된다.
2) B: 최댓값을 찾아야 하므로 가장 큰 수는 9가 되어 9, 9, 9가 된다. 그리고 A와 세 개의 숫자가 동일해야 되므로 9를 포함하는 것은 (1, 5, 9)가 된다.
3) 나머지 B 숫자는 두 번째로 작은 숫자이므로 1보다 크고 5보다 작은 짝수 최댓값인 4가 된다. 결국 B는 9, 9, 9, 5, 4, 1이 된다. 이들의 합은 37이 된다.

35 ①

난이도 상

유형 문제해결

해설 ㄱ. (O) 겨울이므로 '눈', 암컷은 '불'이 있어야 한다. 따라서 두 글자의 조합은 '눈불' 또는 '불눈' 2가지가 된다.
ㄴ. (X) '물불'은 여름에 태어난 암컷 또는 봄에 태어난 수컷의 이름이 될 수 있으므로 옳지 않다.
ㄷ. (X) 봄에 태어난 수컷은 '물'만 있어도 이름이 될 수 있다. 따라서 한 글자도 이름이 될 수 있다.

36 ④

난이도 중

유형 판단 및 의사결정

해설 1) 갑: 자본금 3억 원 이상이 되지 않아서 등록할 수 없다.
2) 병: 하역시설 평가액 총액은 8억 원인데, 해당 사업자 시설 평가액 총액은 5억 원이다. 따라서 8억 원의 2 / 3 = 5.333...이 되어 기준을 충족하지 못한다.

37 ②

난이도 상

유형 판단 및 의사결정

해설 1) 소방자동차1: 연장 가능하지만 운행거리 12만을 초과하여 폐기 대상이다.
2) 소방자동차2: 기간 1년에서 연장할 경우 2년까지 사용할 수 있다.
3) 소방용 로봇: 기간은 3년에서 연장 시 4년까지 사용할 수 있다.
4) 구조용 안전벨트: 기간은 연장해도 4년이기에 폐기 대상이다.
5) 폭발물방호복: 실사용량이 경제적 사용량을 초과하여 폐기 대상이다.

38 ①

난이도 중

유형 판단 및 의사결정

해설 비용과 만족도는 갑과 을이 동일 점수이므로 나머지 위험도와 활동량만으로 판단한다.

갑 을	등산	스키	암벽	수영	볼링
위험도	1, 5	5, 1	4, 2	2, 4	3, 3
활동량	2, 4	5, 1	3, 3	4, 2	1, 5
합	3, 9	10, 2	7, 5	6, 6	4, 8

스포츠마다 갑과 을의 합은 12점으로 동일하다. 그런데 을은 등산이 9점으로 가장 높기에 등산을 선택한다.

39 ②

난이도 상

유형 상황이해 및 추론

해설 ① (X) [1문단] 플래터의 양면은 각각 '표면'이므로 5개의 플래터의 표면은 최대 10개가 된다.
② (O) [4문단] 플래터의 양면이 표면이며 표면의 동심원이 트랙인데 10개의 동심원이 표면에 있다. 이때 실린더는 거리가 같은 트랙을 수직으로 묶은 것으로 트랙의 개수만큼 생기게 된다. 따라서 실린더의 개수는 10개가 된다.
③ (X) [3문단] 트랙은 동심원으로 바깥쪽으로 갈수록 커진다. 트랙을 나눈 것이 섹터인데, 모든 섹터의 크기가 같다면 바깥쪽 트랙일수록 섹터 수가 많아지게 된다.
④ (X) [3문단] 하나의 섹터에는 파일 1개만 저장된다. 그리고 파일의 크기가 커도 한 개의 섹터를 전부 차지하여 저장될 수 있다. 따라서 10바이트 파일 10개 저장에 필요한 최소 섹터 수는 10개이다. 하지만 100바이트 파일 1개 저장에 필요한 최소 섹터 수는 1개가 된다.
⑤ (X) [4문단] 하드디스크의 여러 곳(트랙과 섹터)에 분산되어 파일이 저장되기도 한다.

40 ④

난이도 상

유형 상황이해 및 추론

해설 ㉠ 1분에 7,200회전하므로, 1회전에 60 / 7,200 = 1/120초가 된다.
㉡ 1초에 5번 왕복하므로, 1초에 10번 트랙들을 이동한다. 따라서 1번 이동하는 시간은 1/10초이다. 그리고 트랙은 모두 20개이므로 트랙 하나를 이동하는 데 걸리는 시간은 1/10 × 1/20 = 1/200초가 된다.

모바일 자동 채점 및 성적 분석 서비스

5급 2021년 기출문제 정답 및 해설

정답

p.224

01	02	03	04	05	06	07	08	09	10
⑤	②	④	①	③	①	①	⑤	⑤	③
11	**12**	**13**	**14**	**15**	**16**	**17**	**18**	**19**	**20**
①	②	②	④	③	②	④	⑤	⑤	⑤
21	**22**	**23**	**24**	**25**	**26**	**27**	**28**	**29**	**30**
④	③	②	⑤	①	④	⑤	①	③	④
31	**32**	**33**	**34**	**35**	**36**	**37**	**38**	**39**	**40**
⑤	③	②	④	④	③	④	③	⑤	②

해설

01 ⑤

난이도 하

유형 법학추론

해설 ① (X) 제2조 제2항. 아이돌보미가 아닌 사람은 아이돌보미 명칭을 사용할 수 없다.

② (X) 제3조 제1항. 시·도지사가 아니라, 여성가족부장관이 보수교육을 실시하여야 한다.

③ (X) 제1조 제5항. 시·도지사가 아니라, 여성가족부장관이 실시하는 적성 인성 검사를 받아야 한다.

④ (X) 제1조 제3항. 제2항 제1호의 방법으로 지정받은 자는 과태료가 아니라 벌금에 처한다.

⑤ (O) 제1조 제2항 제2호. 교육과정을 1년 이상 운영하지 아니하는 경우 지정을 취소할 수 있다.

02 ②

난이도 하

유형 법학추론

해설 ① (X) 제2항. 발굴 착수일 2주일 전까지 알려주어야 하므로, 3월 1일까지 알려주어야 한다.

② (O) 제3항. 통보를 받은 병은 의견을 제출할 수 있다.

③ (X) 제7항. 을이 아니라 문화재청장이 설치해야 한다.

④ (X) 제3항. 발굴을 거부할 수 없다.

⑤ (X) 제6항. 손실보상에 관하여는 문화재청장과 손실을 받은 자가 협의해야 한다.

03 ④

난이도 하

유형 법학추론

해설 ① (X) 제1조 제3항. 가격안정을 위해 수매한 저장성 없는 농산물을 수출하는 등의 처분에 관한 업무를 위탁할 수 있다.

② (X) 제1조 제1항. 도매시장에서도 수매할 수 있다.

③ (X) 제2조 제1항. 쌀과 보리는 제외된다.

④ (O) 제2조 제2항. 비축용 농산물은 개별 생산자로부터 수매할 수 있다.

⑤ (X) 제2조 제4항. 선물거래를 할 수 있다.

04 ①

난이도 하

유형 법학추론

해설 ① (X) [1문단] 매년 12월에 열리는 정기총회에서 다음 해 협회장을 선출한다. 따라서 2020년 협회장은 2019년 12월에 선출하는데, [3문단] 2019년 10월 정회원 자격을 얻은 갑은 만 1년을 경과한 후 선거에 참여할 수 있으므로 옳지 않다.

② (O) [2문단] 찬반투표의 경우 투표일 현재까지 정회원이면 가능하다. 따라서 을은 찬반투표에 참가할 수 있었다.

③ (O) [3문단] 정회원 자격 회복 후 만 1년을 경과하여야 선거 참여가 가능하였다.

④ (O) [2문단] 준회원으로 만 1년 이상을 활동한 후 정회원 가입이 가능하다. 2017년 준회원으로 2018년 만 1년이 되면 정회원이 될 수 있기에 찬반투표에 참가할 수 있었다.

⑤ (O) [2문단] 2년 연속 연회비를 납부하지 않으면 회원 자격이 영구히 박탈되며 따라서 선거에 참여할 수 없었다.

05 ③ 난이도 중

유형 법학추론

해설 ① (X) [2문단] 감금에서 벗어나는 날이 기준이므로 2016년 5월 2일부터 공소시효가 시작된다. 그런데 갑이 국외로 도피하였다가 돌아온 날이 5월 1일이므로 공소시효 계산에 해당되지 않는다. 따라서 공소가 제기되기 전 정지된 공소시효 기간은 없다.

② (X) 갑의 공소시효는 2016년 5월 2일부터 시작되며 이로부터 7년 뒤 2023년 5월 1일까지이다. 따라서 위법한 공소제기가 아니다.

③ (O) 범죄행위의 종결은 2015년 2월 1일이며 이때 부처 공소시효가 5년으로 진행된다. 따라서 변동사항이 없을 때에는 2020년 1월 31일에 공소시효가 만료된다. 그런데 병은 시효 만료 이전에 국외에서 1년간 도피 생활을 했으므로 이 기간에는 공소기간이 정지되므로 옳은 진술이다.

④ (X) [3문단] 정의 공소시효는 공범인 병이 국외에 있었다고 해도 정지되지 않는다.

⑤ (X) 정의 공소시효는 원래 2020년 1월 31일에 만료된다. 그런데 병에 2020년 1월 1일에 공소제기가 되어 2020년 12월 31일에 유죄 확정판결을 받았으므로 이 기간 동안 정의 공소시효도 정지된다. 그러므로 공소시효 만료는 2021년 1월 31일에 만료된다. 따라서 2022년 1월 31일의 공소제기는 위법에 해당한다.

06 ① 난이도 중

유형 판단 및 의사결정

해설 1) 2021년 1월 15일 기준 권장 수강주기 이내에 수강할 경우 두 배 학습점수를 인정한다. 따라서 통일교육과 폭력예방교육은 각각 4시간, 10시간을 인정한다.

2) 학습점수 최대화를 선택지에서 판단한다.

① (O) 4+10=14

② (X) 4+3+3=10

③ (X) 4+2+3=9

④ (X) 2+3+10=15, 수강 시간 10시간으로 하루 8시간 초과

⑤ (X) 3+10=13

07 ① 난이도 하

유형 상황이해 및 추론

해설 ㄱ. (O) [1문단] 변광 주기가 길수록 실제 밝기는 더 밝다. 따라서 변광 주기가 50일인 I형 세페이드 변광성이 더 밝다.

ㄴ. (X) [3문단] 동일한 변광 주기를 가진 II형 세페이드 변광성의 겉보기등급 수치 차이가 1일 경우 밝기는 2.5배 차이가 난다. 그리고 밝기는 거리의 제곱에 반비례하기에 거리비가 2.5가 되지는 않는다.

ㄷ. (O) [4문단] I형은 II형보다 1.5등급 더 밝다. 1등급이 2.5배 밝기 때문에 2.5배 이상 밝다.

ㄹ. (X) [3문단] 절대등급은 별이 지구로부터 10파섹의 일정 거리에 있다고 가정하고 지구에서 관찰된 밝기를 산출한 것이다. 따라서 1파섹 떨어진 밝기가 절대등급과 겉보기등급이 동일한 것은 아니다.

08 ⑤ 난이도 중

유형 상황이해 및 추론

해설 1) ㉠: 1초 180cm × 50배 = 90m, 1분 = 90m × 60 = 5,400m = 5.4km, 1시간 5.4×60=324km

2) ㉡: 1/3=1초 50cm, 1분 50cm×60=3,000cm, 몸길이의 200배이므로, 3,000/200=15cm

09 ⑤ 난이도 상

유형 판단 및 의사결정

해설 1) I안: 각자 균등하게 1/3씩 배분

2) II안: 길이에 비례 1:2:3의 비율로 배분

3) III안: 이용하는 도시가 부담, $\overline{OA}$는 A, B, C 이용(각각 10km씩)/ $\overline{AB}$는 B와 C 이용(각자 15km씩) / $\overline{BC}$는 C만 이용(30km)

	A	B	C
I	1/3	1/3	1/3
II	1/6	2/6(=1/3)	3/6(=1/2)
III	1/9	5/18	11/18(61%)

① (O) III안이 1/9로 가장 부담 비용이 낮다.

② (O) 1/3로 같다.

③ (O) 3/6으로 C와 동일하다.

④ (O) II안에서는 A 한 도시이지만, III안에서는 A와 B 두 도시가 낮아진다.

⑤ (X) I에서는 1/3이므로 33.3%이지만, III안에서는 61.1%이므로, 2배 이상이 아니다.

10 ③ 난이도 중

유형 문제해결

해설 1) 하나의 코드로 하나의 단어를 만들 수 있으므로 26개를 만들 수 있다.

2) 두 개의 단어로 구성된 코드의 조합은 26×26=676개이다.

3) 세 개의 단어로 구성될 수 있는 코드는 26×26×26=17,576개이다.

따라서 18,000개의 단어를 표현하는 코드는 단어 1개 또는 2개 또는 3개로 구성된다. 따라서 하나의 단어를 표현하는 가장 긴 코드의 길이는 3이다.

11 ① 난이도 중

유형 문제해결

해설 1) 갑이 '순조'만 외칠 경우, 을은 24-26을 외치면 갑이 '순종'을 외칠 수밖에 없다.

2) 갑이 '순조, 헌종' 2명을 외칠 경우, 을은 25, 26을 외치면 갑이 '순종'을 외치게 된다.

3) 갑이 23-25를 외치면, 을은 26을 외치고 갑이 '순종'을 외칠 수밖에 없다.

① (X) 갑이 '명종'까지 외치고, 을이 '선조, 광해군'을 한 번에 외치면 그다음에 갑이 '인조'를 외칠 수 있다.

② (O) 연산군과 중종, 인조와 광해군을 함께 외칠 수 없으며, '조'로 끝나는 왕 2명 이상을 한꺼번에 외칠 수 없다. 차례대로 정리하면 다음과 같다.

갑	1-3	7-9	11-13	16-18	22	24-26
을	4-6	10	14, 15	19-21	23	27

③ (O) 갑은 12-14번을 외쳤다. 그런데 연산군과 중종은 한꺼번에 외칠 수 없으므로, 바로 전 '중종'은 을이 외쳤으며, 그 이전에 갑은 '연산군'을 외친 것으로 추리할 수 있다.

④ (O) 갑이 먼저 1-3을 외쳤는데, 을이 4-6을 외쳤다면 갑은 7번인 '세조'를 외칠 수 있다.

⑤ (O) 다음과 같이 어떤 경우에도 을이 승리할 수 있다.

12 ②

난이도 상

유형 판단 및 의사결정

해설 주어진 정보를 토대로 정리하면 다음과 같다.

시간	자동인식시스템	도착 인원
18:25:00	인식	1명 도착
18:26:30-18:27:00	점등	
- 18:29:00	차량통행 보장/인식	18:27:00 도착 3명
18:30:30-18:31:00	점등	18:30:00 도착 2명 포함
- 18:33:00	차량통행 보장/인식	18:31:00 도착 5명
18:34:30-18:35:00	점등	
- 18:37:00	차량통행 보장	
18:43:00	인식	1명
18:44:30-18:45:00	점등	18:44:00 도착 3명 포함
- 18:47:00	차량통행 보장	
18:59:00	인식	4명 도착
19:00:30-19:01:00	점등	
19:04:00	차량통행 보장/인식	19:01:00 2명 도착
19:05:30-19:06:00	점등	
19:48:00	인식	4명 도착
19:49:30-19:50:00	점등	19:49:00 도착 2명 포함

따라서 점등된 횟수는 7이다.

13 ②

난이도 상

유형 문제해결

해설 1) A. 멈춰버린 시계이기 때문에 하루에 오전과 오후 한 번씩 일치하기 때문에 하루 2번씩 일치한다. 따라서 1년에 730번 일치한다.

2) B. 하루에 1분씩 느려지기 때문에 시간이 맞으려면 12시간 뒤에나 가능하다. 12시간은 720분이므로 720일 뒤에 일치한다.

3) C. 하루 1시간씩 느려지기 때문에 12일마다 일치하게 되어 1년에 30번 일치하게 된다.

4) D. 하루에 2시간씩 느려지기 때문에 6일마다 일치하게 되어 1년에 60번 일치한다.

5) E. 하루 5분씩 빨라지기에 12일이 지나면 시침이 5에 간다. 12까지 시침이 가야 시침과 초침이 일치하므로 12×12=144일이 지나야 일치한다.

따라서 일치횟수가 적을 시계부터 순서대로 교체하므로 가장 먼저 교체될 시계는 B이며, 가장 나중에 교체될 시계는 A가 된다.

14 ④

난이도 상

유형 문제해결

해설 1) 서울에 눈이 왔을 때에 광주에도 눈이 오는 날이 있다.

2) 서울과 강릉에 동시에 눈이 오는 날이 있다.

3) 부산과 강릉에 눈이 오지 않은 날이 각각 있다.

4) 광주와 부산에 동시에 눈이 오지 않은 날이 있다.

- 1)과 2)가 동일한 날 또는 1)과 2)가 다른 날의 경우가 있을 수 있다.

	서울	강릉	부산	광주
[1] 토/일	[갑과 을] 눈	눈	맑음 [병]	눈
		맑음 [병]	맑음 [정]	맑음 [정]
[2] 토/일	[갑] 눈	맑음 [병]		눈
	[을] 눈	눈	맑음 [병, 정]	맑음 [정]

ㄱ. (O) 두 가지 경우 모두 광주는 하루만 눈이 내렸다.

ㄴ. (X) 서울이 하루만 눈이 내릴 경우 부산은 모두 맑았다.

ㄷ. (O) 부산에 하루만 눈이 내렸다면, [2]의 경우로 갑과 을이 서울에 있었던 날은 다른 날이다.

ㄹ. (O) [1]의 경우로 병이 부산에 있었던 날은 맑았지만 그날 광주는 눈이 내렸고 정이 광주에 있던 날은 맑았기 때문에 서로 다른 날이다.

15 ③

난이도 중

유형 문제해결

해설 1) 주어진 정보를 정리하면 다음과 같다.

	법령집	백서	판례집	민원사례집	합
갑					1
을	O	O	O	O	4
병	O		X		
정	X	X	X	X	0
무	O		X		
합	3	3	1	2	

2) 법령집은 3권이므로 갑은 법령집을 받지 못하였고, 판례집도 1권이므로 갑은 판례집도 받지 못하였다.

	법령집	백서	판례집	민원사례집	합
갑	X		X		1
을	O	O	O	O	4
병	O		X		
정	X	X	X	X	0
무	O		X		
합	3	3	1	2	

3) 만약 병이 민원사례집을 받는다면 무도 받게 되는데, 그럴 경우 민원사례집이 3권이 필요하게 되어 2권밖에 없는 민원사례집의 조건을 위배한다. 따라서 병은 민원사례집을 받지 못하였고 무도 받지 못하였다. 따라서 갑이 민원사례집을 받았고 갑은 1권만 받았으므로 백서를 받지 못하였다.

	법령집	백서	판례집	민원사례집	합
갑	X	X	X	O	1
을	O	O	O	O	4
병	O		X	X	
정	X	X	X	X	0
무	O		X	X	
합	3	3	1	2	

4) 백서는 3권이므로 병과 무가 받았다.

	법령집	백서	판례집	민원사례집	합
갑	X	X	X	O	1
을	O	O	O	O	4
병	O	O	X	X	
정	X	X	X	X	0
무	O	O	X	X	
합	3	3	1	2	

① (O) 을, 병, 무의 경우로 옳은 진술이다.
② (O) 갑은 민원사례집을 받았고 병은 받지 못하였으므로 민원업무가 많은 사람은 갑이다.
③ (X) 갑은 1권, 무는 2권이므로 무가 더 많이 받았다.
④ (O) 정은 백서를 받지 못했고 을은 받았다. 따라서 정이 을보다 근속연수가 길다는 것을 알 수 있다.
⑤ (O) 법령집을 갑은 받지 못하였고 을은 받았다. 따라서 을이 보유하고 있던 법령집의 발행연도가 갑보다 빠르다.

16 ② 　난이도 하

유형 판단 및 의사결정

해설 ① (X) 수입증대 발생시기는 2020년에 해당되어야 한다.
② (O) 주요사업비 3천5백만 원의 20% = 700 + 타 부서 확산 지급액의 30% 가산 210 = 910만 원
③ (X) 수입증대액의 10%를 지급하므로 800만 원이 된다.
④ (X) 경상적 경비 절약액 1천8백만 원의 50% = 900만 원
⑤ (X) 자발적 노력이 아닌 지시에 의한 사항이므로 해당되지 않는다.

17 ④ 　난이도 하

유형 상황이해 및 추론

해설 1) 11층 이상의 아파트가 30동 이상이므로 소방사다리차를 1대 이상 배치한다.
2) 5층 이상인 아파트가 50동 이상이므로 굴절사다리차를 1대 이상 배치한다.
3) 위험물 제조소 등이 1,200개소 있으므로, 500개 이상일 때에 화학차 2대를 배치한다. 추가로 (1,200 - 1,000) ÷ 1,000 = 0.2이므로 배치되지 않는다.
4) 지휘차 및 순찰차 각각 1대 이상이므로 최소 2대 배치된다.
결국 소방자동차는 최소 6대가 배치된다.

18 ⑤ 　난이도 하

유형 상황이해 및 추론

해설 1) 2010년 3조 9천억 달러 외환거래액 중 유로는 40%이므로 1조 5,600억 달러만큼 거래되었다.
2) 2016년 5조 2천억 달러 외환거래액 중 유로는 30%이므로 1조 5,600억 달러가 거래되었다.
결국 하루 평균 세계 외환거래액은 변화 없음으로 보고해야 한다.

19 ⑤ 　난이도 하

유형 상황이해 및 추론

해설 ① (X) [2문단] 연령규범은 사회적으로 용인되는 것으로 법적 기준에 반영되기도 한다. 따라서 개인적 믿음을 말하는 것은 아니다.
② (X) [2문단] 연 나이는 현재 연도에서 태어난 연도를 뺀 나이이지만, 만 나이는 태어난 날을 기준으로 0살부터 시작하여 1년이 지나면 한 살을 더 먹는 것으로 계산한다. 따라서 항상 같지는 않다.
③ (X) [4문단] 노인 연령기준은 일관되게 제시되지 않고 있다.
④ (X) [1문단] 결혼에 대한 기대연령은 사회경제적 여건에 따라 달라진다.
⑤ (O) 술 구매는 19세가 되는 해부터[2문단] 운전면허 취득은 만 18세 이상, 투표권은 만 19세 이상에게 부여되므로[3문단] 옳은 진술이다.

20 ⑤ 　난이도 하

유형 상황이해 및 추론

해설 ① (X) 장기요양보험 혜택은 만 65세 이상이므로 해당되지 않는다.
② (X) 노후연금 수급은 만 62세 이상, 기초연금 수급은 만 65세 이상이어야 한다.
③ (X) 기초연금 수급은 만 65세 이상이어야 한다.
④ (X) 노후연금 수급은 만 62세 이상이어야 하기에 연 나이 62세의 갑국 국민은 해당되지 않는다.
⑤ (O) 노인교실 이용 만 60세 이상, 대통령 피선거권 35세 이상, 주택연금 가입 만 60세 이상으로 모두 가능하다.

21 ④ 　난이도 하

유형 법학추론

해설 ㄱ. (O) 제2조 제1항 제1호. A유치원은 200명 이상이기에 영양교사 1명을 둔다.
ㄴ. (O) 제2조 제1항 제2호. B와 C유치원은 200명 미만이기에 공동으로 영양교사를 둘 수 있다.
ㄷ. (O) 제2조 제2항. 급식 시설과 설비를 갖춘 D유치원이며 교육지원청에 전담직원이 있을 경우 영양교사를 둔 것으로 본다.
ㄹ. (X) 제1조 제2항. 50명 미만의 E유치원은 교육감이 필요하다고 인정하는 경우 급식 대상에 포함시킬 수 있으므로, 반드시 급식 대상에서 제외되어 공시되는 것은 아니다.

22 ③

난이도 하

유형 법학추론

해설 ① (X) 심사위원장을 위원 중에서 호선한다는 규칙은 없다.
② (X) 제3항. 국회에서 3명을 추천할 뿐이며 임명은 대통령이 한다.
③ (O) 제5항. 심사위원은 임기 2년에 1차례 연임할 수 있으므로 4년이 가능하며, 임기가 만료되어도 후임자가 임명 위촉될 때까지 직무를 수행하기에 옳은 진술이다.
④ (X) 제6항. 간접가능성도 기준에 해당한다.
⑤ (X) 제4항 제4호. 금융 관련 분야 5년 이상 근무하였을 때에도 위원이 될 수 있다.

23 ②

난이도 하

유형 법학추론

해설 ㄱ. (O) 제3항. 국토교통부장관은 30년 이내에서 기간을 정하여 허가할 수 있으므로 옳은 진술이다.
ㄴ. (X) 제4항 제1호. 해당 월의 다음다음 달 말일까지 납부해야 하므로 2021년 2월 28일까지 납부해야 한다.
ㄷ. (O) 매출액이 3억 원이며 이에 대해 100대이므로 1.25%를 기여금으로 납부할 수 있다. 따라서 375만 원을 납부할 수 있기에 옳은 진술이다.
ㄹ. (X) 매출액 5% 또는 허가대수당 40만 원 또는 운행횟수당 800원의 기여금을 납부할 수 있다.

24 ⑤

난이도 하

유형 법학추론

해설 ① (X) [4문단] 피상속인의 유증이나 증여를 하는 경우, 직계비속은 그의 자녀는 유류분 권리자가 될 수 있다.
② (X) [4문단] 유류분은 직계비속의 경우 그 법적상속분의 2분의 1이 된다. 그런데 유류분 산정액이 배우자와 동일한 것은 아니다. [2문단]에서 배우자는 직계비속 상속분의 5할을 가산하기 때문이다.
③ (X) [1문단] 피상속인의 부모인 직계존속은 2순위로 피상속인의 자녀 직계비속 1순위보다 후순위이기 때문에 공동으로 상속할 수 없다.
④ (X) [5문단] 상속이 개시된 때부터 10년이 경과하면 시효에 의해 소멸한다.
⑤ (O) [1문단] 후순위 상속인은 선순위 상속인이 없는 경우 4촌 이내 방계혈족 순으로 상속할 수 있다. 그러나 [4문단] 유류분 권리자는 피상속인의 직계비속 배우자, 직계존속 및 형제자매이기 때문에 방계혈족 3촌은 유류분 권리자가 될 수 없다.

25 ①

난이도 하

유형 법학추론

해설 ㄱ. (X) 제1조 제3호. 19세 이상이 사람이어야 한다.
ㄴ. (O) 제3조 제1항 제1호. 의료기관에서 작성된 연명의료계획서가 있는 경우 이를 환자의 의사로 본다.
ㄷ. (X) 제3조 제1항 제2호. 담당의사의 확인이 필요하다.
ㄹ. (X) 제3조 제2항 제2호. 19세 이상인 사람만 해당되기에 모두의 합의된 의사표시가 필요한 것은 아니다.

26 ④

난이도 상

유형 문제해결

해설 A: 2명 친구 단위, B: 4명 가족 단위
1) A + B = 50표
2) 2A + 4B = 158명
3) A = 50 − B
4) 2(50 − B) + 4B = 158
= 100 − 2B + 4B = 158, 2B = 58, B = 29표, B = 29 × 4 = 116명
5) A = 21표, A = 2 × 21 = 42명

27 ⑤

난이도 하

유형 상황이해 및 추론

해설 ① (X) [1문단] 감염재생산지수와 치사율은 반드시 비례하지 않기에 옳지 않다.
② (X) F의 경우 감염재생산지수가 0.5이므로 옳지 않다.
③ (X) [1문단] 감염재생산지수는 전파 속도를 의미하지 않기에 옳지 않다.
④ (X) [3문단] 질병 발생 초기에는 감염재생산지수와 치사율 모두 정확하게 알 수 없다.
⑤ (O) B는 15, D는 30이므로 감염시킬 수 있는 사람 수의 평균은 5배가 된다.

28 ①

난이도 중

유형 문제해결

해설 모든 상자에 있는 내용물은 이름표대로 들어 있지 않다.
ㄱ. (O) '사과와 배'에서 사과가 있다면, '사과와 배 상자'에는 사과가 들어 있다. 따라서 '사과 상자'에는 배가 있고 '배' 이름표 상자에는 사과와 배가 섞여 있다.
ㄴ. (X) '배 상자'에서 배가 나왔다면, '배 상자'에는 사과와 배가 섞여 있는 것이다. 상자 이름에 동일한 과일만 있어서는 안 되기 때문이다. 따라서 '배 상자'에는 사과와 배가 있고 '사과 상자'에는 배가 있으며 '사과와 배 상자'에는 사과가 들어 있다.

'사과' 상자	'배' 상자	'사과와 배' 상자
배	사과와 배	사과

ㄷ. (X) '사과 상자'에 배가 있을 경우 '사과와 배 상자'에는 사과가 들어 있고, '배 상자'에는 사과와 배가 섞여 있다.

29 ③

난이도 상

유형 판단 및 의사결정

해설 1) Y는 10:30에 을의 집에 도착하였고, 1시간 뒤인 11:30에 돌아갔다. 그런데 Y는 10분 느리므로, 실제 시간은 11:40에 돌아간 것이다.
2) X가 12시일 때부터 을의 집에 1시간 동안 있다가 돌아간 시간이 14시이므로 집에서 을의 집에 가고 온 시간은 1시간이다.
3) 동일한 거리를 2배의 속도로 온 것이므로 속도 = 거리 / 시간에서 거리는 동일하기에 속도는 시간에 반비례한다. 따라서 속도가 2배이면 시간은 절반으로 줄어든다.

4) 을의 집에 가는 속도: 을의 집에서 집으로 돌아간 속도=1:2이므로, 시간은 반비례하여 2:1이 된다. 1시간을 3등분하면 을이 집에 가는 시간은 40분, 돌아온 시간은 20분이 걸렸다.
5) 을의 집에서 집으로 출발할 때 시각이 11:40이므로 귀가했을 때의 시각은 12시이다.

30 ④

난이도 상

유형 판단 및 의사결정

해설 ㄱ. (O) 부피(cm^3)=질량(g)/밀도(g/cm^3)=1,000/20=50
ㄴ. (O) 부피 80, 질량 1,000이므로 밀도는 1,000/80=12.5가 된다. 금의 밀도는 20, 은의 밀도는 10이므로 금과 은의 부피비가 1:3인 경우 (20+30)/4=12.5가 되어 옳은 진술이 된다. (가중 평균=은:금=2.5:7.5)
ㄷ. (X) ㄴ에서 확인했듯이 금과 부피비가 1:3인 경우 12.5의 밀도가 된다. 그런데 구리와 금의 가중평균은 3.5:7.5가 된다. 이 비중은 3배 미만이 되기에 옳지 않다.
ㄹ. (O) 밀도는 1,000/120=8.33...이 된다. 이때 철의 밀도는 8이므로 철이 포함되지 않을 경우 밀도 값이 8점 대가 나올 수가 없으므로 옳은 진술이 된다.

31 ⑤

난이도 상

유형 판단 및 의사결정

해설 1) 현재 기록상 입고 및 출고기록을 그대로 적용하면 다음과 같다.

	A(150)	B(100)	C(200)
입고	80	105	10
출고	60	50	85
총합	(+20)170	(+55)155	(−75)125

2) 출고기록이 바뀐 상황에서 총합이 150개 되도록 설정해야 한다. 따라서 A와 C의 출고기록이 바뀌면 150개의 총합을 만들 수 있다.

	A(150)	B(100)	C(200)
입고	80	105	10
출고	85	50	60
총합	145	155	150

㉠ 불에 그을리지 않은 것은 1)의 총합 450에서 불에 그을린 150을 빼야 하므로 300개이다.
㉡ 출고기록이 바뀐 것은 A와 C이다.

32 ③

난이도 중

유형 판단 및 의사결정

해설 1) 갑이 66이 표시되었으므로, 갑의 몸무게는 65.5 ≤ 갑 < 66.5
2) 2A < 1kg, A < 500: ④, ⑤ 제외
3) 1 ≤ 3A < 2, 333.33 ≤ A < 666.66, 300g 제외, 200g 제외
4) 1 ≤ 4A < 2, 250 ≤ A < 500
5) 2 ≤ 5A < 3, 400 ≤ A < 600
따라서 400g이 가능하다.

33 ②

난이도 상

유형 문제해결

해설 1) 잃어버리기 전에 인물카드는 5종류의 직업, 직업별 최대 2장이므로 최대 10장이 가능하다. 그런데 직업이 가수인 인물카드는 1장만 가지고 있으므로 최대 9장이 가능하다.
2) 잃어버리기 전에 남성 인물카드가 여성 인물카드보다 2장 더 많이 가지고 있었다.
- 여성 인물카드: A, 잃어버리기 전 카드 숫자: 2A+2(짝수 개)가 되어야 한다. 따라서 1)에서 9장과 10장은 불가하므로 최대 8장을 가지고 있었다.
3) 인물카드의 종류가 5종류였는데, 소방관 직업 카드 2장을 잃어버렸다.: −2
4) 잃어버린 후 카드 숫자는 5장이고 최소 2장은 3)에 의해 잃어버렸으므로 기존에 8장을 가지고 있었고 3장을 잃어버렸음을 알 수 있다.

34 ④

난이도 하

유형 문제해결

해설 ① (X) D는 14kg이며, 두 번째로 I(4), J(2)가 운반되기 때문에 합 17kg을 초과하여 함께 운반될 수 없다. 또한 그다음으로 작은 H(6)와도 합이 17kg을 초과하기에 함께 운반될 수 없다.
② (X) 두 번째 운반 후 남아 있는 것 중 가장 무거운 B(18)는 17kg을 초과하기 때문에 ㉠이 적용되어 단독으로 운반된다.
③ (X) G가 두 번째로 운반되고 난 후 F(10)와 H(6)의 합이 16kg이므로 ㉢이 적용될 수 있다.
④ (O) 운반횟수를 최소로 하기 위해서는 두 번째 운반 후 ㉢이 적용될 수 있도록 해야 한다. 그런데 H(6)가 운반되면 남은 것 중 가장 작은 두 수 F(10)와 G(8)의 합이 17kg을 초과하기에 한꺼번에 운반될 수 없어서 운반횟수를 최소화할 수 없다. 따라서 H가 ⓐ여서는 안 된다.
⑤ (X) 두 번째 운반에서 세 개가 한꺼번에 운반되어야 하므로 ㉡이 적용되어야 한다.

35 ④

난이도 중

유형 문제해결

해설

	1	2	3	4	5	6	7	8	9
×3	3	6	9	2	5	8	1	4	7
×9	9	8	7	6	5	4	3	2	1

1) 1의 자리가 동일한 수의 조합은 다음과 같다.
(2, 4), (1, 7), (3, 1), (4, 8), (6, 2), (7, 9), (8, 6), (9, 3)
2) 위 조합 중 두 수의 합이 동일한 것들은 다음과 같다.
- (1, 7)=(6, 2)=8
- (4, 8)=(9, 3)=12
3) 갑과 을이 가능한 조합은 두 가지이며 이때 갑과 을이 가진 4장의 숫자 카드의 합은 16 또는 24이다.

36 ③

난이도 하

유형 상황이해 및 추론

해설 ① (X) 비사업자이고 중량이 모두 기준 이하이며 반경 5km 이내가 아니기 때문에 승인 없이 비행할 수 있다.

② (X) 비사업자이며 이륙중량이 30kg이므로 기체검사와 비행승인이 필요하다. 그러나 자체중량은 12kg 미만이기 때문에 다른 요건은 필요하지 않다.

③ (O) 병은 사업자이며 이륙중량이 25kg 이하이다. 그런데 비행장 중심 반경 5km 이내에서 비행하였기에 비행승인이 필요하다. 따라서 위반에 해당한다.

④ (X) 중량이 모두 초과하여 모든 서류 및 승인, 신고가 필요하며 이를 모두 갖추었기에 비행할 수 있다.

⑤ (X) 무는 사업자이며 이륙중량 20kg이기에 사업등록을 해야 하며 비행장 중심으로부터 20km 떨어진 곳이기에 비행승인은 필요 없다. 한편 자체중량은 13kg이므로 장치신고와 조종자격을 갖추어야 한다. 이를 모두 갖추었기에 위반하지 않는다.

37 ④

난이도 하

유형 판단 및 의사결정

해설 1) 서비스 기업: B, C, D

2) 기업 규모 100명 이하: C, D

3) 실외 배제: D 선정

38 ③

난이도 중

유형 판단 및 의사결정

해설 1) 1차 정수기: 5천만 원

2) 3차 정수기(2차 포함됨): 3톤 15억 원

3) 응집 침전기: 5천만 원

4) 해수담수화기: 1억 원

따라서 필요한 최소 비용은 17억 원이다.

39 ⑤

난이도 하

유형 상황이해 및 추론

해설 ① (X) [1문단] 농장동물복지는 사람에게도 중요한 문제이다.

② (X) [6문단] 도축 시설을 함께 갖추어야 하는 것은 아니다.

③ (X) [5, 6문단] 도축여부를 확인할 수 없다.

④ (X) [7문단] 소비자들은 동물복지축산물인증 마크가 붙은 것은 가격이 높아서 많이 찾지 않는다.

⑤ (O) [5문단] 소규모 농장에선 공장식 축산을 하지 않아도 인증 신청조차 못 한다.

40 ②

난이도 중

유형 상황이해 및 추론

해설 ㄱ. (X) [2문단] 돼지는 2013년 동물복지인증제도 대상이 되었고 [3문단] 매년 1회 사후관리를 위한 점검을 한다. 따라서 2020년까지 최대 7회 점검을 받았다는 것만 알 수 있다.

ㄴ. (O) [4문단] 시설인증을 받은 농가는 총 90곳이다. 전체 농장수가 100,000개일 때에 0.1% 미만이 된다.

ㄷ. (O) [4문단] 산란계 농가 중 인증 받은 곳은 74곳인데, 이는 전체 1.1%에 불가하다. 따라서 전체 산란계 농가는, 1%가 약 67.27(74 ÷ 1.1)이므로 6,000개가 넘는다.

ㄹ. (X) 만약 어미돼지가 35마리였다면, 여기에서 20%를 줄이면 -7마리가 되어 28마리가 된다. 이는 30마리를 넘지 않기에 옳지 않다.

모바일 자동 채점 및 성적 분석 서비스

5급 2020년 기출문제 정답 및 해설

정답

p.244

01	02	03	04	05	06	07	08	09	10
④	③	②	①	④	②	①	④	⑤	①
11	**12**	**13**	**14**	**15**	**16**	**17**	**18**	**19**	**20**
④	②	③	⑤	⑤	③	③	④	④	①
21	**22**	**23**	**24**	**25**	**26**	**27**	**28**	**29**	**30**
③	⑤	①	②	⑤	④	③	⑤	②	③
31	**32**	**33**	**34**	**35**	**36**	**37**	**38**	**39**	**40**
④	①	①	⑤	②	②	⑤	④	⑤	③

해설

01 ④

난이도 하

유형 법학추론

해설
① (X) 제1조 제1항. 200만 원의 이하의 범위 내에서 지원할 수 있다.
② (X) 제1조 제3항. 이미 변호인을 선임한 경우 그대로 진행한다.
③ (X) 제2조 제1항 제2호. 유죄의 확정판결을 받는 경우 취소할 수 있다.
④ (O) 제2조 제3항. 위원회는 반환의무의 일부 또는 전부를 면제하는 결정을 할 수 있다.
⑤ (X) 제2조 제4항, 제2항. 퇴직한 후에도 동일하게 적용되어 지원결정이 취소된 경우 즉시 반환하여야 한다.

02 ③

난이도 하

유형 법학추론

해설
① (X) 갑의 맹견은 월령 1개월이므로 해당되지 않는다.
② (X) 제2조 제3항. 교육을 받아야 한다.
③ (O) 제1조 제1항, 제2항. 월령 1개월이므로 해당되지 않는다.
④ (X) 제2조 제2항. 동의 없이 조치를 취할 수 있다.
⑤ (X) 제3조 제2항. 2년 이하 징역 또는 2천만 원 이하의 벌금에 해당한다.

03 ②

난이도 하

유형 법학추론

해설
① (X) 제2조 제1항. 직무감독은 경찰서장이 맞지만, 임용승인은 제3조 제1항에 의해 관할 지방경찰청장에게 받아야 한다.
② (O) 제1조 제2항. 기관의 장은 지방경찰청장에게 신청해야 하며, 제4항에 의해 지방경찰청장이 배치할 것을 요청할 수도 있다.
③ (X) 제3조 제2항. 국가공무원법에 따라 결격사유를 판단하며, 제3항에서 임용자격 및 임용방법은 대통령령으로 한다.
④ (X) 제2조 제2항. 청원경찰은 수사활동 등 사법경찰관리의 직무를 수행해서는 안 된다.
⑤ (X) 제4조. 무기대여의 신청은 청원주가 관할 경찰서장을 거쳐 지방경찰청장에게 해야 한다.

04 ①

난이도 하

유형 법학추론

해설
① (O) 제3조 제2항. 해산하면 업무집행조합원이 청산인이 된다.
② (X) 제1조 제1항 제2호, 제1조 제2항. 투자관리전문기관이 조합을 결성할 수 있으며 조합원을 구성할 수 있다.
③ (X) 제2조 제3호. 지급 보증행위를 해서는 안 된다.
④ (X) 제3조 제3항. 해산 당시 채무는 업무집행조합원이 변제해야 한다.
⑤ (X) 제3조 제1항 제3호. 조합원 총수의 과반수와 조합원 총지분 과반수의 동의를 받아야 한다.

05 ④

난이도 상

유형 법학추론

해설 ㄱ. (O) 건의민원은 10일 이내에 처리해야 한다. 공휴일(8.15, 일요일)과 토요일은 산입하지 않기에 8.7(월), 8, 9, 10, 11 / 14, 16, 17, 18 / 21까지 10일이 된다.

ㄴ. (X) 고충민원은 7일 이내이다. 그런데 10일간 실지조사를 했으므로, 조사기간은 공휴일 토요일 제외하고 28일까지가 걸리며, 이후 7일은 8.29부터 9.6까지이다. 따라서 정해진 기간 이내에 처리하지 못하였다.

ㄷ. (O) 기타민원은 즉시 처리해야 하며, 즉시 처리는 3근무시간 즉, 업무시간 내 3시간에 해당한다. 민원은 8.16 17시에 접수되었으므로 16일에 1시간, 17일에 2시간(09:00~11:00) 이내에 처리하면 된다.

ㄹ. (O) 제도에 대한 민원은 4일 이내에 처리해야 한다. 17일에 목요일이므로, 23일 11시까지 처리해야 한다.

06 ②

난이도 하

유형 법학추론

해설 ① (X) [1문단] 감사원장은 정무직 공무원이며, [3문단] 정무직 공무원은 국가공무원의 총정원에 포함되지 않는다.

② (O) [2문단] 3항. 조례에서 정무직으로 지정하는 공무원으로 지정하고 있다.

③ (X) [1문단] 1항, 3항. 국회의 동의가 필요 없는 정무직 공무원도 있다.

④ (X) [1문단] 대통령비서실 수석비서관은 정무직 공무원이며, [3문단] 정무직 공무원은 병역사항 신고 의무가 있다.

⑤ (X) [4문단] 차관은 행정기관 소속 정무직 공무원이지만 정부관료집단에 포함되지 않는 것이 보통이다. 또한 이들은 정책집행의 법적 책임도 진다.

07 ①

난이도 중

유형 상황이해 및 추론

해설 ㄱ. (O) A안: 15+15+30=60만 원 / B안: 20+20+22=62만 원

ㄴ. (X) A안은 자녀가 둘 이상인 경우에 받을 수 있다.

ㄷ. (O) A안: 15+15=30만 원 / C안(50% 증액) 12+12=24만 원

ㄹ. (X) C안은 3세 미만 10만 원, 3세부터 초등학교 졸업까지 8만 원, 중학생 8만 원으로 지속적으로 증가하지 않는다.

08 ④

난이도 하

유형 판단 및 의사결정

해설

	가방	영양제	목베개
개별물품할인	150×0.9=135	100×0.7=70	50×0.9=45
이달의 할인 쿠폰	합 250×0.8=200		

20,000원 추가 할인 쿠폰은 200달러를 초과하지 못하기에 사용할 수 없다. 따라서 최소 금액은 200달러×1,000=200,000원이 된다.

09 ⑤

난이도 중

유형 상황이해 및 추론

해설 1) 4구=1부

2) 1구=4승

3) 1부=1두 6승

4) 1종=16두

5) 1석=1종-1두

6) 1석=16두-1두=15두	4), 5)
7) 1두=1부-6승	3)
8) 1부=4구=4×4승=16승	1), 2)
9) 1두=10승	7), 8)

∴ 1석=15×10=150승

10 ①

난이도 중

유형 판단 및 의사결정

해설 1) 1차, 2차 모두 A에 투표한 사람 20명, 2차에서만 A에 투표한 사람은 5명이므로 2차에서 A안에 투표한 사람은 모두 25명이다. 따라서 2차에서 B에 투표한 사람은 40이 된다.

2) 1차에서 B에 투표한 사람은 5명이 A안에 투표할 수 있으며, 35명이 C안에 2차에서 투표할 수 있다. 따라서 1차, 2차 모두 B에 투표한 사람은 최소 10명이다.

11 ④

난이도 중

유형 문제해결

해설 ㄱ. (O) 9, 8, 7, 6과 만능카드 9가 있을 때에 6은 9로 만들 수 있으므로, 가장 큰 수는 99987이 된다.

ㄴ. (O) 을이 만능카드를 가지고 있다면 갑은 13이 작은 수가 되며, 을이 만능카드를 가지고 있지 않다면 갑이 만능카드 1과 3으로 13을 만들 수 있을 뿐이다.

ㄷ. (X) 갑이 만능카드가 없고 을이 만능카드와 6을 가지고 있을 경우 99를 만들 수 있다.

ㄹ. (O) 을이 3개를 만들었다면 최소 2개의 3의 배수를 가지고 있으므로, 갑은 이길 수 없다.

12 ②

난이도 중

유형 판단 및 의사결정

해설 ㄱ. (O) 사무관은 모두 세 명이며, 그 중 1과 2는 여성이다. 만약 사무관3이 여성이면 48세로 가장 나이가 많은 가팀 사무관1이 1에 배정되며, 2와 3은 나이가 같지만 소속 팀명이 2가 나팀으로, 3 다팀보다 우선순위를 받는다. 따라서 사무관3은 성별과 관련 없이 3을 배정받는다.

ㄴ. (X) 사무관3이 여성일 경우, 과장, 사무관1, 2, 3, 주무관1, 4가 확정되어 6명이 된다.
또한 주무관3이 여성일 경우, 과장, 사무관1, 2, 3, 남성주무관 5, 2, 6 총 7명이 확정된다.

ㄷ. (O) 사무관 3명은 확정되었고, 주무관 중 여성인 두 명도 나이순으로 주무관1이 4번, 주무관4가 5번을 배정받는다. 그리고 주무관3이 남성이며 나이가 만약 주무관2와 동일할 경우, 주무관5, 2, 3, 6으로 확정된다. 또한 만약 주무관3이 주무관6과 나이가 동일할 경우, 주무관5, 2, 3, 6으로 확정된다. 그리고 주무관3이 주무관6보다 많고 주무관2보다 적으며, 주무관5가 6번, 주무관2가 7번, 주무관3이 8번, 주무관6이 9번을 배치받아 모두 확정된다.

ㄹ. (X) 주무관3이 27세 여성일 경우, 같은 팀에 동일한 성별과 나이가 되므로 확정될 수 없다.

13 ③ 난이도 상

유형 문제해결

해설 1) 최종 결과는 짝수 시간에 위치: 24번을 던지기 때문에 시계 또는 반시계 방향으로 1시간씩 움직이기에 최종 위치는 짝수가 된다.

2) 각각의 짝수 시간에 올 확률: 최종적으로 홀수와 짝수가 많거나 적을 경우는 모두 24가지이다. (홀수 개수:짝수 개수)의 경우가 24가지이기 때문이다.(24:0/23:1/22:2...2:22/1:23/0:24) 따라서 짝수는 6개이므로 각각의 짝수에 올 확률은 6/24=1/6로 동일하다.

ㄱ. (X) 던지는 총 횟수는 짝수인 24번을 던져서 시계방향 또는 반시계 방향으로 1시간 연속해서 움직이기 때문에 최종 숫자가 홀수가 될 수 없다. 따라서 3시가 될 확률은 0이다.

ㄴ. (O)

(1) 갑과 을이 24번 던져서 4시에 위치할 경우는 짝수가 4번 또는 16번 더 많거나 홀수가 8번 또는 20번 더 많아야 한다. 따라서 총 24번 중 4회이므로 1/6의 확률이다.

(2) 8시에 위치하는 경우는 홀수가 4번 또는 16번 더 많거나 짝수가 8번 또는 20번 많은 때이다. 따라서 24번 중 4회이므로 1/6의 확률이 된다. 결국 4시에 위치할 확률과 8시에 위치할 확률은 1/6로 동일하다.

ㄷ. (X) 갑의 최종 위치에 따라 달라질 수 있다. 갑이 5시에 있을 경우 홀수가 유리하지만, 갑이 1시에 위치하고 있을 때에는 짝수가 유리하기 때문이다.

ㄹ. (O) 2번 남은 상황에서, 갑이 승리할 확률은 모두 짝수가 나오는 경우이다. (1/4) 그런데 무승부일 확률은 홀수, 짝수가 한 번씩 나오는 경우로 무승부 확률(2/4)이 더 높다.

경우	23번	24번	결과
1	짝수	짝수	2시(갑 승리)
2	짝수	홀수	12시(무승부)
3	홀수	짝수	12시(무승부)
4	홀수	홀수	10시(을 승리)

14 ⑤ 난이도 중

유형 판단 및 의사결정

해설 각각의 진술에 대한 판단은 다음과 같다.

	갑	을	병
99★2703	81/42 (X)	18/12 (X)	O
81★3325	8/90 (O)	9/13 (O)	O
32★8624	6/384 (O)	5/20 (O)	X

병의 진술에 부합하지 않는 것은 마지막 번호이며, 나머지 갑과 을의 진술은 동일한 기준이므로 첫 번째 사건의 목격자이며, 병이 두 번째 사건의 목격자이다. 따라서 ⑤가 답이다.

15 ⑤ 난이도 중

유형 문제해결

해설 주어진 선택지를 대입하여 경우의 수가 한 가지만 나타나는 것을 찾으면 해결된다.

1) 갑이 가장 높은 점수를 안다는 것은 50점 이상을 받았다는 것을 의미한다.

2) 을도 병의 점수를 정확히 알 수 있기 위해서는 다른 경우가 없는 49점이 되어야 한다.

16 ③ 난이도 상

유형 판단 및 의사결정

해설 ㄱ. (O) ⓐ가 최저 점수일 경우, 갑은 최고 및 최저 점수를 빼면 합은 54가 된다. 을의 경우 최고, 최저 점수를 뺀 합은 46이며, 병은 42이므로 갑이 가장 높다.

ㄴ. (O) ⓑ와 ⓒ가 동일하며 16보다 큰 경우, 을은 최저가 16, 최고가 32이므로 나머지 합은 (32+ⓑ)가 된다. 그런데 병은 최고 40을 빼면 최저가 24가 되므로 나머지의 합은 (24+ⓒ)가 된다. ⓑ와 ⓒ가 동일한 수치이므로 을이 병보다 높다.

ㄷ. (X) 각각을 대입하여 정리하면 다음과 같으며, 갑과 을이 포상을 받는다.

	문제인식	실현가능성	성장전략	합
갑	27	21	28	76
을	18	21	28	67
병	21	18	24	63

17 ③ 난이도 상

유형 판단 및 의사결정

해설 대안들의 최대 기대이익과 최소 기대이익, 그리고 후회 값은 다음과 같다.

	최대	최소	상황S_1후회	상황S_2후회	상황S_3후회	최대후회
대안1	50	-9	0(50-50)	3(19-16)	19(10-(-9)	19
대안2	30	5	20(50-30)	0(19-19)	5(10-5)	20
대안3	20	10	30(50-20)	4(19-15)	0(10-10)	30

ㄱ. (X) 기준I에 의하면 최대 기대이익이 가장 높은 것은 대안A_1이다.

ㄴ. (O) 기준II에 의하면 최소 기대이익이 가장 큰 것은 대안A_3이다.

ㄷ. (X) 상황S_2에서 대안A_2의 후회는 0이다.

ㄹ. (O) 기준III에 의할 때에 최대 후회 값이 가장 적은 것은 대안A_1이다.

18 ④ 난이도 중

유형 판단 및 의사결정

해설 1) 외식이 다른 항목보다 만족도가 크며, 단위별로 가장 큰 증가를 보이는 것은 4만 원이다.

2) 전시회 관람이 쇼핑보다 만족도가 크기에 전시회를 최대화할 수 있는 것은 5만 원이다.

3) 나머지 1만 원으로 쇼핑을 한다.

따라서 점수는 13+12+1=26점이 된다.

19 ④

난이도 하

유형 상황이해 및 추론

해설 ㄱ. (O) [2문단] input 명령문은 레코드를 이용하여 변수에 수를 저장하는 것으로 옳은 진술이다.

ㄴ. (X) [2문단] input 명령문이 다수인 경우, 어느 한 input 명령문에 @가 있으면 바로 다음 input 명령문은 @가 있는 input 명령문과 같은 레코드를 이용하기에 옳지 않은 진술이다.

ㄷ. (O) [2문단] input 명령문이 하나이고 여러 개의 레코드가 있을 경우 모든 레코드를 차례대로 이용하기에 옳은 진술이다.

20 ①

난이도 중

유형 상황이해 및 추론

해설

a	b	c	d	e
020824	08	02	11	050

위 값을 모두 더하면, 20895가 된다.

21 ③

난이도 하

유형 법학추론

해설 1) 갑: 제1조 제1항 제1호. 복권되었으므로 공무원이다.

2) 을: 제1조 제1항 제4호. 선고유예 기간 중에 있기에 공무원으로 임용될 수 없다.

3) 병: 제3조. 정직처분을 받은 자는 공무원의 신분은 보유한다.

4) 정: 제1조 제1항 제3호, 제2항. 집행유예 기간 중에 있기에 공무원 신분이 아니다.

5) 무: 제2조 제2항. 3월 31일 정년이므로 6월 30일에 당연 퇴직된다. 따라서 현재 5월 16일에는 공무원 신분에 있다.

22 ⑤

난이도 하

유형 법학추론

해설 ① (X) 제1항 제2호. 현저한 장애가 되는 경우 필요한 조치를 명할 수 있다.

② (X) 제4항. 일간신문에 공고한 날부터 60일이 지난 후에 직권으로 철거할 수 있다.

③ (X) 제5항. 소요된 비용을 빼고 지급할 수 있다.

④ (X) 제6항 제1호. 보상비 수령을 거부하는 경우 보상비를 법원에 공탁해야 한다.

⑤ (O) 제2항, 제3항. 소유자가 60일 이내에 조치를 이행하지 않으면 직권으로 철거할 수 있다.

23 ①

난이도 하

유형 법학추론

해설 ① (O) 임의시설 기준 두 번째. 무도장업은 제외되기에 옳은 진술이다.

② (X) 필수시설 기준 두 번째 수영장업은 제외된다.

③ (X) 임의시설 기준 세 번째. 체력단련장은 신고체육시설업이기에 제외된다.

④ (X) 필수시설 기준 첫 번째. 등록체육시설업만 해당되는데 골프연습장은 신고체육시설업이므로 해당되지 않는다.

⑤ (X) 필수시설 기준 세 번째. 수영장업은 제외되기에 해당되지 않는다.

24 ②

난이도 하

유형 법학추론

해설 ① (X) 갑은 주주가 아니며 소 당시 대표이사도 아니기 때문에 주주, 이사, 감사 이외의 사람에 해당한다. 따라서 소는 부적법한 것으로 각하된다.

② (O) 병은 주주이며 소를 제기할 경우, 이사 이외의 자가 소를 제기한 때이므로 대표이사인 을이 소송을 진행한다.

③ (X) 회사 아닌 사람을 공동피고로 한 경우 그 사람에 대한 소는 부적법한 것으로 각하되고, 회사 A에 대한 소송만 진행된다.

④ (X) 이사인 무가 소를 제기하면, 이사와 대표이사의 공모를 막기 위하서 감사인 기가 회사를 대표하여 소송을 수행한다.

⑤ (X) 감사인 기가 변론이 종결될 때까지 자격을 유지하였으므로 소는 부적법 각하되지 않는다.

25 ⑤

난이도 하

유형 법학추론

해설 ① (X) 제2조 제1호. 유예만 가능하다.

② (X) 제4조. 취소할 수 있다.

③ (X) 제3조 제1항. 받은 사람에게만 효력이 미친다.

④ (X) 제1조 제1항. 패소할 것이 분명한 경우 소송구조를 하지 않는다.

⑤ (O) 제3조 제2항. 소송승계인에게 비용 납입을 명할 수 있다.

26 ④

난이도 하

유형 상황이해 및 추론

해설 ① (O) [1문단] 외국인 직접투자는 회사 경영에 영향력을 행사하기 위한 투자이다.

② (O) [2문단] 해외 원조는 개발도상국에 대한 경제적 효과가 없다는 주장이 최근 힘을 얻고 있다.

③ (O) [1문단] 개발도상국으로 흘러드는 외국자본은 원조, 부채(은행 융자 및 채권), 투자(포트폴리오 투자, 외국인 직접투자)가 있다.

④ (X) [3문단] 은행 융자 총액은 1998년 500억, 2005년에 670억이다.

⑤ (O) [3, 4문단] 포트폴리오 투자의 증감액은 320억(90억에서 410억)이며 채권은 220억(230억에서 440억)이다.

27 ③

난이도 상

유형 판단 및 의사결정

해설 총 5,000만 원에서 2,900만 원을 빼면 2,100만 원이 된다.
(A: 우수부서, B: 보통부서)
1) A+B=15, A=15-B
2) 2,000 ≤ 150A+100B ≤ 2,100
=2,000 ≤ 150(15-B)+100B ≤ 2,100
=40 ≤ 3(15-B)+2B ≤ 42
=40 ≤ 45-B ≤ 42
결국 3 ≤ B ≤ 5가 된다. 이때 우수부서 A는 최소한으로 하기에 B는 최댓값인 5가 되고, A는 10이 된다. 이를 대입하면 다음과 같다.
1,500(10A)+500(5B)=2,000
따라서 100만 원이 남기 때문에 기념품은 100개를 구입하게 된다.

28 ⑤

난이도 상

유형 판단 및 의사결정

해설 1) 을에서 A, C, D를 구입할 경우: 130+(80×80/100=64)=194
갑에서 A, C, D 구입할 경우: (150+50+20)×90/100=198만 원, 따라서 을에서 A, C, D를 구입하는 것이 갑보다 적다.
2) 병에서 A, C, D, E를 구입할 경우, 140+50+25+5=220만 원
을에서 A, C, D, E를 구입할 경우, 194+10=204만 원. 따라서 을에서 A, C, D, E를 구입하는 것이 병보다 적다.
결국 A, C, D, E는 을에서 구입하고 B는 가장 저렴한 병에서 구입한다.
① (X) A는 을에서 구입한다.
② (X) B는 병에서 구입한다.
③ (X) C는 을에서 구입한다.
④ (X) D는 을에서 구입한다.
⑤ (O) E는 을에서 구입한다.

29 ②

난이도 중

유형 판단 및 의사결정

해설 1) 전체를 양팔저울에 평형이 되게 나눈다.: 880g씩 나뉨
2) 880g을 양팔저울에 평형이 되게 나눈다.: 440g씩 나뉨
3) 5g+35g 돌멩이를 한꺼번에 한쪽 저울에 올리고, 평형이 될 만큼의 콩을 뺀다.: 400g

30 ③

난이도 중

유형 판단 및 의사결정

해설 1) 4월 1일: A와 B 함께 동일 제품 생산, 총 11시간 소모
- X: 1시간에 3개, 24개 8시간 소모
- Y: 1시간에 6개, 18개 3시간 소모
2) 4월 2일 : 같은 시간에 다른 것 생산 가능, 총 10시간 소모
- 처음 6시간: A는 X 생산, 1시간에 2개씩 12개 생산
B는 Y 생산, 1시간에 3개씩 18개 생산
- 이후 4시간: A와 B 함께 X 생산, 1시간에 3개씩 12개 생산
따라서 최소 시간의 합은 11+10=21시간이다.

31 ④

난이도 상

유형 판단 및 의사결정

해설 기준1: 1순위는 바닷가재가 3개로 가장 많다.
기준2: 5순위는 탕수육이 없으므로 가장 적다.
기준3. 점수를 구하면 탕수육 15, 양고기 18, 바닷가재 17, 방어회 10, 삼겹살 15가 되어 양고기가 가장 높다.
기준4. 상위 2개는 양고기와 바닷가재이며, 이 중 1순위는 바닷가재가 더 많다.
기준5. 5순위는 바닷가재가 2개로 가장 많기에 제외하고, 남은 메뉴 중 1순위는 양고기밖에 없다.
ㄱ. (O) 기준1에 의하면 바닷가재가 되며, 기준 4에 의할 경우에도 바닷가재가 된다.
ㄴ. (O) 기준5에 의하면 탕수육으로 정해진다.
ㄷ. (X) 기준3에 의하면 양고기가 되기에 무가 불참한다.
ㄹ. (O) 기준5에 의하면 양고기가 정해지기에 무가 불참한다.

32 ①

난이도 중

유형 문제해결

해설 1) 동일 매체에 2일 연속 출연하지 못하면 동일 시간대에도 2일 연속하면 안 된다. (TV-라디오-TV-라디오-TV) / (라디오-TV-라디오-TV-라디오), (오전-오후-오전-오후-오전) / (오후-오전-오후-오전-오후)가 되어야 한다.
2) TV는 동일 시간대에 3개의 프로그램이 없고 라디오는 있으므로 라디오의 오전 3개와 TV의 오후 2개로 출연해야 한다.
3) 요일을 TV가 2개이므로, 라디오가 월, 수, 금이 되고 TV는 화, 목에 배치된다. 이를 정리하면 다음과 같다.

월(오전) 라디오	화(오후) TV	수(오전) 라디오	목(오후) TV	금(오전) 라디오
펭귄파워	펭귄극장	지금은 남극시대	남극의 법칙	굿모닝 남극대행진

33 ①

난이도 상

유형 판단 및 의사결정

해설 1) 화장실, 세면대, 샤워실 순서로 사용해야 한다. 따라서 화장실 사용 시간의 합 30분과 세면대와 샤워실을 합쳐서 가장 빨리 사용하는 병이 마지막으로 사용할 경우 최소 40분이 된다.
2) 가능한 경우는 다음과 같다. (갑, 정, 을, 병의 순서)

	화장실	세면대	샤워실1	샤워실2
0~5	갑			
6~10	정	갑		
11~15	정		갑	
16~20	을	정	갑	
21~25	병	을	갑	정
26~30	병		갑	정
31~35		병	을	정
36~40			을	병

34 ⑤

난이도 중

유형 문제해결

해설 자기소개 내용을 정리하면 다음과 같다.

	성별	나이	직업	상대
갑		32	의사/간호사	
을	남		TV드라마감독/라디오작가	
병	남	20대		
정	여		TV드라마감독/라디오작가	
무		26	요리사	

1) 무가 26세인데, 나머지 20대인 병은 28세임을 알 수 있다. 그리고 병의 직업은 의사/ 간호사임을 알 수 있으며, 이들은 성별이 같으므로 갑도 남성이다.

	성별	나이	직업	상대
갑	남	32	의사/간호사	
을	남		TV드라마감독/라디오작가	
병	남	28	간호사/의사	
정	여		TV드라마감독/라디오작가	
무		26	요리사	

2) 남성이 3명, 여성이 2명이므로 무는 여성이다. 그리고 요리사는 라디오작가와 매칭되므로 라디오작가는 남자가 되어야 한다. 따라서 을이 라디오작가로 무와 매칭되고 정이 TV드라마감독이다.

	성별	나이	직업	상대
갑	남	32	의사/간호사	
을	남		라디오작가	무
병	남	28	간호사/의사	
정	여		TV드라마감독	
무	여	26	요리사	을

3) 남성과 여성의 평균 나이가 같기 때문에 정이 34세, 을이 30세임을 알 수 있다.

	성별	나이	직업	상대
갑	남	32	의사/간호사	
을	남	30	라디오작가	무
병	남	28	간호사/의사	
정	여	34	TV드라마감독	
무	여	26	요리사	을

① (O) 정은 34세이며 을은 30세이므로 옳다.
② (O) (32 + 28) / 2 = 30세
③ (O) 30세와 26세이므로 옳다.
④ (O) 갑은 32세이며, 방송계인 을 30세, 정 34세이므로 옳다.
⑤ (X) 정은 34세이며, 의료계에서 일하는 사람 중 나이가 적은 사람은 병 28세이다. 정은 병보다 6살 많다.

35 ②

난이도 상

유형 판단 및 의사결정

해설 1) 을과 병의 진술에서 을은 병보다 10개 적게 조립했다고 진술하는데, 병도 을보다 10개 적게 조립했다고 진술하고 있다. 이는 모순이므로 갑은 참이며 을 또는 병 중 한 명은 거짓이다.

2) 을이 참, 병이 거짓으로 가정하고, 병의 1분당 조립 상자 개수를 A, 병의 조립한 시간을 B로 하여 개수를 추리하면 다음과 같다.

	1분당 개수	조립 시간	조립한 개수
갑	A+1	B−10	(A−2)×(B+30)=AB−10/ B=10A
을	A−2	B+30	(A+1)×(B−10)=AB−10/ 30A−2B=50
병	A	B	AB

B=10A이므로 이를 을의 조립 개수에 대입하면 A=5가 되며, B는 50이 된다. 갑은 AB−10이 조립한 개수이므로 250−10=240개가 된다.

36 ②

난이도 중

유형 판단 및 의사결정

해설 점수를 부여하면 다음과 같다.

	기업 집적	업종	공간 확보	육성 의지	합
A	40	40	20	O	100
B	20	40	20	O	80
C	30	40	20	O	90
D	30	40	20	X	90
E	40	0	20	O	60
F	30	40	0	O	70
G	40	20	20	O	80

이 중에서 D가 육성 의지가 없어서 제외되고, 나머지 상위 점수는 A, C, B, G가 선정된다.
① (O) 옳은 진술이다.
② (X) 이 경우 A는 80점이 되는데, 상위점수는 C, A, B, G가 된다. 따라서 F가 선정될 수 없다.
③ (O) B와 G가 동점인데, 산업클러스터 연관성은 B가 높기에 G가 선정되지 않게 된다.
④ (O) F에 3개 기업이 더 있으면 30개 이상이 되어 기업 집적 정도 10점이 추가되어 80점이 된다. 그리고 산업클러스터가 G보다 높기 때문에 F가 선정되게 된다.
⑤ (O) D의 점수는 90점으로 육성 의지가 있을 경우 선정된다.

37 ⑤

난이도 중

유형 판단 및 의사결정

해설 가. 접수일이 2019.12.20.이므로 3주 뒤면 2020.1.10.이 된다. 따라서 ㉠에는 '20'이 기재된다.
나. 신청유형은 재발급(기간만료 후)과 재발급(공장주소변경)이 되는데, 숫자가 큰 코드를 먼저 기재하기에 '6C4B'가 된다.
다. 토목 분야이므로 ㉢에 'CD'가 기재된다.
라. 지역구분 코드는 공장소재지를 따르므로 아시아 'FA'가 된다.

38 ④

난이도 상

유형 상황이해 및 추론

해설 ㄱ. (O) D의 최소성분량 (20) + 나머지 모든 성분의 최대성분량의 합 (70) = 90. 100중량%에 미달하므로 불명확하다.

ㄴ. (X) 4가지 어느 조건에도 해당되지 않기에 불명확하지 않다.
ㄷ. (O) D의 최대성분량(40) + 나머지 모든 성분의 최소성분량의 합 (65) = 105. 100중량%를 초과하는 경우로 불명확하다.
ㄹ. (O) 어느 조건에도 해당되지 않으므로 불명확하지 않다.

39 ⑤

난이도 하

유형 상황이해 및 추론

해설 ① (X) [2문단] 오답에 따른 학습을 반복할수록 정확도는 향상된다.
② (X) [3문단] 16만 기보에서 3,000만 개의 착점을 학습하므로, 3,000 / 16 = 187.5가 된다.
③ (X) [4문단] 기존 가중치에서 바꾼 가중치로 대국하여 이긴 가중치를 선택하면서 최적의 가중치를 찾게 된다.
④ (X) [5문단] 평가 함수를 프로그래머가 알아야 할 필요가 없다.
⑤ (O) [4문단] 모든 가중치에 대해 바꾸면서 대국을 반복하여 최적의 가중치를 찾으므로 강화학습의 유무에 따라 가중치는 달라질 수 있다.

40 ③

난이도 중

유형 상황이해 및 추론

해설 1) A: 0.4 > 0.3, 0.5 > 0.3, 0.4 > 0.5이므로 가중치 0.4를 선택한다.
2) B: 0.3 > 0.4, 0.3 > 0.2이므로 가중치 0.3을 선택한다.